franckh
kosmos

Jacqueline Mitton

Astronomie von A-Z

Franckh - Kosmos

Mit 36 s/w-Zeichnungen, 39 Farbfotos und zahlreichen Tabellen

Aus dem Englischen übersetzt, ergänzt und aktualisiert von Thomas Bührke, Leimen, Udo Grabowski, Freibung/Br., Rainer Lenzen, Heidelberg, Michael Sigwarth, Freiburg/Br., und Silvia von der Weiden, Radevormwald.
Titel der englischen Originalausgabe: »The Penguin Dictionary of Astronomy«; erschienen 1991 bei Oxford University Press in Verbindung mit Penguin Books Ltd., London.

Umschlaggestaltung: Atelier Reichert, Stuttgart
Abbildungen auf der Umschlagvorderseite: Astronaut auf dem Mond, NASA (links), künstlerische Darstellung eines Sonnenaufgangs aus der Erdumlaufbahn gesehen, Julian Baker (Mitte), Fraunhofer-Refraktor, Deutsches Museum München (rechts)

Bildnachweis der Farbtafeln: sofern nicht anders angegeben, NASA

Die Deutsche Bibliothek – CIP-Einheitsaufnahme

Mitton, Jacqueline:
Astronomie von A – Z / Jacqueline Mitton. [Aus dem Engl. übers., erg. und aktualisiert von Thomas Bührke ...]. – Stuttgart : Franckh-Kosmos, 1995
Einheitssacht.: The Penguin dictionary of astronomy <dt.>
ISBN 3-440-07007-7
NE: HST

ISBN 3-440-07007-7
Lektorat: Karin Pfeffer, Harro Schweizer, Gregor Strick
Herstellung: Heiderose Stetter
Printed in Germany / Imprimé en Allemagne
Satz: Utesch Satztechnik GmbH, Hamburg
Druck und buchbinderische Verarbeitung: Westermann Druck Zwickau GmbH

Vorwort

Die Astronomie ist ein Wissenschaftszweig mit einer besonders reichen Fachsprache. Ihr Vokabular spiegelt ein über Jahrhunderte angesammeltes Erbe wider. Astronomie ist aber auch eine tempogeladene, hypermoderne Wissenschaft. Während der drei Jahre, in denen ich dieses Lexikon zusammenstellte, schienen die Astronomen manchmal in einer solchen Geschwindigkeit neue Begriffe und Akronyme zu prägen, neue ausgeklügelte Techniken zu ersinnen, neue Raumfahrtmissionen zu planen und sonderbare neue Objekte zu entdecken, daß es eine wirkliche Herausforderung war, mitzuhalten. Und sie haben damit nicht aufgehört, bloß weil ich mein Buch beendet habe.

Meine Absicht war es, möglichst viele speziell astronomische Begriffe und Namen aus dem Tätigkeitsbereich des Profis wie des Amateurs zu sammeln. Natürlich gibt es Überschneidungen zwischen Astronomie, Physik und allgemeiner Weltraumforschung. Dieses Buch ist als Lexikon der *Astronomie* ausgelegt, aber ich habe, wie ich hoffe, genug ›reine‹ Physik und Weltraumforschung einbezogen, um es zu einem vielseitigen Nachschlagewerk für einen weiten Benutzerkreis zu machen.

Dieses Buch ist ein *Lexikon* und keine Enzyklopädie; die Einträge konnten in einem Buch diesen Umfangs unmöglich enzyklopädisch angelegt werden. Wer detailliertere Informationen zu einem bestimmten Thema wünscht, kann auf die hier verwendete, in der Bibliographie verzeichnete Literatur zurückgreifen. Die Bibliographie steht direkt nach den alphabetischen Einträgen.

Wo immer es möglich war, habe ich Fakten anhand mehrerer selbständiger Referenzen geprüft sowie primäre und zuverlässige Quellen benutzt. Viele davon sind in der Bibliographie enthalten. Trotz meiner Bemühungen um Vollständigkeit und Genauigkeit muß ich einsehen, daß sich wahrscheinlich Fehler und Lükken finden werden, für die ich um Nachsicht bitte. Ich hoffe, daß mir Leser und Leserinnen – per Adresse des Verlagshauses – schreiben werden, um Verbesserungsvorschläge zu machen.

Nur elf Monate nach Drucklegung der ersten Ausgabe ist eine ganze Reihe von aufregenden neuen Forschungsresultaten bekanntgeworden, besonders durch den COBE-Satelliten und die im Venus-Orbit kreisende Magellan-Sonde. Es wurde alles getan, diese und andere Änderungen neu aufzunehmen, etwa auch die Folgen der Umwandlung der UdSSR in die Gemeinschaft Unabhängiger Staaten.

Tabellen

Manche Arten von Informationen, ohne die ein Buch wie dieses sicherlich nicht vollständig wäre, werden besser in Tabellenform zusammengetragen als auf einzelne Einträge verteilt. Daten über die Planeten und deren natürliche Satelliten, über helle Sterne und Sternbilder sind nach der Bibliographie versammelt, zusammen mit dem griechischen Alphabet und Angaben zu den benutzten Maßeinheiten. Querverweise zu den numerierten Tabellen erscheinen stets am Schluß bestimmter Einträge.

Die Reihenfolge der alphabetischen Einträge

Die alphabetische Anordnung der Einträge läßt Zäsuren zwischen Wörtern und Bindestriche außer acht; es zählt allein die Abfolge der Einzelbuchstaben. Adjektive werden als integrale Bestandteile des jeweiligen Begriffes behandelt, das heißt: sie werden voran- und nicht nachgestellt. Es heißt zum Beispiel *hydrostatisches Gleichgewicht* (unter »H«) und nicht »Gleichgewicht, hydrostatisches«.

Einträge, die mit Ziffern beginnen, stehen ganz am Anfang des Lexikons. In gewisser Weise bilden Einträge wie *H I-Region* oder *H II-Region* eine Ausnahme, da sie wie »H Eins« und »H Zwei« – nach dem System »geschrieben wie gesprochen« – eingeordnet werden.

Griechische Buchstaben in Stichwörtern werden ausgeschrieben (*Alpha Centauri, Kappa Crucis* usw.). Umlaute werden gewissermaßen nicht beachtet; *Überriese* etwa wird nicht als »Ueberriese«, sondern wie »Uberriese« einsortiert.

Kometen sind überwiegend unter ihrer formalen Bezeichnung aufgeführt (Beispiel: *Komet P/Encke*). Gelegentlich sind Kometen dem allgemeinen Sprachgebrauch entsprechend auch nach dem Namen verzeichnet, wie beispielsweise der *Halleysche Komet.* Dies ist einer aus einer ganzen Anzahl von Fällen, in denen ich unbedingte Folgerichtigkeit der Erwägung geopfert habe, wo Benutzer voraussichtlich als erstes nachschlagen.

Maßeinheiten

Für physikalische Quantitäten wurden durchgehend die entsprechenden metrischen Einheiten benutzt. Tabelle 2 führt ausgewählte Maßeinheiten auf. Maßeinheiten, die ausschließlich in der Astronomie vorkommen, sowie eine Anzahl anderer, die gewöhnlich von Astronomen verwendet werden, haben eigene Einträge im alphabetischen Verzeichnis.

Querverweise

Bestimmten Begriffen, die eigene Einträge haben und im Text kursiv gesetzt sind, steht das Symbol [→] voran. Nicht alle Querverweise, die möglich wären, sind auf diese Weise hervorgehoben; dies hätte den Text stellenweise praktisch unleserlich gemacht. Ich habe hingegen nur dann Querverweise angegeben, wenn ich sie mit hoher Wahrscheinlichkeit für hilfreich erachten konnte. Benutzer, die in einem Eintrag auf einen unbekannten Fachausdruck treffen, mögen durchaus feststellen, daß dieser Begriff einen eigenen Eintrag hat, auch wenn er nicht besonders bezeichnet ist.

Danksagung

Es ist mir ein Vergnügen, mich für die Hilfe all derer erkenntlich zu zeigen, die mich bei der Aufgabe, dieses Buch zusammenzustellen, direkt oder indirekt unterstützt haben. Dazu gehören auch die vielen Autoren und Herausgeber der Lexika, Enzyklopädien, College-Lehrbücher und anderer Quellen, in denen ich nachgeschlagen habe, sowie das Personal von Observatorien auf der ganzen Erde, die mich freundlich mit Auskünften über ihre Einrichtungen versorgt haben. Besonderen Dank schulde ich folgenden Personen: Dennis Ashton, John Barrow, Peter Bond, David Crawford, Cindy Griffin, David Hughes, Steve Maran, Paul Murdin, Jay Pasachoff, Terry Platt, Harold Ridley, Ian Ridpath, John Shakeshaft, Bill Somerville, Roger Tayler, Roderick Willstrop und John Woodruff.

Mein Mann Simon hielt mich die ganze Zeit über mit technischer Hilfe bei Computer-Anwendungen, der Vorbereitung des Ausdrucks, astronomischen Eingebungen und mit moralischer Unterstützung aufrecht, wenn der Gang besonders unangenehm zu sein schien.

Nicht zuletzt schulde ich Ravi Mirchandani von Penguin Books Dank, ohne dessen freundliche Ermutigung und unendliche Geduld dieses Lexikon wohl nie veröffentlicht worden wäre.

Jacqueline Mitton, Cambridge

21-Zentimeter-Wasserstofflinie Charakteristische Radiowellen-Emissions- oder Absorptionslinie bei einer Wellenlänge von 21 Zentimetern vom neutralen Wasserstoff im interstellaren Raum. Neutraler Wasserstoff ist ein Hauptbestandteil des → *interstellaren Mediums*, und die 21-Zentimeter-Linie ist ein geeignetes Mittel, um seine Verteilung, Dichte und Geschwindigkeit in unserer eigenen und tausenden anderer Galaxien zu bestimmen. Es war die erste Spektrallinie, die von der Radio-Astronomie gefunden wurde (1951) und ist heute das wichtigste Mittel zur Aufdeckung der Struktur von Galaxien durch Radiobeobachtungen.
Die kleine Energiedifferenz im Wasserstoffatom, die die 21-Zentimeter-Emission verursacht, hat eine sehr geringe Übergangswahrscheinlichkeit. Ein einzelnes Wasserstoffatom, das auf das höhere Energieniveau angeregt wird, wartet im Mittel 12 Millionen Jahre, um spontan den Rücksprung auszuführen. Nichtsdestotrotz wird diese Strahlung des interstellaren Wasserstoffs beobachtet, da es sehr viele Atome gibt und Stöße den Übergang auslösen.

47 Tucanae (47 Tuc; NGC 104) Der zweithellste Kugelsternhaufen am Himmel (nach

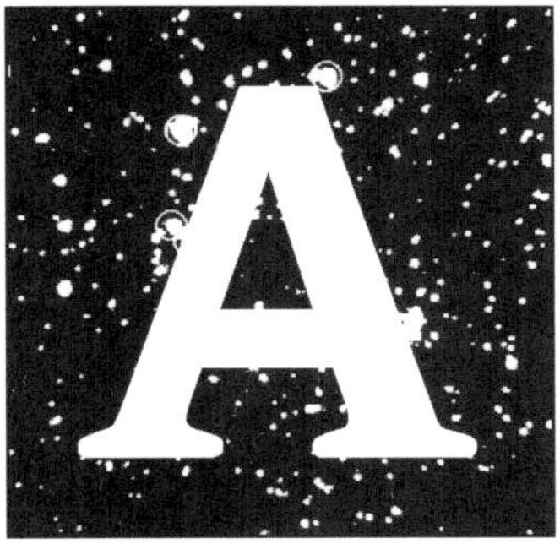

Omega Centauri). Dem bloßen Auge erscheint er als Stern 5. Größe. Das erklärt, warum er ursprünglich 47 Tucanae benannt wurde, eine Benennungsform, die für Sterne verwendet wird. Er liegt in einer Entfernung von 13 000 Lichtjahren und ist ein relativ junger Kugelsternhaufen.

AAO Abkürzung für → *Anglo-Australian Observatory.*

AAS Abkürzung für → *American Astronomical Society.*

AAT Abkürzung für → *Anglo-Australian Telescope.*

AAVSO Abkürzung für → *American Association of Variable Star Observers.*

Abell-Katalog Ein Katalog 2712 objektreicher Galaxienhaufen, erstellt auf der Grundlage des photographischen → *Palomar Sky Survey.* Er zeigte, daß es zwei Typen von Galaxienhaufen gibt: einen kompakten Typ mit regelmäßiger Form und einen weiter verteilten, irregulären Typ.

Abendstern Eine Bezeichnung für den Planeten Venus (und bisweilen auch für Merkur), wenn er am Westhimmel in der Dämmerung am frühen Abend sichtbar ist.

Aberration Aberration (1) Abweichung von der perfekten Abbildungseigenschaft einer Linse oder eines Spiegels. Die wichtigsten Aberrationen sind: → *chromatische Aberration,* → *sphärische Aberration,* → *Koma,* → *Astigmatismus,* → *Bildfeldkrümmung* und → *Verzeichnung.*
Aberration (2) Eine scheinbare Verschiebung in der beobachteten Position eines Sternes etc. Sie ist die Folge der endlichen Lichtgeschwindigkeit, kombiniert mit der Bewegung des Beobachters auf der Erde relativ zu dem Stern. Die Aberration, die von der Bewegung der Erde um die Sonne herrührt, nennt man jährliche Aberration. Die viel kleinere Komponente, die ihre Ursache in der täglichen Rotation der Erde hat, wird tägliche Aberration genannt.

abgewandte Seite Die Halbkugel des Mondes, die permanent von der Erde abgewandt ist. Siehe auch → *Libration*

abgewandte Sicht Eine Technik visueller Beobachter, die die Tatsache nutzt, daß der äußere Ring der Retina lichtempfindlicher ist als das Zentrum. Man versucht bewußt, nicht direkt in Richtung eines schwachen

Objekts zu sehen, sondern seitlich daran vorbei, um es auf diese Weise am Rand des Sehfeldes des Auges zu beobachten.

Ablation Die Erosion einer Oberfläche infolge Verdampfung oder Reibung. Wenn z. B. ein Meteorit in eine Planetenatmosphäre eindringt, tritt Ablation auf infolge der Reibung zwischen seiner Oberfläche und den Gasmolekülen der Atmosphäre.

abnehmend Der Teil der Mondphase, in der die beleuchtete Mondhälfte abnimmt. Das Gegenteil ist → *zunehmend.*

Abplattung Eine Meßgröße für das Maß, in dem die Form eines Planeten oder eines anderen Körpers von einer perfekten Kugel abweicht. Rotierende Planeten und Sterne tendieren dazu, ihren Äquator mit zunehmender Rotationsgeschwindigkeit und Unfestigkeit aufzublähen. Die Form, die der Körper annimmt, wird als abgeplattete (oblate) Kugelform bezeichnet. Ein Querschnitt durch beide Pole ist elliptisch. Die kleine Halbachse der → *Ellipse* ist der Polradius (R_p) des Körpers, und die große Halbachse (R_e) ist der Äquatorradius. Die Elliptizität ist definiert als $(R_e - R_p)/R_e$.

Abreiß-Ereignis Eine Unterbrechung im → *Ionenschweif* eines → *Kometen*, die auftritt, wenn dieser eine der vier Grenzflächen zwischen Sektoren des → *Sonnenwindes* kreuzt, an denen sich die Richtung des Magnetfeldes ändert.

absolute Größenklasse (Symbol M) eines Sterns. Die → *Größenklasse*, die der Stern in einer Entfernung von 10 → *Parsec* scheinbar hätte. Die absolute Größenklasse ist ein Maß zum Vergleich von tatsächlichen Leuchtkräften von Sternen auf einer willkürlichen Skala.

Für einen Asteroiden oder Kometen ist die absolute Größenklasse die scheinbare Größenklasse, die er bei 0 Prozent → *Phasenwinkel* und in einer Entfernung von 1 AE sowohl von der Erde als auch von der Sonne hätte.

absolute Helligkeit Ein Maß für den gegenwärtigen Energieverlust eines Sterns oder anderer Himmelsobjekte im Gegensatz zur → *scheinbaren Helligkeit*, die von der Entfernung des Objekts abhängt.

absoluter Nullpunkt Der Punkt, an dem jede Molekülbewegung aufhört; die theoretisch niedrigste Temperatur. Er ist der Nullpunkt der Kelvin-Temperaturskala, die üblicherweise in der Wissenschaft benutzt wird. Die äquivalente Temperatur auf der Celsiusskala ist –273,16 °C.

Absorption Der Prozeß, durch den die Strahlungsintensität beim Durchgang durch ein Medium reduziert wird. Der Energieverlust der Strahlung wird an das Medium abgegeben. Viele physikalische Prozesse der Astronomie haben mit Absorption zu tun, einschließlich der Absorption des Lichts von Himmelsobjekten in der Atmosphäre der Erde (→ *Extinktion*), → *interstellare Extinktion* und Absorption in der Gashülle eines Sterns, wodurch → *Absorptionslinienspektren* erzeugt werden.

Absorptionskoeffizient Ein Maß für die Fähigkeit eines Stoffes, Strahlung zu absorbieren, die durch ihn hindurchgeht. Ein hoher Absorptionskoeffizient bedeutet, daß das Material Strahlung effizient absorbiert. Der Absorptionskoeffizient hängt ab von der Wellenlänge der Strahlung, der Temperatur und anderen physikalischen Bedingungen.

Absorptionslinie Ein scharfer Einbruch der Intensität in einem schmalen Wellenlängenbereich eines Kontinuumsspektrums. In einem Spektrum, das man mit Hilfe eines typischen Spektrographen erzeugen kann, in dem das Licht durch einen schmalen Spalt fällt, bevor es spektral zerlegt wird, erscheinen Absorptionslinien als dunkle Einschnürungen senkrecht zur Dispersionsrichtung. Absorptionslinien sind charakteristisch für das Spektrum der meisten Sterne. Im Fall der Sonne sind sie bekannt als → *Fraunhofersche Linien.* Atome können Strahlung einer Anzahl von wohldefinierten Wellenlängen absorbieren. Die Wellenlängen, bei denen Absorption auftritt, sind verschieden für jedes Element. Somit wird es möglich, die Anwesenheit chemischer Elemente in einem Stern oder in anderen Himmelsobjekten durch die Analyse der Spektrallinien zu identifizieren. Aus der Tiefe der Absorptionslinien läßt sich die Häufigkeit der Elemente ableiten, zudem, wenn auch nicht direkt, daß Temperatur, Dichte und andere physikalische Parameter die Tiefe der Absorptionslinien in einem Spektrum stark beeinflussen. Siehe auch → *Emissionslinie*

Absorptionslinienspektrum Ein Kontinuumsspektrum, in dem schmale → *Absorptionslinien* auftreten.

Absorptionsnebel Eine interstellare Dunkelwolke, die das Licht heller Objekte im Hintergrund absorbiert. Absorptionsnebel reichen bezüglich ihrer Größe von kleinen → *Globulen* bis zu großen, mit bloßem Auge sichtbaren Wolken wie dem → *Kohlensack* in der südlichen Milchstraße. Absorptionsnebel enthalten sowohl Gas als auch Staub, und ihre Temperatur ist tief genug für die Bildung einfacher Moleküle.

Ein Großteil des Wissens über diese Nebel resultiert aus Beobachtungen von Infrarot- und Radio-Wellenlängen, die – anders als sichtbares Licht – durch die Nebel hindurchdringen können. Alles deutet darauf hin, daß die frühen Stadien der Sternentstehung in solchen Dunkelwolken durchlaufen werden. Siehe auch → *Molekülwolken*

Absorptionsspektrum Ein Kontinuumsspektrum, in dem gewisse Absorptionsmerkmale beobachtet werden. Dies können z. B. → *Absorptionslinien* oder → *diffuse interstellare Bänder* sein. Siehe auch → *Bandenspektrum*

absteigender Knoten → *aufsteigender Knoten.*

Achernar (Alpha Eridani; α Eri) Der hellste Stern im Sternbild Eridanus. Der Name, der aus dem Arabischen kommt, bedeutet »das Ende des Flusses«. Der Stern markiert die südliche Ecke des Sternbildes bei der Deklination –57°. Achernar ist ein → *B-Stern* der Helligkeit 0,5. Siehe auch → *Tabelle 3*

Achilles Asteroid 588, Durchmesser 116 Kilometer. 1906 entdeckt von M. Wolf; er wurde als erster der → *Trojaner* identifiziert.

Achondrit Ein Typ steiniger → *Meteorite*, der sich aus geschmolzenem Gestein kristallisiert hat. Der Name bedeutet Abwesenheit von → *Chondren* in diesem Typ von Meteoriten, im Gegensatz zu → *Chondrit.* Im Vergleich zu Chondriten zeigen sie eine größere Häufigkeit kalziumreicher Minerale und viel weniger metallische und schwefelhaltige Minerale.

achromatische Linse (Achromat) Eine aus zwei Elementen verschiedener Glassorten so zusammengesetzte Linse, daß die → *chromatische Aberration* kompensiert wird. Siehe auch → *Apochromat*

Achse Die imaginäre Linie durch einen Körper, um den dieser rotiert oder rotationssymmetrisch ist.

Achterschiff, Hinterteil des Schiffes Deutscher Name für das Sternbild → *Puppis.*

Acidalia Planitia Eine dunkle Ebene auf der Nordhalbkugel des Mars, auch bekannt als Mare Acidalia.

Acrux (Alpha Crucis; α Cru) Der hellste Stern im Sternbild Kreuz des Südens. Er erscheint dem bloßen Auge als ein weißer Stern der Helligkeit 0,9. Er ist ein visueller Doppelstern mit zwei B-Sternen der Helligkeit 1,4 und 1,9. Ihr Winkelabstand ist 4,4 Bogensekunden. Siehe auch → *Tabelle 3*

Adaptionszeit Die Zeit, die das Auge zur Anpassung an die Dunkelheit braucht, während der es durch die Aufweitung der Pupille empfindlicher für schwache Lichtquellen wird. Die notwendige Zeit variiert von Beobachter zu Beobachter, aber sie beträgt mindestens 10 Minuten; eine Verbesserung kann man bis zu einer Stunde feststellen. Die Adaption ist für die visuelle astronomische Beobachtung wichtig. Sie wird unmittelbar zerstört, wenn man das Auge hellem Licht aussetzt. Aus diesem Grund wird von Astronomen nur schwaches Rotlicht verwendet, wenn eine Beleuchtung notwendig ist, z. B. zum Lesen von Karten.

adaptive Optik Eine Technik zur Verbesserung der Qualität des Bildes, das mit Hilfe eines astronomischen Teleskops erzeugt wird, in der das optische System die Änderungen der Qualität des → *Seeing* kompensiert, der fortwährend sich ändernden Bildverzerrung, verursacht durch Brechung des Lichtes in der Erdatmosphäre. Die Bildverschlechterung wird korrigiert durch das hochfrequente Verbiegen eines sehr dünnen Spiegels kurz vor dem Fokus. Um effektiv zu funktionieren, braucht das System einen Bildsensor, einen Mikroprozessor und Aktuatoren, die Kräfte auf den dünnen Spiegel ausüben können. Alle diese Teile müssen eine Reaktionszeit von weniger als einer hundertstel Sekunde haben.

Adhara (Epsilon Canis Maioris; ϵ CMa) Der zweithellste Stern, nach Sirius, im Sternbild Großer Hund. Es ist ein B-Riese der Magnitudo 1,5 und hat einen Begleiter 8. Größe. Der arabische Name bedeutet »die Jungfrauen«. Siehe auch → *Tabelle 3*

Adler Sternbild → *Aquila.*

Adler-Nebel (M16; NGC 6611) Ein → *Emissionsnebel* um einen hellen Sternhaufen junger Sterne im Sternbild Serpens. Der Nebel leuchtet in der für ionisiertes Wasserstoffgas charakteristischen roten Farbe. Er wird durch die Strahlung der jungen Sterne, deren Alter man auf nur 2 Millionen Jahre schätzt, ionisiert. Man hält diese Region für ein noch aktives Sternentstehungsgebiet. Der Nebel ist 7000 Lichtjahre entfernt und mißt ein halbes Grad im Durchmesser.

Adonis Asteroid 2101, Durchmesser 2 Kilometer, entdeckt von E. Delporte im Jahr 1936. Er gehört zur → *Apollo*-Asteroiden-Gruppe und kam der Erde im Jahr 1937 bis auf 2 Millionen Kilometer nahe, ging dann aber wieder verloren bis zu seiner Wiederentdeckung 1977 nach Neuberechnung seiner Umlaufbahn.

Adrastea Ein kleiner Jupitermond (Nummer XV), entdeckt von David Jewitt im Jahr 1979. Siehe auch → *Tabelle 6*

ADS Abkürzung für Aitken Double Star Catalogue → *Aitken-Doppelsternkatalog.*

Aelita Ein sowjetischer Satellitenplan für Beobachtungen im Infrarot- und Submillimeterbereich des Spektrums. Ein Start Mitte der 90er Jahre ist wahrscheinlich.

Aerolith Eine gelegentlich benutzte Bezeichnung für einen Steinmeteoriten.

Aeronomie Die Studie der physikalischen und chemischen Prozesse der Erde oder anderer Planeten.

Aerosol Eine Suspension von Partikeln in Gas wie Nebel in einer Atmosphäre.

Ae-Stern Ein A-Stern, dessen → *Absorptionslinien*-Spektrum → *Emissionslinien* des Wasserstoffs überlagert sind. Diese Emission kann auf die Wechselwirkungen zwischen den Komponenten eines Doppelsternsystems zurückgehen.

AGB Abkürzung für Asymptotic Giant Branch; siehe *Hertzsprung-Russell-Diagramm.*

Agena Ein anderer Name für den Stern → *Hadar.*

AGK Abkürzung für den Sternkatalog »Astronomische Gesellschaft Katalog«. Das erste Projekt, alle Sterne im Deklinationsbereich von −2° bis 80° bis zur 9. Magnitudo zu katalogisieren, wurde von F. W. Argelander im Jahre 1867 initiiert. Siebzehn Observatorien nahmen daran teil. Die fünfzehn Bände des AGK1 listeten 150 000 Sterne auf. Eine Erweiterung zur Deklination −23°, veröffentlicht 1887, enthielt weitere 50 000 Sterne. Eine zweite Version, in den 20er Jahren begonnen, basiert statt der visuellen Beobachtung auf photographischen Methoden. Sie wurde in den Jahren 1951–58 veröffentlicht. Messungen der Eigenbewegungen wurden in der dritten Version AGK3 hinzugefügt. AGK-Positionen sind genaue Positionen, die relativ zu Fundamentalsternen bestimmt wurden. Siehe auch → *Fundamentalkatalog*

AGN (active galactic nucleus) Abkürzung für → *aktive galaktische Kerne.*

Ahnighito Der größte in einem Museum ausgestellte Meteorit. Er ist im Hayden-Planetarium in New York zu sehen. Er wurde 1897 von Robert Peary in Grönland gefunden und ist ein 31 Tonnen schwerer Eisenmeteorit.

Air Pump Englischer Name für das Sternbild → *Antlia.*

Airy-Scheibchen Das kleinste Bild, das ein Teleskop von einer Licht-Punktquelle wie einem Stern machen kann. Beugung verursacht beim Durchgang durch die Pupille eines Teleskops, daß selbst Bilder einer Punktquelle ausgedehnt sind. Der Durchmesser des Beugungsscheibchens ist um so kleiner, je größer die Apertur ist. In der Praxis ist es in der erdgebundenen Astronomie wegen der Luftunruhe in der Atmosphäre, die das empfangene Bild verzerrt und vergröbert, selten möglich, Bilder von der Größe des Airy-Scheibchens zu erhalten.

Aitken-Doppelsternkatalog (ADS) Ein Katalog mit über 17 000 Doppelsternen, zusammengetragen von Robert G. Aitken und veröffentlicht im Jahr 1932. Sein formaler Titel ist »New General Catalogue of Double Stars«.

AI Velorum-Stern → *Delta Scuti-Stern.*

AJ Eine gebräuchliche Abkürzung für das → *Astronomical Journal.*

Akkretion Der Prozeß, bei dem kleine Materieteilchen sich mit einer großen Masse vereinigen oder auf ihr ansammeln und so stetig wachsende Körper erzeugt werden. Ursache sind die wechselseitigen Gravitationsanziehung oder zufällige Kollisionen.

Akkretionsscheibe Eine Scheibenstruktur, die sich um ein sich drehendes Objekt wie einen Stern oder ein Schwarzes Loch bildet, wenn Materie von einem nahen Begleiter in einem Doppelsternsystem auf das zentrale Objekt fällt. Sterne durchlaufen in ihrer Entwicklung die Phase des Riesen, in der ihre Größe dramatisch anwächst. In einem Doppelsternsystem kann die Gravitationskraft des Begleiters auf die aufgeblähte Hülle des Riesen stärker sein als die Kraft, die den Riesenstern zusammenhält. Unter diesen Umständen fließt Materie von einem Stern zum anderen über. Die Anwesenheit einer verdunkelnden Akkretionsscheibe kann den Stern zu einem Veränderlichen machen wie z. B. → *Beta-Lyrae-Sterne*, und das kann anhand von Merkmalen im Spektrum beobachtet werden.
Wenn sich der Begleiter schnell dreht, z.B. ein kollabierter Stern (ein → *Weißer Zwerg*, ein → *Neutronenstern* oder ein → *Schwarzes Loch*), bildet sich eine herumwirbelnde Akkretionsscheibe, auf die das Material fällt. Die kinetische Energie der fallenden Materie wird in Wärme umgesetzt, und Röntgenstrahlung wird erzeugt. Man glaubt, daß ein Mechanismus dieser Art für die Röntgenstrahlung in Objekten wie → *Cygnus X–1* verantwortlich ist. Siehe auch → *Roche-Grenze*, *SS433*

akronychische (akronyktische) Beobachtung Beobachtung eines gerade aufgehenden Sterns direkt nach Sonnenuntergang. Solche Beobachtungen heller Sterne (z. B. Sirius) wurden im Altertum zur Bestimmung der Jahreszeiten genutzt. Siehe auch → *heliakischer Aufgang*

Aktinometer Ein Instrument zur Messung der Intensität der Sonnenstrahlung. Solche Instrumente nennt man auch Pyrheliometer.

aktive galaktische Kerne Die Zentralbereiche aktiver Galaxien, in denen von einer Quelle extrem hohe Energiebeträge erzeugt werden, die nicht mit dem normalen Energieausstoß einzelner Sterne erklärt werden können. Dies ist ein gemeinsames Charakteristikum verschiedener Arten von Objekten, die nach ihrem Erscheinungsbild und der von ihnen emittierten Strahlung in Klassen eingeteilt werden. → *Quasare*, → *Seyfert-Galaxien*, → *Radiogalaxien*, → *N-Galaxien* und → *Blazards* sind alle Manifestationen desselben Phänomens. In jedem Fall scheint die Energiequelle im Kern konzentriert zu sein. Der einzige bekannte Mechanismus, der die riesigen beobachteten Energiemengen erklären kann, ist die Gegenwart eines supermassiven → *Schwarzen Lochs*, in das Materie unter Freigabe von Gravitationsenergie fällt. Variabilität über relativ kurze Zeiträume zeigt, daß die Energiequelle nur eine geringe Ausdehnung hat.

Hinweise auf einen Hochenergie-Prozeß kommen sowohl von der reinen Leuchtkraft weit entfernter Objekte wie der Quasare als auch von der Existenz von kollimierten Materieströmen (Jets), die von der Zentralregion ausgestoßen werden. Die riesige elliptische Galaxie M87, die auch eine starke Radio- und Röntgenquelle ist, hat einen spektakulären Jet mit einer Reihe von Knoten heißen Gases. Bei Radiogalaxien kommt der größte Teil der Energie von zwei riesigen Wolken ionisierten Gases auf beiden Seiten der Galaxie, von der sie anscheinend ausgestoßen worden sind.

aktive Optik Eine Methode, um eine sehr genaue optische Oberfläche eines reflektierenden Teleskops beizubehalten. Mit Hilfe eines rechnerkontrollierten Rückkopplungssystems wird kontinuierlich die Qualität des Bildes überwacht und diese Information dazu benutzt, um ein motorgetriebenes Trägersystem unter dem Spiegel nachzujustieren.
Die Entwicklung dieser Technik bedeutet, daß Spiegel aus dünneren, weniger massiven Glaskörpern gefertigt werden können, die in leichtere Strukturen eingebaut werden können. Wenn der Spiegel biegsam genug ist, können Probleme wie → *sphärische Aberration* und → *Astigmatismus* weitgehend behoben werden durch die Anwendung konstanter Kräfte in fünf oder mehr Positionen auf der Rückseite des Spiegels. Veränderungen der auf den Spiegel einwirkenden Kräfte wie die Durchbiegung unter dem Einfluß der Gravitation bei dem sich bewegenden Teleskop können im Abstand von wenigen Minuten korrigiert werden.
Der Begriff wurde früher auch benutzt, um die Technik zu beschreiben, die heute gemeinhin → *adaptive Optik* heißt.

aktives Gebiet Ein Gebiet in den äußeren Schichten der Sonne, in dem → *Sonnenaktivität* stattfindet. Aktive Gebiete entwickeln sich dort, wo starke Magnetfelder aus tieferen Schichten heraustreten. Eine große Zahl von Merkmalen kann man in der → *Photosphäre*, der → *Chromosphäre* und der → *Korona* beobachten. → *Sonnenflecken*, chromosphärische Fackeln und Eruptionen sind Hinweise auf ein aktives Gebiet.
Die Strahlung ist über das gesamte Spektrum erhöht, von den Röntgen- bis zu den Radiowellen, wenn auch in Sonnenflecken der lokale Abfall der Temperatur die visuelle Helligkeit vermindert. Die aktiven Gebiete unterscheiden sich sehr stark in Größe und Lebensdauer: Sie können einige Stunden, aber auch wenige Monat dauern. Elektrisch geladene Teilchen und die verstärkte Ultraviolett- und Röntgenstrahlung aus den aktiven Gebieten beeinflussen das interplanetare Medium und die obere Atmosphäre der Erde.

aktive Sonne Die Sonne während der Perioden von → *Sonnenaktivität.*

Aktivitätsindex Jede von einer Anzahl von Indikatoren für den Grad der → *Sonnenaktivität* zu einer gegebenen Zeit. Indizes zur Messung der Sonnenaktivität sind unter anderem die → *Wolfsche Sonnenfleckenrelativzahl*, die gesamte, auf der sichtbaren Hemisphäre durch → *Sonnenflecken* bedeckte Fläche und ein K-Fackelindex, der von der Fläche und Helligkeit der chromosphärischen Fackeln abgeleitet wird. Auch die Radio- und Röntgenstrahlung der Sonne wird als Sonnenaktivitätsindex angesehen.

akustische Welle Druckwelle in einer Flüssigkeit. Akustische Wellen können sich in den Gasschichten eines Sternes ausbreiten (auch der Sonne). Sie werden dort erzeugt, wo der Druck die dominierende Kraft ist, um das Gleichgewicht wieder herzustellen, wenn das Gas aus der Ruhelage gebracht wird.

Alauda Asteroid 702, Durchmesser 202 Kilometer, entdeckt 1910 von J. Helffrich.

Albedo Der Anteil des auf einen Körper oder eine Oberfläche fallenden Lichts, der reflektiert wird. Die Albedo kann als Bruchteil zwischen 0 (totale Absorption) und 1 (vollständige Reflexion) oder als äquivalenter Prozentsatz angegeben werden. Siehe auch → *geometrische Albedo, hemisphärische Albedo*

Albert Asteroid 719, Durchmesser 2,6 Kilometer. Er wurde 1911 von J. Palisa entdeckt, als er der Erde sehr nahe kam. Er ist jetzt verloren.

Albireo (Beta Cygni; β Cyg) Der zweithellste Stern im Sternbild Schwan. Visuelle Beobachter halten ihn für einen der schönsten Doppelsterne. Der Hauptstern ist ein gelb-orangener → *K-Stern*, ein Riese der Helligkeit 3,2. Sein Begleiter ist ein bläulicher → *B-Stern* der Helligkeit 5,4. Die beiden Komponenten sind 35 Bogensekunden voneinander entfernt.

Alcor (80 Ursae Maioris) Ein → *A-Stern* 4. Größe, der mit → *Mizar* im Schwanz des Großen Bären ein mit bloßem Auge sichtbares Doppelsternsystem bildet. Die Sterne haben einen Winkelabstand von 11,5 Bogenminuten und sind 10 Lichtjahre voneinander entfernt.

Alcyone (Eta Tauri; η Tau) Das hellste Mitglied des → *Plejaden-Sternhaufens* im Sternbild Stier. Alcyone hieß die Tochter von Atlas und Pleione aus der griechischen Mythologie. Alcyone ist ein → *B-Stern* der Helligkeit 2,9.

Aldebaran (Alpha Tauri; α Tau) Der hellste Stern im Sternbild Stier. Der arabische Name bedeutet »der Nachfolgende«. Aldebaran ist ein K-Riese der Helligkeit 0,9. Am Himmel scheint er zwar ein Mitglied des Hyaden-Sternhaufens zu sein, er ist jedoch nur halb soweit entfernt. Siehe auch → *Tabelle 3*

Alderamin (Alpha Cephei; α Cep) Der hellste Stern im Sternbild Cepheus. Er ist ein → *A-Stern* der Helligkeit 2,7. Der Name kommt aus dem Arabischen und bedeutet »der rechte Arm«.

Alfonsinische Tabellen Ein Satz von Tabellen, der die Positionen der Sonne, des Mondes und der Planeten angibt, veröffentlicht 1252 unter dem Patronat von König Alfonso X. von Kastilien. Sie wurden berechnet von einer Gruppe von Astronomen auf der Grundlage, die Ptolemäus im → *Almagest* niedergelegt hatte, berücksichtigten aber auch neuere Beobachtungen. Sie waren in Europa über 400 Jahre als die besten Referenzen in Gebrauch, bis sie von Johannes Keplers Werk abgelöst wurden.

Alfonsus Ein Mondkrater, 118 Kilometer im Durchmesser. Ein bedeutender Grat verläuft durch das Zentrum nahezu in Nord-Süd-Richtung durch eine etwa ein Kilometer hohe Spitze. 1958 und 1959 wurden dort zeitweise rötliche Wolken beobachtet, wobei es sich vermutlich um Ausgasungen der Felsen handelte.

Alfvén-Wellen Magnetische Wellen, die sich in einem elektrisch leitenden Fluidum wie ionisiertes Gas in einem Magnetfeld fortpflanzen können.

Algenib (Gamma Pegasi; γ Peg) Ein → *B-Stern* der Helligkeit 2,8, der eine Ecke des → *Quadrats des Pegasus* markiert. Der arabische Name bedeutet »die Seite«. Der Name wird auch manchmal für den Stern Alpha Persei verwendet, gewöhnlich bekannt unter dem Namen → *Mirfak*.

Algieba (Gamma Leonis; γ Leo) Ein visueller → *Doppelstern* mit zwei gelben Riesen im Abstand von 4 Bogensekunden. Die Helligkeiten sind 2,3 und 3,5 Magnitudines. Die Sterne umkreisen sich in 620 Jahren einmal. Siehe auch → Tabelle 3

Algol (Der Teufelsstern; Beta Persei; β Per) Vielleicht der bekannteste variable Stern; seine Helligkeit variiert zwischen 2,2 und 3,5 Magnitudines mit einer Periode von 2,87 Tagen. Die Helligkeit schwankt, weil Algol ein → *Bedeckungsveränderlicher* ist, in dem sich die beiden Sterne von der Erde aus gesehen regelmäßig verdecken. Algol wird als der Prototyp des Bedeckungsveränderlichen angesehen.

Die hellere Komponente von Algol ist ein → *B-Stern* und die schwächere ein → *G-Stern*. Die Absenkung der Helligkeit, wenn der G-Stern das Licht der helleren Komponente abdeckt, dauert vier Stunden, das Minimum nur zwanzig Minuten. Die zweite Bedeckung, wenn die Helligkeit eine Einsenkung von nur 0,06 Magnitudines er-

fährt, kann man mit bloßem Auge nicht gesehen werden. Veränderungen im Spektrum von Algol mit einer Periode von 1,862 Jahren belegt die Anwesenheit eines dritten Sterns in dem System.
Es gibt im Spektrum auch Anzeichen von Masseübertrag zwischen den nahen Komponenten, die bestärkt werden durch die Beobachtung, daß Algol ein Radiostern ist, der unstetige Ausbrüche zeigt – bis zum Zwanzigfachen seiner normalen Helligkeit. Die Radioemission wird dem auf dem helleren Stern auftreffenden Gasstrom zugeschrieben.

Algonquin-Observatorium Ein kanadisches Radioastronomie-Observatorium in Ontario. Hauptinstrument ist eine frei bewegliche 46-Meter-Schüssel.

Alhidade Ein drehbarer Seitenarm an einem → *Astrolabium*, das benutzt wird, um Höhe (Altitudo) und Azimut eines Himmelsobjekts zu bestimmen.

Alinda Asteroid 887, Durchmesser 4 Kilometer. Er wurde 1918 von Max Wolf entdeckt, als er der Erde sehr nahe kam. Alinda ist ein Mitglied der → *Amor-Gruppe.*

Alioth (Epsilon Ursae Maioris; ϵ UMa) Der hellste Stern im Sternbild Großer Bär. In diesem Fall sind die griechischen Buchstaben nach der Position und nicht nach der Helligkeit vergeben. Alioth ist ein → *A-Stern* der Magnitudo 1,8. Siehe auch → *Tabelle 3*

Alkaid (Eta Ursae Maioris ; η UMa) Ein Stern im Großen Bären am Ende des Schwanzes des Bären. Er ist ein → *B-Stern* der Helligkeit 1,9. Der arabische Name bedeutet »Anführer der Trauernden«. Für die Araber glich das Sternbild eher einer Totenbahre als einem Bären. Siehe auch → *Tabelle 3*

Allan Hills Eine Gegend in der Antarktis, in der viele Meteoriten gefunden wurden. Die Meteoriten werden durch natürliche Bewegungen der Eisdecke in dieser Gegend konzentriert und sind im Eis relativ leicht zu identifizieren.

Allegheny Observatorium Ein Forschungs-Observatorium der Universität Pittsburgh, Pennsylvania. Das jetzige Gebäude stammt aus dem Jahr 1912. Mit dem Bau seines Vorgängers begannen Pittsburgher Geschäftsleute bereits im Jahr 1858. Inspiriert durch den Donati-Kometen dieses Jahres, gründeten sie die Allegheny-Teleskop-Gesellschaft und erwarben einen 33-Zentimeter-Refraktor. 1867 wurde das Observatorium der »Western University« in Pennsylvania übergeben, der Vorgängerin der Universität von Pittsburgh. Der erste geschäftsführende Direktor war Samuel P. Langley. Sein Nachfolger war James E. Keeler, Mitgründer des »Astrophysical Journal« und später Direktor des Lick-Observatoriums.
Das Gebäude von 1912 ist mit drei Teleskopen ausgerüstet. Der ursprüngliche 33-Zentimeter-Refraktor findet in erster Linie zu Lehr- und Testzwecken Verwendung. Die anderen sind der 76-Zentimeter-Thaw-Refraktor und der 79-Zentimeter-Keeler-Gedächtnis-Reflektor. Sie dienen heute noch Forschungszwecken.

Allende-Meteorit Ein Meteorit des Kohlenstoff-Chondrit-Typs, der 1969 in Mexiko niederging. Über zwei Tonnen Material fielen verstreut über ein Gebiet von 48 x 7 Kilometern auf die Erde. Damit ist Allende einer der massereichsten Kohlenstoff-Chondrit-Meteorite, die man kennt.

Allgemeine Relativitätstheorie Eine Gravitationstheorie, die 1916 in ihrer endgültigen Form veröffentlicht wurde. Sie wurde von Albert Einstein (1878–1955) auf der Grundlage seiner → *Speziellen Relativitätstheorie* entwickelt.
Eines der grundlegenden Postulate der Allgemeinen Gravitationstheorie ist, daß es einem Beobachter in einer begrenzten → *Raumzeit* unmöglich ist, zu sagen, ob er gleichförmig beschleunigt wird oder einem Gravitationsfeld ausgesetzt ist. Dies ist unter dem Begriff Äquivalenzprinzip bekannt. Einstein zeigte, daß es nicht notwendig ist, die Gravitation für eine Fernkraft zu halten. Stattdessen beschrieb er die Gravitation in Form ihrer lokalen Auswirkungen auf Raum und Zeit, d.h. als gekrümmte Geometrie der

Raumzeit, deren Metrik durch die Verteilung von Materie und Energie definiert ist.
Eine gute dreidimensionale Analogie, die helfen kann, die Bedeutung der Krümmung der vierdimensionalen Raumzeit zu verstehen, ist die Geometrie auf der Oberfläche einer Kugel.
Z. B. werden zwei Wanderer, die an verschiedenen Positionen auf dem Äquator Richtung Norden starten, ihre Wege eventuell kreuzen, obwohl sie ihren Weg parallel zueinander begonnen haben. Das steht im Gegensatz zu den Erfahrungen auf einer Ebene, wo parallele Linien sich niemals schneiden. Die zwei Wanderer können sagen, sie seien durch irgendeine Kraft (Gravitation z. B.) zueinander hingezogen worden, aber ihre Erfahrung wird effektiver erklärt mit geometrischen Begriffen.
In Regionen, in denen das Gravitationsfeld schwach ist, nähert sich die Allgemeine Relativitätstheorie der Newtonschen Theorie. Für ein starkes Gravitationsfeld dagegen gibt die Allgemeine Gravitationstheorie die bisher bestmögliche Beschreibung. Es gibt andere Gravitationstheorien, aber keine war so erfolgreich wie die Allgemeine Gravitationstheorie.
Mehrere Gebiete der Astronomie haben sich als Testgebiete der Theorie erwiesen. Das Perihel der elliptischen Umlaufbahn des Merkur um die Sonne bewegt sich pro Jahrhundert um 43 Bogensekunden mehr vorwärts, als es die Newtonsche Gravitationstheorie vorhersagt; die Allgemeine Relativitätstheorie erklärt die Bewegung exakt. Das Licht von Sternen weicht von einer geraden Linie ab, wenn es sehr nahe an der Sonne vorbeigeht; dieser Effekt wurde tatsächlich während verschiedener Sonnenfinsternisse beobachtet. Die Bewegung von Pulsaren in einem Doppelsternsystem wird von der Allgemeinen Relativitätstheorie genau beschrieben. Am häufigsten wird die Allgemeine Relativitätstheorie in der Kosmologie angewendet, da die Gravitation bei allen Ansätzen für mathematische Modelle der dominierende Faktor ist.

Almagest Eine große astronomische Abhandlung des griechischen Astronomen Claudius Ptolemäus, der zwischen 127 und 151 n. Chr. in Alexandria arbeitete. Der Name ist eine verstümmelte Übersetzung von »Al-Magisti«. Der Originaltitel lautet übersetzt »Die mathematische Sammlung«. Sie zählt zu den wichtigsten Abhandlungen über Astronomie, beinhaltet einen Sternkatalog und behandelt die Bewegungen von Mond und Planeten. Die aufgestellten Regeln zur Vorhersage der Planetenpositionen auf der Basis eines geozentrischen Weltbildes wurden über Jahrhunderte verwendet.

Almanach Ein Buch mit Tabellen zukünftiger Positionen des Mondes, der Planeten und anderer Himmelsobjekte, oft mit zusätzlicher nützlicher Information für den Leser. Ein Almanach deckt üblicherweise ein Kalenderjahr ab.

Almucantar Ein Kreis auf der → *Himmelssphäre* parallel zum Horizont.

Alnilam (Epsilon Orionis; ϵ Ori) Einer der drei hellen Sterne, die den Gürtel des Orion bilden. Der arabische Name bedeutet »Perlenreihe«. Alnilam ist ein B- → *Überriese* der Helligkeit 1,7. Siehe auch → *Tabelle 3*

Alnitak (Zeta Orionis; ζ Ori) Einer der drei hellen Sterne, die den Gürtel des Orion bilden. Der arabische Name bedeutet »der Gürtel«. Alnitak ist ein O-Überriese der Helligkeit 1,8. Siehe auch → *Tabelle 3*

Alpen (Montes Alpes) Ein Gebirge auf dem Mond zwischen dem Mare Frigoris und dem Mare Imbrium.

Alpental (Vallis Alpes) Ein flaches Mondtal, 150 Kilometer lang, das die Mondalpen durchschneidet und das Mare Frigoris mit dem Mare Imbrium verbindet.

Alpha Centauri (α Cen) Der hellste Stern im Sternbild Centaurus und der der Sonne nächststehende helle Stern in einer Entfernung von 4,34 Lichtjahren. Er ist ein → *visueller Doppelstern* mit einer Umlaufperiode von 80 Jahren. Die zwei Komponenten haben den → *Spektraltyp* G bzw. K und eine gemeinsame Helligkeit von –0,27. Man nimmt an, daß der Stern 11. Größe Proxima Centauri mit ihm assoziiert ist, da er eine ähnliche Raumgeschwindigkeit hat, wenn auch sein Abstand von Alpha Centauri zwei Grad beträgt. Proxima Centauri, ein lichtschwacher → *M-Stern*, ist der der Sonne am nächsten stehende Stern in der Entfernung von 4,24 Lichtjahren. Alpha Centauri wird oft mit seinem arabischen Namen Rigil Kentaurus (manchmal Rigil oder abgekürzt zu Rigil Kent) bezeichnet, was »der Fuß des Centaurus« bedeutet. Ein anderer Name ist Toliman. Siehe auch → *Tabelle 3*

Alphard (Alpha Hydrae; α Hya) Der hellste Stern im Sternbild Wasserschlange. Der arabische Name bedeutet »der Einsame der Schlange«. Er ist ein → *K-Stern* der Helligkeit 2,0. Siehe auch → *Tabelle 3*

Alpha-Teilchen Der Kern eines Heliumatoms, bestehend aus zwei Protonen und zwei Neutronen. Alpha-Teilchen werden von vielen radioaktiven Isotopen emittiert und spielen eine wichtige Rolle bei Kernfusionsprozessen in Sternen.

Alphekka (Gemma; Alpha Coronae Borealis; α CrB) Der hellste Stern im Sternbild Nördliche Krone. Er ist ein → *A-Stern* der Helligkeit 2,2. Der arabische Name, den man auch Alphecca schreibt, bedeutet »der Helle«. Dieser Stern wird manchmal mit seinem lateinischen Namen Gemma genannt, der »Edelstein in der Krone«.

Alpheratz (Sirrah; Alpha Andromedae; α And) Der hellste Stern im Sternbild Andromeda. Er markiert eine Ecke des → *Quadrates des Pegasus*. Früher zählte man ihn zu diesem Sternbild; er hieß Delta Pegasi. Alpheratz ist ein → *A-Stern* der Helligkeit 2,1.

ALSEP Abkürzung für Apollo Lunar Science Experiment Package, ein experimenteller Aufbau, der von Astronomen während des bemannten → *Apollo-Programms* (1969–1972) auf dem Mond aufgestellt wurde. Außer bei der ersten wurde ein solches Instrumentarium bei jeder Mission zurückgelassen. Jedes dieser automatischen Laboratorien hatte als Energiequelle ein kleines Atomkraftwerk eingebaut. Das Paket enthielt Seismometer zur Messung von Mondbeben und Experimente zur Messung des Sonnenwindes, zum Nachweis von Restatmosphäre und zur Messung des Wärmeflusses aus dem Mondinneren. All diese Experimente wurden 1978 abgeschaltet.

Altar Englischer Name für das Sternbild → *Ara*.

Altazimut-Montierung Eine Form der Teleskopmontierung, bei der die beiden unabhängigen Rotationsachsen Drehungen des Instruments in → *Altitudo* und → *Azimut* erlauben. Es ist die einfachste Teleskopmontierung. Das Teleskop muß indessen bei der Nachführung von Himmelsobjekten in beiden Achsen gleichzeitig bewegt werden. Deshalb ist es nicht für kleine motorangetriebene Teleskope verwendbar. Die Möglichkeit der rechnergestützten Teleskopbewegung hat in den letzten Jahren zu einer Wiederbelebung der Popularität einfacher Altazimut-Montierungen bei neuen professionellen Instrumenten geführt. Siehe auch → *äquatoriale Montierung*

Altimetrie Höhenmessung und Techniken zur Bestimmung von Höhen von Planetenmerkmalen mit Hilfe von Radar.

Altitudo (Höhe) Der direkte Winkelabstand zwischen einem Himmelsobjekt und dem Horizont, vertikal gemessen (d. h. entlang des Großkreises, der durch das Objekt und den Zenith verläuft).

Aluminisierung Der Prozeß, bei dem eine dünne reflektierende Schicht von Aluminium auf die optische Glasoberfläche eines Teleskopspiegels aufgebracht wird.

Amalthea Ein kleiner Jupitermond (Nummer V), entdeckt 1892 von E. E. Barnard. Auf Aufnahmen von der → *Voyager-1*-Mission erscheint er als ein rotes, kartoffelförmiges Objekt. Die Oberfläche ist von Kratern übersät, die größte Einsenkung »Pan« hat einen Durchmesser von 90 Kilometern. Die rote Farbe kommt wahrscheinlich von Schwefelverbindungen aus dem Mondinneren von → *Io*. Siehe auch → *Tabelle 6*

Amazonis Planitia Eine hellfarbige Ebene in der nördlichen Äquatorregion des Mars.

American Association of Variable Star Observers (AAVSO) Eine Organisation in den Vereinigten Staaten für Amateurbeobachter von → *veränderlichen Sternen.* Sie wurde 1911 von William Tyler Olcott gegründet, der als freier Mitarbeiter begann, die Helligkeit veränderlicher Sterne zu beobachten und die Ergebnisse an Edward Pickering am Harvard College-Observatorium zu schikken, angeregt durch einen Vortrag auf einem Treffen der Amerikanischen Gesellschaft für Fortschritte in der Wissenschaft im Jahr 1909. Die AAVSO hat weltweit über tausend Mitglieder und eine riesige Datenbank, die Millionen von Einzelbeobachtungen enthält.

American Astronomical Society (AAS) Die wichtigste US-Organisation professioneller Astronomen, gegründet 1899. Sie hat über 5000 Mitglieder, von denen die meisten professionell in der Astronomie engagiert sind. Ihr Ziel ist die Entwicklung der Astronomie und die Unterstützung von nahe verwandten Forschungsrichtungen. Sie veranstaltet jedes Jahr zwei Haupttreffen und veröffentlicht drei Fachzeitschriften. Die Organisation bietet ein Beihilfeprogramm, ein Besucher-Vorlesungsprogramm und einen Arbeitsvermittlungsservice für Mitglieder.

American Ephemeris and Nautical Almanac Ein → *Almanach,* der vom → *United States Naval Observatory* (Washington, D. C.) zwischen 1855 und 1980 herausgegeben wurde. 1981 wurde er ersetzt durch den Astronomical Almanac.

American Indian Englischer Name für das Sternbild → *Indus.*

Ames Research Center Eine NASA-Forschungseinrichtung nahe San Francisco.

AM Herculis Der Prototyp 13. Magnitudo einer kleinen Gruppe kurzperiodisch veränderlicher → *Doppelsterne,* für den die Emission von Röntgenstrahlung charakteristisch ist. Sein Licht ist stark polarisiert, und die Polarisation variiert über die dreistündige Umlaufperiode. Die zwei Sterne sind anscheinend ein hochmagnetischer → *Weißer Zwerg* und ein normaler M-Zwerg. Es fließt Materie vom normalen Stern zum Weißen Zwerg, aber wegen des starken Magnetfeldes kann sich keine → *Akkretionsscheibe* bilden. Statt dessen wird die Materie entlang der Magnetfeldlinien kanalisiert und fällt auf die Pole. Etwa sechs ähnliche Systeme sind bekannt; sie werden auch Polare genannt.

Amor Asteroid 1221, Durchmesser 1 Kilometer, entdeckt 1923 von E. Delporte. Er ist der Prototyp der Amor-Gruppe von Asteroiden, die der Erde nahekommen mit Perihelentfernungen zwischen 1,0 und 1,3 AE, womit sie innerhalb des Haupt- → *Asteroidengürtels* bleiben.

Amor-Gruppe Diese Asteroidengruppe kreuzt die Bahn des Mars, aber nicht mehr die der Erde. Wie alle Asteroiden sind die Mitglieder der Amor-Gruppe meist sehr lichtschwache Objekte, deren kontinuierliche Verfolgung schwierig ist. Siehe auch → *Amor*

Amphitrite Asteroid 29, Durchmesser 219 Kilometer, entdeckt 1854 von A. Marth.

Amplitude Der maximale Betrag einer veränderlichen Größe, einer Auslenkung bei einer Welle oder Oszillation. In der Astronomie wird der Begriff vor allem zur Bezeichnung des Helligkeitsbereiches eines → *veränderlichen Sterns* benutzt.

Am-Stern Ein A-Stern mit ungewöhnlich starken → *Absorptionslinien* gewisser Elemente in seinem Spektrum, insbesondere von Metallen wie Eisen und Nickel, und schwachen Linien der Elemente Kalzium und Skandium. Diese Merkmale resultieren wahrscheinlich aus einer vertikalen Diffusion, die die verschiedenen Elemente in der stabilen äußeren Schicht eines langsam rotierenden Sterns ausseparirt. Am-Sterne werden auch Metallinien-A-Sterne genannt.

AN Abkürzung für die Zeitschrift → *Astronomische Nachrichten.*

Analemma Die Achterfigur,

die man erhält, wenn man die Position der Sonne jeden Tag um dieselbe Zeit über das Jahr hinweg verfolgt. Die Sonnenposition ändert sich, da die Erdrotationsachse nicht senkrecht auf ihrer Umlaufbahn um die Sonne steht und weil die Erdumlaufbahn nicht kreisförmig, sondern elliptisch ist.

Ananke Ein kleiner Jupitermond (Nummer XII), entdeckt 1951 von S. B. Nicholson. Siehe auch → *Tabelle 6*

Andromeda Eins der 48 von Ptolemäus (140 n. Chr.) aufgeführten nördlichen Sternbilder. In der klassischen Mythologie war Andromeda die Tochter der Königin Cassiopeia und wurde dazu verurteilt, einem Seeungeheuer geopfert zu werden. Die Figur, die man traditionell mit dem Sternbild verbindet, ist die einer Frau in Ketten. Die drei hellsten Sterne Alpha (Alpheratz oder Sirrah), Beta (Mirach) und Gamma (Alamak) repräsentieren jeweils ihren Kopf, ihre Hüfte und einen Fuß. Andromeda ist ein großes, aber nicht sehr auffälliges Sternbild, bekannt vor allem wegen der → *Andromeda-Galaxie*. Siehe auch → *Tabelle 4*

Andromeda-Galaxie (M31; NGC 224) Eine große Spiralgalaxie, mit bloßem Auge als ein nebeliger Fleck im Sternbild Andromeda sichtbar. Ihre Entfernung beträgt 2,3 Millionen Lichtjahre; sie ist ein großes Mitglied der → *lokalen Gruppe*, mit einer Masse von 3 Milliarden Sonnenmassen. Unsere eigene → *Galaxis* ist der Andromeda-Galaxie wahrscheinlich sehr ähnlich, ihre Masse ist allerdings nur halb so groß. Die Spiralstruktur ist nicht leicht zu erkennen, da die Andromeda-Galaxie nahezu von der Kante aus gesehen wird. Die Scheibe ist nur 13° gegen die Sichtlinie gekippt. In einem kleinen Teleskop ist nur der kleine zentrale Kern sichtbar, wogegen sich die schwächeren Spiralarme über 3° am Himmel erstrecken. Einige Zwerggalaxien kreisen um die Andromeda-Galaxie, insbesondere M32 und NGC 205. Historisch gesehen war M31 das erste Objekt, dessen extragalaktische Natur erkannt wurde, und sie ist das entfernteste Objekt, das man mit bloßem Auge noch sehen kann.

Andromediden Ein Meteoritenschwarm, der mit dem seit 1940 nicht mehr beobachteten → *Komet P/Biela* (1852 III) assoziiert ist. Die erste schriftlich belegte Erscheinung dieses Schwarms, etwa aus der Richtung des Sterns Gamma Andromedae, stammt aus dem Jahr 1741. Aufsehenerregende Meteoritenstürme von mehreren tausend pro Stunde wurden im November 1872 und 1885 infolge des Zerbrechens des assoziierten Kometen beobachtet. Der Meteoritenschwarm ist auch als Bieliden bekannt.

Angelina Asteroid 64, Durchmesser 60 Kilometer, entdeckt 1861 von E. W. Tempel. Es ist einer der bestreflektierenden Asteroiden, die man kennt, mit einer Albedo von 34 Prozent.

Anglo-Australian Observatory (AAO) Ein astronomisches Observatorium am → *Siding Spring Observatory*, Standort New South Wales, Australien. Es wurde gemeinsam von der australischen und englischen Regierung gegründet. Das Observatorium wird vom Anglo-Australian Telescope Board (AATB) verwaltet, das in den frühen 70er Jahren eingerichtet wurde, als das 3,8-Meter-Teleskop → *Anglo-Australian Telescope* gebaut wurde. 1988 übernahm der AATB die Betriebsverantwortung für das englische 1,2-Meter-Schmidt-Teleskop, das bereits seit 1973 seinen Standort am AAO hat. Das AAO wurde von diesem Zeitpunkt an ebenfalls eine binationale Beobachtungseinrichtung. Mit dem weithin als eines der besten Instrumente dieses Typs angesehenen Schmidt-Teleskop werden Weitwinkelaufnahmen hoher Qualität (6,4 x 6,4 Quadratgrad) gewonnen; die meiste Beobachtungszeit ist langzeitigen Durchmusterungen gewidmet.

Anglo-Australian Telescope (AAT) Ein 3,9-Meter-Teleskop im Besitz und gemeinsam gegründet von den Regierungen von Australien und England. Es steht am → *Siding Spring Observatory*, Standort New South Wales, Australien. Das Teleskop wurde in den frühen 70er Jahren auf einer äquatorialen Hufeisenmontierung gebaut und begann seinen regulären Beobachtungsbetrieb im Jahr 1975. Es war das erste voll rechnerkontrollierte Teleskop. Viele verschiedene Instrumente und Techniken kommen an diesem für allgemeine Anwendungen nützlichen Teleskop zum Einsatz. Zahlreiche wissenschaftliche Entdeckungen und spektakuläre Aufnahmen des südlichen Sternhimmels wurden hier gemacht.

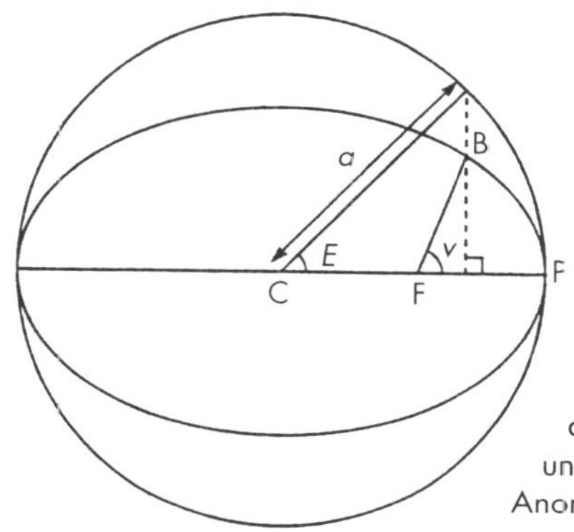

Anomalie. Geometrische Veranschaulichung der wahren Anomalie ν und der exzentrischen Anomalie E.

Ångström (Symbol Å) Ein Längenmaß insbesondere für die Wellenlänge des Lichts, äquivalent zu 10^{-10} Metern oder 0,1 Nanometern. Früher wurde es für die Bezeichnung der Wellenlänge des Lichts benutzt, aber im SI-Einheitensystem wird heute der Gebrauch von Nanometern vorgeschrieben.

Anisotropie Die Abwesenheit von → *Isotropie.* Die Eigenschaften eines anisotropen Objekts oder Systems sind richtungsabhängig.

Anomalie Ein Winkel, der zur Beschreibung der Bewegung eines Körpers auf einer elliptischen Umlaufbahn verwendet wird. Die wahre Anomalie ν ist der Winkel zwischen der Verbindungslinie vom Körper B zum Fokus F der Ellipse und der Verbindungslinie zwischen F und der Periapsis, dem Bahnpunkt, der F am nächsten ist (siehe Abbildung). Die Hauptanomalie M ist der Winkel zwischen PF und der Linie zwischen F und einem hypothetischen Körper, der die gleiche Umlaufperiode hat wie der wirklich zu betrachtende Körper, der sich aber mit konstanter Winkelgeschwindigkeit bewegt. Die exzentrische Anomalie E ist ein nützlicher Parameter zur Beschreibung der veränderlichen Länge des Radiusvektors r. Der verbindende Ausdruck lautet: $r = a\,(1 - e \cos E)$, wobei a die große Halbachse und e die Exzentrizität der Bahnellipse bezeichnet. Die Beziehung zwischen M und E, $M = E - e \sin E$, ist als Keplersche Gleichung bekannt.

anomalistischer Monat Die Zeit, die der Mond für einen Umlauf um die Erde von → *Perigäum* zu Perigäum braucht; er beträgt 27,554550 Tage.

anomalistisches Jahr Die Zeit zwischen zwei aufeinander folgenden Durchgängen der Erde durch das → *Perihel* auf ihrem Umlauf um die Sonne. Die Zeitspanne ist mit 365,25964 Tagen um 27 Minuten länger als die des → *tropischen Jahres* wegen der langsamen Bewegung des Perihels.

Anorthosit Ein Erstarrungsgestein, das hauptsächlich aus dem Silikatmineral Plagioklas besteht. Es ist ein wichtiger Bestandteil der Mondhochlandgebiete.

ANS Der erste nationale Satellit Hollands (Astronomische Nederlands Satelliet), gestartet am 30. August 1974. Er trug Experimente der Ultraviolett- und Röntgenastronomie.

Ansae (sing. Ansa) Das lateinische Wort mit der Bedeutung »Hantel« wird benutzt, um den Eindruck zu beschreiben, den die auf beiden Seiten der Planetenscheibe hervorstehenden Ringe des → *Saturn* beim Blick durch ein Teleskop bieten.

Antapex Der Punkt auf der Himmelssphäre, der dem → *Apex* der Sonne gegenübersteht. Das ganze Sonnensystem bewegt sich genau in Richtung auf den Apex und weg vom Antapex, relativ zu Sternen in der Sonnenumgebung. Der Antapex liegt im Sternbild Taube (etwa bei AR 6^h, Dec. −30°).

Antares (Alpha Scorpii; α Sco) Der hellste Stern im Sternbild Skorpion. Er ist ein roter → *Überriese* der Spektralklasse M und der Helligkeit 1,0. Der Name kommt aus dem Griechischen und hat die Bedeutung »der Rivale des Mars« – in Anspielung auf seine Farbe. Er ist ein halbregelmäßig veränderlicher Stern mit Variationen zwischen 0,9 und 1,0 Größenklassen über einen Zeitraum von fünf Jahren. Er hat einen blauen Begleiter 6. Größenklasse im Abstand von nur 3 Bogensekunden. Siehe auch → *Tabelle 3*

Antenne Jede Einrichtung für Sendung und Empfang von Radiosignalen. Die Bauart hängt von der Wellenlänge und der Stärke des Signals ab. Die einfachste Form ist ein gerader Stab oder Dipol. Der in der Radioastronomie gebräuchlichste Typ ist eine parabolische Schüssel. Ein einfaches Teleskop kann aus einer einzelnen Antenne bestehen. → *Radiointerferometer* können aus einer Anordnung von vielen individuellen Antennen bestehen.

Antennengalaxien Populärer Name für das Paar wechselwirkender Galaxien NGC 4038 und NGC 4039. Der Name rührt von zwei langen gekrümmten Streifen von Sternen her, die beim Zusammenstoß erzeugt wurden. Die Galaxien sind 48 Millionen Lichtjahre von uns entfernt, die Streifen etwa hunderttausend Lichtjahre lang.

Antennentemperatur Ein Parameter, der in der Radioastronomie als Maß für die Leistung pro Frequenzintervall (p) eines mit einer Antenne empfangenen Signals nach Verlusten im Detektorsystem benutzt wird. Er ist definiert als p/k, wobei k die → *Boltzmann-Konstante* bezeichnet.

Antimaterie Materie, die aus Elementarteilchen besteht, die dieselbe Masse und denselben Spin haben wie die Elementarteilchen, aus denen normale Materie besteht, aber mit vielen anderen gerade entgegengesetzten Eigenschaften wie der elektrischen Ladung. Es werden zwar Antiteilchen in der Natur beobachtet, andere werden im Labor erzeugt, aber es gibt keinen Hinweis auf die Existenz größerer Mengen von Antimaterie z. B. in der Form von Anti-Wasserstoff. Wenn normale Materie und Antimaterie aufeinanderträfen, würden sie sich unter Freisetzung von Energie gegenseitig vernichten.

Antinous Asteroid 1863, Durchmesser 3 Kilometer. Er wurde 1948 von A. Wirtanen entdeckt, als er der Erde nahe kam, und wurde 1972 wiederentdeckt.

Antizyklon Ein Gebiet in der Atmosphäre eines Planeten, in dem der Druck zum Zentrum hin ansteigt.

Antlia → *Air Pump*. Ein kleines, schwaches südliches Sternbild, das Mitte des 19. Jahrhunderts von Nicolas L. de Lacaille eingeführt wurde. Ursprünglich wurde es Antlia Pneumatica genannt. Siehe auch → *Tabelle 4*

Antoniadi-Skala Eine Fünf-Punkte-Skala, ersonnen von dem französischen Astronomen Eugenios Antoniadi (1870–1944), deren Verwendung unter Amateurastronomen weit verbreitet ist, um die Qualität des → *Seeing* zu beschreiben. Die Punkte auf der Skala sind folgendermaßen definiert: I perfekt, II leichte Schwankungen mit Perioden praktisch perfekten Seeings, die einige Sekunden dauern können. III mäßig gutes Seeing, wenn auch mit merklicher Luftunruhe. IV schlechtes Seeing, das die Beobachtung erschwert. V sehr schlechtes Seeing, das keine sinnvolle Beobachtung ermöglicht.

antropisches Prinzip Die Annahme, daß nur eine begrenzte Zahl aller theoretisch möglichen Welten die Entstehung von Leben begünstigt. Theoretisch können sehr unterschiedliche Universen mit verschiedensten physikalischen Verhältnissen und Werten für die Naturkonstanten existieren. Das antropische Prinzip besagt, daß nur eine eingeschränkte Klasse solcher Modelle intelligente Beobachter zuläßt. Da wir existieren, muß das Universum, das wir bewohnen, eng begrenzte Eigenschaften haben, die unsere Entwicklung zulassen. Dieser grundsätzlichen Feststellung wird im allgemeinen nicht widersprochen. Sie wird bisweilen als schwaches antropisches Prinzip bezeichnet. Das sog. starke antropische Prinzip, vorgeschlagen von Brandon Carter, ist spekulativer. Es behauptet, daß das Universum im Laufe seiner Entwicklung Beobachter hervorbringen muß, weil es so viele scheinbar voneinander unabhängige Zufälle in der Natur gibt.

Apache Point Observatory Ein Observatorium in New Mexico, USA, im Besitz und betrieben von einem Konsortium von Universitäten: New Mexico State University, University of Washington, University of Chicago, Princeton University und Washington State University. Das Hauptinstrument ist ein azimutales 3,5-Meter-Teleskop für optische und Infrarotbeobachtungen. Der Hauptspiegel besteht aus einer Pyrex-Wabenstruktur, hergestellt im Rotations-Gußverfahren, ein Herstellungsverfahren, das einen um den Faktor fünf leichteren Spiegel ergibt, verglichen mit einem massiven Spiegel der gleichen Größe. Das Observatorium wurde Ende 1990 eröffnet.

Apastron Die Bahnposition der beiden Komponenten eines Doppelsternsystems, wenn sie ihren größten Abstand voneinander haben.

Apenninen (Montes Apenninus) Ein Gebirge auf dem Mond, das einen Teil der östlichen Begrenzung des Mare Imbrium bildet.

Apertur (Symbol D) Die Lichtbündel begrenzende Öffnung eines abbildenden Systems, z. B. eines Teleskops. Für ein optisches Teleskop ist die Apertur durch den Durchmesser des Hauptspiegels oder des Objektivs gegeben, beim Radioteleskop dagegen durch die physikalische Größe der → *Antenne*. Die Apertur ist eine wichtige Kenngröße eines Teleskops, da sowohl die Fähigkeit, Strahlung zu sammeln, als auch die Auflösung mit der Größe der Apertur anwachsen.

Apertursynthese Eine Technik, die man in der Radioastronomie benutzt, um die → *Auflösung* einer sehr großen Apertur mit Beobachtungen an einer größeren Zahl kleiner → *Antennen* zu erreichen.
Im einfachsten Fall werden zwei Antennen als → *Radiointerferometer* benutzt, und die → *Phase* und die → *Amplitude* des kombinierten Radiosignals werden kontinuierlich gemessen. Da die Erde sich im Laufe eines Tages dreht, wird eine Antenne automatisch um die andere auf einem Kreis herumgeführt. An nachfolgenden Tagen wird der Abstand der Antennen immer weiter verändert, so daß langsam eine elliptische Fläche ausgefüllt wird. Wenn man die Aufzeichnungen im Rechner kombiniert, kann man eine Radiokarte von dem beobachteten Himmelsausschnitt erzeugen, der einen Detailreichtum besitzt, als wäre die benutzte Teleskopapertur von der Größe der gesamten überdeckten Fläche. Normalerweise werden mehr als zwei Teleskope benutzt,um den Prozeß zu beschleunigen und größere Flexibilität zu erreichen. Es ist möglich, Beobachtungen von verschiedenen Standorten zu kombinieren, die Tausende von Kilometern voneinander entfernt sind, um noch bessere Auflösung zu erreichen. Siehe auch → *Erdrotations-Synthese*

Apex Apex (1) Der Punkt auf der Himmelssphäre im Sternbild Herkules (etwa bei AR 18^h, Dec. +30°), in dessen Richtung sich das Sonnensystem als Ganzes relativ zu anderen Sternen in Sonnennähe zu bewegen scheint.
Apex (2) Der Punkt an der Himmelssphäre, in dessen Richtung sich zu einem gegebenen Zeitpunkt die Erde während ihres Umlaufs um die Sonne hinzubewegen scheint.

Aphel Der Punkt auf der Umlaufbahn eines Planeten oder Kometen um die Sonne, der am weitesten von der Sonne entfernt ist.

Aphrodite Terra Ein Hochland auf der Oberfläche der Venus, etwa von der Größe des afrikanischen Kontinents.

Ap J Abkürzung für das »Astrophysical Journal«.

APM-Maschine Abkürzung für → *automatische Plattenmeßmaschine*.

Apochromat Ein Linsensystem aus drei (oder mehr) Einzellinsen, das so konstruiert ist, daß die → *chromatische Aberration* minimiert wird.

Apodisierung Die Verwendung einer Maske auf der Teleskop-Apertur, die kontinuierlich die Transmission (bzw. Reflexion) vom Zentrum zum Rand hin verringert. Man will damit Beugungseffekte unterdrücken, die feine Details bei Planetenbeobachtungen verwischen. Eine Apodisierungs-Maske besteht aus drei oder vier ringförmigen Zonen.

Apogäum Der erdfernste Punkt auf der Umlaufbahn des Mondes oder künstlicher Satelliten.

Apollo Asteroid 1862, Durchmesser 1,4 Kilometer, entdeckt 1932 von K. Reinmuth. Er ist der Prototyp der Apollo-Gruppe von Asteroiden, deren Bahn die Erdbahn kreuzt.

Apollo-Programm Ein amerikanisches Raumfahrtprogramm, das 1969 sein Ziel erreichte: eine bemannte Landung auf dem Mond. Das Programm bestand im Ganzen aus 17 Missionen. Mission 1 bis 6 waren unbemannte Testflüge, und Apollo 13 wurde wegen einer Explosion an Bord abgebrochen; die Astronauten konnten sicher zur Erde zurückkehren. Sechs Mondlandungen fanden zwischen dem 20. Juli 1969 und dem 11. Dezember 1972 statt. Die Astronauten sammelten Stein- und Bodenproben von insgesamt 400 Kilogramm Gewicht und machten viele photographische Aufnahmen von der Mondoberfläche aus und aus dem Mondorbit. Eine große Zahl wissenschaftlicher Experimente wurde auf der Mondoberfläche durchgeführt, unter anderem eines zur Untersuchung der → *kosmischen Strahlung* und des → *Sonnenwindes*. Das Apollo-Raumschiff bestand aus drei Modulen: dem Kommando-, dem Service- und dem Mond-Modul. Das Kommando- und Service-Modul blieb in der Mondumlaufbahn mit einem Astronauten an Bord, während die anderen beiden im Mond-Modul auf die Mondoberfläche abstiegen. Die Landestufe wurde auf dem Mond zurückgelassen, als die Astronauten mit der Aufstiegsstufe zurückkehrten und sich an das Kommando- und Service-Modul ankoppelten. Das Service-Modul wurde kurz vor Wiedereintritt in die Erdatmosphäre abgeworfen.

Apollo-Sojus-Projekt Ein gemeinsames US/UdSSR-Raumfahrtprojekt im Juli 1975, bei dem ein Kommando- und Service-Modul des Apollo-Programms an eine sowjetische Sojus-Raumfahrtstation in der Erdumlaufbahn in einer Höhe von 225 Kilometern ankoppelte. Die zwei Teams von Astronauten konnten sich in dem jeweils anderen Raumschiff besuchen; sie führten gemeinsam eine Reihe von Experimenten durch.

Apozentrum Der Punkt auf der Umlaufbahn einer Komponente eines Doppelsternsystems, der vom → *Massenzentrum* des Systems am weitesten entfernt ist.

Bemannte Mondlandungen

Apollo	*Astronaut*	*Datum der Landung*	*Ort der Landung*
11	Armstrong, Aldrin, Collins	20. Juli 1969	Mare Tranquillitatis
12	Conrad, Bean, Gordon	19. November 1969	Oceanus Procellarum
14	Shepard, Mitchel, Roosa	5. Februar 1971	Fra Mauro
15	Scott, Irwin, Worden	30. Juli 1971	Hadley-Rille
16	Young, Duke, Mattingly	21. April 1972	Cayley-Descartes-Hochlandregion
17	Cernan, Schmitt, Evans	11. Dezember 1972	Taurus-Littrow-Gebiet

Appulsion Eine dichte Annäherung eines Himmelsobjekts an ein anderes, derart, daß der Beobachter meint, sie würden sich berühren; jedoch findet keine Bedeckung statt. Ein typisches Beispiel ist die Beinah-Bedeckung eines Sterns durch den Mond.

April-Lyriden → *Lyriden.*

Apsiden Die zwei Punkte auf einer elliptischen Umlaufbahn, die minimale und maximale Entfernung vom → *Massenzentrum* haben. Die Verbindungslinie, die mit der großen Achse der Ellipse zusammenfällt, nennt man Apsidenlinie.

Apsidenbewegung Die Bewegung der Verbindungslinie der → *Apsiden* einer elliptischen Umlaufbahn, verursacht durch gravitative Störeffekte eines oder mehrerer anderer Objekte.

Ap-Stern Ein → *A-Stern* mit einem ungewöhnlichen Spektrum (p steht für »pekuliar«), in dem die Absorptionslinien bestimmter Elemente besonders stark sind. Die heißesten Sterne dieser Art haben den → *Spektraltyp* B und werden Bp-Sterne genannt. Es gibt verschiedene Sorten von Ap- und Bp-Sternen, die alle verschiedene Merkmale zeigen. Unter den verstärkt auftretenden Spektrallinien sind die des Siliziums, Magnesiums, Quecksilbers, Chroms, Euripiums und Strontiums. Fast alle diese Sterne besitzen starke Magnetfelder, einige zeigen ein veränderliches Spektrum.

APT Abkürzung für → *automatisches Photometrie-Teleskop.*

Apus (gen. Apodis, Paradiesvogel) Ein schwaches Sternbild nahe dem südlichen Himmelspol, vermutlich eingeführt von Seefahrern des 16. Jahrhunderts und von Johann Bayer in seinen Atlas → *Uranometria* aufgenommen (1603 veröffentlicht). Siehe auch → *Tabelle 4*

Aquariden Zwei Meteorschauer. Die Eta-Aquariden werden zwischen dem 24. April und dem 20. Mai beobachtet, mit einem Maximum um den 4. oder 5. Mai. Dies ist ein schwacher Meteorschauer, der mit dem → *Halleyschen Kometen* assoziiert ist. Der Radiant liegt bei AR 22^h20^m, Dec. –1°.

Die Delta-Aquariden erscheinen zwischen dem 15. Juli und dem 20. August, mit einem Maximum am 29. Juli und 7. August. Der Radiant ist doppelt, die zwei Komponenten liegen bei AR 22^h36^m, Dec. –17° und bei AR 23^h04^m, Dec. +2°.

Aquarius (Wassermann) Eines der zwölf Tierkreissternbilder, die von Ptolemäus (140 n. Chr.) aufgezeichnet wurden. Es ist eines der größeren Sternbilder, enthält aber keine sehr hellen Sterne. Siehe auch → *Tabelle 4*

Äquator Der Großkreis auf der Oberfläche eines Körpers, der durch die Ebene definiert ist, die durch das Zentrum des Körpers geht und senkrecht auf der Rotationsachse steht. Wenn der Zusammenhang klar ist, wird manchmal »Äquator« in der Bedeutung von → *Himmelsäquator* verwendet.

äquatoriale Koordinaten Ein System von Koordinaten am Himmel, die auf dem → *Himmelsäquator* basieren. Äquatoriale Koordinaten sind die meistgebräuchlichen bei der Positionsangabe eines Objekts auf der Himmelssphäre.

Das Koordinaten-Äquivalent für die geographische Breite ist die Deklination (Dec. oder δ (delta)), die in Grad nach Norden oder Süden vom Äquator aus gemessen wird. Nördliche Deklinationen sind positiv, südliche negativ. Die andere Koordinate, die Rektaszension (AR oder α (alpha)), ist das Äquivalent zur geographischen Länge, wird aber, in Anbetracht der Rotation der Himmelssphäre in 24 Sternstunden, in Stunden, Minuten und Sekunden gemessen.

Ein Teleskop, das ohne Nachführung in eine feste Himmelsrichtung schaut, wird daher im Verlauf einer Zeitstunde den Bereich einer Stunde in Rektaszension überstreichen. Der Nullpunkt der Rektaszension ist das nördliche Frühlings- → *Äquinox.* Aufgrund der → *Präzession* bewegt sich dieser Punkt sehr langsam entlang des Äquators; äquatoriale Koordinaten müssen daher bezüglich einer speziellen → *Epoche* angegeben werden.

äquatoriale Montierung Eine Form der Teleskopmontierung, bei der das Instrument

um eine Polachse parallel zur Erdachse und eine Deklinationsachse, die senkrecht darauf steht, rotieren kann. Die Rotation um diese zwei Achsen ermöglicht es, die → *äquatorialen Koordinaten* unabhängig voneinander zu positionieren. Bewegung um die Polachse ändert die Rektaszension, Drehung um die andere Achse die Deklination.
Die äquatoriale Montierung hat einen Vorteil. Um die durch die Erdrotation verursachte scheinbare Bewegung des Himmels zu kompensieren, muß das Teleskop nur um eine Achse, die Polarachse, motorgetrieben sein. Wenn das Teleskop korrekt positioniert ist, verbleibt es so an der gewünschten Deklination ohne Nachkorrektur. Aus diesem Grund war lange Zeit die Montierung aller nicht zu kleinen Teleskope vom äquatorialen Typ. Fortschrittliche Rechnerkontrolle hat es inzwischen ermöglicht, auch sehr große Teleskope auf der einfacheren → *Altazimut-Montierung* ohne Schwierigkeiten zu positionieren und nachzuführen. Die äquatoriale Montierung bleibt aber dennoch populär und in vielen Anwendungen praktisch. Verschiedene Formen der äquatorialen Montierung sind entwickelt worden, die die richtige Unterstützung und den gewünschten Bewegungsfreiraum je nach Größe und Typ des Teleskops bieten. Die Hauptklassen sind die deutsche, englische, Joch-, Hufeisen- und Gabel-Montierung (siehe Abbildung). Weil die Polarachse parallel zur Erdachse sein muß (d. h. sie muß auf der Nordhalbkugel in Richtung Himmelsnordpol zeigen), ist eine bestimmte äquatoriale Montierung nur für die spezielle geographische Breite einsetzbar, für die sie konstruiert ist.

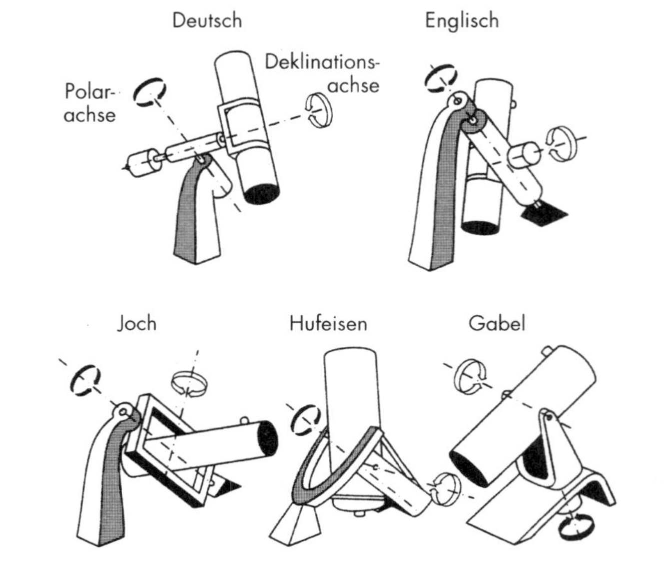

Äquatoriale Montierungen.

äquatorialer Kopf Teil einer äquatorialen Montierung eines Teleskops, der die Teleskophalterung und den Mechanismus der Nachführung umfaßt, aber nicht das Dreibein oder den Teleskoppfeiler.

Aquila (Adler) Ein kleines aber hervorstechendes nördliches Sternbild aus der Liste von Ptolemäus (140 n. Chr.). Es soll den Adler aus der klassischen Mythologie repräsentieren, der von Jupiter ausgesandt wurde, um Ganymed in den Olymp zu holen. Das Sternbild enthält einen der hellsten Sterne: Atair. Siehe auch → *Atair* und *Tabelle 4*

Äquinoktialkolure → *Kolure.*

Äquinox Einer der beiden Punkte, an denen der → *Himmelsäquator* die → *Ekliptik* schneidet oder auch die Zeitpunkte, zu denen die Sonne durch einen der beiden Punkte geht. Die Sonne geht vom Süden zum Norden am nördlichen Frühlingsäquinox und vom Norden in den Süden im nördlichen Herbstäquinox (21. März und 23. September).

Die Position des nördlichen Frühlingsäquinox nennt man traditionell auch den Widderpunkt, er wird oft durch das Symbol für Widder (♈) repräsentiert. Durch die Präzession hat sich jedoch dieser Punkt langsam verschoben, so daß er zur Zeit in dem angrenzenden Sternbild Fische liegt.

Äquivalentbreite Ein Maß für die Stärke einer → *Spektrallinie*. Wenn man das Spektrum als einen Graph der Lichtintensität gegen die Wellenlänge aufzeichnet, erscheinen Absorptionslinien als glockenförmige Einsenkungen in einem ansonsten kontinuierlichen Spektrum (siehe Abbildung). Die Äquivalentbreite wird bestimmt, indem man die Fläche dieser Einsenkung durch die Höhe des Kontinuums teilt. Das Ergebnis ist ein Wellenlängenintervall, das die Linie einnehmen würde, wenn der Absorptionsbetrag auf ein Rechteck mit der Höhe des Kontinuums umverteilt würde.
Die Äquivalentbreite wird in Einheiten der Wellenlänge gemessen, oft in Milli-Ångström.

AR Abkürzung für → *Rektaszension*.

Ara (Altar) Ein kleines, schwaches Sternbild aus der Liste von Ptolemäus (140 n. Chr.). Siehe auch → *Tabelle 4*

arachnoid Ein umgangssprachlicher Ausdruck für eine Form von Vulkanismus auf der → *Venus*, entdeckt während der Magellan-Mission, die spinnenartige Strukturen zeigte, verbunden von einem Netz von Brüchen.

Arcadia Planitia Eine Ebene auf der Nordhalbkugel des Mars.

Arcetri-Observatorium Ein Observatorium in Florenz, gegründet 1872 in Gedenken an Galilei, der die Zeit seines Arrestes nahe dem Standort dieses Observatoriums verbrachte. Es ist heute vor allem ein von der italienischen Regierung getragenes Forschungsinstitut. Instrumente: ein alter 36-Zentimeter-Refraktor und ein Sonnenturm. Ein 1,5-Meter-Infrarotteleskop steht in einer Höhe von 3200 Metern nahe Zermatt.

Archäoastronomie Die Erforschung astronomischer Praktiken in prähistorischen Zivilisationen und Gesellschaften. Die Archäoastronomie beschäftigt sich insbesondere mit archäologischen Hinweisen auf astronomisches Wissen statt mit niedergeschriebenen Aufzeichnungen. Unter anderem werden die Überreste der Steinzeit in Westeuropa, das vorzeitliche Mittelamerika und die klassischen Mittelmeer-Kulturen erforscht.

Archer Englische Bezeichnung für das Sternbild → *Sagittarius*.

Arecibo-Observatorium Ein Radioastronomie-Observatorium in Puerto Rico, wo eine Schüssel von 305 Metern Durchmesser in eine natürliche Talsenke in den Hügeln südlich von Arecibo hineingebaut wurde. Das Teleskop wurde 1963 fertiggestellt und wird vom nationalen Ionosphären- und Astronomie-Zentrum der Cornell Universität in den USA betrieben. Die reflektierende Fläche kann nicht bewegt werden, aber Radioquellen können verfolgt werden, indem man den Empfänger

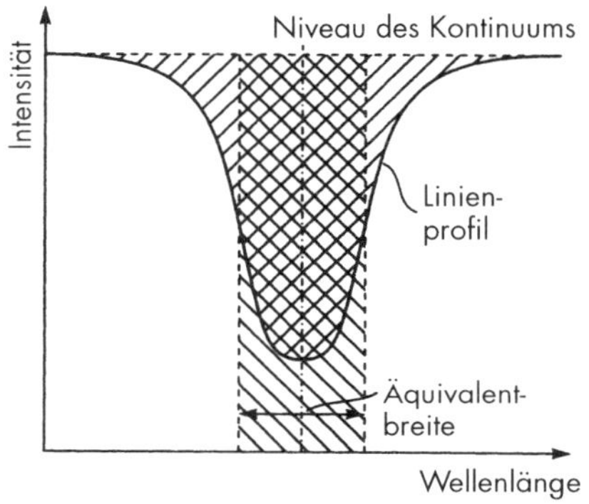

Äquivalentbreite. Das schraffierte Rechteck hat dieselbe Fläche wie die schraffierte Fläche innerhalb des Linienprofils.

im Fokus entlang einer speziellen Haltestruktur verschiebt. Die Fläche des Teleskops ist größer als die aller sonstigen Radioteleskope auf der Welt zusammengenommen. Es wird für Radaruntersuchungen der Planeten, zur Beobachtung von → *Pulsaren* und der Untersuchung von Wasserstoff in entfernten Galaxien benutzt. Wegen seiner großen Sammelfläche kann es schwächere Signale als jedes andere Radioteleskop empfangen.

Arend-Roland-Komet → *Komet Arend-Roland.*

Areographie Die Untersuchung und Kartierung von Oberflächenmerkmalen des Mars.

Areologie Die Geologie des Planeten Mars.

Arethusa Asteroid 95, Durchmesser 145 Kilometer. Mit einer Albedo von nur 1,9 Prozent ist er besonders dunkel.

Argo Navis (Schiff, Schiff Argo) Ein großes Sternbild am südlichen Himmel, das nach Ptolemäus das Schiff von Jason und den Argonauten darstellt. Seine extreme Größe führte bei den Astronomen zu Schwierigkeiten, und es wird offiziell nicht mehr benutzt. Sterne, die früher Argo Navis bildeten, werden nun drei verschiedenen Sternbildern zugeordnet: → *Carina* (der Kiel), → *Puppis* (das Heck) und → *Vela* (das Segel).

Argument (Symbol ω) Englische Bezeichnung für die Länge der Periapsis. Einer der Winkel der Parameter, die man zur Bestimmung einer elliptischen Umlaufbahn benutzt. Er beschreibt die Orientierung einer Umlaufbahn innerhalb seiner Ebene. Das Argument des Perihels für die Bahn eines Planeten oder Kometen um die Sonne ist der Winkel Perihel-Sonne-aufsteigender Knoten, gemessen in der Bahnebene in Bewegungsrichtung.

Argyre Planitia (Argyre-Bekken) Ein kreisförmiger Krater, 900 Kilometer im Durchmesser, auf der Südhalbkugel des Mars.

Ariel Ariel (1) Eine Serie von sechs Satelliten, gestartet zwischen 1962 und 1979, von denen die ersten vier der Erforschung der Ionosphäre dienten und die letzten zwei der Röntgenastronomie. Ariel 5, gestartet am 15. Oktober 1974, war sehr erfolgreich und führte viele wichtige Röntgenbeobachtungen durch. Mehrere Kataloge wurden zusammengestellt. Die ersten fünf Satelliten wurden gemeinsam von den USA und England benutzt. Ariel 6 war ein rein britisches Röntgen-Projekt, litt aber unter technischen Problemen und brachte nur wenige Ergebnisse.

Ariel (2) Einer der größeren Monde des Uranus, entdeckt 1851 von W. Lassell. Auf Bildern der → *Voyager-2*-Mission aus dem Jahr 1986 erscheint seine Oberfläche stark von Kratern, Grabenverwerfungen und Tälern zerfurcht. Sein Erscheinungsbild legt nahe, daß es in der Vergangenheit beträchtliche geologische Aktivitäten gab. Siehe auch → *Tabelle 6*

Aries (Der Widder) Ein kleines Tierkreiszeichen aus der Liste von Ptolemäus (140 n. Chr.). Vor zweitausend Jahren wußte man schon, daß die Position der Sonne am Himmel zum → *Frühlingspunkt* im Sternbild des Widders liegt; der Effekt der → *Präzession* hat diesen Punkt seitdem in das Sternbild der Fische verschoben. Aries soll den Widder des Goldenen Vlieses darstellen, das Jason nach der klassischen Mythologie begehrte. Sein hellster Stern ist der Stern zweiter Größe → *Hamal.* Siehe auch → *Tabelle 4*

Aristarchus Ein sehr heller Mondkrater, das Zentrum eines auffälligen Strahlensystems. Er mißt 45 Kilometer im Durchmesser und zeigt mehrere Stufen an den inneren Abhängen. Zeitweise wurde gelegentlich ein rötliches Glühen beobachtet, das vermutlich durch freiwerdendes Gas aus dem Oberflächengestein verursacht wird.

Arizona-Meteoritenkrater (Barringer-Krater; Coon Butte) Der besterhaltene und berühmteste → *Meteoritenkrater* der Erde, 1200 Meter im Durchmesser, 183 Meter tief und umgeben von einem Wall von 30 bis 45 Metern Höhe. Er liegt zwischen Flagstaff und Winslow in Arizona, USA, und wurde 1891 entdeckt. Sein Alter wird auf 50 000 Jahre geschätzt. Große Mengen von Meteoriteneisen wurden in seiner Umgebung gefunden. Man nimmt an, daß der ursprüngliche Meteorit ein Eisenmeteorit war und über 1000 Tonnen gewogen hat, beim Aufprall aber größtenteils zerstört wurde. Die vielen verstreuten Bruchstücke des sog. Canyon-Teufelsmeteoriten wiegen zusammen »nur« 18 Tonnen.

Arktur (Alpha Bootis; α Boo) Der hellste Stern im Sternbild Bootes. Er ist ein orangefarbener K-Riese der Helligkeit –0,04, der vierthellste Stern am Himmel. Der aus dem Griechischen stammende Name bedeutet »Bärbeobachter«. Siehe auch → *Tabelle 3*

Armagh-Observatorium Ein Observatorium in Armagh, Nordirland, gegründet im Jahr 1790. Das Observatorium und sein zugehöriges Planetarium, das 1968 eröffnet wurde, werden heute von der Regierung als eine Schulungseinrichtung getragen; es gibt dort keine Forschungsinstrumente. Das Observatorium ist besonders wegen der Zusammenstellung des → *New General Catalogue of Nebulae and Clusters of Stars* (NGC) von J. L. E. Dreyer, Direktor von 1882 bis 1916, erwähnenswert.

Armillarsphäre Eine Art von Himmelsglobus, bei der die Sphäre des Himmels durch ein skelettartiges Rahmenwerk von sich schneidenden Kreisen dargestellt wird, mit der Erde im Zentrum. Die einzelnen Ringe in diesem Gerüst stellen wichtige Kreise am Himmel dar, wie den → *Himmelsäquator* und die → *Ekliptik*. Einige dieser Ringe können beweglich sein, so daß das Erscheinungsbild des Himmels zu verschiedenen Zeiten und unterschiedlichen geographischen Längen dargestellt werden kann. Auf manchen Armillarsphären sind die Positionen der helleren Sterne als Zeiger markiert, die an den festen Ringen angebracht sind. Die Benutzung der Armillarsphäre sowohl für die Beobachtung als auch zu Demonstrationszwekken geht auf das dritte nachchristliche Jahrhundert zurück.

Arp-Katalog Ein Katalog von → *pekuliaren Galaxien* (Atlas of Peculiar Galaxies), der von Halton Arp zusammengestellt und im Jahr 1966 veröffentlicht wurde.

Arsia Mons Einer der großen → *Schildvulkane* im Tharsis-Rücken-Gebiet auf dem Mars. Er hat einen Durchmesser von etwa 350 Kilometern und eine Höhe von 27 Kilometern und erhebt sich damit 17 Kilometer über den umgebenden → *Tharsis-Rücken*.

aschgraues Licht Ein schwaches Glühen, das visuelle Beobachter gelegentlich auf der dunklen Seite der Venus sehen, wenn Venus in der zunehmenden Phase ist. Da es aber keine photographischen Belege dieses Phänomens gibt, wird dessen Realität in Frage gestellt, wenn es auch von vielen verschiedenen Beobachtern berichtet wird. Seine Ursache ist unbekannt; wenn es aber ein realer physikalischer Effekt in der Atmosphäre der Venus ist, kann es sich um ein dem Nachthimmelsleuchten in der Atmosphäre der Erde ähnlichen Effekt handeln.

Ascraeus Mons Einer der prominenten → *Schildvulkane* in der Tharsis-Rücken-Region des Mars. Er hat einen Durchmesser von etwa 250 Kilometern und eine Höhe von 27 Kilometern und erhebt sich damit 17 Kilometer über den umgebenden → *Tharsis-Rücken*.

Asiago-Observatorium Die Haupt-Beobachtungseinrichtung der Astronomieabteilung an dem Observatorium der Universität von Padua. Es liegt in den Voralpen, 90 Kilometer nördlich von Padua, in Norditalien. Das ursprüngliche Instrument ist ein 1,22-Meter-Teleskop, eingeweiht 1942. Zwei Schmidt-Kameras wurden an einen höheren Standort, Cima Ekar, 12 Kilometer weiter östlich verlegt. Das ist auch der Standort des 1,82-Meter-Copernicus-Reflektors, eingeweiht 1973, dem derzeit größten Teleskop in Italien.

ASP Abkürzung für → *Astronomical Society of the Pacific*.

Aspekt Aspekt (1) Die Position eines Planeten oder des Mondes relativ zur Sonne, von der Erde aus gesehen.

Aspekt (2) Der Winkel zwischen der Rotationsachse eines Körpers im Sonnensystem und dem Radiusvektor zwischen diesem Körper und der Erde.

Association of Universities for Research in Astronomy (AURA) Eine Gesellschaft in den USA, die aus einem Konsortium von zwanzig Universitäten besteht und die → *National Optical Astronomy Observatories* und das → *Space Telescope Science Institute* betreibt.

Assoziation Eine lose Gruppe junger Sterne, typischerweise mit zwischen zehn und hundert Mitgliedern. Man findet sie vor allem entlang den Spiralarmen unserer → *Galaxis* und kennt heute etwa siebzig Beispiele. Alle sind relativ jung im astronomischen Sinne. Die Mitglieder sind gravitativ nicht sehr eng gebunden und ihre unterschiedliche Geschwindigkeit wird innerhalb einiger Millionen Jahre zur Auflösung der Assoziation führen. Mitglieder einer Assoziation müssen daher gemeinsam und vor relativ kurzer Zeit aus derselben Sternentstehungswolke geboren sein. Assoziationen werden immer zusammen mit interstellarer Materie gefunden, aus der sie sich vermutlich bilden.
Man unterscheidet zwei Arten von Assoziationen: O- oder OB-Assoziationen setzen sich aus massiven und leuchtkräftigen → *O-Sternen* und → *B-Sternen* zusammen, die über ein Gebiet von bis zu mehreren hundert Lichtjahren verstreut sind. T-Assoziationen enthalten zahlreiche → *T Tauri-Sterne* niedriger Masse.

Asterismus (asterism) Im Englischen gebräuchliche Bezeichnung für eine auffallende Sternverteilung, meist mit populärem Namen, die kein komplettes → *Sternbild* darstellt. Bekannte Beispiele für Asterismen sind der → *Große Wagen* im Großen Bären und die → *Sichel* im Löwen.

A-Stern Ein Stern des → *Spektraltyps* A. A-Sterne haben Oberflächentemperaturen zwischen 7500 und 11 000 Kelvin, und ihre Farbe ist weiß. Die wichtigsten Merkmale in ihrem Absorptionsspektrum sind die → *Balmerlinien* des Wasserstoffatoms. Linien schwererer Elemente wie Eisen sind auch am kühleren Ende des Temperaturbereichs nachweisbar. Beispiele für A-Sterne sind → *Sirius* und → *Vega*.

Asteroid (kleinerer Planet) Ein kleines felsiges Objekt im Sonnensystem. Der größte, → *Ceres*, hat fast 1000 Kilometer Durchmesser, aber darunter gibt es Asteroiden aller Größen bis herab zu Staubpartikeln. Viele Tausende sind individuell identifiziert, und man schätzt, daß es etwa eine halbe Million mit Durchmessern über 1,6 Kilometern gibt. Die Gesamtmasse aller Asteroiden beträgt jedoch zusammengenommen weniger als ein Tausendstel der Erdmasse. Die meisten Asteroidenbahnen sind im → *Asteroidengürtel* zwischen Mars und Jupiter in einer Entfernung zwischen 2,0 und 3,3 AE von der Sonne konzentriert.
Asteroiden werden nach dem Spektrum des von ihnen reflektierten Sonnenlichts klassifiziert: 75 Prozent sind sehr dunkle, kohlenstoffhaltige C-Typen. 15 Prozent sind gräuliche, silikathaltige (steinige) → *S-Typ-Asteroide*, und die verbleibenden 10 Prozent sind metallhaltige Asteroide vom M-Typ sowie eine Anzahl von seltenen Varianten. Die Klassifizierung ist an die der → *Meteoriten* angelehnt. Es ist evident, daß viele Asteroide und Meteorite gleiche chemische Zusammensetzung haben; Asteroide sind daher wahrscheinlich das Stammaterial der Meteorite.
Die dunkelsten Asteroide reflektieren nur etwa 3 bis 4 Prozent des auf sie fallenden Sonnenlichts, während die hellsten bis zu 40 Prozent reflektieren. Bei vielen ändert sich regelmäßig mit ihrer Umdrehung die Helligkeit. Im allgemeinen haben sie eine unregelmäßige Form. Die kleinsten Asteroide rotieren am schnellsten und haben die unregelmäßigsten Formen.
Asteroide sind vermutlich die Überreste des Materials, aus dem sich das Sonnensystem bildete. Diese Ansicht wird unterstützt durch die Art, in der der vorherrschende Asteroidentyp mit der Entfernung von der Sonne variiert. Hochgeschwindigkeits-Kollisionen zwischen Asteroiden führen mit der Zeit zu deren Zertrümmerung. Sie sind staubige, kraterübersäte Objek-

te ähnlich den Marsmonden, die vermutlich eingefangene Asteroide sind.

Asteroidengürtel Ein Gebiet im Sonnensystem, zwischen 2,0 und 3,3 AE entfernt von der Sonne, in dem der weitaus größte Teil der Asteroidenbahnen liegt. Innerhalb des Gürtels gibt es sowohl Konzentrationen von Umlaufbahnen, die Gruppen und Familien bilden, als auch Gebiete, die gemieden werden, bekannt unter dem Begriff → *Kirkwood-Lücken*. Der relative Anteil der verschiedenen Asteroiden-Typen variiert merklich innerhalb des Gürtels. Am inneren Rand sind 60 Prozent silikathaltig und 10 Prozent kohlenstoffhaltig; am äußeren Rand ist die Situation umgekehrt mit 80 Prozent von C-Typ und 15 Prozent vom S-Typ. Der Asteroidengürtel markiert die Übergangszone zwischen innerem und äußerem Sonnensystem.

Asthenosphäre Eine Schicht des Erdmantels in einer Tiefe zwischen 100 und 250 Kilometern, über die die festeren Platten der → *Lithosphäre* gleiten.

Astigmatismus Abbildungsfehler eines Linsen- oder Spiegelsystems. Licht, das durch verschiedene Teile z. B. einer astigmatischen Linse tritt, wird in unterschiedlichem Abstand hinter der Linse fokussiert. Das Bild einer Punktquelle kann daher als Strich oder Ellipse erscheinen. Das beste Bild, das man mit einer solchen Linse erzeugen kann, ist ein kleiner Kreis, den man Kreis kleinster Verwirrung nennt.

Astraea Asteroid 5, Durchmesser 125 Kilometer, entdeckt 1845 von K. L. Hencke.

Astration Der zyklische Prozeß, in dem interstellare Materie in neu sich bildende Sterne eingebaut wird, dort Kernprozessen unterworfen wird, sich dabei mit schwereren Elementen anreichert und schließlich wieder in das interstellare Medium ausgestoßen wird, um als Material für die nächste Generation von Sternen zur Verfügung zu stehen. Astration führt zu einer stetigen Anreicherung an schweren Elementen in einer Galaxie.

Astro-B Ein japanischer Röntgenastronomie-Satellit, der am 20. Februar 1983 gestartet wurde. Nach dem Start wurde er in Tenma (»Pegasus«) umbenannt.

Astroblem Ein alter, zum großen Teil erodierter Einschlagskrater. Siehe auch → *Krater*

Astro-C → *Ginga.*

Astrochemie Die Erforschung der chemischen Reaktionen zwischen Atomen, Molekülen und Staubpartikeln im interstellaren Medium, einschließlich der Phasen der Stern- und Planetenentstehung.

Astro-D (ASCA) Ein Röntgenastronomie-Satellit, gemeinsames Projekt der USA und Japan, erfolgreicher Start 1993. Die Zielsetzung ist die Spektroskopie von Röntgenquellen.

Astrodynamik Wissenschaft, die alle Aspekte der Satelliten-, Raketen- und Raumschiffbewegung behandelt.

Astro–1 Ein astronomisches Observatorium für den Einsatz an Bord von → *Space Shuttle*. Es besteht aus vier Teleskopen. Drei arbeiten im Ultravioletten, spezialisiert auf Spektroskopie, Direktaufnahmen und Polarimetrie, das vierte ist ein Breitband-Röntgenteleskop. Die Ultraviolett-Instrumente werden von Missions- und Nutzlast-Spezialisten an Bord des Shuttles bedient. Das Röntgenteleskop wird vom Boden aus von Personal des Goddard Space Flight Centers betrieben. Astro–1 wurde 1990 erfolgreich geflogen.

Astrograph Ein astronomisches Teleskop, speziell dafür gebaut, Weitwinkelphotographien des Himmels zur Positionsvermessung aufzunehmen. Der Ausdruck wird insbesondere für die Linsenteleskope, die für das → *Carte du Ciel-Projekt* gebaut wurden, verwendet. Sie wurden weitgehend nach dem Vorbild des 1886 für das Pariser Observatorium gebauten 330-Millimeter-Teleskops entworfen. Astrographische Teleskope sind heute durch die → *Schmidt-Kamera* abgelöst.

astrographischer Katalog Ein Katalog von Sternpositionen bis zu Sternen 12. Magnitudo, zusammengestellt nach dem → *Carte du Ciel-Projekt*.

Astrolabium Astrolabium (1)

Ein historisches Instrument, um jederzeit die Position der Sonne und heller Sterne bestimmen zu können. Seine Erfindung geht auf griechische Astronomen des zweiten vorchristlichen Jahrhunderts zurück. Im wesentlichen bestand ein Astrolabium aus einer scheibenförmigen Karte des Sternenhimmels (dem »Tympanon«) und einem überlagerten Koordinatensystem, beide sind durch eine drehbare Achse in ihrem gemeinsamen Zentrum verbunden, so daß das Koordinatennetz sich über das Tympanon drehen ließ. Meist war es aus Messing.
Eingravierte Skalen ermöglichten die Positionsangabe von Sternen und der Sonne zu jeder Tages- und Jahreszeit. Manchmal waren für weitere Informationen zusätzlich andere Skalen angebracht. An Astrolabien wurde oft eine Peileinrichtung an einem schwenkbaren Arm (Alhidade) befestigt, die benutzt werden konnte, um die → *Altitudo* von Sternen z. B. für Navigationszwecke abzuschätzen. Viele Astrolabien waren jedoch in ihrer Anwendung auf Gebiete innerhalb des Bereichs geographischer Breiten, für die sie konstruiert waren, beschränkt.
Astrolabium (2) Jedes beliebige Instrument zur Bestimmung genauer Positionen von Himmelsobjekten. Siehe auch → *Prismenastrolabium*

Astrologie Die Ausübung einer Tradition, die menschliche Eigenschaften und den Ablauf von Ereignissen in Verbindung mit der Position der Sonne, des Mondes und der Planeten bringen will. Keine Theorie, die die Aussagen der Astrologie auf eine wissenschaftliche Basis stellen würde, ist je allgemein anerkannt worden. Erzählungen von Anekdoten, Indizien sowie Koinzidenzen halten die Anhänger der Astrologie weiterhin in Bann, die meisten Wissenschaftler betrachten sie jedoch als reinen Aberglauben.
Früher wurde nicht so genau zwischen der Astrologie und der wissenschaftlichen Astronomie unterschieden; viele nützliche astronomische Beobachtungen wurden für die astrologische Anwendung durchgeführt.

Astrometrie Das Teilgebiet der Astronomie, das sich mit der Bestimmung der Positionen und Eigenbewegungen von Himmelsobjekten befaßt sowie den Faktoren, die sie beeinflussen.

astrometrischer Doppelstern Ein → *Doppelstern*, bei dem sich die Anwesenheit eines unsichtbaren Begleiters durch zyklische Irregularitäten in der Position des helleren Sterns verrät.

Astronautik Die Wissenschaft, die sich mit allen Aspekten der Raumfahrt befaßt.

Astronomia nova Ein Buch von Johannes Kepler (1571–1630), veröffentlicht 1609, das die ersten beiden Gesetze der Planetenbewegung enthält. Siehe auch → *Keplersche Gesetze*

Astronomical Ephemeris Eine Sammlung astronomischer Daten und Informationen, die früher jährlich vom Royal Greenwich Observatory in England herausgegeben wurde, bis sie 1981 durch den Astronomical Almanac ersetzt wurde.

Astronomical Journal (AJ) Eine Fachzeitschrift zur Veröffentlichung astronomischer Forschungsergebnisse, 1849 in den USA gegründet von B. A. Gould. Sie wird im Auftrag der → *American Astronomical Society* veröffentlicht.

Astronomical Society of the Pacific (ASP) Eine Gesellschaft für Berufs- und Amateur-Astronomen, die 1898 gegründet wurde und in San Francisco, Kalifornien, beheimatet ist. Sie gibt eine populärwissenschaftliche Zeitschrift – »Mercury« – heraus und eine Fachzeitschrift für die Veröffentlichung von Forschungsergebnissen: »Publications of the Astronomical Society of the Pacific«.

Astronomie Die Erforschung des Universums und seiner Komponenten außerhalb der Erdatmosphäre. Bis ins 20. Jahrhundert war der Begriff insbesondere mit der Erforschung von Bewegungen und Positionen von Himmelsobjekten verknüpft. Siehe auch → *Astrophysik*

Astronomische Einheit (AU für Astronomical Unit; AE) Der mittlere Abstand zwischen Erde und Sonne. Er beträgt

149 597 870 Kilometer. Die Astronomische Einheit wird als Längeneinheit innerhalb des Sonnensystems verwendet. Ein Lichtjahr sind etwa 63 240 AE.

Astronomische Nachrichten (AN) Deutsche astronomische Fachzeitschrift, Erstausgabe 1821. Die AN war eines der ersten astronomischen Fachjournale im modernen Stil.

Astronomischer Almanach Ein → *Almanach* in erster Linie für den professionellen Astronomen; seit 1981 gemeinsam veröffentlicht vom United States Naval Observatory in Washinghton, D. C., und dem Royal Greenwich Observatory in England. Er ersetzte den → *American Ephemeris and Nautical Almanac* und die → *Astronomical Ephemeris.* Die veröffentlichten Tabellen enthalten Daten über die Mondphasen, Sonnenaufgang, Sonnenuntergang, Sonnen- und Mondfinsternisse, Position der Sonne, des Mondes und der Planeten, Informationen über helle Sterne, astronomische Beobachtungsstationen und astronomische Konstanten.

Astronomisches Datenzentrum → *Centre de Données Astronomiques.*

astronomisches Dreieck Ein sphärisches Dreieck an der → *Himmelssphäre*, dessen drei Ecken durch ein Himmelsobjekt, den Zenit über dem Beobachter und dem nördlichen bzw. südlichen → *Himmelspol* gebildet werden.

Astronomisches Observatorium Tokio Früherer Name eines Forschungsinstituts der Universität Tokio, das 1988 im Zuge einer Reorganisation weitgehend in das neue Nationale Astronomische Observatorium Japans eingegliedert wurde, finanziert vom Ministerium für Bildung, Wissenschaft und Kultur. Der Verwaltungssitz der neuen Vereinigung befindet sich am ehemaligen Astronomischen Observatorium Tokios und umfaßt auch das Astrophysikalische Observatorium Okayamas, Dodairas, die Korona-Beobachtungsstation Norikura und das Radio-Observatorium Nobeyama. Es gibt Pläne, ein 8-Meter-Teleskop für optische und Infrarot-Beobachtungen am → *Mauna Kea-Observatorium* auf Hawaii zu bauen.

astronomisches Zwielicht Offiziell definiert als das Zeitintervall, in dem die Sonne zwischen 102° und 108° unter dem → *Zenit* steht.

astronomische Uhr Eine Uhr, die astronomische Informationen wie die Mondphasen und zusätzlich zur normalen Tageszeit die Sternzeit anzeigt.

Astrophotographie Eine Wortverkürzung aus »Astronomische Photographie«. Die photographische Aufnahme von Himmelsobjekten.

Astrophysical Journal (Ap J) Eine der weltbesten Fachzeitschriften für die Veröffentlichung von astronomischen und astrophysikalischen Forschungsergebnissen. Es wurde 1895 von George Ellery Hale gegründet und wird im Auftrag der → *American Astronomical Society* von der University of Chicago Press herausgegeben.

Astrophysik Die physikalische Theorie astronomischer Objekte und Phänomene. Der Begriff wurde im 19. Jahrhundert eingeführt, um den Unterschied zwischen der Anwendung der Physik bei der Interpretation von Beobachtungen einerseits und der Aufzeichnung von Positionen und Bewegungen und anderer Phänomene, durch die die Astronomie früherer Zeiten gekennzeichnet war, andererseits zu verdeutlichen. Astrophysik umfaßt Themen wie die Struktur und Stabilität der Sterne, die Fortpflanzung elektromagnetischer Strahlung im Raum und die Entstehung von Spektren, Nuklearprozessen in Sternen und die Anwendung der Gravitationstheorie.

Der Begriff »Astrophysik« behält zwar auch heute seine ursprüngliche Bedeutung, aber der Terminus »Astronomie« wird nun allgemein in einem umfassenderen Sinne verwendet, der alle Aspekte der Erforschung des Weltalls beinhaltet, einschließlich der Astrophysik.

Astroseismologie Die Erforschung der Ausbreitung von Oszillationen in Sternen. Im Prinzip können solche Forschungen in gleicher Weise Informationen über die Struktur der Sterne liefern, wie seismologische Untersuchungen der Erde Details ihrer inneren Struktur enthüllt haben.

asymptotischer Riesenast (AGB für asymptotic giant branch) Ein Gebiet von Punkten im → *Hertzsprung-Russell-Diagramm*, die Sterne repräsentieren, deren Masse anfangs nicht größer war als die zehnfache Sonnenmasse und die sich gegenwärtig in einer späten Entwicklungsphase befinden. Seit sie als → *Hauptreihensterne* geboren wurden, haben sie sich schon zweimal durch riesige Expansion zu kühlen Sternen enormer Leuchtkraft entwickelt, womit sie zu den kühlsten Sternen unter den → *Roten Riesen* zählen. Alle Sterne unter 10 Sonnenmassen durchlaufen dieses Stadium der → *Sternentwicklung*.

AGB-Sterne haben ihren Vorrat an Wasserstoff und Helium als Nuklearbrennstoff in ihren Kernen erschöpft. Der Kern hat sich zu einem sehr heißen → *Weißen Zwerg* aus Kohlenstoff und Sauerstoff entwickelt. Um den Kern herum liegt eine dünne Schicht von Helium und Kohlenstoff, die immer wieder explosionsartig brennt. Zwischen diesen Blitzepisoden brennt Wasserstoff kontinuierlich in einer weiter außen liegenden Hülle. Das Ganze ist von einer weit ausgedehnten Hülle umgeben, die sich aus den äußeren Schichten des Sterns gebildet hat, mit einem Radius zwischen hundert und tausend Sonnenradien. Die innere Struktur ist instabil. Diese Sterne bilden die Gruppe der → *langperiodischen Veränderlichen*. Schließlich trennt sich die Hülle vom Kern; sie wird abgestoßen und bildet einen → *Planetarischen Nebel*. Ein Stern von anfangs zehn Sonnenmassen verliert auf diese Weise 86 Prozent seiner Gesamtmasse.

Atair (Alpha Aquilae; α Aql; auch: Altair) Der hellste Stern im Sternbild Adler. Der arabische Name bedeutet »der fliegende Adler«. Es ist ein → *A-Stern* der Helligkeit 0,8 und mit der Entfernung von 17 Lichtjahren einer der nächsten unter den hellen Sternen. Siehe auch → *Tabelle 3*

Ataxite Eine Art von Eisen- → *Meteoriten* mit einem hohen Anteil an Nickel und ohne offensichtliche Struktur. Die → *Widmannstättenschen Figuren*, die man bei anderen Arten von Eisenmeteoriten findet, sind, wenn überhaupt vorhanden, sehr schwach.

Aten Asteroid 2062, Durchmesser 0,8 Kilometer, 1976 entdeckt von E. Helin. Er ist der Prototyp der Aten-Gruppe von erdnahen Asteroiden, deren Umlaufbahnen zum größten Teil innerhalb der Erdbahn liegen. Ihre Bahnen haben große Halbachsen von weniger als 1 AE und Aphel-Entfernungen von über 0,938 AE.

Äther Ein hypothetisches Medium, durch das sich nach früherer Auffassung elektromagnetische Wellen ausbreiten. Einsteins → *Spezielle Relativitätstheorie* trug der Tatsache Rechnung, daß es keinem Physiker gelang, den Äther nachzuweisen. Das Konzept wird in modernen physikalischen Theorien nicht gebraucht. Siehe auch → *elektromagnetische Strahlung*

Atlas Atlas (1) Der innerste kleine Saturnmond, 1980 von Richard Terrile während der → *Voyager-1*-Mission entdeckt. Siehe auch → *Tabelle 6*

Atlas (2) Ein Stern 3. Magnitudo im → *Plejaden*-Sternhaufen.

Atmosphäre Die äußerste Gasschicht eines Planeten, Mondes oder Sterns. Da Gas ein natürliches Bestreben hat, sich in den freien Raum auszudehnen, können nur Körper mit hinreichend großer gravitativer Anziehungskraft eine Atmosphäre halten. Merkur und der Mond sind z. B. nicht massiv genug, atmosphärisches Gas festzuhalten. Erde, Venus, Mars und Titan sind Beispiele von felsigen Körpern, die eine wesentliche Atmosphäre besitzen.

Die gasförmigen Riesenplaneten Jupiter, Saturn, Uranus und Neptun besitzen keine eindeutige Grenzfläche zwischen Atmosphäre und Oberfläche. Bei ihnen wird der Begriff Atmosphäre benutzt, um die äußerste Gashülle zu beschreiben.

Die äußerste Hülle eines Sterns, aus der die Merkmale herrühren, die man im Spektrum eines

Sterns findet, wird Sternatmosphäre genannt.

atmosphärische Refraktion Die kleine Richtungsänderung von Lichtstrahlen astronomischer Objekte beim Durchgang durch die Erdatmosphäre, die Objekte näher am → *Zenit* erscheinen läßt, als sie es in Wirklichkeit sind. Die Stärke der atmosphärischen Refraktion wächst bei Annäherung an den Horizont.

atmosphärisches Fenster Ein Wellenlängenbereich des elektromagnetischen Spektrums, das die Erdatmosphäre mit relativ kleiner Abschwächung durch Absorption, Streuung und Reflexion passieren kann. Im wesentlichen gibt es zwei Fenster: das optische Fenster und das Radiofenster. Im optischen (oder sichtbaren) Gebiet des Spektrums können Wellenlängen zwischen 300 und 900 Nanometern die Atmosphäre durchdringen. Dieser Bereich umfaßt Ultraviolett- und Infrarotstrahlung, die für das menschliche Auge unsichtbar sind. Das Radiofenster überstreicht den Bereich zwischen Wellenlängen von wenigen Millimetern bis etwa 30 Metern, äquivalent zu Frequenzen zwischen 100 GHz und 10 MHz. Darüber hinaus gibt es eine Reihe von schmalen Bändern im Infrarotbereich (Mikrometer-Wellenlängen) und dem Submillimeter-Bereich, in denen die Atmosphäre einigermaßen transparent für Strahlung ist, insbesondere in Gebieten, in denen die Atmosphäre trocken ist, denn die Hauptursache für Absorption ist bei diesen Wellenlängen das Wassermolekül.

Atom Die kleinste stabile Einheit eines chemischen Elements. Ein Atom mißt typisch 0,1 Nanometer im Durchmesser. Nahezu die gesamte Masse ist im positiv geladenen Kern, der tausendmal kleiner als das gesamte Atom ist, konzentriert. In einem neutralen Atom ist der Kern von einer Wolke von Elektronen umgeben, deren Anzahl gleich der Ladung des Kerns ist; diese Zahl nennt man Atomzahl. Jedes Element hat eine andere Atomzahl, beginnend mit 1 für Wasserstoff, 2 für Helium usw.

Die Elektronen können innerhalb des Atoms diskrete Energieniveaus besetzen. Der Satz von verfügbaren Energieniveaus ist für jedes Element verschieden. Wenn das Elektron von einem Energieniveau auf ein anderes springt, wird elektromagnetische Energie entweder absorbiert oder emittiert. Durch solche Übergänge werden → *Absorptionslinienspektren* oder → *Emissionslinienspektren* erzeugt. Wenn ein Atom genügend Energie absorbiert, können ein oder mehrere Elektronen vollständig weggerissen werden. Diesen Prozeß nennt man → *Ionisation*. Energie zur Ionisation kann entweder von elektromagnetischer Strahlung oder durch thermische Energie in einem heißen Gas geliefert werden. Jedes Ion mit einem oder mehreren Elektronen hat seine eigenen Energieniveaus und sein eigenes Spektrum, das nicht identisch mit dem des entsprechenden neutralen Atoms ist.

Atomuhr Eine extrem ganggenaue Uhr, die die gleichmäßige Frequenz eines atomaren oder molekularen Prozesses nutzt. Die Inversion des Ammoniak-Moleküls bei einer Frequenz von 23 870 Hz ist die grundlegende Oszillation, die bei einer Ammoniak-Uhr genutzt wird. Die Caesium-Uhr basiert auf der Frequenz, die der Differenz zweier Energieniveaus des Caesium-Atoms entspricht. Ihre Genauigkeit ist besser als 10^{-13}. Der Caesiumstandard wird zur Definition der SI(System International)-Sekunde verwendet, die wiederum die Basis für die → *International Atomic Time* ist.

A-Typ-Asteroid Ein seltener Asteroidentyp, charakterisiert durch eine mäßig hohe Albedo und eine extrem rote Farbe. Starke Absorption im Nah-Infrarotspektrum läßt auf Olivin schließen.

AU (Astronomical Unit) Englische Abkürzung für → *Astronomische Einheit.*

Aubrit Eine Art Stein- → *Meteorit.* Aubrite sind → *Achondrite*, die fast ausschließlich aus dem Silikat-Mineral Enstatit bestehen.

Auflösungsvermögen (Auflösung) Größe des kleinsten Details, das sich mit einem abbildenden Instrument, etwa einem Teleskop oder Spektrographen, noch wahrnehmen läßt oder das Vermögen, zwei eng beieinanderliegende Details noch zu trennen. Theoretisch ist die Auflösung wegen der → *Diffraktion* durch den Durchmesser der Apertur (D) begrenzt. Die Diffraktion bewirkt nämlich, daß eine punktförmige Quelle, z. B. ein Stern, als Scheibe mit umgebenden konzentrischen Ringen abgebildet wird. Der Durchmesser der innersten dieser sog. Airy-Scheiben errechnet sich in rad nach der Formel $1{,}1\lambda/D$. Dies ist auch das effektive Auflösungsvermögen. In der Praxis ist das Auflösungsvermögen jedoch nicht durch die Größe der Apertur, sondern durch die Qualität des → *Seeings* begrenzt.

aufsteigender Knoten Der Punkt, an dem ein Objekt auf seiner Umlaufbahn die zugehörige Referenzfläche auf dem Wege von Süden nach Norden kreuzt. Der entgegengesetzte Punkt auf der Bahn, wo das Objekt die Referenzebene von Norden nach Süden kreuzt, heißt absteigender Knoten. Für einen Planeten oder Kometen ist die Referenzebene die → *Ekliptik.*

Augenabstand Der Abstand zwischen der Oberfläche der dem Auge zugewandten Linse eines → *Okulars* (Augenlinse) und dem Auge des Beobachters, wenn der Beobachter die optimale Position eingenommen hat und das gesamte → *Gesichtsfeld* klar sieht. Im allgemeinen ist der Augenabstand um so kleiner, je kürzer die Brennweite des Okulars ist.

Augmentation Der Betrag, um den der scheinbare Halbmesser eines Himmelskörpers von der Erdoberfläche gesehen größer erscheint, als er vom Zentrum der Erde aus gesehen erschiene.

AURA Abkürzung für → *Association of Universities for Research in Astronomy.*

Auriga (Der Wagenlenker, Fuhrmann) Ein großes, auffälliges nördliches Sternbild, seit frühesten Zeiten als Wagenlenker beschrieben, auch in der Liste des Ptolemäus (140 n. Chr.) zu finden. Sein hellster Stern ist → *Capella*, von den Griechen mit der mythologischen Ziege Amalthea assoziiert, die den kleinen Zeus säugte. Das nahegelegene Dreieck aus schwächeren Sternen, Epsilon (ϵ), Zeta (ζ) und Eta (η), wird »die Kinder« genannt. Der Stern Elnath, der früher Gamma (γ) Aurigae genannt wurde, zählt heute offiziell als Beta Tauri zum benachbarten Sternbild Taurus. Siehe auch → *Tabelle 4*

Aurora (pl. Aurorae) → *Polarlicht.*

Ausbruchs-Stern Ein populärer Name für die → *wiederkehrende Nova* T Coronae Borealis. Sie ist die hellste wiederkehrende Nova, die man kennt. Im Maximum erreichte sie 1866 und 1946 eine Helligkeit von 2 Magnitudines.

Ausflußkanal Ein trockener, verzweigter Flußlauf mit zahlreichen Nebenarmen in den alten Hochländern des → *Mars.* Möglicherweise entstanden diese Kanäle in einer Zeit, als flüssiges Wasser in Form von Regen auf dem Planeten niederging. Es muß durch die einige Kilometer breiten und Hunderte von Kilometern langen Kanäle von den südlichen Hochländern zu den nördlichen Tiefländern abgeflossen sein.

Ausgasen Das Entweichen von Gas aus dem Oberflächengestein eines Planeten, wodurch sich möglicherweise die Atmosphären gebildet haben.

äußere Planeten Die Planeten jenseits des → *Asteroidengürtels*: Jupiter, Saturn, Uranus, Neptun und Pluto.

Australia Telescope Eine australische Radioteleskop-Einrichtung, die 1988 eröffnet wurde. Sie besteht aus einer Anzahl von Antennen an drei verschiedenen Standorten in New South Wales und wurde gebaut, um die → *Apertursynthese*-Technik der Kartierung von Radioquellen anzuwenden. Es ist die einzige → *Vielantennen-Synthese-Anordnung* auf der Südhalbkugel. Das kompakte Array liegt am Paul Wild Observatory in Culgoora nahe Narrabri und besteht aus sechs Antennen jeweils mit einem Durchmesser von 22 Metern. Fünf

von ihnen können entlang einer 3 Kilometer langen gemeinsamen Schiene verschoben werden. Das sechste steht auf einer eigenen Spur 3 Kilometer weiter östlich.
Das größte Auflösungvermögen erhält man mit dem kompakten Array, wenn man eine oder mehrere seiner Antennen mit einer siebten, neuen 22-Meter-Schüssel zusammenschaltet, 100 Kilometer südlich bei Mopra, nahe dem optischen → *Siding Spring Observatory*, und der 64-Meter-Schüssel bei Parkes, die 1961 noch einmal 200 Kilometer weiter südlich fertiggestellt wurde. Zusammen bilden diese Antennen das → *Long Baseline Array*. Bemerkenswert am Australia Telescope ist der besonders große Wellenlängenbereich, in dem es benutzt werden kann. Diese Einrichtung ermöglicht die Kartierung der Emission von interstellaren Molekülen mit Spektrallinien im Radiobereich des Spektrums.

Austrittspupille Bei einem abbildenden System (wie einem Okular) das Bild der Eintrittspupille. In der Praxis ist die Austrittspupille die optimale Position des Auges. Bei einem gut konstruierten System für die visuelle Anwendung sollte die Größe und Lage der Austrittspupille auf angenehme und bequeme Nutzung optimiert sein.

Auswurfmaterial Material, das bei einem Einschlag oder bei vulkanischen Aktivitäten herausgeschleudert und auf die Umgebung verteilt wurde. Auswurfmaterial bildet typischerweise eine kreisförmige Decke aus zertrümmerten Felsstücken sowie aus erstarrtem Gas und flüssigen Tropfen rings um den Einschlag bzw. das Zentrum vulkanischer Aktivität. Bei Einschlägen kann bisweilen Auswurfmaterial den Planeten oder Mond völlig verlassen.

Autoguider → *automatische Nachführung*.

automatische Nachführung (Autoguider) Eine elektronische Einrichtung, die automatisch die genaue Nachführung eines Teleskops während der Beobachtung sicherstellt. Selbst bei Teleskopen, die durch Elektromotoren der Bewegung der Sterne am Nachthimmel nachgeführt werden, sind normalerweise kleinere Nachkorrekturen nötig, um zu verhindern, daß das Gesichtsfeld während langer Beobachtungen abdriftet. Ein Autoguider enthält einen photoelektrischen Sensor und eine Steuereinheit, die Drifts aufspürt und die Nachführmotoren aktiviert, um diesen Fehler zu kompensieren.

Automatische Plattenmeßmaschine (APM) Eine in Großbritannien verfügbare Anlage am Institute of Astronomy in Cambridge, die Bilder auf astronomischen Photographien vermessen und analysieren kann. Daten über Position, Helligkeit und Ausdehnung werden gespeichert. In sechs Stunden können rund eine halbe Million Bilder auf einer 35cm x 35cm-Platte bearbeitet werden.

Automatisches Photometrie-Teleskop (APT) Ein rechnerkontrolliertes Teleskop, das entwickelt wurde, um vollständig automatisch ablaufende Beobachtungs-Meßreihen der Helligkeit variabler Sterne durchzuführen. Auf der Grundlage der gespeicherten Information kann der Steuerrechner eines solchen Teleskops entscheiden, welches Objekt er wann aus der Beobachtungsliste bearbeiten kann. Wenn einmal das Beobachtungsprogramm eingegeben ist, ist der gesamte Ablauf automatisiert. Das schließt das Positionieren und Zentrieren der Sterne im Gesichtsfeld genauso ein wie die Messung selber, das Speichern der Daten und das Abbrechen der Beobachtung, wenn der Himmel sich bewölkt. Mit solchen Teleskopen können Beobachtungen variabler Sterne über lange Zeiträume durchgeführt und als Lichtkurve gezeichnet werden.

AXAF Abkürzung für Advanced X-ray Astrophysics Facility, ein geplanter amerikanischer Satellit (Start mit dem Space Shuttle), der eine nationale Röntgen-Beobachtungsstation tragen soll.

Axion Ein hypothetisches Elementarteilchen, dessen Existenz als Erklärung für die → *Dunkle Materie* im Weltall vermutet wurde.

Azimut Die Winkelposition eines Objekts, gemessen entlang des Horizonts westwärts von der Nordrichtung aus. → *Altitudo* und Azimut sind die zwei Koordinaten, die man im horizontalen → *Koordinatensystem* benutzt.

BAA Abkürzung für → *British Astronomical Association.*

Baades Fenster Ein Himmelsgebiet um den Kugelsternhaufen NGC 6522 im Sternbild Sagittarius, das besonders sternreich ist. Der deutsch-amerikanische Astronom Baade (1893–1960) machte auf diese Region aufmerksam und leitete richtig ab, daß es sich um ein Gebiet in der Scheibe unserer Galaxie handelt, das relativ frei von interstellarer Materie ist, so daß sehr weit entfernte Sterne im Zentralbereich der Galaxis sichtbar sind.

Bahnelemente Ein Satz von Werten, der die Form und die Orientierung einer Bahn und die Bewegung eines Körpers auf dieser Bahn vollständig beschreibt. Die für die Bewegung von Planeten und Kometen am häufigsten verwendeten Bahnelemente sind → *große Halbachse,* → *Perihel,* → *Entfernung,* → *Exzentrizität,* → *Länge des Perihels,* → *Länge des aufsteigenden Knotens* und → *Periode.* Um die Position eines Körpers zu einem bestimmten Zeitpunkt zu bestimmen, muß man den Zeitpunkt kennen, zu dem er einen ausgezeichneten Ort auf seiner Bahn erreicht. Der Durchgang durch das Perihel kann ein solcher Ort sein. Für die Beschreibung der Bewegung von Sternen in Doppelsystemen oder von Satelliten (natürlichen oder künstlichen) um einen Planeten verwendet man analoge Größen.
Die Standard-Bahnelemente kann man der Tabelle und der Abbildung entnehmen, die eine elliptische Bahn im Sonnensystem zeigt. Hierin sind P das Perihel, N der aufsteigende Knoten und ♈ die Richtung des Frühlings- oder Widderpunkts.

Bahnperiode Zeitraum, den ein Körper für eine vollständige Umrundung benötigt.

Baikonur Das Zentrum für be-

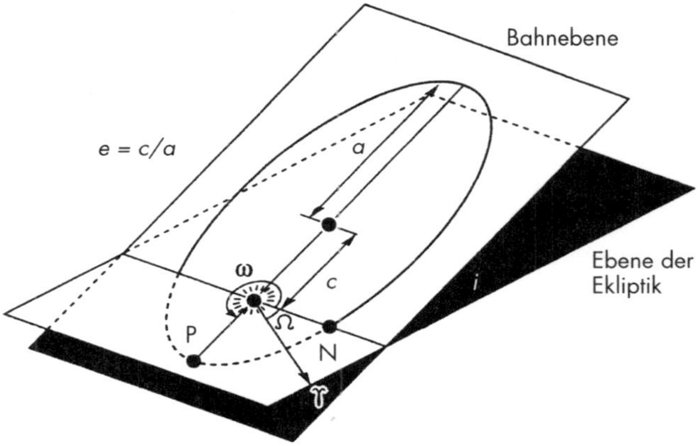

Bahnelemente. Die Elemente einer elliptischen Bahn eines Planeten oder Kometen um die Sonne: N = aufsteigender Knoten, ♈ = Frühlings- oder Widderpunkt.

Bezeichnung	Symbol	Funktion
große Halbachse	a	Definiert die Größe der Bahn
Mindestabstand vom Perizentrum	q	Definiert die Größe einer parabolischen oder hyperbolischen Bahn
Exzentrizität	e	Definiert die Entfernung der Foki vom Mittelpunkt einer elliptischen Bahn
Inklination	i	Winkel zwischen der Bahnebene und der Referenzebene
Länge des aufsteigenden Knotens	Ω	Abstand von dem Punkt, an dem die Bahn die Referenzebene schneidet
Länge des Perihels in der Bahn	ω	Definiert die Orientierung der Bahn relativ zur Referenzebene
Periode	P	Zeitraum für einen vollständigen Umlauf
Perihelzeit	T	Legt den Zeitrahmen der Bahnbewegung fest

mannte Raumfahrt, eingerichtet von der ehemaligen Sowjetunion, das nordöstlich des Aralsees in Kasachstan liegt.

Bailly Ein großer, weitgehend erodierter Mondkrater, 198 Kilometer im Durchmesser.

Bailysche Perlen Ein Phänomen, das man bei der Entwicklung einer totalen Sonnenfinsternis beobachten kann, kurz vor und kurz nach der totalen Bedeckung. Im Verlauf zunehmender Bedeckung der Sonnenscheibe durch den Mond scheint die schließlich dünne Sichel in mehrere Bögen und Perlen aufzubrechen, weil die Berge und Täler auf dem Mond den Rand uneben machen. Der englische Astronom Baily (1774–1844) machte während der Sonnenfinsternis von 1836 auf dieses Phänomen aufmerksam.

Baker-Nunn-Kamera Eine Art Schmidt-Kamera, entwickelt für die Photographie künstlicher Satelliten.

Baker-Schmidt-Teleskop Eine Art Schmidt-Kamera, die von J. G. Baker mit technischen Modifikationen versehen wurde, um Aberrationen und Verzerrungen zu beseitigen.

Balkenspirale Ein üblicher Typ einer → *Spiralgalaxie*, bei der die Spiralarme von beiden Enden eines zentralen Balkens aus Sternen auszugehen scheinen.

Balmerlinien (Balmerserie) Eine Serie von → *Spektrallinien* im Spektrum des atomaren Wasserstoffs. Die Linien werden mit H alpha, H beta, H gamma usw. bezeichnet, beginnend mit der längsten Wellenlänge bei 656,3 Nanometern. Die Linien liegen mit abnehmender Wellenlänge immer dichter und verschmelzen an der Seriengrenze bei 365 Nanometern. Siehe auch → *Balmersprung*

Balmersprung Ein deutlicher Intensitätssprung bei der Wellenlänge von etwa 365 Nanometern im Kontinuumsspektrum eines Sterns (oder eines anderen astronomischen Objekts), bei der → *Absorption* durch Wasserstoff auftritt. Die diskreten Balmerlinien des atomaren Wasserstoffs liegen mit abnehmender Wellenlänge immer dichter, bis sie sich überlappen. Die Wellenlänge von 365 Nanometern entspricht der Ionisierungsenergie des Wasserstoff-→ *Atoms* vom zweiten Energieniveau des Atoms aus. Bei noch kürzeren Wellenlängen (höheren Energien) verursacht der Wasserstoff tatsächlich kontinuierliche Absorption.

Bamberga Asteroid 324, Durchmesser 242 Kilometer, 1892 entdeckt von J. Palisa.

Bandbreite Der Frequenz- oder Wellenlängenbereich, in dem ein Empfänger für elektromagnetische Strahlung empfindlich ist.

Bandenspektrum Ein durch Banden von dicht liegenden Absorptionslinien charakterisiertes Kontinuumsspektrum. Bandenspektren ergeben sich bei Anwesenheit von Molekülen statt einzelner Atome.

Bar Eine Einheit, in der man Druck mißt, insbesondere den Druck in der Atmosphäre von Planeten. Ein Bar ist etwa der mittlere Druck der Erdatmosphäre auf Meeresniveau; er ist gleich 10^{+5} Pascal (Newton pro Quadratmeter). Atmosphärische Drücke werden oft in Millibar angegeben (1000 mbar = 1 bar).

Bärenhüter Sternbild → *Bootes.*

Bärenpfoten-Nebel Ein manchmal für die Galaxie NGC 2537 benutzter Name.

Bariumstern Ein Riese mit dem → *Spektraltyp* zwischen G2 und K4, der in seinem Spektrum ungewöhnlich starke → *Absorptionslinien* des Elementes Barium zeigt.

Barlow-Linse Eine konkave Linse, die man in Verbindung mit dem Okular eines Teleskops benutzt. Die Barlow-Linse verlängert die Fokallänge des Teleskops, wodurch das Okular stärker vergrößert. Siehe auch → *Vergrößerung*

Barnard-Ring Ein schwacher Ring heißen Gases, der eine Ellipse von 14° x 10° im Sternbild Orion bildet. Vermutlich entsteht er durch die Wechselwirkung des → *Strahlungsdrucks* der heißen Sterne im Gebiet des Gürtels und Schwertes mit der interstellaren Materie.

Barnards Galaxie Die Galaxie NGC 6822 im Sagittarius.

Barnards Pfeilstern Ein Stern 9. Größe im Sternbild Ophiuchus, der die größte Eigenbewegung aller Sterne besitzt. Diese Tatsache wurde 1916 von dem amerikanischen Astronomen E. E. Barnard entdeckt. Die Position des Sterns ändert sich um 10,3 Bogensekunden pro Jahr durch die Relativbewegung zur Sonne. Er ist mit seiner Sonnenentfernung von 5,88 Lichtjahren der drittnächste Stern.
Kleine Unregelmäßigkeiten in der Bewegung von Barnards Pfeilstern werden als Hinweise auf zwei unsichtbare Planeten mit 0,7 und 1,15 Jupitermassen interpretiert, die mit Perioden von 12 und 26 Jahren in einer Entfernung von 3 und 5 AE um den Stern kreisen.

Barringer-Krater → *Arizona-Meteoritenkrater.*

Barwell-Meteorit Ein 46 Kilogramm schwerer Stein- → *Meteorit*, der in der Nähe des Dorfes Barwell, Leicestershire, England, im Jahr 1965 einschlug. Auch wenn er zerbrochen ist, ist er der größte bekannte Steinmeteorit Englands.

Baryonen Ein Sammelname für eine Gruppe von subatomaren Teilchen, die neben den Protonen und Neutronen (Sammelname Nukleonen) eine Anzahl von Teilchen kurzer Halbwertszeiten umfaßt, die bei ihrem Zerfall ein Nukleon erzeugen.

baryzentrische dynamische Zeit → *dynamische Zeit.*

baryzentrische Koordinaten Koordinaten, die die Position eines Körpers im Sonnensystem auf das → *Baryzentrum* als Koordinatenursprung bezogen darstellen.

Baryzentrum Das Massezentrum eines Systems von Objekten, die sich unter dem Einfluß wechselseitiger Gravitationskräfte bewegen. Das Baryzentrum des Sonnensystems hat z. B. eine konstante Raumgeschwindigkeit, während sich die relativen Positionen der Planeten (insbesondere der größeren) dauernd ändern. Es liegt etwa eine Million Kilometer vom Sonnenmittelpunkt entfernt.

Basalt Ein vulkanisches Erstarrungsgestein, das in erster Linie aus den Silikat-Mineralien Pyroxen und Plagioklas besteht.

Basalt-Achondrite Mitglieder einer Gruppe von → *Meteoriten* (einschließlich Eukrite und Howardite), die den terrestrischen Basalten ähneln. Siehe auch → *Achondrit*

Bayer-Bezeichnung Die Buchstaben des griechischen Alphabets (Tabelle 1), benutzt in Verbindung mit dem Namen eines Sternbildes (wie bei Alpha

Leonis) zur Bezeichnung der helleren Sterne. Johann Bayer (1572–1625) besorgte die erste Zusammenstellung eines Sternatlas, der sog. Uranometria, die 1603 veröffentlicht wurde. In ihr führte er das System für die Namensgebung der helleren Sterne eines jeden Sternbildes durch griechische Buchstaben ein, die er nach der Helligkeit, in manchen Fällen auch entsprechend der Himmelsposition zuordnete. Das System ist bis heute in Gebrauch.

BD Abkürzung für → *Bonner Durchmusterung.*

Becher Sternbild → *Crater.*

Becken Eine große, flache, runde Struktur auf der Oberfläche eines Planeten, die durch den Einschlag eines großen → *Meteoriten* verursacht ist. Manchmal weisen Becken konzentrische Ringe auf, manche sind durch nachfolgende vulkanische Aktivität mit Lava aufgefüllt.

Becklin-Neugebauer-Objekt Eines der hellsten astronomischen Infrarotobjekte. Es wurde 1967 von Eric Becklin und Gerry Neugebauer entdeckt und liegt im Kleinmann-Low-Nebel im Orionnebel. Es handelt sich hierbei wahrscheinlich um einen sehr jungen, massereichen Stern vom Spektraltyp B, der hinter so viel Staub verborgen ist, daß er im sichtbaren Licht nur sehr schwach zu sehen ist. Es gibt andere Infrarotquellen in seiner näheren Umgebung, die man für eine Region sehr aktiver Sternentstehung hält.

Bedeckung Der Vorbeigang eines astronomischen Objekts vor einem anderen, so daß das hintere aus der Sicht eines Beobachters bedeckt wird. Siehe auch → *Finsternis, streifende Bedeckung*

Bedeckungsstern → *Bedeckungsveränderlicher.*

Bedeckungsveränderlicher (Bedeckungsstern) Ein Doppel- oder Mehrfachsternsystem, dessen Gesamthelligkeit in regelmäßigem Zyklus variiert, weil die Umlaufbewegungen seiner Komponenten sie von der Erde aus gesehen voreinander herlaufen lassen (siehe Abbildung). Wenn die beiden Komponenten eines Doppelsternsystems unterschiedlich hell sind, zeigt seine Lichtkurve ein Hauptminimum (in Position A), wenn der schwächere Stern vor dem helleren steht, und ein Nebenminimum (Position C) im umgekehrten Fall. Das bekannteste Beispiel eines Bedeckungsveränderlichen ist → *Algol.*

Beijing Observatory Das astrophysikalische Forschungsinstitut der Chinese Academy of Sciences, gegründet 1958. Einrichtungen für Radioastronomie, optische Astronomie, Sonnenbeobachtungen und Zeitüberwachung sind auf fünf Beobachtungsstationen verteilt.

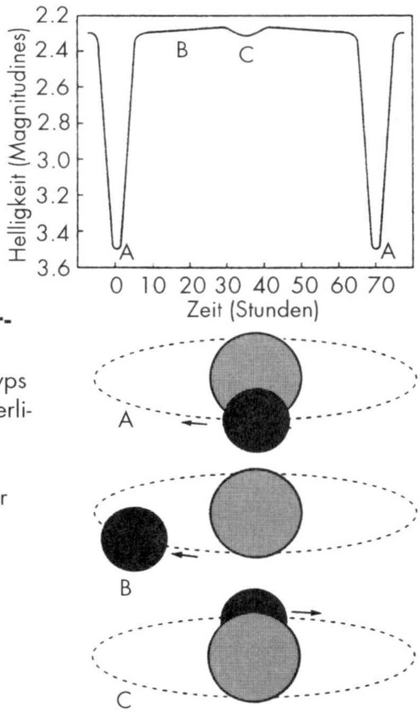

Bedeckungsveränderlicher.
Die Lichtkurve des Prototyps eines Bedeckungsveränderlichen, Algol.
(A) Hauptminimum
(B) gemeinsames Licht der beiden Komponenten
(C) Nebenminimum

Beleuchtungsdefekt Der Anteil der Planetenscheibe, als Winkel gemessen, der einem Beobachter auf der Erde nicht beleuchtet erscheint.

Belinda Einer der kleinen Monde Jupiters, die 1986 während des Vorbeiflugs von Voyager 2 entdeckt wurden. Siehe auch → *Tabelle 6*

Bellatrix (Gamma Orionis; γ Ori) Ein B-Riese der Helligkeit 1,6. Der aus dem Lateinischen stammende Name bedeutet »Die Kriegerin«. Siehe auch → *Tabelle 3*

Bennetscher Komet → *Komet Bennet.*

Berenices Haar Sternbild → *Coma Berenices.*

Beschleunigung Das Maß, in dem sich die Geschwindigkeit mit der Zeit ändert. Jede Masse, die eine Netto-Kraft erfährt, wird beschleunigt. Die Gravitationsbeschleunigung (Symbol g) ist die Beschleunigung, die ein Objekt erfährt, das, angezogen von der Schwerkraft, frei auf eine Körperoberfläche fällt. Auf der Erde beträgt der mittlere Wert etwa 9,8 m/s^2.

Besselsches Jahr Ein Konzept zur Vereinheitlichung des Ausdrucks der Zeit in dynamischen Berechnungen. Die Länge eines Besselschen Jahrs war ursprünglich als der Zeitabschnitt definiert, den die Sonne braucht, um ihre Rektaszension um 24 Stunden zu erhöhen; es ist fast gleich dem → *tropischen Jahr.* 1976 wurde es neu definiert als die Länge des tropischen Jahrs von 1900. Nach der Definition beginnt das Besselsche Jahr in dem Moment, in dem die Longitudo der mittleren Sonne 280° beträgt. Praktisch fällt der Zeitpunkt fast mit dem Beginn des Kalenderjahrs zusammen. Das einfachere → *Julianische Jahr* wird heute meist bevorzugt.

Be-Stern Ein → *B-Stern*, der → *Emissionslinien* des Wasserstoffs zeigt, die den → *Absorptionslinien* seines Spektrums überlagert sind. → *Überriesen*, die manchmal auch diese Emission zeigen, sind von der Definition ausgenommen.

Beta Canis Maioris-Stern (β CMa-Stern) Ein Typ von B-Riese, der kurzperiodische Variationen in seiner Helligkeit und in seinem Spektrum zeigt. Diese Sterne sind wegen ihrer Pulsationen variabel. Ihre Perioden liegen unter sieben Stunden, und die Helligkeitsvariation beträgt nicht mehr als eine 1/10 Magnitudo. Als erster dieser Klasse wurde Beta Cephei entdeckt; Mitglieder dieser Klasse von variablen Sternen werden daher auch Beta Cephei-Sterne genannt.

Beta Cephei-Stern (β Cep-Stern) → *Beta Canis Maioris-Stern.*

Beta Lyrae-Stern (β Lyr-Stern) Ein Mitglied einer Klasse von variablen → *Doppelsternen*, von denen Beta Lyrae der Prototyp ist. Beide Doppelsternkomponenten sind massereich, aber eine füllt ihr → *Roche-Volumen* voll aus. Daher fließt Materie zum anderen Stern über, um den herum sich dann eine → *Akkretionsscheibe* bildet.

Beta Pictoris (β Pic) Ein → *A-Stern* 4. Größe, der von einer Materiescheibe umgeben zu sein scheint. Der Stern erregte Aufmerksamkeit, als man entdeckte, daß er starke Emission im Infraroten zeigt. Optische Beobachtungen bestätigen die Existenz einer Scheibe mit einem Durchmesser etwa zehnmal so groß wie die Umlaufbahn von Pluto um die Sonne. Planetensysteme wie das Sonnensystem bilden sich wahrscheinlich aus solchen zirkumstellaren Materiescheiben.

Beta Regio Ein Hochland auf der Venus, das von zwei schildförmigen Gebieten, dem Thea Mons und dem Rhea Mons, dominiert wird, die beide 4,5 Kilometer hoch sind.

Beta-Teilchen Ein Elektron oder Positron (d. h. ein Teilchen mit der Masse des Elektrons, aber entgegengesetzter Ladung), das von einem Atomkern bei einer Kernreaktion oder im Verlauf eines radioaktiven Zerfalls emittiert wird.

Beta-Zerfall Zerfall eines radioaktiven Isotops, wobei der Atomkern des Ausgangsatoms entweder ein Elektron und ein Anti-Neutrino oder ein Positron und ein Neutrino emittiert.

Beteigeuze (Betelgeuse, Betelgeux; Alpha Orionis; α Ori) Ein roter M-Überriese, einer

der größten, die man kennt. Mit Hilfe der → *Speckle-Interferometrie*-Technik wurde der Durchmesser des Sterns direkt gemessen und zu 800 Sonnendurchmessern bestimmt. Die Existenz von großen dunklen Sternflecken wurde ebenfalls festgestellt.
Die Masse von Beteigeuze ist etwa zwanzigmal so groß wie die der Sonne. Die Helligkeit variiert unregelmäßig zwischen 0,4 und 0,9 Magnitudines mit einer Periode von etwa 5 Jahren. Siehe auch → *Tabelle 3*

Bethe-Weizsäcker-Zyklus Ein anderer Ausdruck für den → *Kohlenstoff-Stickstoff-Zyklus*, nach den Physikern benannt, die in den frühen 30er Jahren als erste diese Folge von Kernprozessen als Quelle stellarer Energie vorschlugen.

Bettina Asteroid 250, Durchmesser 86 Kilometer, 1885 von J. Palisa entdeckt.

Betulia Asteroid 1580, Durchmesser 60 Kilometer, 1950 während einer Annäherung an die Erde entdeckt.

Beugung Die Aufweitung eines Lichtstrahls beim Passieren der Kante eines Hindernisses in den geometrischen Schattenbereich. Wenn Beugung auftritt, entsteht durch Interferenz verschiedener Teile des Lichtstrahls eine Anordnung von hellen und dunklen Gebieten, die man Beugungsbild nennt.

Beugungsgitter Ein optisches Bauteil, das man benutzt, um Licht in ein Spektrum zu zerlegen. Es besteht aus einer großen Anzahl von schmalen, dicht beieinanderliegenden Linien, die entweder in Glas geritzt sind, um ein Transmissionsgitter zu bilden, oder in poliertes Metall, um ein Reflexionsgitter zu bilden. Typischerweise gibt es mehrere tausend Linien pro Zentimeter. Interferenz zwischen den Lichtstrahlen, die durch → *Beugung* an den einzelnen Spalten entstehen, führt zur → *Dispersion* des Lichts mit der Wellenlänge. Beugungsgitter können Spektren mit sehr hoher Dispersion und guter Qualität erzeugen; sie finden daher in der Astronomie Verwendung. Siehe auch → *Spektrograph*

Bianca Einer der kleinen Monde des Uranus, die während der Annäherung von → *Voyager 2* an diesen Planeten im Jahr 1986 entdeckt wurden. Siehe auch → *Tabelle 6*

Bielascher Komet → *Komet P/Biela.*

Bieliden → *Andromediden.*

Big Bang (Urknall) Ein → *Modell* für die Geschichte des Universums, nach dem das Weltall in einem unendlich kompakten Zustand begann und sich seitdem immer weiter ausdehnt. Dieser »Beginn« fand vor etwa 13 bis 20 Milliarden Jahren statt und wurde als Big Bang bezeichnet. Die Theorie ist heute allgemein anerkannt, da sie die beiden signifikantesten Beobachtungen der Kosmologie erklärt: die Ausdehnung des Universums und die Existenz der → *kosmischen Mikrowellen-Hintergrundstrahlung.* Die bekannten Gesetze der Physik können auf dem Weg der Rückwärtsrechnung bestimmen helfen, wie das Universum während verschiedener Entwicklungsstadien seit 10^{-43} Sekunden nach dem Big Bang ausgesehen hat. Während der ersten Millionen Jahre formten die Materie und die Energie im Universum ein lichtundurchlässiges → *Plasma*, das man den Big Bang nennt. Gegen Ende dieser Entwicklungsperiode fiel die Temperatur infolge der Expansion unter 3000 Kelvin, so daß die Protonen und Elektronen sich zu Wasserstoffatomen verbinden konnten. In diesem Stadium wurde das Universum für elektromagnetische Strahlung transparent. Die Materiedichte war zu diesem Zeitpunkt höher als die Strahlungsdichte, während dieses Verhältnis vorher umgekehrt war, und bestimmte nun die Expansionsgeschwindigkeit des Universums. Der Mikrowellen-Hintergrund ist alles, was von dieser inzwischen weitgehend abgekühlten Strahlung des frühen Universums übriggeblieben ist. Die ersten Galaxien bildeten sich aus den Urmaterie-Wolken von Wasserstoff und Helium erst ein oder zwei Milliarden Jahre später.
Den Ausdruck »Big Bang« kann man auf jedes Modell eines sich ausdehnenden Universums anwenden, das eine heiße dichte

Vergangenheit hat. Siehe auch → *Steady-state-Theorie*

Big Bear Solar Observatory Ein Sonnenobservatorium, das dem California Institute of Technology gehört und von diesem betrieben wird. Es liegt in einer Höhe von 2000 Metern auf einer Insel im Big Bear-See in Kalifornien. Der Standort wurde gewählt, um die Bildunruhe zu vermeiden, die durch Turbulenzen über von der Sonne aufgeheiztem Land entsteht.
Es gibt drei Hauptteleskope auf dem Berg: einen 65-Zentimeter-Reflektor, einen 25-Zentimeter- und einen 15-Zentimeter-Refraktor. Das kleinste Teleskop wird zur Überwachung der Sonne verwendet. Das 25-Zentimeter-Teleskop ist mit einem Magnetograph ausgestattet, und am 65-Zentimeter-Teleskop gibt es einen Spektrographen. Ein weiteres Instrument ist der → *Helioseismologie* gewidmet.

Big Crunch Der hypothetische völlige Kollaps des Universums. Wenn die gegenwärtige Expansion des Alls gebremst würde, könnte sich eine Phase der Kontraktion anschließen, die mit dem Big Crunch enden würde. Siehe auch → *Big Bang, oszillierendes Universum*

Big Dipper Nordamerikanischer Name für den → *Asterismus* im Sternbild Ursa Maior, den man auch → *Großer Wagen* nennt.

Bildfeldkrümmung Effekt bei der Abbildung von Objekten durch ein Teleskop; die Fläche, in der die Bildpunkte liegen, ist nicht eben, sondern gekrümmt. Für einen visuellen Beobachter bringt die Bildfeldkrümmung keine wesentlichen Nachteile, bei einem photographischen Teleskop kann die Bildplatte in einem speziellen Plattenhalter auf die geeignete Form verbogen werden.

Bildröhre Ein anderer Name für einen → *Bildverstärker.*

Bildverstärker (Bildröhre) Ein elektronisches Gerät zur Verstärkung der Bildhelligkeit. Die Verstärkung wird durch eine mehrstufige Auslösung von Photoelektronen erreicht. Eine Photokathode ist auf der Innenseite des Eingangsfensters angebracht. Die Elektronen, die ausgelöst werden, wenn ein Lichtsignal das Fenster trifft, werden durch eine Potentialdifferenz von etwa 40 kV beschleunigt. Fokussiert wird mittels des magnetischen Feldes einer umgebenden Zylinderspule, kombiniert mit dem elektrostatischen Feld einer Ringelektrode. Bisweilen wird eine rein elektrostatische Fokussierung verwendet. Weitere Verstärkung wird durch die Verwendung weiterer Photokathodenstufen erreicht. Das Bild, das schließlich auf dem Phosphorbildschirm erscheint, ist viele Male heller als das Original. Der endgültige Detektor kann eine Fernsehkamera oder ein → *charge-coupled device* sein. Ein Nachteil dieses Systems ist die unvermeidliche Bildverzerrung und Unschärfe. Trotzdem haben solche Geräte in der Astronomie breite Anwendung gefunden.

Billion Im angloamerikanischen wissenschaftlichen Kontext tausend Millionen (10^9). Der Begriff wurde früher in England – wie noch heute in Deutschland – für Millionen Millionen (10^{12}) benutzt; es ist daher Vorsicht geboten, wo immer die Möglichkeit der Verwechslung besteht.

bipolarer Ausfluß Ausfluß von Gas in zwei entgegengesetzte Richtungen, ausgehend von einem gerade entstandenen jungen Stern. Der Fluß entspringt im Zentrum der den Stern umgebenden → *Akkretionsscheibe* und wird in Richtung der Rotationsachse gebündelt. Der Sternwind, der mit typisch 200 Kilometer pro Sekunde auswärts bläst, sammelt interstellare Materie vor sich an und erzeugt so eine doppelte Hüllenstruktur, die sich in zwei entgegengesetzte Richtungen etwa ein Lichtjahr weit in den Raum erstreckt. Bipolare Ausflüsse wurden anhand der Radioemission der enthaltenen Moleküle entdeckt.

bipolarer Nebel Ein leuchtkräftiger Nebel, der aus zwei Emissionsblasen besteht, offensichtlich als Ergebnis eines Massenausflusses, der in zwei entgegengesetzte Richtungen gebündelt wird. Der Begriff kann auf jede Art von Nebel mit bipolarer Struktur angewendet werden, ist aber besonders mit einer Gruppe von Nebeln assoziiert, die kräftige Quellen von Infrarotstrahlung sind. Solch ein Nebel besitzt vermutlich in seinem Zentrum einen hellen Stern, der hinter einem dichten Ring aus Staub und Gas verborgen liegt. Der Staub wird durch die Strahlung des Sterns auf Temperaturen von wenigen hundert Grad aufgeheizt, daher emittiert er Infrarotstrahlung. Die visuelle Strahlung wird entlang der Polrichtungen trichterförmig emittiert, sie beleuchtet die dünneren Teile des Nebels in der Umgebung des Sterns. Siehe auch → *bipolarer Ausfluß*

BIS Abkürzung für »British Interplanetary Society«.

Black-eye-Galaxie (M64; NGC 4826) Ein populärer Name für eine → *Spiralgalaxie* im Sternbild Coma Berenices. Die Galaxie ist durch sehr glatte Spiralarme und eine auffällige Dunkelwolke um den Kern charakterisiert, daher ihr Name. Sie mißt etwa 65 000 Lichtjahre im Durchmesser.

Blasen-Nebel Ein populärer Name für einen schwachen, diffusen, leuchtkräftigen Nebel (NGC 7635) im Sternbild Cassiopeia. Bis auf seine sphärische Form scheint er weder die Merkmale eines Planetarischen Nebels noch die eines Supernova-Überrests zu haben.

blaue Aufhellung Ein ungewöhnlicher Transparenzgrad für blaues Licht in der Atmosphäre des Planeten Mars.

Blauer Mond Der Ursprung dieses Ausdrucks, der in der Bedeutung »ein seltsames Ereignis« gebräuchlich ist, ist unbekannt. Man vermutet, daß er sich auf das Ereignis eines zweiten Neumonds im Kalendermonat bezieht. Auch atmosphärische Effekte können den Mond blau erscheinen lassen, etwa durch Staub in der oberen Erdatmosphäre infolge eines Vulkanausbruchs oder Waldbrandes.

Blauer Schneeball Ein populärer Name für den → *Planetarischen Nebel* NGC 7662 im Sternbild Andromeda.

Blauverschiebung Die Wellenlängenverschiebung von → *Spektrallinien* zu kürzeren Wellenlängen. Blauverschiebung rührt vom → *Dopplereffekt* her, wenn die Strahlungsquelle und der Beobachter sich aufeinander zubewegen.

Blazar Ein Begriff, den man auf → *BL Lac-Objekte* und → *Quasare* anwendet, die starke Variationen im sichtbaren Spektralbereich zeigen.

Blinkkomparator Ein Instrument zum Vergleich zweier Aufnahmen derselben Himmelsregion, meist aus verschiedenen Zeiten. Mit diesem Vergleich lassen sich etwaige Unterschiede zwischen den Bildern verdeutlichen. Das erreicht man durch ein optisches System, das Bildausschnitte der beiden Photographien zu exakter Überdeckung bringt, während sie abwechselnd beleuchtet werden. Ein Objekt, dessen Helligkeit wechselt, scheint mit dem Wechsel der Beleuchtung zu blinken. Ein Objekt, dessen Position auf den Aufnahmen variiert, scheint von einer Position zur anderen zu springen.

BL Lac-Objekt (BL Lacertae-Objekt; Lacertide) Ein Typ von → *elliptischen Galaxien* mit einem hellen, hochvariablen kompakten Kern. Das erste Objekt dieser Art, auf das man aufmerksam wurde, war BL Lacertae, das bei seiner Entdeckung im Jahr 1929 für einen variablen Stern gehalten wurde. Die Charakteristika sind dramatische kurzzeitige Variationen der Helligkeit und ein glattes Spektrum. Die Helligkeit kann innerhalb eines Monats um den Faktor Hundert schwanken, und manchmal werden Variationen von einem Tag zum anderen beobachtet.
Viele BL Lac-Objekte sind Radioquellen. Starke Radioausbrüche beobachtet man bei BL Lacertae selbst, aber sie sind offensichtlich nicht mit den Variationen der visuellen Helligkeit korreliert.

Blue Straggler Ein Stern, der zu einem → *Kugelsternhaufen* oder einem alten → *offenen Sternhaufen* zu gehören scheint, der aber eine ungewöhnlich blaue Farbe und große Leuchtkraft im Vergleich zu anderen Haufenmitgliedern hat. Wenn die Sterne eines solchen Sternhaufens in einem → *Hertzsprung-Russell-Diagramm* eingezeichnet werden (siehe Ab-

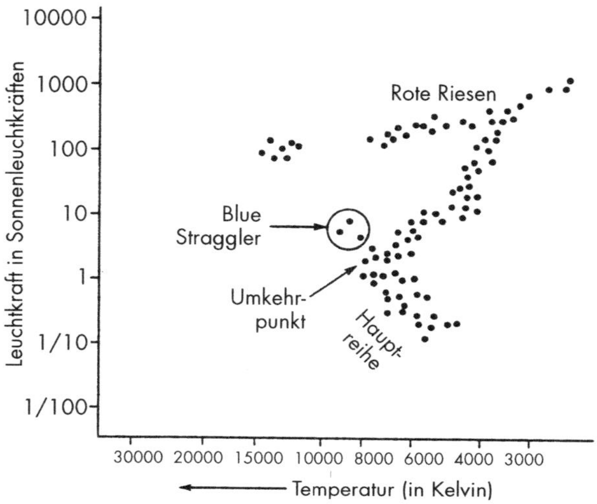

Blue Straggler. Ein schematisches Hertzsprung-Russell-Diagramm eines typischen Kugelsternhaufens, in dem die Lage der Blue Straggler eingezeichnet ist.

bildung), so gibt es einen Abzweigungspunkt auf der Hauptreihe. Der Punkt markiert die Grenze niedrigster Masse für Sterne, die sich zu → *Roten Riesen* entwickelt haben, so daß sie rechts von der Hauptreihe liegen. In manchen Haufen scheint eine kleine Anzahl von Sternen auf der Hauptreihe oberhalb des Abzweigungspunktes zu liegen – dies sind die Blue Straggler. Die Ursachen ihrer ungewöhnlichen Parameter sind nicht vollständig verstanden, aber eine Reihe von Erklärungen könnten diese Beobachtungen stützen, unter anderem die Mitgliedschaft von → *Doppelsternen.*

Bodescher Nebel (M81; NGC 3031) Eine Spiralgalaxie im Sternbild Ursa Maior, die 1774 von J. E. Bode (1747–1826) entdeckt wurde. Sie wird heute meist M81 genannt.

Bogenminute 1/60 Grad. Eine Einheit, in der kleine Winkel gemessen werden.

Bogensekunde Eine Einheit, in der sehr kleine Winkel gemessen werden, gleich einer sechzigstel → *Bogenminute.*

Bok-Globule → *Globule.*

Bolide Extrem heller → *Meteor*, dessen Erscheinung von einem Explosionsgeräusch oder einem Überschallknall begleitet wird.

Bolometer Ein Instrument zur Messung der gesamten Strahlungsleistung, die von einer elektromagnetischen Strahlungsquelle über alle Wellenlängen hinweg empfangen wird.

bolometrische Helligkeit
Die Helligkeit eines Objekts, bestimmt unter Berücksichtigung der Strahlungsleistung über alle Wellenlängen. Für ein Objekt, das stark im Ultravioletten oder im Infraroten emittiert, können z. B. die bolometrischen Helligkeiten stark von der visuellen abweichen. Siehe auch → *Helligkeit, Magnitudo*

bolometrische Korrektur
Die visuelle oder photovisuelle Helligkeit eines Objekts minus seiner → *bolometrischen Helligkeit.* Siehe auch → *Helligkeit, Magnitudo*

Boltzmann-Gleichung Eine Gleichung, die die Anzahl der Atome, die ein bestimmtes Energieniveau E besetzen, mit der absoluten Temperatur in Verbindung bringt. Sie besagt, daß N proportional ist zu dem Ausdruck g exp(–E/kT), wobei g das statistische Gewicht des Energieniveaus ist und k die → *Boltzmann-Konstante.*

Boltzmann-Konstante (Symbol k) Eine der Naturkonstanten der Physik mit dem Wert von 1,3806 x 10^{-23} Joule pro Kelvin. Sie ist das Verhältnis der Gaskonstanten zur Avogadroschen Zahl. Die Energie, die mit jedem Freiheitsgrad eines Atoms oder Moleküls assoziiert ist, beträgt 1/2kT, wobei T für die absolute Temperatur steht.

Bonner Durchmusterung
(BD) Ein Sternkatalog (in der Literatur der »Bonn Survey« ge-

nannt), der an der Bonner Sternwarte zwischen 1852 und 1868 von F. W. A. Argelander (1799–1875) zusammengestellt und von E. Schönfeld (1828–1891) im Jahr 1886 erweitert wurde. Der ursprüngliche Katalog enthielt 324 198 Sterne bis herab zur Helligkeit von 9,5 Magnitudines zwischen dem Himmelsnordpol und der Deklination −2°. Schönfeld erweiterte den Bereich bis zur Deklination −22° und fügte 133 659 Sterne hinzu. Siehe auch → *Córdoba-Durchmusterung*

Bootes (Bärenhüter) Ein Sternbild des nördlichen Himmels, dominiert von dem orangefarbenen Stern → *Arktur.* Es ist eines der Sternbilder aus der Liste von Ptolemäus (140 n. Chr.) und wird gewöhnlich als Hirte interpretiert, der einen Bären vor sich hertreibt (das Sternbild Ursa Maior). Siehe auch → *Tabelle 4*

Boss-Katalog (Boss General Catalogue) Ein Katalog von 33 342 Sternen mit Positionen und Eigenbewegungen, begonnen von dem amerikanischen Astronomen Lewis Boss, 1937 von seinem Sohn Benjamin Boss vollendet.

Boyden Observatory Ein optisches Observatorium bei Bloemfontein, Südafrika. Seit 1976 wird es von der University of The Orange Free State betrieben. Die ursprüngliche Boyden-Station wurde 1890 vom Harvard College Observatory in Peru gegründet, mit Mitteln, die von Uriah A. Boyden zur Verfügung gestellt worden waren. Es wurde 1926 nach Südafrika verlegt, wo es von Harvard bis 1954 betrieben wurde. Zwischen 1954 und 1976 wurde es von einem internationalen Konsortium von Observatorien übernommen.

Bp-Stern → *Ap-Stern.*

Brackett-Serie Eine Serie von Spektrallinien im Infrarotbereich, der von einem speziellen Satz von Übergängen im Wasserstoffatom herrührt.

Brans-Dicke-Theorie Eine Modifikation von Einsteins → *Allgemeiner Relativitätstheorie.*

Brauner Zwerg Ein Name, der für hypothetische, sehr kühle Sterne geprägt wurde, deren Masse für die Zündung von Kernreaktionen in ihrem Zentrum zu klein ist. Bis heute wurde noch kein Brauner Zwerg widerspruchsfrei identifiziert, wenn auch eine Reihe von Kandidaten vorgeschlagen wurde.

Breccie Ein Gestein, bestehend aus zerbrochenen Felsen, die in feinkörnigem Material eingebettet sind. Breccie ist ein häufig auftretendes Phänomen bei Einschlägen.

Breite Winkeldistanz nördlich oder südlich des Äquators in Himmelskoordinaten. Im Äquatorialsystem nennt man die Breite → *Deklination.*

Bremsparameter (Verzögerungsparameter) Eine Zahl, die das Maß angibt, in dem die Expansion des Universums durch wechselseitige Gravitationsanziehung der in ihm enthaltenen Materie abgebremst wird. Für einen Wert größer als 0,5 wird die Expansion zum Stehen kommen, gefolgt von Kontraktion und Kollaps. Ein Wert kleiner oder gleich 0,5 bedeutet, daß das Universum sich immer weiter ausdehnt. Siehe auch → *kritische Dichte*

Bremsstrahlung Elektromagnetische Strahlung, die abgegeben wird, wenn ein Elektron durch Annäherung an einen Atomkern abgebremst wird.

Bright Star Catalogue Ein vom Yale University Observatory veröffentlichter Sternkatalog. Die vierte Ausgabe erschien 1982, bearbeitet und zusammengestellt von Dorrit Hoffleit und Carlos Jaschek. Er enthält Eintragungen für alle 9096 Sterne aus dem Harvard Revised Photometry Catalogue. Die nominelle Helligkeitsgrenze ist 6,50 Magnitudines, aber es sind auch einige schwächere Sterne aufgelistet, und nicht alle Sterne zwischen 6,0 und 6,5 Magnitudo sind enthalten. Der Katalog enthält Informationen über Helligkeit, Farbe, Spektraltyp, Eigenbewegung, Parallaxe, Radialgeschwindigkeit und Rotationsgeschwindigkeit.

British Astronomical Association (BAA) Eine 1890 in London gegründete Organisation mit dem Ziel, das populäre Interesse an der Astronomie und die praktische Arbeit von Amateurastronomen zu unterstützen und zu fördern. Sie veröffentlicht eine zweimonatige Zeitschrift und ein Jahreshandbuch, organisiert Treffen und hat eine Anzahl von Abteilungen zur Koordination von Beobachtungen durch Mitglieder. Sie besitzt eine autonome Zweigstelle in New South Wales, Australien.

British Interplanetary Society (BIS) Eine 1933 gegründete Organisation mit dem Ziel, das Interesse der Öffentlichkeit an der Eroberung und Nutzung des Weltraums zu fördern. Ihre Aktivitäten umfassen auch Veröffentlichungen und Konferenzen.

Brown-Twiss-Interferometer Ein von R. Hanbury und Richard Q. Twiss entwickeltes Intensitäts-Interferometer zur Bestimmung von Winkeldurchmessern heller Sterne. Die ersten Testergebnisse wurden 1956 bekanntgegeben. Das einzige Instrument dieses Typs bauten sie in Narrabri in Australien. Zwei → *Flußkollektoren*, jeder 6,5 Meter im Durchmesser und aus mehreren hundert kleinen Spiegeln bestehend, waren auf einem Wagen montiert, der auf einer kreisförmigen Schienenstrecke mit einem Radius von 94 Metern lief. Die benutzte Wellenlänge war 433 Nanometer, und der kleinste noch meßbare Durchmesser betrug etwa 0,0005 Bogensekunden. Damit waren etwa 100 Sterne bei einer Grenzhelligkeit von 2,5 Magnitudines zugängig. Die Durchmesser konnten aus der Analyse der Korrelation zwischen Intensitätsvariationen an den zwei Lichtkollektoren abgeleitet werden.

B-Stern Ein Stern vom Spektraltyp B. B-Sterne haben Oberflächentemperaturen zwischen 11 000 und 25 000 Kelvin und sind bläulich-weiß. Die wichtigsten Merkmale in ihrem Spektrum sind → *Absorptionslinien* des neutralen Heliums. Die Balmerlinien des Wasserstoffs sind um so deutlicher, je kühler der Stern ist. B-Sterne sind z. B. → *Rigel* und → *Spica*.

B-Typ-Asteroid Eine Unterklasse der C-Typ-Asteroiden, die sich durch ihre höhere Albedo unterscheidet.

Budrosa Asteroid 338, Durchmesser 62 Kilometer, vom seltenen Metalltyp. Er ist der Prototyp der Budrosa-Familie, einer Gruppe von ungewöhnlichen Asteroiden mit sechs bekannten Mitgliedern. Sie laufen in einer Entfernung von 2,9 AE um die Sonne mit Umlaufbahnen, die 6° gegen die Ebene des Sonnensystems geneigt sind.

Bugschock Die Grenzsphäre um die → *Magnetosphäre* eines Objekts, an der der → *Sonnenwind* abgelenkt und stark abgebremst wird. Das Plasma des Sonnenwindes wird im Bugschock aufgeheizt und komprimiert.

Bull Englischer Name für das Sternbild → *Taurus*.

bürgerliches Jahr Ein Jahr des bürgerlichen Kalenders. Siehe auch → *Kalenderjahr*

bürgerliches Zwielicht Formal definiert als das Zeitintervall, in dem der Mittelpunkt der Sonnenscheibe zwischen 90°50' und 96° Zenitdistanz steht. Siehe auch → *Zenit*

bürgerliche Zeit Die national vereinbarte Zeit, die einheitlich im ganzen Land oder in einer → *Zeitzone* zur Regelung ziviler Angelegenheiten benutzt wird, im Gegensatz z. B. zur → *lokalen Zeit*, die eine Sonnenuhr anzeigen würde.

Burst Jede plötzliche Emission von ungewöhnlich starker elektromagnetischer Strahlung von einem Himmelsobjekt.

Burster → *Gammastrahlungs-Burster*, → *Röntgen-Burster*.

BY Draconis-Stern Ein Typ von → *Flare-Sternen* mit kleinen, regelmäßigen Helligkeitsvariationen in der ruhigen Phase zwischen den Flares. Die Gruppe wird nach ihrem Prototypen elfter Größe benannt. BY Draconis-Sterne sind Rote Zwerge vom → *Spektraltyp* K oder M. Unter denen, die man kennt, ist ein großer Anteil Mitglied eines Doppelsternsystems. Die Variabilität, die im Maximum nicht mehr als ein paar hundertstel Magnitudines beträgt, wird wahrscheinlich durch leuchtkräftige Flecken auf der Oberfläche des rotierenden Sterns verursacht. Siehe auch → *UV Ceti-Stern*

Byurakan Der Standort des astrophysikalischen Observatoriums der armenischen Akademie der Wissenschaften in Armenien. Byurakan liegt 40 Kilometer nördlich von Yerevan in einer Höhe von 1500 Metern, wo es 1946 auf Initiative von V. Ambartsumian gegründet wurde. Das Hauptinstrument des Observatoriums ist ein 2,6-Meter-Reflektor.

Caelum (Der Meißel) Ein kleines, unauffälliges südliches Sternbild, das Mitte des 18. Jahrhunderts von Nicolas L. de Lacaille unter dem längeren Namen »Caela Sculptoris« eingeführt wurde. Kein Stern dieses Sternbildes ist heller als 4. Magnitudo. Siehe auch → *Tabelle 4*

Calar Alto-Observatorium Beobachtungsstation des Max-Planck-Instituts für Astronomie Heidelberg auf dem Calar Alto in Spanien. Das Observatorium liegt in einer Höhe von 2168 Metern etwa 40 Kilometer nördlich von Almería. Hauptinstrument ist das 1984 fertiggestellte 3,5-Meter-Teleskop; daneben gibt es ein 2,2-Meter- und ein 1,2-Meter-Teleskop sowie ein 80-Zentimeter-Schmidt-Teleskop. Ein 1,2-Meter-Spiegelteleskop wird seit 1977 vom nationalen Observatorium in Madrid betrieben.

Caldera Ein großer vulkanischer Krater, der gewöhnlich mindestens zwei Kilometer im Durchmesser mißt. Calderas werden durch einen Kollaps oder eine explosionsartige Eruption oder einer Kombination aus beidem gebildet; sie haben oft eine komplexe Struktur.

California Association for Research in Astronomy (CARA) Eine nicht-gewerbliche Zusammenarbeit zwischen dem California Institute of Technology und der University of California mit dem Ziel, das → *Keck-Teleskop* und -Observatorium in Hawaii aufzubauen und zu betreiben.

California-Nebel (NGC 1499) Ein heller → *Emissionsnebel* im Sternbild Perseus, nach seiner Ähnlichkeit mit dem USA-Staat benannt. Er bildet den Rand einer Dunkelwolke aus Gas und Staub, die von dem Stern xi (ξ) Persei beleuchtet wird.

Callisto Einer der vier großen, 1610 entdeckten Galileischen Monde Jupiters (Nummer IV). Er ist der dunkelste der Galileischen Monde und auch der Mond geringster Dichte, was vermuten läßt, daß er einen großen Anteil Wasser enthält. → *Voyager*-Bilder zeigen, daß seine Oberfläche stark mit Kratern übersät ist, aber kaum große Strukturen zeigt. Das auffälligste Merkmal ist eine Ringstruktur mit dem Namen Walhalla, die aus einer zentralen hellen Region besteht, etwa 600 Kilometer im Durchmesser, und im Abstand von 20 bis 100 Kilometern von zahlreichen konzentrischen Ringen umgeben ist. Mindestens sieben weitere Vielring-Strukturen hat man gefunden. Siehe auch → *Tabelle 6*

Caloris-Becken (Caloris Planitia) Ein großes Vielfach-Ring-Einschlagbecken auf Merkur. Es mißt 1300 Kilometer im Durchmesser und ist das auffälligste Merkmal des Planeten.

Caltech Submillimetre Observatory → *Submillimeter-Astronomie.*

Camelopardalis (Camelopardus; Die Giraffe) Ein großes, aber unscheinbares Sternbild in einem sternarmen Himmelsgebiet in der Nähe des Nordpols.

Sein Name wurde 1624 erstmals von dem deutschen Mathematiker Jakob Bartsch, einem Schwiegersohn von Johannes Kepler, schriftlich erwähnt. Siehe auch → *Tabelle 4*

Camilla Asteroid 107, Durchmesser 236 Kilometer, 1868 entdeckt von N. Pogson.

Canada-France-Hawaii Telescope (CFHT) Ein 3,6-Meter-Teleskop auf dem → *Mauna Kea-Observatorium* auf Hawaii. 1979 in Auftrag gegeben, ist es eine wichtige Beobachtungsmöglichkeit für französische und kanadische Astronomen und wird auch von der University of Hawaii genutzt. Seine Konstruktion und sein günstiger Standort erlauben Beobachtungen sowohl im optischen als auch im infraroten Bereich.

Canes Venatici (Die Jagdhunde) Ein kleines Sternbild am Nordhimmel, das zwischen Bootes und Ursa Maior liegt. Es wurde Ende des 17. Jahrhunderts von Johannes Hevelius eingeführt und soll wohl die Hunde Asterion und Chara darstellen, die von Bootes an der Leine geführt werden. Das Sternbild ist zwar klein, enthält aber eine Reihe interessanter Objekte, wie den hellen Stern → *Cor Caroli*, den schwachen Sternhaufen M3 und die → *Whirlpool-Galaxie*. Siehe auch → *Tabelle 4*

Canis Maior (Der große Hund) Ein kleines Sternbild, unmittelbar südlich des Himmelsäquators und nahe Orion, mit dem hellsten Stern am Himmel, → *Sirius*. Es soll einen der Hunde darstellen, die dem Jäger Orion folgen. Das Sternbild ist in der Liste von Ptolemäus (140 n. Chr.) enthalten. Siehe auch → *Tabelle 4*

Canis Minor (Der kleine Hund) Ein kleines Sternbild nahe Orion, das an den Himmelsäquator angrenzt. Zusammen mit → *Canis Maior* soll es einen der Hunde darstellen, die dem Jäger Orion folgen. Es ist in der Liste von Ptolemäus (140 n. Chr.) enthalten. Es enthält nur zwei helle Sterne, der hellere heißt → *Procyon*. Siehe auch → *Tabelle 4*

Canopus (Alpha Carinae; α Car) Der hellste Stern im Sternbild Carina und der zweithellste am Himmel. Canopus ist ein F-Überriese der Helligkeit –0,7. Sein Name ist der des Lotsen der Flotte des Menelaos aus der griechischen Mythologie. Siehe auch → *Tabelle 3*

Cape Canaveral Der Ort in Florida, USA, am Kennedy Space Center, von wo aus die meisten Raumfahrtmissionen der NASA gestartet werden.

Cape Kennedy Der Name, unter dem → *Cape Canaveral* zwischen 1963 und 1973 bekannt war.

Capella (Alpha Aurigae; α Aur) Der hellste Stern im Sternbild Auriga. Er ist ein → *spektroskopischer Doppelstern*, dessen Hauptkomponente ein G-Riese der Helligkeit 0,1 ist. Der Name kommt aus dem Lateinischen und bedeutet kleine Ziege. Siehe auch → *Tabelle 3*

Cape Photographic-Durchmusterung (CPD) Ein allgemeiner Katalog von 455 000 südlichen Sternen bis zur 10. Magnitudo, der am Kap der guten Hoffnung von J. C. Kapteyn (1851–1922) von photographischen Platten abgeleitet wurde, die von Sir David Gill (1843–1914) aufgenommen wurden. Der Katalog umfaßt den Deklinationsbereich zwischen –19° und dem südlichen Himmelspol und wurde zwischen 1896 und 1900 zusammengestellt.

Capricornus (Der Steinbock) Eines der Tierkreissternbilder aus der Liste von Ptolemäus (140 n. Chr.). Seine hellsten Sterne sind 3. Größe. Siehe auch → *Tabelle 4*

CARA Abkürzung für → *California Association for Research in Astronomy*.

Carina (Der Kiel) Ein großes Sternbild in der südlichen Milchstraße, das einen Teil des → *Argo Navis* darstellt. Es enthält den zweithellsten Stern am Himmel, → *Canopus*. Siehe auch → *Tabelle 4*

Carinae-Nebel → *Eta Carinae-Nebel*.

Carme Ein kleiner Mond Jupiters (Nummer XI), 1938 entdeckt von S. B. Nicholson. Siehe auch → *Tabelle 6*

Carrington-Rotationszahl Eine Zahl, die jede einzelne Rotation der Sonne identifiziert. Die Sequenz begann mit Rotation 1 am 9. November 1953.

Das System wurde von R. C. Carrington begonnen, der auch die mittlere synodische Rotationsperiode für Sonnenflecken einführte, die er zu 27,2753 Tagen bestimmte. Da die Sonne nicht als Festkörper rotiert, variiert die Rotationsperiode mit der solaren Breite.

Carte du Ciel-Projekt Ein ehrgeiziges Projekt, das 1887 gestartet wurde und zum Ziel hatte, vom ganzen Sternenhimmel photographische Aufnahmen und einen zugehörigen Sternkatalog zu erstellen. Die Karten wurden nie vollständig abgeschlossen, die Standardmethoden wurden von den fortschrittlicheren Techniken der Astrophotographie überholt. Während der 1880er Jahre wurde die wachsende Bedeutung der Photographie in der Astronomie deutlich. 1885 wurde am Pariser Observatorium ein photographischer 34-Zentimeter-Refraktor von Paul und Prosper Henry gebaut. Beeindruckt von ihren Ergebnissen und ermutigt von Sir David Gill und Otto Struve, organisierte der Direktor B. Mouchez den astrographischen Kongreß vom April 1887. Das permanente Kommitee traf sich fünfmal, bevor es 1919 der Schirmherrschaft der International Astronomical Union übertragen wurde.

Die Arbeit war ursprünglich unter achtzehn Observatorien aufgeteilt, allerdings befand sich darunter keines in den USA. Das Pariser Instument galt als ein Standard-Prototyp. Jede Platte sollte zweimal zwei Grad überdecken, mit einem überlagerten feinen Liniennetz im Abstand von 5 Millimetern. Im Ganzen wurden 22 000 Aufnahmen gewonnen, nur ein Viertel dessen, was geplant war. Der assoziierte astrographische Katalog wurde jedoch 1964 fertiggestellt.

Cassegrain Ein Eigenschaftswort zur Beschreibung des Konstruktionsprinzips eines optischen, Radio- oder irgendeines anderen Teleskops, das ein zentrales Loch im Hauptspiegel benutzt. Siehe auch → *Cassegrain-Teleskop*

Cassegrain-Teleskop Ein Spiegelteleskop, bei dem die Bildebene direkt hinter dem Hauptspiegel liegt (siehe Abbildung). Diese Konstruktion wurde 1672 von Jacques Cassegrain (1652–1712), Physikprofessor in Chartres in Frankreich, vorgeschlagen, etwa vier Jahre, nachdem Isaac Newton das erste Spiegelteleskop konstruierte. Es verwendet einen konvexen Sekundärspiegel anstelle des in Newtons Konstruktion benutzten flachen Spiegels. Cassegrain baute selber kein Teleskop, und seine Idee wurde erst einige Jahre später verwirklicht. Heute wird der Cassegrain-Fokus überall benutzt, sowohl in bescheidenen Amateurteleskopen als auch in großen professionellen Instrumenten.

Cassini-Mission Vorschlag einer Raumsonde zur Erkundung von Saturn und Titan, deren Start für 1996 und deren Ankunft am Saturn für 2004 geplant ist. Der Vorschlag schließt eine Landefähre ein, die sich vom Hauptschiff lösen und an einem Fallschirm auf die Titan-Oberfläche niedergehen soll.

Cassinische Regeln Drei empirische Regeln, die die Rotation des Mondes um sein Massenzentrum beschreiben, 1721 von Jacques Cassini (1677–1756) aufgestellt:

1. Der Mond rotiert mit konstanter Winkelgeschwindigkeit ostwärts um eine relativ zu ihm feste Achse. Die Rotationsperiode ist gleich der mittleren siderischen Umlaufperiode des Mondes um die Erde.
2. Die Neigung der Hauptebene des Mondäquators gegen die ekliptikale Ebene ist konstant.

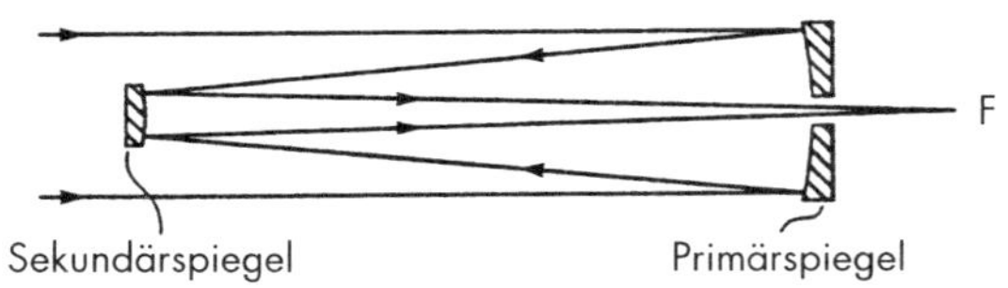

Cassegrain-Teleskop. Eine schematische Zeichnung der optischen Anordnung.

3. Die Pole des lunaren Äquators, der Ekliptik und der Mondumlaufbahn liegen – in dieser Reihenfolge – auf einem Großkreis.

Cassinische Teilung Die auffällige, 2600 Kilometer breite Lücke zwischen den beiden Hauptkomponenten (A und B) des Ringsystems um → *Saturn.* Siehe auch → *Planetenring* und → *Tabelle 7*

Cassiopeia Ein auffälliges, W-förmiges Sternbild nahe dem Himmelsnordpol. Es stellt die sitzende Figur der Königin Cassiopeia aus der klassischen Mythologie dar. Das Sternbild ist in der Liste von Ptolemäus (140 n. Chr.) aufgeführt. In diesem Sternbild liegen die 1572 von Tycho Brahe beobachtete → *Supernova* und der → *Supernova-Überrest* → *Cassiopeia A*, eine der hellsten Radioquellen am Himmel. Siehe auch → *Tabelle 4*

Cassiopeia A (Cas A) Die neben der Sonne hellste Radioquelle am Himmel. Sie konnte als der Überrest einer → *Supernova* identifiziert werden, die 1667 sichtbar gewesen sein muß. Es gibt aus dieser Zeit aber keine Beobachtungsaufzeichnungen. Vermutlich war das 10000 Lichtjahre entfernte Objekt hinter dichten Staubwolken verborgen. Die Radioemission kommt hauptsächlich aus einer ringförmigen Struktur mit 4 Bogenminuten Durchmesser, vermutlich einer bei der Explosion ausgestoßenen Materiehülle. Auf optischen Aufnahmen dieser Himmelsregion kann man einige schwache Nebel erkennen. Auf Röntgenaufnahmen zeigt Cassiopeia A die gleiche Ringstruktur.

Castor (Alpha Geminorum; α Gem) Der nach → *Pollux* zweithellste Stern im Sternbild Zwillinge (Gemini). Seine Helligkeit, wie sie dem bloßen Auge erscheint, ist 1,6, aber dies ist eine kombinierte Helligkeit eines Mehrfachsystems aus mindestens sechs Komponenten. Zwei → *A-Sterne* der Helligkeit 2,0 und 2,9 bilden ein enges visuelles Doppelsternpaar, von denen wiederum beide → *spektroskopische Doppelsterne* sind, und ein weiter entfernter roter Stern 9. Magnitudo ist ein → *Bedeckungsveränderlicher.* Siehe auch → *Tabelle 3*

Catalina Observatory Ein Observatorium des Lunar and Planetary Laboratory of the University of Arizona. Es liegt 54 Kilometer von Tucson in einer Höhe von 2515 Metern. Das Hauptinstrument ist ein 1,55-Meter-Reflektor, außerdem gibt es eine 42-Zentimeter- → *Schmidt-Kamera.*

Catena (pl. Catenae) Eine Kette von Kratern auf einer Planetenoberfläche.

Cavus (pl. Cavi) Eine Höhlung oder irreguläre Senke auf der Oberfläche des Mars.

CCD Abkürzung für → *charge-coupled device.*

CD Abkürzung für → *Córdoba-Durchmusterung.*

CDA Abkürzung für → *Centre de Données Astronomiques.*

cD-Galaxie Mitglied einer Klasse von elliptischen Riesengalaxien mit einem Halo von Sternen. Die Klassifizierung wurde in den späten fünfziger Jahren von W. Morgan eingeführt. Eine cD-Galaxie ist häufig die Zentralgalaxie eines reichen Galaxienhaufens; viele von ihnen sind Radioquellen. Sie sind fünf- bis zehnmal leuchtkräftiger als typische elliptische Galaxien, und ihre Masse kann bis zu 10^{13} Sonnenmassen betragen. Ein klassisches Beispiel ist NGC 6616, die einen Mehrfach-Kern in ihrer Hülle zu bergen scheint. Man nimmt an, daß sie kleinere Galaxien aus ihrer Umgebung schluckt.

CDS Abkürzung für Centre de Données Stellaires, der frühere Name des → *Centre de Données Astronomiques.*

Centaurus (Der Zentaur) Ein großes südliches Sternbild in der Milchstraße, das sehr reich an Sternen ist. Es ist eines der ursprünglichen Sternbilder aus der Liste von Ptolemäus (140 n. Chr.). Es enthält einige interessante Objekte, unter anderem den dem Sonnensystem nächsten Stern → *Proxima Centauri* und den schönsten und hellsten Kugelsternhaufen → *Omega Centauri.* Siehe auch → *Tabelle 4*

Centaurus A (Cen A) Eine Radiogalaxie, die mit der elliptischen Galaxie NGC 5128 identifiziert ist. Mit einer Entfernung von 15 Millionen Lichtjahren ist sie die nächststehende und daher die meistuntersuchte Radiogalaxie. Das sichtbare Bild der Galaxie ist von einer dicken Staubschicht durchzogen; die Radiolobes erstrecken sich senkrecht zu dieser Schicht über 7° am Himmel, das entspricht fast zwei Millionen Lichtjahren. Centaurus A ist auch eine starke Röntgenquelle.

Centre de Données Astronomiques (CDA) 1872 als Centre de Données Stellaires (CDS) gegründet, widmet sich dieses Institut an der Universität von Straßburg in Frankreich der Ansammlung, kritischen Beurteilung und Nutzung stellarer und sonstiger astronomischer Daten.

Cepheiden Ein Typ von pulsierenden → *veränderlichen Sternen*, benannt nach dem Prototypen der Gruppe, Delta Cephei, dessen Helligkeit mit einer Periode von 5,4 Tagen zwischen 3,6 und 4,3 Magnitudines schwankt. Cepheiden sind instabil und haben deshalb einen pulsierenden Radius. Ihre Größe kann in einer Periode bis zu 10 Prozent variieren, die Temperatur schwankt ebenfalls. Der Stern bläht sich infolge erhöhten Innendrucks auf, bis der Druck wie durch ein Ventil abgebaut wird. Dann kontrahiert der Stern, und der Zyklus beginnt erneut (siehe Abbildung (a)).

Cepheiden sind leuchtkräftige gelbe Riesen, die zehntausendmal soviel Leistung abstrahlen wie die Sonne, deshalb können sie in sehr großen Entfernungen beobachtet werden. 1912 untersuchte Henrietta Leavitt am Harvard College Observatorium eine Anzahl von Cepheiden in der Kleinen Magellanschen Wolke und zeichnete ihre Lichtkurven auf. Leavitt wurde klar, daß es eine Beziehung gab zwischen der Periode, typisch 3 bis 50 Tage, und der mittleren scheinbaren Helligkeit: Je heller der Stern, desto länger die Periode. Diese Beziehung nennt man die Perioden-Leuchtkraft-Beziehung (siehe Abb. (b)).

Die Bedeutung dieser Entdekkung liegt darin, daß Cepheiden nun als Entfernungsindikatoren benutzt werden können. Alle Sterne in der Kleinen Magellanschen Wolke können als etwa gleich weit entfernt angenommen werden (abhängig natürlich von der Entfernung der LMC selbst); die scheinbare Helligkeit unterscheidet sich da-

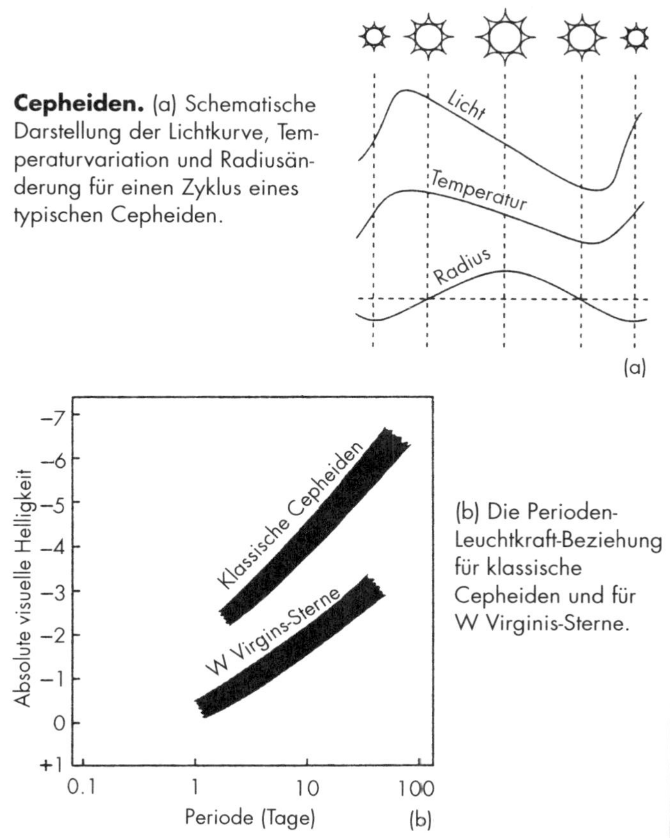

Cepheiden. (a) Schematische Darstellung der Lichtkurve, Temperaturvariation und Radiusänderung für einen Zyklus eines typischen Cepheiden.

(b) Die Perioden-Leuchtkraft-Beziehung für klassische Cepheiden und für W Virginis-Sterne.

her von der absoluten Helligkeit um einen konstanten Faktor. Wenn man die Entfernung eines einzigen Cepheiden aufgrund einer unabhängigen Entfernungsbestimmung kennt, kann man die Entfernung aller anderen Cepheiden allein anhand der Messung ihrer Periode bestimmen.

Man kennt heute zwei verschiedene Arten von Cepheiden: die sog. klassischen Cepheiden und die Population-II-Cepheiden, auch bekannt unter dem Namen W Virginis-Sterne. Ihre Perioden-Leuchtkraft-Beziehung ist unterschiedlich. Bei einer gegebenen Leuchtkraft sind klassische Cepheiden etwa zwei Magnitudines heller als W Virginis-Sterne. Dies ist eine Folge verschiedener Masse und chemischer Zusammensetzung. Die geringere Masse der W Virginis-Sterne zieht eine geringere Leuchtkraft nach sich, aber der Effekt wird zum Teil durch die geringe Häufigkeit an schwereren Elementen als Helium (Metallizität) in der kalten Stern- → *Population* II kompensiert. Es ist daher wichtig, zwischen klassischen Cepheiden und W Virginis-Sternen zu unterscheiden, bevor ihre Entfernung bestimmt werden kann. Dies wird am besten durch Bestimmung der Metallhäufigkeit anhand der Spektren erreicht.

Cepheus Ein Sternbild nahe dem nördlichen Himmelspol, das seinen Namen nach dem legendären König von Äthiopien, Ehemann der Cassiopeia und Vater von Andromeda, hat. Es ist eines der Sternbilder aus der Liste des Ptolemäus (140 n. Chr.), ist aber nicht besonders auffällig; das Sternbild beinhaltet keinen Stern heller als 2. Magnitudo. Siehe auch → *Tabelle 4*

Cerberus Asteroid 1865, Durchmesser 1,6 Kilometer, 1971 entdeckt von L. Kohoutek, als er der Erde sehr nahe kam.

Cerenkov-Strahlung Elektromagnetische Strahlung, die von einer Schockwelle verursacht wird, wenn elektrisch geladene Teilchen sich mit einer Geschwindigkeit durch ein Medium bewegen, die höher als die Lichtgeschwindigkeit in diesem Medium ist.

Ceres Der erste, am 1. Januar 1801 von Giuseppi Piazzi in Palermo entdeckte Asteroid. Er ist bei weitem der größte Asteroid, 913 Kilometer im Durchmesser, und seine Bahn liegt im Haupt-Asteroidengürtel in einer Entfernung von 2,77 AE von der Sonne. Seine Masse beträgt mit 1,17 x 10^{21} Kilogramm etwa ein Drittel der gesamten Masse des Asteroidengürtels. Er erreicht eine maximale Helligkeit von 6,9, und seine → *Albedo* beträgt nur 9 Prozent. Ceres rotiert in etwas mehr als 9 Stunden um seine eigene Achse, während seine Helligkeit und Farbe nur geringfügig variieren; er muß also fast sphärisch sein und gleichmäßig grau. Aus seinem Spektrum kann man ableiten, daß die chemische Zusammensetzung seiner Oberfläche ähnlich der der Kohlenstoff-Chondrit-Meteorite sein muß.

Cerro Tololo Inter-American Observatory Ein Observatorium in Chile, das Teil der → *National Optical Astronomy Observatories* der USA ist. Die Zentrale liegt in La Serena, 480 Kilometer nördlich von Santiago. Der Beobachtungsstandort liegt in einer Höhe von 2200 Metern 70 Kilometer landeinwärts. Das größte Instrument, ein 4-Meter-Teleskop, ist ein Duplikat des Teleskops auf dem Kitt Peak in Arizona. Unter den sechs anderen Instrumenten des Observatoriums sind 1,5-Meter- und 92-Zentimeter-Reflektoren.

Cetus (Der Wal) Ein großes Sternbild in der Nähe des Himmelsäquators, das vermutlich das Seeungeheuer darstellen soll, das Andromeda bedrohte, wenn sein lateinischer Name auch meistens mit »Wal« übersetzt wird. Es stammt aus der Liste von Ptolemäus (140 n. Chr.) und liegt in einer sternarmen Himmelsgegend. Bis auf einen sind alle seine Sterne schwächer als 3. Magnitudo. Der bemerkenswerteste Stern ist der Variable → *Mira*. Siehe auch → *Tabelle 4*

CFHT Abkürzung für → *Canada-France-Hawaii Telescope.*

Chamaeleon (gen. Chamaeleon(t)is; Chamäleon) Ein kleines, schwaches südliches Sternbild, das vermutlich von Seefahrern des 16. Jahrhunderts eingeführt wurde und das Johann Bayer in seinen 1603 veröffentlichten Atlas → *Uranometria* aufnahm. Seine Sterne sind alle schwächer als 4. Magnitudo. Siehe auch → *Tabelle 4*

Chandler-Bewegung Kleine Variationen in der Position der geographischen Pole der Erde (der Pole der Erdrotationsachse), die vermutlich auf die jahreszeitlich unterschiedliche Massenverteilung auf der Erde und Bewegung von Materie im Erdinnern zurückzuführen ist. Die Raumorientierung der mittleren Rotationsachse bleibt dabei erhalten.

Chandrasekhar-Grenze Die obere Massegrenze für → *Weiße Zwerge* von 1,4 Sonnenmassen, die von dem Astrophysiker S. Chandrasekhar aus theoretischen Überlegungen abgeleitet wurde. Wenn massereichere Sterne ihren Vorrat an nuklearem Brennstoff erschöpft haben, müssen sie weiter in sich zusammenstürzen, bis zu einem Volumen, das viel kleiner ist als das eines Weißen Zwerges, sie entwickeln sich dann zu einem → *Neutronenstern* oder → *Schwarzen Loch*.

Chaos Ein Begriff, den man bei der offiziellen Bezeichnung von gewissen unterschiedlichen Geländeformationen auf Planetenoberflächen benutzt, die durch ein unregelmäßiges Durcheinander von Hügeln und Tälern gekennzeichnet sind. Auf dem Mars können solche chaotischen Formationen assoziiert sein mit Oberflächeneinbrüchen und der Entstehung von Überschwemmungen durch Grundwasser.

chaotische Rotation Die Rotation von Planetenkörpern ohne feste Periode. Die Möglichkeit, daß Rotationen dieser Art existieren, ergab sich im Falle eines der kleinsten Monde des Saturns → *Hyperion*. Wegen seiner exzentrischen Bahn und der vielen verschiedenen Gravitationskräfte, die auf ihn einwirken, gibt es einen dauernden Energieaustausch zwischen der Umlaufbewegung und seiner Rotation.

charge-coupled device (CCD) Ein in der astronomischen Anwendung weit verbreiteter elektronischer Bilddetektor. Ein CCD besteht aus halbleitendem Silizium. Wenn Photonen auf seine Oberfläche fallen, werden Elektronen freigesetzt. Um die Information über das Muster des auf das CCD einfallenden Lichts zu erhalten, werden die Photonen in einer Matrix kleiner Bildelemente (Pixel) gesammelt, die mit Hilfe einer Anordnung von Elektroden auf der Oberfläche des CCDs gebildet werden. Die elektrische Ladung eines jeden Pixels wird dann zum Ende einer Bildzeile transportiert, indem man die Spannungen an den Elektroden so variiert, daß die Ladung wie auf einem Förderband weitergereicht wird. Schließlich werden die Elektronen in jedem kleinen Paket gezählt und in eine Form gebracht, in der das gesamte Bild im Rechner abgespeichert oder auf dem Bildschirm dargestellt werden kann.

CCDs sind für die Astronomie besonders nützlich, da sie alle Eigenschaften haben, die man sich von einem astronomischen Detektor wünscht: eine hohe Lichtempfindlichkeit, so daß man sie für die Aufnahme sehr lichtschwacher Objekte verwenden kann, Empfindlichkeit über einen breiten Spektralbereich, niedriges Rauschen und einen großen dynamischen Bereich – d. h., sie können schwache und helle Objekte gleichzeitig aufnehmen. Außerdem ist das Signal linear – die Anzahl der gesammelten Elektronen ist direkt proportional zu der Anzahl der empfangenen Photonen. Das bedeutet, daß die Bildhelligkeit ein direktes Maß für die wirkliche Helligkeit des Objekts ist, eine Eigenschaft, die die photographische Emulsion z. B. nicht besitzt.

Charles's Heart Englischer Name für den Stern → *Cor Caroli*.

Charles's Wain Ein anderer Name für den → *Asterismus* im Sternbild Ursa Maior, heute besser bekannt unter der englischen Bezeichnung → *Big Dipper* (Großer Wagen).

Charon Der einzige bekannte Mond des fernen Planeten Pluto. Er wurde 1978 von J. Chri-

sty als leichte Elongation des Bildes von Pluto auf einer Photographie, die am US Naval Observatory gewonnen wurde, entdeckt.
Mit einem Durchmesser von 1190 Kilometern hat er etwa die halbe Größe von Pluto. Seine Umlaufperiode ist 6,39 Tage, was wahrscheinlich auch die Rotationsperiode von Pluto und Charon ist. Beide haben eine geringe Dichte, etwa die doppelte Dichte von Wasser, was vermuten läßt, daß sie hauptsächlich aus Eis bestehen, wenn auch mit einem beträchtlichen Felskern. Das Spektrum von Charon weist auf Eisvorkommen hin, nicht aber auf Methan, das auf Pluto vorkommt. Siehe auch → *Tabelle 6*

Chasma (pl. Chasmae) Ein steilwandiger Canyon auf einer Planetenoberfläche.

Chassignite Eine Sorte von → *Achondriten*, von dem man nur ein Exemplar – den Chassigny-Meteorit – kennt. Zusammen mit den Shergottiten und Nakhliten gehören die Chassignite zu der Klasse von → *SNC-Meteoriten*, die vermutlich von der Oberfläche des Mars stammen.

chemische Entwicklung Die Änderung der → *Häufigkeiten* chemischer Elemente mit der zeitlichen Entwicklung, als Ergebnis der → *Astration*.

Chemischer Ofen → *Fornax*.

Chiron Asteroid 2060, Durchmesser 180 Kilometer, 1977 von Charles Kowal entdeckt. Seine Umlaufbahn ist einzigartig unter den bisher für Asteroiden bestimmten, sie liegt zwischen Jupiter und Uranus, weit außerhalb des Haupt- → *Asteroidengürtels*. Durch Infrarotbeobachtungen wies man nach, daß er eine mäßig dunkle, steinige oder staubige Oberfläche und nahezu Kugelgestalt hat. Man hat vermutet, daß Chiron entweder ein großer Komet oder ein der Anziehungskraft Uranus oder Saturns entkommener Mond sein könnte. 1989 wurde von der Entdeckung einer Koma um Chiron berichtet, was seine Kometen-Natur bestätigt.

Chondre Eine kleine Kugel von schnell abgekühltem Silikatmineral (meist Olivin und/oder Pyroxen), das man in Stein- → *Meteoriten* findet. Chondren sind zwischen weniger als 1 Millimeter bis über 10 Millimeter groß; sie treten häufig in chondritischen Meteoriten auf. Siehe auch → *Achondrit, Chondrit*

Chondrit Ein häufiger Typ von Stein- → *Meteoriten*, der durch das Vorkommen von Chondren gekennzeichnet ist. Etwa 85 Prozent der Meteorite sind Chondrite im Gegensatz zu → *Achondriten*. Der Name impliziert auch eine chemische Zusammensetzung ähnlich der der Sonne, bis auf die flüchtigsten Elemente.

CHON-Teilchen Teilchen, die in erster Linie aus leichten Elementen aufgebaut und reich an Kohlenstoff, Wasserstoff, Sauerstoff und Stickstoff sind. Sie wurden in der Nähe des Kerns des Halleyschen Kometen entdeckt.

chromatische Aberration Ein Abbildungsfehler von Linsen, der sich im Auftreten von farbigen Ringen um das Bild herum äußert. Das Problem entsteht, weil verschiedene Wellenlängen in unterschiedlichen Entfernungen von der Linse fokussiert werden. Den Effekt kann man teilweise, aber nicht vollständig durch die Konstruktion einer → *achromatischen Linse* aus zwei oder mehr Komponenten kompensieren.

Chromosphäre Die Gasschicht der Sonne oder eines anderen Sterns, die oberhalb der → *Photosphäre* liegt. Durch die photosphärische Schicht hindurch nimmt die Temperatur mit zunehmender Entfernung von der Sonne ab. In der darüberliegenden Chromosphäre steigt die Temperatur langsam wieder bis auf 10000 Kelvin an. Der Name bedeutet wörtlich »Sphäre der Farbe« – man sieht die Chromosphäre als ein rosa Glühen, wenn das Licht der Photosphäre bei einer totalen Sonnenfinsternis abgedeckt ist.

Chronologie Das Studium und die Untersuchung der Zeitskalen, in denen Ereignisse geschehen, besonders wenn die Zeitskalen lang sind wie bei der geologischen Geschichte eines Planeten.

Chronometer Eine hochgenaue Uhr, insbesondere eine, die man an Bord eines Schiffs benutzt.

Chryse Planitia Eine kreisförmige Ebene, fast mit Sicherheit ein Einschlags- → *Becken*, im nördlichen Äquatorgebiet des Mars. Es war der Landeplatz für die → *Viking-1*-Sonde.

CH-Stern Ein Riese vom Spektraltyp G oder K, der besonders starke Banden des CH-Moleküls in seinem Spektrum aufweist.

Circinus (Der Zirkel) Ein kleines unscheinbares Sternbild des Südsternhimmels, von Nicolas L. de Lacaille Mitte des 18. Jahrhunderts eingeführt. Siehe auch → *Tabelle 4*

Circinus X–1 Ein Röntgen-Burster, von dem man annimmt, daß es sich um ein Doppelsternsystem mit einem Schwarzen Loch handelt.

Circlet Ein → *Asterismus* von der Form eines Rings im Sternbild Fische. Er wird durch die Sterne Gamma (γ), Theta (ϑ), Iota (ι), Lambda (λ) und Kappa (κ) Piscium gebildet.

cislunar Zum Raumgebiet zwischen Erde und Mond gehörend.

Clast Ein Stein-Bruchstück, das aus verwittertem Gestein entstand und später in einen anderen Stein eingebaut wurde.

Clavius Ein großer Krater auf dem Mond, 225 Kilometer im Durchmesser, nahe dem nördlichen Rand des Mondes.

Cluster Eine geplante, vier Satelliten umfassende Raumfahrtmission der European Space Agency mit dem Ziel, die Wechselwirkung zwischen dem Magnetfeld der Erde und dem → *Sonnenwind* sowie kleinräumiger Prozesse in der Erd- → *Magnetosphäre* zu untersuchen.

CM CM (1) Abkürzung für Central Meridian.

CM (2) Abkürzung für → *Command Module*, ein Teil des Raumschiffs, das bei dem → *Apollo-Programm* der bemannten Mondlandung verwendet wurde.

CNO-Bi-Zyklus Eine Folge von Kernreaktionen, die vermutlich im Inneren von Sternen abläuft. Siehe auch → *Kohlenstoff-Stickstoff-Zyklus*

CNO-Tri-Zyklus Eine Folge von Kernreaktionen, die wahrscheinlich im Inneren von Sternen abläuft. Siehe auch → *Kohlenstoff-Stickstoff-Zyklus*

CNO-Zyklus Abkürzung für Karbon-Nitrogen-Oxygen(Kohlenstoff-Stickstoff-Sauerstoff)-Zyklus, ein anderer Name für → *Kohlenstoff-Stickstoff-Zyklus.*

CN-Stern Ein Stern, in dessen Spektrum die Banden von CN(Zyan)-Molekülen besonders stark sind.

CN-Zyklus Abkürzung für Karbon-Nitrogen-Zyklus, ein anderer Name für den → *Kohlenstoff-Stickstoff-Zyklus.*

COBE → *Cosmic Background Explorer.*

Cocoon-Nebel Der diffuse Nebel IC 5146 im Sternbild Cygnus. Er ist ein Gebiet leuchtenden Wasserstoff-Gases, das einen spärlichen Haufen von Sternen 12. Magnitudo umgibt, in einer geschätzten Entfernung von 3000 Lichtjahren. Man nimmt an, daß er von ähnlicher Natur ist wie der → *Orion-Nebel*, ein komplexes Gebiet aus Gas und Staub, in dem Sterne entstehen.

Cocoon-Stern Ein Stern, der von einer Hülle oder einem Kokon von Staub umgeben ist und der infolgedessen intensiv Infrarotstrahlung emittiert.

Coelostat Ein Paar flacher, so angeordneter und bewegbarer Spiegel, daß sie die scheinbare Bewegung der Sterne kompensieren, indem sie ein bestimmtes Gebiet am Himmel in ein feststehendes Instrument spiegeln, das nicht ohne weiteres bewegt werden kann. Einer der beiden Spiegel liegt und rotiert um die Polachse, so daß das Bild sich nicht dreht. Der zweite Spiegel lenkt das Bild in das Instrument.

Coggias Komet → *Komet Coggia.*

Colles (sing. Collis) Niedrige Hügel. Ein Begriff, den man als Teil eines Namens für ein topographisches Merkmal eines Planeten verwendet.

Columba (Die Taube) Ein kleines schwaches Sternbild am Südhimmel, 1679 von A. Royer eingeführt. Manche sagen, es stellt die Taube dar, die Noahs Arche folgte. Siehe auch → *Tabelle 4*

Coma Berenices (Berenices Haar) Ein kleines, schwaches

Sternbild neben Bootes, etwa 1602 von Tycho Brahe eingeführt. Es soll die Strähnen der Königin Berenice von Ägypten darstellen, die ihr Haar abschnitt und es den Göttern darbot in Dankbarkeit für die sichere Rückkehr ihres Ehemanns aus der Schlacht. Das Sternbild ist wegen der großen Anzahl von Galaxien, die es enthält, bemerkenswert. Siehe auch → *Tabelle 4*

Coma-Galaxienhaufen Ein reicher Galaxienhaufen im Sternbild → *Coma Berenices*, das sich am Himmel über mehrere Grad erstreckt und das mehr als tausend helle Galaxien enthält. Seine Entfernung wird auf 300 Millionen Lichtjahre geschätzt. Der Coma-Haufen ist damit einer der nächststehenden reichen Galaxienhaufen. Er ist in etwa kugelförmig mit einer Zunahme der Galaxiendichte zum Zentrum hin, wo der mittlere Abstand zwischen den Galaxien dreimal kleiner als der Abstand zwischen der Milchstraße und der Andromeda-Galaxie in der → *lokalen Gruppe* ist.

Comes (pl. Cometes) Das lateinische Wort für »Begleiter«, das manchmal für die Bezeichnung der schwächeren Komponente in einem Doppelsternsystem verwendet wird, insbesondere in älteren Büchern und Katalogen.

Command and Service Module → *Apollo-Programm.*

Command Module → *Apollo-Programm.*

Compton-Effekt Die Wechselwirkung (im wesentlichen ein Stoß) zwischen einem → *Photon* und einem elektrisch geladenen Teilchen mit dem Effekt, daß das Photon mit geringerer Energie (d. h. größerer Wellenlänge) gestreut wird, während die überschüssige Energie an das geladene Teilchen abgegeben wird. Siehe auch → *Comptonisierung, inverser Compton-Effekt*

Compton Gamma Ray Observatory Ein Beobachtungssatellit, der vier astronomische Gamma-Strahlen-Experimente zur Kartierung, Spektroskopie und zum Aufspüren und Lokalisieren von Ausbrüchen mit verschiedenen Energien an Bord hat. Er wurde im April 1991 vom → *Space Shuttle* aus gestartet. Ursprünglich hieß er »Gamma Ray Observatory« (GRO) und wurde später zu Ehren des amerikanischen Physikers A. H. Compton (1892–1962) umbenannt.

Comptonisierung Eine Energieveränderung, die durch den → *Compton-Effekt* herbeigeführt wird, insbesondere eine, bei der Elektronen durch Stöße mit Röntgenphotonen oder Gammaphotonen auf Geschwindigkeiten nahe der Lichtgeschwindigkeit beschleunigt werden.

cooling flow Ein Gasstrom in Richtung auf das Zentrum eines reichen → *Galaxienhaufens*, der, begrenzt durch heißeres und diffuseres Gas in der Umgebung, schnell durch Energieabgabe in Form von Röntgenstrahlung abkühlt und in Sterne kondensiert.

Coonabarabran Die Stadt in Australien, die dem Beobachtungsstandort → *Siding Spring Observatory* am nächsten liegt (27 Kilometer).

Coon Butte → *Arizona-Meteoritenkrater.*

Copernicus Copernicus (1) Ein großer, auffälliger Krater auf dem Mond im Zentrum eines Strahlensystems, das sich über mehr als 600 Kilometer erstreckt. Terrassenförmige Wände und mehrfache zentrale Bergspitzen sind Merkmale des Kraters, der 93 Kilometer im Durchmesser mißt.
Copernicus (2) Der Name des dritten → *Orbiting Astronomical Observatory* (OAO–3).

Cor Caroli (Alpha Canum Venaticorum; α CVn) Der hellste Stern im Sternbild Jagdhunde. Der lateinische Name bedeutet »Charles' Herz« und bezieht sich auf die Hinrichtung von King Charles I. von England im Jahr 1649. Er wurde dem Stern vermutlich 1660 von Charles Scarborough gegeben. Er ist ein visueller → *Doppelstern*, dessen Komponenten die Helligkeiten 2,9 und 5,5 haben. Der hellere Stern ist ein → *Ap-Stern.*

Cordelia Ein kleiner Uranusmond, der während des → *Voyager-2*-Vorbeiflugs an dem Planeten im Jahr 1986 entdeckt wurde. Cordelia ist einer der beiden Monde, die als Hirtenmonde des Epsilonrings des Planeten wirken (der andere heißt Ophelia). Siehe auch → *Tabelle 6*

Córdoba-Durchmusterung (CD) Ein Katalog der Positionen und Helligkeiten von 578 802 südlichen Sternen bis herab zur 10. Größe, der unter der Leitung von J. M. Thome (1843–1908) und Kollegen zwischen 1892 und 1914 am Córdoba-Observatorium zusammengestellt wurde.
Der Deklinationsbereich –2° bis –22° wurde gewählt, um die → *Bonner Durchmusterung* zu komplettieren.

Coriolis-Kraft Eine Kraft, die scheinbar auf ein sich bewegendes Objekt einwirkt, wenn man es von einem rotierenden Referenzsystem aus betrachtet. Wenn man z. B. von der Nordhalbkugel aus ein Objekt Richtung Norden wirft, wird es Richtung Osten durch die Coriolis-Kraft abgelenkt.

Corona (pl. Coronae) Ein eiförmiges Merkmal auf einer Planetenoberfläche, besonders auf Venus und Miranda.

Corona Australis (Südliche Krone) Ein kleines und schwaches, aber dennoch ziemlich auffälliges Sternbild am südlichen Rand von Sagittarius. Es ist eines der ursprünglichen Sternbilder aus der Liste von Ptolemäus (140 n. Chr.). Siehe auch → *Tabelle 4*

Corona Borealis (Nördliche Krone) Ein kleines, aber ziemlich auffälliges Sternbild am nördlichen Sternenhimmel, dessen Hauptsterne einen halbkreisförmigen Bogen bilden. Es stammt aus der Liste von Ptolemäus (140 n. Chr.). Siehe auch → *Tabelle 4*

Corsa-B Ein japanischer Röntgenastronomie-Satellit, der im Februar 1979 gestartet und später in Hakucho umbenannt wurde.

Corvus (Der Rabe) Ein kleines Sternbild am südlichen Rand von Virgo, dessen vier Hauptsterne eine Helligkeit von drei Magnitudines haben und die ungefähr in Form eines Drachens stehen. Es ist in der Liste von Ptolemäus (140 n. Chr.) aufgeführt.

Cos-B Ein europäischer Gammastrahlen-Astronomie-Satellit, der am 9. August 1975 gestartet wurde. Er blieb bis April 1982 in Betrieb und wurde benutzt, um die Gammastrahlung des Himmels zu kartieren. Daneben wurden etwa 25 diskrete Quellen identifiziert.

Cosmic Background Explorer (COBE) Ein Astronomie-Satellit der NASA, der 1989 mit dem Ziel gestartet wurde, die diffuse Fern-, Infrarot- und Millimeterstrahlung vom Himmel zu kartieren. Er bestimmte die Temperatur der → *kosmischen Mikrowellen-Hintergrundstrahlung* zu 2,73 Kelvin und bestätigte, daß es sich um reine Wärmestrahlung handelt, in Übereinstimmung mit der Theorie des heißen → *Big Bang*.
1992 publizierte Messungen zeigen wellenartige Variationen im Bereich von zehnmillionstel Grad auf der sonst über den Himmel gleichförmigen Strahlungsverteilung. Sie werden für die Anzeichen erster Strukturen gehalten, die sich im frühen Universum gebildet haben und die Grundlage zur späteren Bildung von Galaxien darstellten. In einem getrennten Experiment wurden die Infrarot-Detektoren an Bord von COBE benutzt, um die Staubverteilung in der Milchstraße zu kartieren.

COSMOS Ein automatischer Photoplatten-Scanner am Royal Observatory in Edinburgh. Der Name ist von den Parametern abgeleitet, die das Gerät messen kann: Koordinaten (coordinates), Größen (sizes), Magnitudines (magnitudes), Orientierungen (orientations) und Formen (shapes).

Coudé-Fokus Der Fokus eines Teleskops mit → *äquatorialer Montierung*, der mit Hilfe einer Reihe von Spiegeln auf die Polarachse zu liegen kommt und auf diese Weise stationär bleibt, unabhängig von der Orientierung des Teleskops (siehe Abbildung). Das Wort »Coudé« kommt aus dem Französischen und bedeutet Ellbogen. Ein fester Fokus wird dann benötigt, wenn umfangreiches Instrumentarium verwendet werden soll, das nicht direkt an das Teleskop montiert werden kann, wie z. B. ein hochauflösender Spektrograph. Große Teleskope der neuen Generation mit ihrer rechnergesteuerten

Coudé-Fokus. Der dritte Spiegel richtet das Licht auf einen festen Punkt, der unabhängig von der Orientierung des Teleskops ist.

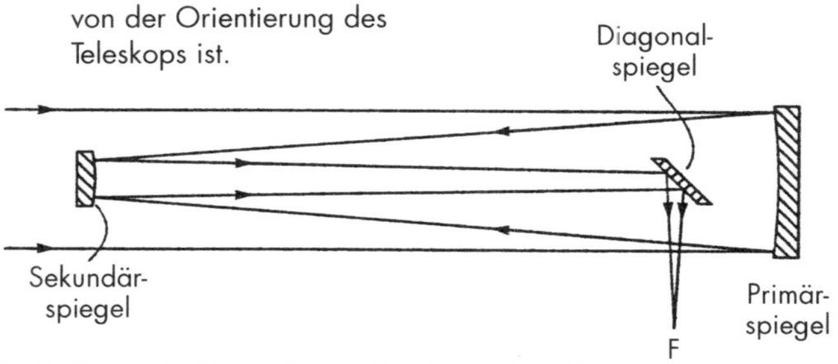

Altazimut-Montierung können den → *Nasmyth-Fokus* nutzen, der ebenfalls fest ist.

Coudé-Spektrograph Ein astronomischer Spektrograph, der für den → *Coudé-Fokus* eines Teleskops konstruiert ist. Da der Coudé-Fokus fest ist, kann der Spektrograph sehr groß sein, um sehr hohe Dispersion zu erzeugen, und er kann in einem speziellen Raum unter dem Teleskop untergebracht werden.

CPD Abkürzung für → *Cape Photographic-Durchmusterung.*

CP-Katalog Eine Liste der ersten entdeckten Pulsare, die 1968 von Radioastronomen in Cambridge zusammengestellt wurde. Die Initialen stehen für »Cambridge Pulsar«. Diese Bezeichnung wurde durch die PSR (Pulsating Source of Radiation)-Katalognummern abgelöst.

Crab Sternbild → *Krebs.*

Crab-Nebel (Krebs-Nebel; M1; NGC 1952) Der nebulöse Überrest einer → *Supernova* im Sternbild Taurus, die 1054 explodierte. Auf Farbphotographien erscheint er als ein Netzwerk von Filamenten, die ein elliptisches Gebiet blauweißen Lichts umgibt. Bei diesem weißen Licht handelt es sich um → *Synchrotronstrahlung,* die von heißem ionisiertem Gas in einem Magnetfeld abgestrahlt wird. Die Filamente sind die äußeren Schichten des Sterns, die bei der Explosion weggeblasen wurden. Sie bewegen sich mit 1500 km/s nach außen. Der Kern des explodierten Sterns blieb im Zentrum des Nebels zurück. Er ist jetzt ein → *Pulsar.* Elektronen, die vom Pulsar emittiert werden, sind für die Synchrotronstrahlung verantwortlich. Das Intervall zwischen zwei Blitzen des Pulsars beträgt 33 Millisekunden. Diese Blitze kann man sowohl im sichtbaren Licht als auch im Radiobereich sehen.
Der Crab-Nebel ist eine der stärksten Radioquellen am Himmel. Diese Quelle wurde von den Radioastronomen »Taurus-A« genannt, bevor sie mit dem bekannten Nebel identifiziert wurde. Der Crab-Nebel ist auch eine Röntgenquelle.

Crab-Pulsar Der → *Pulsar* im Zentrum des → *Crab-Nebels.* 1942 spekulierten Astronomen, daß ein bestimmter Stern in diesem Nebel ein → *Neutronenstern* sein könnte, der bei der → *Supernova* des Jahres 1054 entstanden war. 1968 entdeckten Radioastronomen, daß der zentrale Stern ein Pulsar ist, der 30mal pro Sekunde rotiert. Die Periode zwischen den einzelnen Pulsen ist daher 33 Millisekunden. Kurz nach der Entdeckung des Radiopulsars konnte gezeigt werden, daß auch das visuelle Licht des Neutronensterns gepulst ist. Zur Zeit der Entdeckung war dies der bei weitem schnellste Pulsar, und die Rotationsperiode zeigte unzweideutig, daß das Objekt ein Neutronenstern sein muß: Jedes andere Objekt mit einer typischen Sternmasse, das größer als ein Neutronenstern ist, würde bei der Rotationsrate des Crab-Pulsars auseinanderfliegen. Historisch ist die Entdeckung von großer Bedeutung, weil sich Theoretiker nun sicherer waren, daß extrem kompakte Objekte wirklich im Universum existieren. Dies führte direkt zur Erforschung der → *Schwarzen Löcher.*
Der Crab-Nebel ist eine Quelle von Elektronen, die fast mit Lichtgeschwindigkeit emittiert werden und starke Röntgen-

und Radio-Emission vom Crab-Nebel selbst verursachen. Die Rotationsperiode des Pulsars wächst jeden Tag um 36 Nanosekunden, demzufolge wird die Rotationsgeschwindigkeit in 1200 Jahren auf die Hälfte gefallen sein. Der Pulsar zeigt statistische Sprünge (→ *Glitch*), die von Sternbeben verursacht sein können. Man glaubt, daß seine Masse etwa eine halbe Sonnenmasse beträgt.

CRAF Abkürzung für Comet Rendezvous Asteroid Flyby, eine von der NASA vorgeschlagene Raumfahrtmission mit dem Ziel, einen Kometenkern zu umkreisen mit mindestens einem Vorbeiflug an einem Asteroiden auf der Route.

Crater (gen. Crateris; Crat) Ein kleines schwaches Sternbild am südlichen Rand von Virgo. Es ist eines der ursprünglichen Sternbilder aus der Liste von Ptolemäus (140 n. Chr.) und soll den Pokal des Apollo darstellen. Keiner seiner Sterne ist heller als 4. Magnitudo. Siehe auch → *Tabelle 4*

Cressida Einer der kleinen Uranus-Monde, der 1986 während des Vorbeiflugs von → *Voyager 2* entdeckt wurde. Siehe auch → *Tabelle 6*

Crimean Astrophysical Observatory Ein Observatorium der USSR Academy of Science nahe Simeiz auf der Krim gelegen. Es ist ein wichtiges Sonnenobservatorium mit einem optischen 2,6-Meter-Teleskop und einem Millimeterwellen-Teleskop von 22 Metern Durchmesser.

crossing time Das Verhältnis vom Durchmesser eines reichen → *Galaxienhaufens* zu der mittleren Geschwindigkeit der Galaxien im Haufen, welches ein Maß ist für die Zeit, die eine Galaxie braucht, um den Galaxienhaufen zu durchqueren. Die typische crossing time beträgt etwa 1/10 des Alters des Universums. Dies bedeutet, daß die Mitglieder eines Galaxienhaufens gravitativ gebunden sind; anderenfalls wären sie schon vor langer Zeit auseinandergelaufen.

Crossley-Teleskop Ein 90-Zentimeter-Reflektor am → *Lick Observatory*, 1895 von dem Engländer E. Crossley als Geschenk übergeben. Der Hauptspiegel war mit bis dahin unerreichter Präzision hergestellt, und das Instrument machte die Möglichkeiten größerer Reflektoren deutlich. Sein Erfolg regte Arbeiten zum Bau größerer Instrumente an.

Crux (Kreuz des Südens) Das bekannteste südliche Sternbild, das ursprünglich zu Centaurus gehörte (welchen es von drei Seiten umgibt), bevor es 1679 von A. Royer als eigenes Sternbild eingeführt wurde. Es ist flächenmäßig das kleinste Sternbild, aber dennoch eines der charakteristischsten und am leichtesten erkennbaren. Es liegt in der → *Milchstraße* und enthält einen großartigen Sternhaufen, das → *Schmuckkästchen*. Siehe auch → *Tabelle 4*

C-Schicht → *D-Schicht.*

CSM Abkürzung für Command and Service Module, Teil des Raumschiffs, das bei dem → *Apollo-Programm* der bemannten Mondlandung eingesetzt wurde.

CSO Abkürzung für Caltech Submillimetre Observatory. Siehe auch → *Submillimeter-Astronomie*

C-Typ-Asteroid Eine Kategorie von dunklen grauen Asteroiden mit einer Albedo von etwa 5 Prozent. Das C steht für »kohlige« und man nimmt an, daß sie aus derselben Materieart bestehen wie die Meteoritenklasse der → *kohligen Chondrite.* C-Typ-Asteroide sind häufig im äußeren Teil des Asteroidengürtels zu finden.

Culgoora In Australien der Standort des Paul Wild-Observatoriums, das einen Teil des → *Australia Telescope* darstellt. Culgoora in New South Wales nahe der Stadt Narrabri war der Standort eines → *Radioheliographen*, der zwischen 1968 und 1983 in Betrieb war.

Cybele Asteroid 65, Durchmesser 245 Kilometer, 1861 entdeckt von E. W. Tempel.

Cyclops Ein ehrgeiziges Projekt, das in den 70er Jahren vorgeschlagen, aber nie verwirklicht wurde, eine große Anzahl von steuerbaren Radioteleskopen für das Ziel einzusetzen, mit anderen Zivilisationen, die in unserer Galaxie existieren könnten, Kontakt aufzunehmen.

Cygnus (Der Schwan) Ein auffälliges Sternbild der nördlichen → *Milchstraße* in Form eines länglichen Kreuzes, vergleichbar mit einem Schwan im Flug. Es war unter der Reihe von 48 von Ptolemäus (140 n. Chr.) aufgelisteten Sternbildern und wird manchmal auch das Kreuz des Nordens genannt. Es enthält 11 Sterne, die heller als 4. Magnitudo sind, darunter der Stern 1. Magnitudo → *Deneb* und ein wohlbekannter Doppelstern → *Albireo*. Siehe auch → *Tabelle 4*

Cygnus A Eine aktive elliptische Galaxie, die eine der hellsten Radiogalaxien am Himmel ist.

Cygnus A ist die hellste Radioquelle im Sternbild Cygnus; sie wurde bereits vom ersten Radioteleskop entdeckt. Die Quelle besteht aus zwei ähnlich geformten Wolken mit Radioemission symmetrisch zu beiden Seiten einer Galaxie 15. Magnitudo mit einer Rotverschiebung von 0,057. Cygnus A ist der Prototyp aller leuchtkräftigen Radiogalaxien. Es ist eines der größten physikalischen Strukturen im Universum, seine Wolken erstrecken sich über eine Gesamtentfernung von 300 000 Lichtjahren. Die Energie, die mit den Radiowolken verknüpft ist, beträgt etwa 10^{53} Joule, etwa zehnmillionenmal mehr als bei normalen Galaxien wie der Andromeda-Galaxie (M31). Die Galaxie zeigt starke Emissionslinien im optischen Spektrum, was darauf hinweist, daß sie einen → *aktiven galaktischen Kern* enthält. Es wird allgemein angenommen, daß die in Cygnus A erzeugte Energie nur durch ein zentrales → *Schwarzes Loch* erklärt werden kann, das beim Einfall von Materie sehr große Energiemengen freisetzt.

Cygnus-Nebel Eine kreisrunde Nebelhülle mit einem Durchmesser von 3° im Sternbild Cygnus. Der → *Zirrus-Nebel* bildet einen Abschnitt dieser kreisförmigen Struktur. Die Radioemission zeigt, daß die Hülle tatsächlich ein → *Supernova-Überrest* ist. Man schätzt sein Alter auf 30 000 Jahre und seine Entfernung auf 2500 Lichtjahre. Der Nebel dehnt sich mit einer Geschwindigkeit von 6 Bogensekunden in 100 Jahren aus. Dies muß wegen des Bremseffekts der interstellaren Materie allerdings langsamer sein als die ursprüngliche Expansion.

Cygnus X–1 Eine helle Röntgenquelle im Sternbild Cygnus, 1966 entdeckt. Sie ist intensiv untersucht worden; man vermutete, daß es sich möglicherweise um ein → *Schwarzes Loch* handelt. Die Quelle wurde mit einem → *Doppelstern* identifiziert, in dem der Hauptstern, genannt HDE 226 868, ein heißer Überriese vom → *Spektraltyp* O oder B ist. Die beste Massenbestimmung aus der Umlaufbahn des Doppelsterns HD226868 um seinen unsichtbaren Begleiter legt nahe, daß der unsichtbare Stern eine Masse hat, die deutlich über der maximalen Masse eines Neutronensterns liegt. Der unsichtbare Stern kann also nur ein Schwarzes Loch sein. Die Röntgenstrahlung wird durch Materie erzeugt, die vom Primärstern auf seinen kompakten Begleiter fließt.

Cygnus X–3 Eine Röntgenquelle im Sternbild Cygnus. Es handelt sich um ein enges, etwa 33 000 Lichtjahre entferntes Doppelsternsystem, in dem die Umlaufperiode 4,8 Stunden beträgt. Der Primärstern hat etwa die gleiche Masse wie die Sonne. Die Sekundärkomponente ist eine gepulste Gammastrahlen-Quelle mit einer Periode von 12,6 Millisekunden. Dieser Stern ist wahrscheinlich ein → *Pulsar*, dessen Rotationsgeschwindigkeit durch Wechselwirkungen innerhalb des Doppelsternsystems erhöht wurde.

Aus der Richtung von Cyg X–3 wurde auch kosmische Strahlung gemessen. Cyg X–3 emittiert mithin wohl die energiereichsten Photonen aller bekannten astronomischen Objekte und zeigt, daß Röntgendoppelsterne wichtige Quellen hochenergetischer kosmischer Strahlung sind. Siehe auch → *Röntgenastronomie* und → *Gamma-Astronomie.*

cynthisch Zum Mond gehörig. Cynthia ist ein anderer Name für die römische Gottheit des Mondes, die normalerweise Diana genannt wird. Der Name stammt vom Berg Cynthus, nach der Mythologie der Ort ihrer Geburt.

cytherisch Zu Venus gehörig, als andere Bezeichnung für venusisch verwendet. Cythera (Zypern) ist die ionische Insel, die die Gottheit Venus nach der Mythologie zuerst betrat.

Daedalus Asteroid 1864, Durchmesser 3,2 Kilometer, 1971 entdeckt von T. Gehrels. Seine Umlaufbahn kreuzt die der Erde.

Dall-Kirkham-Teleskop Eine Variante des → *Cassegrain-Teleskops*, bei dem der Hauptspiegel eine elliptische – statt wie normalerweise parabolische – Form hat. Ein sphärischer Spiegel wird als Sekundärspiegel verwendet. Das sich ergebende nutzbare Gesichtsfeld ist beträchtlich kleiner als das eines konventionellen Cassegrain-Teleskops der gleichen Größe.

Dämmerung Die Zeitspanne vor Sonnenaufgang und nach Sonnenuntergang, wenn der Himmel teilweise durch gestreutes Sonnenlicht erleuchtet ist. Die bürgerliche Dämmerung ist als die Zeitspanne definiert, in der der Zenitabstand der Sonnenmitte zwischen 90° 50' und 96° variiert; die nautische Dämmerung von 96° bis 102° und die astronomische Dämmerung von 102° bis 108°.

Danjonsche Skala Eine Skala, die von dem französischen Astronom André Danjon (1890–1967) ersonnen wurde, um die relative Dunkelheit des Mondes bei einer → *Mondfinsternis* zu beschreiben. Die Skala geht von 0 für eine sehr dunkle Finsternis bis 4, die eine Finsternis beschreibt, bei der der Mond eine sehr helle Kupferfarbe zeigt.

Danjonsches Astrolabium → *Prismenastrolabium.*

Daphne Asteroid 41, Durchmesser 182 Kilometer, 1856 von H. Goldschmidt entdeckt.

Datenzentrum Eine Einrichtung, die der Sammlung, Auswertung, Speicherung und Verbreitung wissenschaftlicher Informationen dient.

Davida Asteroid 511, Durchmesser 337 Kilometer, 1903 von R. S. Dugan entdeckt. Er ist einer der größten Asteroide.

David Dunlap Observatory Das Observatorium der Universität von Toronto, Kanada, etwa 25 Kilometer nördlich des Universitätsgeländes. Frau Dunlap schenkte es 1935 der Universität im Andenken an ihren Mann. Das Hauptinstrument ist ein 1,88-Meter-Reflektor, der größte in Kanada. Zwei Kuppeln auf dem Verwaltungsgebäude beherbergen einen 0,5-Meter- und einen 0,6-Meter-Reflektor. Das Observatorium wird neben der Wissenschaft zur Ausbildung von Studenten und zur Förderung öffentlichen Interesses an der Astronomie genutzt.

Dawes-Formel Eine von William Rutter (1799–1868) aufgestellte empirische Formel für den Mindest-Winkelabstand eines engen Doppelsternpaars, das gerade noch mit einem Teleskop bestimmter Apertur aufgelöst werden kann – sein Auflösungsvermögen. Die Regel setzt voraus, daß die Beobachtungsbedingungen gut und die beiden Sterne nicht sehr unterschiedlich hell sind. Die Formel gibt eine Trennung von 11,58/D Bogensekunden, wobei D der Durchmesser des Teleskops in Zentimetern ist.

Dec. Abkürzung für → *Deklination.*

De Chéseauxscher Komet Ein außerordentlich heller → *Komet*, der unabhängig von Klinkenberg von Haarlem am 9. Dezember und von De Chéseaux von Lausanne am 13. Dezember 1743 entdeckt wurde. Er erreichte die Helligkeit von – 7 und entwickelte einen Fächer von Mehrfachschweifen. Elf getrennte Schweife wurden beobachtet. Sein offizieller Name ist Komet Klinkenberg, in Anerkennung der früheren Entdeckung.

Deep Sky-Objekt Ein Objekt astronomischer Untersuchungen, das nicht zum Sonnensystem gehört. Der Ausdruck ist nicht genau definiert und wird vor allem von Amateur-Astronomen als Sammelausdruck für galaktische und extragalaktische Objekte wie → *Nebel* und → *Galaxien* benutzt.

Deep Space Network Ein Netzwerk erdgebundener Radioteleskope, das von der NASA genutzt wird, um die Kommunikation mit Raumfahrtmissionen im Sonnensystem über den Mond hinaus zu gewährleisten. Die drei 70-Meter-Antennen stehen bei → *Goldstone* in Kalifornien, nahe Madrid in Spanien und nahe Canberra in Australien.

Deferent Eine Hauptkreisbahn, die zusammen mit dem → *Epizykel* in der Theorie der Planetenbewegungen nötig war, die von Ptolemäus im zweiten nachchristlichen Jahrhundert entwickelt wurde. Man nahm an, daß die Planeten gleichmäßig auf einer kleinen kreisförmigen Epizykel-Bahn umliefen, deren Zentrum wiederum auf einem größeren Kreis umlief, dem sog. Deferenten.

dE-Galaxie → *Zwerggalaxie.*

Deimos Einer der zwei kleinen Monde des Mars, 1877 entdeckt von Asaph Hall. Bilder, die von der → *Viking-2*-Marsmission aufgenommen wurden, zeigen mit Kratern übersäte Oberflächen. Die geringe Albedo und Eigenschaften der Oberfläche legen den Schluß nahe, daß beide Monde eine chemische Zusammensetzung ähnlich der von → *kohligen Chondriten* haben. Man hat deshalb vermutet, daß sie eingefangene → *Asteroiden* sind. Siehe auch → *Tabelle 6*

dekametrische Strahlung Niederfrequente Radiowellen mit Wellenlängen von zehn oder hundert Metern. Wellen dieser Art werden z. B. von Ausbrüchen auf dem Planeten Jupiter empfangen, die mit der Wechselwirkung zwischen dem Planeten und seinen Monden zu tun haben. Siehe auch → *Io*

Deklination Deklination (1) (Dec.) Eine der Koordinaten, die man im äquatorialen Koordinatensystem verwendet, um eine Position an der → *Himmelssphäre* zu beschreiben. Deklination ist das Äquivalent zu der geographischen Breite auf der Erde. Sie ist der Winkelabstand vom → *Himmelsäquator* in Grad in Richtung Norden. Nördliche Deklinationen sind daher positiv und südliche negativ. Siehe auch → *Rektaszension*
Deklination (2) Einer der Parameter zur Beschreibung des → *geomagnetischen Feldes.*

Deklinationsachse Eine der beiden Achsen, um die sich ein Teleskop mit → *äquatorialer Montierung* drehen kann (die andere ist die Stundenachse, die parallel zur Polachse verläuft). Drehungen um die Deklinationsachse ermöglichen es, in Richtung verschiedener → *Deklinationen* zu beobachten, während die Rektaszension konstant bleibt.

Deklinationskreis Eine mit einer Gradeinteilung versehene Scheibe oder ein Kreis, mit dem die → *äquatoriale Montierung* versehen wird, um die Deklinationskoordinate der Position anzuzeigen, in der das Teleskop ausgerichtet ist.

Delavans Komet → *Komet Delavan.*

Delphinus (Der Delphin) Ein kleines aber klares Sternbild in der → *Milchstraße* unmittelbar nördlich des Himmelsäquators. Es ist eines der Sternbilder aus der Liste von Ptolemäus (140 n. Chr.). Siehe auch → *Tabelle 4*

Delta Cephei (δ Cep) Ein gelber Riese im Sternbild Cepheus, dessen Helligkeit zwischen 3,6 und 4,3 Magnitudines mit einer Periode von 5,37 Tagen schwankt. Er ist der Prototyp der → *Cepheiden.*

Delta Delphini-Stern (δ Del-

Stern) Ein Mitglied einer Gruppe von leuchtkräftigen Sternen des → *Spektraltyps* A und F, deren Spektrum durch schwache Absorptionslinien des Kalziums charakterisiert ist. Der Stern Delta Delphini ist der hellste dieser Gruppe und wird als Prototyp betrachtet. Einige sind kurzperiodische Variable mit kleinen Amplituden, ähnlich den → *Delta Scuti-Sternen.* Sie können möglicherweise auch mit den → *Am-Sternen* in Verbindung gebracht werden.

Delta Scuti-Sterne (δ Sct-Sterne) Kurzperiodisch veränderliche pulsierende Sterne. Delta Scuti, dessen Variabilität 1935 entdeckt wurde, ist der Prototyp dieser Gruppe. Typischerweise sind die Perioden kürzer als acht Stunden. Die Variabilität beträgt nur wenige hundertstel Magnituden, was mit bloßem Auge nicht erkennbar ist. Sterne diesen Typs sind auch als Zwerg-Cepheiden oder AI Velorum-Sterne bekannt.

Dembowska Asteroid 349, Durchmesser 143 Kilometer, 1892 entdeckt von A. Charlois. Er gehört zu der seltenen Klasse von R-Typ-Asteroiden und ist Mitglied der → *Budrosa-*Familie.

Deneb (Alpha Cygni; α Cyg) Der hellste Stern im Sternbild Cygnus. Er ist ein A-Überriese (→ *A-Stern*) der Helligkeit 1,3. Der arabische Name bedeutet »Schwanz«. Siehe auch → *Tabelle 3*

Denebola (Beta Leonis; β Leo) Ein → *A-Stern* der Helligkeit 2,1, der dritthellste im Sternbild Leo. Der Name kommt aus dem Arabischen und bedeutet »der Schwanz des Löwen«.

De revolutionibus Die gekürzte Form des Titels »De revolutionibus orbium coelestium«, dem Buch von Nikolaus Kopernikus (1473–1543), in dem er seine heliozentrische Theorie des Sonnensystems darlegte. Es wurde im Todesjahr von Kopernikus veröffentlicht. Kopernikus' Werk markiert einen Wendepunkt im astronomischen Denken, der dazu führte, daß die geozentrische Kosmologie verworfen wurde, auch wenn bereits ein Jahrhundert zuvor die Idee eines Planetensystems mit der Sonne im Zentrum schon allgemeine Anerkennung gefunden hatte. Die Theorie nimmt an, daß die Planetenbahnen Kreise sind, während sie in Wirklichkeit Ellipsen sind. Sie lieferte daher gegenüber bestehenden Theorien zur Bestimmung der Planetenpositionen wenig Verbesserung – wenn überhaupt. Kopernikus konnte keinen direkten Beweis für seine heliozentrische Theorie anführen. Das Buch wurde von den Vertretern der Kirche, die diese Ideen lange Zeit als Häresie betrachteten, verdammt.

Desdemona Einer der kleinen Monde des Uranus, der 1986 während des Vorbeiflugs von → *Voyager 2* am Planeten entdeckt wurde. Siehe auch → *Tabelle 6*

de Sitter-Universum Ein Modell des sich ausdehnenden Universums, das 1917 vorgeschlagen wurde und das weder Materie noch Strahlung enthält. Die unrealistische Hypothese ist historisch wichtig, da sie anstelle eines statischen Modells die Idee einführte, das Universum könne sich permanent ausdehnen. Siehe auch → *Einstein-de Sitter-Universum*

Deslandres Ein großer Krater auf dem Mond, Durchmesser 234 Kilometer, am südlichen Rand des Mare Nubium. Seine Ränder werden von mehreren anderen Kratern überlappt, darunter Regiomontanus, Walter und Lexell. Der Krater Hell liegt in seinem Inneren.

Despina Ein Mond Neptuns (1989 N3), entdeckt während des Vorbeiflugs von → *Voyager 2* im August 1989. Siehe auch → *Tabelle 6*

Detektor Das Element eines Instruments, das für die einfallende Strahlung oder die einfallenden Teilchen, die beobachtet werden sollen, empfindlich ist.

deutsche Montierung Eine spezielle Form der → *äquatorialen Montierung.*

Dezimeterstrahlung Radiowellen im Wellenlängenbereich von 10 bis 300 Zentimetern. Radiowellen dieser Art werden z. B. in dem Strahlungsgürtel erzeugt, der den → *Jupiter* umgibt und in dem elektrisch geladene Teilchen im magnetischen

Feld des Planeten eingefangen werden.

D-Galaxie Ein Typ von großen → *elliptischen Galaxien* mit einem hellen Kern, der von einer ausgedehnten Hülle umgeben ist. D-Galaxien sind oft Radiogalaxien. Der Ausdruck geht auf ein Klassifizierungssystem zurück, das von W. W. Morgan eingeführt wurde. Siehe auch → *cD-Galaxie*

Diagonale Diagonale (1) (Sterndiagonale) Eine Einrichtung an einem kleinen Teleskop, die einen kleinen ebenen Spiegel enthält, um den Strahlengang im Teleskop rechtwinklig in Richtung des Montagetubus abzulenken, in den das Okular eingesetzt wird. Die Verwendung einer Diagonale kann hilfreich sein, wenn der Benutzer eines Amateur-Teleskops sonst Schwierigkeiten hätte, das Okular an seiner Normalposition zu erreichen. Etwas Licht geht jedoch durch die Einführung dieses zusätzlichen optischen Elements verloren; eventuell leidet die Bildqualität. Das Bild wird durch die Diagonale umgekehrt (gespiegelt).
Diagonale (2) In einem → *Newtonschen Teleskop* der flache Sekundärspiegel, der diagonal (d. h. um 45° gekippt) zur optischen Achse des Teleskops orientiert ist.

Dialog Abgekürzte Form des Titels »Dialog über das ptolemäische und das kopernikanische Weltsystem«, ein Buch von Galileo Galilei (1564–1642), veröffentlicht im Jahr 1632. Da Galilei sich der Opposition der Kirche bewußt war, hat er es immer wieder hinausgezögert, ein solches Buch überhaupt zu schreiben. Ermutigt duch den Papstwechsel 1624, begann Galilei dieses Werk, faßte es aber in die Form einer Konversation dreier Männer, um den Eindruck zu vermeiden, er unterstütze eines der Argumente gegenüber einem anderen. Aber er legte die Argumente zugunsten des kopernikanischen, heliozentrischen Sonnensystems so überzeugend dar, daß die Gegengründe ineffektiv wurden. Galilei wurde daher als gebrechlicher Mann von 68 Jahren vor die Inquisition in Rom gestellt. Er wurde gezwungen, der »Häresie« abzuschwören und verbrachte den Rest seines Lebens unter Arrest. Siehe auch → *Kopernikanisches System, Ptolemäisches System*

Diamantring-Effekt Ein Phänomen, das man zu Beginn und am Ende der totalen Phase einer totalen → *Sonnenfinsternis* beobachten kann, wenn der erste bzw. letzte Schimmer der sehr hellen Sonnen- → *Photosphäre* durch ein Tal am Mondrand scheint. Der visuelle Effekt ist sehr ähnlich dem eines glitzernden Diamant-Schmuckrings. Siehe auch → *Baylische Perlen*

Dichotomie Der Zeitpunkt, an dem der Mond, der Merkur oder die Venus sich genau in der Halb- → *Phase* befinden.

Dichteparameter In der Kosmologie das Verhältnis der Gesamtdichte des Universums zur → *kritischen Dichte.*

Dichtewelle Der Durchgang eines komprimierten Gebiets durch ein materielles Medium, wobei die Elemente des Mediums sich selbst relativ wenig um ihre Gleichgewichtslage bewegen. Schallwellen sind ein gängiges Beispiel für Dichtewellen. Eine Theorie der Dichtewellen wurde vorgeschlagen, um die Struktur von → *Spiralgalaxien* zu erklären. Dieser Theorie zufolge sind Spiralarme keine dauerhaften Strukturen, sondern Gebiete, in denen sich Sterne und interstellare Materie beim Durchgang einer Dichtewelle konzentrieren.

Dicke-Schalter Eine in der Radioastronomie insbesondere bei Mikrowellenuntersuchungen verwendete Technik, bei der die Stärke eines kosmischen Radiosignals mit der Stärke eines bekannten irdischen Signals verglichen wird, indem man zwischen den beiden schnell hin und her schaltet.

Differentiation Der Prozeß, bei dem ein Körper, der ursprünglich von homogener Zusammensetzung war, eine Schichtung meist von verschiedener Dichte ausbildet. Im Fall eines Planeten sind dies der Kern, der Mantel und die Kruste.

differentielle Geometrie Eine Fachrichtung der Mathematik, die die Eigenschaften gekrümmter Räume behandelt.

Sie findet ihre Anwendung in der Kosmologie bei der Analyse der Geometrie des Universums.

differentielle Rotation Die Rotation eines Gaskörpers wie der Sonne oder des Jupiter mit einer Rotationsgeschwindigkeit, die von der Breite abhängt, oder die Rotation einer nichtfesten scheibenförmigen Struktur wie einer Galaxie mit einer Geschwindigkeit, die vom Abstand vom Zentrum abhängt.

Ein Festkörper wie die Erde muß so rotieren, daß die → *Winkelgeschwindigkeit* überall gleich groß ist. Bei einem gasförmigen Planeten oder Stern rotiert dagegen die Äquatorgegend deutlich schneller als polnahe Regionen; zwei Merkmale bei verschiedener Breite werden sich daher relativ zueinander bewegen.

In einer Galaxie kreisen die Teilkomponenten (Sterne und Wolken interstellarer Materie) auf individuellen Bahnen um das Zentrum der Galaxie. Die Winkelgeschwindigkeit hängt vom Radialabstand vom Zentrum ab. Eine Galaxie rotiert daher nicht wie ein Festkörper.

Diffraktion → *Beugung.*

diffuse Dunkelwolke Eine kalte, dunkle, relativ kleine Wolke interstellarer Materie mit einem Durchmesser von mehreren Lichtjahren. Solche Wolken haben eine relativ geringe Dichte und enthalten Gas hauptsächlich in Form von Atomen und atomaren Ionen, mit schwacher Häufigkeit von → *interstellaren Molekülen* und wenigen Staubteilchen.

diffuse interstellare Bänder Merkmale unbekannter Herkunft zwischen 440 und 685 Nanometern im → *Absorptionsspektrum* des → *interstellaren Mediums.*

diffuser Nebel Ein Gas- → *Nebel.* Die Verwendung des Adjektivs »diffus« stammt aus der Zeit, wo alle verschwommen wirkenden Objekte als »Nebel« klassifiziert wurden und zwischen ihnen unterschieden werden mußte. In heutiger Terminologie werden Sternhaufen und Galaxien nicht mehr »Nebel« genannt; das Wort ist für diffuse Wolken von Gas und Staub reserviert.

diffuses interstellares Medium Das allgemeine → *interstellare Medium*, das sich nicht in diskreten → *Nebeln* befindet.

Diogenite Eine Sorte von steinigen → *Meteoriten*, die aus den Silikat-Mineralien Pyroxenit und Plagioklas bestehen.

Dione Ein Mond mittlerer Größe des Saturns, 1684 von D. Cassini entdeckt. Bilder von der → *Voyager-1*-Mission zeigen mehrere verschiedene Bodenformationen auf Dione: stark von Kratern durchsetzte Gebiete, Ebenen mit einer geringeren Kraterdichte und glatte Ebenen mit wenigen Kratern oder anderen Merkmalen. Die größten Krater messen über 200 Kilometer im Durchmesser, und Krater mit Durchmessern über 100 Kilometer sind in den kraterreichen Gebieten häufig. Eine andere bemerkenswerte Erscheinung ist ein unregelmäßiges Netzwerk von hellen dünnen Strichen auf dunklem Untergrund, bei dem es sich wohl um eisige Ablagerungen handelt. Siehe auch → *Tabelle 6*

Dioptrik Der Ausdruck beschreibt optische Systeme, die nur brechende Elemente (d. h. Linsen) verwenden. Siehe auch → *Katadioptrik*, *Katoptrik*

Diotima Asteroid 432, Durchmesser 217 Kilometer, 1896 entdeckt von A. Charlois.

Dipolantenne → *Antenne.*

Dispersion Die Verteilung oder Auffächerung eines Strahlenbündels elektromagnetischer Strahlung in Abhängigkeit von der Wellenlänge.

Ein einfaches Beispiel ist die Dispersion weißen Lichts in ein buntes Spektrum beim Durchtritt durch ein Glasprisma. Das Licht dispergiert, weil die Wellengeschwindigkeit des Lichts in einem Medium (durch den Brechungsindex des Mediums gekennzeichnet) von der Wellenlänge abhängt. Das Wort Dispersion verwendet man auch in der Bedeutung eines quantitativen Maßes der Auffächerung des Spektrums am Ort des Detektors, ausgedrückt z. B. in Ångström pro Millimeter.

Dispersionsmaß (auch einfach Dispersion) Eine Größe, die die Verzögerung zwischen den Ankunftszeiten der Radiopulse eines → *Pulsars* bei verschiedenen Frequenzen angibt. Ankunftszeiten werden durch die Anwesenheit von Elektronen im interstellaren Medium verändert. Wenn die Elektronendichte aus unabhängigen Messungen bekannt ist, kann das Dispersionsmaß benutzt werden, um die Entfernung des Pulsars zu bestimmen.

diurnal Ein Adjektiv mit der Bedeutung »täglich«.

diurnale Aberration → *Aberration* (2).

diurnale Bewegung Die scheinbare Bewegung eines Himmelsobjekts am Himmel im Verlauf eines Sterntages. Die diurnale Bewegung rührt von der Rotation der Erde um ihre eigene Achse her.

diurnale Parallaxe (geozentrische Parallaxe) Der scheinbare Unterschied in der Position eines Himmelsobjekts, von der Erde aus gemessen und von einem hypothetischen Beobachter vom Zentrum der Erde aus gesehen. Der Effekt der diurnalen Parallaxe hat zur Folge, daß sich nahestehende Himmelsobjekte gegenüber dem Hintergrund entfernter Sterne im Verlauf der täglichen Erdrotation bewegen. In der Praxis ist der Effekt so klein, daß er nur für Objekte des Sonnensystems meßbar ist. Sein Betrag ist maximal, wenn das Objekt auf dem Horizont liegt, und minimal, wenn es den Meridian passiert. Der maximale Wert wird Horizontalparallaxe genannt. Da die Erde nicht sphärisch ist, hängt der Betrag der Horizontalparallaxe von der geographischen Breite ab. Der Standardwert, den man normalerweise angibt, ist die äquatoriale Horizontalparallaxe.

D-Linien Ein enges Paar starker → *Spektrallinien* im gelben Bereich des Natriumspektrums. Der Name geht auf die Identifikationsbuchstaben zurück, die Joseph von Fraunhofer diesen prominenten Absorptionslinien im Sonnenspektrum gab. Die Wellenlängen sind 589,0 und 589,6 Nanometer. Siehe auch → *Fraunhofersche Linien*

DM Abkürzung für → *Dispersionsmaß*.

Dobsonsches Teleskop Ein preiswertes Spiegelteleskop mit großer Apertur auf einer einfachen → *Altazimut-Montierung* ohne Antrieb. Die Konstruktion ist für visuelle Amateurbeobachtungen brauchbar und kann in Teilen transportiert werden. Name und Konzept gehen auf die Pionierarbeiten von John Dobson von den San Francisco Sidewalk-Astronomen in den 1960er und 70er Jahren zurück. Der Teleskoptubus ist typischerweise quadratisch und aus Sperrholz hergestellt. Die Montierung besteht aus einer Kiste, die oben und an einer Seite offen und auf einer Basisplatte so montiert ist, daß sie sich um eine vertikale Achse drehen läßt. Halbkreisförmige Lagerausschnitte oben an der Box nehmen zwei dicke runde Zapfen auf beiden Seiten des Teleskoptubus auf (siehe Abbildung). Das gleitfähige Material Teflon wird verwendet, um glatte Bewegungen um die beiden Achsen zu erreichen. Dobson zeigt auch, daß man große Spiegel preiswert aus Plattenglas herstellen kann, einem Material, das

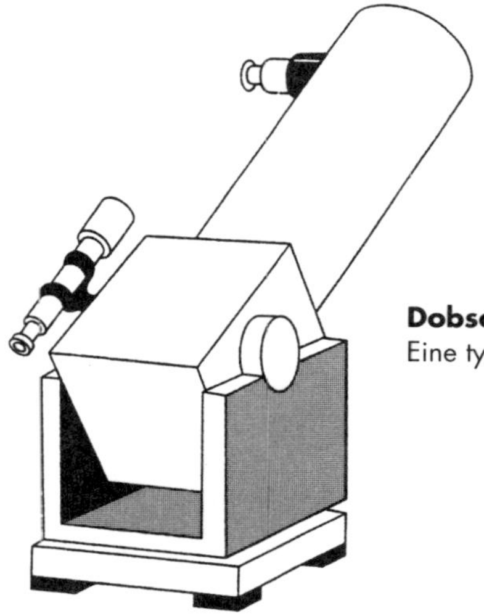

Dobsonsches Teleskop. Eine typische Konstruktion.

dünner als konventionelle Spiegelkörper ist. Der dünne Spiegel muß lose auf einem Teppich- oder Schaumgummi-Bett gelagert werden, um Abbildungsfehler zu vermeiden.

Dom Ein niedriger, rundlicher Hügel auf einer Planetenoberfläche, der von vulkanischen Aktivitäten herrührt, oft mit einem kleinen Krater auf der Kuppe, wie etwa die Marius-Hügel auf dem Mond.

domain wall Ein schichtartiger Defekt in der Struktur der → *Raumzeit*, der aus einigen → *Großen Vereinheitlichten Theorien* der Elementarteilchen folgt. Siehe auch → *magnetische Monopole*

Dominion Astrophysical Observatory Das Zentrum der optischen Astronomie des National Research Council of Canada in British Columbia, nahe Victoria. Es ist Teil des Herzberg Institute of Astrophysics. Das Observatorium ist bekannt für seine stellaren und galaktischen Forschungen insbesondere über Doppel- und Mehrfach-Sterne. Es wurde von J. S. Plaskett gegründet. Das 1,85-Meter-Teleskop nahm 1918 seine Arbeit auf. 1962 kam ein 1,2-Meter-Teleskop hinzu, und 1988 wurde hier das Canadian Astronomy Data Center eingerichtet.

Dominion Radio Astrophysical Observatory Das Radioastronomie-Zentrum des National Research Council of Canada in British Columbia, 20 Kilometer südwestlich von Penticton. Es ist Teil des Herzberg Institute of Astrophysics und wurde im Jahr 1959 gegründet. Das Hauptinstrument ist ein → *Apertursynthese*-Radioteleskop, das aus sieben 9-Meter-Schüsseln auf einer 600 Meter langen Basislinie besteht. Es gibt zusätzlich eine 26-Meter-Antenne und ein kleines Sonnenteleskop.

Donatischer Komet → *Komet Donati.*

Doppelstern Ein Paar von Sternen, die umeinander kreisen, von wechselseitiger gravitativer Anziehungskraft zusammengehalten. Etwa die Hälfte aller Sterne sind Doppelsterne oder Mehrfachsysteme; bei vielen können allerdings die Komponenten nicht individuell beobachtet werden. In diesen Fällen wird auf die Existenz der weiteren Komponente(n) aus Merkmalen des gemeinsamen Spektrums geschlossen.
Die zwei Komponenten eines Doppelsternsystems umlaufen das gemeinsame Massezentrum beide auf elliptischen Bahnen. Je weiter entfernt sie sind, desto langsamer bewegen sie sich. Sternpaare, bei denen der → *Winkelabstand* groß genug ist, um die beiden Sterne im Fernrohr zu unterscheiden oder zu trennen, haben oft Umlaufperioden von 50 oder 100 Jahren. Solche Paare nennt man visuelle Doppelsterne.
Wenn ein Stern viel schwächer als der andere ist, kann seine Gegenwart manchmal nur durch die offensichtliche Umlaufbewegung der helleren Komponente nachgewiesen werden. Solche Doppelsterne nennt man astrometrische Doppelsterne.
Bei der Bewegung der beiden Komponenten eines Doppelsternsystems ändert sich ihre Geschwindigkeit von der Erde weg oder auf sie zu in einer regelmäßig sich wiederholenden Art. Durch den → *Dopplereffekt* spiegeln sich diese Geschwindigkeitsvariationen als Änderung in der Wellenlänge im gemeinsamen Spektrum wider. Die Untersuchung eines solchen Spektrums kann auf Einzelheiten der Natur der beteiligten Sterne und ihre Umlaufbahnen schließen lassen.
Doppelsterne, die nur aufgrund spektroskopischer Untersuchungen als solche erkennbar sind, nennt man spektroskopische Doppelsterne. Ihre Umlaufperioden liegen meist zwischen einem Tag und einigen wenigen Wochen.
Einige Doppelsterne sind so eng benachbart, daß die gravitative Anziehungskraft die normale sphärische Form des individuellen Sterns stört. Sie können Materie austauschen und eine gemeinsame Hülle ausbilden.
Eine → *Akkretionsscheibe* kann sich formen, wenn Materie auf einen kompakten rotierenden Stern in einem Doppelsternsystem überströmt. Die freiwerdende Energie führt zur Emission von Röntgenstrah-

lung. → *Novae* können durch Massenübertrag in Doppelsternen entstehen.
Wenn die Bahnen der beiden Komponenten eines Doppelsterns im Raum so angeordnet sind, daß von der Erde aus gesehen ein Stern vor dem anderen vorbeiläuft, nennt man das System Bedeckungsveränderliche. Solche Systeme sind variabel, da ein Stern periodisch das Licht des anderen abblockt. Der bestbekannte Bedeckungsveränderliche ist → *Algol.*

Doppelsternhaufen Im Perseus → *h und* χ (chi) Persei.

Dopplereffekt Die Änderung der beobachteten Frequenz von Schallwellen oder von → *elektromagnetischer Strahlung,* wenn die Quelle der Wellenausbreitung und der Beobachter sich aufeinander zu- oder voneinander wegbewegen. Die Wirkung des Dopplereffekts beobachtet man z. B., wenn ein Krankenwagen mit eingeschalteter Sirene vorbeifährt: Die Tonhöhe des Signals fällt in dem Moment ab, in dem der Wagen am Zuhörer vorbeifährt. Solange sich die Schallquelle nähert, werden die Wellen vor ihr zusammengepreßt, wodurch Frequenz und Tonhöhe erhöht werden. Wenn dagegen die Quelle sich entfernt, werden die Wellen auseinandergezogen, Frequenz und Tonhöhe fallen ab. Ein ähnlicher Effekt wird beim Licht von astronomischen Quellen beobachtet, bei denen Merkmale im Spektrum zu größeren oder kürzeren Wellenlängen verschoben sein können, je nachdem, ob die Lichtquelle sich von der Erde entfernt oder sich ihr nähert. Siehe auch → *Rotverschiebung*

Dopplerverbreiterung Die Verbreiterung eines Merkmals in einem → *Spektrum,* die durch interne Bewegung der emittierenden Atome und Moleküle in der Lichtquelle hervorgerufen wird. Der → *Dopplereffekt* verursacht eine Änderung der Wellenlänge einer → *Spektrallinie,* wenn die Quelle und der Beobachter sich relativ zueinander bewegen, entweder aufeinander zu oder voneinander weg. Der Betrag dieser Änderung hängt von der relativen Geschwindigkeit ab. Das Licht von einem Stern besteht z. B. aus einzelnen Photonen, die von Atomen emittiert werden, die sich in dem heißen Gas der äußeren Schichten des Sterns schnell bewegen. Ein Teil der Atome wird sich immer auf den Beobachter zu bewegen, ein anderer Teil von ihm weg. Das Ergebnis ist eine Verbreiterung des Wellenlängenbereichs, über den die Linie verteilt wird. Je heißer das Gas ist, desto schneller bewegen sich die Gasatome und desto größer ist der Verbreiterungseffekt.

Dopplerverschiebung Die Größe der Wellenlängenänderung in einem Spektrum, die durch den → *Dopplereffekt* verursacht wird. Eine Dopplerverschiebung im Spektrum eines astronomischen Objekts wird als → *Rotverschiebung* bezeichnet, wenn sie sich in Richtung zu längeren Wellenlängen auswirkt (das Objekt entfernt sich) und als → *Blauverschiebung,* wenn es sich um eine Verschiebung zu kürzeren Wellenlängen hin handelt (das Objekt nähert sich). Der Betrag der Verschiebung, z, wird als Verhältnis der Wellenlängenverschiebung $\Delta\lambda$ zur ursprünglichen Wellenlänge λ angegeben. Die Theorie zeigt, daß dieses Verhältnis eine Konstante ist, die nur von der Relativgeschwindigkeit v von Beobachter und Quelle abhängt. Wenn v klein ist im Vergleich zur Lichtgeschwindigkeit c, dann gilt: $\Delta\lambda/\lambda = v/c$. Wenn v sich dagegen der Lichtgeschwindigkeit annähert, muß eine aus der → *Speziellen Relativitätstheorie* abgeleitete Formel benutzt werden:
$\Delta\lambda/\lambda = ((1+v/c)/(1-v^2/c^2))-1$

Dorado (Schwertfisch, Goldfisch) Ein südliches Sternbild, das vermutlich von Seefahrern des 16. Jahrhunderts eingeführt wurde und das von Johann Bayer in seinen Atlas → *Uranometria* aufgenommen wurde (1603 veröffentlicht). Dorados Sterne sind unauffällig, aber die → *Große Magellansche Wolke* liegt an seiner südlichen Grenze zu Mensa. Siehe auch → *Tabelle 4*

Doris Asteroid 48, Durchmesser 225 Kilometer, 1857 entdeckt von H. Goldschmidt.

Dorsum (pl. Dorsa) Eine unregelmäßige faltige Bergkette auf einer Planetenoberfläche.

Drache Sternbild → *Draco.*

Draco (Der Drache) Ein ausgedehntes, aber ziemlich schwaches Sternbild, das sich halb um den Nordpol herum ausdehnt und Ursa Minor von drei Seiten einschließt. Es ist eines der Sternbilder aus der Liste von Ptolemäus (140 n. Chr.). Siehe auch → *Tabelle 4*

Drakoniden Ein Meteoritenschauer, der mit dem → *Komet P/Giacobini-Zinner* assoziiert ist. Man sieht ihn gelegentlich um den 9. oder 10. Oktober herum. Der Radiant liegt nahe dem »Kopf« des Drachen bei AR $17^h 23^m$, Dec. +57°. Die Anzahl von Meteoren, die man pro Jahr sieht, ist sehr unterschiedlich. Ein spektakuläres Auftreten ist aus dem Jahr 1933 bezeugt, als die Rate 350 pro Minute erreichte, und wieder 1946. Mäßige Schauer traten 1952 und 1985 auf. Der Meteoritenschauer ist auch unter dem Namen »die Giacobiniden« bekannt.

drakonitischer Monat Das Zeitintervall von 27,212221 Tagen zwischen zwei aufeinanderfolgenden Durchgängen des Mondes durch den aufsteigenden (oder absteigenden) → *Knoten* seiner Bahn, dem Schnittpunkt seiner Bahn mit der → *Ekliptik.*

Drehimpuls Ein Merkmal analog zum Impuls, das ein Körper oder ein System von Körpern besitzt kraft seines Rotationszustandes oder seiner Umlaufbewegung. Ein Objekt mit Drehimpuls wird sich mit der gleichen Winkelgeschwindigkeit weiterdrehen, solange keine Kraft (Drehmoment) einwirkt. Innerhalb eines geschlossenen Systems, auf das keine äußeren Kräfte einwirken, bleibt der gesamte Drehimpuls erhalten, wenn es auch Änderungen in der Weise geben kann, wie der Drehimpuls intern verteilt ist. Es ist eine Vektorgröße, deren Richtung parallel zur Drehachse ist oder – beim Bahndrehimpuls – senkrecht auf der Umlaufbahn steht.

Drei-Alpha-Prozeß (Salpeter-Prozeß) Nukleare Fusionsreaktion im Innern entwickelter Sterne. Drei Helium-Kerne (Alpha-Teilchen) verschmelzen zu einem Kohlenstoff-Kern, wobei Energie in Form von γ-Strahlen frei wird. Dieser Prozeß setzt erst ein, wenn sämtlicher Wasserstoff im Sterninnern verbraucht ist und die Temperatur 100 Millionen Grad erreicht hat.

Dreieck Deutscher Name für das Sternbild → *Triangulum.*

dritter Kontakt Der Zeitpunkt während einer totalen oder ringförmigen Sonnen- → *Finsternis,* wenn der Mondrand und die → *Photosphäre* der Sonne sich am Ende der Totalitätsphase berühren. Bei einer Mondfinsternis tritt der dritte Kontakt auf, wenn der Mond beginnt, den Totalschatten (Umbra) der Erde zu verlassen. Dieser Begriff kann auch verwendet werden, um analoge Phasen während eines → *Durchgangs* oder einer → *Bedeckung* zu beschreiben.

D-Schicht Ein Gebiet in der → *Ionosphäre* der Erde in einer Höhe von 50 bis 90 Kilometern. Die untere D-Schicht zwischen 50 und 70 Kilometern nennt man auch C-Schicht.

D-Typ-Asteroid Ein rötlicher Asteroiden-Typ, der im Hauptgürtel nur selten, in größeren Entfernungen von der Sonne aber häufiger vorkommt.

Dubhe (Alpha Ursae Maioris; α UMa) Einer der beiden Sterne im → *Großen Wagen* (zusammen mit Merak), deren Verbindungslinie zum Polarstern weist. Es ist ein K-Riese der Helligkeit 1,8, mit einem Begleiter 5. Magnitudo, der ihn in 44 Tagen umkreist. Dubhe, wörtlich der Bär, heißt im weiteren Sinn »der Rücken des größeren Bären«. Siehe auch → *Tabelle 3*

Dublett Ein Linsensystem aus zwei Elementen, von denen jedes aus einer anderen Glassorte besteht. Die beiden Elemente können mit Luftzwischenraum montiert oder direkt verkittet sein. Mit einer solchen zusammengesetzten Linse kann man die Effekte der → *chromatischen Aberration* reduzieren. Deshalb benutzt man auch oft die Bezeichnung »achromatisches Dublett«. Zusammengesetzte Linsensysteme können auch aus mehr als zwei Elementen bestehen, eines mit drei Elementen z. B. nennt man Triplett.

Dunkle Materie Materie, deren Existenz postuliert, aber bislang nicht nachgewiesen ist. Hinweise auf Dunkle Materie stammen vor allem aus der Beobachtung von Geschwindigkeiten in Galaxienhaufen. Das dynamische Verhalten von Haufengalaxien läßt stark vermuten, daß die Masse von Galaxienhaufen etwa zehnmal größer als die aus den leuchtenden Anteilen der Galaxien abgeleitete Masse ist. Für individuelle Galaxien kann man die interne Masseverteilung aus der Variation der Rotationsgeschwindigkeit zwischen Zentrum und Rand abschätzen. Solche Messungen an Riesen-Spiralgalaxien zeigen, daß es mehr Materie in der Galaxie geben muß als aus den leuchtenden Sternen und dem sichtbaren Gas abgeleitet werden kann.

Die Existenz der Dunklen Materie ist ein wichtiges Element der Theorie, die zu erklären sucht, wie sich Galaxien im frühen Universum bildeten. Es gibt zwei Hauptkategorien für diese Theorien: solche, die kalte Dunkle Materie und solche, die heiße Dunkle Materie fordern. Die kalte Dunkle Materie hätte die Form von exotischen Elementarteilchen, die nur schwach mit der Strahlung und den Barionen (Neutronen und Protonen) normaler Atome wechselwirken. Solche Materie könnte im frühen Universum nach dem → *Big Bang* Klumpen bilden, wenn alle Dichtefluktuationen der Neutronen und Protonen durch Wechselwirkung mit dem zu diesem Zeitpunkt noch dichten Strahlungsfeld ausgeglichen sind. Diese Strukturen könnten auf relativ kleiner Skala in einem gewissen Maß überleben und den Rahmen für die Entstehung von Galaxien bilden. Galaxienhaufen und Überhaufen könnten sich dann durch Einwirkung der Gravitation bilden.

Die alternative Theorie der heißen Dunklen Materie fordert dunkle Materieteilchen mit hohen statistischen Geschwindigkeiten in der frühen Periode des Universums, als die Materie über die Strahlung zu dominieren begann. Neutrinos könnten mögliche Kandidaten sein, wenn sie eine kleine, aber endliche Masse hätten. In diesem Szenarium bilden sich die großräumigen Strukturen zuerst, und dann unterteilen sie sich in Galaxienhaufen und einzelne Galaxien, was der Aussage der Theorie der kalten Dunklen Materie widerspricht. Rechnersimulationen zeigen, daß die kalte Dunkle Materie nicht so viel großräumige Strukturen erzeugen kann, wie man tatsächlich beobachtet, während die heiße Dunkle Materie zu viele Hohlräume und Bandstrukturen erzeugt. Man kann noch nicht entscheiden, ob eine der beiden Theorien korrekt ist.

Einen anderen Hinweis auf Dunkle Materie erhält man, wenn man die Gesamtmasse an leuchtender Materie in den Galaxien mit der theoretisch für ein → *geschlossenes Universum* geforderten Masse vergleicht. Die beobachtete Materie beträgt nur etwa 2 Prozent der kosmologisch benötigten. Es gibt zahlreiche Kandidaten für die Dunkle Materie: Massereiche galaktische Halos, → *Braune Zwerge*, sehr massearme Sterne, Neutrinos und WLMPs sind nur einige. Siehe auch → *kritische Dichte*, → *missing mass*

Dunsink Observatory Heute ist dieses Observatorium Teil der School of Cosmic Physics des Dubliner Institute for Advanced Studies, Eire. Es wurde 1783 als das astronomische und meteorologische Observatorium der Universität gegründet; es liegt in Castleknock, Country Dublin. Das einzige an dem historischen Standort verbliebene Instrument ist ein 30-Zentimeter-Refraktor von 1868, der zu öffentlichen Demonstrationszwecken behalten wurde.

Durchgang Durchgang (1) Durchgang eines Sterns oder anderen Himmelskörpers durch den → *Meridian* des Beobachters im Verlauf der täglichen scheinbaren Bewegung der Himmelssphäre.

Durchgang (2) Durchgang von Merkur oder Venus über die sichtbare Scheibe der Sonne.

Durchgang (3) Passage eines Mondes über die Scheibe seines Mutterplaneten.

Dwingeloo Radio Observa-

tory Ein radioastronomisches Observatorium in den Niederlanden, das 1956 gegründet wurde. Das 25-Meter-Radioteleskop wird von der Netherlands Foundation for Research in Astronomy betrieben.

Dynamik Die Erforschung und Theorie der Bewegungsform und -ursache von Objekten.

dynamische mittlere Sonne Ein imaginäres Objekt, das eingeführt wurde, um die → *mittlere Sonnenzeit* zu definieren. Es ist ein Punkt, der sich gleichförmig entlang der → *Ekliptik* am Himmel bewegt und der beim Durchgang der wirklichen Sonne durch das Perihel mit dieser zusammenfällt.

dynamische Parallaxe Ein Maß für die Entfernung zu einem visuellen → *Doppelstern*, das auf der Schätzung der beiden Massen aus ihren Spektren und den beobachteten Umlaufbahnen um ihren gemeinsamen Schwerpunkt beruht.

dynamisches Äquinox Offiziell definiert als der aufsteigende Knoten der mittleren Erdbahn auf dem Erdäquator, was gleichbedeutend ist mit dem Schnittpunkt der → *Ekliptik* mit dem Himmelsäquator, an dem die Deklination der Sonne von Nord nach Süd wechselt. Siehe auch → *Äquinox*

dynamische Zeit Das Zeitkonzept, das als Variable in den Gravitations-Bewegungsgleichungen benutzt wird. Die dynamische Zeit, die früher für die Berechnung der → *Ephemeriden* benutzt wurde, war die Ephemeridenzeit (ET). Sie wurde jedoch ersetzt durch die Terrestrische Dynamische Zeit (TDT) und die Baryzentrische Dynamische Zeit (TDB).
TDT ist im wesentlichen eine Fortführung der ET als zu verwendende Zeitskala bei Berechnungen geozentrischer Ephemeriden. Es werden keine Annahmen über die benutzte Gravitationstheorie gemacht. Sie basiert auf der SI → *Sekunde* und wird mit der → *Atomuhr* gemessen. Sie begann 1977, als die Beziehung zwischen TDT und der → *International Atomic Time* (TAI) definiert wurde zu:
1. Januar 1977, 0 Uhr TAI = 1,0003725 Januar 1977 TDT.
Die TDB wurde für die Verwendung in Bewegungsgleichungen von Planetenkörpern relativ zum Baryzentrum des Sonnensystems eingeführt. Sie ist nicht einheitlich definiert, sondern hängt von der Gravitationstheorie ab, die man zugrunde legt. Es ist jedoch festgelegt, daß sie sich von der TDT nur durch periodische Abweichungen unterscheidet.

Echelle-Spektrograph Ein → *Spektrograph*, bei dem die Zerlegung des einfallenden Lichtes in ein Spektrum durch Verwendung eines Echelle-Gitters erreicht wird. Das besondere Merkmal eines Echelle-Gitters ist, daß das Profil der einzelnen parallelen Gitterstriche stufenförmig ist; der Abstand der Linien ist relativ groß. Das zu analysierende Licht wird senkrecht auf die Facetten der Gitterlinien gerichtet. Es trifft daher unter einem großen Winkel gegen die Gitternormale auf. Auf diese Weise wird ein Satz von vielen sich überlappenden Spektren hoher Auflösung gebildet. Ein zweites Gitter niederer Auflösung (oder ein Prisma), das senkrecht zum Echelle-Gitter angeordnet ist, dient zur Separation der sich überlappenden Spektren.

Eddington-Grenze Eine obere Grenze für das Verhältnis von Leuchtkraft und Masse eines stabilen Sterns, der seine Energie durch Umwandlung von Wasserstoff zu Helium gewinnt. Arthur S. Eddington (1881–1944) zeigte, daß diese Grenze 40 000 beträgt, wenn man Einheiten der Sonnenleuchtkraft und -masse verwendet. Wenn diese Grenze überschritten wird, werden die äußeren Sternschichten durch den → *Strahlungsdruck* abgestoßen, und es bildet sich ein → *Planetarischer Nebel*.
Die Eddington-Grenze setzt auch einen wichtigen Grenzwert für die Rate, in der → *Schwarze Löcher* durch Akkretion wachsen können.

effektive Fläche Ein Parameter, der zum Ausdruck bringt, wie effektiv ein → *Radioteleskop* Strahlung einer bestimmten Frequenz und aus einer bestimmten Richtung empfängt und die Strahlungsleistung für die Messung verfügbar macht.

Effektivtemperatur Ein Maß für die Strahlungsleistung eines Objekts, z. B. eines Sterns, definiert als die Temperatur eines → *Schwarzkörpers*, der dieselbe gesamte Leuchtkraft besitzt wie das beobachtete Objekt. Die Effektivtemperatur wird oft als eine der physikalischen Kenngrößen eines Sterns angesehen. Da das Spektrum eines normalen Sterns dem eines Schwarzkörpers ähnlich ist, ist die effektive Temperatur ein guter Indikator für die tatsächliche Temperatur seiner → *Photosphäre*.

Effelsberg Der Standort des Observatoriums des Max-Planck-Instituts für Radioastronomie 40 Kilometer südwestlich von Bonn. Das dort stehende Radioteleskop ist eine voll bewegliche 100-Meter-Schüssel – die weltweit größte dieser Art.

Egeria Asteroid 13, Durchmesser 215 Kilometer. 1850 entdeckt von A. de Gasparis.

Eidechse Deutsche Bezeichnung für das Sternbild → *Lacerta*.

Eigenbewegung Die scheinbare Bewegung eines Sterns am Himmel, die sich aus dessen wirklicher Raumbewegung und der Relativbewegung des Sonnensystems zusammensetzt. Sie wird als Winkeländerung pro Jahr angegeben.

eingefangene Atmosphäre Eine Planetenatmosphäre, die durch Akkretion im Verlauf der Entstehung des Planeten gebildet und in der Folgezeit festgehalten wurde.

Einhorn Deutscher Name für das Sternbild → *Monoceros*.

Einstein-de Sitter-Universum Das einfachste moderne kosmologische Modell, in dem das Universum einen verschwindenden Druck hat, keine Krümmung besitzt (d. h. flache Geometrie), unendlich ausgedehnt ist und ohne Grenzen für alle Zeit expandiert. Vorgeschlagen 1932, ist es mit der ebenen Geometrie ein Spezialfall des allgemeineren → *Friedmann-Universums*.

Einstein-Effekt (Einstein-Verschiebung) Eine andere Bezeichnung für → *Gravitations-Rotverschiebung*.

Einstein-Kreuz Die vier Bilder eines → *Quasars*, die durch die Galaxie G2237+0305 als → *Gravitationslinse* verursacht werden. Das sich ergebende Mehrfachbild hat die Form eines Rings. Siehe auch → *Einstein-Ring*

Einstein-Observatorium Ein astronomischer Röntgensatellit, der von den USA am 13. November 1978 gestartet wurde. Offiziell hatte er den Namen HEAO–2 (2nd High Energy Astrophysical Observatory), wurde aber inoffiziell zu Ehren des hundertsten Geburtstags von Albert Einstein umbenannt. Es war das erste Röntgenobservatorium, das imstande war, schwache Quellen nachzuweisen und Bilder von komplexen oder ausgedehnten Quellen aufzunehmen. Viele wichtige und bedeutende Beobachtungen konnten durchgeführt werden, bis im April 1981 die Gasversorgung für die Steuerung der Teleskopopposition aufgebraucht war. Siehe auch → *Röntgenastronomie*

Einstein-Ring Ein ideal ringförmiges Bild einer entfernten Punktquelle, das sich bildet, wenn eine Punktmasse in der Sichtlinie als → *Gravitationslin-*

ekliptikale Koordinaten Ein Koordinatensystem an der Himmelssphäre, das auf der Ebene der → *Ekliptik* beruht. Es findet in der Planetenforschung und Untersuchung der Dynamik des Sonnensystems seine Anwendung.
Im ekliptikalen Koordinatensystem ist die Position eines Objekts am Himmel durch die Koordinaten ekliptikale Breite (β, beta) und ekliptikale Länge (λ, lambda) definiert. Die Breite wird in Grad nach Norden oder Süden der Ekliptik gemessen; nördliche Breiten sind positiv, südliche negativ. Die Länge wird in Grad entlang der Ekliptik gemessen. Der Nullpunkt ist das nördliche Frühlingsäquinox, der Punkt, an dem die Ekliptik den → *Himmelsäquator* schneidet. Die → *Präzession* läßt diesen Nullpunkt mit der Zeit langsam wandern. Siehe auch → *Schiefe der Ekliptik*

E-Korona → *Korona.*

Elara Ein kleiner Jupitermond (Nummer VII), der 1905 von C. Perrine entdeckt wurde. Er hat nur einen Durchmesser von 80 Kilometern und gehört zu einer Gruppe von vier Monden, deren enge Umlaufbahnen alle im Abstand von 11,1 und 11,7 Millionen Kilometern vom Jupiter entfernt verlaufen (die anderen sind Leda, Himalia und Lysithea). Siehe auch → *Tabelle 6*

Electra Einer der helleren Sterne in den → *Plejaden*, der auch 17 Tauri genannt wird.

elektromagnetische Strahlung Eine Energieform, die sich im Vakuum mit der Geschwindigkeit (c) von 3 x 10^8 m/s ausbreitet. Der Name verdeutlicht die Natur der Strahlung, die aus gekoppelten und schnell variierenden elektrischen und magnetischen Feldern besteht. Ihre Eigenschaften hängen von der Wellenlänge (λ) ab.
Radiowellen haben die längste Wellenlänge, die von mehreren Metern bis zu Millimetern reicht. Die kürzesten Radiowellen werden Mikrowellen genannt. Sie gehen fließend in den Infrarotbereich über, der bis unter einen Mikrometer reicht. Das sichtbare Licht ist ein schmales Band mit Wellenlängen zwischen 700 und 400 Nanometern (nm). Der Ultraviolett-Bereich reicht bis 10 nm, dann schließt sich der Röntgenbereich bis 0,1 nm an. Die kürzeste Wellenlänge hat die Gammastrahlung.
Das volle elektromagnetische Spektrum ist der gesamte Bereich aller dieser Strahlungsarten, von den kürzesten bis zu den längsten. (Das Ångström wird ebenfalls als Längeneinheit verwendet: 1 Å = 0,1 nm).
Die elektromagnetische Strahlung wird, wie jede andere Welle auch, durch die Größe der Frequenz (ν) charakterisiert. Die Beziehung zwischen Frequenz und Wellenlänge ist $\nu = c/\lambda$. Wenn also die Wellenlänge fällt, steigt die Frequenz an. Die Energie, die mit der elektromagnetischen Strahlung verknüpft ist, ist direkt proportional zur Frequenz gemäß der Beziehung $E = h\nu$, wobei h die Plancksche Konstante ist. Die Energie ist in Einheiten dieser Größe, die man Photon nennt, quantisiert.
Die elektromagnetische Strahlung und ihr Nachweis sind entscheidend für die astronomische Forschung, die bei entfernten Objekten fast vollständig vom Empfang und der Analyse dieser Strahlung abhängt. Optische und Radio-Astronomie kann vom Boden aus durchgeführt werden, da diese Wellenlängen relativ ungehindert die Atmosphäre durchdringen können. Astronomische Beobachtungen in anderen Wellenlängenbändern werden oft von Raumfahrzeugen in der Erdumlaufbahn durchgeführt. Manche sind aber auch schon von höheren Bergen oder vom Flugzeug aus möglich.

elektromagnetisches Spektrum → *elektromagnetische Strahlung.*

Elektronendichte Anzahl der Elektronen pro Raumvolumen-Einheit. Im interstellaren Raum beträgt der mittlere Wert etwa 30 000 pro Kubikmeter. In der Astrophysik ist die Elektronendichte für Berechnungen wichtig, die mit der Emission und Ausbreitung → *elektromagnetischer Strahlung* zu tun haben.

Elektronentemperatur Die für eine Ansammlung von Elektronen geltende Temperatur, die der beobachteten Energie entspricht, wenn man annimmt, daß diese Energie vollständig thermisch ist.

Elektronenvolt (Symbol eV) Eine Energieeinheit, die man grundsätzlich in der Atom- und Molekül-Physik benutzt. Sie ist als die Energie definiert, die ein Elektron gewinnt, wenn es im Vakuum durch eine Potentialdifferenz von einem Volt beschleunigt wird. 1 eV = 1,602 x 10^{-19} Joule.

Elektronenvolt ist eine übliche Einheit bei der Energiemessung von Teilchen und elektromagnetischer Strahlung. Die Energie von Röntgenphotonen wird in Tausenden von Elektronenvolts (keV) gemessen. Die Wellenlänge, die einem keV entspricht, ist 0,124 Nanometer.

Millionen (MeV) und tausend Millionen (GeV) Elektronenvolt sind als Einheit für hochenergetische atomare Teilchen ebenfalls in Gebrauch. Ein Elektron mit der kinetischen Energie von einigen MeV bewegt sich fast mit Lichtgeschwindigkeit.

Element Element (1) (chemisch) Einer der grundlegenden Bausteine des Universums, von denen jeder durch eine unterschiedliche Anzahl von Protonen im Atomkern (Atomzahl) gekennzeichnet ist. Isotope eines Elements unterscheiden sich durch die Anzahl der Neutronen im Kern. Es gibt 90 natürlich vorkommende Elemente auf der Erde. Einige, Uran z. B., haben keine stabilen Isotope. Andere radioaktive Elemente kann man künstlich herstellen. → *Atom, Nuklearsynthese.*

Element (2) (einer Umlaufbahn) → *Bahnelemente.* Die üblicherweise für die Beschreibung der Bahn eines Planeten oder Kometen um die Sonne benutzten Bahnelemente sind → *Große Halbachse,* → *Perihelabstand,* → *Exzentrizität,* → *Inklination,* → *Länge des aufsteigenden Knotens,* → *Periode.*

ELFIR Abkürzung für »extremely luminous far-infrared source« (sehr leuchtkräftige Fern-Infrarot-Quelle). Dies sind Objekte, die im Infrarotbereich 10- oder 100mal leuchtkräftiger als im visuellen Bereich sind.

Ellipse Eine geschlossene Kurve, die symmetrisch zu zwei aufeinander senkrecht stehenden Achsen ist. Bei ihr ist eine Achse länger als die andere. Die längere Achse wird Hauptachse oder große Achse genannt, die andere kleine Achse.

Die Ellipse gehört zu der Familie der Kurven, die man unter dem Begriff → *Kegelschnitte* zusammenfaßt, weil sie alle mittels ebener Schnitte durch einen Kegel erzeugt werden können. Die anderen Typen von Kegelschnitten sind: der Kreis, die Parabel und die Hyperbel. Die Umlaufbahn eines Körpers, der sich unter dem Einfluß einer zentralen Gravitationskraft bewegt, hat notwendigerweise die Form eines Kegelschnitts. Die Ellipse ist in der Himmelsmechanik wichtig, da geschlossene Umlaufbahnen ausnahmslos elliptisch sind. (Der Spezialfall eines Kreises wird in der Natur praktisch nie erreicht.) Planeten haben elliptische Bahnen.

Wenn ein Körper unter dem Einfluß einer Gravitationskraft umläuft, liegt das Objekt, das die zentrale Gravitationskraft ausübt, in einem Fokus der Ellipse.

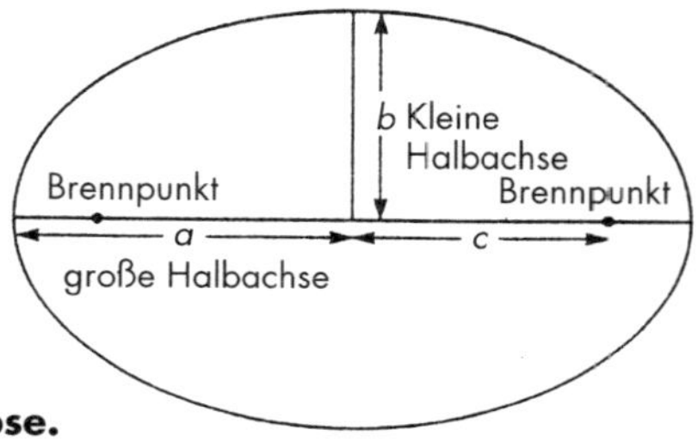

Ellipse.

Es gibt zwei Foki auf der großen Achse, die beide den gleichen Abstand (c) vom Zentrum der Ellipse haben (siehe Abbildung). Je länglicher die Ellipse ist, desto größer ist c im Vergleich zu der großen Halbachse (a). Das Verhältnis c/a definiert die Exzentrizität (e) der Ellipse, die größer als 0 und kleiner als 1 sein muß (e = 0 für einen Kreis; e = 1 für eine Parabel). Die Größe der kleinen Halbachse (b) steht mit a und e in der Beziehung $b = a\,(1 - e^2)$. Die Summe der Entfernungen zwischen einem Punkt auf der Ellipse und den beiden Foki ist eine Konstante mit dem Wert 2a. Dies bedeutet, daß man eine Ellipse mit Hilfe einer Schnur zeichnen kann, deren Enden in den beiden Foki festgeheftet ist. Ein Bleistift, der so bewegt wird, daß die Schnur straff bleibt, wird eine Ellipse beschreiben.

elliptische Galaxie Eine → *Galaxie* von der Form eines Ellipsoids und ohne Spiralstruktur. In den meisten elliptischen Galaxien gibt es keine Anzeichen für interstellare Materie oder gerade abgelaufene Sternentstehung. Elliptische Galaxien unterscheiden sich nur in Größe und Form. Fast alle ihre Sterne sind älter als 10^{10} Jahre, und ein großer Teil ihres Lichts kommt von → *Roten Riesen.* Etwa 80 Prozent der → *normalen Galaxien* sind elliptisch.

Elliptizität → *Abplattung.*

Elnath (Alnath; Beta Tauri; β Tau) Der zweithellste Stern im Sternbild Taurus. Elnath markiert die Spitze eines der Hörner des Stiers; der Name kommt aus dem Arabischen und heißt »der eine Hornstoß«. Gleichzeitig markiert er den rechten Fuß des Nachbarsternbildes Auriga. Früher trug er daher den Namen Gamma Aurigae. Elnath ist ein B-Stern der Helligkeit 1,7.

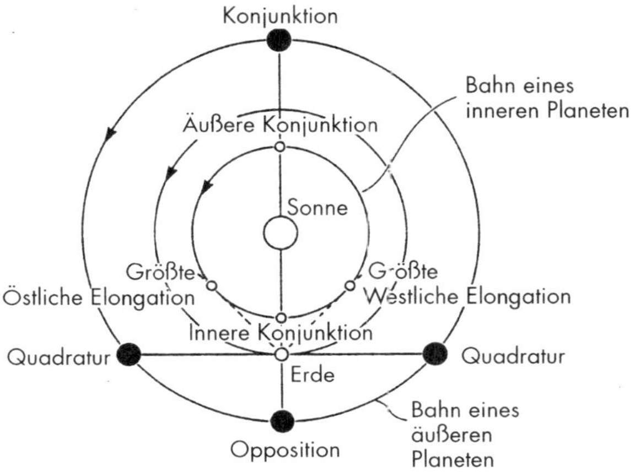

Elongation. Die Positionen der Sonne und der Erde bei größter Elongation, Konjunktion, Opposition und Quadratur der inneren und äußeren Planeten.

Elongation Der Winkelabstand zwischen der Sonne und einem Planeten oder dem Mond von der Erde aus gesehen, d. h. der Winkel Sonne-Erde-Mond bzw. Sonne-Erde-Planet (siehe Abbildung). Für die inneren Planeten Merkur und Venus gibt es eine maximale Elongation. Die maximalen Werte, die während eines Umlaufs nach Osten und Westen erreicht werden, heißen größte Elongation. Sie liegt für Merkur je nach den Umständen zwischen 18° und 28°. Der entsprechende Bereich für Venus ist 45° bis 47°. Für die Planeten außerhalb der Erdbahn ist jede Elongation möglich. Eine Elongation von 90° nennt man auch Quadratur, eine von 0° Konjunktion, eine von 180° Opposition.

Elysium Mons Ein Schildvulkan auf dem Mars, einer von mehreren im Elysium Planitia-Gebiet.

Elysium Planitia Eine große vulkanische Ebene auf dem Mars mit einem Durchmesser von über 5000 Kilometern.

Emersion Der Austritt eines Sterns, des Mondes, eines Planeten oder eines anderen Körpers nach einer → *Okkultation* oder → *Eklipse.*

Emissionslinie Ein schmaler Wellenlängenbereich in einem Spektrum, in dem Energie in einem höheren Maß emittiert wird als im umgebenden Kontinuum. Emissionslinien entstehen bei Übergängen zwischen verschiedenen Energieniveaus in Gas-Atomen oder -Molekülen mit einer Netto-Freigabe an elektromagnetischer Energie. Siehe auch → *Atom*

Emissionslinien-Galaxien Jede Galaxie, die → *Emissionslinien* in ihrem Spektrum aufweist. Dies ist ein Anzeichen für ungewöhnliche Aktivitäten im Galaxienkern oder für sehr stürmische Sternentstehung. Siehe auch → *aktive galaktische Kerne*

Emissionslinien-Spektrum Ein → *Spektrum*, das nur aus → *Emissionslinien* besteht oder das Emissionslinien aufweist, die einem Kontinuumsspektrum ohne Absorptionslinien überlagert sind.

Emissionslinien-Stern Jeder Stern, der Emissionslinien in seinem Spektrum aufweist, statt (oder zusätzlich zu) den typischeren Absorptionslinien. Das Symbol »e« in einem Spektraltyp (z. B. B5e) bedeutet die Anwesenheit von Emissionslinien.

→ *Wolf-Rayet-Sterne*, die heißesten von allen, zeigen ein reines Emissionslinien-Spektrum. Emissionslinien kommen in den Spektren von → *O-Sternen* oder → *B-Sternen* vor und auch am kühleren Ende der Reihe von Spektraltypen bei → *M-Sternen* und kühlen Mira-Veränderlichen.

Emissionsnebel Eine Wolke leuchtenden Gases im interstellaren Raum. Interstellare Wolken bestehen vor allem aus Wasserstoff, der durch die Ultraviolettstrahlung heißer, in ihnen eingebetteter Sterne angeregt oder ionisiert werden kann. Energie wird frei bei der Rekombination der Ionen und den Stößen der Elektronen mit den ionisierten Atomen ebenfalls vorkommender schwererer Elemente wie Sauerstoff und Stickstoff. Die stärkste Strahlung des Wasserstoffs verursacht die typische rosa Farbe, die man in Wolken → *ionisierten Wasserstoffs* (H II-Gebiete) wie dem → *Orion-Nebel* beobachtet.

Enceladus Ein Mond des Saturn, 1789 von William Herschel entdeckt. → *Voyager 2* sandte Bilder zur Erde, die Details bis zu 2 Kilometern Auflösung zeigten. Große Gebiete seiner Oberfläche haben keine Krater, und die Kraterdichte in den anderen Gebieten ist relativ niedrig. Dies ist ein Hinweis darauf, daß die Oberfläche von Enceladus seit seiner Entstehung durch geologische Aktivitäten völlig neu gestaltet wurde. Diese Aktivitäten haben wahrscheinlich während der letzten 100 Millionen Jahre stattgefunden. Man vermutet, daß die Bahn von Enceladus mit dem schwachen E-Ring des Saturn zusammenfällt. Ausbrüche auf dem Mond könnten die Quelle für das Material des Rings sein. Gegenwärtig gibt es jedoch keinen direkten Nachweis. Siehe auch → *Tabelle 6*

Enckesche Teilung (Encke-Keeler-Teilung) Eine dunkle Lücke im breiten A-Ring um → *Saturn*. Eine → *Voyager-2*-Aufnahme zeigt einen schmalen, ziemlich welligen kleinen Ring innerhalb der Enckeschen Teilung. 1990 fand man einen kleinen Mond, → *Pan*, dessen Bahn innerhalb der Teilung liegt. Siehe auch → *Planetenringe* und → *Tabelle 7*

Enckescher Komet → *Komet P/Encke.*

englische Montierung Eine Form der → *äquatorialen Montierung* für ein Teleskop.

entartete Sterne Ein Begriff, der sowohl → *Weiße Zwerge* als auch Neutronensterne umfaßt, die beide aus entarteter Materie aufgebaut sind. Diese Sterne befinden sich in einem fortgeschrittenen Entwicklungszustand und haben einen extremen Gravitationskollaps hinter sich. Normale Atome können unter den sehr hohen Drücken nicht mehr existieren.

In Weißen Zwergen kollabieren die Elektronen und Atomkerne von der normalen offenen Struktur zu einer dichten, komprimierten Masse. Ein quantenmechanischer Effekt, den man Entartungsdruck nennt, wirkt dem weiteren Gravitationskollaps entgegen. Wenn jedoch die gesamte Sternmasse 1,4 Sonnenmassen überschreitet, reicht der Entartungsdruck nicht mehr aus, um den Gravitationskräften standzuhalten – ein Neutronenstern entsteht. Die Elektronen und Atomkerne werden noch weiter zusammengedrückt und kombinieren sich zu einem Materiezustand, der aus dicht gepackten Neutronen besteht. Siehe auch → *Schwarzes Loch*

Entfernungsmodul Der Unterschied zwischen der scheinbaren und absoluten → *Helligkeit* eines Sterns (oder eines anderen astronomischen Objekts), der ein direktes Maß für die Entfernung des Objekts ist. Abgeleitet aus der Definition der absoluten und scheinbaren Helligkeit, hat der Entfernungsmodul die Form 5 log(d) – 5, wobei d die Entfernung in → *Parsec* bezeichnet.

Entkopplungs-Ära Die Epoche in der Entwicklung des Universums, etwa 300 000 Jahre nach dem → *Big Bang*, als Elektronen und Protonen sich zu vereinigen begannen und Wasserstoffatome bildeten. Zu diesem Zeitpunkt hörte die Strahlung im Universum auf, an Materieteilchen gestreut zu werden, und begann sich frei auszubreiten. Strahlung und Materie wurden »entkoppelt«. Diese Phase nennt man auch die Rekombinations-Epoche.

entrainment Ein Prozeß, bei dem Jets von → *Radiogalaxien* aus dem umgebenden interstellaren und intergalaktischen Medium Energie entnehmen. Während die Materie angesaugt wird, entstehen turbulente Wirbel. Diese wiederum verursachen Schocks, die das Gas auf extrem hohe Temperaturen aufheizen können. Gastaschen sammeln sich an und kühlen ab, schließlich setzt Sternentstehung in ihnen ein.

Eos-Familie Eine der → *Hirayama-Familien* von Asteroiden. Die Mitglieder laufen in einer Entfernung von 3,02 AE um die Sonne und liegen zwischen dem C-Typ (kohlig) und S-Typ (silikat-haltig). Die Familie ist nach dem prominentesten Mitglied benannt: Eos, Asteroid Nr. 221, Durchmesser 110 Kilometer.

Epakte Epakte (1) Das Alter des Mondes (d. h. der Zustand seiner Phase) zu Beginn eines Kalenderjahrs.

Epakte (2) Der Unterschied zwischen einem Sonnenjahr und einem Mondjahr von 12 Mondmonaten. Diese Periode von etwa 11 Tagen ist als Jahresepakte bekannt.

Epakte (3) Die Differenz zwischen einem Kalendermonat und einem Mondmonat, bekannt als Monatsepakte.

Ephemeriden Eine Tabelle, die die Himmelskoordinaten, Helligkeiten und andere Daten astronomischer Körper wie des Mondes, der Sonne, der Planeten und der Kometen meist für ein Kalenderjahr angibt. Der Begriff wird auch für ein Buch verwendet, das ein Nachschlagewerk solcher Tabellen und anderer astronomischer Daten enthält.

Ephemeridenzeit (ET) Die Zeit, die man vor 1984 bei Berechnungen im Sonnensystem benutzte, die von der Gravitationstheorie abhängen. 1984 wurde sie durch die → *dynamische Zeit* ersetzt.

Epimetheus Ein kleiner Mond des Saturns, der 1980 entdeckt wurde. Er ist koorbital mit Janus, die Bahn liegt unmittelbar außerhalb des Hauptringsystems. Die zwei Monde sind vermutlich Fragmente eines größeren Objekts, das durch einen Einschlag zerbrochen wurde. Epimetheus ist unregelmäßig mit den Maßen 140 x 100 Kilometer. Siehe auch → *koorbitale Monde* und → *Tabelle 6*

Epizykel Bewegung auf einer Kreisbahn, deren Zentrum auf einem größeren Kreis umläuft, dem sog. → *Deferent* (siehe Abbildung). Die Epizykel-Bewegung war ein grundlegender Aspekt des geozentrischen Modells für das Sonnensystem, wie es von Ptolemäus im zweiten nachchristlichen Jahrhundert vorgeschlagen wurde. Um die Genauigkeit der auf diesem Modell basierenden Vorhersagen zu verbessern, ließ Ptolemäus das Zentrum des Epizykels mit konstanter Winkelgeschwindigkeit nicht um das Zentrum des Deferenten, sondern um einen Punkt, den er Equant nannte, kreisen. Indem er die Erde zur anderen Seite gegenüber dem Zentrum des Deferenten versetzte und die Radien von Epizykel und Deferent geeignet wählte, konnte die Theorie von Ptolemäus benutzt werden, um Planetenpositionen auf ein Grad genau vorherzusagen.

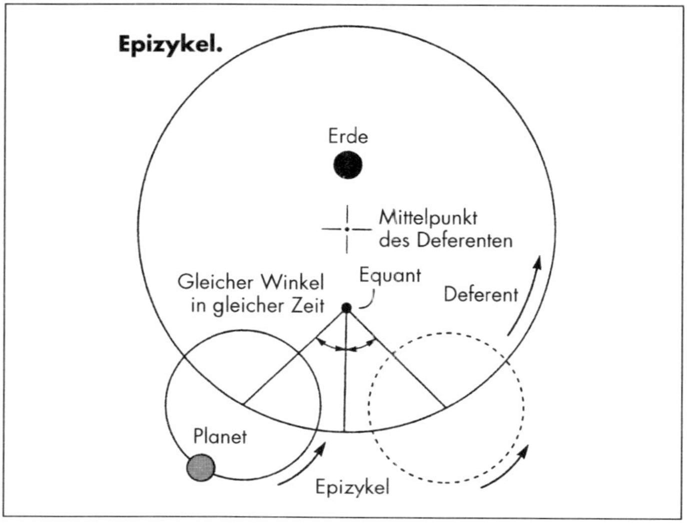

Epoche Ein genauer Zeitpunkt, für den die angegebenen Koordinaten oder Bahnelemente korrekt sind. Wegen des Präzessionseffekts des Koordinatensystems am Himmel und wegen gravitativer → *Störungen* der Bahnen von Körpern, Kometen und Planeten ist es notwendig, für die Bestimmung von Koordinaten die Epoche anzugeben.
Es ist gängige Praxis, die für Sternkarten und Kataloge benutzte Standard-Epoche alle fünfzig Jahre zu wechseln. Die seit den 70er Jahren vorbereiteten Kataloge haben die Epoche 2000.0, die vorhergehende Standardepoche war 1950.0.

Equant Eine Größe, die von Ptolemäus in sein geozentrisches Modell des Sonnensystems eingeführt wurde, um die beobachteten irregulären Bewegungen der Planeten zu berücksichtigen. Er nahm an, daß die Bewegung der Planeten gleichförmig nicht um die Erde ist, sondern um einen Punkt, den er Equant nannte. Siehe auch → *Epizykel*

Equuleus (Das Fohlen) Das nach Pegasus zweitkleinste Sternbild am Himmel, nahe dem Himmelsäquator. Obwohl es schwach und unklar ist, ist es doch eines der 48 ursprünglichen Sternbilder aus der Liste von Ptolemäus (140 n. Chr.). Seine zwei hellsten Sterne sind 4. Größe. Siehe auch → *Tabelle 4*

Erde Der dritte Planet von der Sonne aus. Aus Sicht der Astronomie gehört die Erde zu der Gruppe erdähnlicher Planeten, zu der auch Merkur, Venus und Mars gehören. Oft wird der Ursprung, die Struktur und die Entwicklung der Erde mit dieser Gruppe sowie dem → *Mond* verglichen.
Die Erde hat eine Atmosphäre, deren Dichte zwischen der der Venus und des Mars liegt. Sie besitzt als einziger Planet riesige Ozeane flüssigen Wassers. Das komplexe Zusammenspiel zwischen Ozeanen, Atmosphäre und der Planetenoberfläche bestimmt das Energiegleichgewicht und den Temperaturbereich. Wolken bedecken im Schnitt 50 Prozent der Erde, und der Wärmestau innerhalb der Atmosphäre (Treibhaus-Effekt) läßt die mittlere Temperatur um über 30 Grad ansteigen. Die Atmosphäre setzt sich gegenwärtig aus 77 Prozent molekularem Stickstoff, 21 Prozent molekularem Sauerstoff, 1 Prozent Wasserdampf und 0,9 Prozent Argon zusammen. Kohlendioxyd ist der wichtigste Spurenanteil. Die große Sauerstoffkonzentration, deren Ursprung 2000 Millionen Jahre zurückliegt, ist eine direkte Folge des Pflanzenbewuchses. Der Sauerstoff ermöglicht die Bildung der Ozonschicht in großen Höhen, die die Oberfläche vor der tödlichen Ultraviolettstrahlung der Sonne schützt.
Die Erde ist der einzige größere Planet, von dem man weiß, daß er geologisch aktiv ist. Seine großräumigen Merkmale wurden alle bestimmt durch den Aufbau, die Zerstörung, die relative Verschiebung und die Wechselwirkung von etwa einem Dutzend von Platten der Erdkruste – einschließlich der Lithosphäre –, die sich auf der

weniger festen Asthenosphäre darunter verschieben. Zusammenstöße zwischen den Platten verursachen Faltengebirge und Erdbebenzonen entlang der Plattengrenzen.

Seismische Wellen infolge von Erdbeben geben durch die Art ihrer Ausbreitung Aufschluß über die innere Struktur der Erde. Im Zentrum gibt es einen metallischen Kern aus geschmolzenem Eisen und Nickel, möglicherweise mit einem festen Kern ganz im Zentrum. Die Temperatur im Zentrum beträgt etwa 4000 °C. Ein Silikatmantel liegt über diesem Kern. Die äußerste Kruste ist unter den Ozeanen etwa 10 Kilometer dick und unter den Kontinenten etwa 30 Kilometer. Im Rahmen des Planetensystems ist die Oberfläche der Erde noch sehr jung. Das Basaltgestein, das die Meeresböden bildet, ist eines der jüngsten. Die präkambrischen Rücken, die etwa 10 Prozent der Erdoberfläche ausmachen, sind die ältesten und zugleich den von Kratern übersäten Gebieten am ähnlichsten, die einen großen Teil der Oberflächen anderer Planeten bilden. Auf der Erde sind durch Verwitterung fast alle Spuren ehemaliger Einschlagskrater verschwunden.

Der geschmolzene Metallkern verursacht das Magnetfeld und die → *Magnetosphäre* der Erde. Eine Schicht elektrisch geladener Teilchen in einer Höhe zwischen 50 und 500 Kilometern bildet die → *Ionosphäre*. Das Einfangen von geladenen Teilchen durch das Magnetfeld in Gebieten zwischen 60° und 75° geographischer Breite erzeugt das Phänomen des → *Polarlichts*. Satellitenmessungen haben gezeigt, daß die Erde auch eine starke Radioquelle im Bereich der Kilometerwellen ist, die allerdings in großen Höhen erzeugt werden und daher am Boden nicht nachgewiesen werden können. Siehe auch → *Tabelle 5* und → *Tabelle 6*

Erdkratzer Ein Komet oder Asteroid, dessen Bahn der Erde relativ nahe kommt.

Erdlicht Eine schwache Beleuchtung dessen, was sonst der »dunkle« Teil des Mondes wäre, wenn er eine dünne Sichel ist. Sonnenlicht, das von der Erde Richtung Mond reflektiert wird, verursacht diesen Effekt. Ein populärer Ausdruck beschreibt ihn als »Neumond in den Armen des alten Mondes«.

Erdrotations-Synthese Eine Technik der Radioastronomie, die die Erdrotation nutzt, um mit kleinen → *Radiointerferometern* die Auflösung einer Antennenschüssel von mehreren Kilometern Durchmesser zu erreichen. Diese Form der → *Apertursynthese* wurde an der Universität Cambridge entwickelt.

Ereignishorizont Eine Oberfläche, die ein → *Schwarzes Loch* umgibt, mit der Eigenschaft, daß alle Lichtstrahlen, die innerhalb dieser Fläche erzeugt werden, wegen der Stärke des Gravitationsfeldes nicht nach außen entkommen können. Siehe auch → *Schwarzschild-Radius*

Erfle-Okular Ein Typ eines Teleskop- → *Okulars*, das aus sechs Linsen zu drei Dubletts angeordnet ist (siehe Abbildung). Dieser Okulartyp ist speziell für ein großes Gesichtsfeld entwickelt, typisch 68°.

Erfle-Okular.

erg Eine Energieeinheit äquivalent zu 10^{-7} Joule.

Eridanus (Der Fluß Eridanus) Ein großes Sternbild, das sich über 60° in Deklination auf der Südhalbkugel erstreckt. Es war in Ptolemäus' Liste von 48 Sternbildern aufgeführt (140 n. Chr.); seine südlichsten Ausläufer wurden allerdings erst später hinzugefügt. Sein südlichster Punkt wird durch den Stern 1. Magnitudo → *Achernar* markiert. Das Sternbild enthält elf weitere Sterne, die heller sind als 4. Größe. Siehe auch → *Tabelle 4*

Erntedankfest-Mond Der Vollmond, der dem Herbst- → *Äquinox* am nächsten ist. Zu dieser Jahreszeit ist die Neigung der Mondbahn gegen den Horizont gering, und der Mond geht für eine kurze Zeit jeden Abend zur gleichen Zeit auf.

Eros Asteroid 433, Größe 7 x 16 x 35 Kilometer, 1898 von G. Witt entdeckt. Es war der erste entdeckte Asteroid, dessen Bahn zum Teil innerhalb der Marsbahn verlief. Als Eros sich 1931 bis auf 23 Millionen Kilometer der Erde näherte, versuchte man, durch Messungen seiner Position die Ausmaße des Sonnensystems genauer als bislang möglich zu bestimmen.

Erscheinung Die Zeitspanne, in der ein Himmelsobjekt beobachtet werden kann, das nur einmalig sichtbar ist oder von Zeit zu Zeit am Himmel erscheint.

Erstarrungsgestein Gestein, das sich direkt durch Abkühlen und Verfestigen aus dem flüssigen Zustand gebildet hat.

erster Kontakt Bei einer → *Sonnenfinsternis* der Zeitpunkt, zu dem die Mondscheibe erstmals die → *Photosphäre* der Sonne zu verdecken beginnt. Bei einer Mondfinsternis bezeichnet der erste Kontakt den Moment, in dem der Mond in den Kernschatten (umbra) der Erde tritt. Der Begriff kann auch für die Beschreibung eines ähnlichen Entwicklungszeitpunkts bei einem → *Durchgang* oder einer → *Okkultation* verwendet werden.

erstes Viertel Die → *Phase* des Mondes, wenn seine halbe sichtbare Scheibe beleuchtet ist und der Mond zunimmt. Das erste Viertel tritt dann auf, wenn die → *Länge* des Mondes 90° größer ist als die der Sonne.

eruptives Zentrum Einer der Flecken auf → *Io*, von denen Ausbrüche von Gas und geschmolzenem Material ausgehen.

eruptive Veränderliche Ein Sammelname für Sterne, deren Helligkeit als Folge eines energetischen Ereignisses nicht voraussagbar schwankt. Zu den eruptiven Variablen gehören die → *Novae*, → *Supernovae*, → *Zwergnovae* und → *Flare-Sterne*. Oft wird auch der Begriff »kataklysmische Variable« benutzt.

ESA Abkürzung für → *European Space Agency*.

Eskimo-Nebel (NGC 2932) Ein → *Planetarischer Nebel* im Sternbild Gemini. Der Name kommt von der ungleichförmigen Verteilung der Leuchtkraft über die ungefähr kreisförmige Fläche, die einem Gesicht ähnelt, und von einem schwächeren äußeren Ring, der dem Pelzrand einer Eskimomütze ähnlich sieht.

ESO Abkürzung für → *European Southern Observatory*.

ET ET (1) Abkürzung für → *Ephemeridenzeit* (ephemeris time).

ET (2) Abkürzung für extraterrestrisch. Siehe auch → *extraterrestrische Intelligenz*

Eta Carinae (η Car) Ein besonderer Stern im Kern des → *Eta Carinae-Nebels*, wohl der massereichste und leuchtkräftigste Stern, den man kennt. Seine Masse wird auf 100 Sonnenmassen geschätzt; er ist die leuchtkräftigste Infrarotquelle am Himmel. Seine Gesamtleuchtkraft beträgt einschließlich Infrarotbereich etwa fünf Millionen Sonnenleuchtkräfte.

Eta Carinae hat während der letzten 300 Jahre seine Helligkeit geändert. Halley verzeichnete ihn 1677 als einen Stern 4. Größe. 1843 war er der zweithellste Stern am Himmel. In der Folgezeit wurde er unregelmäßig schwächer, und seit den letzten 100 Jahren ist er für das bloße Auge unsichtbar. Er scheint jetzt wieder heller zu werden.

Die Änderung der scheinbaren Helligkeit wird wohl durch eine kleine lichtundurchlässige Wolke verursacht, in die der Stern eingebettet ist. Das sichtbare Nebelchen ist unter dem Namen »Homunculus-Nebel« bekannt. Es wird durch einen Gasausfluß von 0,07 Sonnenmassen pro Jahr erzeugt, der größten stellaren Massenverlustrate, die man kennt. Dieser Ausfluß begann offensichtlich, als der Stern seine maximale Leuchtkraft besaß. Er ist so groß, daß er nicht lange aufrechterhalten bleiben kann, möglicherweise nur wenige hundert Jahre. Ein so massereicher Stern ist nicht stabil, und man rechnet damit, daß er weitere dramatische Veränderungen – etwa eine → *Supernova* – durchmachen wird.

Eta Carinae-Nebel (NGC

3372) Eine große Wolke → *ionisierten Wasserstoffs* (H II-Region) in der südlichen Milchstraße im Sternbild Carina. Der Stern → *Eta Carinae* ist nahe seines Zentrums in ihn eingebettet.
Der Nebel hat einen scheinbaren Durchmesser von 3°, was in einer Entfernung von 8000 Lichtjahren einer tatsächlichen Ausdehnung von 400 Lichtjahren entspricht. Damit ist er viel größer als der Orion-Nebel. Es ist ein Sternentstehungsgebiet, das eine Anzahl junger Sternhaufen enthält. Siehe auch → *Schlüsselloch-Nebel*

Etalon → *Fabry-Perot-Interferometer.*

ETI Abkürzung für → *extraterrestrische Intelligenz.*

E-Typ Asteroid Ein seltener Typ von → *Asteroid* mit hoher Albedo. Seine Zusammensetzung ist wohl ähnlich der von → *Meteoriten*, die enstatithaltige Achondrite sind.

Eugenia Asteroid 45, Durchmesser 214 Kilometer, 1857 von H. Goldschmidt entdeckt.

Euklidischer Raum Der Raum, den man im allgemeinen für einfachere kosmologische Modelle annimmt, und der flache Raum des Alltags. Mathematisch gesehen hat der Raum die Krümmung Null, und die Winkelsumme eines Dreiecks beträgt in ihm 180°.

Eukrite Ein Typ von achondritischen → *Meteoriten*, die aus Kalzium, Pyroxenen und Plagiklas bestehen. Die Übereinstimmung zwischen dem Reflexionsspektrum des Asteroiden → *Vesta* und denen der Eukrite läßt vermuten, daß Vesta der Ursprungskörper dieser Meteorite ist.

Eulen-Nebel (M97; NGC 3578) Ein → *Planetarischer Nebel* im Sternbild Ursa Maior. Mit einem Durchmesser von 1,5 Lichtjahren gehört er zu den größten bekannten Vertretern dieser Objekte. Seine Entfernung beträgt 1600 Lichtjahre.

Eunomia Asteroid 15, Durchmesser 272 Kilometer, 1851 von A. de Gasparis entdeckt.

Euphrosyne Asteroid 31, Durchmesser 248 Kilometer, 1854 von J. Ferguson entdeckt.

Europa Europa (1) Einer der vier großen Galileischen Monde des Jupiter (Nummer II). Die von → *Voyager 2* zur Erde gefunkten Bilder zeigen eine hell reflektierende Oberfläche, kreuz und quer durchzogen von einem komplexen Netzwerk von dunklen Linien. Nur fünf Aufschlagskrater wurden identifiziert. Einige – wenn sogar nicht alle – der Linien sind vermutlich durch Einreißen oder Brechen der sich ausdehnenden Kruste entstanden. Das Fehlen von Kratern zeigt, daß die Kruste sich weitgehend neu gestaltet hat, seit der Mond entstand. Man nimmt an, daß die Struktur aus einem felsartigen Kern mit darüberliegender Eiskruste besteht. Siehe auch → *Tabelle 6.*
Europa (2) Asteroid 52, Durchmesser 312 Kilometer, 1858 von H. Goldschmidt entdeckt.

Europäische Südsternwarte (ESO) → *European Southern Observatory.*

European Southern Observatory (ESO) Eine europäische Forschungsorganisation, die 1962 mit dem Ziel gegründet wurde, die Zusammenarbeit in der Astronomie zu fördern und für europäische Astronomen ein größeres, modernes Observatorium aufzubauen. Die acht Mitgliedstaaten sind: Belgien, Dänemark, Deutschland, Frankreich, Italien, Holland, Schweden und die Schweiz. Die Zentrale ist in Garching bei München, und ihr Observatorium ist in La Silla in Chile. Gegenwärtig wird ein zweiter Standort auf dem Mt. Paranal (Chile) erschlossen, der vor allem das Very Large Telescope (VLT) beherbergen soll.

European Space Agency (ESA) Eine Organisation zur Zusammenarbeit von zwölf europäischen Ländern (Belgien, Dänemark, Deutschland, Frankreich, Großbritannien, Holland, Irland, Italien, Österreich, Spanien, Schweden und die Schweiz) für Planung, Entwicklung und Einsatz von Satelliten für wissenschaftliche und kommerzielle Anwendung. ESAs größte Einrichtung ist das Research and Technology Centre (ESTEC) bei Noordwijk in Holland. Ihre Trägerrakete ist die Ariane.

EUV Abkürzung für Extremes Ultraviolett. Der Begriff ist nicht sehr genau definiert, aber er wird gewöhnlich für den Wellenlängenbereich zwischen 10 und 100 Nanometern gebraucht. Siehe auch → *elektromagnetische Strahlung, Ultraviolettastronomie, XUV*

EUVE Abkürzung für → *Extremer Ultraviolett-Explorer.*

Evektion Eine periodische Störung des Mondes, die durch Variationen der Anziehungskraft der Sonne während eines lunaren Erdumlaufs verursacht wird. Die Periode der Störung beträgt 31,8 Tage, und den größten Betrag hat die Störung, wenn der Mond bei 1,27° seiner ekliptikalen Länge steht.

Evershed-Effekt Der radiale Gasfluß in der Penumbra eines → *Sonnenflecks*, entdeckt von John Evershed (1864–1956).

Exobiologie Die praktische oder theoretische Erforschung von lebenden Organismen außerhalb der Erdumgebung.

EXOSAT Ein europäischer Röntgenastronomie-Satellit, der im Mai 1983 gestartet wurde. Technische Probleme verhinderten das volle beabsichtigte Beobachtungsprogramm, aber es wurden viele nützliche Beobachtungen von Doppelsternen und Galaxien durchgeführt, bevor die Mission im April 1986 endete.

Exosphäre Die äußerste dünne Schicht einer Planetenatmosphäre, die in das interstellare Medium übergeht. In diesem Gebiet ist die Dichte so gering, daß nur sehr wenig Stöße zwischen den Atomen vorkommen. Schnell bewegliche Atome können der gravitativen Anziehungskraft des Planeten entkommen. Die Exosphäre der Erde beginnt in einer Höhe von 400 bis 500 Kilometern.

expandierendes Universum Ein Modell des Universums, in dem die fundamentale Längenskala mit der Zeit wächst. Den Abstand zwischen Galaxienhaufen würde man heute als geeignete Längenskala ansehen.

Die Entdeckung, daß die Rotverschiebung der Galaxien mit der Entfernung zunimmt (1929), und der Nachweis des kosmischen Mikrowellen-Hintergrunds (1964) werden allgemein als Nachweis für die Ausdehnung des Universums angesehen.

Extinktion Die Verringerung der Lichtintensität beim Durchtritt durch ein absorbierendes oder streuendes Medium wie das interstellare Medium oder die Atmosphäre eines Planeten. Siehe auch → *interstellare Extinktion*

extragalaktisch Außerhalb des Bereichs unserer eigenen Galaxie, der Milchstraße.

extraterrestrische Intelligenz (ETI) Formen intelligenten Lebens, die möglicherweise anderswo im Universum existieren, verschieden von dem Leben auf der Erde. Forschungen dieser Art konzentrieren sich auf die Suche nach Radiosignalen, biologisch signifikanten Molekülen im Weltraum und möglichen Planetensystemen um andere Sterne.

Extremer Ultraviolett-Explorer (EUVE) Ein 1992 von der NASA gestartetes Raumschiff in der Erdumlaufbahn mit dem Ziel, den gesamten Himmel im Licht kürzerer Ultraviolettstrahlung (7–76 Nanometer) zu kartieren und hochempfindliche Beobachtungen an ausgewählten kleineren Gebieten durchzuführen. Siehe auch → *Ultraviolettastronomie*

exzentrisch Gegenüber einem bestimmten Zentrum verschoben.

exzentrische Anomalie → *Anomalie.*

Exzentrizität (Symbol e) Einer der Parameter, die man zur Beschreibung einer Kurve aus der als → *Kegelschnitte* bekannten Familie benutzt: Kreise, Ellipsen, Parabeln und Hyperbeln. Die Bahn eines Körpers, der sich unter dem Einfluß einer zentralen Gravitationskraft bewegt, wie ein Planet um die Sonne, ist notwendigerweise eine Kegelschnitt-Kurve. Exzentrizität ist daher einer der wichtigen Parameter zur Beschreibung einer Umlaufbahn. Kreise und Ellipsen sind geschlossene Kurven. Für einen Kreis gilt definitionsgemäß $e = 0$. Die Exzentrizität einer Ellipse zeigt, wie weit sie von der Kreisform abweicht. Wenn c der Abstand eines Ellipsenfokus vom Mittelpunkt ist und a die große Halbachse der Ellipse, dann ist die Exzentrizität durch c/a gegeben. Die Exzentrizität einer Ellipse ist stets kleiner als 1. Parabeln und Hyperbeln sind offene Kurven. Die beobachteten Bahnen von nicht-periodischen Kometen sind meist parabolisch. Für eine Parabel gilt $e = 1$ und für eine Hyperbel $e > 1$. Siehe auch → *Bahnelemente*

Fabry-Perot-Interferometer Ein optisches Instrument, bei dem das Interferenzphänomen durch Vielfachreflexion zwischen zwei exakt parallelen Glasplatten genutzt wird, um eine hohe Spektralauflösung zu erreichen. Das Plattenpaar mit einem justierbaren Zwischenraum wird Etalon genannt.
In Transmission erscheint das Gesichtsfeld als eine Serie von konzentrischen Ringen auf einem dunklen Hintergrund, deren Radien von Plattenabstand und Wellenlänge abhängen. Vor dem Gitter oder Prisma eines → *Spektrographen* eingesetzt, bietet es eine Möglichkeit, Feinstrukturen im Spektrum aufzulösen, die mit einem Beugungsgitter allein nicht aufgelöst werden könnten. Vielfach wird das Etalon auch als schmalbandiges Filter bei der Direktaufnahme verwendet.

Facula (pl. Faculae; Fackeln) Facula (1) Ein helles Gebiet in der Sonnenphotosphäre. Die Erscheinung von Faculae ist mit dem nachfolgenden Auftreten von → *Sonnenflecken* in derselben Gegend und von → *Sonnenaktivitäten* im allgemeinen verbunden.
Facula (2) Ein heller Fleck auf der Planeten- oder Mondoberfläche, insbesondere auf → *Ganymed.*

Fadenkreuz Feine Linien oder Drähte im Brennpunkt eines optischen Instruments zur Bestimmung von Winkelabständen.

Fairborn Observatory Ein Observatorium auf Mount Hopkins in Arizona, das mehrere kleine automatische Photometrie-Teleskope für Astronomen betreibt. Die Zentralbüros liegen in Phoenix.

Fall Ein → *Meteorit*, der wiedergefunden wird, nachdem man ihn hat niedergehen sehen.

fallender Stern Eine populäre Bezeichnung für einen → *Meteoriten.*

Falsches Kreuz Ein → *Asterismus* in Form eines Kreuzes in den südlichen Sternbildern → *Carina* und → *Vela*, das von den Sternen ϵ (Epsilon) und ι (Iota) Carinae sowie δ (Delta) und κ (Kappa) Velorum gebildet wird. Der Name wurde wegen der möglichen Verwechslung mit dem nahegelegenen Sternbild → *Kreuz des Südens* gewählt.

Falschfarben-Darstellung Visuelle Darstellung eines Bildes, bei der die Farben nicht die sind, die ein menschliches Auge unter Normalbedingungen sehen würde. In der Astronomie wird die Falschfarben-Darstellung verwendet, um den Bildkontrast zu erhöhen und so Details herauszuarbeiten, die man sonst nur schwerlich sehen würde. Falschfarben-Darstellung wird auch benutzt, um Beobachtungen in Wellenlängenbereichen außerhalb des visuellen Spektrums zu visualisieren.

Faraday-Rotation Die Rotation der Polarisationsebene bei Radio- → *Synchrotronstrah-*

lung. Der Effekt wird durch die Anwesenheit eines Magnetfeldes und freier Elektronen in dem von der Strahlung durchquerten Gebiet verursacht. Siehe auch → *Rotationsmaß*

Farbe → *Helligkeit.*

Farben-Helligkeits-Diagramm → *Hertzsprung-Russell-Diagramm.*

Farben-Leuchtkraft-Diagramm → *Hertzsprung-Russell-Diagramm.*

Farbexzeß Der Unterschied zwischen dem beobachteten → *Farbindex* eines Sterns und dem intrinsischen Farbindex, der von dem → *Spektraltyp* des Sterns abgeleitet werden kann. Der Farbexzeß ist ein Maß für die Rötung des Sternlichts auf dem Weg durch den interstellaren Staub. Die Rötung tritt auf, weil blaues Licht stärker gestreut und absorbiert wird als rotes.

Farbindex Der Unterschied zwischen der → *Helligkeit* eines Sterns in einem Farbband und der Helligkeit in einem anderen. Ursprünglich wurde der Begriff auf den Unterschied zwischen photographischer und visueller Helligkeit angewandt, da der Typ von photographischen Platten, die man damals verwendete, vor allem im blauen Bereich des Spektrums empfindlich war, wogegen die Empfindlichkeit des Auges im grüngelben Bereich ihr Maximum erreicht. Seit der Einführung genauerer photometrischer Systeme durch Filter wie das → *UBV-Photometrie*-System werden Farbindizes für die verschiedensten Helligkeitspaare gebildet. Die Größe B – V ist die meistbenutzte. B und V entsprechen grob der ehemaligen photographischen und visuellen Helligkeit.
Ein Farbindex wie B – V ist nützlich, da er relativ schnell und leicht für eine große Zahl von Sternen gemessen werden kann und trotzdem ein guter Indikator für den Spektraltyp ist. Er ist eine der Größen, die im Farben-Helligkeits-Diagramm aufgetragen werden. Siehe auch → *Hertzsprung-Russell-Diagramm*

Farbtemperatur Die Temperatur eines Schwarzkörpers, der in dem Spektralbereich, in dem ein Objekt beobachtet wird, dieselbe spektrale Intensitätsverteilung zeigen würde wie das Spektrum des Objekts.

Far-Infrared and Sub-millimetre Space Telescope (FIRST) Projektvorschlag der European Space Agency für ein Observatorium in der Erdumlaufbahn. Siehe auch → *Zodiakallicht*

Feldgalaxie Eine Galaxie, die im selben Gesichtsfeld erscheint wie ein Galaxienhaufen, selbst aber kein Mitglied des Haufens ist. Die Ausrichtung ist rein zufällig, und die Entfernung der Feldgalaxie ist eine andere als die des Galaxienhaufens.

Feldgleichungen Die Gleichungen der → *Allgemeinen Relativitätstheorie*, die die Krümmung der Raumzeit beschreiben, indem sie die → *Metrik* mit der Verteilung von Materie und Energie verknüpfen.

Feldstecher (Binokular) Ein optisches Instrument, das im wesentlichen aus zwei kleinen Fernrohren besteht, die nebeneinander montiert sind, für jedes Auge eines. Die relativ kompakte Bauart von Feldstechern wird durch die Verwendung von Prismen erreicht, die das Licht innen reflektieren. Zugleich läßt die Reflexion durch das Prisma das Bild wieder aufrecht erscheinen, während es in astronomischen Fernrohren auf dem Kopf steht. Die Größe und die Vergrößerung von Binokularen wird gewöhnlich in der Form A x B angegeben, wobei A die lineare Vergrößerung und B der Durchmesser der Objektivlinse in Millimetern ist (z. B. 10 x 40). Feldstecher sind unter Amateurastronomen populär. Sie sind z. B. bei der Beobachtung von Kometen nützlich.

Feldstern Ein Stern, der im selben Gesichtsfeld erscheint wie ein → *Sternhaufen*, selbst aber kein Mitglied des Haufens ist. Die Ausrichtung ist rein zufällig, und die Entfernung ist kleiner oder größer als die des Haufens.

Feldverteilung Ein mathematischer Ausdruck aus der Radioastronomie, der die Amplitude und Phase am Antennenausgang als Funktion der Richtung angibt, aus der das Radiosignal empfangen wird.

Fermi-Hart-Paradoxon Die Behauptung, daß extraterrestrisches Leben nicht existieren kann, da wir nichts davon sehen und keine Signale von extraterrestrischen Wesen empfangen.

Fernerkundung Die Untersuchung der Erde oder eines anderen astronomischen Objekts aus der Ferne, also ohne direkten Kontakt. Der Ausdruck wird aber fast ausschließlich für die Beobachtung der Erde von Satelliten aus verwendet (Erdfernerkundung). Hierfür setzt man sowohl Direktaufnahmen im optischen und Infrarotbereich als auch Radargeräte ein.

Feuerball Feuerball (1) Ein besonders heller → *Meteor.* Es gibt keine genaue Definition; Helligkeiten von –3, –4 und –5 sind verschiedentlich als Minimalhelligkeit für einen Meteor festgelegt worden, der den Namen Feuerball verdient. Beim Erscheinen eines Feuerballs ist mit einiger Wahrscheinlichkeit mit dem Niedergang eines → *Meteoriten* zu rechnen.
Feuerball (2) → *Big Bang.*

Fibrille Eine charakteristische Erscheinung auf Bildern aktiver Sonnenregionen, die im Licht der → *Wasserstoff-alpha-Linie* (Hα-Linie) gemacht sind. Fibrillen treten als dunkle Streifen mit einer Breite von 725–2 200 Kilometern und einer mittleren Länge von 11 000 Kilometern auf. Individuelle Fibrillen haben eine Lebenszeit von 10–20 Minuten. Die Gesamtverteilung von Fibrillen innerhalb einer Region verändert sich jedoch über mehrere Stunden nur wenig. In den zentralen Teilen von aktiven Gebieten sind Fibrillen so angeordnet, daß sie Flecken und → *Faculae* gegensätzlicher Polarität verbinden. Regelmäßige Flecken sind von einer radialen Verteilung von Fibrillen umgeben, der sog. Superpenumbra. Sie repräsentieren Material, das mit einer Geschwindigkeit von 20 km/s in den Flecken hinabfließt.

Figuring Der Prozeß der Glättung und Formung der Oberfläche einer Linse oder eines Spiegels bis zu dem hohen Grad an Genauigkeit, den man für ein Präzisionsinstrument wie ein Teleskop benötigt.

Filament Ein solares, dunkles fadenförmiges Gebilde im Licht einer bestimmten Wellenlänge, insbesondere der → *Wasserstoff-alpha-Linie* (Hα-Linie), in Projektion gegen die helle Sonnenscheibe (d. h. von oben) gesehen, wodurch es als dunkler Streifen durch die Atmosphäre erscheint.

Filar-Mikrometer → *Mikrometer.*

Filter Ein Zubehör eines optischen Instruments oder eines Empfängers für elektromagnetische Strahlung, das den ins Instrument gelangenden Wellenlängenbereich reduzieren soll. Farbfilter werden bei der visuellen Beobachtung von Planeten zur Kontrastverstärkung und Verdeutlichung besonderer Merkmale verwendet sowie bei der Vielfarben- → *Photometrie.* Ein sehr schmales Filter kann verwendet werden, um z. B. die Wasserstoff-alpha-Spektrallinie zu isolieren, insbesondere bei Sonnenbeobachtungen. Filter werden auch verwendet, um bei bestimmten Beobachtungsarten eine unerwünschte → *Lichtverschmutzung* zu eliminieren.

Filtergramm Eine Aufnahme der Sonne durch ein Filter, das nur in einem sehr schmalen Wellenlängenbereich Licht durchläßt. Siehe auch → *Lyot-Filter*

Finsternis → *Eklipse.*

Finsternisjahr Die Zeit zwischen aufeinanderfolgenden Durchgängen der Sonne durch denselben → *Knoten* der Mondbahn. Sie beträgt 346,62003 Tage. Diese Zeitspanne ist kleiner als das Sternjahr, das die wechselnde Orientierung der Mondbahn und eine Positionsänderung der Mondknoten am Himmel zur Folge hat. Siehe auch → *Sarosperiode*

FIRST Abkürzung für → *Far-Infrared and Sub-millimetre Space Telescope.*

Fische Sternbild → *Pisces.*

FK Abkürzung für eine Reihe von Fundamentalstern-Katalogen, die in Deutschland seit 1907 veröffentlicht wird. Die aktuelle Version ist der FK5, der 1988 herausgegeben wurde. Siehe auch → *Fundamentalkatalog*

F-Korona Eine der Komponenten der Sonnen- → *Korona.* Sie wird in der Nähe der Sonne durch Streulicht an Staubpartikeln verursacht. Das »F« steht für Fraunhofer: Das Spektrum der F-Korona ist das der Sonne, einschließlich der → *Fraunhoferschen Linien.*

Flachheit-Problem Das Problem der Expansion in den Standard-Big-Bang-Modellen: Warum hat das beobachtete Universum eine Dichte so nahe der → *kritischen Dichte*? D. h., es dehnt sich mit nahezu Fluchtgeschwindigkeit aus; seine Geometrie ist fast die eines → *Euklidischen Raums.* Dieses Problem wird durch die Modelle des → *inflationären Universums* gelöst.

Flamsteed-Numerierung Identifikationszahlen für die in der »Historia coelestis Britannica« von John Flamsteed (1646–1719) aufgelisteten Sterne. In die offizielle Version des Katalogs, die 1725 postum veröffentlicht wurde, ist die Numerierung nicht explizit aufgenommen. Sie erschien jedoch in einer vorläufigen Version, die von Edmond Halley und Isaac Newton 1712 ohne Flamsteeds Genehmigung veröffentlicht wurde. Es sind nur wenige Kopien dieser Version erhalten, da Flamsteed aus Ärger über Halleys und Newtons Aktion viele vernichtete.
Die Numerierung wurde nach Sternbildern und aufsteigender Rektaszension zugeordnet. Sie wurde in der Folgezeit von anderen Herausgebern von Katalogen benutzt wie John Bevis (1750) und J.-J. de Lalande (1783). Die Flamsteed-Numerierung wird heute noch allgemein für Sterne benutzt, für die es keine → *Bayer-Bezeichnung* gibt.

Flare Ein Phänomen in der Sonnen- → *Chromosphäre* und → *Korona*, verursacht durch ein plötzliches Freiwerden von Energie, die die Materie in der Sonnenatmosphäre aufheizt und beschleunigt. Flares sind Explosionen, die meist ein paar Minuten andauern, während derer die Materie Temperaturen von Hunderten von Millionen Grad erreicht. Der größte Teil der Strahlung wird im Röntgenbereich abgestrahlt, aber Flares lassen sich leichter im sichtbaren Licht oder im Radiobereich beobachten. Sie sind mit aktiven Gebieten auf der Sonne assoziiert. In Flares ausgeworfene geladene Teilchen verursachen das → *Polarlicht*, wenn sie die Erde Tage später erreichen.

Flare-Stern Ein M-Zwerg, der unvorhersagbare Ausbrüche hat, die einige Minuten dauern und während derer seine Helligkeit um eine Magnitudo oder mehr zunimmt. Alle Flare-Sterne haben Emissionslinien in ihrem Spektrum, und man vermutet, daß es sich bei den Flares wie bei der Sonne um Phänomene in der stellaren → *Chromosphäre* handelt; Flares sind jedoch weitaus energiereicher. Der sonnennächste Stern Proxima Centauri ist ein Flare-Stern. Flare-Sterne heißen auch UV Ceti-Sterne.

Flash-Spektrum Das → *Emissionslinien-Spektrum* der solaren → *Chromosphäre*, das man in dem kurzen Moment des Einsetzens und der Beendigung der totalen Sonnenfinsternis beobachtet.

Flat Ein flacher Spiegel, der so poliert ist, daß er mit großer Genauigkeit eben ist.

Flexus (pl. Flexi) Niedrige, gekrümmte Grate auf der Oberfläche von → *Europa.*

Fliege Sternbild → *Musca.*

Fliegende Schatten Ein Naturphänomen, das gelegentlich unmittelbar vor und direkt nach einer Sonnenfinsternis beobachtet wird. Es handelt sich dabei um unregelmäßige Schattenschlieren, die über den Boden huschen, nur wenige Zentimeter groß sind und bis zu einem Meter weit auseinander liegen. Bisher weiß man nicht genau, wie sie entstehen; wahrscheinlich hängen sie mit der Lichtbrechung der abnehmenden Sonnensichel in der Erdatmosphäre zusammen.

Fliegender Fisch Sternbild → *Volans.*

Flocculi (sing. Flocculus) Eine feine Sprenkelung, die man auf der Sonne sieht, wenn die → *Chromosphäre* im monochromatischen Licht einer Linie z. B. des einfach ionisierten Kalziums abgebildet wird.

Flora Asteroid 8, Durchmesser 141 Kilometer, 1847 entdeckt von J. R. Hind.

Flora-Gruppe Eine komplexe Gruppierung von → *Asteroiden* nahe dem inneren Rand des Asteroidengürtels in einer Sonnenentfernung von 2,2 AE. Die Gruppe ist vom Hauptgürtel durch eine der → *Kirkwood-Lücken* getrennt. Es ist keine wirkliche Gruppe mit gemeinsamem Ursprung.

Fluchtgeschwindigkeit (auch: zweite kosmische Geschwindigkeit) Die Mindestgeschwindigkeit, die ein Körper braucht, um der Gravitationsanziehung eines massereicheren Körpers zu entkommen. In einer Entfernung r vom Zentrum eines Körpers der Masse m ist die Fluchtgeschwindigkeit gegeben durch die Formel: (2Gm/r), wobei G die Gravitationskonstante ist. Die Fluchtgeschwindigkeit von der Erdoberfläche beträgt 11,16 km/s, vom Erdmond 2,37 km/s und von der Venus 10,2 km/s.

flüchtig Material, das leicht verdampft, z. B. Wasser.

Fluctus (pl. Fluctus) Ein Gebiet auf der Oberfläche von → *Io*, in dem geschmolzene Materie geflossen ist.

Flußdichte Die Energiemenge, die in einem Strahl durch eine senkrecht zu ihm stehende Einheitsfläche pro Zeiteinheit fließt. In der Radioastronomie ist die Flußdichte – in Jansky (Jy) gemessen – die Strahlungsleistung, die ein Detektor von einer Radioquelle pro Einheitsfläche und Frequenzintervall empfängt.

Fluß Eridanus Deutsche Bezeichnung für das Sternbild → *Eridanus*.

Flußkollektor Ein Teleskop, das nur zum Zweck der Sammlung von Strahlung konstruiert ist, entweder um Intensitäten zu messen oder um Spektralanalysen durchzuführen. Es werden keine Anstrengungen gemacht, Objekte abzubilden. Der Flußkollektor kann daher eine größere reflektierende Oberfläche haben als ein konventionelles Teleskop.

Fohlen Sternbild → *Equuleus*.

Fokalebene Die Fläche, in der die Bilder aller Punkte des → *Gesichtsfeldes* eines optischen Instrumentes, z. B. eines Teleskops, liegen. Diese Fläche kann eben und senkrecht zur optischen Achse sein oder, wie beim Schmidt-Teleskop, gekrümmt, weshalb man in diesem Fall besser von einer Fokalfläche spricht.

Fokallänge (Symbol F oder f) Die Entfernung zwischen einer Linse oder einem Spiegel und dem Punkt auf der optischen Achse, in dem parallel einfallende Lichtstrahlen zum Fokus gebündelt werden.

Fomalhaut (Alpha Piscis Austrini; α PsA) Der hellste Stern im Sternbild Piscis Austrinus, ein → *A-Stern* der scheinbaren Helligkeit 1,2. Der Name mit arabischem Ursprung hat die Bedeutung »das Fischmaul«. Siehe auch → *Tabelle 3*

Fornax (Der Ofen) Ein kleines unscheinbares Sternbild am Südhimmel. Es wurde Mitte des 18. Jahrhunderts von Nicolas L. de Lacaille unter dem längeren Namen Fornax Chemica (Chemischer Ofen) eingeführt. Keiner seiner Sterne ist heller als 4. Größe. Siehe auch → *Tabelle 4*

Fornax A Eine helle Radioquelle im Sternbild Fornax, die mit der Spiralgalaxie NGC 1316 assoziiert ist.

Fossa (pl. Fossae) Eine lange, schmale, flache Einsenkung auf der Oberfläche eines Planeten.

Foucaultsches Pendel Ein langes, frei schwingendes Pendel, das 1851 von Foucault konstruiert wurde, um die Erdrotation zu demonstrieren. Wenn es ungestört schwingt, dreht sich seine Schwingungsebene relativ zur Erde langsam mit einer Rate von 15 x sin (geographische Breite in Grad) pro siderischer Stunde → *Sternzeit*.

Foucault-Schneidentest Ein Verfahren zum Testen der Genauigkeit, mit der die Oberfläche eines Spiegels oder einer Linse geformt ist. Er wurde 1851 von J. B. L. Foucault (1819–1868) eingeführt. Die Methode nutzt die Tatsache, daß eine Schneide, die man langsam durch die Fokalebene bewegt, das Lichtbündel eines Punktbildes nur dann gleichmäßig abdunkelt, wenn die abbildende Fläche perfekt sphärisch ist. Jede Einsenkung oder Erhebung auf der Linse oder auf dem Spiegel läßt beim Test helle und dunklere Bildbereiche entstehen.

Fra Mauro Ein Mondkrater, 95 Kilometer im Durchmesser, in der Nähe des Apollo-14-Landeplatzes. Er gab der geologischen Formation seinen Namen, die von den Apollo-14-Astronauten untersucht wurde und die aus dem Auswurfmaterial und Schutt von der Entstehung des → *Imbrium-Beckens* stammt. Siehe auch → *Apollo-Programm*

Franklin-Adams-Karten Ein photographischer Sternatlas mit einer Grenzhelligkeit von 16, der von John Franklin Adams (1843–1912) zusammengestellt und 1914 veröffentlicht wurde.

f-ratio Abkürzung für focal ratio, englische Bezeichnung für → *Öffnungsverhältnis.*

Fraunhofersche Linien Die dunklen → *Absorptionslinien* im Spektrum der Sonne und, unter Erweiterung des Begriffs, im Spektrum irgendeines Sterns. Viele der stärkeren Linien wurden erstmals von Joseph von Fraunhofer (1787–1826) kartiert, der einige der prominentesten Linien mit Buchstaben bezeichnete. Einige dieser Identifikationsbuchstaben sind in Physik und Astronomie allgemein in Gebrauch, insbesondere die Natrium-D-Linie und die Kalzium-H- und -K-Linien.

Fred Lawrence Whipple Observatory Ein Observatorium auf dem Mount Hopkins in Arizona, das vom → *Harvard-Smithsonian Center for Astrophysics* betrieben wird. Die Instrumente, die dort in einer Höhe von 2600 Metern aufgestellt sind, sind ein optischer 10-Meter-Reflektor für Gamma-Astronomie, ein 0,61- und 1,5-Meter-Teleskop, optische Teleskope für planetare, stellare und extragalaktische Astronomie, automatische photoelektrische Teleskope und das → *Multiple Mirror Telescope* für optische und Infrarot-Beobachtungen, das in Zusammenarbeit mit der Universität von Arizona betrieben wird. Das Observatorium hat seinen Namen → *Smithsonian Astrophysical Observatory* zu Ehren eines früheren Direktors, der besonders für seine Kometenforschung berühmt ist.

Frequenz (Symbol ν oder f) Die Anzahl von Wiederholungen eines wiederkehrenden Phänomens pro Zeiteinheit. Im Falle einer Welle ist die Frequenz die Anzahl von Wellenbergen, die pro Sekunde an einem festen Punkt vorbeilaufen. Die wichtigste Einheit der Frequenz ist das Hertz (Hz).

Friedmann-Universum Ein Modell des Universums, das in sich zusammenstürzen kann. Alexander Friedmann (1888–1925) entdeckte einen Fehler in Einsteins Arbeiten über Kosmologie; er zeigte, daß → *expandierende Universen* und → *oszillierende Universen* in der → *Allgemeinen Relativitätstheorie* möglich sind. Diese Arbeit (1922 und 1924) wurde vollständig ignoriert, bis sie wiederentdeckt und als → *Lemaître-Universum* veröffentlicht wurde. Das Friedmann-Universum kann geschlossen sein, wenn die Materiedichte ausreicht, um

Fraunhofers Originalbezeichnungen (1817) der Absorptionslinien im Sonnenspektrum

Buchstabe	Wellenlänge (nm)	Chemischer Ursprung
A	759,37	Atmosphärisches O_2
B	686,72	Atmosphärisches O_2
C	656,28	Wasserstoff α
D1	589,59	neutrales Natrium
D2	589,00	neutrales Natrium
D3	587,56	neutrales Natrium
E	526,96	neutrales Eisen
F	486,13	Wasserstoff β
G	431,42	CH-Molekül
H	396,85	ionisiertes Kalzium
K	393,37	ionisiertes Kalzium

Fraunhofers Originalbeobachtungen haben die D-Linie nicht in ihre Komponenten aufgelöst.

die Expansion umzukehren. Das hat zur Suche nach der sog. → *missing mass* geführt. Siehe auch → *geschlossenes Universum*, → *offenes Universum*, → *Robertson-WalkerMetrik*

frühe Spektralklassen Ein überholter Begriff für die heißesten und massereichsten Typen von Sternen, gewöhnlich Sterne des Spektraltyps O, B und A. Der Begriff spiegelt die früher verfolgte Überzeugung wider – von der man heute weiß, daß sie vollständig falsch ist –, die Reihe der Spektralklassen von den heißesten zu den kühlsten Sternen stelle eine fortschreitende Entwicklung dar. Ungeachtet seiner irreführenden Bedeutung wird der Begriff noch häufig benutzt.

frühe Typen-Galaxien Ursprünglich ein von Edwin Hubble (1926) verwendeter Begriff für eng gewundene Spiral- → *Galaxien* (Typ Sa und SBa), die er für die erste Entwicklungsstufe auf dem Weg zu den Galaxien »mittleren Typs« (Sb, SBb) und zu denen »späten Typs« (Sc, SBc) hielt. Man hält es heute für sehr unwahrscheinlich, daß Spiralgalaxien sich in dieser Weise entwickeln. In diesem Sinne ist die Nomenklatur ungebräuchlich geworden, wenn man sie auch gelegentlich noch antrifft.
In der modernen Astrophysik wird der Begriff immer häufiger für jeden Typ von Galaxie verwendet, der nach seinen beobachteten Eigenschaften relativ jung ist. Galaxien mit sehr großer → *Rotverschiebung* oder Galaxien, die einen großen Staubanteil aufweisen und starke Sternentstehung zeigen, können als aktive frühe Galaxien bezeichnet werden, wobei der Begriff »früh« als Synonym für »jung« verwendet wird. Siehe auch → *Hubble-Klassifizierung*

Frühlingspunkt → *Äquinox.*

F-Stern Ein Stern des Spektraltyps F. F-Sterne auf der → *Hauptreihe* haben Oberflächentemperaturen zwischen 6000 und 7400 Kelvin. Ihre Spektren sind charakterisiert durch starke Absorptionslinien ionisierten Kalziums (die H- und K-Linien), die stärker als die Wasserstoff-Linien sind. Weiterhin gibt es viele mittelstarke Absorptionslinien des Eisens oder anderer schwererer Elemente. → *Procyon* und → *Polaris* sind Beispiele von F-Sternen.

F-Typ-Asteroid Eine Untergruppe der → *C-Typ-Asteroiden*, die sich durch eine schwache oder gänzlich fehlende Ultraviolett-Absorption in ihren Spektren auszeichnen.

Fuchs (Füchschen) Sternbild → *Vulpecula.*

Fund Ein zufällig entdeckter → *Meteorit*, der nachträglich als solcher identifiziert wurde – im Gegensatz zu einem, dessen Niedergang tatsächlich beobachtet wurde.

Fundamentalebene Eine Ebene, die die Basis für ein bestimmtes Koordinatensystem bildet.

Fundamentalepoche Der Nullpunkt eines Systems der Zeitmessung, von dem aus die Zeit vorwärts oder rückwärts gemessen werden kann.

Fundamentalkatalog Ein Katalog von Sternpositionen, die absolut und mit der größtmöglichen Genauigkeit aus vielen Einzelmessungen bestimmt wurden. Die Absolutpositionen werden durch Bestimmung des Zeitpunkts des Meridiandurchgangs festgelegt. Kombinationen der Ergebnisse von mehreren Observatorien helfen, die systematischen und statistischen Fehler zu reduzieren.
Eine Reihe von Fundamentalkatalogen ist in Heidelberg erstellt und veröffentlicht worden. Die aktuelle Version, bekannt unter der Bezeichnung FK5, enthält verbesserte Daten der 1535 Sterne der Helligkeit 7 und heller, die auch im FK3 und FK4 aufgelistet sind. Die Arbeit an der Erweiterung des FK5 schreitet voran; sie wird etwa 1000 Sterne der Helligkeit 5 bis 7 aus dem FK4-Supplement umfassen sowie etwa 2000 im Helligkeitsbereich 6,5 bis 9,5 Magnitudines.

Funkeln Die schnelle Bewegung und → *Szintillation* eines Sterns, die durch Turbulenzen in der Erdatmosphäre verursacht wird.

FU Orionis-Stern Ein Typ eines variablen Sterns, dessen Helligkeit über eine Periode von einem Jahr um bis zu 5 oder 6 Magnitudines ansteigen kann, gefolgt von einer langen

Periode (Dekade) konstanter Helligkeit oder langsamen Verblassens. Diese Sterne sind → *Überriesen* des → *Spektraltyps* F oder G und von Staub und Nebeln umgeben.

f-Wert Ein anderer Ausdruck für → *Oszillatorstärke*

Gabelmontierung Eine besondere Form der → *äquatorialen Montierung.*

Gaia-Hypothese Die Feststellung, daß die Zusammensetzung der unteren Atmosphäre das Leben auf der Erde regelt. Gaia war eine griechische Erdgottheit.

galaktische Ebene Der Großkreis am Himmel, der durch das galaktische Zentrum und den dichtesten Teil der Milchstraße geht. Sie ist um 63° gegen den Himmelsäquator geneigt.

galaktische Koordinaten Ein Koordinatensystem von Länge und Breite, das die → *galaktische Ebene* als Äquator nimmt und das galaktische Zentrum (AR $17^h42{,}4^m$, Dec. –28°55') als den Nullpunkt der Längenmessung. Galaktische Koordinaten werden hauptsächlich bei Untersuchungen verwendet, bei denen die Raumverteilung von Objekten in unserer Galaxie von Bedeutung ist, z. B. bei Karten, die die Radioemission des Wasserstoffgases in der Milchstraße zeigen. Siehe auch → *galaktische Pole*

galaktische Korona Ein Gebiet um unsere Galaxie herum mit einem Radius von etwa 250 000 Lichtjahren.

galaktische Pole Die Pole der → *galaktischen Ebene,* d. h. die Punkte mit der galaktischen Breite 90° Nord und Süd. Der galaktische Nordpol liegt im Sternbild Coma Berenices bei AR $12^h51{,}4^m$ und Dec. 27°7,7' (Epoche 2000.0). Der entgegengesetzt liegende Südpol liegt im Sternbild Sculptor.

galaktischer Halo Ein sphärisches Gebiet um eine Spiralgalaxie. Der Halo um unsere eigene Galaxie erstreckt sich bis zu einem Radius von etwa 50 000 Lichtjahren. Es ist das Gebiet, in dem alle Sterne zu finden sind, die zu der Galaxie gehören, insbesondere die alten Kugelsternhaufen.
Der Halo enthält sehr heißes Gas, das Röntgenstrahlung emittiert. Die Sterne außerhalb der galaktischen Scheibe, aber innerhalb des Halos sind die ältesten, und sie markieren die Größe der Galaxie, bevor sie weitgehend zu einer Scheibe kollabierte.

galaktischer Haufen Ein alter, heute nicht mehr verwendeter Begriff für einen → *offenen Sternhaufen.*

galaktisches Jahr Die Zeit, die die Sonne braucht, um einmal das galaktische Zentrum zu umkreisen, etwa 220 Millionen Jahre.

galaktisches Zentrum Die Zentralregion unserer Galaxie, die im Optischen unsichtbar ist, da sie von dichten Staubmassen verdeckt ist. Radio- und Infrarot-Beobachtungen zeigen eine komplexe Umgebung, die von der Radioquelle → *Sagittarius A* dominiert wird. Die kompakte Radioquelle Sagittarius A* scheint das Zentrum zu markieren. Ihre Position wird als Nullpunkt für das galaktische Koordinatensystem (→ *galaktische Koordinaten*) benutzt.
Innerhalb eines Radius von 10 Lichtjahren um das Zentrum

gibt es einen Ring aus Gas und Staub, der mit etwa 110 km/s rotiert und eine massereiche Konzentration von Sternen, darunter möglicherweise ein Schwarzes Loch, umgibt.

Galatea Ein Neptunmond (1989 N3), der während des Vorbeifluges von → *Voyager 2* im August 1989 entdeckt wurde. Siehe auch → *Tabelle 6*

Galaxie Eine Familie von Sternen, die durch wechselseitige gravitative Anziehung zusammengehalten wird, mit einer eigenständigen Identität, die sie von anderen Galaxien unterscheidet. Galaxien sind von sehr unterschiedlicher Größe und Masse und zeigen sehr viele Strukturen und Eigenschaften.
Die kleinsten bekannten Galaxien sind relativ nahe stehende → *Zwerggalaxien*, die nur 100000 Sterne enthalten, weniger als ein typischer → *Kugelsternhaufen*. Die massereichste bekannte Galaxie, die elliptische Riesengalaxie M87, umfaßt 3000 Milliarden Sonnenmassen, rund 15mal soviel wie unsere Galaxie.
Die meisten Galaxien können breiten morphologischen Typen zugeordnet werden. → *Spiralgalaxien* sind scheibenförmig, mit einem zentralen Bauch, von dem sich Spiralarme nach außen winden. In Balkenspiralgalaxien erstreckt sich ein Balken von Sternen vom zentralen Bauch nach außen; die Arme scheinen an den Enden des Balkens angeheftet zu sein. Spiralgalaxien enthalten sehr leuchtkräftige junge Sterne und große Mengen interstellarer Materie, die in den Armen konzentriert ist.
Die meisten auffälligen Galaxien sind Spiralgalaxien, aber der zahlreichste Typ ist der der elliptischen Galaxien. Sowohl die größten als auch die kleinsten Galaxien sind von diesem Typ. Sie bestehen vermutlich vollständig aus alten Sternen mit relativ wenig interstellarer Materie.
Die dreidimensionale Form der Galaxien in der elliptischen Kategorie ist sphäroidal oder fast sphärisch.
Die dritte Hauptgruppe ist die der irregulären Galaxien, die weder Spiralgalaxien noch elliptische Galaxien sind. Zu diesen zählen knapp ein Viertel aller bekannten Galaxien. Im sichtbaren Licht zeigen irreguläre Galaxien keine besondere Kreissymmetrie und wirken chaotisch.
Eine sehr kleine Zahl von Galaxien hat eine ungewöhnliche Struktur, deren Ursache man in gravitativen Wechselwirkungen mit einer anderen Galaxie sieht. Andere emittieren ungewöhnliche Mengen von Energie und zeigen Merkmale – etwa Variabilität –, die vermuten lassen, daß ungewöhnliche und heftige Prozesse ablaufen. Zu diesen aktiven Galaxien gehören die → *Seyfert-Galaxien* und die → *Radiogalaxien*. Siehe auch → *Hubble-Klassifizierung*

Galaxienhaufen Eine Gruppierung von Galaxien im Raum, die durch wechselseitige Gravitation verbunden sind. Die Verteilung der Galaxien im Raum ist nicht gleichförmig: Sie haben die Tendenz, auf eine Entfernung von Millionen von Lichtjahren zusammenzuklumpen. Galaxienhaufen nehmen sehr unterschiedliche Gestalten an: Sie können kugelförmig und symmetrisch sein oder zerfasert ohne besondere Form, sie können eine Handvoll Galaxien enthalten oder Tausende, sie können zum Zentrum hin konzentriert sein oder auch nicht.
Regelmäßige Haufen scheinen hauptsächlich von elliptischen Galaxien bevölkert, während unregelmäßige Haufen meist alle Galaxientypen zu enthalten pflegen. Unsere Milchstraßen-Galaxie gehört zu einer kleinen Assoziation, die man → *lokale Gruppe* nennt.
Haufen, die eine Ansammlung von vielen großen Galaxien bilden, nennt man reich. Der nächste reiche Galaxienhaufen ist der → *Virgo-Haufen*, der Tausende von Mitgliedern hat. Ähnlich groß ist der → *Coma-Galaxienhaufen*, der mindestens zehn Millionen Lichtjahre im Durchmesser mißt. Das Zentrum eines Galaxienhaufens wird typischerweise von einer elliptischen Riesengalaxie beherrscht. Die massereichsten Galaxien, die man kennt, stehen im Zentrum von großen reichen Haufen. Wahrscheinlich neigen die größten Galaxien dazu, im Zentrum eines Hau-

fens zu verschmelzen, in einem Prozeß, den man »galaktischen Kannibalismus« nennt. Das entspricht der Beobachtung, daß die zweit- und drittgrößten Galaxien eines solchen Haufens schwächer sind als in Haufen, in denen keine besonders helle Galaxie steht. Die Kannibal-Galaxien scheinen oft aufgebläht, und in manchen sieht man Anzeichen für mehr als einen Kern. Sie sind in der Regel starke Radioquellen.

Dünnes, heißes Gas füllt in reichen Haufen den Raum zwischen den Galaxien. Es wurde aufgrund der Röntgenemission entdeckt. Manchmal kursiert so viel Materie im intergalaktischen Gas wie in den sichtbaren Bereichen der Galaxien. Es existiert eine Tendenz, das interstellare Gas aus den Spiralgalaxien des Haufens abzustreifen. Siehe auch → *Galaxie*

Galaxis (Milchstraße, unsere Galaxie; im Englischen durch Großschrift von → *Galaxie* unterschieden) Die Galaxie oder Sternfamilie, zu der die Sonne und unser Sonnensystem gehörten, am Nachthimmel als → *Milchstraße* sichtbar.

Die Galaxis ist eine Spiralgalaxie, möglicherweise eine mittlere Balkenspiralgalaxie, die 200 Milliarden Sterne enthält, zusammen mit einer großen Menge sowohl dunkler als auch leuchtender interstellarer Materie. Sie ist scheibenförmig mit einem fast kugelförmigen Bauch im Zentrum. Die Scheibe hat einen Durchmesser von 100000 Lichtjahren, ist aber an den äußeren Rändern nur 1000 Lichtjahre dick. Der zentrale Bauch hat einen Radius von etwa 10000 Lichtjahren.

Die Spiralarme sind Ansammlungen von Sternen und interstellarer Materie, die sich scheinbar vom Rand des Bauches nach außen winden. In den Armen konzentrieren sich Sternentstehungsgebiete und Regionen von → *ionisiertem Wasserstoff.* Im Raum zwischen den Armen ist die mittlere Materiedichte um den Faktor 2 bis 3 kleiner als in den Armen.

Um den Kern zentriert, erstreckt sich ein dünn besiedeltes, nahezu sphärisches Gebiet mit einem Radius von etwa 50000 Lichtjahren, das man den → *galaktischen Halo* nennt. Der Halo enthält → *Kugelsternhaufen* und die ältesten Sterne unserer Galaxis. Verglichen mit der Scheibe und dem zentralen Bauch gibt es sehr wenig interstellare Materie im Halo.

Der innerste Kern, der in Richtung Sagittarius liegt, ist direkter optischer Beobachtung entzogen: Er steckt hinter dichtem, lichtundurchlässigem Staub. Infrarot- und Radio-Beobachtungen sowie Messungen im Gamma- und Röntgen-Wellenlängenbereich zeigen, daß der Kern eine Sternkugel und evtl. ein Schwarzes Loch von 100 Sonnenmassen einschließt.

Die Sonne steht etwa 28000 Lichtjahre vom galaktischen Zentrum entfernt in der Scheibe, in der Nähe der inneren Grenze zu einem Spiralarm. Die ganze Galaxie rotiert, aber da sie kein Festkörper ist, deformiert sie sich ständig. Die Sonne braucht etwa 220 Millionen Jahre für eine Umkreisung des Galaxienzentrums. Sterne, die dem Zentrum näher stehen, brauchen nicht so lange.

Galileische Monde Die vier größten Monde des Jupiter: → *Io*, → *Europa*, → *Callisto* und → *Ganymed*, die 1610 von Galilei am Fernrohr entdeckt wurden. Sie lassen sich leicht mit einem kleinen Fernrohr oder Feldstecher beobachten. Ihre Bewegungen um Jupiter kann man ohne Schwierigkeiten verfolgen.

Galileisches Fernrohr Eine einfache Fernrohr-Konstruktion aus zwei Linsen, wie sie von Galilei bei seinen ersten astronomischen Fernrohren benutzt wurde. Eine langbrennweitige konvexe Sammellinse bildet das Objektiv, und eine einfache Konkavlinse wird als Okular verwendet. Das resultierende Bild steht aufrecht, das System ist deshalb noch weit unter den Operngläsern verbreitet.

Galileo Eine Raumsonde der NASA zur Erkundung des Jupiters, seiner Ringe und Monde. Sie wurde im Oktober 1989 vom → *Space Shuttle* aus gestartet und soll 1995 Jupiter erreichen. Der Flugplan schließt den Vorbeiflug an zwei Asteroiden ein.

Als Galileo gestartet wurde, waren bereits zwanzig Jahre Planung vergangen. Zuerst war der Start von Galileo für 1983 vorgesehen gewesen. Infolge verschiedenster Probleme, darunter dem Verlust des Challenger Space Shuttle, schien es unmöglich, für einen Direktflug zum Jupiter mit einem Shuttle-Start genügend Schubkraft zu gewinnen. Ingenieure entwarfen daher einen gravitationsunterstützten Flugplan, bei dem die Raumsonde während der ersten drei Jahre bei nahen Vorbeiflügen an Venus und zweimal an der Erde beschleunigt werden sollte.

Die Raumsonde wird in eine Umlaufbahn des Jupiters einschwenken und eine Sonde absetzen, die in die Atmosphäre des Planeten eindringen und Proben nehmen soll.

Galileo National Telescope Ein von der Universität Padua in Auftrag gegebenes 3,5-Meter-Spiegelteleskop, das auf dem → *Observatorio del Roque de los Muchachos* auf den Kanarischen Inseln errichtet werden soll. Es ist dem → *New Technology Telescope* des European Southern Observatory nachgebaut.

Gamma-Astronomie Die Erforschung der Gammastrahlung astronomischer Objekte.

Gammastrahlung ist die energiereichste Form der → *elektromagnetischen Strahlung* mit Wellenlängen, die kürzer sind als die der Röntgenstrahlung (d. h. kürzer als etwa 0,1 Nanometer). Sie wird in hohen Schichten der Atmosphäre absorbiert. Nur die energiereichsten kann man am Boden nachweisen. Astronomische Beobachtung von Gammastrahlung muß praktisch immer von Satelliten aus durchgeführt werden. Man verwendet Szintillationszähler, Entladungskammern und Festkörper-Detektoren. Die erreichte Winkelauflösung ist im astronomischen Standard grob.

Empfänger für → *Gammastrahlungs-Burster* wurden seit 1969 auf zahlreichen Raumsonden geflogen. Himmelsdurchmusterungen wurden von den Satelliten SAS–2 und COS-B durchgeführt. SAS–2 wurde 1972 gestartet und war sieben Monate in Betrieb. COS-B wurde 1975 gestartet und blieb für mehr als sechs Jahre aktiv. Ein großer Fortschritt in der Gamma-Astronomie wurde mit dem Start des → *Compton Gamma Ray Observatory* der NASA im April 1991 erreicht. Bereits in den ersten Monaten nach dem Start konnten viele neue Quellen mit bis dahin unerreichter Positionsgenauigkeit identifiziert werden.

Unter den astronomischen Gammastrahlungsquellen sind die solaren → *Flares*, → *Pulsare*, → *Röntgendoppelsterne*, → *Quasare* und → *Gammastrahlungs-Burster*. Bekannte diskrete Gammastrahlungsquellen sind unter anderem der → *Vela-Pulsar*, der → *Crab-Pulsar*, → *SS433* und → *Geminga*. Die intensivste diffuse Gammastrahlung kommt aus der galaktischen Ebene, wo sie durch Wechselwirkung zwischen der → *kosmischen Strahlung* mit dem interstellaren Gas erzeugt wird. Ein Gammastrahlen-Spektrometer auf HEAO–3 beobachtete 1979 in Richtung des → *galaktischen Zentrums* Linien, wie sie für die Elektronen-Positronen-Vernichtungsstrahlung typisch sind.

Gamma Ray Observatory (GRO) → *Compton Gamma Ray Observatory.*

Gammastrahlungs-Burster Die astronomische Quelle eines vorübergehenden Gammastrahlungs-Ausbruchs. Gammastrahlungs-Burster wurden erstmals in den späten 60er Jahren zufällig von Militärsatelliten entdeckt, die dazu konstruiert waren, Kernwaffentests aufzuzeichnen. Sie wurden seitdem von verschiedensten Raumsonden mit geeigneten Detektoren beobachtet. Das → *Compton Gamma Ray Observatory* (GRO) entdeckte über 200 in den ersten neun Monaten seines Betriebs.

Die Ausbrüche sind intensiv und kurz, sie dauern zwischen wenigen Millisekunden bis ein paar -zig Sekunden. Obwohl das Compton GRO die Positionen der Burster mit bis dahin unerreichter Genauigkeit bestimmen konnte, konnten die Quellen doch nicht mit einem sichtbaren Stern oder einer Galaxie identifiziert werden. Sie scheinen zufällig über den gan-

zen Himmel verteilt. 1979 wurde ein einzelner Ausbruch, der von der → *Großen Magellanschen Wolke* zu kommen schien, von neun verschiedenen Teleskopen gleichzeitig beobachtet.
Wenn die Burster in kosmologischen Entfernungen stehen, ist ihre Energieabgabe riesig; ein unbekannter Mechanismus wirkt hier. Wenn sie in unserer Galaxis liegen, muß man erklären, warum sie nicht in der galaktischen Ebene konzentriert sind. Eine mögliche Erklärung ist, daß die Burster einer Population von Neutronensternen angehören, die im → *galaktischen Halo* verteilt sind. Sie werden zwar in Supernova-Explosionen geboren, müssen sich dann aber so entwickeln, daß sie nicht als → *Pulsare* enden.

Ganymed Ganymed (1) Asteroid 1036, Durchmesser 40 Kilometer, 1924 von W. Baade entdeckt. Mitglied der → *Amor-Gruppe* und wohl einer der größten Asteroiden, die sich der Erde auf kurze Distanz nähern.
Ganymed (2) Einer der vier Galileischen Jupitermonde (Nummer III) und der größte Mond im Sonnensystem. → *Voyager 1* und *2* sandten hochauflösende Bilder zur Erde, die Details bis hinunter zu 3 Kilometer Auflösung zeigten. Auf Ganymed existieren verschiedene Gebietstypen, deutlich dunkle Regionen, die stark von Kratern zerfurcht sind, und ein weniger zerfurchtes Terrain, das etwa 60 Prozent der photographierten Oberfläche ausmacht. Die dunkleren Gebiete sind wahrscheinlich Überbleibsel der ältesten Kruste. Die Vielfalt der Oberflächenformationen zeigt, daß sich die Oberfläche entwickelt hat. Die Dichte ist etwa doppelt so groß wie die von Wasser. Die Zusammensetzung ist vermutlich je zur Hälfte Eis und Silikatgestein. Es ist unbekannt, ob diese Materialien überall vermischt sind oder ob ein Eismantel einen felsigen Kern umgibt. Siehe auch → *Tabelle 6*

Gardening Die Umarbeitung des lunaren → *Regolith* (Boden) durch Mikrometeoriten-Bombardement.

Garnetscher Stern Ein Name, von William Herschel für den auffallend roten Stern μ (My) Cephei eingeführt. Er ist ein Roter → *Überriese* und ein → *halbregelmäßig Veränderlicher*, dessen Helligkeit zwischen 3,6 und 5,1 Magnitudines schwankt.

Gasnebel Eine leuchtende Gaswolke im interstellaren Raum, die ein → *Emissionsnebel* oder ein → *Reflexionsnebel* sein kann. Der Ausdruck wird häufiger angewendet, wenn → *Galaxien* als »extragalaktische Nebel« bezeichnet werden, um den Unterschied zu verdeutlichen. Das Präfix »Gas« wird heute im allgemeinen weggelassen, da der Begriff »Nebel« ansonsten nur für solche interstellaren Wolken und nicht für Galaxien benutzt wird.

Gaspra Asteroid 951, 1991 von der Raumsonde → *Galileo* aufgenommen, die ihm auf 1600 Kilometer nahe kam. Er hat ein irreguläres, zerkratertes Erscheinungsbild und mißt 20 x 12 x 11 Kilometer. Beobachtungen von der Erdoberfläche aus lassen vermuten, daß er vor allem aus metallreichen Silikaten besteht.

Gasschweif → *Ionenschweif.*

Gassendi Ein Mondkrater, 100 Kilometer im Durchmesser, am nördlichen Rand des Mare Humorum. Spalten durchkreuzen den Kraterboden, und es gibt Mehrfach-Bergspitzen. Gassendi war besonders mit der Suche nach vorübergehenden Mondphänomenen assoziiert.

Gaststern Ein Begriff, der von chinesischen Astronomen zu historischen Zeiten benutzt wurde, um → *Novae*, → *Supernovae* oder → *Kometen* zu bezeichnen.

gebundene Rotation → *synchrone Rotation.*

Gegenschein → *Zodiakallicht.*

Gegenschweif Teil des → *Staubschweifs* eines Kometen, der sich scheinbar vorwärts vom Kopf des Kometen auf die Sonne zu manchmal sehr scharf gebündelt ausbreitet. Es handelt sich um einen perspektivischen Effekt der relativen Positionen der Erde und des Kometen, der bestimmt, unter welchem Winkel der gekrümmte Staubschweif gesehen wird.

GEM Abkürzung für »Giotto

Extended Mission« → *Giotto.*

gemeinsame Eigenbewegung Ein Ausdruck, der auf zwei oder mehr Sterne angewandt wird, die ähnliche Raumbewegungen auszuführen scheinen, sonst aber physikalisch nicht miteinander in einem Haufen, einer Assoziation oder einem Mehrfachsystem gebunden sind. Siehe auch → *Eigenbewegung*

Geminga Eine leuchtkräftige Gammastrahlungsquelle im Sternbild Gemini, die 1972 von dem Observatorium SAS–2 (→ *Small Astronomy Satellite*) aus der Erdumlaufbahn heraus entdeckt wurde. Schwache Röntgenemission wurde vom → *Einstein-Observatorium* entdeckt. Das optische Gegenstück Gemingas erscheint als ein Stern 25. Magnitudo. Geminga ist also ein sehr ungewöhnliches Objekt insofern, als es fast seine gesamte Energie im Gammabereich abstrahlt. Seine Röntgenemission ist tausendmal schwächer und seine optische Leuchtkraft noch einmal tausendmal schwächer. Man nimmt an, daß er relativ nahe steht, wahrscheinlich innerhalb von 700 Lichtjahren.

Beobachtungen von → *ROSAT* bestätigten die Röntgenemission und zeigten, daß sie mit der Periode von etwa einer Viertelsekunde gepulst ist. Gamma-Emission ist auch vom → *Compton Gamma Ray Observatory* nachgewiesen worden. Geminga scheint ein Gamma- und Röntgen-Pulsar zu sein. Warum er den Großteil seiner Strahlungsenergie im Hochenergiebereich emittiert, ist unbekannt.

Gemini Gemini (1) (Die Zwillinge) Eines der zwölf Tierkreissternbilder in der Liste des Ptolemäus (140 n. Chr.). Die zwei hellen Sterne in Gemini, beide von der Helligkeit 1. Magnitudo, tragen die Namen der Zwillinge Castor und Pollux aus der klassischen Mythologie. Pollux hat von Johann Bayer die Bezeichnung β (Beta) erhalten, obwohl er der hellere der beiden Sterne ist. Siehe auch → *Tabelle 4*

Gemini (2) Eine Serie bemannter Raumsonden, die von den USA in den 60er Jahren gestartet wurde. Sie waren ein wichtiger Teil der Entwicklung bemannter Raumfahrttechnologie in Vorbereitung auf das → *Apollo-Programm* der Mondlandung. Gemini 3 war 1965 der erste amerikanische Flug mit einer Besatzung von mehr als einem Astronauten. Gemini 8 gelang 1966 das erste erfolgreiche Ankoppeln im Weltraum. Der letzte der Serie war Gemini 12 im November 1966. Viele der Astronauten, die später am Apollo-Mondlandeprogramm teilnahmen, flogen im Gemini-Programm.

Geminiden Ein größerer jährlicher Meteorschauer, dessen Radiant in der Nähe des Sterns Castor im Sternbild Gemini liegt. Der Schauer hat sein Maximum um den 13. September, und die normalen Grenzen sind 7.–16. Dezember. Der Meteorstrom hat eine ungewöhnliche Bahn mit einem Perihel-Abstand von nur 0,14 AE. IRAS, der → *Infrared Astronomical Satellite*, entdeckte 1983 einen kometaren Kern, dem man als Asteroid 3200 den Namen Phaeton gab und der der Urkörper dieses Meteorstroms zu sein scheint.

Gemma Ein anderer Name für den Stern → *Alphekka.*

Geodäsie Die Vermessung der genauen Form der Erdoberfläche und des Gravitationsfeldes der Erde.

geodätische Linie Der kürzeste Weg zwischen zwei Punkten in der Raumzeit und daher der Weg, den das Licht nimmt.

Geographos Asteroid 1620, Durchmesser 2 Kilometer, 1951 entdeckt von R. Minkowski und A. Wilson, 1969 wiederentdeckt, als er der Erde sehr nahe kam. Mitglied der Apollo-Gruppe.

Geoid Eine Fläche, die von der mittleren Meereshöhe auf dem offenen Meer und von Wasser auf dem Land eingenommen würde, wenn dieses in einem imaginären Netzwerk von reibungslosen Kanälen mit dem Meer verbunden wäre.

Geokorona Der äußerste Teil der Erdatmosphäre, der aus einem Halo von Wasserstoffgas besteht und sich bis zu etwa 15 Erdradien hinaus erstreckt.

geomagnetischer Sturm Ein starker Abfall, typischerweise von ein paar Stunden Dauer, in der horizontalen Komponente des Erdmagnetfeldes. Ursache: die Ankunft geladener Teilchen (Plasma) von der Sonne in der Nähe der Erde, die meist aus → *Flares* stammen. Polarlichtaktivitäten und Unterbrechungen der Radiokommunikation kommen während der Stürme häufig vor.

geomagnetisches Feld Das magnetische Feld in Erdnähe. In erster Näherung ist das magnetische Feld der Erde das eines Stabmagneten (Dipol), der um 451 Kilometer aus dem Zentrum der Erde in Richtung auf den Pazifischen Ozean verschoben und um 11° gegen die Rotationsachse geneigt ist. Die Stärke und Form des geomagnetischen Feldes ändert sich langsam über eine Zeit von Jahren.

Die Intensität des geomagnetischen Feldes wird als Betrag der Vektorgröße F oder B dargestellt und in Gauß (G) oder Tesla (T) oder Gamma (γ) gemessen (1 Tesla = 10 000 Gauß; 1 Gamma = 1 Nanotesla = 10^{-5} Gauß). Die Richtung des Feldes in jedem Punkt kann mit zwei Winkeln beschrieben werden: I, der Neigungswinkel oder die Inklination, ist der Winkel zwischen der Horizontalen und dem Feld (abwärtsgerichtet zählt positiv), und D, die Deklination, wird als Azimut in der Horizontalebene von der Nordrichtung nach Osten oder Westen gemessen.

geometrische Albedo Das Verhältnis zwischen der Helligkeit eines Planetenkörpers aus Richtung der Sonne gesehen und der Helligkeit einer hypothetischen weißen, diffus reflektierenden Kugel der gleichen Größe in der gleichen Entfernung. Siehe auch → *Albedo*

geostationäre Bahn Eine Erdumlaufbahn, bei der ein Satellit genau dieselbe Umlaufperiode hat wie die siderische Rotation der Erde von 23 Stunden, 56 Minuten, 4,1 Sekunden. Wenn die Bahn kreisförmig ist und in der Äquatorebene liegt, scheint der Satellit praktisch stationär am Himmel zu stehen, und die Bahn wird als geostationär bezeichnet. Ein geostationärer Orbit liegt in Höhe von 35 900 Kilometern. Ein Satellit in einer geosynchronen Bahn, die gegen die Äquatorebene geneigt ist, scheint im Verlauf eines Tages am Himmel eine 8 zu beschreiben.

geozentrisches Modell Ein Modell des Sonnensystems, das eine feststehende Erde in das Zentrum der Bewegungen von Sonne, Mond und Planeten setzt. Das war die allgemein akzeptierte Sicht des Kosmos, bis Kopernikus (1473–1543) vermutete, daß ein Modell mit der Sonne im Zentrum eine elegantere Erklärung der beobachteten Planetenbewegungen liefern würde. Voraussagen der Planetenbewegungen wurden im geozentrischen System auf der Basis einer komplexen Theorie von Epizyklen gemacht, die von dem griechischen Astronomen und Mathematiker Ptolemäus (100–170 n. Chr.) aufgestellt worden waren. Siehe auch → *heliozentrisches Modell*

Gesamt-Albedo Das Verhältnis des insgesamt reflektierten Lichts zum insgesamt einfallenden Licht bei einem Planetenkörper. Die Bond-Albedo ist im allgemeinen kleiner als die normale Reflektivität.

Gesamthimmel-Kamera Eine extreme Weitwinkel-(Fischaugen-Objektiv-)Kamera, die den gesamten oder größten Teil des sichtbaren Himmels in einer Aufnahme abbilden kann. Kameras dieses Typs finden Anwendung in Standarddurchmusterungen nach Meteoriten und künstlichen Satelliten.

geschlossenes Universum Ein Modell des Universums, in dem der Gesamtbetrag in ihm enthaltener Materie ausreicht, um seine Expansion zu stoppen und eine Kontraktion zu starten. In allen → *Big Bang*-Modellen ist der einzige Mechanismus, der die gegenwärtig beobachtete Expansion des Universums stoppen kann, die gegenseitige Anziehung aller im Universum enthaltener Materie. Das Universum ist geschlossen, wenn der Gesamtbetrag an Materie ausreicht, die Expansion umzukehren.

Nach gegenwärtigen Erkenntnissen existiert nicht genug leuchtende Materie, um das Universum zu ›schließen‹. Wir wissen nicht, ob Dunkle Materie, z. B. in Form von Elementarteilchen wie den Neutrinos, die Materiedichte so erhöhen kann, daß das Universum kontrahiert. Hypothetische zusätzliche, aber unsichtbare Materie, die möglicherweise existiert, nennt man → *missing mass*, Dunkle Materie.

Gesetz des reziproken Quadrats Eine Beziehung zwischen zwei physikalischen Größen, bei der eine umgekehrt proportional zum Quadrat der anderen ist. Bei der Gravitation z. B. gilt das Gesetz des reziproken Quadrats. Mathematisch kann die Anziehungskraft zwischen zwei Massen m und M als $F = GmM/r^2$ dargestellt werden, wobei r die Entfernung zwischen den Massen und G die Newtonsche Gravitationskonstante ist.

Gesichtsfeld Die Winkelausdehnung eines Bildes, das mit einem optischen Instrument, etwa einem Teleskop, erhalten wird. Das Gesichtsfeld eines Teleskops wird kleiner, je größer die verwendete Vergrößerung ist. Dort, wo die Anwendung ein besonders großes Gesichtsfeld verlangt (z. B. bei der Suche nach Kometen oder bei Himmelsdurchmusterungen), benötigt man eine spezielle Konstruktion von Okularen oder Teleskopen.

Gezeiten Die durch zyklisch veränderliche Schwankungen der Gravitationskraft hervorgerufene Bewegung von Flüssigkeiten oder erzeugte Spannungen in Festkörpern. Auf der Erde werden die Meeresgezeiten durch die täglichen, monatlichen und jährlichen Schwankungen der gemeinsamen Gravitationskraft von Sonne und Mond erzeugt. Diese Schwankungen entstehen durch die Erdrotation, den Umlauf des Mondes um die Erde und die Bahnbewegung der Erde um die Sonne.

Giacobiniden Name für den Meteorschauer, der auch als → *Drakoniden* bekannt ist. Siehe auch → *Komet P/Giacobini-Zinner.*

Giacobini-Zinner-Komet → *Komet P/Giacobini-Zinner.*

Ginga Ein japanischer Röntgenastronomiesatellit – ursprünglich Astro-C genannt –, der am 5. Februar 1987 gestartet wurde.

Giotto Eine Sonde der European Space Agency, die sich im März 1986 mit dem Kometen Halley traf. Bis zwei Minuten vor der dichtesten Annäherung, 605 Kilometer vom Kern entfernt, arbeiteten alle Experimente perfekt. Dann brachte eine Kollision mit einem kleinen Teilchen die Sonde zum Schlingern, so daß die Kommunikationsantenne nicht mehr auf die Erde gerichtet war. Die Verbindung konnte nach der Begegnung wiederhergestellt werden.
Die Mehrfarbenkamera sandte auch noch bei Annäherung an den Kern Bilder zur Erde, bis die Verbindung abbrach. Sie wurde durch einen Einschlag zerstört. Unter den Bordinstrumenten waren ein Staubeinschlags-Detektor und ein Ionenmassen-Spektrometer, mit dem man feststellte, daß das Gas im Kometen zu 80 Massenprozent aus Wasser besteht. Gas und Staub zusammen bestehen zu 45 Massenprozent aus Wasser, zu 28 Prozent aus steinigem und zu 27 Prozent aus organischem Material.
ESA benannte die Mission nach dem Künstler Giotto di Bondone, der, wie man vermutet, die Erscheinung des Kometen Halley im Jahr 1301 als Modell für den Stern von Bethlehem in seinem Fresco »Die Anbetung der heiligen drei Könige« nahm, das er 1303 in der Scrovegni-Kapelle in Padua malte.
1992 wurde Giotto nach zwei Jahren Schlaf und insgesamt sieben Jahren im Weltraum erfolgreich für eine Begegnung mit dem Kometen P/Grigg-Skjellerup reaktiviert, ein Projekt, das als Giotto Extended Mission (GEM) bekannt geworden ist.

Giraffe Sternbild → *Camelopardalis.*

Gitterspektrograph Ein → *Spektrograph*, in dem das Licht durch ein → *Beugungsgitter* in ein Spektrum aufgefächert wird.

Glasfaseroptik Die Verwendung dünner Glasfasern zur Übertragung von Lichtsignalen. Die verwendeten Fasern haben normalerweise einen Durchmesser von weniger als einem Millimeter, sind aus hochbrechendem Glas hergestellt und werden mit niedrigbrechendem Material vergütet. Licht, das einmal in eine Faser eingefädelt wurde, wird im Kern der Faser immer wieder intern reflektiert; die Faser wirkt wie ein Lichtleiter. Die Methode funktioniert, selbst wenn die Faser stark gekrümmt ist. Bilder können übertragen werden, wenn man sortierte Bündel von sehr dünnen Fasern benutzt. Solche Techniken haben einen großen Anwendungsbereich in der astronomischen Instrumentierung.

Glitch Eine plötzliche Änderung in der Rotationsperiode eines → *Pulsars*. Sie sind besonders deutlich beim → *Vela-Pulsar* und beim → *Crab-Pulsar*, aber viele andere zeigen diesen Effekt auch. Beim Vela-Pulsar beträgt der Sprung bis zu 200 Nanosekunden, ein Betrag, der 20mal so groß ist wie die kontinuierliche Verlangsamung der Rotation. Man nimmt an, daß Glitches durch Sternbeben verursacht werden.

Global Network of Automatic Telescopes (GNAT) Das Konzept eines weltweiten Netzwerkes automatischer Photometrie-Teleskope, die bei der Bearbeitung wissenschaftlicher Probleme kooperieren. Der Betrieb der Teleskope könnte vollautomatisch von einer Fernbedienungszentrale aus kontrolliert werden, die nicht auf demselben Kontinent liegen müßte.

Global Oscillation Network Group (GONG) Ein Projekt unter der Schirmherrschaft des → *National Solar Observatory* der USA zur kontinuierlichen Registrierung der solaren Oszillation durch ein Netzwerk von sechs weltweit verteilten Beobachtungsstationen in Abständen von ca. 60° Längenintervallen.
Das verwendete Instrument – das Fourier-Tachometer –, basiert auf dem → *Michelson-Interferometer*. Es mißt kleine Dopplerverschiebungen der Nikkel-Linie bei 676,8 Nanometern, die mit Hilfe eines → *Lyot-Filters* isoliert wird. Die gesamte Sonnenscheibe wird gleichzeitig auf einen elektronischen Detektor aus 256 x 256 Bildelementen fokussiert. Die Dopplerverschiebung jedes Pixels kann in Abhängigkeit von der Zeit unabhängig gemessen werden. Siehe auch → *Helioseismologie*

Globule Eine kleine, fast kugelförmige Wolke aus dunklem, lichtundurchlässigem Gas und Staub, die sich gegen einen hellen Hintergrund wie Wolken von Sternen oder leuchtende Nebel abheben. Vermutlich stellen Globulen einen frühen Zustand im Prozeß der Sternentwicklung dar. Der Name des holländisch-amerikanischen Astronomen Bart Bok (1906–1983) ist mit kleinen Globulen, den sog. Bok-Globulen, assoziiert, die nur wenige tausend astronomische Einheiten groß sind.

GMAT Abkürzung für → *Greenwich Mean Astronomical Time*.

GMC Abkürzung für giant → *Molekülwolke* (Riesen-Molekülwolke).

GMST Abkürzung für → *Greenwich Mean Solar Time*.

GMT Abkürzung für Greenwich Mean Time.

Gnomon Ein senkrecht montierter Stab oder eine Platte zur Erzeugung eines Schattenwurfes, z. B. der Schattenzeiger einer Sonnenuhr. Die Sonnenhöhe kann man aus der Stablänge und der Schattenlänge errechnen, die Richtung des Schattens gibt die → *scheinbare Sonnenzeit* an.

Goddard Space Flight Center Eine große Einrichtung der NASA im Greenbelt (Maryland), 18 Kilometer nordöstlich von Washington, D. C., gegründet 1959. Seine vielen tausend Angestellten sind in der astronomischen Grundlagenforschung tätig und mit der Konstruktion, der Entwicklung und dem Management erdnaher Raumsonden befaßt. Es ist auch für die Wallops Flight Facility in Virginia verantwortlich, ein spezielles Zentrum für Flüge unterhalb stabiler Umlaufbahnen, und das NASA Ballon-Programm sowie für das Goddard Institute for Space Studies in New York City.

Goldfisch Sternbild → *Dorado*.

Goldstone Ein Standort einer 70-Meter-Radioschüssel in Südkalifornien, die mit der Inbetriebnahme im Jahre 1966 die erste Antenne des NASA/JPL → *Deep Space Network* war. Sie wird auch für radioastronomische Arbeiten genutzt, insbesondere für → *Very Long Baseline-Interferometrie* in Zusammenarbeit mit anderen Radioteleskopen.

GONG Abkürzung für → *Globular Oscillation Network Group.*

Gossamer-Ring Der äußerste der drei bekannten Jupiter-Ringe. Siehe auch → *Planetenringe* und → *Tabelle 7*

Gouldscher Gürtel Die Anordnung von vielen hellen, besonders auffälligen Sternen am Himmel, die in einem Band zu liegen scheinen, das um 16° gegen die → *Milchstraße* geneigt ist.

Der Gürtel schließt die hellen Sterne des Orion und Taurus auf der Nordhalbkugel und von Lupus und Centaurus auf der Südhalbkugel ein. Als erster machte Sir John Herschel 1847 auf dessen Existenz aufmerksam, später wurde er von B. A. Gould (1879) untersucht.

Der Gouldsche Gürtel ist wahrscheinlich eine bandartige Struktur junger Sterne in dem nächststehenden Spiralarm unserer → *Galaxis.*

Graben Ein Kanal oder eine Rille auf einer Planetenoberfläche, die durch vertikale Faltung hervorgerufen wurde.

Grabstichel Sternbild → *Caelum.*

Granulation Eine zelluläre Verteilung, die man auf hochauflösenden Bildern der Sonnen-→ *Photosphäre* beobachtet und die durch Konvektionsbewegungen heißen Gases verursacht wird, das aus heißeren tieferen Schichten aufsteigt. Siehe auch → *Supergranulation*

Granule Eine helle, bis zu 1000 Kilometer große Konvektionszelle in der Sonnen-Photosphäre. Siehe auch → *Granulation*

Gratikule Ein Fadenkreuz oder ein Netz von feinen Linien zur Positions- und Abstandsmessung, besonders solche Markierungen, wie sie im Okular eines Teleskops angebracht sind.

Gravitation Die anziehende Kraft, die zwischen allen Massen wirkt. Nach der von Isaac Newton formulierten Theorie ist die Kraft zwischen zwei Massen proportional zu dem Produkt ihrer Massen und umgekehrt proportional zum Quadrat ihres Abstands. In der → *Allgemeinen Relativitätstheorie* wird Gravitation als Krümmung der Geometrie der → *Raumzeit* interpretiert.

Als eine der grundlegenden Kräfte in der Physik spielt die Gravitation eine ganz besondere Rolle in der Astronomie, weil überall sehr große Massen vorkommen und sie mithin die einzige Kraft ist, die in Modellen des Universums berücksichtigt werden muß. Siehe auch → *Kosmologie*

Gravitationslinse Ein massereiches Objekt wie z. B. eine Galaxie bewirkt, daß das Erscheinungsbild weiter entfernter Objekte in derselben Sichtlinie gestört wird. Der Weg der Lichtstrahlen von den entfernten Lichtquellen wird im Gravitationsfeld der massereichen Galaxie verbogen, ähnlich wie Lichtstrahlen beim Durchtritt durch eine Glaslinse infolge der Brechung abgelenkt werden.

Eine kleine Anzahl von Beispielen für dieses Phänomen ist bekannt. Im allgemeinen wird ein Doppel- oder Mehrfach-Bild eines → *Quasars* beobachtet, dessen Licht durch dazwischenliegende Galaxien tritt, bevor es uns erreicht. Siehe auch → *Einstein-Ring*, → *Allgemeine Relativitätstheorie*

Gravitations-Rotverschiebung Eine Rötung des Lichts, das von einem massereichen Objekt kommt. Sie wird dadurch verursacht, daß die Photonen auf dem Weg aus dem Gebiet hoher Gravitation nach außen Energie verlieren. Für die Sonne beträgt die Gravitations-Rotverschiebung 0,000002, für die Oberfläche eines → *Neutronensterns* ist der theoretische Wert 1,0. Theoretiker vermuteten, daß die große → *Rotverschiebung* der → *Quasare* zum Teil gravitativen Ursprungs sein könnte und nicht ausschließlich als → *Dopplereffekt* zu verstehen ist.

Gravitationsstrahlung → *Gravitationswellen.*

Gravitationswellen Kräuselungen in der Struktur der →

Raumzeit, die singulär oder als kontinuierlicher Effekt auftreten können. Sie breiten sich mit Lichtgeschwindigkeit aus.
Der → *Allgemeinen Relativitätstheorie* zufolge emittieren massereiche Objekte Gravitationswellen, wenn sie beschleunigt werden oder ihre Form ändern. Gravitationswellen werden besonders intensiv in solchen Gebieten der Raumzeit emittiert, in denen die Gravitation derart stark ist, daß die Allgemeine Relativitätstheorie angewendet werden muß und wo sich die Geschwindigkeiten der Lichtgeschwindigkeit annähern. In der Praxis bedeutet das, daß kollabierende stellare Kerne oder Wechselwirkungen großer Massen mit schwarzen Löchern die wahrscheinlichsten Quellen für Gravitationswellen sind. Rotierende Neutronensterne und Doppelsternsysteme emittieren ebenfalls Gravitationswellen. Dieser Mechanismus der Energieübertragung spielt eine wichtige Rolle bei der Entwicklung von engen Doppelsternsystemen.
Ein experimenteller Hinweis auf die Existenz von Gravitationswellen kommt von Beobachtungen des einzigen bekannten → *Doppelsterns*, der vermutlich aus zwei Neutronensternen besteht (wenn auch gepulste Strahlung nur bei einem der beiden beobachtet wird). Die langsame Verzögerung der Umlaufperiode kann man dadurch erklären, daß Energie durch Gravitationswellen in gerade dem Maß abgeführt wird, wie es die Allgemeine Relativitätstheorie vorhersagt.
In mehreren Experimenten wurde versucht, Gravitationswellen nachzuweisen, aber bisher ohne Erfolg. Es bestehen Probleme, die Nachweisempfindlichkeit zu erreichen, die dafür nötig ist.

gravitative Instabilität Die Tendenz kleiner Störungen in der Dichte oder dem Gleichgewicht eines Systems infolge der anziehenden Natur der Gravitationskraft weitere Veränderungen des ursprünglichen Zustands zu bewirken.
In Gaswolken läßt z. B. eine kleine Verdichtung die Gravitationskräfte lokal ansteigen, so daß mehr Materie angezogen wird, wodurch das lokale Gravitationsfeld weiter ansteigt. Instabilitäten dieser Art, vielleicht hervorgerufen durch Kompressionen in den Spiralarmen der Galaxien, sind wahrscheinlich die Ursache für Sternentstehung in Riesen- → *Molekülwolken*.

gravitativer Kollaps Der plötzliche Einsturz eines massereichen Sterns, wenn seine zentrale Temperatur fällt und der innere, nach außen gerichtete Druck nicht mehr ausreicht, um der nach innen gerichteten Gravitationskraft die Waage zu halten. Der gravitative Kollaps eines massereichen entwickelten Sterns geschieht sehr plötzlich und katastrophal, er dauert vielleicht nur Sekunden. Die enorme Energie, die dabei frei wird, löst eine Supernova-Explosion aus, und der Kern des kollabierten Sterns kann zu einem → *Neutronenstern*, → *Pulsar* oder → *Schwarzen Loch* werden.

gravity-assist-Technik Die Technik, das Gravitationsfeld eines Planeten zu nutzen, um Geschwindigkeit und Richtung einer Raumsonde ohne jeglichen Treibstoffverbrauch zu ändern.

Green Bank Der Standort eines Radioastronomie-Observatoriums in West Virginia, das Teil der Beobachtungsmöglichkeiten des → *National Radio Astronomy Observatory* der USA ist. Die 1962 gebaute 92-Meter-Schüssel brach 1988 zusammen und ging somit vollständig verloren; Pläne für einen Ersatz wurden kurz danach gestartet. Die 1965 fertiggestellte 43-Meter-Schüssel ist das weltweit größte Teleskop mit äquatorialer Montierung. Es gibt auch ein Radiointerferometer, das aus drei 26-Meter-Schüsseln besteht, von denen zwei entlang einer 1,6 Kilometer langen Strecke bewegt werden können.

Greenwich Mean Astronomical Time (GMAT) Ein Zeitsystem, das früher für astronomische Anwendung in Gebrauch war; es entsprach der → *Greenwich Mean Time* mit dem Tagwechsel am Mittag statt um Mitternacht. GMAT läßt sich in Universal Time durch Addieren von 12 Stunden umrechnen.

Greenwich Mean Solar Time (GMST) → *mittlere Sonnenzeit* auf dem Greenwich-Meridian.

Greenwich Mean Time (GMT) → *mittlere Sonnenzeit* auf dem Greenwich-Meridian.

Greenwich Observatory → *Royal Greenwich Observatory.*

Greenwich-Sternzeit (GST für Greenwich Sidereal Time) Die Sternzeit auf dem Greenwich-Meridian, d. h. die Anzahl der Sterntage, die in Greenwich seit Beginn des → *Julianischen Datums* 0.0 vergangen sind. Der ganzzahlige Teil des Datums repräsentiert die siderische Tagesnummer, der Dezimalteil stellt die Greenwich-Sternzeit dar.

Gregorianischer Kalender Der heute in den meisten Ländern benutzte bürgerliche Kalender, der 1582 von Papst Gregor VIII. für den → *Julianischen Kalender* eingeführt wurde.

Ein brauchbarer bürgerlicher Kalender muß so organisiert sein, daß die Jahreszeiten mit den Monaten des Jahres in Phase bleiben. Ein Problem ist, daß die Zeit, die die Erde für eine Umkreisung der Sonne braucht, keine ganze Zahl von Tagen beträgt. Die Einführung eines zusätzlichen Tages jedes vierte Jahr (Schaltjahr) ergibt eine Korrektur erster Ordnung, aber weitere Anpassungen sind notwendig, wenn der Kalender über Jahrhunderte synchron bleiben soll. Im Gregorianischen Kalender sind durch 4 teilbare Jahre Schaltjahre, außer glatte Jahrhundertzahlen, die nur dann Schaltjahre sind, wenn sie durch 400 teilbar sind. 2000 ist also ein Schaltjahr, aber 1900 und 2100 sind keine. Gemittelt über 400 Jahre gibt diese Regel eine mittlere Jahreslänge von 365,2425 Tagen, die nahe bei der tatsächlichen tropischen Jahreslänge von 365,2422 Tagen liegt.

Der Gregorianische Kalender erlangte 1582 in römisch-katholischen Ländern Bedeutung, als die Jahreszeiten durch Streichung von 10 Tagen wieder mit dem Kalender in Einklang gebracht wurden. Auf Donnerstag, den 4. Oktober, folgte Freitag, der 15. Oktober. Außerdem begann mit der Einführung des Gregorianischen Kalenders das Jahr erstmals mit dem 1. Januar statt dem 25. März. Großbritannien und seine Kolonien führten den Gregorianischen Kalender erst 1752 ein; zu dieser Zeit war bereits eine Korrektur von 11 Tagen nötig.

Gregorianisches Teleskop Ein Typ eines Spiegelteleskops, der 1663 von James Gregory vorgeschlagen wurde. Der Hauptspiegel ist ein Paraboloid mit einem zentralen Loch, der Sekundärspiegel ist elliptisch. Gregory war nicht imstande, einen Spiegel zu bekommen, der zur Konstruktion dieses Teleskops genau genug geformt war, bevor Newton das erste funktionierende Spiegelteleskop nach einer einfacheren Konstruktion mit flachem Sekundärspiegel baute. Das gregorianische Konzept war mit Einführung des → *Cassegrain-Teleskops* veraltet. siehe auch → *Newtonsches Teleskop*

Grenzgröße Minimale → *Größenklasse*, bei der ein Objekt mit einem gegebenen Meßinstrument noch nachweisbar ist.

Griffith-Observatorium Ein öffentliches Observatorium der Stadt Los Angeles, das sie zu Lehrzwecken betreibt. Es wurde auf Wunsch von Colonel Griffith J. Griffith aufgebaut und 1935 formell übergeben. Unter den Einrichtungen gibt es ein Planetarium, eine wissenschaftliche Ausstellung und ein 30-Zentimeter-Teleskop mit freiem öffentlichem Zugang.

Grimaldi Ein großer Mondkrater, 222 Kilometer im Durchmesser, nahe am westlichen Rand des Mondes an der Grenze zum Oceanus Procellarum.

GRO Abkürzung für Gamma Ray Observatory → *Compton Gamma Ray Observatory.*

Groombridge-Katalog Ein Katalog von 4243 Sternpositionen im Bereich des nördlichen Himmelspols, der 1838 in London von S. Groombridge veröffentlicht wurde.

Große Halbachse (Symbol a) Die halbe große Achse einer → *Ellipse*. Siehe auch → *Bahnelemente*

Große Magellansche Wolke → *Magellansche Wolken.*

Größenklasse Maßeinheit für die Helligkeit eines Sterns oder anderen Himmelskörpers. Auf der Magnituden-Skala haben die hellsten Objekte die kleinsten Zahlen.

Die Größenklasse wurde ursprünglich eingeführt, um die Helligkeiten der Sterne qualitativ einzustufen. Der griechische Astronom Hipparchos (ca. 120 v. Chr.) ordnete die Sterne auf einer Größenklassenskala zwischen 1. (hellster Stern) und 6. Größe (gerade noch mit bloßem Auge wahrnehmbar) ein. Diese qualitative Beschreibung wurde in der Mitte des 19. Jahrhunderts standardisiert, als klar wurde, daß jeder Schritt von einer Größe zur nächsten in etwa einem bestimmten Helligkeitsverhältnis entsprach. D. h., die Größenklassenskala ist eine logarithmische Helligkeitsskala.

N. R. Pogson schlug 1856 vor, daß eine Differenz von 5 Größenklassen einem Helligkeitsverhältnis von 100:1 entsprechen solle. Dieses System gilt noch heute. Unterscheiden sich zwei Sterne um eine Größenklasse, so ist ihr Helligkeitsunterschied gleich der fünften Wurzel aus 100, entsprechend 2,512. Diese Zahl nennt man auch Pogsonsches Verhältnis. Den Nullpunkt dieser Skala legte man fest, indem man einer kleinen Gruppe von Sternen in der Nähe des nördlichen Himmelspols Standard-Größenklassen zuwies. Dies ist die → *Nordpolsequenz.*

Die Helligkeit der von der Erde aus beobachteten Sterne, also ihre → *scheinbare Helligkeit*, hängt sowohl von ihrer intrinsischen Leuchtkraft als auch ihrer Entfernung ab. Die → *absolute Helligkeit* ist ein Maß für die intrinsische Leuchtkraft. Sie wird auf der Größenklassen-Skala angegeben und ist definiert als die scheinbare Helligkeit, die das Objekt hätte, wenn es sich in einer Entfernung von zehn → *Parsec* befände.

Die Größenklasse eines Objekts ändert sich mit dem Spektralbereich, in dem man es beobachtet. Die visuelle Größe bezieht sich auf die normale Empfindlichkeit des menschlichen Auges. Die photographische Größe bezieht sich auf die Standardemulsionen astronomischer Photoplatten, die hauptsächlich im Blauen und Ultravioletten empfindlich sind. Aber sowohl Photoplatten als auch Detektoren haben verschiedene Empfindlichkeitsbereiche, so daß bei jeder Messung angegeben werden sollte, auf welchen Spektralbereich man sich bezieht. Die bolometrische Größe bezieht sämtliche Strahlung, sowohl die visuelle als auch die andere, mit ein.

Die in einem bestimmten Spektralbereich ermittelten Größenklassen werden oft als Farbe bezeichnet. Die exakte Bestimmung solcher Größenklassen ist Aufgabe der → *Photometrie.*

Großer Attraktor Eine Ansammlung von Galaxien, die etwa 5 x 10^{16} Sonnenmassen an Materie enthält, 150–350 Millionen Lichtjahre von unserer Galaxie entfernt, in Richtung der Sternbilder Hydra und Centaurus gelegen. Messungen der Geschwindigkeiten der Galaxien bis zu 300 Millionen Lichtjahre hinaus zeigen Abweichungen von bis zu 500 km/s vom reinen → *Hubble-Fluß*; unsere Galaxie bewegt sich relativ zur → *kosmischen Mikrowellen-Hintergrundstrahlung.* Die gravitative Anziehung des Großen Attraktors ist vermutlich teilweise für diese Bewegungen verantwortlich.

Großer Bär Sternbild → *Ursa Maior.*

Großer Hund Sternbild → *Canis Maior.*

Großer Nebel im Orion → *Orion-Nebel.*

Großer Roter Fleck (GRF) Ein großes, rotes, ovales Merkmal auf → *Jupiter*, 24 000 Kilometer lang und 11 000 Kilometer breit. Erstmals wurde 1664 von Robert Hooke über ihn berichtet. Seitdem wurde er stetig beobachtet; er hat sich während dieser Zeit anscheinend in Größe und Farbe etwas verändert. Der Grund für seine Existenz bleibt unsicher, aber er rotiert wie ein riesiger → *Antizyklon*, d. h. mit Westwind an seinem nördlichen Rand und Ostwind im Süden.

Großer Schwarzer Fleck (GSF) Ein ovales Merkmal auf

dem Planeten → *Neptun*, das 1989 auf den Bildern entdeckt wurde, die die → *Voyager-2*-Raumsonde zur Erde funkte. Es ist ein Wirbelsturmsystem in Neptuns Wolkenschicht ähnlich dem → *Großen Roten Fleck* auf Jupiter. Seine größte Ausdehnung ist von der Größe des Erddurchmessers (etwa 12 000 Kilometer), womit er etwa die halbe Größe des Großen Roten Flecks hat.

Großer Wagen (Plough, Big Dipper) Sternkonstellation im Sternbild → *Ursa Maior*, das die Sterne Alpha (α), Beta (β), Gamma (γ), Delta (δ), Epsilon (ϵ), Zeta (ζ) und Eta (η) bilden.

Große Vereinheitlichte Theorie (GUT für Grand Unified Theory)
Der Versuch, die starke und die schwache Kernkraft sowie die elektromagnetische Kraft in einer einzigen einheitlichen Theorie zu beschreiben. Es wurden Teilerfolge von den Physikern Steven Weinberg, Abdus Salam, Sheldon Glashow und Howard Georgi erzielt. Weinberg und Salam vereinten die schwache Kernkraft und die elektromagnetische Kraft. Die → *Superstring-Theorie* versucht, die Gravitation mit diesen Großen Vereinheitlichten Theorien zu vereinen, um eine »Theory of Everything« (TOE) zu entwickeln.

Großkreis Jeder Kreis auf der Oberfläche einer Kugel, der die Kugel in zwei gleiche Hälften teilt.

GRS Engl. Abkürzung für Great Red Spot → *Großer Roter Fleck*.

grüner Strahl Ein Phänomen, das im Moment des Sonnenuntergangs über einem klaren Horizont, besonders über dem Meer, beobachtet werden kann. Durch die Brechung der Erdatmosphäre scheint der letzte Teil der Sonne beim Untergang unter den Horizont von der restlichen Scheibe freizubrechen und für einen Moment grün zu leuchten, bevor er verschwindet. Das Phänomen ist vielfach dokumentiert, auch photographisch.

Grus (Der Kranich) Ein kleines südliches Sternbild, das wahrscheinlich von Seeleuten des 16. Jahrhunderts eingeführt und von Johann Bayer in seinen 1603 veröffentlichten Atlas → *Uranometria* aufgenommen wurde. Es enthält vier Sterne heller als 4 Magnitudines. Delta Grus (δ Gru) ist ein Doppelstern, der mit bloßem Auge getrennt werden kann. Siehe auch → *Tabelle 4*

GST Abkürzung für → *Greenwich-Sternzeit*.

G-Stern Ein Stern des → *Spektraltyps* G. G-Sterne auf der Hauptreihe haben Oberflächentemperaturen zwischen 4900 und 6000 Kelvin und eine gelbe Farbe. Viele Absorptionslinien neutraler und ionisierter Metalle kennzeichnen die Spektren, und es gibt einige Molekülbanden. Die Sonne ist ein typischer G-Zwergstern; → *Capella* ist ein Beispiel für einen G-Riesen.

G-Typ-Asteroid Eine Unterklasse der → *C-Typ-Asteroiden*, die sich durch starke Ultraviolett-Absorption auszeichnet.

Gum-Nebel Ein großer kreisförmiger → *Emissionsnebel* in den südlichen Sternbildern Vela und Puppis, der von dem australischen Astronomen Colin Gum entdeckt wurde. Der Nebel hat einen scheinbaren Durchmesser von 30°, was einem tatsächlichen Durchmesser von 800 Lichtjahren in einer Entfernung von 1300 Lichtjahren entspricht. Vermutlich wird das interstellare Medium infolge einer → *Supernova* ionisiert, die vielleicht vor einer Million Jahren explodierte. Das würde bedeuten, daß es jetzt keine Energiequelle mehr gibt und der Nebel langsam immer schwächer wird, der ionisierte Wasserstoff rekombiniert und zu leuchten aufhört.

GUT Abkürzung für → *Große Vereinheitlichte Theorie* (Grand Unified Theory).

HA Abkürzung für → *Stundenwinkel* (hour angle).
Hadar (Beta Centauri; β Cen; Agena) Der zweithellste Stern im Sternbild Centaurus. Er ist ein B-Riese der Helligkeit 0,6. Siehe auch → *Tabelle 3*
Hadley-Rille Ein sich schlängelnder Kanal auf dem Mond, der quer über das Palus Putredinis verläuft. Sie befindet sich nahe der Landungsstelle der Apollo-15-Mission und ist vermutlich ein eingestürzter Lavakanal. Siehe auch → *Apollo-Programm*, → *Rille*
Hadronen-Ära Die Zeit zwischen 10^{-35} bis 10^{-6} Sekunden nach dem Urknall → *Big Bang*. Während dieses Zeitintervalls war der Zustand des Universums durch die starke Kraft dominiert, die der Wechselwirkung zwischen instabilen Elementen, sog. Hadronen, entspringt. Hadronen sind massereicher als Protonen oder Neutronen.
Hakucho Ein anderer Name des Satelliten → *Corsa-B*.
halbgetrenntes System Doppelsternsystem, in dem der eine Partner so groß ist, daß seine Atmosphäre durch die Anziehungskraft des Begleitsterns abgezogen wird. Das Material strömt dann vom größeren Stern, der das Volumen seiner → *Roche-Grenze* vollständig ausfüllt, auf den Begleiter über.
halbregelmäßig Veränderliche Angehörige eines Typs von pulsierenden → *veränderlichen Sternen*, die einen gewissen Grad von Periodizität im Lichtwechsel aufweisen, der aber dennoch nicht vorhersagbar ist. Der Bereich des Helligkeitswechsels erstreckt sich meist über ein oder zwei Größenklassen; die Periodizität liegt zwischen einigen Tagen und mehreren Jahren. Mehrere Untergruppen werden unterschieden: Zum Typ A und B gehören Rote Riesen, Typ C sind Rote Überriesen, und zu Typ D zählen Riesen- und Überriesensterne der → *Spektraltypen* F, G und K. Ein Beispiel ist der Stern My (μ) Cephei, auch bekannt als »Granatstern«.
Hale Observatories Ein zwischen 1970 und 1980 benutzter Name für eine Gruppe von Observatorien, die das → *Palomar Observatory*, das → *Mount Wilson Observatory*, das → *Big Bear Solar Observatory* und das → *Las Campanas Observatory* umfaßte.
Hale-Teleskop Das 5-Meter-Spiegelteleskop am → *Palomar Observatory*. Die Arbeiten an diesem Teleskop begannen in den 30er Jahren, nachdem die Rockefeller-Stiftung dem California Institute of Technology eine größere Schenkung zuerkannt hatte. Die Fertigstellung wurde durch den Zweiten Weltkrieg verzögert. Es wurde offiziell 1948 eröffnet und dem Andenken an George Ellery Hale (1868–1938) gewidmet, der die treibende Kraft für die Initiierung dieses Projekts gewesen war.
Halleyscher Komet (Komet P/Halley) Der bekannteste aller periodischen Kometen. Er läuft auf einer elongierten elliptischen Bahn um die Sonne, wobei er alle 76 Jahre in die Nähe der Erde ins innere Sonnensystem zurückkehrt. Historische Aufzeichnungen belegen, daß der Halleysche Komet bereits vor über 2200 Jahren beobachtet wurde.
Edmond Halley (1656–1742), dem zu Ehren der Komet benannt wurde, war nicht der Entdecker des Kometen, aber der erste Mensch, der die Beziehung zwischen dem Kometen, den er 1682 sah, und gewissen anderen Aufzeichnungen von Kometenerscheinungen erkannte, die alle 76 Jahre auseinander lagen.

Er berechnete die Umlaufbahnen für eine Anzahl von Kometen unter Verwendung der gerade veröffentlichten Gravitationstheorie von Isaac Newton. Als er die Ähnlichkeit der Bahnen der Kometen von 1531, 1607 und 1682 erkannte, sagte er für 1759 die Wiederkehr voraus, die tatsächlich eintrat.

Die Bahn des Halleyschen Kometen hat einen Perihelabstand von 0,59 AE (zwischen Merkur- und Venusbahn). In seiner größten Entfernung wandert er über die Bahn des Neptun hinaus. Sein Orbit ist gegenüber der Hauptebene des Sonnensystems um 162° geneigt. Der Komet wandert in umgekehrter Richtung zu den Planeten um die Sonne.

Seine Wiederkehr im Jahr 1986 war für Beobachtungen von der Erde aus sehr ungünstig, aber mehrere Länder starteten Raumsonden, um den Kometen zu untersuchen. Die größte Annäherung erreichte die europäische Sonde → *Giotto*, die sich am 14. März 1986 dem Kern des Kometen bis auf 605 Kilometer näherte. Die sowjetischen Sonden Vega 1 und Vega 2 untersuchten den Kern am 6. und 9. März 1986 aus einer Entfernung von 8890 und 8030 Kilometern; die Informationen, die sie sammelten, wurden für letzte Korrekturen der Bahn von Giotto verwendet. Auch zwei kleinere japanische Sonden wurden entwickelt.

Die Ergebnisse zeigten endgültig die Existenz eines festen Kerns, der vermutlich aus Eis und Staub besteht. Er hat eine irreguläre längliche Form, die an eine Kartoffel erinnert und mißt 16 x 8 Kilometer. Er ist dunkel und reflektiert nur 4 Prozent des einfallenden Sonnenlichts. Der Kern rotiert langsam einmal in 7,1 Tagen mit einer Präzession von 3,7 Tagen. Auf der der Sonne zugewandten Seite wurden Temperaturen von 350 Kelvin gemessen, genug, um Eis zum Schmelzen zu bringen. Es wurden abgestoßene Materieströme beobachtet.

Zwei Meteorschauer, die Eta → *Aquariden* und die → *Orioniden*, sind mit dem Halleyschen Kometen assoziiert.

Halo Jede ungefähr kreis- oder kugelförmige Verteilung von Licht oder Materie um ein anderes Objekt herum. Siehe auch → *galaktischer Halo*

Halobildung Die Bildung eines unerwünschten Halos gestreuten Lichts in einem fehlerhaften optischen System oder auf einer photographischen Platte durch die interne Lichtreflexion eines hellen Objekts.

Halo-Stern Ein Stern, der zu der Population gehört, die den → *galaktischen Halo* bildet.

H alpha → *Wasserstoff alpha.*

Hamal (Alpha Arietis; α Ari) Der hellste Stern im Sternbild Aries. Er ist ein K-Riese der Helligkeit 2,0. Der Name ist von dem arabischen Wort für »Schaf« abgeleitet. Siehe auch → *Tabelle 3*

Hantel-Nebel (M27; NGC 6853) Ein großer → *Planetarischer Nebel* im Sternbild Vulpecula mit 6 Bogenminuten Durchmesser. Er wurde 1764 von Charles Messier entdeckt.

Harmonice mundi (Die Harmonie der Welt) Ein Buch von Johannes Kepler (1571–1630), 1619 veröffentlicht. Es enthält das dritte Keplersche Gesetz der Planetenbewegung. Kepler glaubte, daß seine größte Leistung die Entdeckung der musikalischen Harmonie der Planeten sei, die die göttliche Harmonie des Universums widerspiegele, und nannte sein Buch entsprechend.

Haro-Galaxie Ein Mitglied einer Gruppe von → *Galaxien*, die sich durch blaue Farbe und schmale Emissionslinien im Spektrum auszeichnen.

Hartmann-Test Ein Test für die optische Qualität eines Spiegels. Der Spiegel wird mit einer Maske bedeckt, in der ein regelmäßiges Muster von kleinen Löchern angebracht ist. Die Qualität des Spiegels kann anhand des Bildes beurteilt werden, das in der Fokalebene entsteht.

Harvard College Observatory Das Observatorium des 1839 gegründeten Harvard Colleges. 1847 wurde es mit einem 0,38-Meter-Spiegelteleskop ausgerüstet, das noch heute in seinem Originalgebäude, dem Sears Tower, auf dem Observatoriums-Hügel steht. 1973 wurde das Harvard-Smithsonian Center for Astrophysics gebildet, indem die Einrichtungen des → *Smithsonian Astrophysical Observatory* und des Harvard College unter Direktor George Field vereinigt wurden.

Harvard-Klassifizierung → *Henry Draper-Katalog.*

Harvard-Smithsonian Center for Astrophysics → *Harvard College Observatory.*

Hase Sternbild → *Lepus.*

Hat Creek Observatory Ein astronomisches Radioobservatorium in Kalifornien, das von der Radioastronomischen Abteilung der University of California in Berkeley betrieben wird. Drei 6-Meter-Schüsseln sind als → *Radiointerferometer* in Betrieb, und ein 26-Meter-Teleskop wird für Millimeterwellen-Interferometrie und -Spektroskopie benutzt.

Haufenveränderliche Ein alter Ausdruck für den Typ von variablen Sternen, den man heute üblicherweise → *RR Lyrae-Sterne* nennt.

Häufigkeit Die relative Anzahl von Atomen oder Isotopen in der chemischen Zusammensetzung einer einzelnen Substanz oder eines Objekts bzw. in einer Struktur wie dem Sonnensystem oder dem Universum als Ganzem.

Hauptreihe Ein schmales Band in der Sternverteilung im → *Hertzsprung-Russell-Diagramm* (HRD), in dem die stellare Leuchtkraft gegen die Temperatur aufgetragen wird, wobei die Temperatur nach rechts abnimmt. Die weitaus meisten Sterne befinden sich auf dieser Hauptreihe. Die physikalische Ursache hierfür ist die Tatsache, daß diese beiden fundamentalen Größen im wesentlichen durch die Masse eines Sterns festgelegt sind. Abweichungen können durch die chemische Zusammensetzung entstehen. Die Hauptreihe ist somit eine Massenreihe, wobei sich die massereichsten (heißesten und hellsten) Sterne oben links und die masseärmsten (kühlsten und leuchtschwächsten) unten rechts befinden.
Im Innern der Hauptreihensterne entsteht die Energie durch Fusion von Wasserstoff zu Helium. Objekte, die sich in einer der Hauptreihe vorausgehenden oder nachfolgenden Phase der → *Sternentwicklung* befinden, liegen in anderen Bereichen des HRD. Ist beispielsweise der Wasserstoff im Innern verbraucht, so ändern sich Temperatur und Leuchtkraft so, daß der Stern von der Hauptreihe im HRD nach oben rechts wandert. Die meisten Sterne verbringen 90 Prozent ihres Lebens auf der Hauptreihe.

Hauptreihenstern Ein Stern, bei dem Temperatur und Leuchtkraft jeweils solche Werte annehmen, daß er im Hertzsprung-Russell-Diagramm auf der → *Hauptreihe* liegt.

Haute Provence Observatory Ein Observatorium in Südfrankreich, 100 Kilometer nördlich von Marseilles, in einer Höhe von 650 Metern am Fuß der Alpen. Es wurde 1937 als eine nationale Einrichtung für französische Astronomen gebaut und ist im Besitz des Centre National de la Recherche Scientifique (CNRS). Das Hauptinstrument ist ein 1,93-Meter-Spiegelteleskop, das seit 1958 in Betrieb ist. Ein 1,52-Meter-Teleskop, seit 1967 betrieben, ist nur mit einem → *Coudé-Fokus* ausgerüstet und mit einem modernen Spektrographen, der 1989 hinzukam. Es gibt zudem ein 1,2-Meter- und ein 80-Zentimeter-Teleskop sowie eine 60/90-Zentimeter- → *Schmidt-Kamera.*

Hawking-Effekt Die Ausdünstung eines Mini- → *Schwarzen Lochs.* Im allgemeinen sind Schwarze Löcher ein Endstadium der Entwicklung von Materie. Stephen Hawking zeigte, daß die Quantenphysik kleinsten Schwarzen Löchern (von weniger als 10^{-5} Gramm) erlaubt, Materie und Antimaterie in gleichen Beträgen abzugeben und möglicherweise eine nackte Singularität zu hinterlassen.

Hayashi-Pfad Der Entwicklungspfad im → *Hertzsprung-Russell-Diagramm* eines → *Protosterns* vor Erreichen der Hauptreihe. Der Pfad zeigt die Veränderungen in Leuchtkraft und Oberflächentemperatur, die sich im frühen Leben eines Sterns ereignen. Die genaue Position des Pfads im Diagramm hängt von der Sternmasse ab. Die Hayashi-Pfade sind nach dem japanischen Astrophysiker Chushiro Hayashi benannt, der in den 60er Jahren die theoretische Forschungsarbeit anführte.

Haystack-Observatorium Eine 37-Meter-Radioschüssel in Massachusetts, nordwestlich von Boston. Es ist eine Einrichtung des Massachusetts Institute of Technology. Die astronomische Forschung wird unter der Schirmherrschaft eines Konsortiums von dreizehn Schulungseinrichtungen durchgeführt. Es ist vor allem für die Nutzung bei sehr hohen Frequenzen (bis zu 50 GHz) ausgerüstet, was einer Wellenlänge von 6–8 Millimetern entspricht. Die Oberflächengenauigkeit des Teleskops beträgt einen halben Millimeter. Die Antenne ist voll beweglich, es handelt sich um eine Cassegrain-Konfiguration. Unter anderem wurden mit diesem Teleskop eine Reihe von → *interstellaren Molekülen* entdeckt. Es wird auch für die → *Very Long Baseline-Interferometrie* benutzt. Als es in den 60er Jahren erbaut wurde, wurde es zunächst vor allem für Radaruntersuchungen des Mondes und naher Planeten eingesetzt.

h und χ (chi) Persei (Doppelsternhaufen im Perseus; NGC 869 und 884) Ein Paar offener Sternhaufen im Sternbild Perseus. Sie sind mit bloßem Auge als schwache diffuse Flecken sichtbar. Sie erhielten die für Sterne reservierten Namen, bevor man ihre Natur erkannte. Die beiden Haufen sind einander sehr ähnlich und am Himmel weniger als ein Grad voneinander entfernt. Ihr tatsächlicher Abstand beträgt 50 Lichtjahre; von der Erde sind sie etwa 7100 Lichtjahre entfernt. Siehe auch → *offene Sternhaufen*

HD Ein Präfix, das für die Sternkatalog-Numerierung im → *Henry Draper-Katalog* benutzt wird.

Head-tail-Galaxie Eine → *Radiogalaxie*, bei der Radioemission auf einer Seite der entsprechenden optischen Galaxie abströmt, was der Galaxie die Form einer Kaulquappe gibt.

HEAO Abkürzung für → *High Energy Astrophysical Observatory.*

Hebe Asteroid 6, Durchmesser 192 Kilometer, 1847 entdeckt von K. L. Hencke.

H I-Region (H^0-Region) Eine interstellare Wolke → *neutralen Wasserstoffs.*

heiße Dunkle Materie → *Dunkle Materie.*

Hektor Asteroid 624, der größte der → *Trojaner*, 1907 von A. Kopff entdeckt. Seine Helligkeit variiert um den Faktor drei im Verlauf seiner knapp siebenstündigen Rotationsperiode.

Messungen der Variationen ergaben, daß Hektor eine zylindrische Form hat, 150 Kilometer breit und 300 Kilometer lang. Hektor könnte in Wirklichkeit ein Doppelasteroid sein, dessen Komponenten im Kontakt oder in kleinem Abstand umlaufen.

Helene Ein kleiner Saturnmond, der 1980 entdeckt wurde. Er ist ein unregelmäßiges Objekt und mißt 36 x 30 Kilometer. Siehe auch → *Tabelle 6*

heliakischer Aufgang Der Aufgang eines hellen Sterns kurz vor Sonnenaufgang. In der Praxis war das Datum des heliakalen Aufgangs der Tag, an dem der Stern erstmals im Dämmerlicht des östlichen Himmels beobachtbar war. Der heliakische Aufgang des Sirius wurde von den alten Ägyptern als Vorbote der Nilüberschwemmungen gedeutet.

heliographische Breite Winkelabstand auf der Sonnenoberfläche vom Sonnenäquator nach Norden (positiv) oder Süden (negativ). Der Sonnenäquator, der die ekliptische Ebene unter einem Winkel von 7°15' schneidet, verändert seine scheinbare Position auf der Sonnenscheibe von der Erde aus gesehen während des Erdumlaufs um die Sonne. In Handbüchern werden für Beobachter Tabellen veröffentlicht, die die heliographische Breite des Zentrums der Sonnenscheibe angeben, aus der andere Breiten berechnet werden können.

heliographische Länge Die Länge, die man für Punkte auf der Sonnenoberfläche mißt. Es gibt keinen festen Nullpunkt auf der Sonne, deshalb wird die heliographische Länge von einem Referenzmeridian aus gemessen, dem Sonnenmeridian, der durch den aufsteigenden

Knoten des Sonnenäquators auf der Ekliptik am 1. Januar 1854 um 12:00 Uhr UT verlief. Relativ zu diesem Meridian wird die heliographische Länge unter Annahme einer gleichförmigen siderischen Rotationsperiode von 25,38 Tagen berechnet. Zur Berechnung der Position des solaren Referenzmeridians für ein bestimmtes Datum und eine bestimmte Uhrzeit benutzen die Sonnenbeobachter Tabellen, die in Beobachtungshandbüchern veröffentlicht werden.

Heliometer Eine veraltete Form eines Spiegelteleskops, bei der die Objektivlinse in zwei Hälften geschnitten war, die relativ zueinander bewegt werden konnten. Heliometer wurden früher benutzt, um kleine Winkelabstände zu messen.

Heliopause → *Heliosphäre.*

Helioseismologie Die Erforschung des Sonneninneren durch Analysen ihrer natürlichen Oszillationsmodi, die man spektroskopisch als → *Dopplerverschiebung* im → *Absorptionslinienspektrum* beobachtet. Siehe auch → *Globular Oscillation Network Group*

Heliosphäre Das sphärische Raumvolumen, das sich bis zu einer Sonnenentfernung von 50 oder 100 AE ausdehnt und das durch die Zone begrenzt wird, wo der → *Sonnenwind* in das → *interstellare Medium* übergeht. Diese Grenzzone nennt man Heliopause.

Heliostat Ein beweglicher flacher Spiegel, der Sonnenlicht in ein feststehendes Sonnenteleskop einspiegelt. Sonnenteleskope sind große Strukturen mit langen Fokusdistanzen; sie werden nur auf einen kleinen Bereich des Himmels ausgerichtet. Der Heliostat ist so kontrolliert, daß er sich synchron zur Sonnenbewegung bewegt. Es ist eine einfache Einrichtung; da das Sonnenbild jedoch im Tagesverlauf nur langsam rotiert, wird manchmal der komplexere → *Coelostat* bevorzugt.

heliozentrische Parallaxe → *Jahresparallaxe.*

heliozentrisches Modell Ein Modell des Sonnensystems, das die Sonne ins Zentrum setzt und die Planeten in Umlaufbahnen um die Sonne. Dieses System wurde zwar schon 200 v. Chr. von Aristarchus von Samos vermutet, bot jedoch damals keine besonderen Vorteile für die Vorhersage der Planetenpositionen. Zudem war die Idee einer sich bewegenden Erde philosophisch nicht akzeptierbar. Das → *geozentrische Modell* wurde in der von Ptolemäus (100–170 n. Chr.) definierten Form allgemein verwendet bis zu den Arbeiten von Kopernikus (1473–1543). Bis dahin war die Vorstellung, daß die Erde das Zentrum der Schöpfung sei, tief im religiösen Dogma verwurzelt.
In seinem Buch »De revolutionibus« stellte Kopernikus die Vorteile eines heliozentrischen Modells des Sonnensystems heraus. Die Idee wurde jedoch nicht akzeptiert bis zu den Beobachtungen von Galilei (1564–1642) und Kepler (1571–1630), deren Ergebnisse im Zusammenhang eines heliozentrischen Weltbildes besser interpretiert werden konnten.
Im Kopernikanischen System werden kreisförmige Planetenbahnen angenommen. In der Praxis war diese Theorie für die Vorhersage der Planetenpositionen also nicht besser als die Ptolemäische Theorie, wenn sie auch eleganter war und eine natürliche Erklärung der retrograden Bewegung der Planeten bot. Keplers Entdeckung, daß die Planetenbahnen elliptisch sind, löste dieses Problem. Die ersten Fernrohrbeobachtungen Galileis zeigten Phänomene wie die Phasen der Venus, die nur im Rahmen des heliozentrischen Systems erklärt werden konnten.

Helium-Flash (Heliumblitz) Ein explosionsartiges Ereignis im Inneren eines massearmen Sterns (weniger als zwei Sonnenmassen), das den Beginn des Heliumbrennens markiert, wenn aller für die nukleare Fusion im Kern verfügbare Wasserstoff erschöpft ist. Siehe auch → *Sternentwicklung*

Heliumproblem Das Problem zu erklären, weshalb Helium im Universum mit einer Häufigkeit von etwa 25 Prozent der Gesamtmasse vorkommt. Das ist Teil des umfassenderen Problems, die beobachtete Häufigkeitsverteilung aller Elemente schwerer als Wasserstoff zu erklären. So viel Helium kann nicht allein in Sternen synthetisiert worden sein, obwohl alle schwereren Elemente wahrscheinlich auf diese Weise entstanden sind. Das Problem wurde 1946 von Gamow gelöst, der ein heißes → *Big Bang*-Modell des Universums vorschlug, in dem Heliumkerne bereits zu Beginn der → *Strahlungs-Ära* entstehen.

Heliumstern Ein B-Stern, in dessen Spektrum die Helium-Linien ungewöhnlich stark sind.

Helix-Galaxie Ein populärer Name für die → *Spiralgalaxie* NGC 2685 im Sternbild Leo.

Helix-Nebel (NGC 7293) Ein großer, ringförmiger → *Planetarischer Nebel* im Sternbild Aquarius. Sein scheinbarer Durchmesser beträgt ¼ Grad (halb so groß wie der Vollmond). Er ist mit einer Entfernung von 500 Lichtjahren der nächste Planetarische Nebel.

Hellas Planitia Ein fast kreisförmiges Einschlagsbecken auf der Oberfläche des Mars. Hellas Planitia mißt 1800 Kilometer im Durchmesser. Schon lange fiel Hellas Planitia durch seine Farbe auf, die heller als die der umgebenden Gebiete ist. Früher nannte man es einfach »Hellas«.

Helligkeit Die Strahlungsintensität einer Quelle. Scheinbare Helligkeit ist die Intensität der empfangenen Strahlung. Sie hängt von der Entfernung der Quelle und von ihrer absoluten Helligkeit ab. Die Helligkeit astronomischer Objekte wird in Magnitudines gemessen; das Wort → *Magnitudo* wird oft als Synonym für Helligkeit verwandt.

hemisphärische Albedo Der Anteil des einfallenden Lichts, der von einer Oberfläche in Abhängigkeit vom Einfallswinkel gestreut wird. Siehe auch → *Albedo*

Henry Draper-Katalog (HD-Katalog) Ein Sternspektren-Katalog, zusammengestellt am Harvard College Observatory. Eine Schenkung der Witwe des bahnbrechenden Astrophysikers Henry Draper (1837–1882) machte diese Arbeit möglich. Der Katalog wurde daher nach Draper benannt. Unter der Leitung von Edward C. Pickering (1846–1919) klassifizierte in den Jahren 1911 bis 1915 Annie Jump Cannon (1863–1941) die meisten der 225 300 Sterne des neunbändigen Katalogs. Der erste Band war erst 1918 druckreif und der letzte erschien 1924.

Das Harvard-Spektralklassifizierungs-System benutzte eine Sequenz von Klassen, die bis heute verwendet wird – O, B, A, F, G, K und M. Diese scheinbar willkürliche Reihenfolge resultierte aus früheren Arbeiten, in denen die Klassen ursprünglich alphabetisch geordnet waren. Siehe auch → *Spektraltyp*

Herbig-Haro-Objekt (HH-Objekt) Eines der zahlreichen besonderen Nebelobjekte, die mit jungen Sternen assoziiert sind. Die ersten drei wurden von dem amerikanischen Astronomen George Herbig und dem Mexikaner Guillamero Haro auf Aufnahmen des Nebels NGC 1999 im Orion entdeckt. Viele weitere ähnliche Objekte wurden seitdem identifiziert.

Herbig-Haro-Objekte entstehen vermutlich bei der Wechselwirkung eines starken → *bipolaren Ausflusses* von einem jungen Stern oder Protostern mit dem interstellaren Gas, das erhitzt und komprimiert wird. HH-Objekte haben eine typische Ausdehnung von 500 bis 4000 AE. Ihre Masse beträgt zwischen 0,5 und 30 Erdmassen, womit sie zu den Objekten geringster Masse gehören, die man außerhalb des Sonnensystems kennt. Ihre Geschwindigkeiten sind hoch, und in vielen Fällen kann ihre Bewegung zu → *T Tauri-Sternen* oder infrarotemittierenden Sternen zurückverfolgt werden. Dies läßt vermuten, daß sie von jungen Sternen ausgeschleudert wurden.

→ *Hubbles variabler Nebel* ist ein Beispiel für ein HH-Objekt.

Herbstäquinox → *Äquinox.*

Hercules Ein großes Sternbild des Nordhimmels, das von Ptolemäus (140 n. Chr.) in seine Liste von 48 Sternbildern aufgenommen wurde. Es ist nach dem Held der klassischen Mythologie benannt. Herkules hat keine besonders hellen Sterne. Der hellste → *Kugelstern-*

haufen am Nordhimmel, M13, liegt im Herkules. Siehe auch → *Tabelle 4*

Hercules A Die hellste Radioquelle im Sternbild Hercules. Sie ist mit einer elliptischen Galaxie assoziiert. Zwei lange Jets erstrecken sich eine halbe Million Lichtjahre vom schwachen Kern in den Raum.

Herkules X–1 Ein Röntgen-→ *Pulsar* im Sternbild Hercules, der aus einem rotierenden Neutronenstern besteht, der von seinem Begleiter im Doppelsternsystem Masse aufsammelt. Die Rotationsperiode des Neutronensterns beträgt 1,2 Sekunden, seine Umlaufperiode 1,7 Tage.

Hermes Asteroid 1937 UB, 1937 von K. Reinmuth entdeckt, als er der Erde bis auf 800 000 Kilometer nahe kam, was zu dieser Zeit die engste je beobachtete Annäherung eines Asteroiden war. Er erreichte 8. Magnitudo und wanderte mit 5° pro Stunde über den Himmel. Er wurde nur wenige Tage lang beobachtet und ging dann verloren.

Herschel Der größte Einschlagskrater auf → *Mimas*. Sein Durchmesser beträgt 130 Kilometer, ein Drittel des Gesamtdurchmessers des Planeten.

Herschel-Keil Eine Einrichtung zur Verminderung der Lichtintensität, die während der Beobachtung der Sonne durch das Teleskop tritt. Sie besteht aus einem dünnen, unverspiegelten Prisma. Die erste Fläche ist um 45° gegen die optische Achse geneigt und reflektiert 5 Prozent des einfallenden Lichts. Ein Lichtschutz fängt das von der zweiten Fläche reflektierte Licht auf. Das restliche Licht, das durch das Prisma tritt, sollte in einer gekühlten Lichtfalle absorbiert werden. In Verbindung mit dem Herschel-Keil muß ein Wärmeschutzfilter benutzt werden.

Herschel-Teleskop Herschel-Teleskop (1) → *William Herschel-Teleskop.*

Herschel-Teleskop (2) Ein Spiegelteleskop, das von William Herschel (1738–1822) konstruiert wurde. Der parabolische Hauptspiegel ist so gekippt, daß der Fokus außerhalb des Haupttubus des Teleskops liegt und ohne Beeinträchtigung des einfallenden Lichts erreichbar ist. Das System hat den Nachteil, daß Bildverzerrungen entstehen. Wegen der Einführung anderer Spiegelteleskop-Typen veraltete es bald.

Hertzsprung-Lücke Ein Gebiet im → *Hertzsprung-Russell-Diagramm* zwischen dem Riesenast und der Hauptreihe, wo sich sehr wenige Sterne befinden. Die Lücke repräsentiert ein generelles Fehlen von Riesensternen des Spektraltyps F und G, dadurch verursacht, daß der Entwicklungszustand, in dem Sterne dieses Spektraltyps als Riesen beobachtet werden, sehr kurz ist. Daher gibt es zu einer gegebenen Zeit immer nur sehr wenige solcher Sterne.

Hertzsprung-Russell-Diagramm (HR-Diagramm) Für eine Reihe von Sternen die graphische Wiedergabe der Beziehung zwischen ihrem Spektraltyp und ihrer Leuchtkraft (siehe Abbildung).

Die Farbe, die Temperatur oder eine andere vergleichbare Größe kann die Spektralklassen als die Größe ersetzen, die auf der horizontalen Achse aufgetragen wird. Die Temperatur fällt üblicherweise nach rechts ab. Für die vertikale Achse werden häufig entweder Magnitudines oder Sonnenleuchtkräfte verwendet. Die resultierende Darstellung kann auch Farben-Helligkeits-Diagramm oder Farben-Leuchtkraft-Diagramm genannt werden, je nach den verwendeten Größen.

Was heute als Hertzsprung-Russell-Diagramm bekannt ist, wurde erstmals 1913 von Henry Norris Russell dargestellt. Später stellte man fest, daß Ejnar Hertzsprung unabhängig davon etwa zur gleichen Zeit ähnliche Ideen verfolgt hatte. Jeder Stern, dessen Spektraltyp und Leuchtkraft bekannt sind, kann in das Hertzsprung-Russell-Diagramm als einzelner Punkt eingezeichnet werden. Das Diagramm bekommt indessen besondere Bedeutung, wenn man Sterne einer speziellen Gruppe wie z. B. eines Sternhaufens einträgt. Für eine gegebene Gruppe von Sternen sind die Punkte nicht statistisch verteilt. Die meisten liegen auf einem Band,

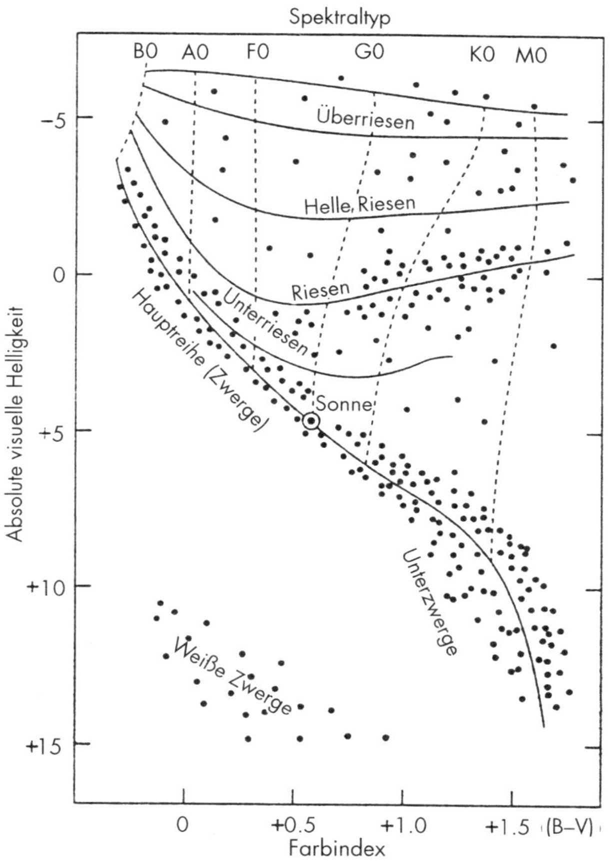

Hertzsprung-Russell-Diagramm. Ein schematisches Diagramm, das die Hauptreihe veranschaulicht und die Bereiche, die von den Sternen auf verschiedenen Stufen ihrer Entwicklung eingenommen werden. In diesem Beispiel ist die absolute Helligkeit mit dem Farbindex verbunden. Die gestrichelten Linien verbinden Sterne von unterschiedlicher Leuchtkraft mit denselben Spektraltypen, aber unterschiedlichen Farbindizes.

das diagonal von der oberen linken zur unteren rechten Ecke verläuft, der sog. Hauptreihe, weil der wichtigste Faktor, der den Spektraltyp und die Leuchtkraft bestimmt, die Masse ist – die Hauptreihe ist eine Massensequenz. Man weiß heute, daß die anfangs verfolgte Idee, es handele sich um eine Entwicklungsreihe, falsch ist. Trotzdem werden auch heute noch manchmal heiße Sterne »Sterne frühen Typs« und kühlere »Sterne späten Typs« genannt. Diese Fehlbezeichnungen sind ein Vermächtnis der Fehlinterpretation der Hauptreihe.

Die Entwicklung führt Sterne in Wirklichkeit von der Hauptreihe weg, die solche Sterne repräsentiert, die in ihrem Kern Wasserstoff in einer thermonuklearen Reaktion verbrennen.

Wenn der zentrale Wasserstoff verbraucht ist, führt eine Reihe von inneren Veränderungen zu einer gewaltigen Ausdehnung des Sterns, gekoppelt mit einem Abfall der Oberflächentemperatur. Solche entwickelten Sterne findet man auf dem Riesen- oder Überriesenast oberhalb der Hauptreihe. Die besonders weit entwickelten → *Weißen Zwerge* bilden eine Gruppe unterhalb der Hauptreihe.

Das HR-Diagramm eines Sternhaufens verdeutlicht, wie viele Sterne eines jeden Entwicklungsstadiums vorhanden sind. In Verbindung mit dem Wissen, wie die Entwicklungsgeschwindigkeit von der Sternmasse abhängt, ergibt dies einen wichtigen Schlüssel für das Alter des Sternhaufens. Trägt man statt der absoluten Leuchtkraft die scheinbare Helligkeit auf der vertikalen Achse auf, kann man die Entfernung eines Sternhaufens bestimmen.

HR-Diagramme dienen auch der Darstellung der Änderungen in Farbe und Leuchtkraft, die im Verlauf der Entwicklung eines einzelnen Sterns vor und nach der Hauptreihe stattfinden. Das Ergebnis ist ein Entwicklungspfad. Siehe auch → *Sternentwicklung*

Herzberg Institute Die astrophysikalische Forschungsabteilung des National Research Council of Canada. Siehe auch → *Dominion Astrophysical Observatory*, → *Dominion Radio Astrophysical Observatory*

Heterodyn-Spektrometer Ein Instrument, das man in der Mikrowellen-Astronomie verwendet, um die Stärke der → *kosmischen Mikrowellen-Hintergrundstrahlung* zu messen, indem man einen Detektor schnell zwischen einer stabilen Referenzquelle und dem Himmel hin- und herschaltet.

Hevelius Ein Mondkrater, 118 Kilometer im Durchmesser, am westlichen Rand des Oceanus Procellarum. Der Kraterboden ist von einem System von Rissen durchzogen.

Hexahedrit Ein Typ von Eisen-→ *Meteoriten*, der weniger als 6 Gewichtsprozent Nickel enthält. Hexahedrite enthalten eine Form von Eisen-Nickel-Legierung, den Kamazit, die kubische Symmetrie hat. Die polierte Oberfläche solcher Meteorite ist ohne besondere Merkmale, außer einer Vielzahl von Streifen, den sog. Neumann-Linien, die bei manchen Exemplaren vorkommen. Sie sind durch Schockdeformation entstanden.

HH-Objekte Abkürzung für → *Herbig-Haro-Objekte*.

Hidalgo Asteroid 944, Durchmesser 40–60 Kilometer, 1920 von Walter Baade entdeckt. Seine hochelliptische Bahn läßt ihn von einer Entfernung von 2 AE von der Sonne im Haupt-→ *Asteroidengürtel* bis hinaus zu einer Entfernung von 9,7 AE noch über die Saturnbahn hinauswandern. Seine Bahn ist mit einem Winkel von 43° relativ stark gegen die Ebene des Sonnensystems geneigt. Seine ausgefallene Bahn unter den Asteroiden hat einige Astronomen zu der Vermutung geführt, daß Hidalgo ein »toter« Kometenkern sein könnte.

hierarchisches Universum Ein Modell des Universums, in dem Klumpung auf allen Skalenlängen auftritt, wie ein Fraktal: Sterne bilden Galaxien, Galaxien bilden Haufen, diese wiederum bilden Superhaufen usw. Nach gegenwärtigen Beobachtungen klumpen Galaxien zusammen bis zu Skalen von 150 Millionen Lichtjahren. Über noch größere Entfernungen hinaus scheint das Universum gleichmäßig bevölkert zu sein.

High Altitude Observatory Ein sonnenphysikalisches Observatorium und Forschungsinstitut in Colorado, USA. Es wurde 1940 unter der Schirmherrschaft des → *Harvard College Observatory* gegründet und ist heute eine Abteilung des National Center for Atmospheric Research. Sonnenexperimente werden auch an anderen Standorten und auf Satelliten gemacht. Die Forschung befaßt sich vor allem mit Veränderungen auf der Sonne und mit möglichen Konsequenzen für die Erde.

High Energy Astrophysical Observatory Der Name von drei in der Erdumlaufbahn befindlichen Observatorien der NASA, die zwischen 1977 und 1979 gestartet wurden. Zwei von ihnen waren der Röntgenastronomie gewidmet, der dritte der Gamma-Astronomie. HEAO–1, im September 1977 gestartet, musterte den Gesamthimmel durch, was zu dem bis dahin vollständigsten Katalog führte. HEAO–2 wurde als das → *Einstein-Observatorium* bekannt. HEAO–3 wurde im September 1979 gestartet und trug ein Gamma-Spektrometer und Instrumente für kosmische Strahlen an Bord.

Hilda-Asteroiden Eine Gruppe von Asteroiden am äußeren Rand des → *Asteroidengürtels* in einer Sonnenentfernung von 4,0 AE. Sie sind nach dem Asteroiden 153 Hilda benannt, der einen Durchmesser von 175 Kilometern hat und 1875 von J. Palisa entdeckt wurde. Die Bahnperioden der Hilda-Asteroiden sind der Jupiterbahn im Verhältnis 3:2 angeglichen. Sie sind durch die → *Kirkwood-Lücke* vom Rest des Asteroidengürtels getrennt. Siehe auch → *Kommensurabilität*

Hill-Sphäre Das etwa kugelförmige Gebiet, in dem ein Planet – nicht etwa die Sonne –

aufgrund seines stärkeren Gravitationsfeldes die Bewegung von Teilchen bestimmt.

Himalia Ein Jupitermond (Nummer VI), 180 Kilometer im Durchmesser, 1904 von Charles Perrine entdeckt. Er gehört zu einer Gruppe von vier Monden, deren dicht beieinander liegende Bahnen alle zwischen 11,1 und 11,7 Millionen Kilometern Entfernung vom Jupiter liegen (die anderen heißen Leda, Lysithea und Elara). Siehe auch → *Tabelle 6*

Himmelsäquator Der Großkreis auf der → *Himmelssphäre*, der die Grenze zwischen der nördlichen und der südlichen Hemisphäre bildet. Er ist auch der Nullpunkt für die → *Deklination* und die Projektion des Erdäquators an die Himmelssphäre.

Himmelsjäger Sternbild → *Orion.*

Himmelskoordinaten Jedes Koordinatensystem, das benutzt werden kann, um die Position eines Objekts an der → *Himmelssphäre* zu beschreiben. Für verschiedene Anwendungen werden in der Astronomie unterschiedliche Koordinatensysteme benutzt. Die am häufigsten verwendeten sind äquatoriale, horizontale und ekliptische Koordinaten sowie → *galaktische Koordinaten.* *)

Himmelsmechanik Ein allgemeiner Ausdruck für die Fachrichtung der Astronomie, die sich mit der Bewegung und den Positionen von Himmelsobjekten befaßt, insbesondere der Bestimmung von Umlaufbahnen.

Himmelspole Die zwei Punkte auf der Himmelssphäre, um die sich der Sternenhimmel täglich zu drehen scheint. Ihre Lage sind die Raumrichtungen, in die die Erdachse zeigt. Der nördliche Himmelspol liegt gegenwärtig in der Nähe des Sterns Polaris und der Südpol im Sternbild Octans ohne Markierung durch einen hellen Stern. Wegen der → *Präzession* sind die Positionen der Pole nicht stationär, sondern beschreiben Kreise mit Radien von etwa 23° über eine Periode von 25 800 Jahren.

Himmelssphäre Der Himmel, betrachtet als die Innenseite einer hohlen Sphäre, um Positionen und Bewegungen astronomischer Objekte zu beschreiben. Der jeweilige Beobachter steht im Zentrum seiner eigenen Himmelssphäre. Man kann sich den Himmel leicht als eine halbkugelförmige Kuppel vorstellen. Die Hälfte des Himmels ist einem Beobachter auf der Erde immer verborgen. Welche Hälfte der Himmelssphäre dem Beobachter sichtbar ist, hängt von der geographischen Länge (und Breite) und vom Datum und der Uhrzeit ab. Messungen an der Himmelssphäre werden im Winkelmaß angegeben (Grad) und haben nichts mit der tatsächlichen Entfernung des Objekts zu tun.

Hindscher Nebel (NGC 1554/5) Ein variabler → *Reflexionsnebel*, der den Stern T Tauri umgibt. Siehe auch → *T Tauri-Stern*

Hinterdeck (auch Achterdeck) Deutsche Bezeichnung für das Sternbild → *Puppis.*

Hintergrundstrahlung → *kosmische Mikrowellen-Hintergrundstrahlung.*

Hipparcos Ein Satellit der European Space Agency mit dem Ziel, eine astrometrische Durchmusterung mit bis dahin unerreichter Genauigkeit durchzuführen. Der Start 1989 war nur zum Teil erfolgreich, da der Satellit in eine hochelliptische Bahn statt des geostationären Orbits geriet. Dennoch wurde der größte Teil der wissenschaftlichen Zielsetzung erreicht.
Der Name »Hipparcos« ist ein Akronym für »High Precision Paralax Collecting Satellite«, auch wegen der Ähnlichkeit mit dem Namen des griechischen Astronomen Hipparchus (oder Hipparchos) gewählt, der die Mondparallaxe bestimmte und eine genaue Sternkarte erstellte, die zur Entdeckung der → *Präzession* der Äquinoxe führte.
Das Hauptinstrument war ein rein katoptrisches Schmidt-Teleskop mit einem 0,29-Meter-Hauptspiegel. Positionsdaten aus systematischen Himmelsdurchmusterungen werden schließlich genaue Positionen, Parallaxen und Eigenbewegungen von vielen tausend Sternen ergeben, mit größerer Genauigkeit, als dies mit Beobachtun-

*) Siehe äquatoriale Koord., Horizontalsystem, ekliptikale Koordinaten

gen vom Erdboden aus möglich ist. Das Beobachtungsprogramm machte die Vorab-Erstellung eines Eingabekatalogs notwendig, der speziell zu diesem Zweck durchgeführte Beobachtungen vom Boden aus enthielt.

Hirayama-Familie Eine Konzentration von Asteroiden, die ähnliche Bahnen haben und sich daher räumlich nahe sind. Die Existenz solcher Gruppierungen wurde erstmals 1918 von Kryotsugo Hirayama festgestellt. Über hundert Mitglieder wurden identifiziert. In vielen Fällen sind diese Asteroiden von ähnlichem oder verwandtem Typ, was vermuten läßt, daß sie sich aus einem zerbrochenen Urkörper gebildet haben. Einige wohlbekannte Beispiele für solche Fälle sind die Eos-, Koronis- und Themis-Familien. Etwa die Hälfte aller Asteroiden gehört vermutlich zu einer Hirayama-Familie.

H- und K-Linien Die stärksten Linien des ionisierten Kalziums im sichtbaren Spektrum; sie liegen im Violetten bei 393,4 und 396,8 Nanometer. Sie sind auffällige Merkmale im Spektrum vieler Sterne, darunter auch der Sonne. Die heute immer noch übliche Bezeichnung H und K geht auf Fraunhofer zurück. Siehe auch → *Fraunhofersche Linien*

Hoba-Meteorit Der größte bekannte → *Meteorit* der Welt. Er ist ein Eisen-Meteorit und wiegt etwa 55 000 Kilogramm. Er liegt noch an seiner Einschlagsstelle in Namibia, wo er 1928 entdeckt wurde. Eine Schicht von rostigem verwittertem Material umgibt ihn. Berücksichtigt man die Verwitterung, so muß die Originalmasse über 73 000 Kilogramm betragen haben.

Hochgeschwindigkeits-Stern Ein Stern, der sich mit außergewöhnlich hoher Geschwindigkeit relativ zur Sonne bewegt (d. h. schneller als 65 km/s). Hochgeschwindigkeits-Sterne sind sehr alte Sterne, die nicht die Bewegung der Sonne und der meisten sonnennahen Sterne mitmachen (in Kreisbahnen um das Zentrum unserer → *Galaxis*). Statt dessen bewegen sie sich auf elliptischen Bahnen, die sie oft weit aus der galaktischen Ebene hinausführen. Auch wenn ihre Bahngeschwindigkeit nicht größer als die der Sonne ist, haben sie doch eine hohe Relativgeschwindigkeit aufgrund ihrer abweichenden Bahnen.

Hochgeschwindigkeits-Wolke Eine Wolke → *neutralen Wasserstoffs* in unserer Galaxie, die sich schneller bewegt (bis zu 460 km/s), als aus der Rotation der Galaxie allein vermutet werden kann (220 km/s). Hochgeschwindigkeits-Wolken kommen hauptsächlich in der nördlichen Hemisphäre vor. Man vermutet, daß es sich um Wolken intergalaktischen Wasserstoffs handelt, die in die Milchstraße einfallen.

Hochland Ein allgemeiner Begriff für die Gebiete auf dem Mond, die keine Maria (→ *Mare*) sind. Die lunaren Hochland-Gebiete sind durch eine hohe Kraterdichte und eine im Vergleich zu den Maria hellere Farbe charakterisiert.

Homestake Mine Der Standort in Lead, South Dakota, wo seit 1970 Experimente zum Nachweis solarer Neutrinos durchgeführt werden. Siehe auch → *Neutrinoastronomie*

Homogenität Die Eigenschaft, überall im Raum gleich zu sein. Kosmologen nehmen an, daß das Universum in größten Skalenlängen homogen ist.

Homunculus-Nebel Ein kleiner Nebel, der den Stern → *Eta Carinae* umgibt.

Hooker-Teleskop Das 2,54-Meter-Spiegelteleskop am → *Mount Wilson Observatory*, nahe Pasadena in Kalifornien. Es wurde 1917 fertiggestellt, finanziert durch eine Schenkung von John D. Hooker. Bis zur Einweihung des 5-Meter-Hale-Teleskops im Jahr 1948 war es das größte Teleskop der Erde. Es ist seit 1985 nicht mehr für Forschungszwecke benutzt worden.

Horizont Der Großkreis, der durch Punkte definiert ist, die vom Zenit eines Beobachters am Boden 90° entfernt sind und der damit die Grenze zwischen der dem Beobachter sichtbaren und der unsichtbaren Hälfte der Himmelssphäre markiert.
Der Begriff »Horizont« wird

Höhe → Horizontalsystem
→ Altitudo

auch allgemein für eine Grenze in der Raumzeit zwischen solchen Ereignissen benutzt, die prinzipiell beobachtbar sind und solchen, die es nicht sind. Siehe auch → *Ereignishorizont*, → *Teilchenhorizont*

horizontaler Ast Ein kurzer horizontaler Streifen im Hertzsprung-Russell-Diagramm eines → *Kugelsternhaufens*, links des Riesenastes. Er repräsentiert massearme Sterne, die während der Riesenphase Masse verloren haben.

Horizontalsystem Ein Koordinatensystem, in dem Punkte an der Himmelssphäre durch die beiden Koordinaten Höhe und Azimut gekennzeichnet werden. Höhe ist der Winkelabstand über dem Horizont und Azimut der Winkel von der Nordrichtung ostwärts entlang dem Horizont. Die Höhe und der Azimut eines Himmelsobjekts hängen von der geographischen Breite und Länge des Beobachters und von der Beobachtungszeit ab.

Hornantenne Eine Antenne in Form eines Horns, speziell an Radioteleskopen für den Mikrowellenempfang und die Beobachtung der → *kosmischen Mikrowellen-Hintergrundstrahlung*. Durch die hornartige Form wird sehr wenig Strahlung von außerhalb der Hauptbeobachtungs-Richtung der Antenne empfangen, so daß das Rauschen sehr gering ist. Die Größe des Horns muß der Wellenlänge des Radiosignals angepaßt sein, für die es gebaut ist. Daher braucht ein Radioteleskop, das bei verschiedenen Wellenlängen eingesetzt werden soll, mehrere Hornantennen.

Hörnerspitzen Die spitzen extremen Enden einer Sichelform.

Horologium (Die Pendeluhr) Ein schwaches, unscheinbares Sternbild des südlichen Himmels, das Mitte des 18. Jahrhunderts von Nicolas L. de Lacaille eingeführt wurde. Siehe auch → *Tabelle 4*

Howardit Ein Stein- → *Meteorit* vom → *Achondrit*-Typ, der Bruchstücke verschiedener Gesteinstypen enthält, die später zusammengeschmolzen sind.

HR Ein Präfix für Harvard Revised Photometry, das benutzt wird, um Sternkatalognummern im → *Bright Star Catalogue* zu identifizieren, der 1908 von Pickering aufgestellt und später mehrfach revidiert und veröffentlicht wurde.

HR-Diagramm (H-R-Diagramm, auch HRD) Abkürzung für → *Hertzsprung-Russell-Diagramm*.

HST Abkürzung für → *Hubble Space Telescope*.

Hubble-Diagramm In seiner ursprünglichen Form ein Diagramm, bei dem die Rotver-

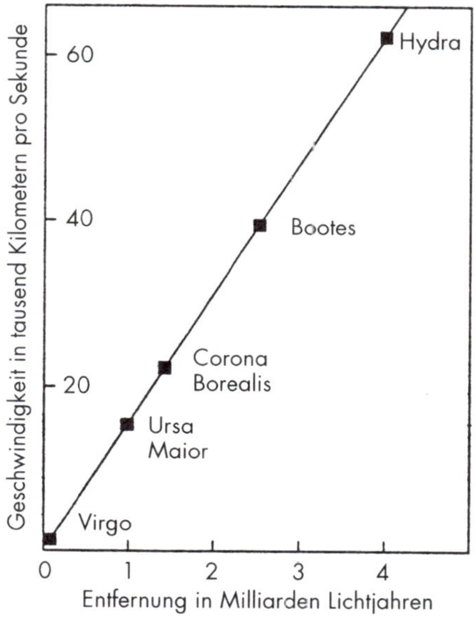

Hubble-Diagramm. Die Punkte sind mit Namen von Galaxienhaufen bezeichnet. Die dargestellte Beziehung gilt für eine Hubble-Konstante von 50 Kilometern pro Sekunde pro Megaparsec.

schiebungen von Galaxien gegen deren scheinbare Helligkeiten aufgetragen sind (siehe Abbildung). Der Begriff wird heute allgemeiner auf jede Darstellung der Rotverschiebung oder Fluchtgeschwindigkeit gegen einen Entfernungsindikator für eine sorgfältig ausgewählte Anzahl von Galaxien benutzt. Dieses Diagramm gab 1929 die ersten klaren Hinweise darauf, daß sich das Universum ausdehnt. Es ist heute noch ein wichtiges Hilfsmittel in der beobachtenden Kosmologie, da die Form des Diagramms bei höheren Rotverschiebungen von der Geometrie des Universums abhängt. Siehe auch → *expandierendes Universum*, → *Hubble-Konstante*, → *Hubble-Relation*

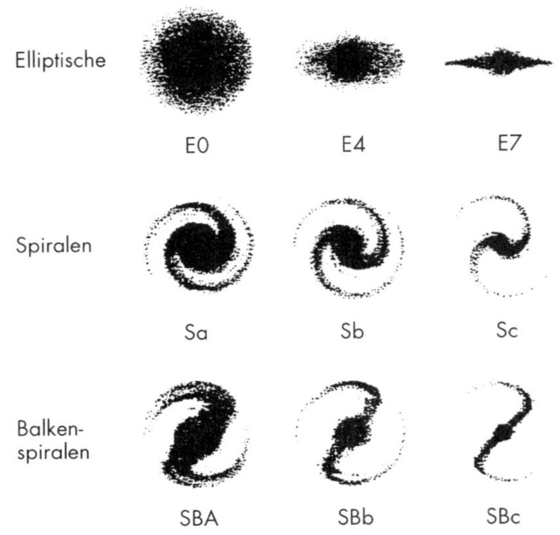

Hubble-Klassifizierung.

Hubble-Fluß Die gleichförmige Bewegung von Galaxien, die allein von der Expansion des Universums herrührt. In der Praxis sind dem idealisierten Fluß statistische und systematische Geschwindigkeiten von einigen wenigen hundert Kilometern pro Sekunde überlagert. Siehe auch → *Großer Attraktor*

Hubble-Klassifizierung Eine von Edwin Hubble (1889–1953) eingeführte Klassifizierungsmethode von Galaxien nach ihrem Aussehen (siehe Abbildung). Das Schema klassifiziert elliptische Galaxien auf einer Skala von E0 für eine kreisförmige Scheibe über E1 und E2 usw. bis E7 in der Reihenfolge zunehmender Elongation. Spiralgalaxien werden mit Sa, Sb oder Sc bezeichnet in der Reihenfolge zunehmender Öffnung ihrer Arme und abnehmender Größe des Kernbereichs relativ zur Gesamtgröße der Galaxie. Es gibt zusätzlich eine parallele Reihe für Balkenspiralen, die mit SBa, SBb oder SBc bezeichnet werden. Galaxien, deren Form weder elliptisch noch spiralförmig ist, werden mit »Ir« bezeichnet für irregulär. Hubble vermutete 1925, daß ein Übergangstyp S0 die »fehlende Verbindung« in der Entwicklungskette von E0 zu den offenen Spiralen Sc und SBc sein könnte. Eine solche Reihenfolge wird heute nicht mehr als Entwicklungssequenz angesehen, aber Hubbles Klassifizierung wird weiterhin viel benutzt als eine einfache Art, die Form einer Galaxie zu beschreiben.

Hubble-Konstante (Symbol H_0) Die Proportionalitätskonstante in der → *Hubble-Relation*. Sie beschreibt das Maß, in dem das Universum sich mit der Zeit ausdehnt. Der Wert ist wegen der Unsicherheiten bei der Bestimmung extragalaktischer Entfernungen nicht leicht zu bestimmen, aber er scheint zwischen 50 und 100 Kilometern pro Sekunde und Megaparsec zu liegen. In einem sich entwickelnden Universum verändert sich sein Wert mit der Zeit, statt eine echte Konstante zu sein. Aus diesem Grunde wird er öfters auch »Hubble-Parameter« genannt. Sein Kehrwert ist die → *Hubble-Zeit*.

Hubble-Relation Die Fluchtgeschwindigkeiten entfernter Galaxien sind direkt proportional zu ihrer Entfernung von uns. Die Relation ist eine direkte Konsequenz der gleichförmigen Expansion des Universums. Die Beziehung wurde durch Beobachtung von Galaxien-Rotverschiebungen entdeckt und 1929 erstmals von Edwin Hubble (1889–1953) bekanntgegeben. Während der 30er Jahre setzte er die Arbeit mit detaillierteren Untersuchungen der Beziehung fort.

Hubble-Sandage-Variable
Superleuchtkräftige variable Sterne, die von Edwin Hubble und Allan Sandage bei ihrer Untersuchung von M31 und M33 festgestellt wurden. Sie sind mit der Klasse von Variablen identifiziert worden, die man → *P Cygni-* oder → *S Doradus-Sterne* nennt.

Hubble Space Telescope
(HST) Ein Observatorium für optische und ultraviolette Astronomie in der Erdumlaufbahn, das gemeinsam von NASA und ESA gebaut wurde und betrieben wird.
Nach sechsjähriger Verzögerung wurde es am 25. April 1990 erfolgreich vom → *Space Shuttle* ausgesetzt. Nach intensiven Tests in den ersten Wochen wurde deutlich, daß ein Fehler in der Formgebung des Hauptspiegels → *sphärische Aberration* verursachte, ein scharfer Fokus also nicht erreicht werden konnte, bis in einem Wartungsflug Korrekturmaßnahmen getroffen würden. Dies war eine schwere Enttäuschung, da die meisten gespannt erwarteten Beobachtungen in der ersten Phase des Unternehmens nicht durchgeführt werden konnten. Trotzdem schienen nach einigen anfänglichen Schwierigkeiten das Teleskop und seine Instrumente in allen anderen Aspekten gut zu funktionieren. Über die Hälfte der geplanten Beobachtungen konnte mit dem falsch geformten Spiegel gemacht werden. Eine gewisse Bildverbesserung konnte durch Verarbeitung am Rechner erreicht werden, wenn Punktquellen vorlagen, die im Gesichtsfeld nicht zu dicht benachbart waren. 1993 wurde der Abbildungsfehler durch den Einbau eines Linsenkorrektors behoben.
Das Ziel des HST war, die prinzipielle Beschränkung der Bildqualität durch die Atmosphäre zu überwinden. Es wurde mit einer fünfzehnjährigen Lebenszeit als ein Observatorium entworfen, das in der Umlaufbahn gewartet und erneuert werden kann. Es ist ein → *Ritchey-Chrétien-Teleskop* mit einem Hauptspiegel von 2,4 Metern Durchmesser, der aus Glas mit extrem geringem Ausdehnungskoeffizient hergestellt ist. Das kompakte, gefaltete optische System steckt in einem 13 Meter langen Tubus. Der nutzbare Wellenlängenbereich reicht von 110 bis 1100 Nanometer.
Die Hauptteile des Teleskops sind das optische Teleskop selbst, das Halterungssystem-Modul, das Nachführsystem und fünf wissenschaftliche Instrumente. Die Spannung wird von zwei Sonnenkollektoren geliefert; die Kommunikation wird über das Tracking and Data Relay Satellite System gewährleistet.
Die fünf wissenschaftlichen Instrumente sind eine hochempfindliche Kamera, eine Weitwinkelkamera, ein hochauflösender Spektrograph, ein hochempfindlicher Spektrograph und ein Hochgeschwindigkeits-Photometer. Zusätzlich können astrometrische Messungen mit dem Präzisions-Nachführ-System vorgenommen werden. Die Positioniergenauigkeit beträgt 0,007 Bogensekunden.
Eines der Schlüsselprojekte, die genauere Bestimmung der Hubble-Konstante durch Beobachtung von → *Cepheiden*-Variablen in entfernten Galaxien, war mit der mangelhaften Optik unmöglich. Ultraviolett-Spektroskopie konnte durchgeführt werden. Der wissenschaftliche Betrieb wird vom Space Telescope Science Institute (STScI) in Baltimore, Maryland, besorgt.

Hubbles variabler Nebel
(NGC 2261) Ein leuchtkräftiger dreieckiger Nebel im Sternbild Monoceros. Auf Photographien aus den Jahren 1900 bis 1916 entdeckte Edwin Hubble, daß der Nebel in Form und Helligkeit variabel ist. R Monocerotis ist in den Nebel eingebettet. Er

ist ein starker Infrarotstrahler und vermutlich ein sehr junger Stern, der von einer zirkumstellaren Scheibe umgeben ist und einen → *bipolaren Ausfluß* abstößt. Der Nebel ist vermutlich ein Herbig-Haro-Objekt. Man beobachtet auch Licht, das vom Stern ausgehend an interstellarem Staub reflektiert wird.

Hubble-Zeit Ein Maß für die Zeitspanne, die sich das Universum bereits ausdehnt. Der derzeit festgesetzte Wert liegt zwischen 13 und 15 Milliarden Jahren. Die Hubble-Zeit ist als der Kehrwert der → *Hubble-Konstante* definiert. Sie stellt die Zeit dar, die das Universum bräuchte, um seine gegenwärtige Ausdehnung zu verdoppeln. Das Alter des Universums ist kleiner als die Hubble-Zeit.

Hufeisennebel Ein anderer Name für den → *Omega-Nebel.*

Hülle Eine Gasregion um einen oder mehrere Sterne oder ein anderes astronomisches Objekt.

Hüllenstern → *B-Stern* mit einem charakteristischen Spektrum, in dem scharfe Absorptionslinien auftreten, die von Emmissions»flügeln« begleitet werden, die dem normalen Spektrum mit breiten Absorptionslinien überlagert sind. Das Spektrum kann durch die Existenz einer ausgedehnten Hülle zirkumstellaren Materials um den Stern gedeutet werden; wahrscheinlich ist dies das Resultat der raschen Rotation dieser Sterne. Hierzu gehört beispielsweise der Stern → *Pleione* in den Plejaden.

Humason-Komet → *Komet Humason.*

Humboldt Ein großer Mondkrater, 207 Kilometer im Durchmesser, am extremen südöstlichen Rand des Mondes.

Hundsstern Ein populärer Name für den Stern → *Sirius.*

Hungaria Asteroid 434, Durchmesser 11,4 Kilometer, 1898 von M. Wolf entdeckt.

Hungaria-Gruppe Eine Gruppe von Asteroiden am inneren Rand des Asteroidengürtels, 1,95 AE von der Sonne entfernt, die eine Bahnneigung von 24° gegen die Ebene des Sonnensystems haben. Die Gruppe ist vom Hauptgürtel durch die → *Kirkwood-Lücke* getrennt und hat keinen gemeinsamen Ursprung.

Huygens-Okular Eine der einfachsten → *Okular*-Konstruktionen, bestehend aus zwei plankonvexen Linsen (siehe Abbildung). Ein Huygens-Okular läßt sich gut an langbrennweitigen Refraktoren einsetzen. Bei kurzzeitiger Öffnung tritt aber eine Bildunschärfe durch sphärische Aberration hervor.

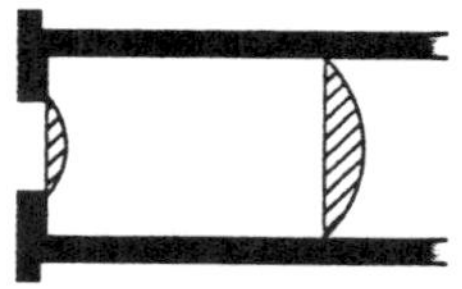

Huygens-Okular.

Hyaden Ein offener Sternhaufen im Sternbild Taurus. Seine Mitglieder scheinen verstreut über eine Fläche von 8° im Durchmesser um den Stern Aldebaran zu liegen (der selbst nicht zum Haufen gehört, sondern im Vordergrund steht). Er ist mit einer Entfernung von etwa 150 Lichtjahren der nächste Sternhaufen. Weil die Sterne so weit verstreut liegen, war der Sternhaufen weder im → *Messier-Katalog* noch im → *New General Catalogue* verzeichnet. Siehe auch → *offener Sternhaufen*

Hydra (Die Wasserschlange) Das der Fläche am Himmel nach größte Sternbild, aber ein schwer zu identifizierendes, da es nur einen recht hellen Stern enthält, den Stern 2. Magnitudo Alphard. Es wurde von Ptolemäus in seine Liste von 48 Sternbildern aufgenommen (140 n. Chr.). Siehe auch → *Tabelle 4*

Hydra A Die hellste Radioquelle im Sternbild Hydra. Sie ist mit einer großen elliptischen Galaxie im Zentrum eines kleinen Galaxienhaufens in einer Entfernung von einer Milliarde Lichtjahren assoziiert.

hydrostatisches Gleichgewicht Die Gleichgewichtsbedingung, die besteht, wenn die gravitativen Kräfte genau durch den entgegenwirkenden Gas- und Strahlungsdruck kompensiert werden.

Hydroxyl → *OH-Quelle*, → *Maser.*

Hydrus (Kleine südliche oder männliche Wasserschlange) Ein unauffälliges südliches Sternbild, das 1603 von Johann Bayer in seinen Sternatlas eingeführt wurde. Seine drei hellsten Sterne sind 3. Magnitudo. Siehe auch → *Tabelle 4*

Hygeia Asteroid 10, Durchmesser 430 Kilometer, 1849 von A. de Gasparis entdeckt. Er ist der viertgrößte Asteroid.

hyperbolisch Von der Form einer Hyperbel, eine Kurve aus der Familie der sog. → *Kegelschnitte.* Die Hyperbel ist eine der möglichen Bahnformen eines Körpers unter dem Einfluß einer zentralen Gravitationskraft. Die Hyperbelform kommt dann vor, wenn der Körper genug Energie hat, um dem Einfluß der Gravitationskraft entkommen zu können. Wenn ein Körper hierfür schnell genug ist, sagt man bisweilen, er habe eine hyperbolische Geschwindigkeit.

hyperbolischer Raum Ein Raum mit negativer Krümmung, in dem die Winkelsumme im Dreieck weniger als 180° beträgt, wie etwa die Oberfläche eines Sattels (zweidimensional).

Hypergalaxie Eine Gruppe von Galaxien, die aus einer dominierenden Spiralgalaxie besteht, die von einer Wolke von Zwerggalaxien umgeben ist. Unsere eigene Galaxie und die → *Andromeda-Galaxie* sind Beispiele hierfür.

Hyperion Ein Mond des Saturns, 1848 von W. C. Bond entdeckt. Er ist ein länglicher unregelmäßiger Körper, der etwa 350 x 200 Kilometer mißt. Es gibt auf Hyperion große Krater und ein gekrümmtes, etwa 300 Kilometer langes böschungsartiges Merkmal. Anscheinend handelt es sich um ein Überbleibsel eines größeren Körpers, der beim Einschlag zerschmettert wurde. Siehe auch → *Tabelle 6*

H II-Region (H^+-Region) Eine interstellare Wolke → *ionisierten Wasserstoffs.*

Iapetus Ein Saturnmond, der 1671 von Giovanni Cassini entdeckt wurde. Die Voyager-Sonde bestätigte die Vermutung, die von Cassini nach Entdeckung der Helligkeitsvariationen geäußert wurde, daß die eine Halbkugel sehr viel dunkler ist als die andere. Der Mond schaut immer mit der gleichen Seite Richtung Saturn, und so sieht man von der Erde aus im Laufe eines Iapetus-Umlaufs um Saturn seine helle und dunkle Hälfte. Die helle Seite ist von Kratern durchsetzt und wahrscheinlich von Eis bedeckt. Die dunkle Hälfte ist mit einem zehnmal dunkleren Material bedeckt, dessen Ursprung unbekannt ist. Die 1,2-fache Wasserdichte läßt vermuten, daß Iapetus einen großen Anteil an Eis enthält, darunter möglicherweise Methan- und Ammoniakeis. Siehe auch → *Tabelle 6*

IAU Abkürzung für → *International Astronomical Union.*

IC Abkürzung für → *Index Catalogue.*

Icarus Asteroid 1566, Durchmesser 1,4 Kilometer, 1949 entdeckt von W. Baade. Ein Mitglied der → *Apollo*-Gruppe; seine hochelliptische Bahn bringt ihn näher an die Sonne als Merkur.

ICE Abkürzung für → *International Cometary Explorer.*

IDP Abkürzung für → *interplanetarer Staub.*

IGY Abkürzung für → *International Geophysical Year.*

Ikeya-Seki-Komet → *Komet Ikeya-Seki.*

Image Photon Counting System (IPCS) Ein elektronischer Lichtbilddetektor, der empfindlich genug ist, um einzelne Photonen nachzuweisen und zu zählen.

Imbrium-Becken Der größte und jüngste der sehr großen Einschlagskrater auf dem Mond. Er füllte sich später mit Lava und bildet so die dunkle Fläche mit dem Durchmesser von 1300 Kilometern, die man als Mare Imbrium kennt. Das Imbrium-Becken ist von drei konzentrischen Ringgebirgen umgeben, wenn auch nur der äußerste mit einer gewissen Klarheit durch die Karpaten, die Apenninen und das Kaukasusgebirge definiert ist. Die Alpen bilden einen Teil des zweiten Rings.

Immersion Das Verschwinden eines Sterns, Planeten, Mondes oder eines anderen Körpers zu Beginn einer → *Okkultation* oder → *Eklipse.*

Index Catalogue (IC) Eine Ergänzung zum → *New General Catalogue of Nebulae and Star Clusters* (NGC), zusammengestellt und veröffentlicht von J. L. E. Dreyer in zwei Teilen, 1895 und 1908.

Indianer Sternbild → *Indus.*

Indus (Der Indianer) Ein unscheinbares südliches Sternbild, das einen (amerikanischen) Indianer repräsentiert. Es wurde in dem Sternatlas von 1603 von Johann Bayer eingeführt und enthält keine Sterne heller als 3. Magnitudo. Siehe auch → *Tabelle 4*

inflationäres Universum Eine Klasse von → *Big Bang*-Modellen des Universums, die eine endliche beschleunigte Expansionsphase in einem frühen Entwicklungsstadium beinhaltet. Ein solches Ereignis hätte enorme Energien freigesetzt, die bis dahin im Vakuum der Raumzeit gespeichert waren. Der Horizont des Universums expandierte zeitweise viel schneller als die Lichtgeschwindigkeit. Diese Theorie kann die gegenwärtige riesige Ausdehnung und Gleichförmigkeit des Universums befriedigend erklären.

Infrared Astronomical Satellite (IRAS) Ein überaus erfolgreiches Infrarotteleskop in der Erdumlaufbahn, das vom Start am 25. Januar 1983 bis zur Erschöpfung der Kühlmittel am 23. November 1983 in Betrieb war. Es war eine Mission in Zusammenarbeit zwischen der NASA, die das Teleskop entwarf und baute, der Netherlands Aerospace Agency, die für den Satellit als solchen verantwortlich war, und dem UK Science and Engineering Research Council, dessen Rutherford Appleton Laboratory täglich die Nachführung und die Datenübernahme kontrollierte. IRAS war ein Ritchey-Chrétien-Teleskop mit Spiegeln aus Beryllium, um den niedrigen Betriebstemperaturen standhalten zu können. Der Durchmesser des Primärspiegels betrug 57 Zentimeter. Das Teleskop wurde mit flüssigem Helium auf 2 Kelvin gekühlt. Der Detektor bestand aus einem Array aus 62 Elementen. Es wurden Filter mit Zentralwellenlängen bei 12, 25, 60 und 100 Mikrometern benutzt. Die verschiedenen Wellenlängen erlaubten es, zwischen Quellen verschiedener Temperatur unterscheiden zu können. Die Satelliten-Bahn war nord-südlich ausgerichtet und drehte sich planmäßig um 1° pro Tag, so daß IRAS stets entlang des Terminators flog, das Teleskop immer von der Sonne weggerichtet.
Während der zehnmonatigen Mission wurden 96 Prozent des Himmels zweimal durchmustert, so daß eine Infrarotkarte des nahezu vollständigen Himmels dargestellt werden konnte. Darüber hinaus gab es ein Spektrometer an Bord und ein Gerät zur Kartierung einzelner Quellen. Eine Viertelmillion individueller Quellen wurde gefunden, darunter Sterne, Galaxien, dichte interstellare Staubwolken und einige nichtidentifizierte Objekte. Fünf Kometen wurden entdeckt. Der erste und hellste, Komet IRAS-Araki-Alcock, der im Mai 1983 entdeckt wurde, flog in einer Entfernung von nur 5 Millionen Kilometern an der Erde vorbei – der dichteste Vorbeiflug eines Kometen seit 200 Jahren.

Infrared Space Observatory (ISO) Ein Observatorium der → *European Space Agency* für Infrarotastronomie in der Erdumlaufbahn. Es soll 1995 gestartet werden, mit einer geplanten Betriebszeit von 18 Monaten. Beobachtungen werden im Wellenlängenbereich 2,5 bis 200 Mikrometer mit einer viel größeren Empfindlichkeit durchgeführt, als sein Vorgänger, der → *Infrared Astronomical Satellite* (IRAS), sie hatte. ISO wird als ein Observatorium für spezielle Objekte benutzt, also nicht nur für Durchmusterungen. Die Instrumentierung wird aus einer Kamera, einem abbildenden Photopolarimeter und zwei Spektrometern bestehen, die den kurzwelligen und langwelligen Spektralbereich abdecken.

Infrared Telescope Facility (IRTF) Ein Infrarotteleskop der NASA, das am → *Mauna Kea-Observatorium* auf Hawaii steht, wo es seit 1979 als eine nationale Einrichtung der USA in Betrieb ist. Der Durchmesser des Hauptspiegels beträgt 3 Meter.

Infrarotastronomie Die Untersuchung der Infrarotstrahlung astronomischer Objekte. Infrarot ist eine → *elektromagnetische Strahlung* mit Wellenlängen zwischen dem sichtbaren roten Spektrum und dem Radiobereich. Die Definition ist nicht präzise, aber normalerweise versteht man unter dem Infrarotbereich das Wellenlängenintervall zwischen 1 und etwa 100 Mikrometern. Die Strahlung ist mit dem menschlichen Auge nicht sichtbar, und sie wird fast vollständig in den tieferen Schichten der Erdatmosphäre absorbiert, in erster Linie durch Wasserdampf. Daher müssen astronomische Infrarotbeobachtungen auf den höchsten Bergen ausgeführt werden oder vom Flugzeug bzw. Satelliten aus.
Die erste Infrarotbeobachtung wurde 1800 von William Herschel zufällig durchgeführt, als ein Thermometer, das er in das rote Ende des Sonnenspektrums hielt, steigende Temperatur anzeigte. Infrarotbilder zeigen vor allem die Verteilung von Wärme. Alle warmen Objekte strahlen im Infraroten, daher müssen Infrarotteleskope auf wenige Grad über dem absoluten Nullpunkt gekühlt werden, damit sie nicht von ihrer eigenen thermischen Emission geblendet werden.
Die Entwicklung einer systematischen Infrarotastronomie begann in den 60er Jahren, als brauchbare Detektoren verfügbar wurden. Die erste Infrarot-Durchmusterung des Himmels wurde von Gerry Neugebauer und Robert Leighton vom California Institute of Technology (Caltech) durchgeführt. Sie veröffentlichten 1969 eine Liste von 5612 Quellen. 1968 kündigten Eric Becklin und Neugebauer an, daß die Infrarotemission des galaktischen Zentrums bei einer Wellenlänge von 2,2 Mikrometern mehr als tausendmal stärker ist, als man aufgrund der Radiobeobachtungen vermuten würde.
Die Infrarotastronomie erhielt 1983 einen enormen Antrieb durch den erfolgreichen Betrieb von IRAS, dem → *Infrared Astronomical Satellite*. Der beste Standort für infrarotastronomische Beobachtungen vom Erdboden aus ist das → *Mauna Kea-Observatorium* auf Hawaii. 1979 begannen dort drei Infrarotteleskope ihren Betrieb: das → *United Kingdom Infrared Telescope* (UKIRT), die → *Infrared Telescope Facility* (IRTF) der NASA und das → *Canada-France-Hawaii Telescope* (CFHT), das auch als optisches Teleskop benutzt werden kann. Das → *Kuiper Airborne Observatory* (KAO) wird auch für Infrarotuntersuchungen genutzt.
Infrarotstrahlung wird von Sternen, Galaxien und von Staubwolken im Sonnensystem und im interstellaren Medium empfangen. Eine starke Infrarotemission ist insbesondere für Staub charakteristisch, der von kurzwelliger sichtbarer Strahlung von Sternen aufgeheizt wird. Protosterne während ihres Entstehungsprozesses und entwickelte Rote Riesen sind von Staubhüllen umgeben, die Infrarotstrahlung emittieren. Im Gegensatz zu optischer Strahlung kann Infrarotstrahlung relativ ungehindert durch Staubwolken dringen. So kann z. B. das galaktische Zentrum, das im sichtbaren Bereich stark durch Staub

verdeckt ist, im Infrarot- und Radiobereich gut untersucht werden. Die Art, in der Infrarotstrahlung an der Oberfläche von Objekten im Sonnensystem gestreut wird, liefert wichtige Informationen über deren Zusammensetzung.

Infrarotgalaxie Eine Galaxie, die den größten Teil ihrer Energie (typischerweise über 90 Prozent) im Infrarotbereich des Spektrums abstrahlt. Solche Galaxien haben vermutlich eine ungewöhnlich hohe Sternentstehungsrate; aus diesem Grunde werden sie auch → *Starburst-Galaxien* genannt.

Infrarotstern Ein Stern, der eine Infrarotquelle ist. Siehe auch → *Infrared Astronomical Satellite*, → *Infrarotastronomie*

Infrarotteleskop Ein Teleskop für astronomische Beobachtungen im Infrarotbereich. Siehe auch → *Infrarotastronomie*, → *Infrared Astronomical Satellite*

Infrarotzirrus Faserige, wolkenartige Strukturen, die man auf den vom → *Infrared Astronomical Satellite* aufgenommenen Infrarotkarten oberhalb und unterhalb der galaktischen Ebene beobachtet. Sie werden vermutlich durch Staub verursacht – wahrscheinlich Graphit- und Silikat-Teilchen in Mikrometergröße –, der mit relativ lokalen Wolken → *neutralen Wasserstoffs* assoziiert ist. Die Temperatur des Staubs beträgt ungefähr 35 Kelvin. Siehe auch → *Infrarotastronomie*

initial mass function Ein mathematischer Ausdruck, der die relative Anzahl von Objekten in verschiedenen Massenintervallen für einen Sternhaufen oder eine Galaxie (oder irgendein spezielles Raumvolumen) zur Zeit der Entstehung beschreibt.

Inklination (Symbol i) Eines der Haupt- → *Bahnelemente*, das zur Definition einer Bahn benutzt wird. Die Inklination gibt den Winkel zwischen der Bahnebene und einer Referenzebene an. Für die Bahnen der Planeten und Kometen um die Sonne z. B. ist die Referenzebene die → *Ekliptik*. Für eine Mondbahn ist dieses die Äquatorebene des entsprechenden Planeten.

Der Begriff Inklination wird auch für den Winkel zwischen der Rotationsachse eines Körpers und der Referenzebene, meist der Umlaufbahn, benutzt.

innere Konjunktion Die Position eines der inneren Planeten Merkur oder Venus, wenn er genau zwischen Erde und Sonne steht. Wegen der relativen Neigungen der Planetenbahnen treten Merkur und Venus nur selten direkt vor die Sonnenscheibe. Normalerweise laufen die Planeten bei der inneren Konjunktion nördlich oder südlich an der Sonne vorbei.

Innere Planeten Die Planeten Merkur, Venus, Erde und Mars. Sie werden auch erdähnliche oder terrestrische Planeten genannt.

innerer Planet Einer der beiden Planeten Merkur oder Venus, deren Bahnen um die Sonne innerhalb der Erdbahn liegen.

Insolation Der Betrag eingestrahlter Sonnenenergie pro Einheitsfläche und Zeit.

Instabilitätsstreifen Ein Gebiet im → *Hertzsprung-Russell-Diagramm*, das von pulsierenden veränderlichen Sternen besetzt ist. Der Streifen repräsentiert Kombinationen von Leuchtkraft und Temperaturen, die instabilen Zuständen entsprechen, die zu regelmäßigen Pulsationen in den äußeren Hüllen eines Sterns führen.

Intensitäts-Interferometer → *Brown-Twiss-Interferometer*.

Interamnia Asteroid 704, Durchmesser 333 Kilometer, 1910 von V. Cerulli entdeckt – der sechstgrößte bekannte Asteroid.

Interferenzfilter Ein Filter, das den Interferenzeffekt in einem dünnen Film dazu ausnutzt, Licht nur in einem schmalen Wellenlängenbereich selektiv durchzulassen. Siehe auch → *Interferometer*

Interferometer In der Astronomie ein Instrument, in dem die elektromagnetische Strahlung eines Objekts am Himmel entlang zweier oder mehrerer Weglängen gesammelt und zu einem Interferogramm vereinigt wird.

Wenn eine elektromagnetische Welle empfangen wird, hat sie eine Amplitude (Stärke der Wel-

wolken vorhanden sind. Sie können nur überleben, wenn sie vor dem zerstörerischen Einfluß der Ultraviolettstrahlung von Sternen abgeschirmt werden, daher findet man sie in dichten interstellaren oder zirkumstellaren Wolken. Bis 1963 waren CH (Methylen), CH^+ und CN (Cyan) die einzigen bekannten interstellaren Moleküle, da sie Spektrallinien im Visuellen zeigen. 1963 wurde Radioemission bei einer Wellenlänge von 18 Zentimetern als dem Hydroxyl (OH) zugehörig identifiziert. Seit 1968 wurden mehr als 80 verschiedene Moleküle identifiziert, vor allem aufgrund ihrer charakteristischen Spektren im Millimeter-Wellenlängenbereich. Die meisten sind einfache organische Moleküle.

interstellare Rötung Die scheinbare Rötung des Lichts entfernter Sterne durch interstellaren Staub, der → *Extinktion* verursacht. Inwieweit Licht vom interstellaren Medium gestreut und absorbiert wird, hängt stark von der Wellenlänge ab: Blaues Licht wird stärker abgeschwächt als rotes. Daher wird die Farbe von Sternen, die man durch das interstellare Medium sieht, geändert, sie erscheinen röter. Der Betrag der Rötung wächst mit zunehmender Materiedichte. Ein ähnlicher Effekt verursacht in der Erdatmosphäre die Rötung der Sonne, wenn sie nahe am Horizont steht.

interstellarer Staub Kleine Teilchen im → *interstellaren Medium.* Interstellare Staubteilchen werden 0,005 bis 1 Mikrometer groß und kommen meist vermischt mit interstellarem Gas vor. Sie tragen zwar nur ein Prozent zur Masse des interstellaren Mediums bei, aber der Staub absorbiert weit mehr Licht und emittiert weit mehr Infrarotstrahlung als das Gas. Er verursacht die → *interstellare Extinktion* und die → *interstellare Rötung.* An Staubpartikeln gestreutes Sternlicht verursacht → *Reflexionsnebel.*

Durch die Absorption der Energie des Sternlichts steigt die Temperatur des Staubs auf einige -zig Grad über dem absoluten Nullpunkt. Bei diesen Temperaturen emittiert der Staub → *thermische Strahlung,* deren Intensität im Infraroten ihr Maximum erreicht. Wenn der Staub auf mehr als 1500 Kelvin aufgeheizt wird, wird er zerstört.

Es ist unwahrscheinlich, daß der interstellare Staub immer gleich zusammengesetzt ist. Graphit (eine häufige Form des Kohlenstoffs) und Eisen-, Aluminium-, Kalzium- und Magnesium-Silikate sind vermutlich die häufigsten Materialien, wenn auch die breiten, vom Staub verursachten spektralen Merkmale nur schwer sicher zu identifizieren sind. Polarisationseffekte lassen vermuten, daß zumindest ein Teil der Teilchen nicht sphärisch symmetrisch ist.

Der größte Teil des Staubs hat vermutlich seinen Ursprung in Materieausflüssen kühler → *Roter Riesen.* Da das Gas mit der Entfernung vom Stern kühler wird, kann festes Material auskondensieren. Die Infrarotemission, die man von solchen Sternen empfängt, zeigt, daß sie tatsächlich von Staubhüllen umgeben sind. Materieteilchen können auch in → *Molekülwolken* auskondensieren.

interstellares Medium (ISM) Das diffuse Material in Galaxien im Raum zwischen individuellen Sternen, die typischerweise mehrere Lichtjahre voneinander entfernt sind. In unserer eigenen Galaxie wird die Masse an interstellarer Materie auf mindestens ein Zehntel der gesamten Sternenmasse geschätzt. Sie ist im Zentralgebiet und in vier Spiralarmen konzentriert. Im allgemeinen haben Spiralgalaxien einen beträchtlichen Anteil an interstellarer Materie und elliptische Galaxien wenig oder gar keinen.

Die Sterne stehen in dauernder Wechselwirkung mit der interstellaren Materie, die nicht gleichförmig verteilt ist, sondern aus einer Anzahl verschiedener Komponenten besteht: Dunkelwolken aus Gas und Staub, Gebieten neutralen und ionisierten Wasserstoffs, → *Molekülwolken,* → *Globulen,* einem sehr heißen dünnen Gas und hochenergetischen Teilchen der → *kosmischen Strahlung.*

Interstellare Wolken sind der

Ort der Sternentstehung, andererseits sind sie auch durch Material angereichert, das aus → *Supernovae* und anderen Prozessen von stellarem Massenverlust ausgeschleudert wurde. Auf der Entfernungsskala von Tausenden von Lichtjahren wird die Struktur des interstellaren Mediums vermutlich von ineinanderlaufenden Supernova-Überresten dominiert. Die dichten Hüllen, die sie umgeben, kühlen ab und kondensieren in kleine Wolken. Solche Wolken können wechselwirken, entweder indem sie sich vermischen oder beim Aufeinanderprall fragmentieren. Siehe auch → *Astration*

invariable Ebene Die Ebene, die durch das Massenzentrum des Sonnensystems geht und auf der der Vektor der Winkelgeschwindigkeit (d.h. die Drehachse) senkrecht steht. Diese Ebene ist die fundamentale Bezugsebene bei der Berechnung der Dynamik des Sonnensystems.

inverser Compton-Effekt Ein Stoß zwischen einem Photon und einem hochenergetischen Elektron, bei dem ein Teil der Energie des Elektrons an das Photon abgegeben wird. Siehe auch → *Compton-Effekt*

Io Einer der vier Galileischen Monde des Jupiters (Nummer I), der dem Planeten am nächsten steht und mit gutem Grund als der bemerkenswerteste bezeichnet werden könnte. Seine Oberfläche ist hell gefärbt, in roten, orangenen und weißen Schattierungen. Acht aktive Eruptionszentren wurden auf den Bildern identifiziert, die die Erde während des Vorbeiflugs der Voyager-1-Sonde erreichten; sechs waren noch aktiv, als Voyager 2 vier Monate später Jupiter passierte. Die eruptiven Zentren erscheinen als dunkle Flecken. Viele sind von ungefähr kreisförmigen »Halos« umgeben, vermutlich von ausgeworfenem Material, auch sind Lavaströme zu erkennen. Die farbige Kruste besteht aus Schwefel und festem Schwefeldioxyd. Man erkennt keine Aufschlagskrater; wo auch immer sich einer in der frühen Entwicklungsgeschichte des Mondes bildete, ist er längst durch Eruptionsmaterial verschüttet. Io ist neben der Erde der einzige Körper im Sonnensystem, bei dem mit Sicherheit vulkanische Aktivitäten beobachtet wurde. Triton und Enceladus zeigen nur Hinweise auf wahrscheinliche Aktivität, und Venus könnte auch aktiv sein. Die Aktivität von Io wurde aufgrund der starken Gezeiteneffekte vorhergesagt, die Jupiter auf das Innere von Io ausübt. Der Mond ist von einer dünnen Atmosphäre aus Schwefeldioxyd umgeben, und ein Ring aus elektrisch geladenen Teilchen – ein Plasmatorus, der die Bahn von Io umschließt –, umgibt Jupiter. Siehe auch → *Tabelle 6*

Ion Ein Atom, das ein oder mehrere Elektronen verloren oder eingefangen hat und das deshalb nicht neutral ist.

Ionenschweif (Typ-I-Schweif) Einer der beiden Schweiftypen, die ein → *Komet* bei Annäherung an die Sonne ausbildet. Der Ionenschweif, den man auch Gasschweif oder Plasmaschweif nennt, besteht aus ionisierten Atomen und Molekülen, die nach dem Mechanismus der Resonanz-Fluoreszenz Licht emittieren. Bei diesem Prozeß wird Energie des Sonnenlichts absorbiert und später re-emittiert. Der Ionenschweif liegt in der Ebene der Kometenbahn. Er ist nahezu gerade, aber um wenige Grad von der direkten radialen Linie zur Sonne weggebogen. Der Ionenschweif wird vom → *Sonnenwind* und durch Effekte des Magnetfeldes der Sonne vom Kometen »weggeblasen«. Siehe auch → *Abreiß-Ereignis*

Ionisationsfront Der Übergangsbereich in einer interstellaren Wolke zwischen → *neutralem Wasserstoff* und → *ionisiertem Wasserstoff*. Ionisationsfronten findet man in der Nähe von → *O-Sternen* und → *B-Sternen*, die stark im Ultravioletten strahlen. Die ultravioletten Photonen ionisieren das Medium in der Nähe eines solchen Sterns.

ionisierter Wasserstoff Wasserstoff, bei dem Elektronen von ihren zugehörigen Protonen getrennt sind. (Ein neutrales Wasserstoffatom besteht aus einem einzelnen Proton als Kern und einem Elektron.)

Wasserstoffwolken werden im interstellaren Raum in erster Linie durch Absorption von Ultraviolett-Photonen ionisiert, die genug Energie besitzen, ein einzelnes Elektron aus dem Atom zu lösen. Ionisierter Wasserstoff ist der Hauptbestandteil von H II-(oder H^+)Regionen, einzelner heißer Wolken, die ungefähr sphärisch sind und einen Durchmesser von bis zu 600 Lichtjahren haben. Hier wird die Ionisation durch die intensive Ultraviolettstrahlung von in der Wolke eingebetteten O-und B-Sternen hervorgerufen. H II-Regionen sind Quellen starker Radioemission, die von freien Elektronen ausgeht, und von → *Rekombinationslinien*-Emission. Der Orion-Nebel ist eine Riesen-H II-Region und eine der nächsten. Ionisierter Wasserstoff kommt auch in → *Supernova-Überresten* und der Hülle → *Planetarischer Nebel* vor.

Ionisierung Der Prozeß, bei dem Elektronen von → *Atomen* oder Molekülen durch Stöße zwischen den Teilchen oder durch Absorption eines → *Photons* entfernt werden. Die elektrisch geladenen Teilchen sind positive Ionen.

Ionosphäre Eine ionisierte Schicht in der Atmosphäre eines Planeten, wo freie Elektronen und Ionen mit thermischer Energie unter der Kontrolle des Gravitationsfeldes und des magnetischen Feldes des Planeten existieren. Die Ionosphäre der Erde liegt zwischen 50 und 600 Kilometern Höhe. Die Ausdehnung variiert allerdings beträchtlich und hängt sowohl von der Jahreszeit als auch von der → *Sonnenaktivität* ab. Die Ionosphäre wird durch den Einfluß der Ultraviolett- und Röntgenstrahlung der Sonne verursacht. Vier verschiedene Schichten mit unterschiedlichen Charakteristiken werden in der Reihenfolge nach ansteigender Höhe als D-, E-, F1- und F2-Schicht bezeichnet. Die D-Region zwischen 50 und 90 Kilometern hat eine geringe Elektronendichte. Die E- und F1-Schicht bilden in einer Höhe von 90 bis 230 Kilometern den Hauptteil der Ionosphäre.

IPCS Abkürzung für → *Image Photon Counting System.*

IQSY Abkürzung für → *International Years of the Quiet Sun.*

IR Abkürzung für infrarot. Siehe auch → *elektromagnetische Strahlung*, → *Infrarotastronomie*

IRAS Abkürzung für → *Infrared Astronomical Satellite.*

Iris Asteroid 7, Durchmesser 203 Kilometer, 1847 von J. R. Hind entdeckt.

Irradiation Irradiation (1) Das Aufweiten eines photographischen Bildes durch Streuung des Lichts in der Emulsion.
Irradiation (2) Eine optische Illusion, die helle Objekte gegen einen dunklen Hintergrund größer erscheinen läßt, als sie wirklich sind.
Irradiation (3) Manchmal auch in der Bedeutung »Bestrahlung« verwendet: einer elektromagnetischen Strahlung oder einem Fluß von energetischen Teilchen aussetzen.

irreguläre Galaxie Eine Galaxie, die nicht offensichtlich eine → *elliptische Galaxie* oder → *Spiralgalaxie* ist. Etwa ein Viertel aller Galaxien sind irregulär. In vielen scheint Sternentstehung vonstatten zu gehen, sie sind von Regionen leuchtkräftigen Gases und von hellen jungen Sternen dominiert. Radiobeobachtungen des Wasserstoffgases in irregulären Galaxien zeigen oft die verdeckte Symmetrie einer rotierenden Gasscheibe; in dieser Hinsicht und in bezug auf ihre Sternpopulation erinnern sie an Spiralgalaxien.

irregulärer Mond Ein Planetenmond, der sich in einer retrograden Bahn befindet oder in einer Bahn hoher Neigung gegenüber der Äquatorebene und/oder in einer stark exzentrischen Bahn.

irregulär Variabler Ein pulsierender variabler Stern, dessen Helligkeit sich langsam und unregelmäßig ändert. Solche Sterne gehören hauptsächlich zu den → *Spektraltypen* K, M, C und S.

IRTF Abkürzung für → *Infrared Telescope Facility.*

Isaac Newton-Teleskop (INT) Ein 2,5-Meter-Spiegelteleskop in der Isaac Newton-Gruppe am Observatorio del Roque de los Muchachos, La Palma, auf den Kanarischen Inseln. Es wird vom → *Royal Greenwich*

Observatory betrieben. Die Beobachtungszeit wird zwischen den zusammenarbeitenden Ländern Großbritannien, Spanien und Holland aufgeteilt. Das Teleskop stand ursprünglich in Herstmonceux, dem britischen Standort des Royal Greenwich Observatory bis 1990. Es wurde neu aufgebaut und beim Umzug nach La Palma mit einem neuen Hauptspiegel versehen. Dort ging es 1984 erneut in Betrieb.

ISAS Die japanische nationale Raumfahrt-Agentur.

ISEE Abkürzung für → *International Sun-Earth Explorer.*

Ishtar Terra Eines der größeren Hochlandgebiete auf der → *Venus*, etwa so groß wie der Kontinent Australien. Es schließt die höchste Bergspitze auf Venus mit ein, den Maxwell Montes.

ISM Abkürzung für → *interstellares Medium.*

ISO Abkürzung für → *Infrared Space Observatory.*

Isophote Eine Kurve, die Punkte gleicher Lichtintensität auf einer Karte verbindet, die die Lichtverteilung z. B. über ein Gebiet am Himmel zeigt.

Isotropie Die Eigenschaft, in allen Richtungen gleich zu sein. Flüssiges Wasser ist isotrop, wohingegen eine Schneeflocke mit ihrer sechsstrahligen Symmetrie nicht isotrop ist. Man glaubt, daß das Universum in größten Skalen isotrop ist. Man beobachtet eine Expansion, die in hoher Genauigkeit isotrop ist. Der kosmische Mikrowellen-Hintergrund ist isotrop.

IUE Abkürzung für → *International Ultraviolet Explorer.*

Ivar Asteroid 1627, Durchmesser 6,2 Kilometer, 1929 entdeckt von Ejnar Hertzsprung. Er ist Mitglied der → *Amor-Gruppe.*

Jacobus Kapteyn-Teleskop (JKT) Ein 1-Meter-Spiegelteleskop in der Isaac Newton-Gruppe am → *Observatorio del Roque de los Muchachos*, La Palma, auf den Kanaren. Es wird vom → *Royal Greenwich Observatory* betrieben. Die Beobachtungszeit wird unter den zusammenarbeitenden Ländern Großbritannien, Irland, Spanien und Holland aufgeteilt. Es ist ein Spezialteleskop für Photometrie und Weitwinkel-Photographie und ging 1984 in Betrieb.

Jagdhunde Sternbild → *Canes Venatici.*

Jahr Der Zeitabschnitt, den die Erde benötigt, um die Sonne einmal zu umkreisen. Die genaue Länge eines Jahres ist vom verwendeten Referenzpunkt abhängig. Siehe auch → *Kalender*, → *Kalenderjahr*

Längen und Definitionen für das Jahr

Jahr	Referenzpunkt	Länge in Tagen
Tropisch	Frühlings- u. Herbstpunkt	365,24219
Siderisch	Fixsterne	365,25636
Anomalistisch	Perihel	365,25964
Finsternis	Mondknoten	346,62003
Gaußsches	Kepler-Gesetz für eine Halbachse von 1 AE	365,25690

Jahresaberration → *Aberration* des Sternlichts.

Jahresparallaxe (heliozentrische Parallaxe) Der Unterschied zwischen der Position eines Sterns von der Erde aus gesehen und der für einen hypothetischen Beobachter auf der Sonne. Der Effekt der Jahresparallaxe erscheint als eine Positionsverschiebung bei relativ nahen Sternen gegenüber dem Hintergrund von weiter entfernten Sternen während der jährlichen Reise der Erde um die Sonne. Wenn man die Position eines nahen Sterns über ein Jahr aufzeichnet, scheint er eine Ellipse am Himmel zu durchlaufen, die man parallaktische Ellipse nennt.

Die jährliche Parallaxe wird als die Positionsdifferenz definiert, die ein hypothetischer Beobachter im Zentrum der Sonne bzw. der Erde messen würde.

Jahreszeit Teil der natürlichen, sich zyklisch verändernden Umweltbedingungen auf der Oberfläche der Planeten während eines vollständigen Umlaufs um die Sonne. Zur Ausbildung von Jahreszeiten kann es kommen, wenn die planetare Rotationsachse nicht senkrecht auf der Ebene der → *Ekliptik* steht. Jahreszeitliche Einflüsse, insbesondere der polaren Eiskappen, kennt man bei Erde und Mars.

Gewöhnlich werden vier Jahreszeiten unterschieden – Frühling, Sommer, Herbst und Winter –, doch gibt es zwischen ihnen keine strengen Trennungen. Die jahreszeitlichen Bedingungen können recht deutlich von Jahr zu Jahr variieren.

James Clerk Maxwell Telescope Ein spezielles Radioteleskop, das für den Betrieb bei Submillimeter-Wellenlängen konstruiert wurde. Standort ist das → *Mauna Kea-Observatorium* auf Hawaii. Es wird vom Royal Observatory, Edinburgh, und von der Universität Hawaii im Auftrag der finanzierenden Länder Großbritannien, Holland und Kanada betrieben. Es ist ein Cassegrain-Konzept mit einem parabolischen Reflektor von 15 Metern Durchmesser. Die Schüssel ist aus 276 Leichtgewicht-Panelen aufgebaut, die auf einem Flußstahlrahmen gelagert sind, der so konstruiert ist, daß er sich gleichförmig verformt und so seine parabolische Form beibehält, wenn die Ausrichtung geändert wird. Die Montierung ist altazimutal. Das Teleskop steht innerhalb eines rotierbaren schützenden Doms. Während der Beobachtung ist die Teleskopöffnung mit einer Membran aus gewobenem Teflon bedeckt, um die Oberfläche vor Wind und Sonnenhitze zu schützen. Nur 10 Prozent der Submillimeter-Strahlung wird von der Membrane absorbiert.

Jansky (Symbol Jy) Die in der Radioastronomie gebräuchliche Einheit der Flußdichte. Ein Jansky ist 10^{-26} Watt pro Quadratmeter pro Hertz. Die Einheit ist nach Karl Jansky benannt, der 1932 die Radioemission der Milchstraße entdeckte.

Janus Ein kleiner Saturnmond, der 1966 von Audouin Dollfus entdeckt wurde, als das Ringsystem für den Erdbeobachter von der Kante zu sehen war. Janus kreist etwas außerhalb des äußeren Randes des Ringsystems und ist koorbital zu Epimetheus. Die zwei sind möglicherweise Bruchstücke eines größeren Objekts, das durch Einschlag zertrümmert wurde. Janus ist von unregelmäßiger Form und mißt 220 x 160 Kilometer. Siehe auch → *koorbitale Monde*, → *Tabelle 6*

JD Abkürzung für → *Julianisches Datum*.

Jeans-Kriterium Ein idealisierter Satz von Anfangsbedingungen, der bei einer Dichtestörung in einer interstellaren Wolke zu stetiger Kontraktion unter dem Einfluß der Gravitation führt.

Jeans-Länge Die minimale Wellenlänge, die eine Dichtestörung in einer Gaswolke haben muß, wenn sie unter dem Einfluß der Gravitation wachsen soll. Das Konzept ist zentral für Sternentstehungstheorien in interstellaren Wolken.

Jeans-Masse Die minimale Masse, die eine Dichtestörung in einer interstellaren Wolke haben muß, damit sie unter dem Einfluß ihrer eigenen Gravitation kontrahiert.

Jet Ein schmaler Strahl von Materie oder Strahlung, der z. B.

aus einem → *aktiven galaktischen Kern* oder einer → *Akkretionsscheibe* austritt.

Jet Propulsion Laboratory (JPL) Ein Institut in Pasadena, Kalifornien, das vom California Institute of Technology (Caltech) zur Unterstützung von Programmen der US → *National Aeronautics and Space Administration* (NASA) und anderer Organisationen betrieben wird. Es war die erste Einrichtung in den USA zur Entwicklung und zum Betrieb interplanetarer Sonden. Unter den Aktivitäten von JPL war das → *Viking-*, *Voyager-*, *Galileo-* und *Magellan-*Projekt. Es wird zwar häufig ein Zentrum der NASA genannt, aber JPL-Angestellte sind keine US-Angestellten des öffentlichen Dienstes, anders als z. B. diejenigen, die am Goddard Space Flight Center und ähnlichen Einrichtungen angestellt sind, die formal Teil der NASA sind.

Jet-X Ein Röntgenteleskop, das von Großbritannien, Italien und Deutschland für den voraussichtlichen Start 1996 auf dem sowjetischen Spectrum-X-Satelliten entwickelt wird.

JILA Abkürzung für → *Joint Institute for Laboratory Astrophysics.*

JKT Abkürzung für → *Jacobus Kapteyn-Teleskop.*

Jodrell Bank Der Standort der Nuffield Radio Astronomy Laboratories der Universität von Manchester in Cheshire.

Johnson Space Center → *Lyndon B. Johnson Space Center.*

Joint Institute for Laboratory Astrophysics (JILA) Eine Einrichtung, die seit 1962 in Zusammenarbeit von der Universität von Colorado und dem US National Institute of Standards and Technology (früher National Bureau of Standards) betrieben wird als Zentrum für Forschung und Lehre mit Schwerpunkt auf den Gebieten atomare Wechselwirkung, Spektroskopie, Physik der Gravitation, Strahlungstransport, Physik des Sterninnern usw. Theoretische wie experimentelle Arbeiten werden durchgeführt. JILA befindet sich auf dem Haupt-Campus der Universität von Colorado in Bolder.

jovianisch Zum Planeten Jupiter gehörig.

jovianische Planeten Ein Sammelname für die Planeten Jupiter, Saturn, Uranus und Neptun, die alle gasförmige Riesen sind, im Gegensatz zu den → *terrestrischen Planeten.*

JPL Abkürzung für → *Jet Propulsion Laboratory.*

JSC Abkürzung für → *Lyndon B. Johnson Space Center.*

J-Stern → *Kohlenstoffstern.*

Julianischer Kalender Ein Kalender, der im Römischen Reich von Julius Caesar ab 46 v. Chr. eingeführt wurde. Es gab zwölf Monate pro Jahr, und auf drei Jahre mit 365 Tagen folgte eines mit 366 Tagen, was eine mittlere Jahreslänge von 365,25 Tagen ergibt. Da das Julianische Jahr 11 Minuten und 14 Sekunden länger ist als das → *tropische Jahr,* nach dem sich die Jahreszeiten richten, verschoben sich die Jahreszeiten relativ zum bürgerlichen Jahr. Deswegen wurde ab 1582 der → *Gregorianische Kalender* eingeführt.

Julianisches Datum (JD) Die Zeitspanne in Tagen seit Mittag in Greenwich am 1. Januar 4713 v. Chr.

Julianisches Jahr Eine Periode von 365,25 Tagen. Seit 1984 sind die Standard- → *Epochen* in Julianischen Jahren definiert, vorher wurde das → *Besselsches Jahr* benutzt.

Juliet Ein kleiner Mond des Uranus, 80 Kilometer im Durchmesser, 1986 von Voyager 2 entdeckt. Siehe auch → *Tabelle 6*

Jungfrau Deutscher Name für das Sternbild → *Virgo.*

Juno Asteroid 3, Durchmesser 244 Kilometer, 1804 entdeckt von Karl L. Harding.

Jupiter Der größte Planet im Sonnensystem und der fünfte nach dem Sonnenabstand. Nach Venus ist er von der Erde aus gesehen der zweithellste Planet am Himmel.
Jupiter ist ein Riesen-Gasball, zehnmal so groß wie die Erde und ein Zehntel so groß wie die Sonne. Seine Masse beträgt 0,1 Prozent der Sonnenmasse, und seine Zusammensetzung ist ähnlich der der Sonne: 90 Prozent Wasserstoff (in Jupiter in molekularer Form) und etwa 10 Prozent Helium. Von den Spu-

rengasen sind die wichtigsten Wasserdampf, Methan und Ammoniak. Es gibt unter der Wolkenschicht keine feste Oberfläche. Statt dessen findet mit nach tieferen Schichten hin zunehmendem Druck ein langsamer Übergang vom gasförmigen zum flüssigen Zustand statt, gefolgt von einem plötzlichen Übergang zu einer metallischen Flüssigkeit, in der die Atome von ihren Elektronen befreit sind.
Ganz im Zentrum könnte sich ein kleiner Kern aus Gestein oder vielleicht Eis befinden.
Durch seine interne Energiequelle – die Wärme, die während der Bildung von Jupiter durch den Gravitationskollaps erzeugt wurde –, strahlt der Planet zwischen 1,5 und zweimal so viel Wärme ab, wie er von der Sonne absorbiert.
Im visuellen Licht erkennt man, daß die Scheibe des Jupiters von abwechselnd hellen und dunklen Gürteln überzogen ist. Die Ergebnisse von vier Raumsonden, die Jupiter zwischen 1973 und 1981 erreichten (Pioneer 10 und 11, Voyager 1 und 2), haben die Komplexität der Flußverteilung innerhalb dieser Bänder deutlich gemacht. Es gibt fünf oder sechs auf jeder Hemisphäre, die mit Windströmungen korreliert sind. Weiße oder farbige Ovale erscheinen als relativ langlebige Merkmale. Das bekannteste und auffälligste ist der »Große Rote Fleck«, der bereits seit etwa 300 Jahren beobachtet wird. Der Ursprung dieses Merkmals, das so breit ist wie die Erde, ist unsicher. Eine populäre Theorie besagt, daß es sich im wesentlichen um einen riesigen → *Antizyklon* handelt. Die farbigen Wolken befinden sich in den höchsten Schichten Jupiters in einem Bereich von nur 0,1 bis 0,3 Prozent des Gesamtradius. Die Herkunft der starken Färbung bleibt mysteriös, wenn es auch als sicher gilt, daß sie mit Spurenanteilen der Atmosphäre zu tun haben muß und ein Hinweis auf komplexe Chemie ist. Die Färbung der Wolken variiert systematisch mit der Höhe: Blaue Bereiche sind die tiefsten, gefolgt von Braun, dann Weiß und schließlich Rot in den höchsten Gebieten.
Die Existenz eines schwachen Rings um Jupiter wurde erstmals aufgrund von Ergebnissen von Pioneer 11 im Jahr 1974 vermutet und durch direkte Voyager-Bilder bestätigt. Der Hauptteil des Rings liegt zwischen 1,72 und 1,81 Jupiter-Radien vom Zentrum des Planeten entfernt. Der Natur des Rings gemäß müssen viele der Teilchen Größen von wenigen Mikrometern haben. Das Material muß ununterbrochen nachgefüllt werden. Als Quelle kommt eine Population von Felsbrokken in der Umlaufbahn in Betracht, die kontinuierlich von Hochgeschwindigkeits-Partikeln bombardiert werden.
Man kennt heute sechzehn Jupiter-Monde, die man in vier verschiedene Gruppen aufteilen kann: Die vier kleinen inneren Monde (Metis, Adrastea, Amalthea und Thebe) und die vier großen Galileischen Monde (Io, Europa, Ganymed und Callisto) befinden sich auf Kreisbahnen in der Äquatorebene. Die dritte Gruppe (Leda, Himalia, Lysithea und Elara) besteht aus Monden in einer Kreisbahn, die um Winkel zwischen 25° und 29° gegen die Äquatorebene geneigt sind und deren Radien 11 bis 12 Millionen Kilometer betragen. Die Monde der äußersten Gruppe (Ananke, Carme, Pasiphae und Sinope) sind kleine Monde in retrograden Bahnen, die relativ exzentrische, deutlich gegen die Äquatorebene geneigte Ellipsen sind. Diese Bahnen liegen alle im Abstand zwischen 21 und 24 Millionen Kilometern von Jupiter entfernt.
Die vier Galileischen Monde und ihre Bahnbewegungen sind mit einem kleinen Teleskop oder einem Feldstecher leicht zu erkennen.
1955 wurde die Radioemission des Jupiters entdeckt. Es war der erste Hinweis auf ein starkes Magnetfeld, das 4000mal stärker ist als das der Erde. Die → *Magnetosphäre* ist infolgedessen 100mal größer. Die Radioemission wird von Elektronen verursacht, die um die Feldlinien spiralen. Eingefangene Elektronen in der Nähe des Planeten verursachen → *Synchrotronstrahlung* im Bereich der Dezimeter-Wellenlängen. Deka-

meterstrahlung, die nur in bestimmten Gebieten des Planeten beobachtet wird, hat mit der Wechselwirkung zwischen Jupiters Ionosphäre und seinem Mond Io zu tun, dessen Bahn innerhalb eines riesigen Plasmarings liegt. Diese Wechselwirkung verursacht auch Polarlicht. Strahlung im Bereich der Kilometer-Wellenlängen wurde von den Voyager-Sonden entdeckt, die ihren Ursprung in hohen Breiten nahe dem Planeten und im Plasmaring hat. Siehe auch → *Tabelle 5*, → *Tabelle 6* und → *Tabelle 7*

Kalender Ein praktisches System zur zeitlichen Einordnung menschlicher Angelegenheiten, das wichtige natürliche Zeitzyklen wie den Tag, den Monat und das Jahr berücksichtigt. Ein idealer praktischer Kalender muß so eingeteilt sein, daß das Kalenderjahr mit den Jahreszeiten schritthält. Da das → *tropische Jahr* keine ganze Anzahl von Tagen enthält, machte das Aufstellen eines solchen Kalenders den frühen Zivilisationen große Schwierigkeiten. Der heute auf der Welt weitestverbreitete Kalender ist der im Jahr 1582 eingeführte → *Gregorianische Kalender*. Der Gregorianische Kalender verschiebt sich gegenüber den Jahreszeiten um nur einen Tag in 3300 Jahren. Andere noch in Gebrauch befindliche Kalender sind der jüdische, der moslemische und der chinesische Kalender.

Kalenderjahr Ein Jahr, das 365 oder 366 ganze Tage enthält, je nachdem, ob das Jahr ein Schaltjahr im → *Gregorianischen Kalender* ist oder nicht.

kalte Dunkle Materie → *Dunkle Materie*.

kalte Kamera Eine Kamera für die astronomische Photographie mit einem eingebauten System, das den Film auf sehr tiefer Temperatur hält. Belichtungen bei tiefen Temperaturen verbessern die Eigenschaften eines Films, insbesondere eines Farbfilms, unter den Bedingungen der langen Belichtungszeiten, die man in der Astrophotographie braucht. Die nötige niedrige Temperatur erreicht man z. B. mit Hilfe einer in der Nähe des Films gelegenen Kammer, die Trockeneis (festes Kohlendioxyd) enthält, das eine Temperatur von –78 °C hat.

Kalypso Ein kleiner, 1980 entdeckter Mond des Saturns. Er hat die gleiche Bahn wie → *Thetys* und → *Telesto*. Siehe auch → *Tabelle 6*

Kamazit Eine Eisen-Nickel-Verbindung, die als Plättchen oder Einzelkristall in → *Eisenmeteoriten* und als Körnchen in → *Chondriten* und → *Achondriten* vorkommt.

Kanäle Vermutete lineare Strukturen auf dem Mars. Das italienische Wort »canale« bedeutet einfach Rinne oder Flußbett und wurde im 19. Jahrhundert von Angelo Secchi – später auch von Giovanni Schiaparelli – benutzt, um lineare Strukturen zu beschreiben, die man bei der Beobachtung des Mars wahrnahm. Das Wort wurde ins Englische übersetzt als »canal« mit der Nebenbedeutung, daß die beobachteten Strukturen künstlicher Natur sind. Die Bezeichnung wurde von Percival Lowell sorgfältig ausgearbeitet, der ein Observatorium in Flagstaff, Arizona, speziell für die Beobachtung von Mars bauen ließ. Seine Zeichnungen des Planeten Mars zeigten ausgedehnte Netzwerke geradliniger Kanäle. Lowell vermutete, daß eine Zivilisation intelligenter Wesen auf dem Mars verantwortlich für ihren Bau sei. Spätere Beobachter fanden kaum Hinweise auf solche auffallend geradlinigen Strukturen, und Bilder von Mariner und Viking zeigen keine Anzeichen davon. Sie werden heute als optische Täuschung abgetan.

KAO Abkürzung für → *Kuiper Airborne Observatory.*

Kappa Crucis (κ Cru) Der bekannteste Stern in dem offenen Sternhaufen NGC 3324, auch → *Schmuckkästchen* genannt.

Kapteyns Stern Ein → *M-Stern* 8. Größe (HD 33793) mit einer relativ großen → *Eigenbewegung* von 8,7 Bogensekunden pro Jahr und hoher → *Radialgeschwindigkeit* von 245 km/s. Dies ist die zweitgrößte Eigenbewegung nach der von → *Barnards Pfeilstern.* Mit einer Entfernung von 12,7 Lichtjahren ist er einer der sonnennächsten Sterne. Seine Eigenschaften entdeckte 1897 der holländische Astronom J. C. Kapteyn (1851–1922). Er befindet sich am Südhimmel im Sternbild Pictor.

Kapteyn-Teleskop → *Jacobus Kapteyn-Teleskop.*

Karaffen-Galaxie Eine eigenartige, von einem Ring umgebene → *Seyfert-Galaxie* nahe NGC 1595 und NGC 1598. Siehe auch → *Karaffen-Gruppe*

Karaffen-Gruppe Eine Gruppe von drei Galaxien, NGC 1595, NGC 1598 und die Karaffen-Galaxie, die eine gemeinsame Raumgeschwindigkeit haben. Von NGC 1598 zeigen zwei leuchtkräftige Jets weg, und es gibt Hinweise, daß die Karaffen-Galaxie und NGC 1595 wechselgewirkt haben.

Kardinalpunkte Die vier Richtungen Nord, Süd, Ost, West.

Karl-Schwarzschild-Observatorium Deutsche Sternwarte in Tautenburg bei Jena, gegründet 1960 als Institut der Akademie der Wissenschaften der damaligen DDR. Es besitzt ein 2-Meter-Spiegelteleskop von Zeiss, das sowohl als photographische → *Schmidt-Kamera* als auch im → *Cassegrain-* oder → *Coudé-Fokus* betrieben werden kann.

Karpaten Ein Gebirge auf dem Mond, das zum Teil den Rand des Mare Imbrium bildet.

Katadioptrik Ein optisches System, das reflektierende und brechende Komponenten kombiniert. Die → *Schmidt-Kamera* ist ein Beispiel für solch ein System. → *Dioptrik*, → *Katoptrik*

kataklysmische Veränderliche Sterne, deren Helligkeit dramatisch und plötzlich infolge eines explosionsartigen Ereignisses ansteigt. Der Begriff wird vor allem auf → *Novae*, → *Supernovae*, → *Flare-Sterne* und → *Zwergnovae* angewendet.

Katalog-Äquinox Der Schnittpunkt des Stundenkreises der Rektaszension 0 eines bestimmten Katalogs mit dem Himmelsäquator. Siehe auch → *Äquinox*, → *dynamisches Äquinox*

Katoptrik Ein optisches System, das nur reflektierende Komponenten (d. h. Spiegel) enthält. Siehe auch → *Dioptrik*, → *Katadioptrik*

Kaukasus-Gebirge Ein Gebirge auf dem Mond, das teilweise den Rand des Mare Imbrium bildet.

Kaus Australis (Epsilon Sagittarii; ϵ Sgr) Der hellste Stern im Sternbild Sagittarius. Zusammen mit Kaus Meridionalis (Delta) und Kaus Borealis (Lambda) markiert er den Bogen des Schützen. Er ist ein → *B-Stern* mit einer Magnitudo von 1,9. Siehe auch → *Tabelle 3*

Keck-Teleskop Ein 10-Meter-Spiegelteleskop, das gemeinsam vom California Institute of Technology (Caltech) und der Universität von Kalifornien betrieben wird. Es gehört zum Mauna Kea-Observatorium auf Hawaii und wurde von der W. M. Keck-Stiftung finanziert. Der Primärspiegel dieses → *Ritchey-Chrétien-Teleskops* weist ein einzigartiges Konstruktionsprinzip auf. Er besteht aus 36 einzelnen Segmenten mit hexagonaler Form. Der gesamte Spiegel wird durch ein System von speziellen, passiv unterstützenden und aktiv computerkontrollierten Stößeln auf der Spiegelrückseite in seine exakte Form gebracht. Auf diese Weise war es möglich, den großen Spiegeldurchmesser zu realisieren und auf einem fernen Berg zu installieren.

Keel-Lücke Eine schmale Lükke nahe der Außenkante des A-Rings von → *Saturn.* Siehe auch → *Planetenringe*, → *Tabelle 7*

Keenan-System Bezeichnung für das Galaxienpaar NGC 5216 und 5218 im Großen Bären.

Kegelschnitt Ein allgemeiner Ausdruck, der einen Kreis, eine Ellipse, eine Parabel oder eine Hyperbel beschreibt. Alle vier dieser mathematisch definierten Kurven kann man durch einen ebenen Schnitt durch einen Kegel (siehe Abbildung) erzeugen.

Kelvin International gebräuchliche SI-Einheit der Temperatur nach der thermodynamischen Temperaturskala. Sie ist formal durch den Tripelpunkt von Wasser bei 0 Grad Celsius (273,16 Kelvin) festgelegt. Die Temperaturdifferenz von einem Kelvin entspricht einem Grad auf der Celsius-Skala.

Kennedy Space Center (KSC) Der Haupweltraumbahnhof der amerikanischen → *National Aeronautics and Space Administration* (NASA) auf Cape Canaveral an der Atlantikküste Floridas. Es ist der einzige Weltraumbahnhof, von dem die Weltraumfähre aus startet und eine der wenigen Einrichtungen, auf der sie wieder landet. In der Vergangenheit sind alle bemannten Missionen – → *Mercury*, → *Gemini*, → *Apollo* sowie die → *Skylab*-Programme – vom KSC aus gestartet. Auch die zahlreichen unbemannten Raketen wie z. B. die Delta-Raketen haben von dort aus abgehoben. Der KSC ist nach dem ehemaligen US-Präsidenten John F. Kennedy benannt.

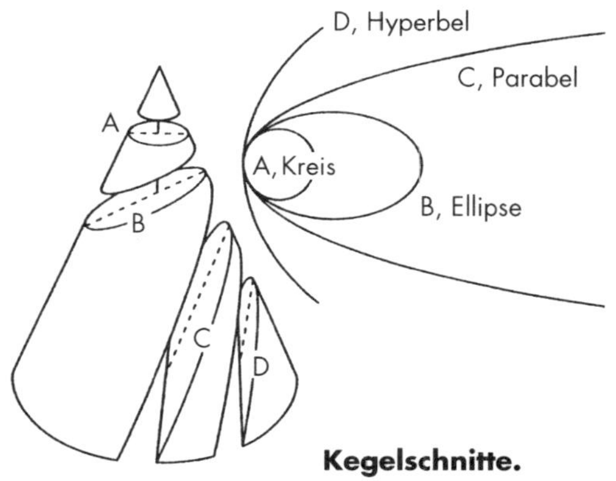

Kegelschnitte.

Kellner-Okular Eine weit verbreitete und für viele Zwekke einsetzbare Art von → *Okular* mit einer plankonvexen Feldlinse und einer achromatischen Doppellinse (siehe Abbildung).

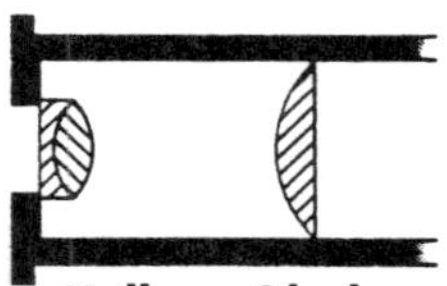

Kellner-Okular.

Kepler Ein Mondkrater mit einem Durchmesser von 32 Kilometern im Oceanus Procellarum. Er hat terrassierte Wälle, eine Zentralerhebung und ist das Zentrum eines hellen Strahlensystems.

Keplersche Gesetze Drei von Johannes Kepler (1571–1630) auf empirischem Weg gefundene, fundamentale Grundsätze der Planetenbewegung. Ihm dienten dabei genaue Beobachtungen von Tycho Brahe (1546–1601) als Grundlage:

1. Jeder Planet bewegt sich auf einer Ellipsenbahn, in deren einem Brennpunkt die Sonne steht.
2. Die Verbindungslinie Planet-Sonne (der Radiusvektor) überstreicht in gleichen Zeiten gleiche Flächen.
3. Die Quadrate der Umlaufzeiten der Planeten sind der dritten Potenz des Abstands der Planeten zur Sonne proportional.

Die ersten beiden Gesetze veröffentlichte er 1609 in der »Astronomia nova«, das dritte 1619 im → *Harmonice mundi.* Die physikalische Ursache dieser Gesetze ließ sich erst mit der von

Isaac Newton (1642–1727) formulierten Gravitationstheorie verstehen.

Kepler-Gleichung → *Anomalie.*

Keplers Stern Eine → *Supernova*, die Kepler im Jahre 1604 im Sternbild Ophiuchus beobachtete. Sie erreichte eine maximale Helligkeit von –2,5. Der Lichtkurve nach war es eine Supernova vom Typ I. Der Überrest strahlt im Radiobereich sehr hell, ist aber auch im Optischen als schwacher Nebel nachweisbar.

Kepler-Teleskop Ein einfacher Fernrohrtyp, bei dem sowohl das Objektiv als auch das Okular aus konvexen Linsen besteht. Dadurch entsteht ein größeres Bildfeld, und es erlaubt eine stärkere Vergrößerung als das → *Galileische Fernrohr.* Das Bild steht jedoch auf dem Kopf.

Kern Der innerste Teil eines Sterns oder Planeten. Der Kern eines Sterns kann als der Bereich betrachtet werden, in dem thermonukleare Reaktionen stattfinden. Eine markante Grenzfläche in der Struktur kann den Kern eines Planeten von den darüberliegenden Schichten trennen.

Kerr-Metrik Lösung der Einsteinschen Feldgleichungen für die Metrik der Raumzeit in der Umgebung eines rotierenden → *Schwarzen Lochs*, entwickelt 1963 von Roy Kerr. Die Kerr-Metrik zeigt, daß theoretisch etwa die Hälfte der Masse eines Schwarzen Lochs als Rotationsenergie freigesetzt werden kann. Dies ist für Modelle von → *Quasaren* und → *aktiven galaktischen Kernen* bedeutend, bei denen man ein rotierendes Schwarzes Loch als zentrale »Maschine« annimmt. Siehe auch → *Metrik*

Kiel des Schiffs Deutsche Bezeichnung für das Sternbild → *Carina.*

Kiloparsec (Abkürzung kpc) Eine Entfernungseinheit, entsprechend 1000 → *Parsec* oder 3261,61 Lichtjahre.

Kind-Universum Ein theoretisches Konzept aus der Kosmologie des → *inflationären Universums.* Der mathematischen Theorie zufolge sollte es möglich sein, eine so große Materiedichte in unserem Universum zu erzeugen, daß sich neue inflationäre Universen oder Kind-Universen in natürlicher Weise als Ableger bilden. Diese Idee widerspricht zwar keinen physikalischen Gesetzen, die nötige Materiedichte liegt aber weit jenseits jeder technischen Machbarkeit.

Kinematik Die mathematische Behandlung der Bewegung, ohne Berücksichtigung von Masse und Kraft.

Kirkwood-Lücken Leerräume in der Entfernungsverteilung der Asteroidenbahnen, die durch → *Kommensurabilitäten* und → *Resonanzen* der Umlaufperioden mit derjenigen des Jupiters entstehen. Die auffälligsten Lücken kommen durch Resonanzen mit den Verhältnissen 4:1, 3:1, 5:2, 7:3 und 2:1 zustande. Jeder Asteroid, der sich auf einer Bahn mit einer solchen Resonanz befindet, erfährt regelmäßig eine Wechselwirkung mit Jupiter über die Gravitation und wird dadurch aus der Bahn geworfen. Als erster kam Daniel Kirkwood 1857 auf diesen Mechanismus. Bei größeren Abständen von der Sonne als 3,5 AE findet man jedoch bei Periodenverhältnissen von 3:2, 4:3 und 1:1 keine Lücken, sondern isolierte Gruppen von Asteroiden. Wie diese entstehen, ist nicht gänzlich geklärt.

Kitt Peak National Observatory (KPNO) Großes Observatorium in der Nähe von Tucson, Arizona. Auf dem Berg Kitt Peak befindet sich die größte Ansammlung optischer Teleskope. Es ist das nationale Forschungszentrum der nördlichen Hemisphäre der USA und eine Einrichtung der → *National Optical Astronomy Observatories.* Das größte Teleskop ist das 4-Meter- → *Mayall-Teleskop.* Zu den weiteren großen Teleskopen zählt ein 2,1-Meter-Reflektor sowie das Burrell-Schmidt-Teleskop. Ebenfalls auf dem Kitt Peak befindet sich das → *McMath-Sonnenteleskop* zusammen mit einem Sonnen-Vakuumteleskop und einem weiteren kleineren Sonnenteleskop. Auch einige amerikanische Universitäten betreiben dort ihre Teleskope.

K-Korona → *Korona.*

klassische Cepheiden → *Cepheiden.*

kleine grüne Männchen Jocelyn Bell Burnell bezeichnete so die ersten vier von ihr entdeckten → *Pulsare*, bevor deren Natur als rotierende Neutronensterne bekannt war.

Kleine Magellansche Wolke (SMC) Von engl. Small Magellanic Cloud → *Magellansche Wolken.*

Kleine Molekülwolke → *Molekülwolken.*

Kleiner Bär Deutsche Bezeichnung für das Sternbild → *Ursa Minor.*

Kleiner Hund Deutsche Bezeichnung für das Sternbild → *Canis Minor.*

Kleiner Löwe Deutsche Bezeichnung für das Sternbild → *Leo Minor.*

Kleiner Wagen Sieben Sterne in Ursa Minor bilden dieses bekannte Sternbild, das den Polarstern enthält. Hauptsterne sind Beta (β), Gamma (γ), Eta (η), Zeta (ζ), Epsilon (ϵ), Delta (δ) und Alpha (α).

Kleines Pferd Deutsche Bezeichnung für das Sternbild → *Equuleus.*

Kleinkreis Kreis auf der Oberfläche einer Kugel, der diese in zwei ungleiche Hälften unterteilt. Kreise von gleicher geographischer Breite oder Deklination stellen, im Gegensatz zum Äquator, Kleinkreise dar. Siehe auch → *Großkreis*

Kleinmann-Low-Nebel Eine ausgedehnte Infrarotquelle im → *Orion-Nebel.* Es handelt sich um ein Sternentstehungsgebiet im Zentrum des Nebels hinter dem leuchtenden Gas.

Kleinplanet Synonym für → *Asteroid* oder *Planetoid.*

K-Linie → *Fraunhofersche Linien.*

Knoten Einer der beiden Punkte am Himmel, in denen eine Bahnebene eine Referenzebene schneidet. Die Position eines Knotens gehört zu den → *Bahnelementen*, mit Hilfe derer sich die Orientierung einer Bahn im Raum beschreiben läßt.

Kohlensack Ein → *Absorptionsnebel* aus interstellarem Staub, etwa 4° im Durchmesser, in der → *Milchstraße* im Sternbild Kreuz des Südens gelegen. Der Nebel reflektiert das meiste Licht der Hintergrundsterne, ein kleiner Anteil aber wird absorbiert, wodurch der Kohlensack schwach leuchtet mit etwa einem Zehntel der Helligkeit der umgebenden Milchstraße.

Kohlenstoffstern Ein allgemeiner Name für einen Gruppe von pekuliaren → *Roten Riesen*, deren Spektren starke Molekülbanden von Kohlenstoff, CN und CH oder anderen Kohlenstoffverbindungen, nicht aber die typischeren TiO-Banden enthält.

Im ursprünglichen Harvard-Klassifizierungs-System von 1918 war der Name »Kohlenstoffstern« mit der Bedeutung → *Spektraltyp* R und N belegt. Dann fand man heraus, daß sie sehr ähnliche Temperaturen haben, wie die häufiger vorkommenden → *K-Sterne* und → *M-Sterne*, und daß die Unterschiede im Spektrum von Häufigkeitsunterschieden des Kohlenstoffs und Stickstoffs herrühren.

Der Begriff »Kohlenstoffstern« wurde in den 1940er Jahren von Morgan und Keenan eingeführt, die eine neue Sequenz von C0 bis C7 vorschlugen, parallel zur abfallenden Temperatursequenz der normalen Sterne zwischen G4 und M4. In unserer eigenen Galaxie sind Kohlenstoffsterne zwar selten, viele tausend aber wurden in der Kleinen und Großen Magellanschen Wolke gefunden.

Einige Kohlenstoffsterne enthalten das instabile Element Technetium, von dem das langlebigste Isotop eine Halbwertszeit von nur 210 000 Jahren hat, ein kurzes Intervall auf der astronomischen Zeitskala. Einige wenige (weniger als 20) der kühlsten Kohlenstoffsterne zeigen eine extrem starke Linie des Lithiums in ihrem Spektrum.

Man kann die relative Häufigkeit der Kohlenstoffisotope ^{12}C und ^{13}C bestimmen. In den Kohlenstoffsternen, insbesondere bei den heißeren, unterscheidet sich dieses Verhältnis signifikant von dem des Sonnensystems. Eine Gruppe, in der das Verhältnis $^{12}C/^{13}C$ ungewöhnlich niedrig ist, ist als J-Sterne bekannt.

Kohlenstoff-Stickstoff-Zyklus (Bethe-Weizsäcker-Zyklus) Eine Folge von Kernreaktionen,

die vermutlich im Sterninneren abläuft und die Hauptquelle der stellaren Energie bei der Umwandlung von Wasserstoff in Helium darstellt. Die sechs Etappen des Prozesses sind:
$^{12}C + ^{1}H \rightarrow ^{13}N$ + Gammastrahlungs-Photon
$^{13}N \rightarrow ^{13}C$ + Positron + Neutrino
$^{1}H + ^{13}C \rightarrow ^{14}N$ + Gammastrahlungs-Photon
$^{1}H + ^{14}N \rightarrow ^{15}O$ + Gammastrahlungs-Photon
$^{15}O \rightarrow ^{15}N$ + Positron + Neutrino
$^{1}H + ^{15}N \rightarrow ^{12}C + ^{4}He$
Damit erscheint der ^{12}C-Kern am Ende wieder. Der Prozeß kann nicht ohne Kohlenstoff stattfinden, aber relativ wenig ^{12}C-Kerne sind nötig. Das Maß, in dem der Kohlenstoff-Stickstoff-Zyklus auftritt, hängt sehr stark von der Temperatur ab. Eine Mindesttemperatur von 14 Millionen Kelvin ist nötig, damit der Prozeß überhaupt auftritt. Oberhalb von 16 Millionen Kelvin dominiert er über den zweiten Prozeß des Wasserstoff-Brennens, der → *Proton-Proton-Kette.* Er wird daher für die Hauptenergiequelle in relativ heißen Sternen mit mehr als zwei oder drei Sonnenmassen gehalten.
Zwei längere Variationen der Sequenz treten vermutlich auf, der CNO-Bizyklus und der CNO-Trizyklus, der mit der Erzeugung von ^{14}N bzw. ^{15}N anstelle der Wiederfreisetzung von Kohlenstoff endet. In der Kurzschreibweise, in der man Kernreaktionen darstellt, läuft der CNO-Bizyklus folgendermaßen weiter:
$^{15}N(p,\gamma)^{16}O(p,\gamma)^{17}F(,\beta^{+}+\nu)^{17}O(p,\alpha)^{14}N$
Der CNO-Trizyklus schließt die folgende Reaktionsstufe ein:
$^{17}O(p,\gamma)^{18}F(,\beta^{+}+\nu)^{18}O(p,\alpha)^{15}N$

kohlige Chondrite Ein seltener Typ von Stein- → *Meteoriten.* Weil ihre mittlere chemische Zusammensetzung der der Sonne sehr ähnlich ist (abgesehen von Wasserstoff und Helium) und weil es einen relativ hohen Anteil an flüchtigen Stoffen gibt, nimmt man an, daß kohlige Chondrite das ursprüngliche, noch keinen chemischen Prozessen unterworfene Material repräsentieren, aus dem sich das Sonnensystem gebildet hat. Sie sind aus einer Matrix von kohlenstoffreichen Mineralien aufgebaut, in die die → *Chondren* eingebettet sind. Der Wasseranteil kann bis zu 20 Prozent betragen. Das größte bekannte Beispiel für diesen Typus ist der → *Allende-Meteorit.*

Kohoutek, Komet → *Komet Kohoutek.*

Kollapsar Ein degenerierter Stern wie ein → *Weißer Zwerg,* → *Neutronenstern* oder → *Schwarzes Loch.*

Kollimation Der Prozeß, einen Lichtstrahl oder Teilchenstrahl zu parallelisieren, so daß er weder konvergiert noch divergiert, oder die genaue Ausrichtung der Komponenten eines wissenschaftlichen Instruments, insbesondere eines optischen, z. B. eines Teleskops.

Kolur der Solstitien → *Großkreis* auf der Himmelssphäre, der durch die beiden Himmelspole und die Solstitien führt.

Koluren Die beiden Großkreise an der → *Himmelssphäre,* die durch die beiden Himmelspole und entweder durch beide Äquinoktialpunkte (Äquinoktialkolur; → *Äquinox*) oder beide Solstitialpunke (Solstitialkolur; → *Solstitium*) laufen.

Koma Koma (1) Eine diffuse Gashülle, die den Kern eines → *Kometen* umgibt. Die Koma besteht aus Staub, gemischt mit neutralen und ionisierten Molekülen und Radikalen. Sie erreicht ihre maximale Ausdehnung von typischerweise bis zu einer Million Kilometer im Durchmesser, wenn der Komet auf seiner Umlaufbahn um die Sonne gerade das → *Perihel* passiert hat.
Koma (2) Abbildungsfehler eines optischen Systems mit dem Effekt, daß eine punktförmige Quelle fächerförmig abgebildet wird. Koma betrifft vor allem Bilder außerhalb der optischen Achse; der Abbildungsfehler nimmt mit dem Abstand von der optischen Achse zu. Es kann beim Teleskop noch durch inkorrekte Ausrichtung der optischen Komponenten verschlechtert sein.

Komet Ein Komet ist ein die Sonne umkreisender Eiskörper, der zum Teil verdunstet, wenn er sich der Sonne nähert. Dabei bildet er eine diffuse Hülle aus

Staub und Gas aus und normalerweise einen oder mehrere Schweife.
Beobachtungen des Verhaltens von Kometen vom Boden aus zusammen mit den Untersuchungsergebnissen der Raumsonden, die 1986 den → *Halleyschen Kometen* erforschten, unterstützen die Ansicht, die erstmals etwa 1949 von F. Whipple geäußert wurde, daß die Kometenkerne im wesentlichen einige Kilometer große »schmutzige Schneebälle« sind. Sie scheinen aus gefrorenem Wasser, Kohlendioxyd, Methan und Ammoniak zu bestehen. In dieses Gemisch ist Staub und steiniges Material eingebettet. Wenn ein Komet sich der Erde nähert, beginnt die Aufwärmung durch die Sonne das Eis zu verdunsten. Gas wird frei und bildet eine leuchtende Hülle um den Kern, die man Koma nennt. Der Kern selber ist zu klein, als daß man ihn direkt beobachten könnte.
Ultraviolett-Beobachtungen von Raumsonden aus haben gezeigt, daß Kometen von riesigen Wasserstoff-Wolken umgeben sind, die viele Millionen Kilometer groß sind. Der Wasserstoff stammt von durch die Sonnenstrahlung aufgebrochenen Wassermolekülen.
Staub und Gas verlassen den Kometenkern auf der Sonnenseite und strömen unter dem Einfluß der Sonne weg. Elektrisch geladene ionisierte Atome werden direkt vom Magnetfeld des → *Sonnenwinds* weggefegt und bilden geradlinige → *Ionenschweife* (die auch Typ I-, Plasma- oder Gas-Schweife genannt werden). Variationen im Sonnenwind verursachen Strukturen im Ionenschweif oder sogar Unterbrechungen in einem Abreiß-Ereignis. Kleine neutrale Staubteilchen werden nicht vom Sonnenwind mitgenommen, sondern sanft durch den → *Strahlungsdruck* der Sonne weggeblasen. → *Staubschweife* (auch Typ II-Schweife genannt) sind oft breit und strukturlos. Die Schweife wachsen bei Annäherung des Kometen an die Sonne, und sie sind immer von der Sonne weggerichtet. Sie können bis zu hundert Millionen Kilometer lang sein. Große Staubteilchen werden entlang der Umlaufbahn des Kometen verstreut und bilden Meteorströme.
Trotz ihres oft dramatischen Erscheinungsbildes enthalten Kometen sehr wenig Materie, vielleicht nur ein Milliardstel der Masse der Erde. Der Schweif ist so dünn, daß bei einer Umrundung der Sonne vielleicht nur $1/500$ der Kernmasse verlorengeht.
Etwa ein Dutzend neuer Kometen werden jährlich entdeckt. Einige sind kurzperiodische Kometen auf elliptischen Bahnen, die zwischen 6 und 200 Jahren für einen Umlauf brauchen. Die meisten sind langperiodische Kometen auf derart exzentrischen Bahnen, daß die Bahnperiode viele tausend Jahre beträgt. Kurzperiodische Kometen kreisen nahe der ekliptischen Ebene, langperiodische Kometen dagegen sind nicht an die Vorzugsebene des Sonnensystems gebunden.
Es gibt Spekulationen, daß alle Kometen aus einer kugelförmigen Wolke stammen, die das Sonnensystem in einer Entfernung von vielleicht 50 000 AE umgibt. Dieses »Reservoir« von Kometen nennt man die → *Oortsche Wolke*. Die kurzperiodischen Kometen sind innerhalb des Planetensystems durch die gravitative Störung ihrer Bahn, die von einer Annäherung an Jupiter herrühren kann, eingefangen worden.
Wenn ein neuer Komet entdeckt oder ein periodischer Komet wiederentdeckt wird, bekommt er eine provisorische Bezeichnung, die aus dem Jahr und einem Kleinbuchstaben besteht, z. B. 1995b für den zweiten Kometen, der 1995 entdeckt wird. Später, wenn seine Umlaufbahn berechnet ist, bekommt er eine dauerhafte Bezeichnung mit römischen Zahlen nach der Ordnungszahl des Periheldurchgangs. 1995V wird z. B. der fünfte Komet sein, der 1995 durchs Perihel geht. Neue Kometen werden nach ihren Entdeckern benannt, wobei nicht mehr als drei Namen erlaubt sind, wenn es mehrere unabhängige Entdecker gibt. Die Namen der periodischen Kometen werden durch Voranstellen

eines P gekennzeichnet (z. B. P/Halley). Einige wenige Kometen sind nach Einzelpersonen benannt worden, die ihre Bahnen berechnet haben (z. B. P/Halley und P/Encke) und nach Observatorien oder Satelliten, wenn die Entdeckung im wesentlichen auf die Bemühungen eines Teams zurückgehen. Die letzte Entscheidung der Namensgebung liegt bei der → *International Astronomical Union.* Deren Zentrale koordiniert die Entdeckungsberichte und Beobachtungen und verteilt Informationen an die Abonnenten.

kometare Globule Eine kleine interstellare Wolke, deren Form oberflächlich an die eines Kometen erinnert. Eine kometare Globule ist der Überrest einer relativ dichten Kondensation innerhalb einer Wolke interstellaren Gases und Staubs, nachdem das dünnere Gas in ihrer Umgebung durch den Einfluß der Ultraviolettstrahlung nahestehender Sterne weggefegt wurde. Diese Kondensation wird zum Kopf der Globule, und in seinem »Schatten« ist einiges von der Materie der ursprünglichen Wolke vor dem ultravioletten Licht geschützt, was die kometenartige Schweifstruktur verursacht.
Kometare Globulen kommen in Sternentstehungs-Gebieten vor. Mit der Zeit entwickeln sie sich vermutlich zu Bok- → *Globulen.* Etwa vierzig kennt man im → *Gum-Nebel.* Der → *Pferdekopf-Nebel* ist eine gerade entstehende kometare Globule.

Komet Arend-Roland (1957 III) Ein heller Komet, der 1957 beobachtet wurde. Während einer gewissen Zeit schien er einen auf die Sonne gerichteten Strahl zu entwickeln. Das war ein geometrischer Effekt des Sichtwinkels: Sonnenlicht wurde an größeren, auf seiner Bahn verstreuten Teilchen gestreut, wodurch diese sichtbar wurden, als die Erde durch die Ebene der Kometenbahn trat.

kometarer Nebel Ein leuchtkräftiger → *Emissionsnebel* oder → *Reflexionsnebel*, dessen Form oberflächlich an einen Kometen erinnert, mit einem Kopf und einem ausladenden Schweif.
Die meisten leuchtkräftigen Nebel sind in etwa sphärisch. Der → *Sternwind* von einem heißen Stern bläst einen Hohlraum im umgebenden interstellaren Medium frei; Strahlung des Sterns fällt dann auf die Grenzfläche dieses Hohlraums. In einer Region, in der es einen steilen Gradienten der interstellaren Materiedichte gibt, wirkt sich dieser Prozeß nicht gleichmäßig um den Stern herum aus, und es entsteht eher ein kometenförmiger als ein sphärischsymmetrischer Nebel. Wenn der Stern heiß ist und vorzugsweise im Ultravioletten emittiert, so entsteht ein Emissionsnebel. Im Falle eines kühleren Sterns wird sich vorzugsweise ein Reflexionsnebel ausbilden.

Komet Bennett (1970 II) Ein aufsehenerregender Komet, der am 28. Dezember 1969 von J. C. Bennett aus Südafrika entdeckt wurde. Er erreichte im März eine Helligkeit von 0 Magnitudines und hatte einen Schweif von 30° Länge. Beobachtungen, die mit dem geophysikalischen Observatorium 5 aus dem Orbit gemacht wurden, zeigten eine riesige Wasserstoffwolke, die Kopf und Schweif umgab. Sie hatte 13 Millionen Kilometer Ausdehnung in Richtung des Schweifes.

Komet Coggia (1874 III) Ein heller Komet, der 1874 von J. E. Coggia aus Marseille entdeckt wurde. Er bewegte sich schnell südwärts und entwickelte einen Schweif von 40° Länge. Man beobachtete eine Serie von springbrunnenartigen Ausbrüchen aus dem aktiven Gebiet des sich drehenden Kerns.

Komet Delavan (1914 V) Ein heller Komet, der im Dezember 1913 von Delavan aus La Plata in Argentinien entdeckt wurde. Er blieb 1914 für viele Monate sichtbar.

Komet Donati (1858 VI) Ein sehr heller Komet, der 1858 von G. B. Donati von Florenz entdeckt wurde. Zeitgenössische Zeichnungen zeigen ihn mit einem breiten, gebogenen → *Staubschweif* und zwei schmalen → *Ionenschweifen.* Der Kopf schleuderte über einen Zeitraum von mehreren Wochen regelmäßig springbrunnenartige Hüllen aus.

Kometengruppe Eine Klasse von Kometen, die Bahnen mit ähnlichen Merkmalen besitzen. Mitglieder einer Gruppe (oder Familie) von Kometen sind einander nicht notwendigerweise nahe im Raum. Das bemerkenswerteste Beispiel ist die Gruppe der kurzperiodischen Kometen, die unter den Gravitationseinfluß des Jupiters geriet und typische Bahnperioden von 6 und 8 Jahren besitzt, und die sog. → *Sonnenkratzer*, langperiodische Kometen, die beim Periheldurchgang praktisch auf den äußeren Schichten der Sonne gleiten und noch andere Bahnähnlichkeiten teilen.

Kometenschweif Langgezogener Teil eines → *Kometen*, der sich bei Annäherung an die Sonne aus dem Kometenkern bildet. Siehe auch → *Plasmaschweif*, → *Staubschweif*

Komet Humason (1962 VII) Ein 1962 entdeckter riesiger Komet. Er entwickelte bereits in einer Entfernung von 5 AE von der Sonne Schweife, was für einen noch so weit entfernten Kometen ein sehr ungewöhnliches Maß an Aktivität darstellt.

Komet Ikeya-Seki (1965 VII) Ein besonders leuchtkräftiger Komet, der am 18. September 1965 von zwei japanischen Amateur-Astronomen entdeckt wurde. Er war besonders auffällig auf der Südhalbkugel nach seinem Periheldurchgang. Er gehörte zu der Gruppe von → *Sonnenkratzern*, die sich durch einen sehr kleinen Perihelabstand auszeichnen, demzufolge sie durch die äußeren Schichten der Sonne hindurchtreten.

Komet IRAS-Araki-Alcock → *Infrared Astronomical Satellite*.

Komet Klinkenberg → *de Chéseauxscher Komet*.

Komet Kohoutek (1973 XII) Ein Komet, der 1963 weit vor seinem Periheldurchgang entdeckt wurde, als er in der Nähe der Jupiterbahn stand. Vermutungen, daß er sich als besonders spektakulär herausstellen werde, erwiesen sich als falsch. Aber er wurde sehr gründlich in einem koordinierten professionellen Beobachtungsprogramm untersucht, das auch Beobachtungen von → *Skylab* aus dem Orbit einschloß. Die Forscher erhielten viele neue Information über Kometen wie z. B. den ersten direkten Beweis von Silikat-Vorkommen im → *Staubschweif* eines Kometen.

Komet Morehouse (1908 III) Ein Komet, der 1908 in den USA entdeckt wurde, der erste, der ausführlich mit photographischen Methoden untersucht wurde. Man beobachtete bemerkenswerte Änderungen in der Struktur seines Schweifs. Im Verlauf des 30. Septembers änderte sich der Schweif kontinuierlich. Am 1. Oktober brach er ab, war visuell nicht mehr erkennbar. Auf einer Photographie vom 2. Oktober sieht man allerdings drei Schweife. Das Abbrechen und Wiederanwachsen von Schweifen trat wiederholt auf. Siehe auch → *Abreiß-Ereignis*

Komet Mrkos (1957 V) Ein heller Komet des Jahres 1957, mit bloßem Auge von einem tschechoslowakischen Kometen-Jäger gefunden.

Komet P/Biela Ein Komet des 19. Jahrhunderts, der berühmt wurde, weil er in zwei Teile zerbrach, bevor er vollständig verschwand. Ursprünglich war er 1772 von Montaigne von Limoges entdeckt worden. Bei seiner Wiederentdeckung 1826 von W. von Biela konnte seine Bahn hinreichend genau berechnet werden, um seine zwei vorhergehenden dokumentierten Erscheinungen zu identifizieren. Seine Bahnperiode war 6,6 Jahre. Bei seiner Rückkehr 1846 war er doppelt. 1852 waren die beiden Komponenten weiter als zwei Millionen Kilometer voneinander entfernt, folgten aber derselben Bahn. Seitdem wurde er nicht mehr beobachtet.
Ein November-Meteorschauer, die → *Andromediden*, ist mit dem Kometen P/Biela assoziiert. Gelegentlich trat er brillant in Erscheinung, sowohl vor wie nach dem Auseinanderbrechen des Kometen.

Komet P/Encke Ein periodischer Komet, der erstmals 1786 in Paris von P. Méchain (1744–1804) beobachtet wurde. Er wurde 1795 von Caroline Herschel wiederentdeckt, 1805 von Pons und anderen und schließlich 1818 noch einmal

von Pons. Encke (1791–1865) berechnete die Umlaufbahn des 1818 beobachteten Kometen und brachte sie mit den vorhergehenden Beobachtungen in Verbindung. Er sagte ein erneutes Erscheinen des Kometen für das Jahr 1822 voraus; er wurde tatsächlich wiedergefunden. Seine elliptische Bahn hat eine sehr kurze Periode von nur 3,3 Jahren.
In aufeinanderfolgenden Umläufen erreichte der Komet das Perihel etwa zwei Stunden früher als vorhergesagt. Der Effekt hat sich aber seitdem immer weiter reduziert. Diese Beobachtungen können mit Hilfe des sog. »Raketeneffekts« erklärt werden, Beschleunigung durch das Abdampfen von Gasen unter dem Einfluß der Sonnenstrahlung in Verbindung mit Effekten der Eigenrotation und der Präzession des Kometenkerns.
Der → *Tauriden*-Meteorschauer ist mit Komet P/Encke assoziiert.

Komet P/Giacobini-Zinner Ein 1900 entdeckter periodischer Komet. Seine Umlaufperiode um die Sonne beträgt 6,5 Jahre. Die Drakoniden, ein Meteorschauer, den man in manchen Jahren im Oktober sehen kann als Folge vom Eintritt von Trümmern in die Erdatmosphäre, die derselben Umlaufbahn folgen, ist mit diesem Kometen assoziiert. 1985 wurde die amerikanische Raumsonde International Sun-Earth Explorer (ISEE), die drei Jahre vorher ursprünglich mit einem anderen Ziel gestartet worden war, auf den Weg durch den Schweif des Kometen Giacobini-Zinner geschickt, in einem Projekt mit dem Namen ICE (International Cometary Explorer).

Komet P/Halley → *Halleyscher Komet.*

Komet P/Schwassmann-Wachmann 1 Ein periodischer Komet, der 1927 in Hamburg entdeckt wurde. Er läuft in einer fast kreisförmigen Bahn mit einer Periode von 16,1 Jahren, die ihn permanent zwischen Jupiter und Saturn hält. Er kann jedes Jahr in der → *Opposition* beobachtet werden. Obwohl er normalerweise eine Helligkeit von nur 18 Magnitudines hat, kann er in ein paar Tagen um 4 bis 8 Magnitudines heller werden. Die Ausbrüche werden von Veränderungen im Kern und der Koma begleitet.

Komet Tebbutt (1861 II) Ein für das bloße Auge sehr heller Komet, der 1861 von einem australischen Amateurastronom entdeckt wurde.

Komet West (1976 VI) Ein heller Komet, der 1975 erschien und mit bloßem Auge sichtbar war. Der Schweif bedeckte eine große dreieckige Fläche, und der Kern zeigte ungewöhnliche Aktivitäten. Kurz nach dem Periheldurchgang des Kometen zerbrach er in vier Teile.

Kommensurabilität Eine Eigenschaft, die zwei Umlaufbahnen teilen – entweder wirkliche Orbits oder theoretisch mögliche –, daß die Umlaufperiode in der einen gleich oder ein rationales Vielfaches der Periode der anderen ist. Die → *Trojaner* z. B. teilen die Umlaufbahn mit Jupiter (1:1), und die Perioden von Jupiter und Saturn stehen im Verhältnis 2:5. Kommensurabilität ist die Folge eines langzeitigen Resonanzeffekts, dem die Gravitationswechselwirkung zwischen den Objekten auf ihren Umläufen unterworfen ist.
Kommensurabilität kommt auch zwischen Eigenrotation und Bahnbewegung vor. Siehe auch → *synchrone Rotation*

kompakte Objekte Jedes astronomische Objekt, das wesentlich dichter oder kompakter (typischerweise um einen Faktor Hundert) als die meisten Objekte seiner Klasse ist. Es gibt keine genaue Definition dieses ziemlich allgemeinen Ausdrucks. Weiße Zwerge z. B. sind kompakt im Vergleich zu den meisten Sternen, da sie millionenfach dichter sind als → *Hauptreihensterne.* Auch einen ungewöhnlich hellen Galaxienkern kann man als kompaktes Objekt bezeichnen, wenn sein Licht aus einem viel kleineren Bereich kommt, als dies normalerweise bei der beobachteten Leuchtkraft der Fall ist. Der schweizerisch-amerikanische Astronom Fritz Zwicky stellte einen wichtigen Katalog (1971) von Galaxien zusammen, von denen man zu dieser Zeit glaubte, daß sie von ihrer Natur her zwischen normalen Galaxien und → *Quasaren* liegen.

Komparator Ein Instrument zum Vergleich zweier ähnlicher Aufnahmen mit dem Ziel, etwaige kleine Unterschiede zwischen ihnen hervorzuheben. Ein Beispiel: zwei Photographien desselben Himmelsausschnitts aus zwei aufeinander folgenden Beobachtungsnächten werden untersucht, um kleine Planeten und Kometen ausfindig zu machen, deren Eigenbewegung man relativ zu der festen Verteilung der Sterne sieht. Variable Sterne können identifiziert werden, da die Größe des photographischen Bildes von der Helligkeit des Objekts abhängt. Die meistverwendete Bauart ist der → *Blinkkomparator*.

Kompaß Sternbild → *Circinus*.

Konjunktion Eine Ausrichtung von zwei Körpern im Sonnensystem relativ zur Erde, so daß sie von der Erde aus gesehen (fast) in derselben Position am Himmel erscheinen.
Ein Planet steht in Konjunktion, wenn er in derselben ekliptikalen Länge steht wie die Sonne und daher nahezu in derselben Richtung. Die Planeten Merkur und Venus können ausgerichtet sein, indem sie entweder zwischen Sonne und Erde (was man innere Konjunktion nennt) oder von der Erde aus gesehen hinter der Sonne in der sog. äußeren Konjunktion stehen. Für die Planeten außerhalb der Erdbahn gibt es nur die äußere Konjunktion.
Konjunktionen können auch zwischen Planeten oder zwischen dem Mond und einem oder mehreren Planeten auftreten; in diesem Zusammenhang wird der Begriff etwas freier zur Beschreibung einer Annäherung auf wenige Grad verwendet. Siehe auch → *ekliptikale Koordinaten*, → *Elongation*

Kontakt Ein auffälliger Entwicklungszustand im Verlauf einer → *Sonnenfinsternis*, wenn die Ränder von Sonne und Mond sich gerade zu berühren scheinen. Der → *erste Kontakt* findet statt, wenn der Ostrand des Mondes die Gegenseite der Sonne erreicht. Der → *zweite Kontakt* findet statt, wenn beide Westränder und der → *dritte Kontakt*, wenn beide Ostränder sich berühren. Zweiter und dritter Kontakt markieren Anfang und Ende der totalen Finsternis. Beim → *vierten Kontakt* gibt der Mond schließlich die Sonnenscheibe völlig frei.

Kontaktsystem Ein Sternpaar (→ *Doppelstern*), das physikalischen Kontakt hat oder von einer gemeinsamen Materiehülle umgeben ist. Im Laufe der Entwicklung dehnen sich Sterne aus. Wo zwei sich ausdehnende Sterne in einem Doppelsternsystem dicht genug beieinander stehen, wird infolge wechselseitiger Gravitationseinwirkung Masse jeweils von einem zum anderen herübergezogen, bis ein Kontaktpunkt erreicht ist. Es kann dann Massenübertrag zwischen den Sternen stattfinden, und die Kerne der beiden Sterne können eine gemeinsame Hülle entwickeln, wenn die Ausdehnung weitergeht.
Solche engen Doppelsterne zeigen oft Bedeckungseffekte, wenn ein Stern vor den anderen tritt. Die verzerrte Lichtkurve von Sternsystemen wie W Ursae Maioris kann man erklären, wenn die beiden Sterne in Kontakt sind. Siehe auch → *Roche-Volumen*

Kontinentaldrift Die langsame, aber konstante Bewegung der Kontinente auf der Erde relativ zu den Polen und zueinander infolge innerer Kräfte.

kontinuierliche Schöpfung Eine Bezeichnung dafür, daß Materie ununterbrochen spontan im Universum entsteht. Wenn man fordert, daß das sich ausdehnende Universum immer gleich erscheint, unabhängig von Ort und Zeit des Beobachters, wie dies die → *Steady-state-Theorie* verlangt, dann muß kontinuierliche Schöpfung stattfinden. Es gibt keinen Hinweis darauf, daß solch ein Prozeß tatsächlich abläuft.

Kontinuumsspektrum Ein → *Spektrum*, in dem sich die Strahlungsintensität nur langsam mit der Wellenlänge ändert, im Gegensatz zu den scharfen Intensitätsspitzen, die man in einem → *Emissionsli-*

nien-Spektrum findet. Jeder Körper mit einer Temperatur über dem absoluten Nullpunkt emittiert ein Kontinuumsspektrum, dessen Charakter von seiner Temperatur abhängt. Ein Kontinuumsspektrum kann von schmalen → *Absorptionslinien* durchzogen sein, wie z. B. das Sonnenspektrum. Siehe auch → *Schwarzkörperstrahlung*

Konus-Nebel Ein dunkler, konusförmiger Nebel im Stern- und Nebelkomplex NGC 2264, in der Nähe des Sternes 5. Größe S Monocerotis.

Konvektion Der Prozeß, bei dem Wärme in einer Flüssigkeit oder einem Gas durch Massenbewegung der Flüssigkeit oder des Gases selbst transportiert wird. Konvektion ist wirkungsvoll, wenn es in dem Medium einen deutlichen Abfall der Temperatur mit der Höhe gibt, z. B. in gewissen Sternschichten. Eine Gasblase, die heißer als die Umgebung ist, dehnt sich aus und steigt auf. Wenn sie durch Abgabe überschüssiger Wärme an die Umgebung abgekühlt ist, sinkt die Blase wieder ab.

Konvektionszone Eine Schicht in einem Stern, in dem Konvektionsströme der Hauptmechanismus sind, durch den Energie nach außen transportiert wird. Energie fließt nach außen, weil es einen kontinuierlichen Abfall der Temperatur nach außen zwischen dem Kern des Sterns und seiner Oberfläche gibt.
Es gibt zwei mögliche Mechanismen: Strahlung und Konvektion. Dort, wo der Temperaturgradient steil genug wird, setzt Konvektion ein, insbesondere dort, wo die Temperatur niedrig genug ist für die Kombination von Atomkernen und Elektronen zu Atomen und negativen Ionen. Dadurch wird das Gas lichtundurchlässiger, so daß es für Strahlung schwieriger wird, nach außen zu dringen.
In einer Konvektionszone steigen Ströme heißen Gases auf und sinken nach Verringerung ihrer Temperatur wieder ab. In der Sonne erstreckt sich eine Konvektionszone unmittelbar unter der → *Photosphäre* über etwa ein Fünftel des Sonnenradius. In den → *Hauptreihensternen*, die kühler und weniger massereich sind als die Sonne, steigt die Bedeutung der Konvektionszone mit abnehmender Masse an. Sterne, die heißer sind als F5, haben keine signifikante äußere Konvektionszone.

koorbitaler Mond Ein Mond, dessen Bahn fast dieselbe wie die eines anderen Mondes ist. Saturns Monde → *Epimetheus* und → *Janus* sind Beispiele koorbitaler Monde.

Koordinatensystem Ein Hilfsmittel zur Angabe von Positionen eines Punkts oder Objekts im Raum oder auf der Oberfläche durch Angabe seiner linearen oder Winkelabstände von gewissen festgelegten Flächen, Linien oder einem Punkt. Geographische Breite und Länge sind z. B. die üblicherweise verwendeten Koordinaten für die Beschreibung einer Position auf der Erdoberfläche. In der Astronomie werden mehrere verschiedene Systeme von → *Himmelskoordinaten* benutzt, um eine Position an der → *Himmelssphäre* zu beschreiben, von denen jede für eine spezielle Anwendung zugeschnitten ist. Daneben werden auch andere Koordinatensysteme benutzt, wie die dreidimensionalen xyz-Raumkoordinaten der Planeten, um ihre Position relativ zur Sonne und der Erde zu definieren.

Koordinierte Weltzeit (UTC) Eine modifizierte Version der International Atomic Time (Abkürzung TAI), auf der die Zeitangabe der Nachrichten basiert. Siehe auch → *Weltzeit*

Kopernikanisches System Ein Modell des Sonnensystems, in dem die Planeten um die Sonne im Zentrum kreisen, das von Nikolaus Kopernikus vorgeschlagen und 1543 in seinem Buch → *De revolutionibus* veröffentlicht wurde. Zunächst fand diese Theorie keinen Anklang, da sie die Planetenpositionen nicht genauer als das → *Ptolemäische System* vorhersagen konnte, das bereits über Hunderte von Jahren in Gebrauch war. Außerdem verlegte das neue System die Erde aus dem Zentrum des Universums, was von vielen als religiös nicht akzeptierbar angesehen wurde. Im kopernikanischen heliozentrischen System waren die grundlegenden Planetenbahnen Kreise, und Kopernikus mußte → *Epizyklen* einführen, um die beobachteten Bewegungen der Planeten zu reproduzieren. Trotzdem markierten Kopernikus' Ideen einen Wendepunkt und regten Arbeiten an, die zur Entwicklung des heliozentrischen Systems von Johannes Kepler führten, in dem die Planetenbahnen Ellipsen statt Kreise sind.

Kopf Der Kern und die Koma eines → *Kometen* ohne den Schweif.

Korona Die allererste Schicht der Sonne, die als weißer Halo während einer totalen Sonnenfinsternis sichtbar wird → *Sonnenfinsternis.* Sie erstreckt sich bis zu einem Vielfachen des Sonnenradius nach außen, bis sie in das → *interplanetare Medium* übergeht. Sie besteht aus mehreren Komponenten:
Die K-Korona (Elektronen-Korona oder Kontinuums-Korona) beobachtet man als weißes Licht der → *Photosphäre*, das an hochenergetischen Elektronen mit Temperaturen von einer Million Grad gestreut wird. Die K-Korona ist nicht gleichmäßig, sondern zeigt variable Strukturen, wie leuchtende Bänder, Kondensationen, Fackeln und Strahlen. Da die Elektronen sich mit hohen Geschwindigkeiten bewegen, sind die → *Fraunhoferschen Linien* im Spektrum des reflektierten Lichts verwaschen.
Die F-Korona (Fraunhofer-Korona oder Staubkorona) besteht aus Licht der Photosphäre, das an sich langsam bewegenden Staubteilchen in der Umgebung der Sonne gestreut wird. In ihrem Spektrum sieht man Fraunhoferlinien. Die Ausweitung der F-Korona in den interplanetaren Raum sieht man als → *Zodiakallicht.*
E-Korona (Emmissionslinien-Korona). Sie besteht aus dem Licht diskreter → *Emissionslinien* von hochionisierten Atomen, insbesondere Eisen und Kalzium. Sie kann man nur bis zu einem Abstand von zwei Sonnenradien nachweisen. Die Korona emittiert auch Strahlung im extremen Ultraviolett und weichen Röntgenbereich des Spektrums.
Die Ausdehnung und Form der Korona verändert sich im Verlauf eines → *Sonnenzyklus* hauptsächlich aufgrund der Lichtstreifen (Streamer), die von den → *aktiven Gebieten* ausgehen.

koronales Loch Ein ausgedehntes Gebiet außergewöhnlich niedriger Dichte und Temperatur in der Sonnen- → *Korona.* Koronale Löcher sind wahrscheinlich mit Gebieten verbunden, in denen das magnetische Feld von der → *Photosphäre* nach außen in die Korona divergiert. Sie halten typischerweise mehrere Sonnenrotationen an und sind Quellen starken → *Sonnenwinds.*

Koronis-Familie Eine der → *Hirayama-Familien* von Asteroiden in einer Entfernung von 2,88 AE von der Sonne. Die Mitglieder ähneln sich stark und sind alle vom Silikat-Typ, so daß sie vermutlich von einem gemeinsamen Mutterkörper abstammen, der ehemals einen Durchmesser von 90 Kilometern besaß. Das größte Mitglied ist 208 Lacrimosa mit einem Durchmesser von etwa 44 Kilometern. Die Familie ist nach dem 1876 entdeckten Asteroiden 158 Koronis (Durchmesser etwa 40 Kilometer) benannt.

Koronium Ein – wie man annahm – unbekanntes chemisches Element, dem unidentifizierte → *Emissionslinien* im Spektrum der Sonnenkorona zugeschrieben wurden. Später entdeckte man, daß die mysteriösen Linien von hochionisierten Formen bekannter Elemente herrühren, wie z. B. Eisen.

Koronograph Ein Instrument zur Beobachtung der Sonnen- → *Korona*, die man normalerweise nur bei einer totalen Sonnenfinsternis beobachten kann. Der Koronograph wurde 1930 von Bernhard Lyot erfunden und ist ein spezielles Teleskop, in dem in der primären Fokalebene eine Abdeckmaske eine künstliche Sonnenfinsternis erzeugt. Diese Einrichtung erlaubt es, das schwache Licht der Korona zu beobachten, das normalerweise vom Licht der Sonnenscheibe überstrahlt wird. Aber selbst wenn der Koronograph an einem Standort aufgestellt ist, wo der Himmel sehr klar ist, ist Streulicht der Erdatmosphäre ein Problem. Dieses kann teilweise durch die Verwendung spezieller Filter oder Spektrographie des Lichts der Korona gelöst werden.

Korrektorplatte Eine dünne Linse mit einer besonders geformten Oberfläche, die man beim optischen Konzept spezieller Teleskop-Typen verwendet, insbesondere bei der → *Schmidt-Kamera* und dem Schmidt-Cassegrain-System, das bei Amateurastronomen populär ist. Die Korrektorplatte dient dazu, → *sphärische Aberrationen* zu eliminieren, die sonst die Bildqualität solcher Teleskop-Konzepte verschlechtern würden, da bei diesen Teleskopen kugelförmige Hauptspiegel verwendet werden.

Korrelations-Teleskop Ein → *Radioteleskop*, bei dem das Signal zweier getrennter Antennen multipliziert und gemittelt wird, um das natürliche kosmische Signal von lokalen Radiosignalen zu trennen. Diese Technik ist beim Konzept von Radiointerferometern wesentlich. Siehe auch → *Apertursynthese*, → *Erdrotations-Synthese*, → *Radiointerferometer*

Korrelator Ein elektronisches Bauteil, das Bestandteil eines Korrelations-Teleskops ist. Es führt die Multiplikation von Signalen des Antennenpaars eines → *Radiointerferometers* aus.

kosmische Mikrowellen-Hintergrundstrahlung Diffuse elektromagnetische Strahlung, die das ganze Universum zu durchfluten scheint. Ihre Entdeckung 1964 durch Arno Penzias und Robert Wilson (veröffentlicht 1965) war von immenser Bedeutung für die → *Kosmologie*, da sie starke Hinweise zugunsten einer → *Big Bang*-Theorie lieferte. Sie wird als Überrest der Strahlung interpretiert, die von einem Ereignis stammt, das den Ursprung des Universums markiert. Das Spektrum der Hintergrundstrahlung ist charakteristisch für einen → *Schwarzkörper* einer Temperatur von 2,73 Grad über dem → *absoluten Nullpunkt*, seine Strahlung ist am intensivsten im Mikrowellen-Bereich.
Unsere Galaxie bewegt sich mit 600 km/s relativ zur Hintergrundstrahlung durch den Raum. Messungen des → *Cosmic Background Explorer* (COBE) aus dem Jahr 1992 zeigten erstmals nach Korrekturen von erwarteten Variationen, daß die Strahlung nicht völlig glatt verläuft in ihrer Verteilung über den Himmel. Wellenartige Variationen bis zu zehnmillionstel Grad wurden entdeckt. Man hält sie für die ersten Anzeichen der sich im frühen Universum bildenden Strukturen.

kosmischer Staub → *interplanetarer Staub.*

kosmisches Jahr Eine Periode von etwa 220 Millionen Jahren, die die Sonne braucht, um einmal das Zentrum unserer → *Galaxis* zu umkreisen.

kosmische Strahlung Extrem energiereiche Elementarteilchen, die mit Fast-Lichtgeschwindigkeit durch das Universum fliegen. Sie wurden 1912 von V. F. Hess während eines Ballonflugs entdeckt. Teilchen außerhalb der Erdatmosphäre werden allgemein als kosmische Primärstrahlung bezeichnet. Wenn sie auf die Atmosphäre treffen, produzieren Stöße mit Atomkernen sog. → *Luftschauer* von Elementarteilchen, die man kosmische Sekundärstrahlung nennt.
Die chemische Zusammensetzung der Atomkerne in der kosmischen Strahlung spiegelt die kosmische Häufigkeit in Sternen wie der Sonne wider. Lediglich bei höheren Energien gibt es kleine Unterschiede. Kosmische Strahlungspartikel sind die einzigen nachweisbaren Teilchen, die unsere Galaxie durchquert haben. Die Teilchen mit der höchsten Energie können sogar von → *Quasaren* oder → *aktiven galaktischen Kernen* herrühren.
Niederenergetische kosmische Strahlung wird in unserer Galaxie von → *Supernova-Überresten* und → *Pulsaren* erzeugt. Solare Ausbrüche sind die Quelle für die kosmische Strahlung niedrigster Energie, deren Intensität zu Zeiten von → *Sonnenaktivitäten* ansteigt.

kosmische Strings Ein hypothetischer, linienförmiger Defekt in der Raumzeit, in Form einer endlosen Linie oder einer geschlossenen Schleife, der sich aus der → *Großen Vereinheitlichten Theorie* der Elementarteilchen ergibt. Die Dicke von kosmischen Strings würde 10^{-31} Meter betragen und ihre Masse etwa 10 Millionen Sonnenmassen pro Lichtjahr. Diese röhrenartigen Konfigurationen von Energie könnten im frühen Universum entstanden sein, und sie könnten eine wichtige Rolle bei der Entstehung von Galaxienhaufen gespielt haben. Es gibt keinen Beobachtungshinweis auf kosmische Strings.

kosmische Zensur Eine Hypothese aus der Mathematik des Schwarzen Lochs, die besagt, daß → *Singularitäten* immer vor entfernten Beobachtern durch ihren → *Ereignishorizont* verborgen sind und nicht direkt von außerhalb ihres Ereignishorizonts beobachtet werden können. Wenn der → *Big Bang* mit einer Singularität begonnen hat, so ist es eine nackte Singularität, die wir – im Prinzip – sehen können, da wir uns innerhalb des Ereignishorizonts befinden.

kosmo- Eine Vorsilbe, die oft verwendet wird, um zusammengesetzte Worte mit der Bedeutung »des Universums« oder »des Raums« zu bilden (wie in Kosmonaut oder Kosmochemie).

Kosmogonie Die prinzipielle Erforschung der Entstehung astronomischer Systeme und Objekte, insbesondere die Untersuchung des Ursprungs unseres Sonnensystems.
Verschiedenste Theorien zur Entstehung des Sonnensystems wurden vorgeschlagen, seit Descartes 1644 erstmals versuchte, wissenschaftliche Argumente auf das anzuwenden, was wir heute → *Kosmologie* nennen. Seine »Strudel«-Theorie und deren modernere Versionen vermuten die Existenz einer Turbulenz, aus der sich Planeten bilden. Da aber kein Mechanismus bekannt ist, der eine solche Turbulenz antreiben könnte, wurden solche Theorien verworfen.
Gezeitentheorien vermuten die Annäherung eines anderen Sterns an die Sonne, infolge der Material aus der Sonne herausgerissen wurde, die dann zu Planeten kondensierte. Auch diese Theorien werden heute als unwahrscheinlich abgelehnt. Gezeitenmechanismen, bei denen Sterne mit Riesen-Molekülwolken wechselwirken, sind wahrscheinlicher.
Die moderne Sicht der Dinge ist, daß das Sonnensystem sich aus einer langsam rotierenden Gaswolke bildete. Als die Wolke kollabierte, bildete sich ein lichtundurchlässiger Kern – der schließlich zur Sonne wurde –, der von einer Gas- und Staubscheibe umgeben war. Als erste schlugen Immanuel Kant (1724–1804) 1755 und Laplace 1796 solche Nebeltheorien vor. Die Vorstellungen, wie die Planeten sich tatsächlich in der Scheibe bilden, haben sich in den letzten Jahren schrittweise geändert. Gegenwärtig glaubt man, daß sie sich langsam durch Akkretion gebildet haben. Der Effekt der Erhitzung durch die Sonne verursacht die Unterschiede zwischen den inneren felsigen Planeten und den äußeren Gasriesen.

Kosmographie Eine Beschreibung der Verteilung von Objekten im Universum.

Kosmologie Die Fachrichtung der Astronomie, die sich mit dem Ursprung, den Eigenschaften und der Entwicklung des Universums befaßt. Physikalische Kosmologie macht Beobachtungen, die Informationen über das Universum als Ganzes ergeben, und die theoretische Kosmologie entwickelt → *Modelle*, die versuchen, die beobachteten Eigenschaften des Universums in mathematischen Formeln zu beschreiben.
Kosmologie im weitesten Sinne umfaßt Physik, Astronomie, Philosophie und Theologie. Sie versucht, ein Weltbild zu entwerfen, das erklärt, warum das Universum so ist, wie es ist. Frühe Kosmologien waren einfache bildhafte Modelle und Mythen. Griechische Kosmologie versuchte ein mathematisches Modell der Planetenbewegungen aufzustellen. Moderne Kosmologie ist fest in den Gesetzen der Physik und der Konstruktion der Mathematik verwurzelt. Moderne beobachtende Kosmologie versucht Daten über das

Universum im Großen zu liefern, indem sie die Masseverteilung in großen Entfernungen, die Geschwindigkeit der Galaxien als Funktion ihrer Entfernung von uns und die → *kosmische Mikrowellen-Hintergrundstrahlung* untersucht. Beispiele für kosmologische Forschung sind Radio- → *Quellenzählungen*, die im Prinzip zeigen können, ob das Universum sich entwickelt, die Messung von → *Rotverschiebungen* und Entfernungen der entferntesten Galaxien, die Aufschluß über die Expansion in großen Entfernungen bringt, und Messungen der Isotropie der Hintergrundstrahlung, um zu untersuchen, ob das Universum in allen Richtungen uniform ist.

Theoretische Kosmologie basiert in der Regel auf der → *Allgemeinen Relativitätstheorie.* Über große Entfernungen ist die Gravitation die dominierende Kraft, die auf Materie einwirkt. Sie kontrolliert daher die großräumige Struktur des Universums. Die Allgemeine Relativitätstheorie kann die Beziehung zwischen Raum, Zeit, Materie und Gravitation beschreiben. Die Gleichungen der Allgemeinen Relativitätstheorie können – in mathematischen Ausdrücken – eine riesige Vielzahl von Universen beschreiben. Annahmen wie das → *kosmologische Prinzip* werden benutzt, um die Anzahl der Modelle einzuschränken. In der Praxis waren die → *Steady-state-Theorie* und die → *Big Bang*-Theorie die Hauptuntersuchungsgebiete in den letzten 50 Jahren. Man nimmt heute allgemein an, daß die Ergebnisse der beobachtenden Astronomie die Big Bang-Kosmologie favorisieren.

kosmologische Entfernung Die Entfernung zu einer fernen Galaxie, die auf der grundlegenden Annahme basiert, daß die → *Rotverschiebung* im Spektrum der Galaxien vom → *Dopplereffekt* verursacht wird und eine wahre Fluchtgeschwindigkeit im Einklang mit der allgemeinen Ausdehnung des Universums repräsentiert.

kosmologische Konstante Ein von Albert Einstein in seine Gravitations-Feldgleichungen eingeführter Term, der ein statisches Universum als Lösung zuläßt. Er kann als Äquivalenz zu einer unbekannten kosmischen Abstoßung verstanden werden, die die anziehende Gravitationskraft kompensieren würde, oder als anziehende Kraft, wenn sein Wert negativ ist. Beobachtungen sprechen dafür, daß sein Wert Null oder sehr klein ist, und moderne Quantenkosmologie versucht, ohne ihn auszukommen.

kosmologisches Prinzip Die Behauptung, die wesentlich für die moderne Kosmologie ist, daß alle Punkte im Universum ähnlich sind, daß es also keine bevorzugten Beobachter gibt. Abgesehen von örtlichen Unregelmäßigkeiten nimmt dieses Prinzip an, daß das Universum homogen (die Materieverteilung ist überall gleich) und isotrop (es gibt keine Vorzugsrichtung) ist. Siehe auch → *vollständiges kosmologisches Prinzip*

Kosmos Ein anderes Wort für das Universum als Ganzes, oder im allgemeinen Sinn der Raumbereich außerhalb der Erde.

KPNO Abkürzung für → *Kitt Peak National Observatory.*

Krater Ein kreisförmiges Gebilde auf der Oberfläche eines Planetenkörpers. Das Wort bedeutet wörtlich »Schale«; Krater sind in der Tat geformt wie flache Schalen, tiefer im Zentrum als das umgebende Terrain und mit aufgeworfenen Wällen. Die bei weitem größte Zahl der Krater, die man auf Planeten und ihren Monden sieht, wurden von Meteoriteneinschlägen verursacht. Daher wird das Wort oft als Synonym für Einschlagskrater benutzt. Es gibt auch vulkanische Krater → *Calderas*, z. B. auf dem Mars.

Die Größe der Krater variiert von den kleinsten noch wahrnehmbaren bis zu Durchmessern von Hunderten von Kilometern. Die größten Einschlagsgebilde werden oft → *Becken* genannt. Die Form der Krater hängt im Detail von vielen Faktoren ab, wie der Zusammensetzung der Planetenoberfläche, der Geschwindigkeit, Masse und Richtung des Einschlagkörpers, der nachfolgenden Verwitterung und der geologischen Aktivitäten.

Kranich Sternbild → *Grus.*

Krebs Ein Tierkreissternbild aus der Liste von Ptolemäus (140 n. Chr.). Man sagt, es stellt den Krebs dar, den Herkules zertrat, als er mit der Hydra kämpfte. Keiner seiner Sterne ist heller als 4. Magnitudo. Der Sternhaufen → *Praesepe* im Zentrum des Sternbilds ist allerdings mit bloßem Auge sichtbar. Siehe auch → *Tabelle 4*

KREEP Abkürzung für eine Gruppe von Basaltgesteinen des Mondes, die besonders reich an Kalium (Symbol K), seltenen Erden (Rare Earth Elements, REE) und Phosphor (P) ist. Die Anteile können jedoch stark variieren. Die Apollo-11-Astronauten brachten Proben davon aus dem Oceanus Procellarum zurück, die zudem viel Uran, Thorium und Zirkonium enthielten.

Krepp-Ring Einer der Ringe um Saturn (der C-Ring), der schwächer als die deutlichen A- und B-Ringe ist. Er liegt innerhalb des B-Rings und erstreckt sich etwa in halber Entfernung zwischen der Innenkante des B-Rings und der Planetenoberfläche. Der Name geht auf eine Beschreibung des Erscheinungsbildes zurück, die der Beobachter W. Lassell nach Veröffentlichung seiner Entdeckung 1850 durch W. C. Bond gab. Siehe auch → *Tabelle 7*

Kreutz-Gruppe → *Sonnenkratzer.*

Kreuz des Südens Bezeichnung für des Sternbild → *Crux.*

Krippe → *Praesepe.*

kritische Dichte In der Kosmologie die Mindest-Materiedichte, die sicherstellt, daß das Universum nicht für immer expandiert. Die beobachtete Expansion kann durch Gravitation nur dann umgekehrt werden, wenn die Dichte genügend hoch ist. Die kritische Dichte ist als die Dichte definiert, die dafür sorgt, daß die Abbremsung und die Ausdehnungsgeschwindigkeit gleichzeitig Null werden. Ihr Wert liegt zwischen 10^{-29} und 2×10^{-29} g/cm^3, etwa zehnmal höher als aus der sichtbaren Materie wie Sternen und Galaxien abgeleitet wird. Aus philosophischen und ästhetischen Gründen ziehen es viele Kosmologen vor, sich vorzustellen, daß das Universum geschlossen ist. Wenn dem so ist, ist der Betrag an sog. → *missing mass* beträchtlich. → *Dunkle Materie* in der Form von Nicht-Barionen-Teilchen – wie z. B. Neutrinos – ist nötig, um die tatsächliche Dichte in den Bereich der kritischen Dichte zu bringen. Siehe auch → *Big Bang*, → *expandierendes Universum*, → *geschlossenes Universum*

Krüger 60 Ein schwacher Doppelstern im Sternbild Cepheus. Die zwei Mitglieder 10. und 11. Größe umkreisen einander mit einer Periode von 44 Jahren. Da wir fast genau von oben auf die Bahnebene schauen und die beiden Sterne leicht zu trennen sind, zeigt sich die Relativbewegung auf Aufnahmen im Verlauf von Jahrzehnten. Beide sind → *M-Sterne* und die schwächere Komponente darüber hinaus ein → *Flare-Stern.* Mit einer Entfernung von 13 Lichtjahren gehören sie zu den sonnennächsten Sternen.

Kruste Die äußerste feste Schicht eines Planeten oder Mondes, die meist aus Gestein, Eis oder einer Mischung von beidem besteht.

KSC Abkürzung für → *Kennedy Space Center.*

K-Stern Ein Stern vom → *Spektraltyp* K. K-Sterne haben Oberflächentemperaturen zwischen 3500 und 4900 Kelvin und sind orangefarben. Im Spektrum dominieren Linien des neutralen und ionisierten Kalziums, außerdem findet man zahlreiche Linien von neutralen Metallen sowie Molekülbanden, insbesondere bei den kühleren Sternen. → *Arktur* und → *Aldebaran* sind Beispiele für K-Sterne.

Kugelsternhaufen Ein ungefähr kugelförmiger, dicht gepackter Haufen von Hunderttausenden oder sogar Millionen von Sternen. Der hellste Sternhaufen am Himmel ist → *Omega Centauri* (ω Cen), der einen Durchmesser von 620 Lichtjahren hat. Er ist gleichzeitig auch einer der ältesten bekannten Sternhaufen, vermutlich 15 Milliarden Jahre alt. Die Kugelsternhaufen in unserer Galaxie enthalten einige der ältesten Sterne. Sie sind in einem sphärischen Halo um unsere Galaxie verteilt, im Gegensatz zu den

→ *offenen Sternhaufen*, die man nur in der Scheibe findet und die sich in stark elliptischen Bahnen um das Zentrum der Galaxie zu bewegen scheinen.
Die Kugelsternhaufen unserer Galaxie enthalten Elemente schwerer als Helium mit nur geringer Häufigkeit. Das entspricht der Vorstellung, daß sie sich aus dem ursprünglichen Material unserer Galaxie gebildet haben, bevor die Zusammensetzung des interstellaren Mediums mit Elementen angereichert wurde, die nur im Innern der Sterne entstehen konnten.
Man hat Kugelsternhaufen auch in anderen Galaxien nachweisen können.

Kuiper Airborne Observatory (KAO) Ein 0,9-Meter-Reflektor vom Cassegrain-Typ, installiert in einer Lockheed-C141-Düsenmaschine. Es wird seit 1975 von der NASA als nationales amerikanisches Instrument betrieben und ist im NASA Ames Research Center, Mountain View, Kalifornien, stationiert.
Das Teleskop befindet sich in einer Kabine, die an einer Außenseite offen ist. Während des Fluges kann das Instrument in einem Höhenwinkel zwischen 35° und 85° geschwenkt werden. Mit Hilfe von Präzisionskreiseln und einem aktiven, digitalen Nachführsystem ist es möglich, Objekte mit einer Genauigkeit von zwei Bogensekunden anzuvisieren. Das KAO kann in einer Höhe von maximal 12 Kilometern fliegen und ist dort oberhalb von 85 Prozent der Erdatmosphäre sowie 99 Prozent des gesamten Wasserdampfs. Mit diesem Instrument wurden beispielsweise die Uranusringe entdeckt.

Kulmination Der Moment, in dem ein Stern oder ein anderes Himmelsobjekt im Verlauf seiner durch die Erdrotation verursachten Wanderung über den Himmel seine größte Höhe über dem Horizont erreicht. Kulmination findet statt, wenn das Objekt den → *Meridian* des Beobachters überschreitet. Bei der Kulmination ist ein Objekt also gerade nördlich oder südlich des Beobachters.
Zirkumstellare Objekte kreuzen den Meridian oberhalb und unterhalb des Pols, man unterscheidet entsprechend obere und untere Kulmination. Meridian-Durchgang oder Durchgang sind andere Ausdrücke für Kulmination.

Kuppel Ein Gebäude mit halbkugelförmigem Dach zur Unterbringung eines Teleskops, das als Observatorium dient. Das Dach kann gedreht werden und hat eine große spaltförmige Öffnung, so daß das Teleskop leicht auf jede beliebige Stelle des Himmels gerichtet werden kann, während die Kuppel gleichzeitig einen gewissen Windschutz bietet.

kurzperiodischer Komet → *Komet* auf einer elliptischen Umlaufbahn und einer Periode von einigen Jahren oder Jahrzehnten, vergleichbar mit den Umlaufzeiten der Planeten.
Man nimmt an, daß der Ursprungsort der kurzperiodischen Kometen die → *Oortsche Wolke* ist. Von dort wurden sie auf ihre heutigen elliptischen Bahnen durch die Schwerkrafteinflüsse der Planeten abgelenkt, besonders durch Störungen des Planeten Jupiters während naher Vorübergänge.
Zwei Drittel aller wiederkehrenden Kometen befinden sich in Umlaufbahnen, die sie nicht weiter als eine Astronomische Einheit von der Jupiterbahn wegführen.

kurzperiodisch Veränderlicher Ungenaue Bezeichnung für einen gewöhnlichen → *veränderlichen Stern*, der eine relativ kurze Periode aufweist.

Labyrinth (pl. Labyrinthi) Ein komplexes System aus sich überkreuzenden Tälern auf der Oberfläche eines Planeten.

Lacerta (Die Eidechse) Ein kleines, wenig eindrucksvolles Sternbild zwischen Cygnus und Andromeda, das nur einen Stern heller als 4. Größe enthält. Johannes Hevelius benannte es Ende des 17. Jahrhunderts.

Lacus (pl. Lacus) Lateinische Form für See, die man für einige dunkle, isolierte Formationen auf dem Mond verwendete. Die Namen stammen aus einer Zeit, als man noch glaubte, es gäbe Wasser auf dem Mond, was sich heute als falsch erwiesen hat. Die Namen wurden jedoch beibehalten.
Auch auf dem Mars hat man einige Formationen als Lacus bezeichnet. Sie werden heute von Amateurastronomen zwar noch verwendet, die Wissenschaftler haben sie jedoch gegen modernere ausgetauscht, die die Formationen besser beschreiben. So wurde aus Solis Lacus Solis Planum.

Lagrange-Punkte Punkte in der Umlaufebene zweier massereicher Objekte, in denen ein kleiner Körper eine Gleichgewichtslage einnehmen kann. Wenn sich zwei Objekte auf Kreisbahnen um ihren gemeinsamen Schwerpunkt bewegen, gibt es fünf solcher Punkte, drei von ihnen werden jedoch bei kleinen Störungen instabil. Die anderen beiden sind stabil und befinden sich jeweils im Abstand von 60 Grad auf beiden Seiten des kleinen Körpers. Die Asteroidengruppe der → *Trojaner*, die sich nahezu auf derselben Bahn wie Jupiter bewegt, befindet sich in den zwei stabilen Lagrange-Punkten. Siehe auch → *Roche-Volumen*

Lagunen-Nebel (M8, NGC 6532) Ein leuchtender Nebel im Sternbild Sagittarius. Er besteht aus → *ionisiertem Wasserstoff*, Staub und Gas, in das heiße, junge Sterne eingebettet sind. In der Nähe des Zentrums befindet sich der Sternhaufen NGC 6530. Ionisiert wird der Nebel von den beiden Sternen 7 und 9 Sagittarii, die bereits mit bloßem Auge sichtbar sind. Der Nebel befindet sich in einer Entfernung von etwa 4500 Lichtjahren.

Länge Winkelabstand entlang des Äquators oder eines Parallelkreises dazu, von einem beliebigen Nullpunkt aus gemessen, in einem sphärischen Koordinatensystem. Im Äquatorialsystem am Himmel entspricht die Länge der → *Rektaszension.*

Länge des aufsteigenden Knotens (Symbol Ω) Eines der grundlegenden → *Bahnelemente*, um die Form und Orientierung einer Bahn im Raum mathematisch zu beschreiben. Der aufsteigende Knoten ist als derjenige Punkt definiert, an dem die Bahn eine Vergleichsebene schneidet und das Objekt diese von Süd nach Nord überquert. Für alle Körper im Sonnensystem ist die Vergleichsebene die Ekliptik, und der Nullpunkt ist der → *Frühlings-* oder → *Widderpunkt.*

Länge des Perihels Bei der Bahnbewegung die Summe aus der → *Länge des aufsteigenden Knotens* Ω und der Länge des Perihels in der Bahn (Abstand von der Knotenlinie).

langperiodischer Komet Ein → *Komet* mit einer nahezu parabolischen Bahn, auf der er für einen Umlauf um die Sonne mehr als 200 Jahre benötigt. Einige von ihnen haben Umlaufzeiten von mehreren Millionen Jahren. Siehe auch → *kurzperiodische Kometen*

langperiodische Veränderliche Veränderliche Sterne mit Perioden zwischen 100 und 1000 Tagen. Sowohl die Periode als auch die Helligkeitsamplitude von typischerweise mehreren Größenklassen können von Zyklus zu Zyklus schwanken. Solche Veränderliche sind → *Rote Riesen*, von denen → *Mira* der bekannteste ist.

Langrenus Ein großer Mondkrater mit einem Durchmesser von 132 Kilometern am östlichen Rand des Mare Fecunditatis. Er ist hell, hat einen terrassierten Wall, eine Zentralerhebung und liegt im Zentrum eines schwachen Strahlensystems.

La Palma Eine der Kanarischen Inseln, auf der sich das → *Observatorio del Roque de los Muchachos* befindet.

Larissa Ein Neptunmond (1989 N2), der bei dem Vorbeiflug von → *Voyager 2* im August 1989 entdeckt wurde. Siehe auch → *Tabelle 6*

Las Campanas Observatory Ein Observatorium in der Sierra del Condor, Chile, in einer Höhe von 2300 Metern, das von der Carnegie Institution, Washington, betrieben wird. Die größten Instrumente sind ein 2,5-Meter- und ein 1-Meter-Reflektor.

Laser-Messung → *Satelliten-Laser-Vermessung.*

La Silla-Observatorium Das Observatorium der → *Europäischen Südsternwarte* (ESO) im Süden der Atacama-Wüste, etwa 600 Kilometer nördlich von Santiago de Chile, auf einer Höhe von 2400 Metern. Die größten Instrumente sind ein 3,6-Meter-Reflektor, das 3,5-Meter → *New Technology Telescope* sowie das 15-Meter-Teleskop für den Submillimeter-Bereich. Letzteres wird von Schweden betrieben.

LDEF Abkürzung für → *Long Duration Exposure Facility.*

Leda Ein kleiner Jupitermond (Nummer XIII), entdeckt von Charles Kowal im Jahr 1974. Er besitzt einen Durchmesser von lediglich 15 Kilometern und gehört zu einer Gruppe von vier Monden, deren Umlaufbahnen eng zusammen in Abständen zwischen 11,1 und 11,7 Millionen Kilometern vom Jupiter liegen. Die anderen Monde heißen Himalia, Lysithea und Elara. Siehe auch → *Tabelle 6*

Leier Deutsche Bezeichnung für das Sternbild → *Lyra.*

Leitstern Ein Stern, auf den die manuelle oder automatische Nachführung eines Teleskops eingerichtet werden kann, so daß man bei der Beobachtung schwächerer Objekte sichergeht, daß die Rotation der Erde korrekt kompensiert wird.

Lemaître-Universum Ein Weltmodell, das mit dem → *Urknall* beginnt, dann in eine statische Phase übergeht und schließlich unendlich lange expandiert. Es wurde nach Georges Lemaître (1894–1966) benannt, der 1927 ein großes Werk über die Expansion des Universums veröffentlichte. Er proklamierte als erster die Expansion des Universums aus »einem Atom«, während Einstein anfänglich ein statisches Universum vertrat.

Leo (Der Löwe) Eines von den zwölf Sternbildern des Tierkreises, das bereits Ptolemäus in seiner Liste der 48 Sternbilder (140 n. Chr.) aufgeführt hatte. Die Verteilung der hellsten Sterne in diesem großen und eindrucksvollen Sternbild zeichnet andeutungsweise den Umriß eines Löwen. Die kleine Gruppe, die den Kopf bildet, nennt man manchmal auch die Sichel. Leo enthält zehn Sterne heller als 4. Größe. Die hellsten heißen → *Regulus* und → *Denebola.* Das Sternbild enthält auch zahlreiche Galaxien, darunter fünf aus dem → *Messier-Katalog* (M65, M66, M96 und M105). Siehe auch → *Tabelle 4*

Leo Minor (Der Kleine Löwe) Eine kleine, wenig markante Sternkonstellation zwischen Leo und Ursa Maior, die lediglich einen Stern heller als 4. Größe enthält. Johannes Hevelius benannte es am Ende des 17. Jahrhunderts. Siehe auch → *Tabelle 4*

Leoniden Ein jährlich auftretender → *Meteorschauer*, dessen Radiant in der Sichel des Sternbildes Leo liegt. Er tritt vom 15. bis 20. November mit dem Maximum am 17. November auf. Obwohl man in den meisten Jahren nur wenige Sternschnuppen registriert, ereignen sich hin und wieder auch spektakuläre Schauer. 1966 sorgten die Leoniden für den stärksten, jemals in den USA beobachteten Schauer mit 40 Meteoren pro Sekunde. Die Leoniden hängen mit dem Kometen P/Tempel-Tuttle zusammen, der 1865 erstmals gesehen wurde und eine Umlaufzeit von 33 Jahren besitzt. Der Meteoritenstaub ist nicht gleichmäßig über dessen Bahn verteilt, sondern konzentriert sich um den Kometen. Aus diesem Grunde kann der Schauer alle 33 Jahre besonders intensiv sein. Er ist es allerdings nicht, wenn der Komet zu weit von der Erde entfernt ist.

Leptonen-Ära Die Zeitspanne von einer millionstel Sekunde bis eine Sekunde nach dem → *Big Bang*. In dieser Ära war das Verhalten des Universums durch die leichten Elementarteilchen wie Elektronen und Neutrinos geprägt. In einem sehr geringen Anteil von etwa einem Milliardstel waren auch Protonen und Neutronen vorhanden.

Lepus (Der Hase) Eines der ursprünglich 48 von Ptolemäus (140 n. Chr.) aufgelisteten Sternbilder. Es befindet sich unmittelbar unterhalb des Orion und stellt wohl einen von diesem Jäger verfolgten Hasen dar. Es ist klein aber markant und enthält sieben Sterne heller als 4. Größe. Siehe auch → *Tabelle 4*

letztes Viertel Die letzte Mondphase vor Neumond, in der die Hälfte der sichtbaren Scheibe des abnehmenden Mondes beleuchtet wird. Es ist formal als der Zeitpunkt definiert, an dem der Längengrad des Mondes auf seiner Bahn um 270° größer ist als der der Sonne. Dies ist etwa sieben Tage nach Vollmond.

Leuchtkraft (Symbol L) Die von einem Objekt pro Zeiteinheit abgestrahlte Energie. Siehe auch → *Größenklasse*

Leuchtkraftfunktion Ein mathematischer oder empirischer Ausdruck für die Leuchtkraftverteilung von Sternen oder Galaxien in einem bestimmten Raumbereich. Die Leuchtkraftfunktion wird für eine bestimmte begrenzte Gruppe z. B. in einer Galaxie oder einem Sternhaufen ermittelt.

Leuchtkraftklasse → *Spektraltyp.*

Lexells Komet Ein von C. Messier 1770 entdeckter Komet, der aber nach A. Lexell (1740–1784) benannt wurde, weil dieser dessen Bahn berechnete. Lexell konnte damit zeigen, daß der Komet 1767 dem Planeten Jupiter so nahe kam, daß er dadurch auf eine andere Bahn geriet, auf der er der Erde so nahe kam, daß er sichtbar wurde. Er flog damals in einem Abstand von 1,2 Millionen Kilometern an der Erde vorbei. Damit ist er bis heute der erdnächste beobachtete Komet gewesen. Im Jahr 1779 kam er Jupiter jedoch wieder sehr nahe und änderte dabei seine Bahn so stark, daß er nie wieder gesehen wurde.

Libra (Die Waage) Eines der zwölf Tierkreissternbilder, die bereits Ptolemäus (140 n. Chr.) in seiner Liste der Sternbilder hatte, obwohl die Sterne zuvor dem nahegelegenen Skorpion zugerechnet wurden. Libra ist eines der unscheinbarsten Sternzeichen des Zodiaks, da es gerade fünf Sterne heller als 4. Größe enthält. Siehe auch → *Tabelle 4*

Libration Einer von vielen Effekten, die dafür sorgen, daß wir nicht immer exakt dieselbe Seite des Mondes sehen. Tatsächlich sorgt die Libration dafür, daß wir im Laufe der Zeit insgesamt 59 Prozent der Oberfläche sehen, obwohl die Umlaufzeit und die Rotationsdauer des Mondes gleich lang sind. Zwar bewirkt die physikalische Libration eine reale Änderung der Rotationsdauer, dieser Effekt ist jedoch klein gegenüber der geometrischen Libration, die sowohl in Länge als auch in Breite auftritt. Die Libration in der Breite ist eine Folge der Neigung der Mondbahn von 5°9' gegen die Ekliptik. Die Libration in der Länge von 7°45' wird durch die elliptische Bahn des Mondes verursacht, da seine Bahngeschwindigkeit vom Abstand zur Erde abhängt. Hinzu kommt noch eine tägliche oder parallaktische Libration, die entsteht, wenn man den Mond zu verschiedenen Zeiten des Tages beobachtet.

Lichtecho Die Lichtreflexion bei einer → *Supernova* oder →

Nova an umgebenden interstellaren Wolken. Dabei sieht man einen Ring, der sich auszudehnen scheint.

Lichtjahr (Lj) Die Entfernung, die das Licht oder jede andere elektromagnetische Welle im Vakuum innerhalb eines Jahres zurücklegt. Ein Lichtjahr entspricht 9,4607 x 10^{12} Kilometer, 63 240 AE oder 0,30660 Parsec.

Lichtkurve Eine Kurve, die die zeitliche Helligkeitsvariation eines → *veränderlichen Sterns* oder anderen variablen Objekts wiedergibt.

Lichtverschmutzung Streulicht von künstlichen Lichtquellen, die die Hintergrundhelligkeit des Nachthimmels über seine natürliche Intensität aufhellen und astronomische Beobachtungen behindern. Sie ist besonders stark in der Nähe großer Städte. In den USA hat es bereits gerichtliche Verfügungen gegeben, um große Observatorien vor der unnötigen Erweiterung künstlicher Lichtquellen in nahegelegenen Städten zu schützen. Dennoch wird die Lichtverschmutzung weltweit ein zunehmendes Problem sowohl für professionelle als auch für Amateurastronomen.

Lichtzeit Die Zeitspanne, in der das Licht oder jede andere elektromagnetische Welle einen bestimmten Weg zurücklegt.

Lick-Observatorium Ein von der Universität von Kalifornien geführtes Observatorium. Es befindet sich auf dem Mount Hamilton (Höhe 1300 Meter) in der Californian Diablo Range. Es ist heute lediglich noch eine Beobachtungsstation, die von der Universität von Kalifornien, Santa Cruz, verwaltet wird.
Der amerikanische Millionär James Lick (1796–1876) stiftete das Geld für die Sternwarte. Das Gebäude mit einem 92-Zentimeter-Teleskop wurde 1888, 12 Jahre nach Licks Tod, fertiggestellt. Er wurde im Sockel des Teleskops begraben.
Das wichtigste Teleskop ist heute der 1959 in Betrieb genommene Shane-Reflektor mit einem 3-Meter-Spiegel. Der Crossley-Reflektor mit einem 92-Zentimeter-Spiegel wurde von dem Briten Andrew Common gebaut und von dessen Besitzer, Edward Crossley, 1895 dem Observatorium übergeben. Das neueste Instrument ist das 1980 fertiggestellte, automatisierte Nickel-Teleskop mit einem 1-Meter-Spiegel. Darüber hinaus gibt es einen 50-Zentimeter- → *Astrographen* mit zwei Rohren, der es ermöglicht, gleichzeitig Spektren im blauen und gelben Spektralbereich aufzunehmen.

Linea (pl. Lineae) Eine längliche Oberflächenformation auf einem Planeten.

Lineal (Winkelmaß) Deutsche Bezeichnung für das Sternbild → *Norma*.

Liner Abkürzung für low-ionization narrow emission line region (etwa »Gebiet mit schmalen Emissionslinien gering ionisierter Atome«). Solche Gebiete findet man häufig in Spiralgalaxien. Offensichtlich handelt es sich dabei um eine schwache Form von → *aktiven galaktischen Kernen*, woraus sich schließen läßt, daß alle Galaxien einen aktiven Kern enthalten, dessen Intensität jedoch stark schwankt.

Linienprofil Die Intensitätsverteilung in einem engen Bereich des Spektrums, in dem sich eine einzige Spektrallinie befindet. Trägt man die Intensität in Abhängigkeit von der Wellenlänge auf, so ergibt sich beispielsweise für eine typische Absorptionslinie eines Sterns eine glockenförmige Kurve. Aus der genauen Analyse eines Linienprofils lassen sich wichtige physikalische Parameter des Gases ermitteln, in dem die Linie entstanden ist.

Linienspektrum Ein → *Spektrum*, das → *Emissionslinien* oder → *Absorptionslinien* oder beides enthält.

Linné Ein kleiner Mondkrater mit einem Durchmesser von 2,4 Kilometern im Mare Serenitatis. Mitte des 19. Jahrhunderts behaupteten einige Astronomen, es hätte einen kleinen Begleitkrater, genannt Linné B, gegeben, der dann jedoch verschwunden sei. Diese Behauptung konnte jedoch nicht bestätigt werden, und heute glaubt man an eine Täuschung. Trotz seiner geringen Größe ist der Krater doch sehr auffällig, da er von einem hellen Gebiet, vermutlich dem Auswurfmaterial, umgeben ist.

Linse Ein durchsichtiges optisches Instrument, das die Ausbreitungsrichtung des Lichts ändert, wenn es durch sie hindurchtritt. Es gibt verschiedene Arten von Linsen für verschiedene Anwendungsmöglichkeiten. Konvexe und bikonvexe Linsen fokussieren einen parallelen Lichtstrahl, konkave und bikonkave zerstreuen ihn. Man kann auch verschiedene Arten kombinieren und erreicht dadurch eine Wirkung, die sich mit einer einzigen Linse nicht erzielen läßt. Ein Beispiel hierfür sind die Okulare. Die Linsen können dabei in Zweier- und Dreiergruppen kombiniert werden. Durch die Kombination von Linsen aus verschiedenen Glassorten reduziert man die → *chromatische Aberration.* Die Objektivlinse sammelt das Licht in einem Refraktor.

linsenförmige Galaxie Eine Galaxie vom Typ S0 in der → *Hubble-Klassifizierung,* die sich zwischen elliptischen und Spiralgalaxien befindet. Den Namen erhielt sie wegen ihrer Ähnlichkeit mit einer konvexen Linse.

Lithosiderite Bezeichnung für eine Gruppe von Stein-Eisen → *Meteoriten.*

Lithosphäre Die feste, äußere Schicht eines Planeten, zu der die Kruste und ein Teil des äußeren oberen Mantels gehört, der oberhalb der weicheren Asthenosphäre liegt.

Lj Abkürzung für → *Lichtjahr.*

LM Abkürzung für das Lunar-Modul der Mondlandefähre des → *Apollo-Programms.*

LMC Abkürzung für Large Magellanic Cloud: Große → *Magellansche Wolke.*

lokale Gruppe Eine Ansammlung von Galaxien, zu denen auch die → *Milchstraße* gehört. Die größten Mitglieder sind die → *Andromeda-Galaxie* (M31), sie ist die größte und massereichste, und unsere Milchstraße. Die nächstkleineren sind die Spiralgalaxie M33 (Dreiecksnebel), eine Begleiterin von M31, und die Große → *Magellansche Wolke,* eine Begleiterin unserer Milchstraße. Bei den weiteren Mitgliedern der lokalen Gruppe handelt es sich um kleine elliptische und irreguläre Galaxien sowie eine Reihe von elliptischen Zwerggalaxien, die alleinstehenden Kugelsternhaufen ähneln. Diese Zwerggalaxien sind so schwach, daß man sie lediglich bis in die Entfernung des Andromeda-Nebels nachweisen kann. Aus diesem Grunde ist ihre Anzahl auch nicht bekannt. Die vier kleinen elliptischen Galaxien NGC 221, 205, 185 und 147 sind Begleiter von M31, die Magellanschen Wolken und andere Zwerggalaxien begleiten die Milchstraße. Die lokale Gruppe weist also nicht ein einziges Zentrum auf, sondern besteht aus zwei Gruppen, die sich um die beiden größten Galaxien (M31 und die Milchstraße) ansammeln. Die lokale Gruppe nimmt ein Volumen mit einem Durchmesser von etwa drei Millionen Lichtjahren (1 Megaparsec) ein. Die nächsten Galaxien sind zwei- bis dreimal so weit von der Milchstraße entfernt. Siehe auch → *Maffei-Galaxien*

lokale mittlere Sonnenzeit Die → *mittlere Sonnenzeit* an einem bestimmten Ort. Sie stimmt im allgemeinen weder mit der → *bürgerlichen Zeit* an diesem Ort noch mit der wahren Sonnenzeit überein. Die Differenz hängt von der → *Zeitzone* ab und berechnet sich mit der → *Zeitgleichung.*

lokaler Stundenwinkel Der → *Stundenwinkel* eines Himmelskörpers, gemessen von einem Beobachter an einem bestimmten Ort. Der lokale Stundenwinkel ändert sich in jedem Zeitpunkt mit dem Breitengrad, auf dem sich der Beobachter befindet.

lokaler Superhaufen Ein → *Superhaufen* von Galaxien, in dessen Zentrum der → *Virgo-Haufen* steht und an dessen Rand sich die → *lokale Gruppe* befindet. Diesen Superhaufen mit einem Durchmesser von über 100 Millionen Lichtjahren entdeckte G. de Vaucouleurs im Jahr 1956.

lokales Ruhesystem (engl. local standard of rest, LSR) Ein auf die Sonne bezogenes Referenzsystem, in dem die mittlere

Geschwindigkeit der sonnennahen Sterne null ist. Jeder Stern, auch die Sonne, bewegt sich relativ zum LSR. So bewegt sich die Sonne mit 20 km/s auf den solaren → *Apex* zu. Das LSR bewegt sich mit 250 km/s um das Zentrum der Milchstraße und ist somit ein Maß für die generelle Rotation der Milchstraße in der Sonnenumgebung.

lokale Sternzeit Die → *Sternzeit* an einem bestimmten Ort. Die lokale Sternzeit weicht von der → *Greenwich-Sternzeit* um vier Minuten pro Längengrad östlich oder westlich von Greenwich ab. Die Zeiten sind für Orte östlich von Greenwich später und für solche westlich davon früher.

lokale Zeit Entweder die wahre → *Sonnenzeit* oder die → *mittlere Sonnenzeit* an einem bestimmten Ort. Diese weicht im allgemeinen von der → *bürgerlichen Zeit* und der → *Weltzeit* ab. Sie hängt von der → *Zeitzone* und dem Breitengrad des Ortes ab.

Loki Ein Vulkanzentrum auf dem Jupitermond → *Io*, dessen Aktivität die beiden Voyager-Sonden 1979 beobachteten.

Long Baseline-Interferometrie Eine Technik der Radioastronomie, bei der man zwei oder mehrere Radioteleskope über einen Abstand von bis zu 1000 Kilometern miteinander koppelt und so ein → *Radiointerferometer* bildet. Die Kopplung der Signale erfolgt dabei direkt per Satellit oder Kabel. Siehe auch → *Very Long Baseline-Interferometrie*

Long Duration Exposure Facility (LDEF) Ein mit 50 Experimenten bestückter Satellit, der 1984 von einer Weltraumfähre in eine Erdumlaufbahn gebracht wurde, um die Weltraumumgebung über längere Zeit zu untersuchen. Ursprünglich sollte die LDEF knapp ein Jahr später wieder eingeholt werden; durch Verzögerungen im Shuttle-Plan gelang dies jedoch erst im Januar 1990, nur wenige Wochen bevor der Satellit aufgrund der atmosphärischen Reibung abzustürzen drohte.

loses System Ein → *Doppelstern*-System, in dem keiner der beiden Sterne sein → *Roche-Volumen* ausfüllt. Siehe auch → *Kontaktsystem*

Lost-City-Meteorit Ein → *Chondrit*, der 1970 in Oklahoma niederging. Der beim Durchgang durch die Atmosphäre auftretende → *Feuerball* wurde photographiert, so daß sich der Einschlagsort genau ermitteln ließ und der Meteorit gefunden werden konnte.

Lovell-Teleskop → *Nuffield Radio Astronomy Laboratories.*

Löwe Deutsche Bezeichnung für das Sternbild → *Leo.*

Lowell-Observatorium Eine Privatsternwarte in Flagstaff, Arizona, gegründet 1894 von Percival Lowell (1855–1916), der insbesondere der Frage nachging, ob es intelligentes Leben auf dem Mars gibt. Es wurden dort wichtige Entdekkungen gemacht, darunter diejenige Plutos im Jahre 1930 durch Clyde Tombaugh. Heute arbeitet dort eine kleine Gruppe von Astronomen vorwiegend auf dem Gebiet der Planetenforschung sowie einigen anderen Bereichen der Astronomie.
Es gibt vier Teleskope: einen 60-Zentimeter-Refraktor, den Morgan-Reflektor mit einem 60-Zentimeter-Spiegel, einen 53-Zentimeter-Spiegel sowie einen 45-Zentimeter- → *Astrograph.* Darüber hinaus betreibt das Observatorium vier weitere Teleskope auf Anderson Mesa, 24 Kilometer südöstlich von Flagstaff. Hier steht u. a. das 1,8-Meter-Perkins-Teleskop der Ohio-State- und Ohio-Wesleyan-Universität.

LSR Abkürzung für local standard of rest → *lokales Ruhesystem.*

Luftpumpe Deutsche Bezeichnung für das Sternbild → *Antlia.*

Luftschauer Eine Kettenreaktion von hochenergetischen Teilchen in der Atmosphäre, angestoßen durch die Kollision eines Teilchens der → *kosmischen Strahlung* mit einem Atomkern der Atmosphäre. Die erste Kollision erzeugt eine Reihe von sekundären Teilchen, die alle noch beträchtliche Energie besitzen, und die weitere Stöße erleiden können.

Luna Eine Reihe sowjetischer Mondsonden, die zwischen 1963 und 1976 gestartet wurden. Die ersten drei hießen →

Lunik. Luna 9 landete als erste dieser Sonden im Januar 1966 weich auf dem Mond im Oceanus Procellarum. Die erste Sonde in einer Mondumlaufbahn war Luna 10 im März 1966. Luna 16 im September 1970, Luna 20 (1972) und, als letzte der Serie, Luna 24 (August 1976) brachten Mondproben zurück. Luna 17 und 21 setzten das → *Lunochod*-Mondmobil auf der Oberfläche ab. Erfolgreich waren auch die Sonden Luna 11, 12 und 13 (1966), 14 (1968), 19 (1971) und 22 (1974).

lunar Den Mond betreffend.

lunare Parallaxe Mittelwert der äquatorialen, horizontalen Parallaxe des Mondes (tägliche Parallaxe). Sie beträgt 3422,34 Bogensekunden.

Lunar Orbiter Eine Serie amerikanischer, in den Jahren 1966 und 1967 gestarteter Mondsonden, die den Mond kartographieren und mögliche Landeplätze für die bemannten Apollo-Missionen ausfindig machen sollten. Es war die erste systematische Erforschung der Mondoberfläche. Alle fünf Sonden waren sehr erfolgreich. Die Photos wurden auf normalem Film belichtet, automatisch an Bord entwickelt, abgerastert und dann zur Erde gefunkt.

Lunation Ein kompletter Zyklus der Mondphasen, entsprechend einem synodischen Monat mit einer Dauer von 29,53059 Tagen.

Lund-Observatorium Ein schwedisches, bereits 1672 gegründetes Observatorium. Die heutigen Gebäude stammen jedoch von 1867. Die Sternwarte, deren Hauptinstrument ein 61-Zentimeter-Reflektor ist, befindet sich 18 Kilometer außerhalb von Lund.

Lunik Name der ersten drei, von der Sowjetunion im Januar, September und Oktober 1959 gestarteten Mondsonden. Lunik 1 flog in einem Abstand von 5000 Kilometern am Mond vorbei, Lunik 2 schlug in der Nähe des Kraters Archimedes auf, aber Lunik 3 übermittelte die ersten Bilder von der Rückseite des Mondes. Die nachfolgenden Sonden wurden mit → *Luna* bezeichnet.

Lunisolarpräzession → *Präzession.*

Lunochod Automatische Mondrover, die mit den beiden unbemannten Sonden Luna 17 und 21 auf den Mond gelangten. Lunochod 1 landete am 17. November 1970 mit Luna 17 weich im westlichen Teil des Mare Imbrium und arbeitete zehn Monate lang. Am 16. Januar 1973 folgte Lunochod 2 mit Luna 21. Es landete im östlichen Teil des Mare Serenitatis und funktionierte vier Monate lang. Die beiden Rover legten jeweils 10,5 bzw. 37 Kilometer zurück. Die Rover fuhren auf acht Rädern und trugen Kameras, einen Laserreflektor, ein Magnetometer, Sonnenflächen, einen Detektor für die kosmische Strahlung und ein Kommunikationssystem.

Lupus (Der Wolf) Sternbild am Südhimmel, das bereits in Ptolemäus' Liste der 48 Sternbilder (140 n.Chr.) verzeichnet ist. Es befindet sich zwischen dem Skorpion und Centaurus und weist acht Sterne heller als 4. Größe auf. Siehe auch → *Tabelle 4*

Lyapunow-Exponent Eine Zahl, die kennzeichnet, wie stark die Bewegungen auf zwei benachbarten Bahnen mit der Zeit auseinanderlaufen. Sie ist ein Maß für die Nichtvorausberechenbarkeit einer Bahn. Nicht vorausberechenbare Bahnen nennt man chaotisch.

Lyman-alpha-Wald Eine große Anzahl eng beieinanderliegender Absorptionslinien im Spektrum von Quasaren mit hoher Rotverschiebung. Sie entstehen in Wasserstoffwolken, die sich zwischen dem Quasar und der Erde befinden. Die meisten Linien entstehen durch die Lyman-alpha-Absorption des Wasserstoffs, wobei die Linien entsprechend der Geschwindigkeit der Wolken im Spektrum rotverschoben sind. Siehe auch → *Lyman-Serie*

Lyman-FUSE Ein Satellit, der gemeinsam von den USA, Großbritannien und Kanada gebaut wird und dessen Start für 1997 vorgesehen ist. Mit ihm will man im fernen und extremen Ultravioletten beobachten.

Lyman-Serie Eine Serie von → *Spektrallinien* des atomaren Wasserstoffs im Ultravioletten. Sie entstehen bei Übergängen zwischen dem Grundzustand

und den zahlreichen möglichen angeregten Zuständen. Sie werden mit alpha, beta, gamma usw. bezeichnet und entsprechen den Übergängen von oder in den ersten, zweiten, dritten und alle weiteren angeregten Zustände.
Die Lyman-alpha-Linie liegt bei 121,566 Nanometern, alle anderen Linien befinden sich bei geringeren Wellenlängen. Sie ist eine starke Linie in Emissionsspektren von → *aktiven galaktischen Kernen* und → *Quasaren.* Bei großen Rotverschiebungen ist sie im optischen Spektralbereich sichtbar.

Lyndon B. Johnson Space Center (JSC) Ein großes Technologiezentrum in Houston, Texas, und Hauptquartier der NASA-Astronauten, in dem die Missionskontrolle des → *Space Shuttle* zwischen Start und Landung erfolgt. Hier ist man sowohl für die Entwicklung und den Betrieb des Shuttle als bemannte Weltraumfähre als auch für das National Space Transportation System (das Shuttle als wiederverwendbares Transportsystem) verantwortlich.
Das JSC unterhält große Programme in bezug auf bemannte Raumfahrt, Weltraummedizin und Flugtechnik. Hier werden auch Studien für zukünftige bemannte und automatische Missionen, wie die Mondstation und die vorgeschlagene Mars Rover Sample Return Mission, ausgearbeitet. Es ist nach dem ehemaligen US-Präsidenten benannt, der das amerikanische Weltraumprogramm stark gefördert hat.

Lynx (Der Luchs) Ein unscheinbares Sternbild am Nordhimmel, das Johannes Hevelius gegen Ende des 17. Jahrhunderts benannte, um eine Lücke zwischen Auriga und Ursa Maior zu schließen. Es enthält lediglich zwei Sterne heller als 4. Größe. Siehe auch → *Tabelle 4*

Lyot-Filter Ein sehr schmalbandiges Interferenzfilter insbesondere für die Sonnenbeobachtung, 1938 von dem französischen Astronomen B. F. Lyot (1897–1952) erfunden. Das Filter besteht aus einer Reihe von Polarisationsfiltern, die durch Quarzplatten getrennt sind. Der spektrale Durchlaßbereich läßt sich durch unterschiedliche Dikken und Abstände dieser Elemente wählen.

Lyra (Die Leier). Kleines, aber eindrucksvolles Sternbild am Nordhimmel, das sich bereits bei Ptolemäus in dessen Liste aus 48 Sternbildern (140 n. Chr.) findet. Der hellste Stern → *Vega* ist 0. Größe und der fünfthellste Stern am Himmel. Darüber hinaus enthält Lyra drei weitere Sterne heller als 4. Größe. Epsilon Lyrae ist ein Vierfachsystem, das aus zwei weit getrennten engen Paaren besteht. In der Lyra findet sich auch einer der bekanntesten → *Planetarischen Nebel*, der → *Ringnebel.* Siehe auch → *Tabelle 4*

Lyriden Ein jährlicher → *Meteorschauer*, manchmal auch *April-Lyriden* genannt, dessen Radiant an der Grenze der Sternbilder Lyra und Herkules liegt. Der Schauer dauert normalerweise vom 19. bis 25. April mit dem Maximum am 22. April. Er hängt mit dem Kometen Thatcher (1861 I) zusammen und ist ein im allgemeinen recht schwacher Schauer, der jedoch auch intensiv sein kann. Er läßt sich über 2500 Jahre zurückverfolgen.

Lysithea Ein kleiner Jupitermond (Nummer X), den S. B. Nicholson 1938 entdeckt hat. Sein Durchmesser beträgt lediglich 36 Kilometer, und er gehört zu einer Gruppe von vier Monden, deren Bahnen sich in einem engen Bereich von 11,1 bis 11,7 Millionen Kilometer Entfernung vom Jupiter befinden. Die anderen Monde heißen Leda, Himalia und Elara. Siehe auch → *Tabelle 6*

M Bezeichnung für Objekte aus dem → *Messier-Katalog.*

Machsches Prinzip Eine von Ernst Mach (1838–1916) formulierte Hypothese, wonach die Trägheitseigenschaften eines Objekts durch die Massenverteilung im Universum festgelegt werden. Diese Idee beeinflußte Einstein zwar, aber sowohl ihm als auch anderen gelang es nicht, sie in die → *Allgemeine Relativitätstheorie* zu integrieren.

Macula (pl. Maculae) Ein dunkler Fleck auf der Oberfläche eines Planeten.

Maffei-Galaxien Zwei im Jahr 1968 von Paolo Maffei entdeckte Galaxien, die nur im roten und infraroten Spektralbereich sichtbar sind.

Maffei I ist eine elliptische Riesengalaxie in einer Entfernung von etwa vier Millionen Lichtjahren. Sie ist möglicherweise ein entlegenes Mitglied der → *lokalen Gruppe.* Es ist eine sehr große Galaxie mit etwa 200 Milliarden Sonnenmassen. Sie erscheint deswegen so schwach, weil ihr Licht dichte Staubwolken in unserer Milchstraße durchqueren muß, wo es um das Hundertfache geschwächt wird.

Maffei II ist eine gewöhnliche Spiralgalaxie, die fünfmal weiter entfernt ist als Maffei I und somit außerhalb der lokalen Gruppe liegt.

Magellan Eine amerikanische Sonde zur Erforschung der → *Venus,* die am 4. Mai 1989 mit dem Space Shuttle Atlantis gestartet wurde. Mit ihr kartierte man die Oberfläche mit einem → *Synthese-Apertur-Radar.* Dies ist nur mit einem Radar möglich, da Venus ständig von einer dichten Wolkenhülle umgeben ist. Magellan erreichte den Planeten am 10. August 1990, und der erste, 243 Tage dauernde Meßzyklus war im Mai 1991 erfolgreich beendet, bei dem die Sonde bereits 84 Prozent der Oberfläche erfaßt hatte. In den folgenden Zyklen füllte sie Lücken auf und untersuchte einige Gebiete detaillierter. Bis zum Herbst 1994 hatte sie eine Abdeckung von nahezu 100 Prozent bei einer Auflösung von 75 Metern pro Bildpunkt erreicht.

Ältere Aufnahmen hatten bereits gezeigt, daß etwa 80 Prozent der Oberfläche von Lavaströmen bedeckt sind. Magellan konnte diese Gebiete wesentlich genauer untersuchen. Darüber hinaus fand die Sonde eine große Zahl von → *Schildvulkanen,* Einschlagkratern, von denen der größte einen Durchmesser von 275 Kilometern hat, sowie eine Reihe von Oberflächenformationen, die es auf keinem anderen Planeten gibt. Magellan hat unser Wissen über die Venus entscheidend erweitert.

Magellanscher Strom Ein rund 200 000 Lichtjahre langer Gasstrom von neutralem Wasserstoff zwischen den → *Magellanschen Wolken* und der → *Milchstraße.* Er erscheint am Südhimmel als Bogen mit einer Ausdehnung von 150°. Möglicherweise handelt es sich hierbei um Gas, das bei einer Wechselwirkung der Magellanschen Wolken mit der Milchstraße herausgerissen wurde.

Magellansche Wolken Zwei kleine, irreguläre Begleitgalaxien unserer → *Milchstraße.* Sie erscheinen als diffuse Wölkchen am Südhimmel. Die Große Magellansche Wolke (LMC) befindet sich im Sternbild Tukan in einer Entfernung von 169 000 Lichtjahren. Ihre Entfernung konnte anhand von Beobachtungen der expandierenden Hülle der → *Supernova 1987A* bis auf 5 Prozent genau festgelegt werden. Die Kleine

Magellansche Wolke (SMC) in Dorado ist etwa 210 000 Lichtjahre entfernt.

Magnetfeldschweif Teil der → *Magnetosphäre* der Erde oder eines anderen Planeten auf der sonnenabgewandten Seite. Hier wird diese durch die Wechselwirkung mit dem Sonnenwind zu einem langen Schweif, ähnlich dem eines Kometen, gedehnt. Der Magnetfeldschweif der Erde erstreckt sich von etwa 8 bis 10 Erdradien bis in eine Entfernung von 80 (möglicherweise gar bis 1000) Erdradien.

magnetische Monopole Ein vorausgesagter Defekt in der Struktur der → *Raumzeit*, der sich wie ein magnetischer Nord- oder Südpol verhält und eine Masse von 10^{16} Protonenmassen besitzt. Bisher konnte jedoch keiner entdeckt werden. Die vorausgesagte Existenz dieser Teilchen ist ein grundlegendes Problem der → *Großen Vereinheitlichten Theorien* der physikalischen Grundkräfte. Wenn es sie tatsächlich in großer Zahl gäbe, würden sie die Expansion des Universums drastisch verringern, was nicht beobachtet wird. Das Problem dieser Defekte wird in der Theorie des → *inflationären Universums* umgangen.

magnetische Sterne Sterne mit einem extrem starken Magnetfeld. Es wurde eine Reihe von A-Sternen entdeckt, deren Feldstärke die der Sonne um das Tausendfache übertreffen. Sie weisen sehr eigentümliche Spektren auf und werden als → *Ap-Sterne* bezeichnet. In Magnetfeldern werden die Spektrallinien im Sternspektrum in polarisierte Komponenten aufgespalten (Zeeman-Effekt). Die Linien der Komponenten sind im allgemeinen zu breit, um sie einzeln aufzulösen, es läßt sich aber der Polarisationswechsel entlang der verbreiterten Linien messen und daraus die Magnetfeldstärke ableiten.
In fast allen Fällen variieren die Felder und Stärken der Spektrallinien regelmäßig. Dies läßt sich damit erklären, daß Rotations- und Magnetfeldachse nicht übereinstimmen, sondern gegeneinander geneigt sind. Siehe auch → *Pekuliarsterne*

Magnetograph Ein in der Sonnenphysik verwendetes Gerät zur Messung der Stärke, Richtung und Verteilung von Magnetfeldern auf der Sonnenoberfläche.

Magnetometer Ein Instrument zur Messung der Stärke und Richtung eines Magnetfeldes.

Magnetopause Gebiet in der Erdatmosphäre in einer Höhe zwischen 100 und 200 Kilometern. Sie trennt die → *Magnetosphäre* vom → *Sonnenwind.*

Magnetosphäre Der von dem natürlichen Magnetfeld eines Planeten erfüllte Raumbereich, der nach außen durch die Wechselwirkung mit dem → *Sonnenwind* begrenzt wird.

Magnetsturm → *geomagnetischer Sturm.*

Magnitudo (Abk. m, mag) → *Größenklasse.*

Maksutow-Teleskop Ein Reflektor, bei dem eine stark gewölbte Meniskuslinse die optische Verzerrung des sphärischen Primärspiegels korrigiert, so daß man ein gering verzerrtes, großes Bildfeld erhält. Entwickelt wurde es von D. D. Maksutow.

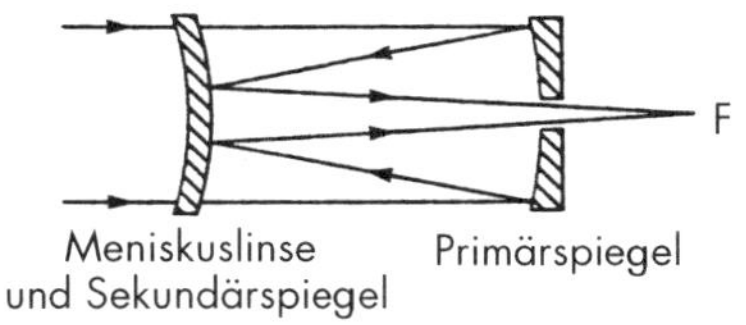

Maksutow-Teleskop. Prinzip der optischen Anordnung.

Im Aufbau entspricht es einem → *Cassegrain-Teleskop.* Dabei befindet sich auf der Rückseite der Meniskuslinse ein kleiner Sekundärspiegel, der das Licht durch eine zentrale Bohrung im Hauptspiegel hindurchlenkt und kurz hinter diesem fokussiert (siehe Abbildung).
Da es in der Praxis sehr schwierig ist, große Korrekturlinsen zu schleifen, ist seine Anwendbarkeit bei den Profis beschränkt.

Bei Amateuren genießt dieser Fernrohrtyp jedoch eine gewisse Beliebtheit, weil er sehr kompakt ist, ein großes Bildfeld sowie ein kleines Öffnungsverhältnis aufweist.

Maler (auch Malerstaffelei) Deutsche Bezeichnung für das Sternbild → *Pictor.*

Malerstaffelei Sternbild → *Pictor.*

Mangan-Stern (auch Quecksilber-Mangan-Stern) Ein Stern vom → *Spektraltyp* B mit einem ungewöhnlichen Spektrum, in dem Linien von Mangan und anderen exotischen Elementen, insbesondere Quecksilber, Gallium und Yttrium, außergewöhnlich stark sind.

Mantel Schicht im Aufbau eines Planeten oder Mondes, die sich zwischen der Kruste und dem Kern befindet. Im Erdmantel sind 65 Prozent der Gesamtmasse enthalten.

Mare (pl. Maria) »Meer«. Ein Begriff, mit dem man die großen dunklen Gebiete auf dem Mond bezeichnet. Der Name stammt aus einer Zeit, als man noch glaubte, daß es Wasser auf dem Mond gäbe. Dies ist, wie man heute weiß, nicht der Fall. Dennoch hat man die Bezeichnungen beibehalten. Die größten Maria bezeichnet man als Oceanus, z. B. Oceanus Procellarum. Tatsächlich sind die Maria auf dem Mond erstarrte Lavagebiete, die kurz nach der Entstehung des Mondes, vor etwa 4 Milliarden Jahren, entstanden, als unser Trabant noch vulkanisch aktiv war. Die geschmolzene Lava ergoß sich in die großen Krater, die beim Einschlag großer Meteorite entstanden waren. Seit dieser Zeit hat sich die Einschlagsrate auf dem Mond verringert. Die Kraterdichte in den Maria ist wesentlich geringer als in den hellen, alten Hochländern (Terrae).

Mare Orientale Ein großes Einschlagsbecken am äußersten westlichen Rand des Mondes, das nur bei günstiger → *Libration* von der Erde aus sichtbar ist. Aufnahmen von Mondsonden aus zeigen eine Struktur aus mindestens drei konzentrischen Ringen. Anders als die anderen Maria (→ *Mare)* ist das Mare Orientale nicht mit ausgesprochen dunkler Lava angefüllt.

Maria-Mitchell-Observatorien Observatorien in Nantukket, Massachusetts, die 1908 gegründet wurden, in Angedenken an Maria Mitchell (1818–1888), einer Wissenschaftlerin in einer Zeit, in der nur wenige Frauen einen akademischen Beruf wählten. International bekannt wurde sie durch die Entdeckung eines Kometen im Jahr 1847. Die Observatorien wurden von der Maria-Mitchell-Gesellschaft eingerichtet. Sie besitzen 18- und 20-Zentimeter-Teleskope, die man vorwiegend zur Ausbildung verwendet. Außerdem werden mit ihnen veränderliche Sterne beobachtet.

Mariner Eine Serie amerikanischer Raumsonden in den 60er und 70er Jahren zur Erforschung der Planeten Merkur, Venus und Mars. Mariner 2 gelang 1962 der erste Vorbeiflug an der Venus, gefolgt von Mariner 5 im Jahr 1967. Mariner 4 war die erste erfolgreiche Marssonde. Sie brachte den Beweis für die Existenz von Kratern auf dem Planeten. 1969 folgten Mariner 6 und 7.

Mariner 9 schwenkte 1971 in eine Marsumlaufbahn ein und sendete über 7000 Bilder zur Erde. Mariner 10 gelang erstmals der Anflug von zwei Planeten. Auf ihrer Bahn flog sie dreimal am Merkur vorbei, wobei sie etwa 10 000 Photos lieferte, außerdem passierte sie die Venus. Es gab insgesamt sieben erfolgreiche Mariner-Missionen, wobei die Sonden mit den Nummern 11 und 12 in → *Voyager 1* und 2 umbenannt wurden.

Markarian-Galaxien Eine Reihe von Galaxien, die B. E. Markarian in den 70er Jahren in einen Katalog aufnahm. Sie zeichnen sich durch starke Kontinuumsemission im UV-Bereich aus.

Mars Mars (1) Der von der Sonne aus gesehen vierte Planet, häufig auch wegen seiner bereits mit bloßem Auge erkennbaren roten Färbung »Roter Planet« genannt.

Mars gehört zu den terrestrischen Planeten. Sein Durchmesser ist etwa halb so groß wie der der Erde. Lange Zeit wurde der Mars als der wahrscheinlichste Ort für die Existenz außerirdischen Lebens angesehen. Un-

terstützt wurde diese Vermutung durch die Beobachtung, daß der Mars Polkappen besitzt und jahreszeitliche Änderungen auftreten. Im 19. Jahrhundert gab es mehrere Beobachter, darunter insbesondere Percival Lowell, die meinten, auf der Oberfläche ein ausgedehntes, von intelligenten Wesen angelegtes System von → *Kanälen* ausmachen zu können. Die Untersuchung des Roten Planeten mit Raumsonden hat jedoch die Hoffnungen für Leben auf dem Mars zerstört.
Die USA haben sechs erfolgreiche Sonden zum Mars geschickt: Im Jahr 1965 → *Mariner* 4, 1969 Mariner 6 und 7, 1971 Mariner 9 und 1976 → *Viking* 1 und 2. Die Viking-Sonden bestanden aus einem Orbital- und einem Landemodul. Der Mars wird heute als erster und wahrscheinlich auch einziger möglicher Planet für eine bemannte Mission im ersten Viertel des 21. Jahrhunderts angesehen.
Mars weist eine relativ geringe Dichte auf, die 3,95mal größer ist als die von Wasser. Hieraus schließt man, daß 25 Prozent seiner Masse in einem Eisenkern stecken. Die Kruste weist hohe Anteile an Olivin und Eisenoxid auf, was ihm seine rote Färbung verleiht. Er besitzt ein schwaches Magnetfeld, dessen Feldstärke nur zwei Prozent der irdischen ausmacht.
Er besitzt eine dünne Atmosphäre, deren Druck am Boden nur 0,7 Prozent von dem auf der Erde beträgt. Sie besteht zu 95,3 Prozent aus Kohlendioxid, 2,7 Prozent aus molekularem Stickstoff und 1,6 Prozent Argon. Sauerstoff ist nur in geringen Spuren vorhanden. Trotz der geringen Dichte kommt es hin und wieder zu Staubstürmen, die den gesamten Planeten einhüllen können.
Auch Wolken und Dunst können sich bilden. Morgennebel entsteht in Tälern, und orographische Wolken treten auf, wenn ein kühler Wind die Atmosphäre über die hohen Berge insbesondere der Tharsis-Region weht. Im Winter ist die Nordpolkappe in einen Schleier aus eisigem Dunst und Staub eingehüllt. Über dem Südpol ist dieser Effekt weniger stark ausgeprägt.
Die Polkappen sind mit einer dünnen Schicht aus Eis, wahrscheinlich einem Gemisch aus Wassereis und gefrorenem Kohlendioxid, bedeckt. Aufnahmen mit hoher Auflösung zeigen spiralförmige und vom Wind verwehte Ablagerungen. Die Nordpolregion ist von ausgedehnten Dünen umgeben. Die Ausdehnung der Eiskappen schwankt mit den Jahreszeiten. Dieser Effekt wird, ebenso wie auf der Erde, durch die Neigung der Rotationsachse (um 25°) gegen die Umlaufebene verursacht.
Da ein Marsjahr etwa zwei Erdjahren entspricht, dauern auch die Jahreszeiten doppelt so lang. Wegen der starken Exzentrizität der Marsbahn sind sie jedoch unterschiedlich lang. Der Sommer auf der Südhalbkugel, wenn sich der Planet nahe am Perihel befindet, ist kürzer und heißer als auf der Nordhalbkugel. Jahreszeitliche Änderungen in der Erscheinungsform von Oberflächenmerkmalen werden mit physikalischen und chemischen Vorgängen erklärt.
Die Topographie zeigt auf zwei Hemisphären ein unterschiedliches Aussehen, wobei die beiden Hälften durch einen Kreis markiert werden, der um etwa 35° gegen den Äquator geneigt ist. Der südliche Teil besteht größtenteils aus altem, stark mit Kratern zerfurchtem Gelände. Hier findet man auch die großen Becken: Hellas, Argyre und Isidis Planitia. Die nördliche Hemisphäre wird dagegen von jüngerem, weniger mit Kratern übersätem Gelände dominiert, das zudem 2 bis 3 Kilometer tiefer liegt als das südliche. Die höchsten Gebiete sind die großen Vulkane des Tharsis und Elysium Planitia. In beiden Gegenden gibt es riesige, erloschene Vulkane, von denen der größte → *Olympus Mons* heißt.
Diese Vulkangebiete befinden sich am östlichen und westlichen Ende eines enormen Canyon-Systems, dem Valles Marineris, das sich über eine Länge von 5000 Kilometern in der Äquatorgegend erstreckt und im Durchschnitt 6 Kilometer tief ist. Vermutlich entstand es durch eine Faltung, bei der sich

der Tharsis-Rücken aufschob. Einige Beobachtungen von Kanälen deuten darauf hin, daß es früher flüssiges Wasser auf dem Mars gegeben hat. Kanäle im Valles Marineris scheinen durch plötzliche Überflutungen entstanden zu sein. Außerdem gibt es einige stark gewundene, ausgetrocknete Flußbette mit zahlreichen Nebenflüssen, die ausschließlich in den stark mit Kratern zerfurchten Gebieten auftreten.

Zwei kleine, natürliche Monde, → *Phobos* und → *Deimos*, umrunden den Mars in geringem Abstand auf nahezu kreisförmigen Bahnen, die in der Äquatorebene liegen. Von der Erde aus sind sie nur schwer beobachtbar. Da sie sich stark von ihrem Planeten unterscheiden, vermuten einige Astronomen, daß es sich um eingefangene Asteroiden handelt. Siehe auch → *Tabelle 5* und → *Tabelle 6*

Mars (2) Eine Reihe sowjetischer Marssonden, von denen lediglich Mars 2 und 3 im Jahr 1971 und 1975 Mars 5 brauchbare Daten lieferten.

Mars Observer Eine unbemannte Marssonde der NASA, die Ende September 1992 zum Mars aufbrach und dort im August 1993 ankommen sollte. Durch einen technischen Defekt ging der Funkkontakt jedoch kurz vor Erreichen der Umlaufbahn verloren, so daß die Sonde aufgegeben werden mußte.

Mascon Ergibt sich aus dem Wort »Massenkonzentration« und beschreibt ein Gebiet auf dem Mond mit ungewöhnlich starker Gravitation. Wahrscheinlich handelt es sich um Gesteinsformationen mit erhöhter Dichte. Die nahezu kreisrunden Mascons sind mit den Maria (→ *Mare*) korreliert. Über ihre Entstehung herrscht jedoch noch Unklarheit.

Maser In der Astronomie ein Strahlungsprozeß in → *Molekülwolken*, bei dem die Mikrowellenemission in bestimmten Spektrallinien einiger Moleküle durch natürliche, dem Laser-Prinzip sehr ähnliche Effekte verstärkt werden. Die erste Maser-Emission entdeckte man 1965 im → *Orion-Nebel* bei der Emission des Hydroxyl-Radikals (OH). Daraufhin fand man diesen Effekt auch bei anderen Molekülen, wie Wasser (H_2O), Siliziumoxid (SiO), Formaldehyd (H_2CO) und Methylalkohol (CH_3OH). Das Wort Maser ist ein Akronym für »microwave amplification by the stimulated emission of radiation«. Siehe auch → *OH-Quellen*

Masse-Leuchtkraft-Funktion Eine einfache Beziehung zwischen der Masse (M) und der Leuchtkraft (L) eines Sterns auf der → *Hauptreihe* mit der Form $L \sim M^n$, wobei n = 3,5 für Sterne bis zu 7 Sonnenmassen. Für Sterne im Bereich von 7 bis 25 Sonnenmassen ist n = 3, und für Sterne mit mehr als 25 Sonnenmassen ist n = 2,7.

Massenaustausch Der Materiefluß eines Sterns zu seinem Begleiter in einem engen Doppelsystem. Ein solches Phänomen kann auftreten, wenn der eine Stern sich so weit aufbläht, daß der andere Stern Materie zu sich herüberziehen kann. Die Materie kann entweder direkt auf die Oberfläche des Begleiters strömen oder sie kann sich in einer → *Akkretionsscheibe* ansammeln. Siehe auch → *halbgetrennte Systeme*, → *Kontaktsystem*, → *Roche-Volumen*, → *Röntgendoppelsterne*, → *Zwergnova*

Massenfunktion Eine Mathematische Funktion, die die beobachtete relative Anzahl von Objekten in einer Gruppe von Sternen oder Galaxien in ihrer Abhängigkeit von der Masse angibt. Siehe auch → *Massenfunktion*, → *Salpeter-Funktion*

Massenzentrum Der Gleichgewichtspunkt (Schwerpunkt) eines Systems individueller Massen oder eines Festkörpers.

Mauerquadrant → *Quadrant.*

Mauna Kea Observatorium Das mit 4200 Metern Höhe höchstgelegene Observatorium der Erde auf der Insel Hawaii. Dieses seit 1970 ständig erweiterte Observatorium ist einer der besten Plätze für optische und IR-Astronomie. Das erste Teleskop war ein 2,24-Meter-Reflektor der Universität Hawaii. 1979 gingen drei weitere große Teleskope in Betrieb: das → *United Kingdom Infrared Telescope* (UKIRT), die →

Infrared Telescope Facility (IRTF) und das → *Canada-France-Hawaii Telescope.* Kürzlich kamen das → *James Clerk Maxwell Telescope* für den Millimeterbereich und das → *Keck-Teleskop* hinzu.

Maunder-Diagramm → *Schmetterlingsdiagramm.*

Maunder-Minimum Ein etwa 1645 beginnender, 70 Jahre lange dauernder Zeitraum, in dem die → *Sonnenaktivität* sehr gering war und fast keine Sonnenflecken beobachtet wurden. 37 Jahre lang sah man keine Polarlichter.

Mäuse Spitzname der zwei wechselwirkenden Galaxien NGC 4676 A und B. Ein langer Gasstrom zwischen den beiden Galaxien gibt dem Paar das Aussehen eines Mäusepaars.

Max-Planck-Institut für Astronomie Astronomisches Institut mit der Zentrale in Heidelberg und einem Observatorium auf dem Calar Alto in Südspanien. Das größte Teleskop dort ist ein 3,5-Meter-Reflektor. Daneben stehen den Astronomen folgende Teleskope zur Verfügung: ein Schmidt-Teleskop mit einem 80-Zentimeter-Spiegel, ein 1,23-Meter-Reflektor sowie ein 2,2-Meter-Reflektor. Ein weiteres 1,5-Meter-Teleskop wird von dem Nationalen Observatorium in Madrid betrieben.

Max-Planck-Institut für Radioastronomie Radioastronomisches Institut mit Zentrale in Bonn sowie einem Radioteleskop in Effelsberg, 40 Kilometer südwestlich von Bonn. Das 100-Meter-Radioteleskop ist das größte, frei schwenkbare seiner Art auf der Erde. Das 1971 in Betrieb gegangene Instrument ist altazimutal montiert und vollständig computergesteuert.

Maxwell-Montes Das höchste Gebirge auf der Venus in Ishtar Terra. Es erhebt sich bis zu 11,5 Kilometer über den mittleren Radius des Planeten.

Maxwell Teleskop → *James Clerk Maxwell Telescope.*

Mayall-Teleskop Ein 1973 in Betrieb gegangener 4-Meter-Reflektor des → *Kitt Peak National Observatory,* das von den amerikanischen → *National Optical Astronomy Observatories* betrieben wird.

McDonald-Observatorium Ein von der Universität Texas betriebenes Observatorium auf dem Mount Locke in den Davis Mountains in der Nähe von Fort Davis. Das 1932 eröffnete Observatorium wurde aus dem Vermächtnis des wohlhabenden texanischen Bankiers und Amateurastronomen William J. McDonald finanziert. Das Originalinstrument, ein 2,08-Meter-Reflektor, ist nach dem ersten Direktor des Observatoriums, Otto Struve, benannt. 1969 ging ein weiterer 2,72-Meter-Reflektor in Betrieb, des weiteren gibt es einen 91-Zentimeter- sowie einen 76-Zentimeter-Reflektor aus den Jahren 1956 bzw. 1970. Der 76-Zentimeter-Spiegel ist der mittlere Teil des 2,08-Meter-Spiegels, der übrigblieb, als man die zentrale Öffnung für das Cassegrain-System aus ihm herausschnitt. Darüber hinaus gibt es ein 76-Zentimeter-Teleskop ausschließlich für → *Satelliten-Laser-Vermessung* sowie ein 5-Meter-Teleskop für den Submillimeter-Bereich.

McMath-Sonnenteleskop Das größte Sonnenteleskop der Erde. Es wird vom → *National Solar Observatory* betrieben und gehört zum → *Kitt Peak National Observatory.* Das 1962 fertiggestellte Teleskop besitzt einen 1,5-Meter-Spiegel, der an der Spitze eines Turms befestigt ist und das Sonnenlicht in einen langen, um 32° zum Horizont geneigten Tunnel umlenkt, der zum Großteil unter der Erde verläuft. Am Boden entsteht ein hochaufgelöstes Sonnenbild mit einem Durchmesser von 75 Zentimetern. Das gesamte Gebäude ist mit Kupfer umgeben, und die Außenmauern werden mit einem flüssigkeitsdurchströmten Röhrensystem gekühlt, damit die Temperatur innen konstant bleibt.

Mechanik Ein Zweig der angewandten Mathematik, in dem die Bewegungen und Gleichgewichte von Körpern berechnet werden. Man unterscheidet die Bereiche Dynamik (Bewegung unter dem Einfluß von Kräften), Statik (Gleichgewichtsbedingungen) und Kinematik (Bewegungen ohne Berücksichtigung von Massen und Kräften). Himmelsmechanik nennt man die Anwendung der Mechanik auf astronomische Probleme.

Megaparsec (Symbol Mpc) Eine Entfernungseinheit; entspricht einer Million → *Parsec*.

Mehrfach-Sternsystem Eine Gruppe von drei oder mehr Sternen, die sich, gehalten durch die Schwerkraft, um einen gemeinsamen Schwerpunkt bewegen. Ein bekanntes Beispiel ist das Vierfachsystem Epsilon (ϵ) Lyrae.

Meißel Sternbild → *Caelum*.

Melpomene Asteroid Nummer 18 mit einem Durchmesser von 148 Kilometern, entdeckt 1852 von J. R. Hind.

Mensa Mensa (1) (pl. Mensae) Lateinisch für »Tisch«. Häufig verwendete Bezeichnung für ebene Hochplateaus auf der Oberfläche von Planeten.
Mensa (2) (der Tafelberg) Unscheinbares Sternbild am Südhimmel, eingeführt in der Mitte des 18. Jahrhunderts von Nicolas L. de Lacaille mit dem Namen Mons Mensae. Es enthält keinen Stern heller als 5. Größe, aber Teile der → *Magellanschen Wolken*. Siehe auch → *Tabelle 4*

Merak (Beta Ursae Maioris; β UMa) Einer der Sterne im Großen Wagen. Sein arabischer Name bedeutet Lende. Verlängert man die Strecke zwischen Dubhe (α UMa) und Merak, so gelangt man zum Polarstern. Die Sterne im Großen Wagen wurden aufgrund ihrer Position und nicht aufgrund ihrer Helligkeit bezeichnet. Merak ist nicht der zweit-, sondern der fünfthellste Stern mit einer Helligkeit von 2,4 Magnitudines. Er ist ein → *A-Stern*.

Mercury Eine Serie amerikanischer Raumkapseln, mit denen die Amerikaner die ersten bemannten Flüge ausführten. Der erste suborbitale Flug bis in eine Höhe von 187 Kilometern fand 1961 statt. John Glenn umrundete 1962 als erster Amerikaner mit Mercury 6 die Erde.

Meridian Meridian (1) (auch Mittagskreis) Großkreis auf der Himmelssphäre, der sowohl durch die beiden Pole als auch durch Zenit und Nadir läuft.
Meridian (2) Ein Längenkreis auf der Erde oder einem anderen Planeten. Auf der Erde läuft der Meridian nullter Länge (Nullmeridian) durch Greenwich, Großbritannien.

Meridiandurchgang → *Kulmination*.

Meridiankreis Ein Teleskop, dessen Montierung nur die Drehung in Nord-Süd-Richtung um eine horizontale Achse erlaubt. Meridiankreise werden für genaue Messungen der Höhe von Sternen und der Feststellung des genauen Durchgangszeitpunkts im → *Meridian* benutzt.

Merkur Der sonnennächste und kleinste der terrestrischen Planeten. Die Beobachtung Merkurs von der Erde aus ist sehr schwierig, da er zum einen sehr klein ist und sich zum anderen am Himmel nicht weiter als 28° von der Sonne entfernt. Aus diesem Grunde zeigt Merkur, ebenso wie der zweite innere Planet, Venus, Phasen, ähnlich wie der Mond. Bis zum Vorbeiflug der Sonde Mariner 10 in den Jahren 1974 und 1975 war nur wenig über die Oberfläche und sonstige Eigenschaften des Planeten bekannt. Die Sonde lief auf einer Bahn um die Sonne, auf der sie dreimal an dem Planeten vorbeiflog, bevor ihr Steuergas zur Neige ging und sie sich nicht mehr kontrollieren ließ. Mit den übersandten Aufnahmen ließen sich etwa 35 Prozent der Oberfläche kartieren.
Etwa 70 Prozent des erfaßten Gebiets ist stark von Kratern zerfurcht. Die auffälligste Formation ist das Caloris-Becken, ein riesiger Einschlagskrater mit einem Durchmesser von 1300 Kilometern – entsprechend einem Viertel von Merkurs Durchmesser. Der verhältnismäßig ebene Boden dort ist durch Auffüllen mit geschmolzenem Material der Asthenosphäre entstanden. Gebiete derselben Art bedecken Teile des Auswurfmaterials. Der Einschlag ereignete sich vor etwa 3,8 Milliarden Jahren und löste damit einen bereits seit rund hundert Millionen Jahren erloschenen Vulkanismus wieder aus. Hierdurch entstanden die ebenen Gelände innerhalb des Beckens und in dessen Umgebung. Auf der gegenüberliegenden Seite des Planeten findet man ein merkwürdig chaoti-

sches Gebiet, das vermutlich durch die beim Aufschlag ausgelöste Schockwelle entstanden ist.
Auffällig sind ebenfalls gewundene Böschungen (Rupes) zwischen einigen hundert und 3000 Meter hohen Bergrücken, die vermutlich entstanden, als sich die Kruste beim Abkühlen des Planeten zusammenzog. In einigen Fällen durchziehen sie auch Krater.
Der Planet rotiert so langsam, daß ein Tag zwei Jahren entspricht. Hierdurch entstehen enorme Temperaturunterschiede. Im sonnennächsten Punkt (Perihel) treten auf der Tagseite Temperaturen bis zu 430 °C auf, während sie auf der Nachtseite auf –170 °C absinken. Wegen dieser hohen Temperaturen und der geringen Masse kann Merkur keine Atmosphäre halten. Es wurden jedoch geringe Mengen an Schwefel und Helium nachgewiesen. Sie werden vermutlich frei, wenn Mikrometeorite auf der Oberfläche einschlagen oder radioaktive Elemente im Oberflächenmaterial zerfallen, oder sie werden aus dem → *Sonnenwind* eingefangen.
Merkur besitzt eine nur um weniges geringere Dichte als die Erde. Zieht man die geringe Größe und damit einen geringeren Druck im Innern in Betracht, so kommt man zu der Vermutung, daß etwa 70 Prozent der Gesamtmasse in einem ausgedehnten Eisenkern stecken müssen, der etwa 75 Prozent des Radius einnimmt. Auch ein schwaches Magnetfeld, das etwa ein Prozent des irdischen erreicht, spricht für einen metallischen Kern. Siehe auch → *Tabelle 5*

MERLIN Abkürzung für Multi-Element Radio Linked Interferometer Network, ein Netz von Radioteleskopen in verschiedenen Orten in Großbritannien, das von dem Radioobservatorium Jodrell Bank der Universität Manchester betrieben wird. MERLIN wird als → *Long Baseline-Interferometer* genutzt und kann darüber hinaus mit anderen Radiotelskopen in aller Welt zu einem → *Very Long Baseline-Interferometer* gekoppelt werden.

Merope Einer der hellen Sterne in den → *Plejaden*.

Mesosiderite Eine Klasse von Eisen-Stein- → *Meteoriten*.

Mesosphäre Bereich in der Erdatmosphäre oberhalb der Stratosphäre zwischen 50 und 85 Kilometern Höhe, in der die Temperatur mit zunehmender Höhe abnimmt. An der Obergrenze, der Mesopause, beträgt sie nur noch –90 °C.

Messier-Katalog Ein von dem französischen Astronom Charles Messier (1730–1817) erstellter Katalog mit über hundert im Teleskop diffus erscheinenden Objekten. Es handelt sich dabei um die hellsten Galaxien, Sternhaufen und Nebel. Messiers im Jahr 1774 veröffentlichte, ursprüngliche Liste enthielt 45 Objekte. Sein Kollege, Pierre Méchain, ergänzte diese jedoch in späteren Jahren. Die noch heute übliche Kennzeichnung erfolgt mit einem »M« und der Katalognummer.
Messiers Liste ist nicht systematisch. Vielmehr suchte der Astronom vorwiegend nach Kometen und notierte alle diffusen Objekte, die ihm hierbei auffielen. Einige wurden von ihm entdeckt, andere waren bereits bekannt.
Es gibt einige Fehler und Ungereimtheiten in der Liste. So ist M40 ein Doppelstern und M73 eine Sterngruppe, aber kein Sternhaufen. Die Identifizierung von M91 ist in der Originalveröffentlichung unsicher, und M102 ist eine Doppelnennung von M101. Messiers Liste endete mit dem Objekt 103, doch im 20. Jahrhundert wurden sieben weitere hinzugefügt.

Metagalaxis Gelegentliche Bezeichnung für das beobachtbare Universum.

Metallhäufigkeit Der Anteil an Elementen schwerer als Helium. Aus historischen Gründen werden in der Astronomie noch heute alle Elemente schwerer als Helium als Metalle bezeichnet, obwohl viele von ihnen physikalisch gesehen nicht zu den Metallen zählen. Die Bezeichnung stammt wahrscheinlich daher, daß in den Sternspektren häufig die Spektrallinien von Nickel und Eisen dominieren.

Metallinien-Stern Ein →

A-Stern mit ungewöhnlich starken Linien der schweren Elemente, einschließlich der seltenen Erden. Die Linien von Kalzium und Scandium sind hingegen im allgemeinen schwächer als gewöhnlich.

metamorphes Gestein Magmatisches oder Sedimentgestein, das tief im Innern der Erde durch die Einwirkung von Hitze oder Druck oder auch beidem verändert wurde.

Meteor Leuchtspur, die am Nachthimmel zu sehen ist, wenn ein Staubteilchen oder Stein in die Erdatmosphäre eintritt und dort verglüht, häufig auch → *Sternschnuppe* genannt.

Die Erde wird ständig von Material verschiedenster Größe aus dem Weltraum bombardiert. Die Massen reichen von einem millionstel Gramm bis zu mehreren Kilogramm. Im Verlauf eines Jahres gelangt auf diese Weise Material mit einer Gesamtmasse von schätzungsweise 200 Millionen Kilogramm in die Atmosphäre. Etwa ein Zehntel hiervon erreicht den Boden in Form von → *Meteoriten* und Mikrometeoriten. Die übrigen verglühen und erscheinen als Meteor.

Meteorite treten in die Atmosphäre mit einer typischen Geschwindigkeit von 15 km/s ein. Mittelgroße Teilchen verdampfen dabei durch die Reibungshitze. Sie erzeugen eine Leuchtspur und einen Kanal ionisierten Gases. Diese Spur reflektiert Radarstrahlen, so daß sie sich hiermit auch am Tage nachweisen lassen.

Ein Großteil des Meteoritenmaterials bewegt sich im Sonnensystem in einzelnen Schwärmen, deren Bahnen sich auf Grund der Beobachtung der Meteorspur berechnen lassen. Auf diese Weise fand man heraus, daß sich zahlreiche Meteorschwärme auf den Bahnen bekannter Kometen bewegen. Die Teilchen können sich dabei sowohl über die gesamte Bahn verteilen als auch in Wolken auftreten. Durchstößt die Erde auf ihrer Bahn um die Sonne einen solchen Strom, so tritt am Himmel ein → *Meteorschauer* auf. Die perspektivische Verzerrung führt dazu, daß alle Meteore aus einem kleinen Himmelsbereich, dem → *Radiant*, zu kommen scheinen.

Neben den Schauern kann man das ganze Jahr über Meteore sehen, die aus allen Richtungen zu kommen scheinen. Siehe auch → *Big Bang*

Meteorit Ein aus dem Weltraum kommender Körper (→ *Meteoroid*), der die Atmosphäre durchquert und den Erdboden erreicht. Einige Meteorite wurden nach ihren Fundorten benannt. Aus der Untersuchung einiger Meteorspuren, insbesondere derjenigen von → *Feuerbällen*, und der wiedergefundenen Objekte ergab sich, daß die Körper aus dem → *Asteroidengürtel* stammen. Man untersucht die Meteorite mit chemischen und physikalischen Methoden, da die Objekte aus den fernen Bereichen des Planetensystems Aufschlüsse über dessen Entstehung und Entwicklung enthalten.

Man unterscheidet drei Hauptgruppen: Eisen- (Siderite), Stein-Eisen- (Siderolite oder Lithosiderite) und Eisen- (Aerolite) Meteorite. Die Steinmeteorite unterscheidet man des weiteren in Achondrite und Chondrite. Die ersteren besitzen im Innern sog. Chondren, kleine kugelförmige Einschlüsse, die aus Metallen, Silikaten oder Sulphiden bestehen können. In Achondriten gibt es sie nicht.

Chondrite weisen eine ganz ähnliche chemische Zusammensetzung wie die Sonne auf, abgesehen davon, daß sie keinen freien Wasserstoff und Helium sowie kein Lithium und Bor enthalten. Man nimmt heute an, daß Chondrite aus primitivem Material bestehen, das sich seit seiner Entstehung kaum verändert hat, wenngleich es Hinweise auf Metamorphismen und Veränderungen durch Wasser gibt. Kohlige Chondrite weisen unter ihnen den größten Anteil an flüchtigen Elementen auf und ähneln in ihrer chemischen Zusammensetzung der Sonne am meisten. Die einfachen Chondrite haben den geringsten Anteil an flüchtigen Elementen, während die Enstatite eine Zwischengruppe dieser beiden bilden.

Die Achondrite werden aufgrund ihrer chemischen und mineralogischen Zusammensetzung in zahlreiche Untergruppen unterteilt. In der Antarktis hat man an einigen Stellen besonders viele Meteorite gefunden. Einige von ihnen weisen chemische Zusammensetzungen auf, die denjenigen der Mondproben stark ähneln. Stein-Eisen-Meteorite enthalten in etwa gleichen Anteilen freie Metalle sowie steiniges Material. Pallasite bestehen aus Olivinkörnern, die in Metall eingebettet sind. Mesosiderite sind Verklumpungen von Metallen und Silikaten.

In Eisenmeteoriten hat man über 40 verschiedene Mineralien nachgewiesen, vorwiegend bestehen sie jedoch aus Eisen und Nickel, das in zwei Legierungen auftritt: Kamazit und Taenit. Eisenmeteorite werden aufgrund ihres Nickelgehalts unterschieden, der die Kristallstruktur festlegt. → *Hexahedrite* enthalten bis zu 6 Prozent Nickel, → *Oktahedrite* zwischen 6 und 14 Prozent und → *Ataxite* bis zu 66 Prozent Nickel.

Meteoritenkrater Durch den Aufprall eines Meteoriten erzeugter Krater. Siehe auch → *Arizona-Meteoritenkrater*

Meteoroid Ein hauptsächlich im englischen Sprachraum gebräuchlicher Begriff für ein meteoritisches Teilchen im Weltraum.

Meteorschauer Ein Strom von Meteoren, die am Himmel aus einem kleinen Gebiet zu kommen scheinen. Ein solcher Schauer tritt zu einer bestimmten Zeit im Jahr auf und dauert im allgemeinen wenige Tage oder Stunden. Er entsteht dadurch, daß die Erde auf ihrer Bahn um die Sonne eine Meteoritenwolke durchquert. Man kennt heute Dutzende von jährlich wiederkehrenden Strömen, aber nur eine Handvoll von ihnen sorgt für eindrucksvolle Schauspiele. In seltenen Fällen bewegt sich die Erde durch eine besonders dichte Meteoritenwolke. Dann ereignen sich besonders heftige Schwärme mit einigen zehn oder hundert Meteoren pro Minute. Typischerweise werden aber nur Werte von etwa 50 pro Stunde erreicht.

Mitglieder eines Schauers lassen sich identifizieren, indem man ihre Leuchtspur zum Anfang zurückverfolgt. Die Meteore eines Schauers scheinen nämlich alle von einem eng begrenzten Gebiet am Himmel, dem → *Radiant*, auszugehen. Dies ist jedoch ein perspektivischer Effekt. Tatsächlich gelangen die Meteorite auf parallelen Bahnen in die Erdatmosphäre.

Viele Bahnen solcher Meteoritenschwärme stimmen mit denen bekannter Kometen überein, so daß man davon ausgehen kann, daß der Komet Lieferant dieser Teilchen ist. Vermutlich ist ein junger Strom noch in einer Wolke auf dieser Bahn konzentriert. Im Laufe der Zeit weitet diese sich jedoch auf, und die Teilchen verteilen sich entlang der Bahn. Siehe auch → *Meteor*

Metis Metis (1) Asteroid Nummer 9, mit einem Durchmesser von 158 Kilometern, entdeckt von A. Graham im Jahr 1848. Metis (2) Ein kleiner Jupitermond (Nummer XVI), entdeckt von S. P. Synott im Jahr 1979. Er besitzt eine unregelmäßige Form und einen Durchmesser von 40 Kilometern und weist eine rötliche Färbung auf. Siehe auch → *Tabelle 6*

metonischer Zyklus Eine Periode von 19 tropischen → *Jahren*, nach der die Mondphasen wieder an demselben Tag des Jahres auftreten. Der Grund hierfür ist, daß 19 tropische Jahre 6939,60 Tage lang sind, was fast genau 235 → *synodischen Monaten* mit 6939,69 Tagen entspricht. Die Entdeckung dieses Zyklus schreibt man dem griechischen Astronom Meton zu, der im 5. Jahrhundert v. Chr. lebte.

Metrik Ein Maßsystem für die Entfernungen im Raum oder in der → *Raumzeit*, das für jeden Beobachter, unabhängig von seiner Bewegung, gleich ist.

In der gewöhnlichen Euklidischen Geometrie werden Entfernungen (s) durch die Raumkoordinaten x, y und z durch die Gleichung $s^2 = x^2 + y^2 + z^2$ berechnet. Dies ist die Metrik im dreidimensionalen Euklidischen Raum.

In der Astronomie und Kosmolo-

gie kommt der Metrik eine besondere Bedeutung zu, wenn man geometrische Verhältnisse auf großen Skalen im Universum betrachtet. Einstein führte in seiner Theorie die Zeit (t) als vierte Dimension ein und definierte den Abstand in der Raumzeit durch die Metrik $s^2 = t^2 - (x^2 + y^2 + z^2)/c^2$. Die Einbeziehung der Zeit bewirkte, daß Abstandsmessungen nicht vom Bezugssystem abhängen, in dem man sich befindet, sie sind invariant.
Materie im Universum krümmt den Raum um sich herum. Es gibt verschiedene Möglichkeiten, die verschiedenartigen Krümmungsarten mathematisch zu beschreiben. Die einfache, oben angegebene Metrik heißt Minkowski-Metrik, die ein unendlich ausgedehntes Universum ohne Materie beschreiben würde. Realistischere Metriken wie die → *Robertson-Walker-Metrik* oder die → *Kerr-Metrik* sind komplizierter.

Meudon-Observatorium → *Pariser Observatorium.*

Michelson-Interferometer Ein Instrument, in dem man einen Lichtstrahl durch Reflexion an einem halbdurchlässigen Spiegel in zwei rechtwinklig zueinander laufende Teilstrahlen aufteilt. Über zwei Planspiegel werden sie anschließend wieder zusammengeführt, so daß ein System von Interferenzstreifen entsteht. Das Erscheinungsbild dieser Streifen liefert Informationen über die von den beiden Strahlen zurückgelegten Weglängen. Dieses Instrument ist nicht zu verwechseln mit dem → *Michelson-Sterninterferometer.*

Michelson-Sterninterferometer Eines aus einer Reihe von Instrumenten, die A. A. Michelson (1852–1931) baute, um mit interferometrischen Methoden die Durchmesser von Sternen zu bestimmen, die mit erdgebundenen Teleskopen nicht auflösbar sind. In der einfachsten Form deckt man das Objektiv des Teleskops mit einer undurchsichtigen Scheibe ab, die zwei Löcher enthält. Wäre der Stern eine punktförmige Lichtquelle, so erschiene ein helles Ringsystem, das von dunklen Streifen durchzogen ist. Für eine Quelle mit einer Winkelausdehnung α und Licht der Wellenlänge λ verschwindet das Interferenzmuster, wenn der Abstand der beiden Löcher größer ist als $1{,}22\lambda/\alpha$. Dies bietet die Möglichkeit, die Winkelausdehnung zu bestimmen.
Das theoretisch sehr einfache Prinzip läßt sich jedoch nur mit großen Schwierigkeiten realisieren. Michelson verwendete für seine erfolgreichste Messung das 2,5-Meter-Spiegelteleskop (Hooker-Teleskop) auf Mount Wilson und installierte zwei Spiegel an einem Stangensystem, deren Abstand verstellbar war. (Bei dieser Art von Interferometer ist der Spiegeldurchmesser des Teleskops nicht wichtig. Michelson verwendete das Hooker-Teleskop, weil es stabil genug montiert war, um die schweren Halterungen tragen zu können.)
Begrenzt waren seine Untersuchungen, weil es lediglich eine Handvoll Sterne gibt, die für seine Untersuchungen hell genug waren. Er bestimmte den Durchmesser von sechs Sternen, darunter auch den von → *Beteigeuze.*

Microscopium (Das Mikroskop) Ein kleines, unscheinbares Sternbild am Südhimmel, das von Nicolas L. de Lacaille Mitte des 18. Jahrhunderts benannt wurde. Der hellste Stern besitzt 4,6 Magnitudines. Siehe auch → *Tabelle 4*

Mikrodensitometer Ein Instrument zur Bestimmung des Schwärzungsgrads einer Photoplatte. Hierfür wird ein dünner Lichtstrahl durch die Platte geschickt und dessen Intensität nach dem Durchgang gemessen. Im Rasterverfahren tastet der Strahl die gesamte Platte oder einen gewünschten Ausschnitt ab, und die digitalisierten Daten werden auf Magnetband gespeichert. Um die Schwärzung mit der tatsächlichen Helligkeit eines Himmelsobjekts zu korrelieren, muß man das Verfahren beispielsweise mit Sternen bekannter Helligkeit kalibrieren.

Mikrometeorit Ein meteoritisches Teilchen, das so klein ist, daß es seine kinetische Energie verloren hat, bevor es in der

Atmosphäre verglühen kann. Deswegen rieseln diese Teilchen, deren Durchmesser typischerweise weniger als 120 Mikrometer betragen, langsam zur Erde nieder. Ihre Gesamtmasse schätzt man auf etwa 4 Millionen Kilogramm pro Jahr. Mit Höhenforschungsflugzeugen konnten solche Teilchen eingesammelt werden. Eisenhaltige Teilchen lassen sich in Tiefseesedimenten und im Eis der Polkappen wegen ihrer magnetischen Eigenschaften nachweisen. Siehe auch → *F-Korona*, → *Meteor*, → *Meteorit*, → *Zodiakallicht*

Mikrometeoroid Ein sehr kleiner → *Meteoroid*.

Mikrometer Mikrometer (1) Allgemein ein Instrument zur Messung sehr kleiner Abstände. In der Astronomie verwendet man Mikrometer, um visuell den Winkelabstand zweier Sterne, beispielsweise eines → *Doppelsterns*, zu messen.

Bei einem Fadenmikrometer läßt sich der Abstand zwischen zwei Fäden oder Markierungen in einem Okular mit Hilfe eines Schraubenmechanismus einstellen oder messen. Beim Doppelbild-Mikrometer bringt man zwei Bilder mit Hilfe einer geteilten Linse oder eines doppeltbrechenden Kristalls zur Dekkung oder in eine bestimmte Anordnung.

Mikrometer (2) (Symbol μm) Längeneinheit, entsprechend einem millionstel Meter.

Mikrophotometer Ein → *Mikrodensitometer*, das kalibriert ist, um die Lichtintensität zu bestimmen, die auf einer Photoplatte eine bestimmte Schwärzung hervorruft.

Mikroskop Deutsche Bezeichnung für das Sternbild → *Microscopium*.

Mikrowellenastronomie Ein Zweig der Astronomie, in dem Objekte im Wellenlängenbereich vom Infraroten bei etwa einem Millimeter bis zum Radiobereich bei 6 Zentimeter beobachtet werden. Bei kürzeren Wellenlängen verschluckt die Erdatmosphäre die Strahlung zunehmend. Siehe auch → *Millimeterwellenastronomie*, →*Radioastronomie*, →*Submillimeter-Astronomie*

Mikrowellenstrahlung → *kosmische Mikrowellen-Hintergrundstrahlung*.

Milankovic-Zyklus Geringe Änderungen in der Neigung der Rotationsachse der Erde und der Exzentrizität der Umlaufbahn um die Sonne, die man für langfristige Schwankungen im Klima und das Auftreten von Eiszeiten verantwortlich macht.

Milchkanne Eine Formation der Sterne Zeta (ζ), Tau (τ), Sigma (σ), Psi (ψ) und Lambda (λ) im Sternbild Sagittarius. Es erhielt seinen Namen wohl nicht nur wegen der entfernten Ähnlichkeit mit den Umrissen einer Milchkanne, sondern weil sich der hellste Teil der Milchstraße hierin befindet.

Milchstraße Ein diffuses Lichtband, das den gesamten Himmel umspannt. Es entsteht durch das Licht einer Unzahl von Sternen in unserer Milchstraße, auch → *Galaxis* genannt. Das Band der Milchstraße ist also der Anblick der diskusförmigen Galaxis, aus dem Innern betrachtet. Die Sonne befindet sich etwa auf zwei Drittel des Weges vom Zentrum zu den äußersten Bereichen der Scheibe. Die Milchstraße erscheint am hellsten in Richtung zum »Bauch«, der das galaktische Zentrum umgibt, das im Sternbild Sagittarius liegt. Dunkelwolken wie der → *Kohlensack* unterbrechen an vielen Stellen das helle Band.

Die Milchstraße durchzieht die folgenden großen Sternbilder: Perseus, Cassiopeia, Cygnus, Aquila, Sagittarius, Scorpius, Centaurus, Vela, Puppis, Monoceros, Orion, Taurus und Auriga.

Milchstraßenausläufer Radiokarten der Milchstraße weisen eine Region mit Radio-Kontinuum-Strahlung aus, die scheinbar aus der galaktischen Ebene stammt. Die wohl auffälligste Strahlung stammt aus dem Nord-Polar-Ausläufer, der sich entlang 30° galaktischer Länge in nördliche Richtung ausdehnt. Möglicherweise handelt es sich hierbei um → *Supernova-Überreste*.

Millimeterwellenastronomie Ein Zweig der Astronomie, der sich mit dem Studium der Himmelsobjekte im Wellenlängenbereich des elektromagnetischen Spektrums zwischen 1 und 10 Millimetern beschäftigt. Hier findet man sehr viele Linien von größeren → *interstellaren Molekülen*. Man verwendet hierfür Radioteleskope mit Durchmessern bis zu 45 Metern, deren Oberflächen bis auf wenige Mikrometer genau sein müssen. Siehe auch → *Submillimeter-Astronomie*

Mills-Kreuzinterferometer (Mills Cross) Eine Art von → *Radiointerferometer*, das erstmals 1957 in Australien gebaut wurde. Hierbei werden zwei Anlagen parabolförmiger Antennen kreuzförmig zueinander aufgestellt, um eine hohe Auflösung zu erzielen. Es wurde nach dem Radioastronomen B. Y. Mills benannt. Siehe auch → *Molonglo-Observatorium*

Milne-Universum Ein 1948 von Edward Milne vorgeschlagenes Modell des Universums, das versucht, die Expansion ohne die → *Allgemeine Relativitätstheorie* zu erklären. Es ist ein expandierendes, isotropes und homogenes Universum ohne Masse. Es besitzt eine negative Krümmung und ist offen.

Mimas Ein Saturnmond mit einem Durchmesser von 390 Kilometern, entdeckt 1789 von William Herschel. Seine von Kratern stark zerfurchte Oberfläche hat sich vermutlich seit der Entstehung nicht mehr wesentlich verändert. Der größte Krater, Herschel, mit einem Durchmesser von 130 Kilometern (ein Drittel des Monddurchmessers) besitzt einen Zentralberg. Rechnungen haben ergeben, daß Mimas bei diesem Einschlag fast zerstört worden ist. Siehe auch → *Tabelle 6*

Mimosa (Beta Crucis, β Cru) Der zweithellste Stern im Sternbild Crux. Er ist ein Riesen- → *B-Stern* mit 1,3 Magnitudines und ein Veränderlicher vom Typ → *Beta Canis Maioris*. Seine Helligkeit variiert um 0,1 Magnitudines mit einer Periode von etwa 6 Stunden.

Mineral Ein natürliches Material, das in Gestein vorkommt und aus einer einzigen chemischen Substanz besteht.

Minkowskis Footprint (Minkowskis Fußabdruck) Ein → *bipolarer Nebel*, der 1946 von Rudolph Minkowski entdeckt wurde. Er besteht aus zwei Lichtklecksen unterschiedlicher Helligkeit, die die Form eines Schuhabdrucks haben.

Mintaka (Delta Orionis; δ Ori) Einer der drei Gürtelsterne im Orion. Mit 2,2 Magnitudines ist er der fünfthellste Stern des Sternbilds und ein → *Bedekkungsveränderlicher* mit einer Helligkeitsamplitude von 0,1 Magnitudines und einer Periode von 5,7 Tagen. Sein Begleiter ist ein Stern 7. Größe, während die Primärkomponente ein → *O-Stern* und → *Überriese* ist. Der arabische Name bedeutet Gürtel.

Minute Eine Zeiteinheit, entspricht 60 → *Sekunden*.

MIR Sowjetische Raumstation, die 1986 in die Erdumlaufbahn geschossen wurde.

Mira (Mira Ceti; Omikron Ceti; ο Cet) Prototyp einer Klasse von langperiodischen Veränderlichen. Er war der erste veränderliche Stern, der überhaupt beobachtet worden ist. Der holländische Astronom David Fabricius schätzte Mira 1596 als Stern 3. Größe ein, doch bereits einige Monate später fand er ihn nicht wieder. Im Jahr 1609 sah er ihn erneut und stufte ihn als Stern 3. Größe ein. Mira ist ein → *M-Stern* und Riese, der mit einer Periode von etwa 332 Tagen zwischen 2. und 10. Größe schwankt. Sowohl die Helligkeitsamplitude als auch die Periode sind jedoch nicht genau konstant. Der lateinische Name bedeutet die Wunderbare.

Mirach (Beta Andromedae; β And) Der zweithellste Stern im Sternbild Andromeda. Er ist ein → *M-Stern* und → *Überriese* mit 2,1 Magnitudines. Der arabische Name bedeutet Schurz.

Miranda Der bis zum Vorbeiflug von → *Voyager 2* im Jahr 1986 kleinste, bekannte Uranusmond. Er wurde 1948 von Gerard Kuiper entdeckt. Die Raumsonde flog in einem Abstand von 3000 Kilometern an Miranda vorbei und funkte dabei eine Reihe von Aufnahmen zur Erde. Obwohl er einen Durchmesser von lediglich 470 Kilometern besitzt, weist seine Oberfläche doch sehr verschiedene Geländearten auf. Neben stark mit Kratern übersäten Gebieten, wie man sie auch auf anderen Monden oder Planeten findet, gibt es ausgedehnte Brüche und Bergkämme. Es ist unwahrscheinlich, daß eine solch abwechslungsreiche Landschaft durch geologische Aktivität zustandegekommen sein kann. Manche Forscher vermuten, daß Miranda bei einem Zusammenstoß mit einem großen Körper in mehrere Teile zerbrach und sich durch die eigene Schwerkraft wieder zusammenzog. Siehe auch → *Tabelle 6*

Mira-Stern Ein Mitglied der Gruppe langperiodischer → *veränderlicher Sterne*, die nach → *Mira* benannt sind.

Mirfak (Alpha Persei; α Per) Der hellste Stern im Sternbild Perseus. Er ist ein gelber → *F-Stern* und → *Überriese* mit 1,8 Magnitudines. Der arabische Name bedeutet Ellenbogen. Siehe auch → *Tabelle 3*

Mirzam (Beta Canis Maioris; β CMa) Der zweithellste Stern im Sternbild Canis Maior. Er ist ein → *Überriese* und → *B-Stern* mit 2,0 Magnitudines und Prototyp einer Klasse leicht variabler Sterne, der sog. → *Beta Canis Maioris-Sterne*. Die Helligkeitsvariation beträgt lediglich wenige hundertstel Größenklassen innerhalb von etwa sechs Stunden. Diese Variation ist mit bloßem Auge nicht beobachtbar. Siehe auch → *Tabelle 3*

missing mass Bislang unentdeckte Materie, deren Anteil groß genug ist, um die Expansion des Universums in der Zukunft zum Stoppen zu bringen. Falls es die fehlende Materie gibt, muß sie in Form von unsichtbarer → *Dunkler Materie* vorliegen.

mittlere Anomalie Eine wichtige Größe für einen ungestört auf einer elliptischen Bahn laufenden Körper. Sie ist das Produkt aus der → *mittleren Bewegung* und dem seit dem Passieren des → *Perizentrums* vergangenen Zeitraum. Die mittlere Anomalie ist somit der Winkelabstand vom Perizentrum eines sich mit gleichförmiger Winkelgeschwindigkeit bewegenden, gedachten Körpers, des mittleren Planeten. Siehe auch → *Anomalie*

mittlere Bewegung Diejenige konstante Winkelgeschwindigkeit, die ein Körper benötigte, um auf einer ungestörten elliptischen Bahn mit einer bestimmten Halbachse einen kompletten Umlauf zu absolvieren. Sie ist gleich der Geschwindigkeit, die der Körper auf einer Kreisbahn hätte, deren Radius der Halbachse jener Ellipse entspricht.

mittlere Parallaxe Synonym für → *statistische Parallaxe*.

mittlerer Sonnentag → *mittlere Sonnenzeit*.

mittleres Äquinox → *Äquinox*, das lediglich aufgrund der → *Präzession* berechnet wurde und bei dem kleine Schwankungen mit geringer Periode vernachlässigt wurden. Sternpositionen beziehen sich normalerweise auf das mittlere Äquinox einer bestimmten → *Epoche*.

mittlere Sonne Ein Konzept, um die → *mittlere Sonnenzeit* zu definieren.

mittlere Sonnenzeit Ein Zeitsystem, in dem man die Erdrotation als konstant annimmt. Dies ist, wie man mit → *Atomuhren* feststellen kann, nicht der Fall. Die mittlere Sonnenzeit wurde deswegen durch die → *International Atomic Time* (TAI) ersetzt. Um die TAI mit der Erdrotation synchron zu halten, muß man hin und wieder Schaltsekunden einführen.
Die scheinbare Bewegung der Sonne am Himmel ist im Laufe eines Jahres nicht gleichförmig, da die Erdrotationsachse gegenüber der Ekliptik geneigt ist und die Erde auf einer elliptischen Bahn läuft. Die tatsächliche, mit einer Sonnenuhr gemessene Sonnenzeit weicht im allgemeinen von der mittleren Sonnenzeit ab. Der Betrag schwankt mit der Jahreszeit und wird mit der → *Zeitgleichung* berechnet. Um die mittlere Sonnenzeit festzulegen, führte man die abstrakte Vorstellung einer mittleren Sonne ein. Diese gedachte Sonne bewegt sich mit konstanter Geschwindigkeit auf einer Kreisbahn entlang des Himmelsäquators und vollendet einen Umlauf innerhalb eines tropischen Jahres.

Mittsommer Das Sommer→ *Solstitium*.

Mixmaster-Universum Ein chaotisches Modell für das frühe Universum, in dem riesige Konvulsionen und Oszillationen des Raumes dazu führten, daß das Licht um das Universum herumlief und das Universum von einem anisotropen in einen isotropen Zustand überführte. Man fand jedoch heraus, daß diese Theorie nicht funktioniert.

Mizar (Zeta Ursae Maioris; ζ UMa) Der vierthellste Stern im Sternbild Ursa Maior, ein → *A-Stern* mit 2,3 Magnitudines. Er steht dicht neben Alkor, einem Stern 4. Größe. Die beiden bilden jedoch kein echtes Doppelsystem, sondern stehen lediglich zufällig in der Sichtlinie nahe beieinander. Mizar besitzt jedoch einen wahren Begleiter 4. Größe (Mizar B). Beide Sterne sind darüber hinaus → *spektroskopische Doppelsterne*. Der arabische Name bedeutet Gürtel.

MK-Klassifikation (auch MKK-Klassifikation) Ein System zur Klassifizierung von Sternspektren. Siehe auch → *Spektraltyp.*

MMT Abkürzung für → Siehe auch *Multiple Mirror Telescope.*

Modell In der Wissenschaft ein Versuch, physikalische Vorgänge zu beschreiben. Man wendet dabei mathematische Ausdrücke auf numerische Werte physikalischer Größen (z. B. Temperatur oder Druck) an und berechnet so die Vorgänge. Ein befriedigendes Modell sollte die Beobachtungen ausreichend gut wiedergeben und darüber hinaus Veränderungen des Vorgangs voraussagen oder zusätzliche Beobachtungen anregen, mit Hilfe derer das Modell getestet werden kann. Häufig gibt es mehrere Modelle, die mit den vorhandenen, stets in ihrer Genauigkeit begrenzten Beobachtungen übereinstimmen. In der Realität kann möglicherweise keines genau stimmen. Jedes Modell aber, ob exakt zutreffend oder nicht, das erfolgreich zukünftige Entwicklungen eines Vorgangs voraussagt, hat seine Berechtigung.

Molekülllinien-Radioastronomie Das Studium von Spektrallinien, die von Molekülen in interstellaren Wolken emittiert werden. Aus der Analyse eines Spektrums lassen sich physikalische Größen, z. B. Dichte oder Temperatur in den Wolken, ableiten. Im allgemeinen studiert man in dichten Wolken → *Emissionslinien*, hin und wieder beobachtet man jedoch auch → *Absorptionslinien.* Emissionslinien von Molekülen findet man auch in den Spektren diffuser Wolken. Siehe auch → *interstellare Moleküle*, → *Molekülwolken*

Molekülwolke (auch Dunkelwolke) Eine Wolke aus interstellarer Materie, in der das Gas überwiegend in molekularer Form vorliegt. Es gibt zwei Arten, die beide nahe der galaktischen Ebene vorkommen: kleine Molekülwolken und Riesenmolekülwolken (engl. giant molecular clouds, GMC).
Die kleinen Wolken haben Durchmesser von einigen Lichtjahren, Dichten von 1000 bis 10 000 Molekülen pro Kubikzentimeter und Temperaturen von 10 bis 20 Kelvin. In ihrem Innern bergen sie möglicherweise kleine Kondensationen mit zehn- oder hundertmal höherer Dichte. Diese kleinen Wolken bestehen im wesentlichen aus molekularem Wasserstoff (H_2). Sie sind sehr kalt, da es im Innern keine Sterne gibt.
Riesenmolekülwolken bestehen hauptsächlich aus molekularem Wasserstoff und Kohlenmonoxid (CO), sie weisen jedoch auch andere → *interstellare Moleküle* auf. Mit Durchmessern zwischen 150 und 250 Lichtjahren und bis zu zehn Millionen Sonnenmassen sind sie die massereichsten Gebilde in der Milchstraße. Die Dichte erreicht Werte von etwa zehn Millionen Molekülen pro Kubikzentimeter. Sie emittieren Infrarotstrahlung, was ein Anzeichen für Sternentstehung ist. In fast allen Fällen findet man in Verbindung mit GMC Haufen mit heißen, massereichen, jungen Sternen. Sie erzeugen am Rand der GMC leuchtende Wolken aus → *ionisiertem Wasserstoff* (H II-Gebiete).
Prominentes Beispiel ist der → *Orion-Nebel*, bei dem eine GMC hinter dem optisch sichtbaren Nebel liegt. Eine andere GMC gehört zum → *Omega-Nebel* (M17). Eine GMC mit

drei bis fünf Millionen Sonnenmassen befindet sich in der Nähe des galaktischen Zentrums, vor der Radioquelle Sagittarius B2. Hier hat man zahlreiche interstellare Moleküle entdeckt. Insgesamt enthält die Milchstraße etwa 4000 GMC.

Molonglo-Observatorium Ein australisches Radioobservatorium in der Nähe von Canberra, das die Universität Sydney betreibt. Im Jahr 1966 wurde hier ein großes → *Mills-Kreuz-interferometer* aufgebaut, dessen Ost-West-Arm in das Molonglo Observatory Synthesis Telescope (MOST) integriert wurde.

Monat Der Zeitraum, innerhalb dessen der Mond einen Umlauf um die Erde vollendet. Die Länge eines Monats ändert sich je nach dem Bezugspunkt.

Monatsart	Bezugspunkt	Länge in Tagen
anomalistisch	Perigäum	27,55455
drakonitisch	Knoten	27,21222
siderisch	bestimmte Sterne	27,32166
synodisch	Mondphase	29,53059
tropisch	Frühlingspunkt	27,32158

Mond Mond (1) Ein natürlicher → *Satellit.*

Mond (2) Der einzige natürliche Satellit der Erde. Die von den Voyager-Sonden übermittelten Daten von den Planeten Jupiter, Saturn und Uranus haben gezeigt, daß der Erdmond ein typischer Vertreter der Monde im Sonnensystem ist. Er ist eine feste, mit Kratern übersäte Welt, die weder Wasser noch eine Atmosphäre aufweist. Er wurde zwischen 1969 und 1972 von amerikanischen Astronauten während der Apollo-Missionen untersucht und ausführlich von Sonden in der Mondumlaufbahn kartographiert.

Gezeitenkräfte haben bewirkt, daß der Mond der Erde stets dieselbe Seite zuwendet, abgesehen von dem verhältnismäßig kleinen Effekt der → *Libration.* Beim Umlauf um die Erde zeigt der Mond innerhalb eines Monats den bekannten Zyklus der → *Phasen,* da er lediglich das Sonnenlicht reflektiert. Die Größe der von der Erde aus sichtbaren erleuchteten Seite hängt von den gegenseitigen Positionen von Erde, Sonne und Mond ab, die sich kontinuierlich während des Umlaufs ändern.

Auf der Vorderseite findet man zwei Arten von Geländetypen: die stark mit Kratern zerklüfteten, hellen Hochländer (oder »terrae«, dt. Länder) und die dunkleren, weniger mit Kratern übersäten Maria (dt. Meere). Die Maria sind nahezu kreisförmig und entstanden in der Frühzeit des Mondes, als große Meteorite auf seiner Oberfläche einschlugen. Eine andere Art von Oberflächenformationen entstand durch → *Auswurfmaterial.* Weite Gebiete weisen deutliche Spuren des Auswurfmaterials vom Mare Imbrium und Mare Orientale auf.

Über die Entstehung des Mondes herrscht noch große Unklarheit; er existierte jedoch bereits als eigenständiger Körper vor 4,5 Milliarden Jahren. In seiner Frühzeit war er heiß und geschmolzen. Als er abkühlte, entstand die feste Kruste, die jedoch einem heftigen Bombardement von Meteoriten ausgesetzt war; die größten erzeugten die großen Maria. Diese füllten sich dann mit dunkler basaltischer Lava. Die vulkanische Aktivität verschwand vor mindestens 2 Milliarden Jahren.

Die Rückseite unterscheidet sich von der Vorderseite insofern ganz wesentlich, als sie keine großen Mare-Becken aufweist. Siehe auch → *Tabelle 6*

Mondfinsternis → *Finsternis.*

Mondrover Batteriegetriebene Fahrzeuge zur Fortbewegung auf dem Mond, die mit den letzten drei Apollo-Missionen (15, 16 und 17) zum Mond mitgenommen wurden. Mit ihnen sollten die Astronauten einen größeren Aktionsradius erhalten. Bei den Apollo-Missionen 15, 16 und 17 bewegten sich die Astronauten hiermit 28, 27 bzw. 35 Kilometer auf der Oberfläche.

Monoceros (Das Einhorn) Ein unscheinbares Sternbild, das jedoch wegen seiner Lage in der → *Milchstraße* sehr viele Sterne und Nebel enthält. Es erstreckt sich zu beiden Seiten des Äquators in der Nähe des Orion. Es ist kein altes Sternbild, scheint aber in der Mitte des 17. Jahrhunderts seinen festen Platz gefunden zu haben. Die beiden hellsten Sterne sind 3. Größe. Es enthält den Konus-Nebel, den Rosetten-Nebel und den Hubble-Nebel. Siehe auch → *Tabelle 4*

Monochromator Ein Instrument, mit dem sich Licht in einem sehr engen Wellenlängenbereich erzeugen läßt. Dies kann man beispielsweise erreichen, indem man das Licht zunächst mit einem Beugungsgitter spektral zerlegt und daraus mit einem Spalt einen Teil auskoppelt.

monozentrisches Okular (auch Okular nach Steinheil) Ein Okular, in dem drei Linsen fest miteinander verkittet sind (Triplett).

Mons (pl. Montes) Bezeichnung für einen Berg auf manchen Planeten.

Montierung Stativ für ein Teleskop, das es einem erlaubt, das Instrument auf eine Position am Himmel auszurichten. Es gibt im wesentlichen zwei Aufstellungsarten: altazimutal und äquatorial.

Morehouse, Komet → *Komet Morehouse.*

Morgan-, Keenan- und Kellman-Klassifikation (MKK-Klassifikation) Ein System zur Klassifizierung von Sternspektren und → *Spektraltypen.*

Morgenstern Bezeichnung für die Venus (gelegentlich auch für Merkur), wenn sie am östlichen Horizont vor Sonnenaufgang zu sehen ist.

Mount Stromlo- und Siding Spring-Observatorien Optisches Observatorium, das zur Australian National University (ANU) gehört und von deren Institute of Advanced Studies betrieben wird. Die Beobachtungsorte befinden sich auf dem Mount Stromlo, nahe Canberra, und in Siding Spring, New South Wales. Gegründet wurde es 1924 als Sonnenobservatorium, doch nach dem Zweiten Weltkrieg wurde es als Teil des Institute of Advanced Studies zu einem astrophysikalischen Institut. Auf dem Mount Stromlo befinden sich die Verwaltung sowie zahlreiche Teleskope mit folgenden Spiegeldurchmessern: 1,9 Meter, 1,3 Meter, 76 Zentimeter und 66 Zentimeter. In dem 1962 eröffneten Observatorium in Siding Spring gibt es einen 2,3-Meter-Reflektor in altazimutaler Montierung sowie ein 1-Meter- und 66-Zentimeter-Teleskop. Sie dienen einer Vielfalt astronomischer Untersuchungen.

Die Ausdehnung der Stadt Canberra zwang die Astronomen, sich einen geeigneteren Platz als Mount Stromlo zu suchen. Sie wählten den 1000 Meter hohen Berg Siding Spring in dem Gebiet Warrumbungle, das zum Großteil ein Nationalpark ist. Hier haben mittlerweile neben der ANU auch andere Organisationen Teleskope errichtet, und zwar das → *United Kingdom Schmidt Telescope*, das → *Anglo-Australian Telescope* sowie das schwedische Schmidt-Teleskop.

Mount Wilson Observatory Ein Observatorium auf dem 1750 Meter hohen Mount Wilson in der Nähe von Pasadena, Kalifornien. Als erstes Instrument entstand hier auf Initiative von Ellery Hale 1904 ein horizontales Sonnenteleskop. In den nächsten Jahren kamen zwei weitere Turmteleskope zur Sonnenbeobachtung hinzu, zunächst ein 1,52-Meter- und im Jahr 1910 ein 2,54-Meter-Teleskop. Ein 1,5-Meter-Reflektor ging nach vierjähriger Bauzeit 1908 in Betrieb. Der Spiegelrohling war ein Geburtstagsgeschenk für Hale von dessen Vater. Es war bis 1917 das größte Teleskop der Welt, bis das 2,5-Meter- → *Hooker-Teleskop* in Betrieb ging.

Bis 1985 betrieb die Carnegie Institution das Observatorium, von 1948 bis 1970 wurde es gemeinsam mit dem → *Palomar Observatory* unter dem Namen Mount Wilson- und Palomar-Observatorien verwaltet. Zwischen

1970 und 1980 trug es den Namen Hale-Observatorium, bis 1985 wurde das Mount Wilson-Observatorium Teil der Mount Wilson- und Las Campanas-Observatorien. 1985 zog sich die Carnegie Institution aus Mount Wilson zurück, und seitdem betreiben die Harvard-Universität und die Astronomische Fakultät der Universität von Südkalifornien, Los Angeles, gemeinsam die Sonnentürme und das 1,52-Meter-Teleskop.
Kürzlich errichtete das Massachusetts Institute of Technology ein leistungsstarkes Sterninterferometer auf dem Mount Wilson. Siehe auch → *Las Campanas Observatory*

MRAO Abkürzung für → *Mullard Radio Astronomy Observatory.*

Mrkos, Komet → *Komet Mrkos.*

MSSL Abkürzung für → *Mullard Space Science Laboratory.*

M-Stern Ein Stern vom → *Spektraltyp* M. M-Sterne haben eine rote Farbe und Oberflächentemperaturen im Bereich von 2400 bis 3480 Kelvin. In ihren Spektren findet man zahlreiche Molekülbanden, insbesondere von Titanoxid (TiO). Beispiele sind der sonnennahe Stern → *Proxima Centauri* und der Überriese → *Antares.*

M-Typ-Asteroid Eine relativ häufige Art von Asteroiden mit einer mittleren Albedo. Die metallische Zusammensetzung ähnelt vermutlich derjenigen von Eisenmeteoriten.

Mullard Radio Astronomy Observatory (MRAO) Das Radio-Observatorium der Universität Cambridge (GB). Das Hauptinstrument ist ein Interferometer nach dem Prinzip der → *Apertursynthese.* Es besteht aus acht Parabolantennen mit Durchmessern von jeweils 13 Metern, die auf einer fünf Kilometer langen Ost-West-Achse aufgebaut sind. Es ist nach Sir Martin Ryle benannt, der das Observatorium 1946 gründete und dessen erster Direktor war. Er gewann 1974 zusammen mit A. Hewish den Physiknobelpreis für die Entwicklung des Prinzips der Apertursynthese. Daneben gibt es eine → *Yagi-Antenne*, mit der bei niedrigen Frequenzen (151 MHz) Himmelsdurchmusterungen gemacht wurden und die nach demselben Prinzip funktioniert. Das Institut hat sich auf das Erstellen von Katalogen von Radioquellen bei verschiedenen Frequenzen spezialisiert. Hieraus resultieren die dritten bis siebten Cambridge-Kataloge, abgekürzt mit 3C, 4C usw. Hierbei wurden zahlreiche → *Quasare* und → *Radiogalaxien* gefunden. Darüber hinaus wurden hier 1967 die ersten → *Pulsare* nachgewiesen.

Mullard Space Science Laboratory (MSSL) Ein Institut in Surrey, südlich von London. Es ist Teil des Department of Physics and Astronomy des University College London, das der Universität London untersteht. Hier werden vornehmlich Instrumente für astronomische Satelliten gebaut.

Multiple Mirror Telescope (MMT) Ein ungewöhnlich konstruiertes Teleskop im → *Fred Lawrence Whipple Observatory* auf dem Mount Hopkins, Arizona. Es wird gemeinsam vom Smithsonian Institution Astronomical Observatory und der Universität von Arizona betrieben. Mit ersten Tests begann man 1977, den formalen Betrieb nahm es 1979 auf.
Im MMT sind sechs Einzelspiegel mit einem Durchmesser von jeweils 1,8 Metern in einer gemeinsamen Halterung montiert. Man erreicht so eine Lichtsammelleistung entsprechend einem einzigen 4,5-Meter-Spiegel. Montiert ist es altazimutal. Das Prinzip wurde schon zuvor mehrmals vorgeschlagen, realisieren ließ es sich jedoch erst, als es möglich war, die Spiegel computerkontrolliert parallel auszurichten, so daß alle Spiegel stets denselben Punkt am Himmel anvisieren.

Musca (Die Fliege) Ein kleines Sternbild am Südhimmel, das einen Stern 2. Größe und drei 3. Größe enthält. Seine Herkunft ist unklar, sie wird jedoch Johann Bayer (1572–1625) zugeschrieben. Siehe auch → *Tabelle 4*

Muschel-Galaxie Kleines Sternsystem, das in das Schwerefeld der massenreicheren Galaxie NGC 5291 geraten ist. Aufgrund der Wechselwirkung der beiden Sternsysteme wurde die ursprüngliche Gestalt des kleineren Partners derart auseinandergezogen, daß er die Gestalt einer Muschel mit einem spiralig gewundenen Gehäuse angenommen hat, daher der Name.

Mutterkörper Ein → *Asteroid*, → *Komet* oder anderer Körper, von dem sich ein → *Meteorit* abgespalten hat.

N

nachfolgend (f) Ein Begriff, den man zur Positionsbeschreibung eines Planetenmerkmals oder eines anderen Objekts an der Himmelssphäre relativ zu einem anderen benutzt. Nachfolgende Merkmale sind solche, die später in das Gesichtsfeld treten als das Referenzmerkmal oder -objekt. Die Objekte, die früher ins Gesichtsfeld treten, nennt man vorausgehend (p).

Nachführteleskop Ein Teleskop auf derselben Montierung wie eines, das für Photographie oder mit einem Instrument benutzt wird, zum Zweck der genauen Teleskopnachführung während der Aufnahme.

Nachführung Der Mechanismus, der ein Teleskop derart bewegt, daß es einem Stern oder einem anderen astronomischen Objekt am Himmel folgen kann. Die scheinbare Himmelsbewegung spiegelt die Rotation der Erde um ihre eigene Achse wider. Die Periode einer solchen Umdrehung ist der Sterntag. Da der Sterntag um etwa 4 Minuten kürzer ist als der Sonnentag, muß ein Teleskop so nachgeführt werden, daß es eine volle Umdrehung in 23 Stunden und 56 Minuten vollführt. Diese Geschwindigkeit nennt man auch siderische Umlaufzeit. In der Praxis besteht gewöhnlich die Nachführung aus einem Elektromotor mit geeignetem Getriebe. In früheren Zeiten wurden mechanische Uhrwerksantriebe konstruiert, die z. B. durch fallende Gewichte angetrieben wurden. Solche Nachführungen sind an manchen historischen Instrumenten noch in Betrieb.

Nachthimmelsleuchten Das Licht, das von der Atmosphäre der Erde erzeugt und emittiert wird, ausgenommen → *thermische Strahlung*, → *Polarlicht*-Blitze und → *Meteor*-Spuren. Das Spektrum des Nachthimmelsleuchtens reicht von 100 Nanometern bis zu 22,5 Mikrometern. Ein Hauptbestandteil ist eine Emissionslinie des Sauerstoffs bei 558 Nanometern, die ihren Ursprung in einer zwischen 30 und 40 Kilometer dicken Schicht in typisch 100 Kilometern Höhe hat. Aus dem Weltraum erscheint das Nachthimmelsleuchten wie ein Ring grünlichen Lichts um die Erde.

nachtleuchtende Wolken Bläulich oder weiß leuchtende Wolken, die im Sommer in der

Planeten und einige Monde im Größenvergleich.

Oben links:
Die inneren Planeten Merkur (obere Reihe Mitte), Venus (unten links), Erde (oben links) und Mars (obere Reihe links) verglichen mit dem Erdmond (obere Reihe rechts), Jupiters vier Galileischen Monden Io, Europa, Ganymed, Callisto (zweite und dritte Reihe), Saturns Mond Titan (untere Reihe links) und Neptuns Mond Triton (untere Reihe rechts).

Oben rechts:
Die Riesenplaneten Jupiter (unten links), Saturn (oben rechts), Uranus (oben links) und Neptun (unten rechts) verglichen mit der Erde (Mitte).

Unten rechts:
Phobos und Deimos, die beiden Marsmonde, im selben Maßstab wie die Insel Manhattan in New York.

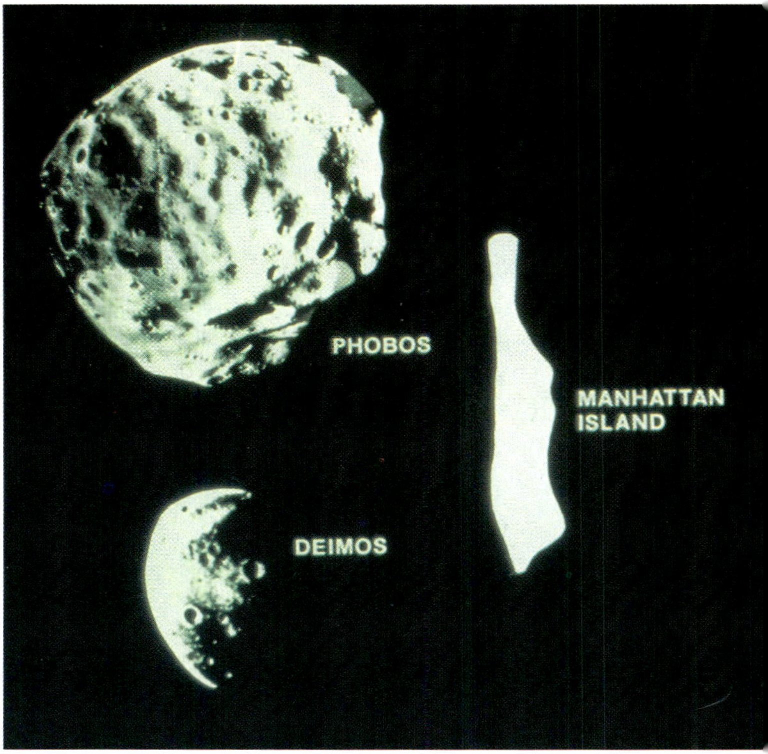

Saturns Ringsystem und die Erde als Fotomontage; das gesamte Ringsystem hat einen Durchmesser von 274 000 km (Erde: 12 000 km) und ist im Mittel nicht dicker als 0,1 km.

Die Ausdehnung der helleren Saturnringe verglichen mit der Entfernung Erde–Mond (386 000 km).

Hier wurde die Erde den Wolken in Jupiters oberer Atmosphäre überlagert. Oben rechts Jupiters Großer Roter Fleck.

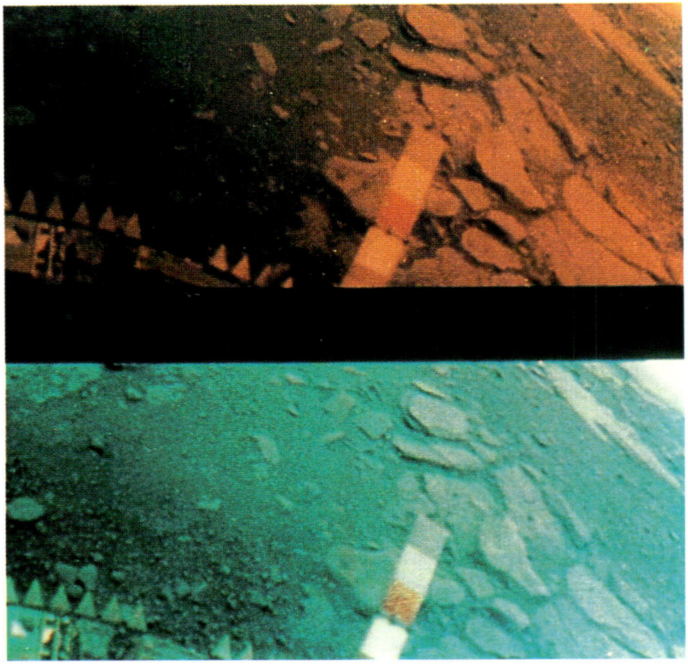

Oben links:
Ein zusammengesetztes Foto von Merkur, aufgenommen von der Raumsonde Mariner 10.

Oben Mitte:
Merkur besitzt eine kraterübersäte Oberfläche ähnlich der unseres Mondes.

Oben rechts:
Wolkenhülle der Venus in ultraviolettem Licht vom Pioneer/Venus-Orbiter aus gesehen. In sichtbarem Licht ist keine Struktur erkennbar.

Rechts:
Die beiden Farbbilder zeigen die Umgebung des Landeplatzes der Venera-13-Sonde so, wie sie einem menschlichen Betrachter erscheinen würde (oben) und so, wie sie sich mit weißem Licht beleuchtet darstellt (unten).

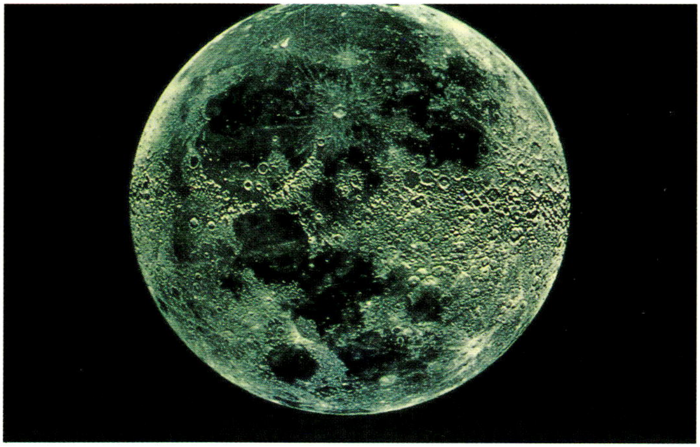

Aus einer Aufnahme des ersten Viertels (rechts) und des letzten Viertels (links) zusammengesetztes Bild des Mondes. Auf diese Weise erscheint die Oberfläche durch den Schattenwurf besonders plastisch.

Blick auf die Erde von der Apollo-17-Kapsel aus.

Ein Apol o-17-Astronaut in der Mondlandschaft.

Rechts:
Zusammengesetztes Bild der Nordhalbkugel des Mars, aufgenommen vom Viking-Orbiter aus 3 000 km Entfernung.

Unten:
Zwei Marsvulkane, Uranis Tholus und Cerannius Tholus, mit 60 bzw. 120 km Durchmesser sowie ein ausgedehntes Grabenbruchsystem (links).

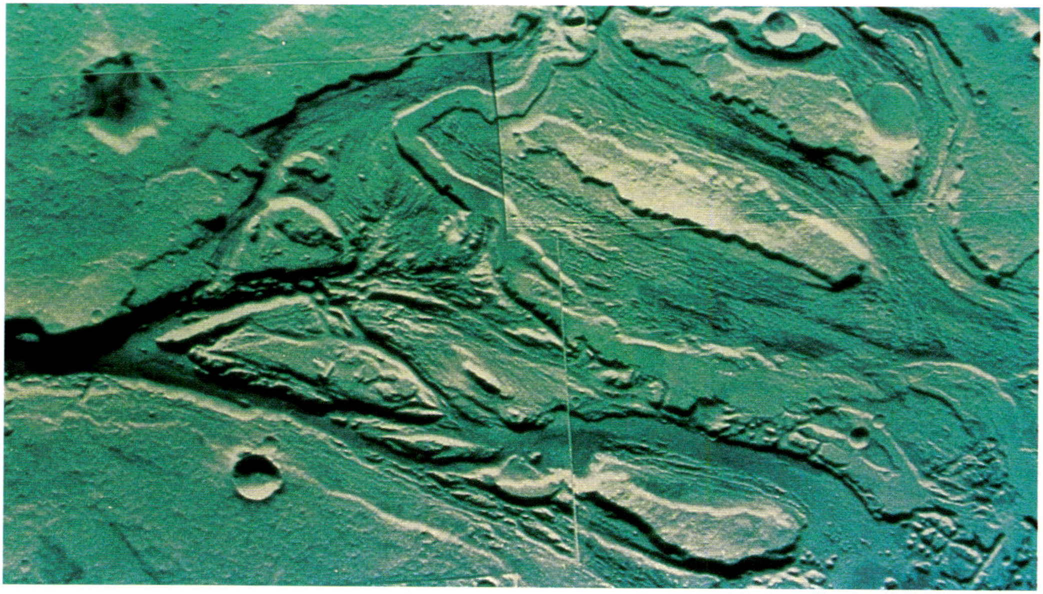

Oben:
Ein Trockenflußtal in der Mangala-Vallis-Region auf dem Mars (Bildausschnitt 20 x 20 km).

Unten:
Landeplatz der Viking-2-Sonde auf Utopia Planitia.

Rechts:
Gesamtansicht des Riesenplaneten Jupiter aus 30 Mio. km Entfernung beim Anflug der Voyager-1-Sonde.

Unten:
Die Fotografie der Nachtseite zeigt elektrische Entladungen in Jupiters Atmosphäre.

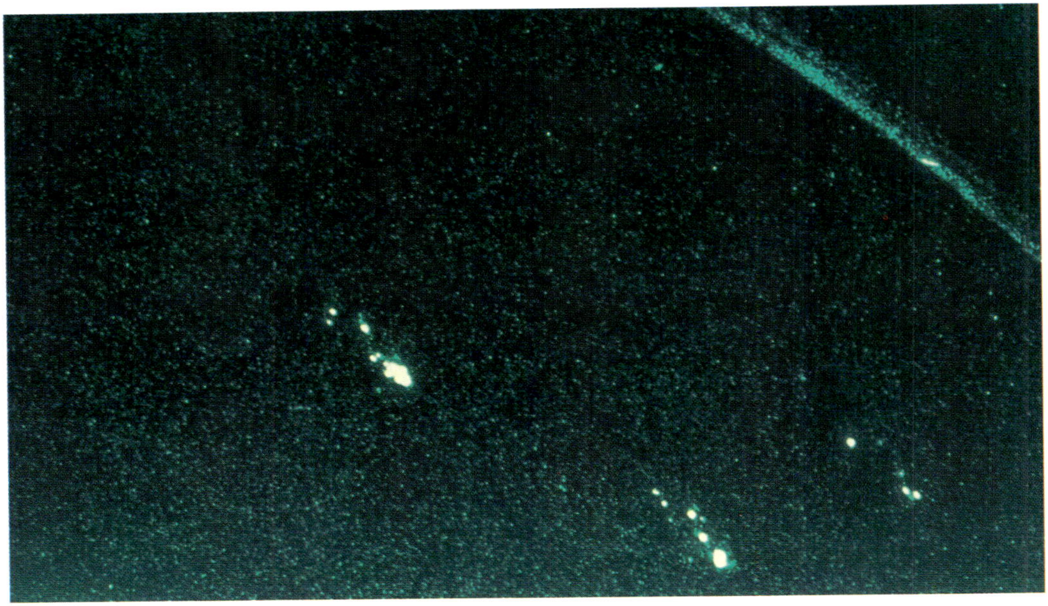

Auf der Weitwinkelaufnahme der Südpolarregion des Jupitermondes Io sind viele Vulkane zu erkennen.

Der Jupitermond Europa zeigt deutliche Risse in der vereisten und sonst überaus ebenen Oberfläche.

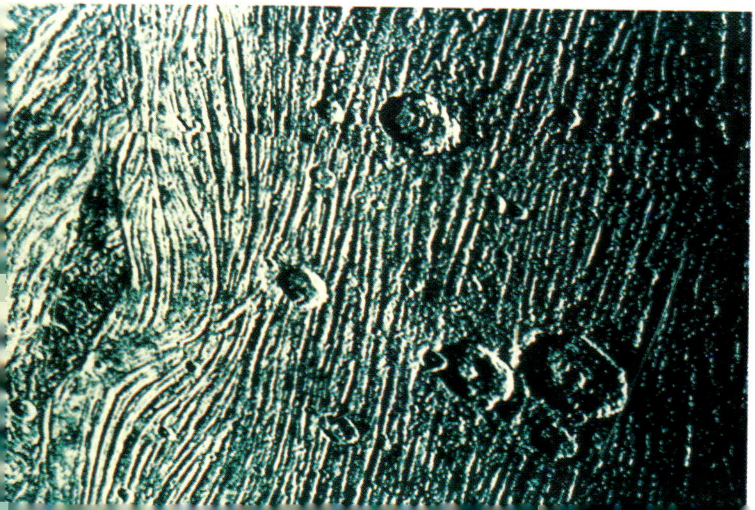

Jupiters Mond Ganymed weist auf seiner Oberfläche über weite Gebiete hinweg parallele Furchen im Riesenmaßstab auf: 10–15 km auseinander gelegen und um 1 km tief.

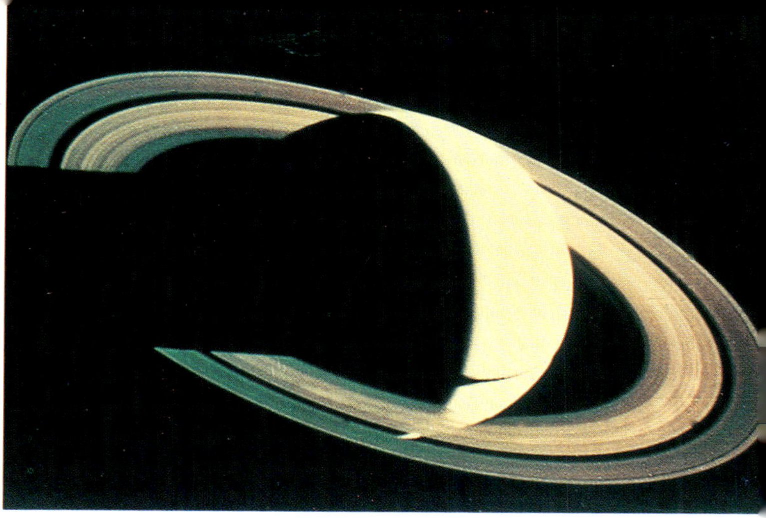

Ein Blick von der Sonde Voyager 1 aus zurück auf den Ringplaneten Saturn.

Die Sonde Voyager 2 passierte Saturn auf der Südhalbkugel und konnte so die untere, nicht beleuchtete Seite des Ringsystems fotografieren.

Nahaufnahme des äußersten Saturnrings (A-Ring); die feinsten erkennbaren Strukturen sind etwa 1 km breit.

Die strukturlose Atmosphäre des Riesenplaneten Uranus aufgenommen von der Voyager-2-Sonde aus 9,1 Mio. km Entfernung.

Unten:
Eine zusammengesetzte Aufnahme der dunklen und sehr feinen Ringe des Uranus.

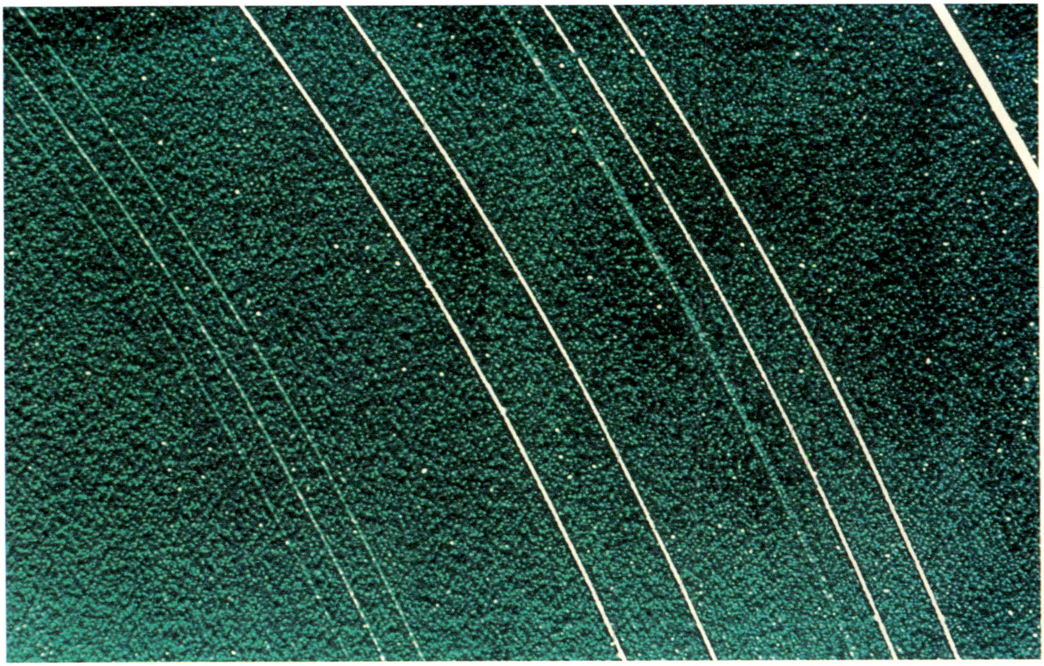

Die von der Raumsonde Voyager 2 aus entdeckten Wolkenstrukturen auf dem äußersten Riesenplaneten Neptun. Der Große Dunkle Fleck hat einen Durchmesser von etwa 10 000 km (Erde: 12 000 km).

Unten:
Auch Neptun besitzt ein Ringsystem, in diesem Falle mit zwei Hauptringen im Abstand von 53 000 bzw. 63 000 km vom Mittelpunkt des Planeten.

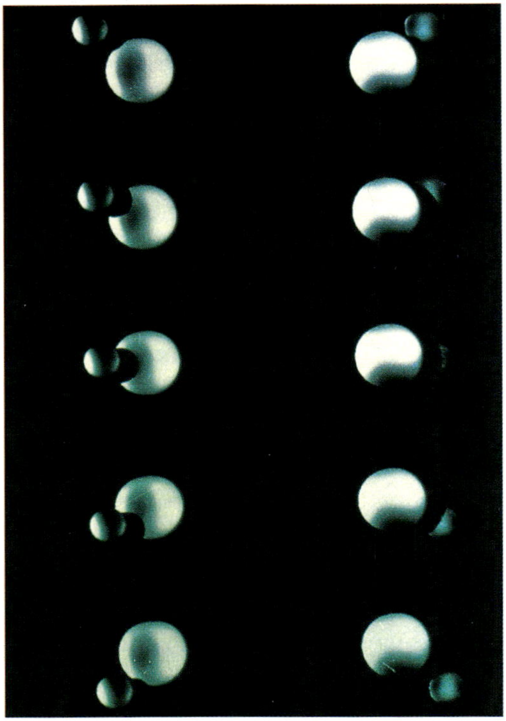

Eine Computersimulation von Pluto und seinem Mond Charon, berechnet aus am Teleskop beobachteten Helligkeitsschwankungen. In der linken Spalte bewegt sich Charon von oben nach unten vor Pluto vorbei nach Süden, in der rechten Spalte von unten nach oben hinter Pluto wieder nach Norden.

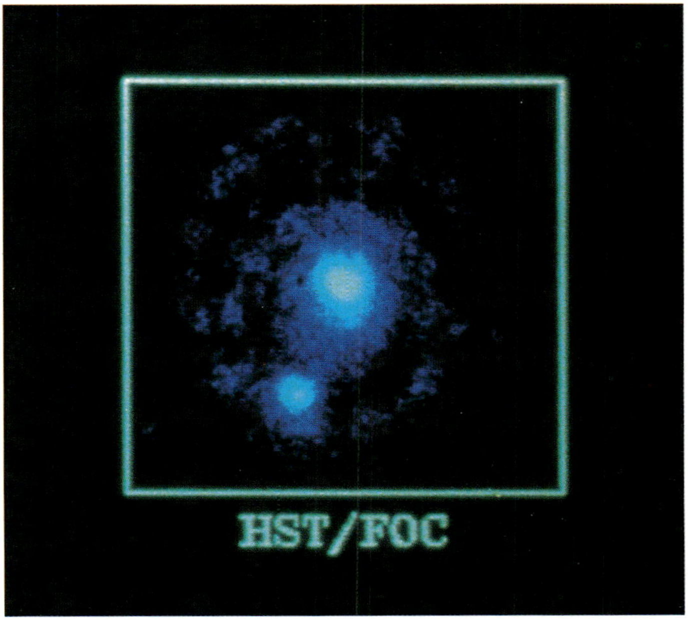

Aufnahme des Systems Pluto-Charon mit den Hubble-Weltraumteleskop.

Absturz des in zahlreiche Fragmente zerbrochenen Kometen Shoemaker-Levy-9 auf Jupiter im Jahr 1994.

Kern des Kometen Halley von der Sonde Giotto aus 600 km Entfernung aufgenommen (ESA).

Das Hubble-Weltraumteleskop, wie es gerade in der Erdumlaufbahn ausgesetzt wird.

Unten:
Vergleich zweier Aufnahmen des Sternhaufens NGC 3532, links aufgenommen mit einem erdgebundenen Teleskop (Las Campanas) und rechts mit dem Weltraumteleskop.

Oben:
Der 1 500 Lichtjahre entfernte Orionnebel aufgenommen mit einem erdgebundenen Teleskop (oben rechts) und mit dem Hubble-Weltraumteleskop (unten links).

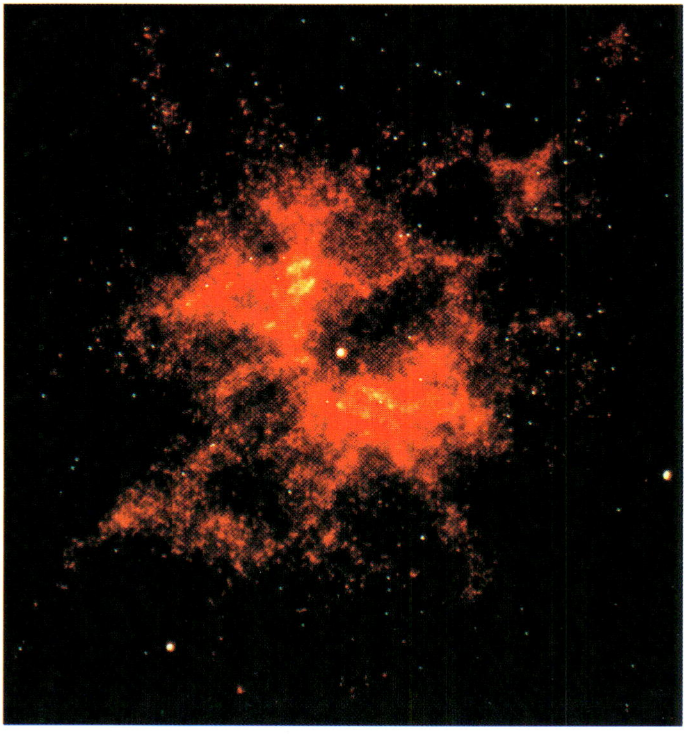

Diese Aufnahme mit dem Weltraumteleskop zeigt den superheißen Stern (Oberflächentemperatur 200 000 Kelvin) im Zentrum des Planetarischen Nebels NGC 2440.

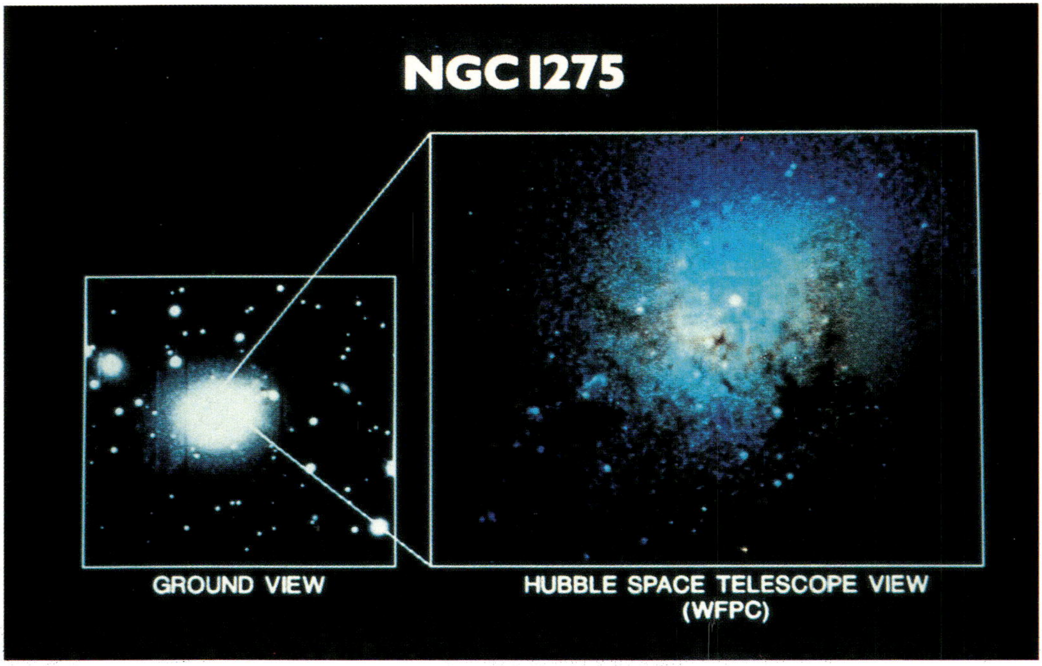

Oben:
Zwei Aufnahmen der 300 Mio. Lichtjahre entfernten Galaxie NGC 1275 im Sternbild Perseus; links mit einem erdgebundenen Teleskop, rechts mit dem Hubble-Weltraumteleskop.

Unten:
Vergleich zweier Aufnahmen der »Starbust«-Galaxie Arp 220.

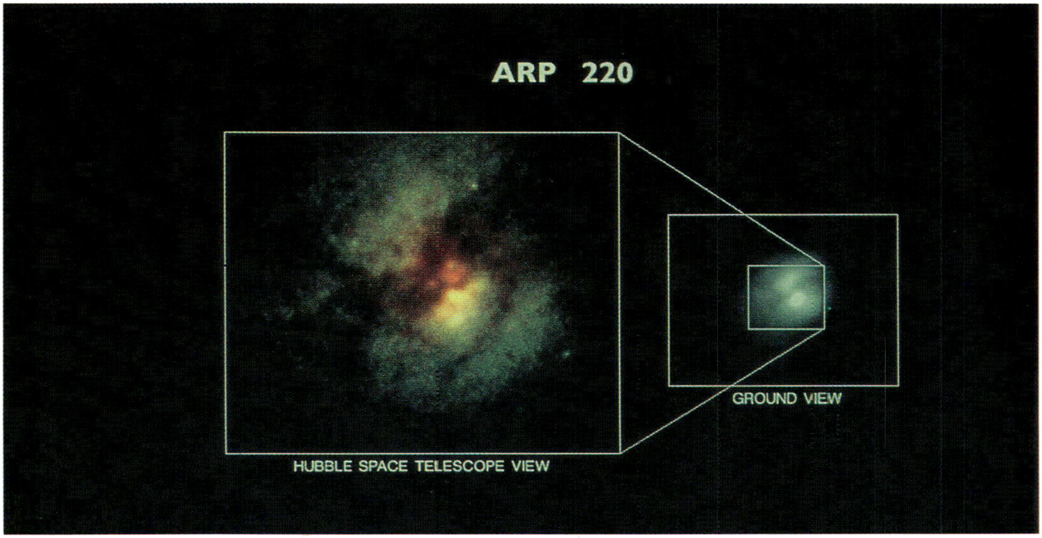

Dämmerung zu sehen sind. Sie bilden sich in einer Höhe von etwa 80 Kilometern und zeigen verschiedene Strukturen. Nachtleuchtende Wolken sind sehr dünn und streuen nur einen sehr geringen Teil des Sonnenlichts. Aus diesem Grund sind sie am Tag und noch in der hellen Dämmerung nicht sichtbar. Da sie im Sommer auftauchen, kann man sie in sehr hohen nördlichen Breiten nicht beobachten, da hier der Himmel in der Dämmerung zu hell ist. Andererseits sind sie ein in hohen Breiten auftretendes Phänomen, so daß sie lediglich in einem engen Breitenbereich zwischen etwa 50° und 65° nördlicher Breite sichtbar sind.
Die Wolken bilden sich, wenn Wasser auf Keimen auskondensiert und gefriert. Es ist nicht bekannt, woraus die Kondensationskerne bestehen. Möglicherweise handelt es sich um Ionen, die durch die UV-Strahlung der Sonne erzeugt werden, oder um Mikrometeorite. Damit sie sich bilden können, muß die Temperatur unter einen Wert von etwa 120 Kelvin (–150 °C) in Höhen zwischen 80 und 90 Kilometern absinken. Diese Bedingungen entstehen durch die in diesem Höhenbereich von Pol zu Pol strömenden Luftmassen und werden nicht durch den Grad der Sonneneinstrahlung beeinflußt.
Es gibt Beobachtungshinweise darauf, daß die Bildung nachtleuchtender Wolken in den letzten Jahrzehnten zugenommen hat. Dies hat man auf einen steigenden Wasserdampfanteil in der oberen Atmosphäre zurückgeführt, der wiederum durch den steigenden Methangehalt hervorgerufen wird. Außerdem scheint die Häufigkeit der Wolken invers mit dem Zyklus der → *Sonnenaktivität* gekoppelt zu sein.

nackte Singularität Eine → *Singularität* ohne einen → *Ereignishorizont.* Nach der Hypothese der → *kosmischen Zensur* sollte es dies nicht geben. Wenn das Universum jedoch mit einer Singularität begann, war der → *Big Bang* eine nackte Singularität.

Nadir Punkt am Himmel, der dem → *Zenit* genau gegenüber liegt.

Nagler-Okular Ein besonderes → *Okular* mit einem außergewöhnlich großen Blickfeld (80°).

Naiad Einer der Neptunmonde (1989 N6), der im August 1989 beim Vorbeiflug von → *Voyager 2* entdeckt wurde. Siehe auch → *Tabelle 6*

Nakhlit Ein seltener Typ eines achondritischen Meteorits, der aus kalziumreichem Pyroxen und Olivin besteht. Zusammen mit den Shergottiten und Chassigniten gehört er zur Klasse der → *SNC-Meteoriten.* Sie stammen vermutlich vom Mars.

Nançay Ein Ort in Frankreich, an dem sich das zum → *Pariser Observatorium* gehörige Radioobservatorium befindet.

Nanometer (Symbol nm) Ein Tausendstel eines millionstel Meters (10^{-9} m).

Nanosekunde (Symbol ns) Ein Tausendstel einer millionstel Sekunde (10^{-9} s).

Narrabri → *Culgoora.*

NASA Abkürzung für → *National Aeronautics and Space Administration.*

Nasmyth-Fokus Ein Brennpunkt auf einer Seite des Rohres eines altazimutal montierten Spiegelteleskops. Man erreicht dies, indem man einen dritten Spiegel so in den Strahlengang einbaut, daß er das Lichtbündel entlang der Höhenachse durch ein Loch in der Montierung nach außen lenkt. Diese Prinzip geht auf James Nasmyth zurück, der ein solches Teleskop erstmals Mitte des 19. Jahrhunderts baute.
In der neuen Generation von Großteleskopen, die dank der heute möglichen Computersteuerung altazimutal montiert werden, lebte der Nasmyth-Fokus wieder auf. Er hat den Vorteil, daß der Brennpunkt, unabhängig von der Position des Teleskops, ortsfest ist. Hier können schwere Meßinstrumente auf einer fest installierten Plattform angebracht werden, die sich ausschließlich im → *Azimut* bewegen. In der Praxis sind zwei Nasmyth-Foki, jeweils an einer Seite des Teleskops, möglich. Im → *William Herschel-Teleskop* beispielsweise befindet sich im Innern ein Klappspiegel, der das Lichtbün-

del zur einen oder zur anderen Seite des Tubus umlenken kann. Siehe auch → *Altazimut-Montierung*

National Aeronautics and Space Administration (NASA) Die der US-Regierung unterstellte amerikanische Weltraumbehörde, die für die zivilen, bemannten und unbemannten Raumflüge verantwortlich ist. Hierzu gehört die Entwicklung und der Betrieb von Trägerraketen, Wissenschaftssatelliten (etwa Observatorien in der Erdumlaufbahn), Raumsonden (etwa Missionen zum Mond und den Planeten) und neuer Satellitentechniken. Der Betrieb von Wetter- und Kommunikationssatelliten kann nach der erfolgreichen Positionierung im Weltraum an andere Organisationen übergeben werden.
Die NASA wurde am 29. Juli 1958 gegründet, als der damalige Präsident Dwight D. Eisenhower den National Aeronautics and Space Act von 1958 unterschrieb. Diese Gesetzgebung passierte mit großer Anerkennung den amerikanischen Kongreß und war die Antwort auf den technologischen Vorsprung der damaligen Sowjetunion, die knapp ein Jahr zuvor den ersten künstlichen Erdsatelliten (Sputnik 1) erfolgreich gestartet hatte. Das NASA-Hauptquartier befindet sich in Washington, D. C.; es gibt jedoch zahlreiche Nebenstellen an verschiedenen Orten in den USA sowie Satellitenstationen rund um die Welt. Siehe auch → *Goddard Space Flight Center*, → *Jet Propulsion Laboratory*, → *Kennedy Space Center*, → *Lyndon B. Johnson Space Center*

National New Technology Telescope (NNTT) Ein großes → *Multiple Mirror Telescope* für die USA, vorgeschlagen von den → *National Optical Astronomy Observatories* und den Universitäten von Arizona, Kalifornien und Texas. Vorgesehen ist hierfür eine Konstruktion aus vier leichten 7,5-Meter-Spiegeln.

National Optical Astronomy Observatories (NOAA) Eine 1984 in den USA gegründete Vereinigung, in der alle nationalen Einrichtungen der optischen Astronomie – das → *Kitt Peak National Observatory*, das → *Cerro Tololo Inter-American Observatory* und das → *Sacramento Peak Observatory* - eine gemeinsame Verwaltung erhalten. Es wird von der Association of Universities for Research in Astronomy (AURA) Inc. unter der Leitung der National Science Foundation betrieben.

National Radio Astronomy Observatory (NRAO) Die Vereinigung von radioastronomischen Einrichtungen der USA, betrieben von einem privaten Konsortium von Universitäten, der Associated Universities Inc. Es erhält finanzielle Unterstützung im Rahmen eines Abkommens mit der National Science Foundation. Die von der NRAO betriebenen Observatorien sind das → *Very Large Array* (VLA) in New Mexico, ein Millimeterwellenteleskop am → *Kitt Peak National Observatory*, Arizona, sowie ein 42-Meter-Radioteleskop und ein Interferometer in → *Green Bank*, West Virginia. Im Jahr 1988 brach das 90-Meter-Teleskop zusammen. Es wurde jedoch sofort ein Plan für den Bau eines neuen Geräts aufgestellt. Die Verwaltung der NRAO befindet sich in Charlottesville, Virginia.

National Solar Observatory Die Einrichtungen zur Sonnenbeobachtung der US-amerikanischen → *National Optical Astronomy Observatories*. Zu ihnen gehören das → *McMath-Sonnenteleskop* auf dem Kitt Peak, Arizona, und das → *Sacramento Peak Observatory* in New Mexico.

Nautical Almanac Eine Abkürzung für den bis 1960 vom britischen Nautical Almanac Office herausgegebenen »Nautical Almanac and Astronomical Ephemeris«. Es war das wichtigste Jahrbuch für astronomische Daten. Hieraus wurden die → *Astronomical Ephemeris* und vor kurzem der Astronomical Almanac. Der kürzlich herausgegebene Nautical Almanac enthält in verkürzter Form Daten für die Navigation.

nautische Dämmerung Formal definierte Zeitspanne, während der die Sonne zwischen 96° und 102° vom → *Zenit* entfernt ist. Siehe auch → *Dämmerung*

Nebel (lateinisch nebula, pl. nebulae) Eine Wolke aus interstellarem Gas oder Staub. Früher wurden häufig auch Objekte als Nebel bezeichnet, von denen man heute weiß, daß es sich um Galaxien handelt (der Andromeda-Nebel ist eines der berühmtesten Beispiele hierfür). Ein → *Emissionsnebel* leuchtet von selbst, wenn er beispielsweise durch UV-Strahlung angeregt wird. Ein → *Reflexionsnebel* leuchtet, weil er Sternlicht reflektiert. Ein → *Absorptionsnebel* verschluckt das Licht und macht sich als dunkler Fleck vor einem hellen Nebel oder dem Sternhintergrund bemerkbar.

Darüber hinaus zählen zu den leuchtenden Nebeln die → *Planetarischen Nebel* sowie die → *Supernova-Überreste.*

nebelfreie Zone → *Zone of avoidance.*

Nebenkeule Unerwünschtes Rauschen, das nicht zum Hauptsignal in einem → *Radioteleskop* gehört. Die grundsätzliche instrumentelle Auflösungsbegrenzung kann Schwierigkeiten bei der Kartierung von Radioquellen verursachen. Das Problem läßt sich jedoch durch eine elektronische Bearbeitung der Daten mit Hilfe von Computern reduzieren.

Nebensonne (auch Parhelion) Ein rundlicher Lichtfleck, 22° von der Sonne entfernt. Nebensonnen treten im allgemeinen paarweise auf gegenüberliegenden Seiten der Sonne auf und liegen auf einem kreisförmigen Halo, der die Sonne umgibt. Sie entstehen durch Reflexion und Brechung des Sonnenlichts an Eiskristallen in der Atmosphäre. Durch atmosphärische Verhältnisse können sie unterschiedlich hell sein.

Nebular-Hypothese Die 1755 erstmals von dem deutschen Philosophen Immanuel Kant geäußerte Hypothese, daß das Sonnensystem aus einer rotierenden Wolke (nebula) entstanden ist.

Nebulium Ein hypothetisches Element, dessen Existenz man im 19. Jahrhundert aufgrund bis dahin unbekannter Linien im Spektrum einiger Emissionsnebel postulierte. Heute weiß man, daß bekannte Elemente diese Linien aussenden, die jedoch im Labor nicht beobachtbar sind. Aus diesem Grunde bezeichnen die Physiker sie als »verbotene Linien«.

Neptun Der von der Sonne aus gesehen achte Planet. In den Jahren zwischen 1979 und 1999 ist er jedoch der neunte, da Pluto auf seiner stark elliptischen Bahn näher an der Sonne ist als Neptun.

Von der Erde aus gesehen ist Neptun ein Objekt 7. oder 8. Größe und damit mit bloßem Auge nicht sichtbar. Mit starker Vergrößerung und einem großen Teleskop erscheint der Planet als blaue Scheibe, deren Färbung von Methan in der oberen Atmosphäre herrührt. Johann Gottfried Galle entdeckte ihn am 23. September 1846 am Berliner Observatorium, nachdem John Couch Adams in England und Urbain J. J. Leverrier in Frankreich seine Existenz und seine Position am Himmel unabhängig voneinander vorausgesagt hatten. Ihre Berechnungen basierten auf Differenzen zwischen der vorausgesagten und der tatsächlich beobachteten Bahn des Uranus seit seiner Entdeckung im Jahr 1781, die sie der Schwerkraftwirkung eines unbekannten Planeten zuschrieben.

Im optischen Bereich lassen sich von der Erde aus keine Oberflächendetails ausmachen, lediglich im Infraroten erscheinen helle Flecken. Im August 1989 machte die Sonde → *Voyager 2* jedoch erstmals Nahaufnahmen von dem Planeten. Neptun ähnelt in mancherlei Hinsicht, etwa in Größe und Aufbau, seinem Nachbarplaneten Uranus. Er besitzt einen kleinen Gesteinskern, der von einem Mantel aus gefrorenem Wasser, Methan und Ammoniak umgeben ist. Die äußere Atmosphäre besteht im wesentlichen aus Wasserstoff sowie 15 bis 20 Massenprozent Helium und geringen Mengen Methan.

Im Gegensatz zu Uranus gibt es in der Neptunatmosphäre jedoch zahlreiche wolkenähnliche Gebilde. Das auffälligste ist der Große Dunkle Fleck, der eine ähnliche Ursache zu haben scheint wie der → *Große Rote Fleck* auf Jupiter. Etwa 20° süd-

lich des Äquators rotiert er gegen den Uhrzeigersinn mit einer Periode von 16 Tagen. Oberhalb von ihm bilden sich helle, zirrusähnliche Wolken und weitere, kleine dunkle Flekken. Eine leichte Bandstruktur parallel zum Äquator ist ebenfalls erkennbar.
Es gibt zwei wesentliche Wolkenschichten in der oberen Atmosphäre. Die höchste besteht aus Methaneiskristallen, darunter liegt eine durchsichtigere Schicht, die möglicherweise gefrorenes Ammoniak und Wasserstoffsulfit aufweist. Darüber hinaus existiert ein sehr hoch liegender Dunst aus Kohlenwasserstoffen, die durch die Einwirkung des Sonnenlichts auf das Methan entstehen.
Voyager 2 registrierte regelmäßige Radioausbrüche. Neptun besitzt also ein Magnetfeld und ist von einer Magnetosphäre umgeben. Die Ausbrüche ereignen sich in Abständen von 16,11 Tagen, was offensichtlich der Rotationsperiode des festen Kerns entspricht. Die atmosphärischen Gebilde rotieren hingegen mit unterschiedlichen Geschwindigkeiten und bewegen sich darüber hinaus über verschiedene Breiten hinweg. Windgeschwindigkeiten bis zu 2200 km/h wurden gemessen. Die Magnetfeldachse ist um 47° gegen die Rotationsachse geneigt. Man vermutet, daß das Magnetfeld eher im Mantel als im Kern entsteht.
Aus der insgesamt abgestrahlten Energie ergibt sich eine mittlere Temperatur von 59 Kelvin, die von Ort zu Ort etwas schwanken kann. Bis heute ist unklar, warum Neptun 2,7mal mehr Energie abstrahlt, als er von der Sonne erhält.
Bereits von der Erde aus hatte man bei Sternbedeckungen des Planeten Hinweise auf die Existenz von nicht vollständigen Ringen erhalten. Voyager 2 entdeckte nun vier dünne Ringe, die an einigen Stellen Verdikkungen besaßen. Dieses waren die von der Erde aus registrierten Ringfragmente. Darüber hinaus fand man mit der Sonde sechs weitere Monde, so daß die Gesamtzahl zusammen mit den damals bereits bekannten → *Triton* und → *Nereide* auf insgesamt acht anwuchs. Einer der neu entdeckten Monde, Proteus, ist mit einem Durchmesser von 400 Kilometern sogar doppelt so groß wie Nereide. Siehe auch → *Tabelle 5*, → *Tabelle 6* und → *Tabelle 7*

Nereide Der kleine, äußerste Mond Neptuns, entdeckt von Gerard Kuiper im Jahr 1949. Voyager 2 machte seine beste Aufnahme aus einer Entfernung von 4,7 Millionen Kilometern. Damit war sie zu weit entfernt, um Oberflächendetails ausmachen zu können. Zumindest konnte aber der Durchmesser zu 170 Kilometer genau bestimmt werden. Siehe auch → *Tabelle 6*

Netz Deutsche Bezeichnung für das Sternbild → *Reticulum.*

neue Teleskopgeneration Ein Typ von Großteleskopen in einer neuen Bauweise. Hierzu gehören eine Computerkontrolle, ein leichter, dünner Primärspiegel, eine altazimutale Montierung, automatische, eventuell ferngesteuerte Bedienung und eine besondere Berücksichtigung der thermischen Umgebung.

Neumond Eine Mondphase, die eintritt, wenn Sonne und Mond sich am Himmel auf derselben → *Breite* befinden. Von der Erde aus gesehen ist dann die Vorderseite des Mondes völlig unbeleuchtet. Siehe auch → *Phasen*

neutraler Wasserstoff (H I oder H^0) Nicht ionisiertes, atomares Wasserstoffgas. Es ist eine wichtige Komponente des → *interstellaren Mediums.* Obwohl die typische Dichte mit etwa 50 Atomen pro Kubikmeter sehr gering ist, macht es doch etwa die Hälfte der Gesamtmasse des interstellaren Mediums aus.
Die Temperatur des neutralen Wasserstoffs liegt zwischen 25 und 250 Kelvin, was zu gering ist, um selbst optische Strahlung auszusenden; allerdings emittiert es im Radiobereich bei einer Wellenlänge von 21 Zentimetern. Dies erlaubte es, die Verteilung des Wasserstoffgases in den Spiralarmen der Milchstraße und benachbarter Spiralgalaxien nachzuweisen.

Neutrinoastronomie Neuer Zweig der Astrophysik, in dem

man Neutrinos von Himmelskörpern, insbesondere der Sonne nachweist. Neutrinos sind Elementarteilchen ohne elektrische Ladung, die kaum mit Materie wechselwirken. Es ist nach wie vor unklar, ob sie eine Masse besitzen oder nicht. Sie entstehen in großen Mengen bei den Kernreaktionen im Innern von Sternen sowie bei Supernova-Explosionen und bewegen sich mit Lichtgeschwindigkeit, falls sie keine Masse, oder mit nahezu Lichtgeschwindigkeit, falls sie eine geringe Masse aufweisen.

Da sie kaum mit Materie wechselwirken, sind sie sehr schwer nachweisbar. Das älteste Experiment zur Messung solarer Neutrinos läuft seit den 70er Jahren in der Homestake Mine, South Dakota. Hier nutzt man den Effekt aus, daß Neutrinos mit geringer Rate mit einem Chlor-Atomkern reagieren und dieser sich dabei in ein radioaktives Isotop des Argon umwandelt. Der Detektor besteht aus einem Tank, der 400 000 Liter sehr reinen, flüssigen Tetrachlorkohlenstoff enthält. Das Experiment befindet sich unter der Erde, um es vor der störenden → *kosmischen Strahlung* zu schützen. Theoretische Überlegungen hatten ergeben, daß man mit dieser Anordnung etwa ein Ereignis pro Tag messen sollte. Tatsächlich fand man jedoch lediglich ein Drittel dieser Rate. Diese Diskrepanz ist als »Sonnenneutrino-Problem« bekannt geworden. Das deutsche Experiment GALLEX sowie das russisch-amerikanische Experiment SAGE messen seit 1991 ebenfalls solare Neutrinos. Sie scheinen das Neutrinodefizit zu bestätigen. Sie registrieren die Neutrinos durch deren Reaktion mit Gallium, das sich dabei zu radioaktivem Germanium umwandelt. Mit neuen Experimenten hofft man herauszufinden, ob das Neutrinodefizit auf ein fehlerhaftes Sonnenmodell oder auf bislang unbekannte Eigenschaften der Neutrinos zurückzuführen ist.

Mit einem anderen Meßprinzip lassen sich ebenfalls Neutrinos nachweisen. Hierbei treffen Neutrinos in einem großen Wassertank auf Elektronen, die nach dieser Wechselwirkung Tscherenkow-Strahlung aussenden. Diese läßt sich mit empfindlichen Photomultipliern nachweisen. Der Kamiokande-Detektor in Japan funktioniert nach diesem Prinzip. Mit Kamiokande und einem ähnlichen Detektor in Ohio wies man Neutrinos der Supernova 1987a in der Großen Magellanschen Wolke nach.

Neutronenstern Ein Stern mit einer Masse zwischen 1,5 und 3 Sonnenmassen, der sich unter dem Einfluß der Gravitation so stark zusammengezogen hat, daß er fast ausschließlich aus Neutronen besteht. Neutronensterne weisen Durchmesser von lediglich etwa 10 Kilometern auf und erreichen deshalb Dichten von 10^{17} kg/m³. Sie entstehen bei Supernova-Explosionen und machen sich als → *Pulsar* bemerkbar.

Ist der Brennstoff im Innern eines Sterns verbraucht, kühlt sich der Kern ab, und der innere Druck läßt nach, so daß der Stern kontrahiert. Bei Sternen, deren Kern mehr als etwa 1,8 Sonnenmassen besitzt, ist dies ein plötzlicher, katastrophaler Vorgang, bei dem der Stern so weit zusammenstürzt, bis der Druck zwischen den Neutronen die zum Zentrum gerichtete Gravitation ausgleicht. In der dabei entstehenden Supernova wird ein Großteil der Sternmaterie ins Weltall geblasen.

Ein Stern, dessen Kern mehr als drei Sonnenmassen besitzt, endet nicht als Neutronenstern, sondern kollabiert weiter zu einem → *Schwarzen Loch.*

New General Catalogue of Nebulae and Star Clusters (NGC) Ein 1888 von J. J. Dreyer am Armagh-Observatorium veröffentlichter Katalog mit 7840 nicht-stellaren Objekten. Sieben Jahre später erschien jedoch ein Ergänzungsband mit weiteren 1529 Objekten, genannt *Index Catalogue* (IC). Im Second Index Catalogue aus dem Jahr 1908 erhöhte sich diese Zahl auf 5386 Objekte. Die NGC- und IC-Nummern sind noch heute zur Identifizierung nicht-stellarer Himmelskörper sehr gebräuchlich.

Der Katalog erhielt seinen Namen, weil man ihn damals als

Erweiterung des 1864 von John Herschel erstellten General Catalogue of Nebulae ansah.

New Technology Telescope (NTT) Ein 3,5-Meter-Spiegelteleskop der → *Europäischen Südsternwarte* des → *La Silla-Observatoriums* in Chile. Seit 1990 steht es dem öffentlichen Nutzerbetrieb zur Verfügung. Der Name deutet auf einige technologische Neuerungen in der Bauweise dieses Teleskops hin. Der dünne Primärspiegel wird durch eine → *aktive Optik* in seiner optimalen Form gehalten. Dieses System prüft ständig die Abbildungsqualität eines Sterns und regelt die Spiegelform etwa einmal pro Sekunde nach. Die altazimutale Montierung sowie das Gebäude sorgen für eine optimale Stabilität und Nachführgenauigkeit des Teleskops sowie für eine möglichst geringe Störung der Abbildung durch Luftunruhe. Das NTT läßt sich von der Zentrale in Garching aus über eine Satellitenverbindung steuern.

Newtonsches Teleskop Ein einfacher Typ eines Spiegelteleskops, das Isaac Newton (1642–1727) erfand und 1671 in London in der Royal Society vorführte. Der Primärspiegel hat eine paraboloidische (bei kleinen Öffnungen sphärische) Form. Der Sekundärspiegel lenkt das konvergente Strahlenbündel um 45° aus dem Strahlengang heraus, so daß sich der Brennpunkt außerhalb des Tubus befindet (siehe Abbildung).

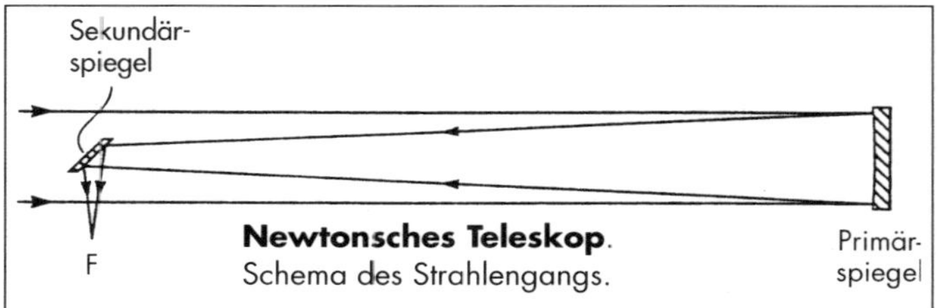

Newtonsches Teleskop. Schema des Strahlengangs.

Diese Bauart wird hauptsächlich für Amateurinstrumente angewandt, für große Teleskope eignet sie sich nicht.

N-Galaxie Eine aktive Galaxie mit einem kompakten, sehr hellen Kern. In manchen Fällen sendet sie auch starke Radiostrahlung aus.

NGC Abkürzung für → *New General Catalogue of Nebulae and Star Clusters.*

nicht-thermische Strahlung In der Astronomie die → *elektromagnetische Strahlung*, ausgesandt von einem Elektron, daß sich nahe der Lichtgeschwindigkeit bewegt und beschleunigt wird. Die häufigste Art ist die → *Synchrotronstrahlung*, die entsteht, wenn Elektronen auf Spiralbahnen um Magnetfeldlinien laufen. Der Nachweis nicht-thermischer Strahlung deutet auf hochenergetische Vorgänge hin. Im allgemeinen wird der Begriff für jede Art von Strahlung verwendet, die nicht durch thermische Prozesse entsteht.

Nix Olympica Ehemaliger Name des erloschenen Vulkans → *Olympus Mons* auf dem Mars.

n-Körper-Problem Mathematische Berechnung der gravitativen Wechselwirkung mehrerer (n) Körper. Die Bewegung von zwei Körpern läßt sich sehr einfach berechnen. Generell gibt es aber für n größer als 2 keine exakten Lösungen; lediglich für drei Körper existieren einige lösbare Spezialfälle, die jedoch häufig sehr lange Rechenzeiten benötigen. Beispiele in der Astronomie, in der ein n-Körper-Problem gelöst werden muß, ist der Flug einer Raumsonde im Planetensystem oder die Bewegung eines Sterns in einem Haufen.

NNTT Abkürzung für → *National New Technology Telescope.*

NOAO Abkürzung für National Opticle Astronomy Observatories.

Noctis Labyrinthus Ein System von kurzen, engen Canyons auf der Marsoberfläche, östlich der Tharsis-Region. Hierbei handelt es sich offenbar um → *Gräben*, die entstanden, als sich der Tharsis-Rücken anhob.

Nocturnal Ein einfaches Instrument, mit dem man nachts die Uhrzeit bestimmen kann, indem man die beiden Sterne Alpha und Beta im Sternbild Ursa

Maior beobachtet. Verlängert man die Verbindungslinie dieser beiden Sterne, so gelangt man zu einem Punkt in der Nähe des nördlichen Himmelspols. Man kann diese Linie als großen Zeiger ansehen, der aufgrund der Erdrotation einmal pro Nacht eine Umdrehung vollführt.
Das Nocturnal besteht aus zwei übereinanderliegenden, unterschiedlich großen, konzentrischen Scheiben und einem Arm, der in deren gemeinsamem Mittelpunkt angebracht ist. Hier befindet sich auch ein Loch, durch das man den Polarstern anvisiert. Die untere, größere Scheibe enthält eine Gradeinteilung entsprechend eines Jahres und die obere mit den 24 Stunden eines Tages. In der Praxis richtet man den Arm entlang der Verbindungslinie von Alpha- und Beta-UMa aus. Mit den beiden Scheiben läßt sich die direkt gemessene → *siderische Zeit* in die → *mittlere Sonnenzeit* umrechnen.
Nordamerika-Nebel (NGC 7000) Ein komplexer Nebel im Sternbild Schwan, der sowohl → *Emissionsnebel* als auch → *Reflexionsnebel* und → *Absorptionsnebel* enthält. William Herschel entdeckte ihn im Jahr 1786, und Max Wolf photographierte ihn 1890 erstmals. Auf Photographien zeigt er deutlich eine Form, die an die Umrisse des nordamerikanischen Kontinents erinnert. Er weist einen Durchmesser von etwa 1° auf und ist bei guten Bedingungen mit bloßem Auge gerade noch erkennbar. Seine Entfernung beträgt schätzungsweise 2300 Lichtjahre.
Nördliche Krone Gelegentliche Bezeichnung für das Sternbild → *Corona Borealis.*
nördliche Poldistanz Der Winkelabstand eines Objekts am Himmel zum nördlichen Himmelspol entlang eines Großkreises.
Nördliches Kreuz Gelegentliche Bezeichnung für das Sternbild → *Cygnus*, insbesondere für die kreuzähnliche Konstellation der Sterne Alpha (α), Beta (β), Gamma (γ), Delta (δ), Epsilon (ϵ) und Eta (η).
Nordlichter Bezeichnung für die → *Aurorae* oder → *Polarlichter*, die in nördlichen Breiten sichtbar sind.
Nordpolsequenz (auch Polsequenz) Eine Gruppe von etwa 100 Sternen mit einem maximalen Winkelabstand zum nördlichen Himmelspol von 2°. Sie decken einen großen Helligkeitsbereich ab und dienen als Standardsterne für die astronomische → *Größenklassen*-Skala. Sie lassen sich zu jeder Zeit von jedem Observatorium auf der Nordhalbkugel für Vergleichszwecke (Kalibrierung) beobachten.
Nordstern Ein geläufiger Name für den Stern → *Polaris*, der weniger als 1° vom nördlichen Himmelspol entfernt liegt.
Norma (Das Winkelmaß, Lineal) Ein kleines, unscheinbares Sternbild am Südhimmel, das auf Nicolas L. de Lacaille in der Mitte des 18. Jahrhunderts zurückgeht. Es enthält keinen Stern heller als 4. Größe. Siehe auch → *Tabelle 4*
normale Galaxie Jede Spiral- oder elliptische → *Galaxie*, die weder eine ungewöhnliche Struktur noch einen aktiven Kern aufweist und keine nichtthermische Radiostrahlung aussendet.
normaler Reflexionsgrad Anteil des reflektierten Lichts, wenn der einfallende Strahl senkrecht auf die reflektierende Oberfläche fällt.
Nova (pl. Novae) Ein Stern, dessen Helligkeit plötzlich um etwa 10 Größenklassen ansteigt und dann im Verlauf einiger Monate wieder abklingt. Das Wort verkürzt die ursprüngliche lateinische Bezeichnung »nova stella«, neuer Stern.
Beobachtungen haben gezeigt, daß Novae Doppelsterne sind, wobei eine Komponente ein → *Weißer Zwerg* ist. Wenn der Begleitstern sich im Laufe seiner Entwicklung ausdehnt und dabei sein → *Roche-Volumen* ausfüllt, strömt von ihm Materie zum Weißen Zwerg hinüber und sammelt sich um ihn in einer → *Akkretionsscheibe* an. Nach der heutigen Theorie der Nova-Ausbrüche lagert sich das Gas auf der Oberfläche des Weißen Zwerges ab, bis Temperatur und Druck am Boden dieser Schicht hoch genug werden, damit ein nuklearer →

Kohlenstoff-Stickstoff-Zyklus einsetzen kann. Die hierbei freiwerdende Energie kann wegen der ständig nachströmenden Materie nicht schnell genug aus der Schicht entweichen, so daß die Temperatur auf 100 Millionen Grad ansteigt. Schließlich zünden weitere nukleare Reaktionen und führen zu einer Explosion, die man als Nova-Ausbruch beobachtet.
Bei einigen Novae ließ sich eine expandierende Gashülle beobachten, die sich mit Geschwindigkeiten bis zu 1500 km/s in den Weltraum ausbreitet. Der Massenverlust beträgt hierbei etwa ein Zehntausendstel (10^{-4}) der Sonnenmasse; die freiwerdende Energie entspricht nur etwa einem Millionstel derjenigen bei einem Supernova-Ausbruch. Die abgestoßene Materie ist reich an Kohlenstoff, Stickstoff und Sauerstoff, und die beobachteten Isotopenverhältnisse $^{13}C/^{12}C$ und $^{15}N/^{14}N$ sind mit der Theorie vereinbar.
Klassische Novae werden nur einmal beobachtet. Man vermutet jedoch, daß sich ihre Ausbrüche in Abständen von 10 000 bis 100 000 Jahren wiederholen. Rekurrierende oder wiederkehrende Novae, z. B. → *P Cygni*, zeigen alle zehn bis hundert Jahre einen Ausbruch. In jeder Galaxie ereignen sich pro Jahr einige zehn Novae. Siehe auch → *Zwergnovae*

NRAO Abkürzung für → *National Radio Astronomy Observatory.*

N-Stern Eine veraltete Bezeichnung für eine Klasse von Sternen, die man heute → *Kohlenstoffsterne* nennt. Die damaligen N-Sterne gehören heute den Klassen C6 bis C9 an.

NTT Abkürzung für → *New Technology Telescope.*

Nubecula Maior Lateinische Bezeichnung für die Große → *Magellansche Wolke.*

Nubecula Minor Lateinische Bezeichnung für die Kleine → *Magellansche Wolke.*

Nuffield Radio Astronomy Laboratories Das Radioastronomie-Department der Universität Manchester, Großbritannien, das sich in Jodrell Bank, Cheshire, befindet. Das Hauptinstrument ist das vollbewegliche, seit 1957 in Betrieb befindliche 76-Meter-Radioteleskop, das seit 1987 den Namen Lovell-Teleskop trägt. Bernard Lovell, der dort 1945 mit Radargeräten Teilchen der kosmischen Strahlung beobachten wollte, hatte das Teleskop konstruiert, und unter seiner Leitung wurde es gebaut. 1964 kam eine elliptische Anlage (38 x 25 Meter) hinzu. Seit 1980 ist es möglich, die Teleskope von Jodrell Bank mit anderen Radioteleskopen zu einem → *Radiointerferometer* zu koppeln, das den Namen → *MERLIN* trägt.

Nukleosynthese Die Entstehung chemischer Elemente durch natürliche Kernreaktionen. Nukleosynthese findet im Innern von Sternen statt, in → *Supernovae* und unter anderen astrophysikalischen Bedingungen, in denen sich Wechselwirkungen zwischen Atomkernen einerseits und mit Elementarteilchen andererseits unter hohen Energien ereignen können. Siehe auch → *Kohlenstoff-Stickstoff-Zyklus*, → *r-Prozeß*, → *s-Prozeß*

Null-Hauptreihe Die Hauptreihe des → *Hertzsprung-Russell-Diagramms*, wie sie sich zu Beginn des Wasserstoffbrennens für eine Population von Sternen, die zur gleichen Zeit entstanden sind (wie die eines Sternhaufens), darstellt.

Nullmeridian Der Großkreis auf der Oberfläche eines Planeten, der als nullter Längengrad festgelegt ist. Auf der Erde verläuft der Nullmeridian durch den Ort Greenwich in der Nähe von London.

Nunki (Sigma Sagittarii; σ Sag) Der zweithellste Stern im Sternbild Sagittarius. Er ist ein B-Stern mit 2,0 Magnitudines. Siehe auch → *Tabelle 3*

Nutation Eine verhältnismäßig kurzperiodische Oszillation, die der → *Präzession* der Rotationsachse eines sich drehenden Körpers überlagert ist. Sie entsteht unter dem Einfluß einer äußeren gravitativen Kraft (Drehmoment) auf die Achse. Die Nutation der Erdachse beträgt maximal 15 Bogensekunden bei einer Periode von 18,6 Jahren und wird durch Änderungen der Mondbahn verursacht.

Nysa Der 1857 von H. Gold-

schmidt entdeckte Asteroid 44 mit einem Durchmesser von 73 Kilometern. Seine Albedo ist mit 40 Prozent ungewöhnlich hoch.
Er ist eines der beiden großen Mitglieder der Nysa- → *Hirayama-Familie.* Das andere große Mitglied ist 135 Hertha.

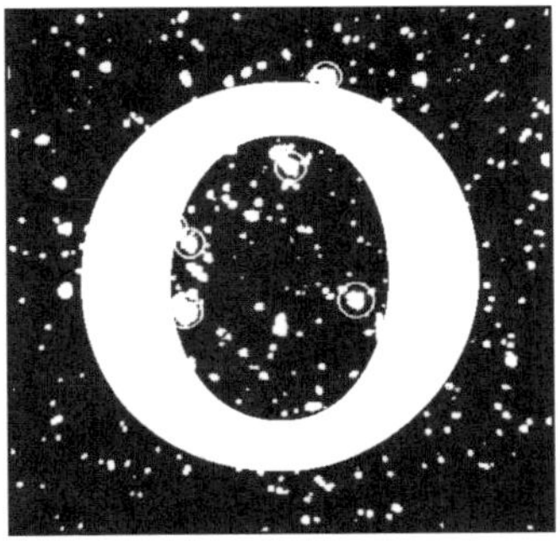

OAO Abkürzung für → *Orbiting Astronomical Observatory.*
O-Assoziation (OB-Assoziation) → *Assoziation.*
obere Konjunktion Der Punkt in der Umlaufbahn von Merkur oder Venus, wo sich der jeweilige Planet von der Erde aus betrachtet hinter der Sonne befindet.
obere Kulmination → *Kulmination.*
Oberon Einer der großen Uranusmonde, von William Herschel im Jahr 1787 entdeckt. Seine Oberfläche ist mit Kratern übersät, von denen viele von hellen Strahlen und Flächen mit Auswurfmaterial umgeben sind. Einige weisen im Innern sehr dunkles Material auf. Siehe auch → *Tabelle 6*
Objektglas (OG) Veraltete Bezeichnung für die Objektivlinse eines Fernrohrs. Die Abkürzung OG wurde häufig bei Beobachtungsprotokollen verwendet, um anzudeuten, daß der Astronom einen Refraktor verwendet hat.
Objektiv Die lichtsammelnde Linse in einem Refraktor.
Objektivprisma Ein Transmissions- → *Beugungsgitter,* das vor der Eintrittspupille eines Teleskops befestigt wird, so daß man von allen im Gesichtsfeld befindlichen Objekten Spektren erhält.
Observatorio del Roque de los Muchachos Ein Observatorium auf der kanarischen Insel La Palma, dessen Standort als einer der besten der Welt gilt. Das Observatorium wird von dem Instituto de Canarias betrieben, in dem zahlreiche verschiedene Organisationen vereint sind, unter anderem die → *Royal Astronomical Society* (RGO). Die RGO besitzt dort das → *William Herschel-Teleskop,* das → *Jacobus Kapteyn-Teleskop* sowie das → *Isaac Newton-Teleskop.* Darüber hinaus gehören zu dem Observatorium ein schwedisches Sonnenteleskop, ein 2,5-Meter-Teleskop (Nordisches Optisches Teleskop), das gemeinsam von Schweden, Norwegen, Finnland und Dänemark betrieben wird, sowie der von Dänemark, Großbritannien und Spanien genutzte Carlsberg- → *Meridiankreis.* Das Observatorium in einer Höhe von 2400 Metern bedeckt eine Fläche von etwa zwei Quadratkilometern.
Observatorium Ein Ort oder Gebäude, in dem astronomische Beobachtungen durchgeführt werden oder wurden. Es kann sich auch um die Verwaltung solcher Arbeiten handeln.
Observatorium von Paris → *Pariser Observatorium.*
Oceanus → *Mare.*
Octans (Der Oktant) Ein schwaches, unscheinbares Sternbild, in dem der südliche Himmelspol liegt. Es wurde von Nicolas L. de Lacaille Mitte des 18. Jahrhunderts eingeführt und enthält lediglich einen Stern heller als 4. Größe. Siehe auch → *Tabelle 4*
Ofen Sternbild → *Fornax.*
offener Sternhaufen Eine Art von Sternhaufen, die in einem Gebiet von wenigen Lichtjahren Durchmesser einige hun-

dert bis einige tausend Sterne enthalten. Die Mitglieder sind weiter verteilt als in → *Kugelsternhaufen.*

Offene Haufen sind verhältnismäßig jung und enthalten typischerweise viele heiße und leuchtkräftige Sterne. Sie befinden sich in der Ebene der → *Galaxis* und erscheinen deshalb im Band der → *Milchstraße.* Bekannt sind die offenen Haufen → *Plejaden,* → *Hyaden* und das → *Schmuckkästchen.*

offenes Universum Ein Weltmodell, in dem das Universum ewig expandiert und sich im Unendlichen der Geschwindigkeit null annähert. Siehe auch → *geschlossenes Universum,* → *oszillierendes Universum*

Öffnungsverhältnis Das Verhältnis der Fokallänge einer Linse oder eines Spiegels oder eines zusammengesetzten optischen Systems zum Durchmesser seiner → *Apertur.* Es wird normalerweise mit dem Suffix f bezeichnet: z. B. f/10 bedeutet ein Öffnungsverhältnis von 10.

Of-Stern Ein → *O-Stern,* dessen Spektrum Emissionslinien, insbesondere von Helium und Stickstoff, aufweist. Siehe auch → *Spektraltypen*

OG Abkürzung für die veraltete Bezeichnung → *Objektglas.*

OH-Quelle Ein astronomisches Objekt, das Mikrowellenstrahlung emittiert, die für das Hydroxyl-Radikal (OH) charakteristisch ist. Interessant sind insbesondere die → *Maser-Quellen.* OH-Quellen findet man in → *Molekülwolken* und in den kühlen Hüllen entwickelter Sterne. Die erste OH-Quelle wurde 1963 entdeckt. Damals beobachtete man vier Absorptions-Spektrallinien mit Wellenlängen um 18 Zentimeter aus der Richtung des galaktischen Zentrums vor der Radioquelle → *Sagittarius A.* 1965 wurden Emissionslinien von einer Quelle im → *Orion-Nebel* gefunden, wobei die Intensitätsverhältnisse der vier Linien nicht der Theorie entsprachen und von denen in anderen Quellen abwichen. Eine Linie bei einer Frequenz von 1665 MHz war um das 50fache zu stark. Dies erklärte man mit dem Masereffekt. Die OH-Moleküle absorbieren Infrarotstrahlung und strahlen diese dann in der einen Linie bei 1665 MHz wieder ab.

Okkultation Der Vorübergang eines astronomischen Objekts vor einem anderen, so daß dieses aus der Sicht eines bestimmten Betrachters bedeckt wird. Siehe auch → *Eklipse*

Oktaedrit Eine Untergruppe der Eisen- → *Meteorite* mit einem Nickelanteil zwischen 6 und 17 Prozent. Oktaedrite enthalten zwei verschiedene Arten von Eisen-Nickel-Legierungen, die sog. Kamazite und Taenite. Die Kristalle dieser Legierungen weisen eine oktaedrale Form auf, deren charakteristische Form man → *Widmannstättensche Figuren* nennt. Sie zeigen sich, wenn man die Oberfläche eines solchen Meteoriten ätzt und anschließend poliert.

Oktant Deutsche Bezeichnung für das Sternbild → *Octans.*

Okular Eine Kombination kleiner, in einem Tubus montierter → *Linsen,* die zur Vergrößerung und Fokussierung des von einem Teleskop oder anderen optischen Instrument erzeugten Bildes verwendet wird. Okulare für die visuelle Beobachtung am Teleskop sind normalerweise auswechselbar, indem man sie in eine Standardhalterung steckt oder schraubt. Die Fokallänge f_e des Okulars definiert zusammen mit der festen Fokallänge f_0 des Teleskops die Vergrößerung: $m = f_0/f_e$. Für verschiedene Anwendungen gibt es unterschiedliche Okulartypen, abhängig von Vergrößerung, Bildqualität und Feldgröße. Siehe auch → *Erfle-Okular,* → *Huygens-Okular,* → *Kellner-Okular,* → *orthoskopisches Okular,* → *Ramsden-Okular*

Olberssches Paradoxon Die Frage, warum der Himmel nachts dunkel ist. Heinrich W. Olbers (1758–1840) bemerkte 1826, daß in einem unendlich großen und alten Universum, das gleichmäßig mit Sternen angefüllt ist, der Himmel nachts gleichmäßig hell sein müßte, weil man an jedem Punkt am Himmel in irgendeiner Entfernung einen Stern sehen müßte. Dies ist offensichtlich nicht der Fall.

Die Lösung dieses Paradoxons besteht darin, daß eine der Grundvoraussetzungen falsch ist. Da dieses Paradoxon Aussagen über die Eigenschaften des Universums macht, ist die Dunkelheit des Nachthimmels von kosmologischer Bedeutung. Das Olberssche Paradoxon findet seine Auflösung in der Theorie des → *Big Bang*. Danach ist das Alter des Universums und damit auch der Galaxien endlich, so daß bis jetzt nicht genügend Zeit vergangen ist, um das Universum mit dem Sternenlicht zu füllen. Darüber hinaus führt die Ausdehnung des Universums zu einer Schwächung der Nachthimmelhelligkeit durch weit entfernte Objekte.

Olivin Magnesium-Eisen-Silikat, das häufigste Mineral in Chondriten. Siehe auch → *Meteorite*

Oljato Der Asteroid 2201 mit einem Durchmesser von 2,8 Kilometern. Er wurde 1947 von H. Giclas entdeckt, galt dann allerdings bis zu seiner Wiederentdeckung 1979 als verloren. Auf seiner stark elliptischen Bahn kreuzt er die der Erde; sein einzigartiges Spektrum ähnelt keinem der bekannten Asteroiden, Meteoriten oder Kometen. Möglicherweise handelt es sich um einen »toten«, nicht mehr aktiven Kometenkern.

Olympus Mons Die höchste Erhebung auf dem Mars und der größte Vulkan im Sonnensystem. Er erreicht eine Höhe von 27 Kilometern über die Umgebung. Dieser riesige → *Schildvulkan* mit einem Durchmesser von 700 Kilometern ähnelt einigen Vulkanen auf der Erde, allerdings besitzt er ein etwa 50mal größeres Volumen. Die Caldera besitzt einen Durchmesser von 90 Kilometern, und der Berg ist von einer mindestens vier Kilometer hohen Bergkette umgeben. Ältere, vom Wind zerbrochene und erodierte Vulkanfelsen umgeben den Hauptgipfel. Dieses Gebiet nennt man Aureole. Olympus Mons befindet sich nordwestlich des Tharsis-Gebiets und trug früher den Namen Nix Olympica (olympischer Schnee), weil die darüberliegenden Wolken von der Erde aus als heller Fleck erscheinen.

Omega Centauri (ω Cen; NGC 5139) Ein ausgesprochen heller Kugelsternhaufen in dem südlichen Sternbild Centaurus. Mit einem Durchmesser von 620 Lichtjahren und einer Masse von 5 Millionen Sonnenmassen ist er der größte aller bekannten Kugelhaufen.
Omega Centauri befindet sich in einer Entfernung von 16 500 Lichtjahren. Durch ein großes Teleskop betrachtet, erstreckt er sich über eine Fläche mit einem Durchmesser von 1°. Mit einer scheinbaren Helligkeit von 3,6 Magnitudines ist er leicht mit bloßem Auge sichtbar. Auffällig ist seine elliptische Form mit einem Achsenverhältnis von 5:4. Mit dem Namen Omega Centauri belegt man normalerweise Sterne. Die irrtümliche Bezeichnung stammt von den frühen Beobachtern im Mittelmeerraum, für die sich der Kugelhaufen nie weiter als 10° über den Horizont erhob.

Omega-Nebel (M17; NGC 6618) Ein leuchtkräftiger Nebel im Sternbild Schütze, der auch unter den Namen Hufeisen- oder Schwan-Nebel bekannt ist. Er ist 4800 Lichtjahre entfernt und besitzt einen Durchmesser von 27 Lichtjahren. Mindestens fünf heiße Sterne erzeugen ein Gebiet aus → *ionisiertem* Wasserstoff, und an dessen Westrand erstreckt sich eine Dunkelwolke. Siehe auch → *Molekülwolke*

Omikron Ceti (ο Ceti) Bezeichnung des veränderlichen Sterns → *Mira*.

Oortsche Grenze Die Massendichte in der Ebene der → *Milchstraße* in der Sonnenumgebung, benannt nach dem holländischen Astronomen Jan H. Oort, der wichtige Beiträge zur Erforschung der galaktischen Dynamik geleistet hat. Die Massendichte läßt sich aus den Geschwindigkeiten und der Verteilung dieser Sterne im Verhältnis zum Gravitationsfeld der galaktischen Scheibe berechnen. Eine Zeitlang sah es so aus, als würde die auf diese Weise erhaltene Massendichte diejenige der direkt in Form von Sternen und interstellarer Materie sichtbaren Materie übersteigen. Die Entdeckung leuchtarmer Sterne und weiterer interstellarer Materie brachte jedoch die beobachteten und die theoretischen Werte der lokalen Massendichte dichter zusammen, so daß man heute davon ausgeht, daß es in der Sonnenumgebung nur sehr wenig oder gar keine »verborgene« Materie gibt.

Oortsche Konstanten Zwei empirische Größen in der mathematischen Beschreibung der → *Radialgeschwindigkeit* und → *Eigenbewegung* der Sterne, eingeführt von dem holländischen Astronomen Jan H. Oort. Die Oortschen Konstanten erhält man aus der Bewegung der Sterne um das galaktische Zentrum, wobei man Kreisbahnen annimmt. Die Ausdrücke haben die Form

$v = Ar \sin 2l$ und $\mu = 0{,}211(B + A \cos 2l)$,

wobei v die Radialgeschwindigkeit, μ die Eigenbewegung, r die Entfernung des Sterns von der Sonne und l dessen galaktische Länge bedeuten. Die Oortschen Konstanten haben die Werte A = 15 Kilometer pro Sekunde und Kiloparsec und B = –10 Kilometer pro Sekunde und Kiloparsec.

Oortsche Wolke (Oort-Öpik-Wolke) Ein vermutetes, schalenförmiges Gebiet, welches das Sonnensystem in einer Entfernung von etwa einem Lichtjahr (50 000 AE) umgibt und in der sich Milliarden von Kometenkernen aufhalten, deren Gesamtmasse etwa der der Erde entspricht. Die Wolke ist vermutlich das Reservoir für die Kometen, die durch die Schwerkraft eines vorbeiziehenden Sterns ins innere Sonnensystem umgelenkt werden. E. Öpik äußerte diese Idee erstmals 1932, und Jan Oort entwickelte sie in den 50er Jahren weiter. Es gibt keinen direkten Hinweis auf diese Wolke, sondern lediglich die indirekte Forderung, daß es ein ursprüngliches Reservoir geben muß, dessen Entfernung man aus den Kometenbahnen erschließen kann. Wie eine solche Wolke entstehen konnte, ist unklar. Möglicherweise bildeten sich die Kometenkerne in dem Gebiet der großen Planeten und wurden von deren Schwerkraft in die äußeren Bereiche des Sonnensystems geschleudert.

Opazität Ein Maß für die Distanz, auf der Materie einfallende elektromagnetische Strahlung streut und absorbiert. Sie hängt von der Wellenlänge ab; zur Vereinfachung der Rechnungen wählt man jedoch manchmal einen Mittelwert.

Ophelia Ein kleiner Uranusmond, der 1986 mit → *Voyager 2* entdeckt wurde. Ophelia ist einer von zwei »Schäferhundmonden«, die den Epsilon-Ring des Planeten zusammenhalten. Der andere Mond heißt Cordelia. Siehe auch → *Tabelle 6*

Ophiuchus (Der Schlangenträger) Ein großes Sternbild entlang des Himmelsäquators. Es gehörte mit zu den von Ptolemäus (140 n. Chr.) aufgelisteten 48 Sternbildern. Manchmal wird die mythologische Figur des Schlangenträgers auch mit dem Arzt Äskulap identifiziert. Ophiuchus gehört zwar nicht zu den Tierkreissternbildern, aber durch seinen südlichen Teil erstreckt sich die → *Ekliptik*. Es enthält fünf Sterne 2. Größe und sieben 3. Größe. Auch → *Barnards Pfeilstern* befindet sich darin. Siehe auch → *Tabelle 4*

Öpik-Oort-Wolke → *Oortsche Wolke.*

Opposition Stellung eines der äußeren Planeten, wenn er am Himmel gegenüber der Sonne steht, seine → *Elongation* also 180° beträgt. Bei Opposition befinden sich die Planeten in ihrer vollen Phase und erreichen ihren höchsten Punkt am Himmel um Mitternacht. Gleichzeitig ist ihr Abstand zur Erde am geringsten. Da die Planeten sich auf elliptischen Bahnen bewegen, ist der Abstand zur Erde in Opposition nicht konstant. Beim Mars ist dieser Effekt besonders ausgeprägt.

Oppositionseffekt Eine zusätzliche Aufhellung eines Asteroiden in der vollen Phase, die die aus einer Beobachtung bei partieller Phase berechnete Oppositionshelligkeit übersteigt.

optischer Doppelstern Zwei Sterne, die am Himmel nur zufällig dicht beieinander stehen, aber in Wirklichkeit verschieden weit von der Erde entfernt und kein wirklicher → *Doppelstern* sind.

optische Tiefe (Symbol τ) Ein Maß für den Absorptionsgrad, den eine elektromagnetische Welle erfährt, wenn sie eine bestimmte Weglänge in einem Medium wie der Atmosphäre eines Sterns oder Planeten zurücklegt.

Orbiting Astronomical Observatory (OAO) Eine Reihe amerikanischer astronomischer Satelliten, die zwischen 1966 und 1972 gestartet wurden. OAO-1 gelangte am 8. April 1966 in die Erdumlaufbahn und fiel bereits einen Tag später wegen Fehlfunktionen aus. OAO-2 startete am 7. Dezember 1968. Er durchmusterte den Himmel im Ultravioletten und blieb bis zum Februar 1973 in Betrieb. 1970 gab es einen Fehlstart, doch der letzte Satellit in der Reihe, OAO-3, gestartet am 21. August 1972, war sehr erfolgreich und wurde später in Copernicus umbenannt. Ein 80-Zentimeter-Teleskop und ein Spektrograph an Bord des Satelliten dienten der Ultraviolettastronomie. Darüber hinaus trug der Satellit ein erfolgreich arbeitendes britisches Röntgeninstrument.

Orbiting Solar Laboratory (OSL) Ein von der NASA geplanter Satellit, der Ende der 90er Jahre in eine sonnensynchrone, polare Erdumlaufbahn befördert werden soll. (Sonnensynchron bedeutet, daß Satellit, Erde und Sonne sich stets auf einer Linie befinden.) Er soll fünf Instrumente an Bord haben: eine photometrische Kamera mit verschiedenen Filtern für Aufnahmen mit geringer spektraler Auflösung, einen regulierbaren Filter-Magnetograph, zwei Spektrographen für den Bereich vom optischen bis zum UV-Bereich sowie eine Röntgen-Ultraviolett-Kamera. Das OSL soll drei Jahre lang während einer Periode verstärkter → *Sonnenaktivität* arbeiten.

Orbiting Solar Observatory (OSO) Eine Serie amerikanischer Satelliten, die zwischen 1962 und 1975 gestartet wurden. Sie dienten der Beobachtung der Sonne, insbesondere im UV- und Röntgenbereich.

Orientale-Becken → *Mare Orientale.*

Orion (Der Jäger) Ein eindrucksvolles Sternbild entlang des Himmelsäquators, das von vielen als das herrlichste und interessanteste Wintersternbild angesehen wird. Seine Sterne formen den Umriß eines Mannes mit erhobener Keule und einem Schild. Drei helle Sterne bilden den Gürtel und mehrere schwächere ein Schwert. Orion enthält fünf Sterne heller als 1. Größe oder heller und weitere zehn Sterne heller als 4. Größe. Der eindrucksvollste Nebel am Himmel, der → *Orion-Nebel,* ist bereits mit bloßem Auge im »Schwert« schwach sichtbar. Siehe auch → *Tabelle 4*

Orion-Arm Spiralarm in der → *Milchstraße*, in dem sich die Sonne befindet.

Orion-Gürtel Die drei Sterne Delta (δ), Epsilon (ϵ), Zeta (ζ) Orionis, die einen Gürtel in der mythologischen Gestalt dieses Sternbilds darstellen.

Orioniden Ein jährlicher → *Meteorschauer*, dessen mehrfacher Radiant sich an der Grenze zwischen Orion und Gemini, nahe dem Stern Gamma Geminorum (γ Gem) liegt. Der Strom tritt zwischen dem 16. und 27. Oktober auf, mit dem Maximum um den 22. Oktober. Er wird von Mikrometeoriten erzeugt, die vom → *Halleyschen Kometen* stammen.

Orion-Nebel (M42 und M43; NGC 1976 und NGC 1982) Ein heller Emissionsnebel, der den Mehrfachstern Theta^1 Orionis (θ^1 Ori) im Schwert des Orion umgibt.
Der leuchtkräftige Nebel ist Teil eines ausgedehnten Gebiets interstellarer Materie in einer Entfernung von 1300 Lichtjahren, das einen großen Teil des Sternbilds einnimmt. Die Orion-Dunkelwolke ist die größte bekannte Dunkelwolke in der Milchstraße. Beobachtungen im Millimeterbereich der Emissionslinien der Moleküle CO (Kohlenmonoxid), HCO (Formaldehyd) und vielen anderen Stoffen enthüllen die Existenz einer großen → *Molekülwolke* hinter dem sichtbaren Gebiet. Es handelt sich um ein riesiges Sternentstehungsgebiet, und die Gruppe von vier Sternen um θ^1 Ori, auch bekannt als die Trapezsterne, ist vermutlich jünger als 100 000 Jahre. Das → *Beck-*

lin-Neugebauer-Objekt und der → *Kleinmann-Low-Nebel*, die beide aufgrund ihrer starken Infrarotstrahlung entdeckt wurden, sind Gebiete, in denen momentan Sterne entstehen.
Die Trapezsterne erzeugen eine expandierende sphärische Schale am Rand einer Dunkelwolke, in der die UV-Strahlung das Gas ionisiert und den Staub fortbläst. Vor verhältnismäßig kurzer Zeit ist die Blase auf der uns zugewandten Seite aus der Wolke aufgebrochen, so daß die darin befindlichen Sterne und das ionisierte Wasserstoffgas sichtbar wurden. Die scharfen Ränder des Nebels stammen von Staubresten. M43 (NGC 1982) bildet den nördlichen Teil des Nebels, der von dem größeren Teil (M42; NGC 1976) durch einen Staubstreifen getrennt ist.
Auf Photographien erscheint der Orion-Nebel wegen der → *Wasserstoff-alpha-Emission* überwiegend rötlich. Beobachtet man den Nebel durch ein Teleskop, so erscheint er wegen der geringen Empfindlichkeit des Auges im roten Spektralbereich grünlich. Diese Farbe stammt von der Sauerstoffemission. Der Nebel bedeckt am Himmel ein Gebiet mit einem Durchmesser von etwa 1° und ist mit bloßem Auge gerade sichtbar. Er besitzt von allen Nebeln die größte Oberflächenhelligkeit.

Orrery Ein mechanisches Modell des Sonnensystems, das die Planeten, eventuell mit einigen ihrer Monde, auf ihren Umlaufbahnen zeigt. Im Jahr 1713 wurde erstmals ein Modell als Orrery bezeichnet, das für den Fourth Earl of Cork and Orrery angefertigt wurde.
Die Modelle waren gewöhnlich so konzipiert, daß die Umlaufperioden die richtigen Verhältnisse zueinander hatten. Es war jedoch nicht möglich, sowohl die Größen der Planeten als auch die Abstände der Bahnen in demselben Maßstab darzustellen, da die Größenspanne zu weit ist.

orthoskopisches Okular Ein gutes, für viele Zwecke verwendbares → *Okular* mit einer hohen Abbildungsqualität und einem bequemen → *Augenabstand*. Es gibt zwar verschiedene Arten, in den meisten Fällen besteht dieses Okular jedoch aus einer konvexen oder plankonvexen Augenlinse sowie einem achromatischen Triplett als Feldlinse (siehe Abbildung).

orthoskopisches Okular.

oskulierende Elemente Diejenigen → *Bahnelemente*, welche die momentane, rein elliptische Bahn eines Körpers bei Störungen beschreiben. Wenn die Störungen zu irgendeinem Zeitpunkt verschwinden, bewegt sich der Körper auf einer Bahn weiter, die von den zu diesem Zeitpunkt gültigen oskulierenden Elementen beschrieben wird.

OSL Abkürzung für → *Orbiting Solar Laboratory.*

OSO Abkürzung für → *Orbiting Solar Observatory.*

O-Stern Ein Stern vom → *Spektraltyp* O. O-Sterne haben Oberflächentemperaturen zwischen 28 000 und 50 000 Kelvin und leuchten in weißbläulicher Farbe. Die Spektren werden von Absorptionslinien des neutralen und ionisierten Heliums dominiert, auch Emissionslinien treten auf. Die vier hellsten O-Sterne am Himmel sind Delta (δ) und Zeta (ζ) Orionis, die östlichen Sterne im Gürtel des Orion sowie Zeta (ζ) Puppis und Gamma² (γ²) Velorum.

Oszillatorstärke (f-Wert) Ein Maß für die intrinsische Stärke einer → *Spektrallinie.* Sie hängt davon ab, mit welcher Wahrscheinlichkeit ein bestimmter Übergang zwischen zwei Energieniveaus in einem Atom innerhalb einer bestimmten Zeit stattfindet. Sie ist unabhängig von den physikalischen Bedingungen, unter denen sich der Übergang ereignet.

oszillierendes Universum Ein Weltmodell, bei dem das Universum Zyklen durchläuft, in denen es eine Zeitlang expandiert, dann aber die Bewegung in eine Kontraktion umkehrt und in einem sog. → *Big*

Crunch zusammenbricht, um dann einen erneuten Zyklus aus Urknall, Expansion und Kontraktion durchzumachen. Diese Oszillationszyklen setzen sich sowohl in die Vergangenheit als auch in die Zukunft unendlich fort.

Owens Valley Radio Observatory Das in 1200 Metern Höhe gelegene Radioastronomie-Observatorium des California Institute of Technology (Caltech) 400 Kilometer nördlich von Los Angeles. Hier befinden sich ein → *Radiointerferometer*, bestehend aus zwei 27-Meter-Antennen aus dem Jahr 1960, ein 1965 erbautes 40-Meter-Teleskop sowie ein Millimeter-Interferometer, das sich aus drei jeweils 10,4 Meter durchmessenden Antennen zusammensetzt. Die 27-Meter-Teleskope wurden für Sonnenbeobachtungen ausgebaut, und die 40-Meter-Antenne wird für die → *Very Long Baseline-Interferometrie* (VLB) eingesetzt.

Ozma-Projekt → *Projekt Ozma.*

Ozon Sauerstoffmolekül (O_3), das jedoch drei anstelle von normalerweise zwei Sauerstoffatomen enthält. Es entsteht durch die Einwirkung von UV-Licht auf Luft oder Sauerstoff. In einem Höhenbereich zwischen 25 und 40 Kilometern ist die Erde von einer Ozonschicht umgeben. Sie wirkt als Schutzschild gegen das lebensfeindliche UV-Licht der Sonne.

PA (p. a.) Abkürzung für → *Positionswinkel.*

Pallas Der 1802 von Heinrich W. M. Olbers entdeckte Asteroid 2. Mit einem Durchmesser von 523 Kilometern ist er der zweitgrößte bekannte Asteroid. Ebenso wie der größte Asteroid, → *Ceres*, gehört er der Gruppe der Kohlenstofftypen an. Seine Bahn ist mit 35° ungewöhnlich stark gegen die Ekliptik geneigt.

Pallasit Eine Untergruppe der Stein-Eisen- → *Meteorite.*

Palomar Observatory Das Observatorium auf dem Mount Palomar in Kalifornien mit dem berühmten 5-Meter- → *Hale-Teleskop.* Es gehört dem California Institute of Technology (Caltech) und wird auch von ihm betrieben. Weiterhin befinden sich in dem Observatorium das 1,2-Meter-Oschin-Teleskop (ein → *Schmidt-Cassegrain-Spiegelteleskop*), ein 46-Zentimeter-Schmidt-Spiegel und ein gemeinsam vom Caltech und der Carnegie Institution, Washington, betriebenes 1,5-Meter-Spiegelteleskop.

Palomar Sky Survey Ein photographischer Atlas des gesamten Himmels nördlich einer Deklination von –30°. Mit dem 1,2-Meter-Schmidt-Teleskop des → *Palomar Observatory* (Oschin-Teleskop) wurden hierfür Photoplatten mit einem großen Bildfeld sowohl im roten als auch im blauen Spektralbereich angefertigt.

Palus (dt. Sumpf) Bezeichnung für einige dunkle Gebiete auf dem Mond. Die Namen stammen aus einer Zeit, als man glaubte, es gäbe Wasser auf dem Mond. Obwohl man heute weiß, daß dies nicht der Fall ist, hat man die Bezeichnungen beibehalten. Siehe auch → *Mare*

Pan Ein kleiner Saturnmond (1981 S13), der den Planeten in der → *Enckeschen Teilung* des Saturnrings umkreist. Mark Showalter entdeckte ihn 1990 bei der genauen Analyse der Aufnahmen von → *Voyager 1* und → *Voyager 2.* Die Existenz war aufgrund bestimmter Merkmale in der Enckeschen Teilung vorausgesagt worden. Pan hat einen Durchmesser von etwa 20 Kilometern.

Pandora Ein kleiner Saturnmond mit Ausmaßen von 70 x 110 Kilometern. Er wurde 1980 auf Aufnahmen von → *Voyager 2* entdeckt. Siehe auch → *Tabelle 6*

Parabel Eine Form der sog. → *Kegelschnitte*. In der Astronomie spielt sie in zwei Fällen eine Rolle. Erstens ist sie eine mögliche Bahnform für einen Körper im Gravitationsfeld eines anderen Objekts, z. B. eines Kometen, der sich der Sonne nähert. Zweitens erhalten Teleskopspiegel häufig eine paraboloide Oberfläche. Diese ergibt sich, wenn man eine Parabel dreht. Spiegel mit einer solchen Oberfläche weisen, im Gegensatz zu sphärischen Spiegeln, keine → *sphärische Aberration* auf.

Parabolspiegel Ein Teleskopspiegel mit einer paraboloidförmigen Oberfläche. Siehe auch → *Parabel*

Paradiesvogel Das Sternbild → *Apus*.

parallaktische Montierung; siehe a) Montierung b) äquatoriale M.

Parallaxe (Symbol π) Die scheinbare Positionsverschiebung von Objekten bei Betrachtung aus verschiedenen Perspektiven. Die Winkeländerung bei Änderung des Beobachtungsortes wird auch trigonometrische Parallaxe genannt. In der Astronomie ist die Parallaxe lediglich für verhältnismäßig nahe Objekte vor dem Hintergrund entfernterer Sterne meßbar. Dennoch ist sie sehr wichtig, da sie als einzige Methode ohne weitere Annahmen die Entfernung direkt liefert. In der Astronomie wird manchmal das Wort Parallaxe synonym für Entfernung verwendet.

Die Erdrotation ruft eine tägliche Parallaxe hervor, und die jährliche Bewegung um die Sonne bewirkt die jährliche Parallaxe. Siehe auch → *statistische Parallaxe*

Parhelion (pl. Parhelia) Lateinische Bezeichnung für → *Nebensonne*.

Pariser Observatorium Das nationale astronomische Forschungsinstitut Frankreichs, dessen Sitz in dem 1667 gegründeten Observatorium in Paris ist. Es ist die älteste noch in Funktion befindliche Sternwarte der [illegible] → *Prismenastrolabium* vorgenommen.

Das Observatorium von Meudon wurde 1876 gegründet und 1926 als Astrophysikabteilung in das Pariser Observatorium eingegliedert. Hier gibt es einen 83-Zentimeter-Refraktor aus dem Jahr 1893, ein 1-Meter-Spiegelteleskop, ebenfalls 1893, das jedoch 1969 modernisiert wurde, ein Sonnenturm-Teleskop für spektroskopische Untersuchungen der Sonne, einen → *Spektroheliograph* und einen großen → *Siderostaten*, der zusammen mit einem Sonnen- → *Magnetograph* der Beobachtung der → *Chromosphäre* dient.

Das 1953 gegründete Radioastronomie-Observatorium in Nançay besitzt eine ganze Reihe von Instrumenten. Die Radiostrahlung der Sonne wird mit einem → *Radioheliograph* beobachtet. Dieses Vielkanalin[illegible] dient der Spektral[illegible]ung der Sonne im [illegible]ich. Mit weiteren [illegible]n überwacht man die [illegible]tivität. Mit einem spe[illegible]ray beobachten die [illegible]en die Sonne sowie [illegible]ten Jupiter im Wellen[illegible]eich zwischen 3 und [illegible]rn. Das größte Radio[illegible]dieses Observatoriums [illegible] sehr ungewöhnliches [illegible]ionsprinzip. Es be[illegible] zwei stark reflektieren[illegible] gegenüberstehenden [illegible] von denen einer eben [illegible]ndere konkav ist. Der [illegible]lektor besteht aus zehn Teilflächen mit jeweils

20 x 40 Meter. Er läßt sich um die horizontale Achse drehen. Der konkave Reflektor ist 300 Meter lang und 35 Meter hoch. Die Radiosignale werden von der ebenen Oberfläche auf die konkave Antenne reflektiert, die die Wellen fokussiert. Im Brennpunkt befindet sich eine bewegliche Kabine mit Empfängern. Dieses Teleskop wird unter anderem für Untersuchungen der Emissionslinien des → *neutralen Wasserstoffs* und des Hydroxyl-Radikals (OH) genutzt.

Parkes-Observatorium Ein australisches Radioastronomie-Observatorium 20 Kilometer nördlich von Parkes, New South Wales. Das altazimutal montierte 64-Meter-Teleskop wurde 1964 in Auftrag gegeben und als Australian National Radio Observatory von der Commonwealth Scientific and Industrial Research Organization (CSIRO), Abteilung Radiophysik, betrieben. 1988 wurde es Teil des → *Australia Telescope*. Es kann sowohl eigenständig als auch im Verbund als Long Baseline Array verwendet werden. Das Parkes-Teleskop war das erste Radioobservatorium auf der Südhalbkugel. Mit ihm identifizierte man 1963 den ersten Quasar, entdeckte zahlreiche → *interstellare Moleküle* und über die Hälfte aller bekannten → *Pulsare*. Darüber hinaus wurde es als Teil des Deep Space Network zur Satellitenkommunikation, z. B. beim Vorbeiflug von → *Voyager 2* an Uranus und Neptun, sowie bei der Giotto-Mission zum Kometen Halley eingesetzt.

Parsec (Symbol pc) Eine astronomische Entfernungseinheit. Es ist definiert als diejenige Entfernung eines Himmelskörpers, in der er eine jährliche Parallaxe von 1 Bogensekunde hätte. Ein Parsec entspricht $3{,}0857 \times 10^{13}$ Kilometern, 206265 Astronomischen Einheiten oder 3,2616 Lichtjahren. Vielfach verwendet man auch die Einheiten Kiloparsec (kpc, 1000 pc) und Megaparsec (Mpc, 1000000 pc).

Pasiphae Einer der kleinen, äußeren Jupitermonde (Nummer VIII), entdeckt von P. J. Melotte im Jahr 1908. Siehe auch → *Tabelle 6*

Patera (pl. Paterae) Ein flacher, schalenförmiger Krater mit einem komplexen Rand.

Patientia Der 1899 von A. Charlois entdeckte Asteroid 451 mit einem Durchmesser von 230 Kilometern.

Paul-Baker-System Eine optische Konstruktion für ein Spiegelteleskop mit einem außergewöhnlich großen Gesichtsfeld und guter Schärfe. Der paraboloidförmige Primärspiegel hat ein → *Öffnungsverhältnis* von f/4 oder weniger. Außerdem besitzt das Teleskop einen konvexsphärischen Sekundärspiegel und einen konkav-sphärischen Tertiärspiegel, der eine gleichgroße, aber entgegengesetzte Krümmung wie der zweite Spiegel hat. Das Prinzip wurde 1935 von dem französischen Optiker Maurice Paul und unabhängig von ihm 1945 von James Baker entwickelt. Siehe auch → *Willstrop-Teleskop*

Paul Wild-Observatorium → *Australia Telescope*.

Pavo (Der Pfau) Ein Sternbild am Südhimmel, das Johann Bayer 1603 in seinen Sternatlas aufnahm. Es enthält einen Stern 1. Größe, der manchmal selbst Pfau genannt wird. Siehe auch → *Tabelle 4*

Pavonis Mons Einer der drei riesigen → *Schildvulkane* im → *Tharsis-Rücken* auf dem Mars. Er besitzt einen Durchmesser von etwa 400 Kilometern und erhebt sich etwa 27 Kilometer über seine Umgebung und 17 Kilometer über das Niveau des umgebenden Bergrückens.

pc Abkürzung für → *Parsec*.

P Cygni Ein ungewöhnlicher → *veränderlicher Stern*, dessen Spektrallinien eine charakteristische Form besitzen, die auf eine expandierende Gashülle um den Stern zurückgeführt wird.

P Cygni ist eine → *rekurrierende Nova*. Im August 1600 wurde er als Stern 3. Größe registriert und behielt diese Helligkeit sechs Jahre lang bei, bevor er langsam lichtschwächer wurde. Dann schwankte seine Helligkeit um die 6. Größenklasse und blieb seit 1715 bei der 5. Größe.

Alle Linien im Spektrum von P Cygni bestehen aus einer breiten → *Emissionslinie* und einer schmaleren, zur kurzwelligen

Seite dieser Linie verschobenen → *Absorptionslinie.* Die Absorption entsteht in dem Teil der umgebenden Gashüllen, der sich von der Erde aus gesehen direkt vor dem Stern befindet, während die Emission aus den Bereichen der Schale seitlich vom Stern kommt. Die Emissions- und Absorptionskomponenten sind durch den Dopplereffekt gegeneinander verschoben, weil sich die Schalen ausdehnen. Detaillierte Untersuchungen haben gezeigt, daß es insgesamt drei Schalen gibt, von denen die äußerste mit einer Periode von 114 Tagen pulsiert.

Es gibt noch andere Objekte, die von expandierenden Gashüllen umgeben sind; auch sie zeigen im Spektrum die beschriebenen P-Cygni-Profile.

Pegasus Ein großes Sternbild des Nordhimmels, das schon Ptolemäus in seinen Katalog der 48 Sternbilder (140 n. Chr.) aufgenommen hatte. Die drei hellsten Sterne und Alpha Andromedae (Alpheratz oder Sirrah), alle 2. Größe, bilden das Pegasus-Viereck. Alpha Andromedae wurde lange Zeit zu Pegasus gezählt und trug die Bezeichnung Delta Pegasi. Siehe auch → *Tabelle 4*

Pekuliarbewegung Pekuliarbewegung (1) Die Bewegung eines Sterns relativ zum → *lokalen Ruhesystem* oder zu einer ausgewählten Gruppe von Sternen.

Pekuliarbewegung (2) Die individuelle Bewegung einer Galaxie oder eines Galaxienhaufens, die von der allgemeinen Ausdehnungsgeschwindigkeit des Universums abweicht. Siehe auch → *Hubble-Fluß*

pekuliare Galaxie Eine gelegentlich verwendete Bezeichnung für alle → *Galaxien*, die nicht in die → *Hubble-Klassifizierung* der Galaxien passen, Anzeichen für eine ungewöhnliche Aktivität im Kern zeigen oder mit einer Nachbargalaxie wechselwirken.

Pekuliarstern Ein Stern, dessen Spektrum im Vergleich zu Sternen desselben → *Spektraltyps* ungewöhnliche Merkmale zeigt. Ein »p« hinter dem Spektraltyp bezeichnet ihn als pekuliar. Am häufigsten taucht der Begriff bei A- und B-Sternen auf. Siehe auch → *Ap-Stern*

Pele Ein Eruptionszentrum auf → *Io.* Mit → *Voyager 1* beobachtete man im März 1979 eine Ausbruchswolke, aber als → *Voyager 2* vier Monate später dort ankam, war die Aktivität erloschen.

Pelikan-Nebel Populärer Name für die diffusen Nebel IC 5067 und 5070 im Sternbild Cygnus. Sie sind Teil des → *Nordamerika-Nebels* (NGC 7000).

Pendeluhr Sternbild → *Horologium.*

Penumbra Penumbra (1) Gebiet im Halbschatten. Während einer Sonnen- → *Finsternis,* wenn der Mondschatten über die Erde wandert, sehen Beobachter in der Penumbra-Zone lediglich eine partielle Sonnenfinsternis.

Penumbra (2) Der Rand eines → *Sonnenflecks,* der etwas heller als die zentrale → *Umbra* ist. In der Penumbra verläuft das Magnetfeld horizontal und geht radial auseinander.

PEP Abkürzung für → *photoelektrische Photometrie.*

Periastron Bei der Bahnbewegung eines Doppelsternsystems der Punkt der größten Annäherung.

Perigäum Bei der Bahnbewegung der Punkt des geringsten Abstands des Mondes oder eines künstlichen Satelliten zur Erde.

Perihel (pl. Perihelia) Bei der Bahnbewegung der Punkt des geringsten Abstands zur Sonne.

Perihelabstand (Symbol q) Der Abstand eines Objekts zur Sonne im → *Perihel.* Siehe auch → *Bahnelemente*

Periode Der Zeitraum, in dem ein zyklisches Phänomen einmal vollständig durchlaufen wird. Siehe auch → *Bahnelemente*

Perioden-Helligkeits-Beziehung Die Beziehung zwischen der absoluten Helligkeit und der Periode der Variabilität eines → *Cepheiden* oder → *W Virginis-Sterns.*

periodischer Komet Ein → *Komet,* der auf einer elliptischen Bahn um die Sonne läuft. Periodische Kometen werden immer dann sichtbar, wenn sie auf ihrer Bahn in Erdnähe kommen. Im allgemeinen bezeichnet man einen Kometen als periodisch, wenn seine Umlaufzeit nicht mehr als 200 Jahre dauert. Die Namen der periodischen Kometen erhalten das Präfix »P/«.

Perizentrum Auf einer Bahn der Punkt des geringsten Abstands zum Kraftzentrum.

Perseiden Ein starker jährlicher → *Meteorschauer*, dessen Radiant in der Nähe des Sterns Eta Persei (η Per) liegt. Der Strom erscheint zwischen dem 23. Juli und dem 20. August mit einem Maximum am 12. August und hängt mit dem Kometen P/Swift-Tuttle (1862 III) zusammen. Er ist einer der kräftigsten, zuverlässigsten Schauer mit einer typischen maximalen Rate von 50 bis 100 Meteoren pro Stunde. Er läßt sich fast 2000 Jahre weit zurückverfolgen.

Perseus Ein großes, interessantes Sternbild des Nordhimmels, das in einem hellen Bereich der → *Milchstraße* liegt. Er ist bereits in der Liste der 48 Sternbilder des Ptolemäus (140 n. Chr.) enthalten und weist zehn Sterne heller als 4. Größe auf, darunter den Veränderlichen → *Algol*. Darüber hinaus findet man den schönen doppelten, offenen Sternhaufen → *h und* χ *(chi) Persei*. Siehe auch → *Tabelle 4*

Perseus-Arm Einer der Spiralarme in der → *Milchstraße*. Er erstreckt sich von der Rückseite des galaktischen Zentrums bis in einen Bereich der Milchstraße außerhalb der Sonne.

Petavius Ein großer Mondkrater mit einem Durchmesser von 176 Kilometern nahe des Südrands der sichtbaren Mondhemisphäre. Durch den Kraterboden, die Zentralerhebung und den terrassierten Wall zieht sich eine auffällige Rille.

Pfau Pfau (1) Deutsche Bezeichnung für das Sternbild → *Pavo*.

Pfau (2) Der hellste Stern im Sternbild → *Pavo*.

Pfeil Sternbild → *Sagitta*.

Pferdekopf-Nebel (NGC 2024) Ein dunkler Staubnebel von der Form eines Pferdekopfes, der in den hellen Emissionsnebel IC 434 im Sternbild Orion hineinragt.

Phaeton Der Asteroid 3200 mit einem Durchmesser von 6 Kilometern, entdeckt 1983 durch den → *Infrared Astronomical Satellite* (IRAS). Er läuft auf einer stark exzentrischen Bahn, auf der er die Erdbahn kreuzt, und scheint der Mutterkörper des → *Geminiden*-Meteorschauers zu sein. Möglicherweise handelt es sich um den »toten« Kern eines ehemaligen Kometen.

Phase Verhältnis des beleuchteten Teils eines als Scheibe erscheinenden Mondes oder Planeten zum unbeleuchteten Teil. Die Mondphasen sind der wiederkehrende Zyklus der scheinbaren beleuchteten Form des Mondes (siehe Abbildung). Neumond, erstes Viertel, Halb-

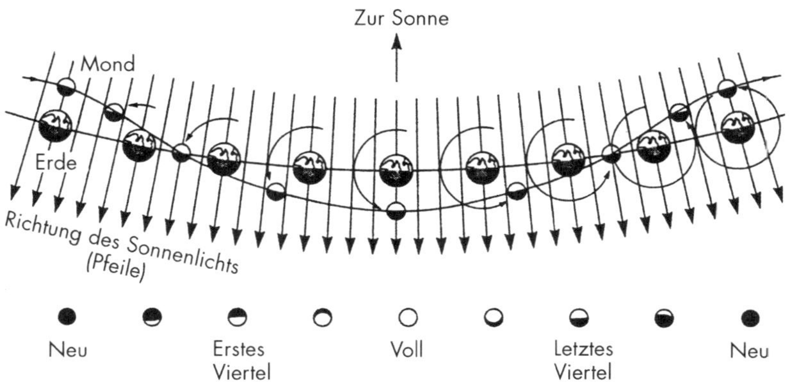

Phase. Die wechselnden Phasen des Mondes im Laufe eines synodischen Monats.

mond und letztes Viertel sind formal definiert als die Zeitpunkte, in denen der Mond in der → *Länge* der Sonne um 0°, 90°, 180° und 270° vorausläuft.
Der Mond und die Planeten zeigen Phasen, nicht weil sie selbst leuchten, sondern weil sie das Sonnenlicht reflektieren. Die der Sonne zugewandte Hemisphäre eines Mondes oder Planeten ist hell, die andere dunkel. Die von der Erde aus beobachtbaren Mondphasen hängen von der relativen Position von Erde, Sonne und Mond zueinander ab, da hierdurch festgelegt wird, welcher Teil des Mondes von der Erde aus erleuchtet erscheint.

Phasendefekt Die Winkelausdehnung, um die der beleuchtete Teil des → *Vollmondes* von einer vollständigen kreisförmigen Scheibe abweicht. Ursache ist die Neigung der Mondbahn gegen die → *Ekliptik.*

Phasenintegral Das Verhältnis der Bond- → *Albedo* und der → *geometrischen Albedo* eines Asteroiden oder anderen planetaren Körpers.

Phasenwinkel Der Winkel zwischen den beiden Linien, die das Zentrum eines Planeten mit der Sonne und der Erde verbinden.

Phekda (Gamma Ursae Maioris; γ UMa) Der dritthellste Stern im Sternbild Ursa Maior. Er ist ein → *A-Stern* mit 2,4 Magnitudines. Siehe auch → *Tabelle 3*

Phobos Phobos (1) Der innere der beiden Marsmonde, entdeckt 1877 von Asaph Hall. Auf Bildern der → *Viking*-Sonde aus dem Jahr 1977 erscheint Phobos als mit Kratern übersäter Ellipsoid (28 x 20 km). Der größte Krater, Stickney, nimmt mit 10 Kilometern Durchmesser rund ein Drittel der Größe des Mondes ein. Eine Reihe von Streifen, die von Stickney ausgehen, scheinen Brüche zu sein, die beim Einschlag des Objekts, der zu dem Krater führte, entstanden sind. Siehe auch → *Tabelle 6.*
Phobos (2) Zwei von der Sowjetunion 1988 gestartete Marssonden. Zu einer der beiden Sonden riß der Funkkontakt bereits im Flug ab, die andere arbeitete nur kurz und übermittelte wenige Daten.

Phocaea Eine Gruppe von Asteroiden, die die Sonne im Abstand von 2,36 AE auf einer um 24° gegen die Ekliptik geneigten Bahn umlaufen. Die Gruppe ist vom Hauptgürtel der Asteroiden durch eine der → *Kirkwood-Lücken* getrennt. Es handelt sich jedoch nicht um eine richtige Familie mit gemeinsamer Herkunft. Benannt wurde sie nach 25 Phocaea, der einen Durchmesser von 78 Kilometern aufweist.

Phoebe Der äußerste Saturnmond, 1898 von W. Pickering entdeckt. Phoebe scheint rund zu sein und hat einem Durchmesser von 220 Kilometern. Die Oberfläche ist sehr dunkel und reflektiert lediglich 5 Prozent des Sonnenlichts. Siehe auch → *Tabelle 6*

Phoenix Ein südliches Sternbild, das Johann Bayer 1603 einführte. Obwohl es nicht besonders auffällig ist, enthält es doch sieben Sterne heller als 4. Größe. Siehe auch → *Tabelle 4*

photoelektrisch Messungen, bei denen man den photoelektrischen Effekt ausnutzt. Hierbei werden Elektronen aus der Oberfläche eines Festkörpers ausgelöst, wenn sie von Licht oder einer anderen elektromagnetischen Strahlung getroffen wird. Da die Anzahl der freigesetzten Elektronen proportional zur Intensität der Strahlung ist, eignen sich photoelektrische Detektoren besonders gut zur Messung der Lichtintensität.

photoelektrische Photometrie (PEP) Die genaue Messung der → *scheinbaren Helligkeit* eines Sterns mit Hilfe eines → *Photomultipliers* oder ähnlichen Geräts. Siehe auch → *Photometrie*

photographische Größenklasse → *Größenklasse.*

photographisches Zenitteleskop (PZT) Ein spezielles, vertikal montiertes Teleskop, mit dem man die Positionen von Sternen genau vermißt und irreguläre Änderungen in der Breite und der Zeit registriert, die von der Polbewegung und der Erdrotation herrühren.

Photoionisation Die Ionisation eines Atoms durch Absorption eines Photons. Dies tritt nur dann ein, wenn das Photon mindestens die Energie besitzt, die dem Ionisierungspotential des Atoms entspricht. Das ist die minimal nötige Energie, um die Bindungsenergie des Elektrons im Atom zu überwinden.

Photometrie Die genaue Messung der → *Größenklasse* eines Sterns oder anderen astronomischen Objekts innerhalb eines bestimmten Wellenlängenbereichs. Mit photometrischen Messungen lassen sich bereits zahlreiche physikalische Größen eines Sterns bestimmen, ohne aufwendigere Spektren anzufertigen. Es gibt einige photometrische Systeme, bei denen die jeweiligen Filterbereiche vorgegeben sind. Am weitesten verbreitet ist die → *UBV-Photometrie*. Photometrische Messungen sind auch nötig, um die → *Lichtkurve* eines veränderlichen Sterns zu ermitteln. Für die Photometrie verwendet man → *photoelektrische* Messungen; es ist sehr schwierig, die Helligkeiten photographisch oder visuell genau zu bestimmen. Mit photoelektrischen Messungen lassen sich auch sehr schnelle Helligkeitsvariationen verfolgen.

Photomultiplier Ein Instrument zur Messung der Lichtintensität. Fällt Licht auf eine Photokathode, so löst es dort durch den photoelektrischen Effekt Elektronen heraus. Dieser elektrische Strom wird in einem Kaskadeneffekt verstärkt, wobei die Elektronen aus anderen Kathoden weitere Elektronen herausschlagen. Photomultiplier werden insbesondere in der → *photoelektrischen Photometrie* eingesetzt.

Photon Ein Quant der → *elektromagnetischen Strahlung*. Elektromagnetische Strahlung zeigt sowohl Wellen- als auch Teilchencharakter, wobei das Photon als diskretes Wellenpaket aufgefaßt werden kann. Die von dem Elektron getragene Energie E berechnet sich mit der Wellenlänge der Strahlung λ über die Formel $E = hc/\lambda = h\nu$, wobei h das → *Plancksche Wirkungsquantum*, c die Lichtgeschwindigkeit und ν die Frequenz der Strahlung bedeuten.

Photosphäre Die sichtbare Oberfläche der Sonne oder eines Sterns.
In der 500 Kilometer dicken Photosphäre der Sonne ändert sich die Durchlässigkeit für Licht. Im unteren Bereich ist sie undurchsichtig und wird nach oben hin immer durchsichtiger. In diesem Bereich wird das für uns sichtbare Licht emittiert. Die Temperatur fällt von 6000 Kelvin auf 4000 Kelvin am unteren Rand der über der Photosphäre liegenden → *Chromosphäre* ab. Die Absorptionslinien im Sonnenspektrum entstehen durch Absorption in der Chromosphäre. Phänomene der aktiven Sonne wie → *Sonnenflecken*, → *Flares* und → *Faculae* entstehen in der Photosphäre.

photovisuelle Größenklasse Eine → *Größenklasse*, die photographisch bestimmt wird, wobei der verwendete Film in demselben Wellenlängenbereich empfindlich ist wie das menschliche Auge.

Pic du Midi-Observatorium Ein Observatorium in den französischen Pyrenäen, nahe dem Nordrand des Gebirges in einer Höhe von 2877 Metern gelegen. 1878 entstand hier eine meteorologische Station, die 1903 dem Observatorium der Universität Toulouse angegliedert wurde. Daraufhin installierte man ein 50-Zentimeter-Spiegelteleskop sowie einen 23-Zentimeter-Refraktor. 1943 ging ein 60-Zentimeter-Refraktor in Betrieb, und 1964 folgte ein 1,06-Meter-Teleskop für Mond- und Planetenbeobachtung, das die NASA unterstützte. 1980 entstand ein 2-Meter-Reflektor. Darüber hinaus gibt es einige Instrumente für die Sonnenbeobachtung. Das erste Experiment mit einem → *Koronographen* unternahm Bernard Lyot in den 30er Jahren.

Pico Ein einzeln stehender Berggipfel im Mare Imbrium auf dem Mond.

Pictor (Maler oder Malerstaffelei) Ein unscheinbares Sternbild am Südhimmel, eingeführt von Nicolas L. de Lacaille in der Mitte des 18. Jahrhunderts. Ursprünglich trug es den Namen Equuleus Pictoris, Malerstaffelei, was später zu Pictor abgekürzt wurde. Die zwei hellsten

Sterne sind 3. Größe. Siehe auch → *Tabelle 4*

Pioneer Eine Serie von elf amerikanischen Raumsonden, die zwischen 1958 und 1973 gestartet wurden. Pioneer 1 bis 4 waren Mondsonden, die jedoch alle fehlschlugen. Pioneer 5 bis 9 wurden in eine Umlaufbahn um die Sonne geschossen, um die Sonne und das interplanetare Medium zu untersuchen. Pioneer 10 und 11 waren sehr erfolgreiche Missionen. Pioneer 10 flog an Jupiter vorbei und Pioneer 11 an Jupiter und Saturn.
Pioneer 10 startete am 3. März 1972 und flog am 4. Dezember 1973 in einer Entfernung von 132 000 Kilometern an Jupiter vorbei. Sie sendete die bis dahin besten Aufnahmen des Planeten zur Erde. Pioneer 11 startete am 6. April 1973 und passierte Jupiter am 3. Dezember 1974 in einem Abstand von 42 800 Kilometern und Saturn am 1. September 1979 im Abstand von 20 800 Kilometern.

Pioneer Venus Zwei amerikanische Sonden, die 1978 zur Venus flogen. Die am 20. Mai gestartete Pioneer Venus 1 gelangte in eine Umlaufbahn um den Planeten, von wo aus sie Radarkarten der Oberfläche anfertigte, aber auch optische Aufnahmen und andere Daten zur Erde übermittelte. Die am 8. August gestartete Pioneer Venus 2 tauchte in die Atmosphäre ein und setzte fünf Landegeräte ab, die jedoch nach dem Aufschlag keine Daten mehr übermittelten.

Pisces (Die Fische) Ein großes, aber schwaches Sternbild des Tierkreises, das bereits im Katalog des Ptolemäus (140 n. Chr.) enthalten war. Die drei hellsten Sterne sind 4. Größe.

Piscis Austrinus (oder Piscis Australis, Südlicher Fisch) Ein kleines Sternbild am Südhimmel, das bereits im Katalog des Ptolemäus (140 n. Chr.) enthalten war. Es enthält den Stern 1. Größe → *Fomalhaut*, aber keinen weiteren Stern heller als 4. Größe.

Piton Ein einzeln stehender Berggipfel im Mare Imbrium auf dem Mond.

Pixel Abkürzung für die englische Bezeichnung »picture element«, zu deutsch »Bildelement«. Der Begriff wird heute im Zusammenhang mit elektronischen Aufnahmetechniken wie dem → *Charge Coupled Device* (CCD) verwendet, bei denen ein Bild aus vielen einzelnen, gitterförmig angebrachten Bildelementen aufgebaut wird. Ein Pixel ist somit die kleinste Einheit, auf der sich Intensitätsvariationen messen lassen.

Plage Ein heißes Emissionsgebiet in der → *Chromosphäre* der Sonne. Plages erscheinen zusammen mit → *Faculae* in der darunterliegenden Photosphäre und einer Erhöhung der → *Korona* oberhalb von ihnen, die eine erhöhte Emission im Röntgen-, extremen UV- und Radiobereich zeigen. In diesen Gebieten ist die Vertikalkomponente des Magnetfeldes besonders stark. Dies ist charakteristisch für → *aktive Gebiete* auf der Sonne.

Planck-Ära Der Zeitraum früher als 10^{-43} Sekunden nach dem → *Big Bang*. In dieser anfänglichen Ära war das Verhalten des Universums von gravitativen Wechselwirkungen bestimmt. Siehe auch → *Quantengravitation*

Planck-Länge Eine Länge, die man erhält, wenn man die Gravitationskonstante, die Lichtgeschwindigkeit und das → *Plancksche Wirkungsquantum* so kombiniert, daß man eine fundamentale Einheit, in diesem Fall der Länge, erhält. Dies ist die Längenskala, auf der die → *Quantengravitation* wirkt.

Plancksches Wirkungsquantum (Symbol h) Eine fundamentale Naturkonstante: das Verhältnis aus der Energie und der Frequenz eines Photons.

Planck-Zeit Ein Zeitintervall von 10^{-43} Sekunden, das man erhält, indem man die Gravitationskonstante, die Lichtgeschwindigkeit und das → *Plancksche Wirkungsquantum* so kombiniert, daß man eine fundamentale Einheit, in diesem Fall der Zeit, erhält. In dieser Zeitspanne nach dem → *Big Bang* wirkte die → *Quantengravitation.*

Planet Ein Körper, der die Sonne oder einen anderen Stern umläuft und dessen Masse zu gering ist, um selbst ein Stern zu werden (weniger als etwa ein zwanzigstel Sonnenmasse). Planeten leuchten nicht selbst, sondern reflektieren lediglich das Sonnenlicht. Sie bestehen entweder im wesentlichen aus Gestein, wie die inneren Planeten Merkur, Venus, Erde und Mars, oder aus Gas (mit einem kleinen Gesteinskern), wie die äußeren Planeten Jupiter, Saturn, Uranus und Neptun. Zusammen mit Pluto bilden sie die großen Planeten im Sonnensystem. Darüber hinaus gibt es eine große Zahl an Kleinplaneten oder → *Asteroiden*. Bis heute ließ sich noch kein Planet um einen anderen Stern zweifelsfrei nachweisen. Unregelmäßigkeiten in der Bewegung bestimmter Sterne wie → *Barnards Pfeilstern* sowie statistische Argumente deuten jedoch darauf hin, daß es sie gibt.

Planetarischer Nebel Eine expandierende Gashülle, die einen Stern in einer Spätphase der → *Sternentwicklung* umgibt. Der Name stammt von William Herschel, der in ihrer runden Form Ähnlichkeiten mit dem Bild einer Planetenscheibe sah. Tatsächlich gibt es jedoch keinen Zusammenhang zwischen Planetarischen Nebeln und Planeten.

Planetarische Nebel entstehen in einer Entwicklungsphase, in der ein → *Roter Riese* Masse verliert und zum → *Weißen Zwerg* wird. Typischerweise enthält die Gashülle einige zehntel Sonnenmassen an Materie und expandiert mit einer Geschwindigkeit von 20 km/s. Nach etwa 35 000 Jahren wird die Hülle so dünn, daß sie nicht mehr sichtbar ist. Das Spektrum setzt sich aus Emissionslinien des leuchtenden Gases und dem Sternspektrum zusammen, das Absorptions- und/oder Emissionslinien enthalten kann. Die Zentralsterne sind ausgebrannte Kerne mit Temperaturen bis zu 125 000 Kelvin, die zum Weißen Zwerg werden. Ihre spektralen Eigenschaften zeigen bereits alle Charakteristika der Weißen Zwerge.

Die Nebel können ganz verschiedene Formen aufweisen: ring-, scheiben- oder hantelförmig oder auch irregulär. Bekannte Beispiele sind der → *Ringnebel*, der → *Helix-Nebel* und der → *Hantel-Nebel*.

Planetarium Ein kuppelförmiges Gebäude, an dessen Innenwand ein spezieller Projektor das Bild des Nachthimmels projiziert. Manchmal verwendet man den Begriff auch für mechanische Modelle des Sonnensystems. Siehe auch → *Orrery*

Planetenringe Ringstrukturen, bestehend aus unzähligen kleinen Objekten und Staub, die die vier äußeren Planeten – Jupiter, Saturn, Uranus und Neptun – umgeben.

Galilei sah 1610 als erster das Ringsystem des Saturn. Allerdings konnte er dessen wahre Natur noch nicht erkennen. Erst Christiaan Huygens konnte knapp 50 Jahre später mit einem verbesserten Fernrohr die Ringe wahrnehmen. James Clerk Maxwell zeigte 1857 theoretisch, daß die Ringe aus unabhängigen Einzelteilchen aufgebaut sein müssen, was später durch spektroskopische Beobachtungen belegt werden konnte. Hiermit stellte man nämlich fest, daß sich die inneren Teilchen schneller bewegen als die äußeren.

1977 entdeckte man neun dünne Ringe um den Uranus, als dieser Planet einen Stern bedeckte. 1979 zeigten Aufnahmen von → *Voyager 1* ein feines Band, das den Jupiter umgab, und Anfang der 80er Jahre bemerkte man bei Sternbedekkungen durch Neptun, daß dieser Planet offenbar von Ringfragmenten umgeben ist. 1989 konnte man auf Bildern von → *Voyager 2* erkennen, daß es sich hierbei tatsächlich um vollständige Ringe handelt, die jedoch einige Verdickungen besitzen und so den Eindruck unvollständiger Ringe hervorgerufen hatten.

Alle Planetenringe liegen innerhalb der → *Roche-Grenze* des jeweiligen Planeten. In einer Scheibe, die einen jungen Planeten umgibt, kann sich Trümmermaterial zu Monden zusammenlagern; innerhalb der Roche-Grenze verhindert jedoch die starke Gezeitenkraft diesen Vorgang.

Die Jupiter-Ringe sind schwach und fein, und aus ihren Reflexionseigenschaften kann man ableiten, daß viele der darin enthaltenen Teilchen nicht größer als 1 oder 2 Mikrometer sind. Staub dieser Größe muß ständig nachgeliefert werden, möglicherweise durch Zusammenstöße größerer Brocken in den Ringen.

Die Saturn-Ringe sind komplizierter und wesentlich stärker ausgeprägt als alle anderen im Sonnensystem. Die von der Erde aus leicht sichtbaren Ringe wurden mit A, B und C bezeichnet, wobei der C-Ring der innere feine Kreppring ist. Die A- und B-Ringe sind durch die Cassini-Teilung voneinander getrennt. Außerdem gibt es eine kleine Lücke innerhalb des A-Rings nahe seiner äußeren Kante mit der Bezeichnung Enckesche Teilung. Voyager 1 entdeckte Material innerhalb des C-Rings, was man später den D-Ring nannte. Außerhalb des A-Rings fand man weitere schwache, dünne Ringe, die die Bezeichnung E, F und G erhielten. Wahrscheinlich bestehen die Ringteilchen aus einer Mischung aus Wassereis und Staub. Ihre Größen variieren vermutlich zwischen einigen Mikrometern und hundert Metern. Allerdings weisen die Teilchen nicht überall dieselbe Zusammensetzung auf, wie man aus Voyager-Aufnahmen ersehen konnte. Außerdem fand man heraus, daß die breiten Ringe tatsächlich aus Tausenden schmaler Einzelringe bestehen. Viele der beobachteten Strukturen lassen sich durch die gravitative Wechselwirkung mit den Monden erklären. So wirken die beiden Monde Pandora und Prometheus als »Schäferhundmonde«, die den F-Ring zusammenhalten, und die Cassini-Teilung befindet sich in einem Bereich, wo sich ein Mond mit der halben Umlaufzeit des Mondes Mimas aufhalten würde. Dies ist ein Beispiel für ein → *Resonanzphänomen.*

Die 1977 entdeckten Uranus-Monde haben mit wachsendem Abstand vom Planeten die Bezeichnungen 6, 5, 4, α, β, η, γ, δ und ϵ. Mit Voyager 2 fand man zwei weitere Ringe sowie das Mondpaar Ophelia und Cordelia, die Schäferhundmonde des ϵ-Rings. Die neun Hauptringe scheinen aus Brocken mit einigen Metern Durchmesser zu bestehen. Im Gegenlicht fand Voyager 2 jedoch viele schwache Staubringe.

Neptun ist von zwei Hauptringen umgeben, wobei sich eine diffuse Schicht vom Inneren der beiden Ringe nach außen erstreckt. Darüber hinaus gibt es noch näher am Planeten einen schwachen dritten Ring. Der äußere Ring enthält etwa 8° lange Verdickungen, die offensichtlich hauptsächlich aus Staubteilchen bestehen. Da die Ringe sehr dünn sind, vermutet man weitere, bislang unentdeckte Schäferhundmonde, die sie zusammenhalten. Die drei Hauptringe erhielten in der Reihenfolge vom Planeten 1991 die Namen Galle, Leverrier und Adams. Siehe auch → *Tabelle 7*

Planetesimal Ein Körper aus Stein oder Eisen mit einem Durchmesser bis zu 10 Kilometern, der sich im primordialen Gas bildete. Größere Körper entstanden wahrscheinlich, indem sich die Planetesimale zusammenlagerten.

planetographisches Koordinatensystem Ein System aus Längen- und Breitengraden, mit dessen Hilfe sich Merkmale auf der Planetenoberfläche lokalisieren lassen. Es basiert auf der → *Rektaszension* und der → *Deklination* des Nordpols der Rotationsachse und einem ausgewählten → *Nullmeridian.*

Planetoid Ein → *Asteroid* oder Kleinplanet.

Planetologie Die vergleichende Untersuchung von Planeten und ihren natürlichen Monden.

Planet X Ein hypothetischer Planet jenseits der Plutobahn. Das X kann man entweder als Symbol für das Unbekannte oder als römische Ziffer für 10 deuten. Einige Wissenschaftler meinen, daß es in den Bewegungen der äußeren Planeten systematische Abweichungen von der vorausgesagten Bewegung gibt, die sie auf die Störung eines bislang unentdeckten Planeten zurückführen.

Planisphäre Eine zweidimensionale Sternkarte, die eine Projektion eines Teils der Himmelssphäre ist. Sie ist manchmal mit einer darüberliegenden, beweglichen Maske verbunden, die anzeigt, welcher Teil des Himmels zu einer bestimmten Zeit sichtbar ist. Eine solche Planisphäre läßt sich lediglich in einem schmalen Breitenbereich auf der Erde anwenden.

Planitia (pl. Planitiae) Eine Tieflandebene auf der Oberfläche eines Planeten.

Planum (pl. Plana) Ein Plateau oder eine Hochebene auf der Oberfläche eines Planeten.

Plasketts Stern Ein → *spektroskopischer Doppelstern* 6. Größe im Sternbild Monoceros. Der kanadische Astronom J. S. Plaskett fand 1922 heraus, daß beide Komponenten mit etwa 55 Sonnenmassen ungewöhnlich massereich sind.

Plasma Ein ionisiertes Gas, daß aus Elektronen und Atomkernen besteht. Die gesamte Materie im Innern der Sterne ist im Plasmazustand und besteht zum Großteil aus → *ionisiertem Wasserstoff.* Astrophysikalische Plasmen sind wichtige Radioquellen.

Plasmaschweif → *Ionenschweif.*

Plasmasphäre Ein Gebiet mit kaltem Plasma hoher Dichte, das sich an die → *Ionosphäre* der Erde, also in einem Höhenbereich oberhalb von 1000 Kilometern anschließt. Es erstreckt sich bis in eine Entfernung von drei bis sieben Erdradien. Die obere Grenze, die Plasmapause, ist durch einen plötzlichen Abfall der Plasmadichte gekennzeichnet. In der Plasmasphäre befinden sich fast ausschließlich Protonen und Elektronen.

Platonisches Jahr Der Zeitraum von 25 800 Jahren, innerhalb dessen die Erdrotationsachse im Raum aufgrund der → *Präzession* einen kompletten Kegel beschreibt.

Pleione (auch Pleone) Einer der hellen Sterne in den → *Plejaden.* Er ist leicht variabel, und 1938 und 1970 beobachtete man das Abstoßen einer Gashülle.

Plejaden (M45; NGC 1432) Ein → *offener Sternhaufen* im Sternbild Taurus, der mit bloßem Auge deutlich sichtbar ist. Der 400 Lichtjahre entfernte Haufen enthält 300 bis 500 Sterne in einem Volumen mit einem Durchmesser von 30 Lichtjahren. Die Sterne sind in einen → *Reflexionsnebel* aus kaltem Gas und Staub eingebettet, der auf Aufnahmen blau erscheint. Mit einem Alter von 50 Millionen Jahren ist er nach astronomischen Maßstäben jung, so daß er noch einige massereiche Sterne enthält.

Die Plejaden werden häufig auch das Siebengestirn genannt; die meisten Menschen können aber mit bloßem Auge lediglich sechs Sterne erkennen.

Plerion Ein → *Supernova-Überrest* ohne deutliche Schalenstruktur, der dem → *Crab-Nebel* ähnelt. Etwa 10 Prozent aller Supernova-Überreste weisen diese Form auf. In der Milchstraße sind rund ein Dutzend von ihnen bekannt.

Plössl-Okular Ein → *Okular,* das aus zwei achromatischen Dubletten besteht. Es erzeugt ein Bild mit hoher Güte über ein weites → *Gesichtsfeld* und ist besonders geeignet für Teleskope mit kleiner Brennweite.

Plume (dt. Feder) Eine spezielle Art von Vulkanausbrüchen, die man auf dem Jupitermond → *Io* entdeckt hat. Sie entwickeln sich aus Spalten oder Bodenöffnungen, und das Eruptionszentrum ist von weißen oder dunkelroten Ablagerungen umgeben. Ein solcher Ausbruch kann sehr heftig und kurz sein oder auch länger andauern, wobei weißes Material ähnlich wie bei einem Geysir ausgespien wird, das aus flüssigem Schwefel oder Schwefeldioxid besteht. Das heiße, flüssige Material unter der Oberfläche wird gasförmig, wenn es austritt, kondensiert wieder und fällt auf den Boden nieder.

Auf Bildern von → *Voyager 2* sind ähnliche Ausbrüche auf → *Triton* beobachtet worden.

Pluto Der neunte Planet im Sonnensystem, entdeckt am 18. Februar 1930 von Clyde Tombaugh am → *Lowell-Observatorium* als Objekt 15. Größe. Die Suche nach einem Planeten jenseits des Neptuns begann im Jahr 1905, als man Abweichungen zwischen der beobachteten und der berechneten Bewegung von Uranus und Neptun fand. Heute weiß man allerdings, daß Pluto lediglich ein Fünftel der Mondmasse besitzt und insofern Ura-

nus und Neptun gravitativ nicht stören kann.
Die Plutobahn ist stärker gegen die Ekliptik geneigt und weist eine stärkere Elliptizität auf als jede andere Planetenbahn. Sein Abstand von der Sonne schwankt zwischen 30 und 50 AE. Sein Perihel erreichte er 1989, und zwischen 1979 und 1999 ist er der Sonne näher als Neptun.
Durch die Entdeckung des Mondes → *Charon* wurde es möglich, den Durchmesser und die Masse Plutos genauer zu bestimmen. Der heute beste Wert für den Durchmesser ist 2320 ± 25 Kilometer. Charon umkreist Pluto, ebenso wie unser Mond die Erde, in einer synchronen Umlaufbahn mit einer Periode von 6,39 Tagen. Da Charon den Planeten in Nord-Süd-Richtung umkreist, liegt Plutos Rotationsachse vermutlich in der Ebene der Ekliptik. Zwischen 1985 und 1990 kam es zu einigen Bedekkungen der beiden Objekte. Eine solche Serie von Ereignissen findet nur zweimal im Lauf eines Plutojahrs von 248 Erdjahren statt. Aus spektroskopischen Beobachtungen ließ sich ableiten, daß die Planetenoberfläche mit stark reflektierendem Methaneis bedeckt ist. Helligkeitsänderungen deuten jedoch darauf hin, daß die Oberfläche nicht gleichmäßig reflektiert. Siehe auch → *Tabelle 5* und → *Tabelle 6*

Pogsonsches Verhältnis → *Größenklasse.*

Polachse Eine der zwei Achsen, um die ein äquatorial montiertes Teleskop gedreht werden kann. Die Polachse muß genau in der Nord-Süd-Ebene liegen und parallel zur Erdrotationsachse ausgerichtet sein, d. h. man neigt sie gegen den Horizont entsprechend dem Breitengrad des Beobachtungsorts. Eine Drehung um die Polachse bedeutet eine Bewegung in Rektaszension, aber nicht in Deklination. Die Drehung um diese eine Achse genügt also, um das Teleskop einem Objekt am Himmel nachzuführen.

Polar Andere, vornehmlich im Englischen gebräuchliche Bezeichnung für → *AM Herculis-Sterne.*

Polarimetrie Die Messung des → *Polarisations*grades einer elektromagnetischen Welle. Das hierfür eingesetzte Instrument, ein Polarimeter, enthält ein optisches Element, das die Polarisation der zu untersuchenden Strahlung verändern kann. Solche Elemente nennt man optisch aktiv.

Polaris (Polarstern; Alpha Ursae Minoris; α UMi) Der hellste Stern im Sternbild Ursa Minoris, dessen Abstand vom nördlichen Himmelspol weniger als ein Grad beträgt. Er ist ein → *Cepheide*, dessen Helligkeit zwischen 1,95 und 2,05 Magnitudines über eine Periode von vier Tagen schwankt. Siehe auch → *Tabelle 3*

Polarisation (von Licht) Schwingung des elektrischen Feldes einer elektromagnetischen Welle in einer bestimmten Ebene. Bei linearer Polarisation sind die Feldvektoren des elektrischen Feldes parallel. Bei zirkularer Polarisation dreht sich der Vektor mit der Frequenz der Strahlung um deren Ausbreitungsrichtung. Die elliptische Polarisation ist ähnlich wie die zirkulare, allerdings ändert sich die Amplitude des Feldes kontinuierlich mit der doppelten Frequenz des Lichts.
Die Eigenschaften des polarisierten Lichts werden durch einen Satz von vier Größen, den sog. Stokes-Parametern, beschrieben.

Polarisator Ein optisches Bauteil, das nur linear polarisiertes Licht mit einer bestimmten Polarisationsrichtung durchläßt.

Polarlicht Eine Erscheinung von sich schnell ändernden farbigen Mustern, die man bisweilen am Nachthimmel vorzugsweise in Gebieten großer geographischer nördlicher und südlicher Breite beobachten kann. Das farbige Licht entspricht den grünen und roten → *Emissionslinien* des Sauerstoffatoms und Stickstoff-Moleküls, die von energiereichen Teilchen des Sonnenwinds angeregt werden. Das Polarlicht entsteht in Höhen von etwa 100 Kilometern.
Während der Polarlicht-Aktivitäten findet eine große Anzahl von Phänomenen in der → *Ionosphäre* statt, wie z. B. die Pulsation des → *geomagnetischen Feldes*, elektrischer Ströme in der Ionosphäre und die

Emission von Röntgenstrahlung. Weit mehr Energie als im sichtbaren Licht wird im unsichtbaren Teil des Spektrums emittiert. Das Auftreten des Polarlichts ist mit den → *Sonnenzyklen*, der Sonnenrotation, der Jahreszeit und magnetischen Aktivitäten korreliert.

Das Polarlicht kann verschiedene Formen annehmen: ruhige Böen oder Bänder, die mehrere -zig Kilometer breit sind und sich über etwa 1000 Kilometer in Ost-West-Richtung ausdehnen. Die Bänder können s-förmig oder spiralartig verkrümmt sein. Manchmal sieht man Strahlen entlang der magnetischen Feldlinien. Bei Flächen- oder Oberflächen-Polarlicht handelt es sich um isolierte Leuchtkraftgebiete ohne besondere Form. Die ungewöhnliche Schleier-Aurora besteht aus großen Gebieten gleichförmiger Leuchtkraft.

Polarlicht-Oval Einer der zwei ovalförmigen Gürtel auf der Erde, in denen Polarlicht auftritt. Die Ovale sind asymmetrisch um die geometrischen Pole verteilt. Während des Tages sind sie etwa 15° in geographischer Breite von den Polen entfernt, dieser Wert steigt während der Nacht auf 23° an. Ihre Lage und Ausdehnung ändert sich mit der geomagnetischen Aktivität.

Polarlicht-Zonen Die Gebiete auf der Erdoberfläche, in denen das beobachtete nächtliche Polarlicht maximal ist. Die Zonen liegen bei etwa 67° nördlicher und südlicher Breite und sind etwa 6° breit.

Polarstern Populäre Bezeichnung für den Stern → *Polaris.*

Poldistanz Der Winkelabstand eines Objekts entlang eines Großkreises zu einem der beiden Pole.

Polkappe Ein nahezu kreisförmiges Gebiet auf einem Planeten um dessen Rotationspol herum. Auf der Erde und dem Mars ist diese Gegend mit Eis bedeckt.

Pollux (Beta Geminorum; β Gem) Obwohl Pollux der hellste Stern im Sternbild Gemini ist, erhielt er von Johann Bayer die Bezeichnung Beta und nicht Alpha. Es scheint jedoch unwahrscheinlich, daß Pollux seit Bayers Zeit (1572–1625) heller geworden ist. Pollux ist ein orangefarbener → *K-Stern.* In der griechischen Mythologie waren → *Castor* und Pollux die beiden Zwillingssöhne von Leda. Siehe auch → *Tabelle 3*

Polschwankung (Polhöhenschwankung) Eine langsame und geringe Bewegung der geographischen Pole relativ zur Erdoberfläche (nicht relativ zu den Sternen). Sie beeinflußt nicht die Koordinaten eines Sterns, wohl aber die Interpretation von Positionsmessungen, beispielsweise die mit einem Durchgangsinstrument gewonnenen. Die Ursache für die Polbewegung besteht grundsätzlich darin, daß Symmetrie- und Rotationsachse nicht exakt übereinstimmen. Die Schwankungsbreite beträgt etwa 0,3 Bogensekunden pro Jahr und zeigt Periodizitäten von 433 Tagen und einem Jahr. Geringere Schwankungen treten auch in Zeiträumen von zwei Wochen bis drei Monaten auf. Sie werden durch Luftdruckänderungen verursacht. Siehe auch → *Chandler-Bewegung*

Population I Eine Bezeichnung für verhältnismäßig junge Sterne und Sternhaufen innerhalb der → *Milchstraße*, die sich in der → *galaktischen Ebene* und dort insbesondere in den Spiralarmen befinden. Walter Baade führte 1944 erstmals die Unterscheidung der Sterne in Population I und → *Population II* ein. Typische Mitglieder der Population I sind heiße → *Hauptreihensterne*, → *offene Sternhaufen* und → *Assoziationen.* Darüber hinaus findet man häufig auch interstellare Materie in Verbindung mit der Population I. Population I-Sterne weisen relativ große Häufigkeiten an schweren Elementen auf, weil sie aus Material entstanden sind, das bereits frühere Sterngenerationen mit schweren Elementen angereichert haben. Siehe auch → *Nukleosynthese*

Population II Eine Bezeichnung für Sterne oder Sternhaufen innerhalb der → *Milchstraße*, die verhältnismäßig alt sind. Sie befinden sich überwiegend in einem sphärischen Halo, der das galaktische Zentrum umgibt, und weniger in der Scheibe. Sterne der Population II enthalten signifikant weniger Elemente, die schwerer als Helium sind, haben relativ zur Sonne und anderen Sternen in der galaktischen Scheibe große Raumgeschwindigkeiten und bewegen sich auf stark elliptischen Bahnen, die stark gegen die galaktische Ebene geneigt sind. Zur Population II gehören insbesondere die → *Kugelsternhaufen*. Diese Beobachtungsdaten lassen sich dadurch erklären, daß sich die Sterne der Population II bildeten, bevor die Galaxis zu ihrer heutigen flachen Form gefunden hatte und bevor das interstellare Medium durch den Massenverlust entwickelter Sterne mit schweren Elementen angereichert wurde. Siehe auch → *Population I*

Pore Ein kleiner → *Sonnenfleck* ohne eine → *Penumbra*, der oft nur einen Tag lang existiert.

Porrima (Gamma Virginis; γ Vir) Der zweithellste Stern im Sternbild Virgo. Es ist ein visueller Doppelstern mit einer Gesamthelligkeit von 2,8 Magnitudines, wobei jeder Stern eine Helligkeit von 3,6 Magnitudines besitzt. Die beiden Sterne bewegen sich auf einer stark elliptischen Bahn in 171 Jahren einmal umeinander, wobei ihr scheinbarer Abstand zwischen 0,4 und 6 Bogensekunden schwankt. Das Periastron ereignet sich erst im Jahr 2007. Da die Entfernung von Gamma Virginis lediglich 36 Lichtjahre beträgt, handelt es sich um ein relativ enges Paar. Der lateinische Name bezeichnet eine römische Wahrsagegöttin.

Porro-Prisma Ein rechtwinkliges Glasprisma mit abgerundeten Ecken für bestimmte optische Systeme. Man verwendet es in Prismenfeldstechern, aber auch in Fernrohren, um ein aufrechtes und seitenrichtiges Bild zu erzeugen.

Portia Einer der kleinen Uranusmonde, die 1986 von → *Voyager 2* entdeckt wurden. Sein Durchmesser beträgt 110 Kilometer. Siehe auch → *Tabelle 6*

Positionswinkel (PA, p. a.) Ein Winkel, der die Orientierung eines Paares astronomischer Objekte, z. B. eines → *Doppelsterns*, relativ zur Nordrichtung angibt. Der Winkel wird von Norden (0°) gegen den Uhrzeigersinn auf einer Skala von 0° bis 360° gezählt. Bei einem Doppelsystem gibt man die Position der schwächeren Komponente gegenüber der helleren an.

Poynting-Robertson-Effekt Der Einfluß der Sonnenstrahlung auf kleine Staubteilchen auf einer Umlaufbahn um die Sonne, der dazu führt, daß diese sich langsam auf einer spiralförmigen Bahn der Sonne nähern. Die Teilchen absorbieren die radiale Strahlung, geben sie aber isotrop in alle Richtungen wieder ab. Dadurch nimmt die kinetische Energie ab, und der Abstand zur Sonne verringert sich.

Praesepe (M44; NGC 2632) Ein 500 Lichtjahre entfernter → *offener Sternhaufen* im Sternbild Krebs. Die hellsten der über 200 bekannten Sterne sind 6. Größe. Sie ähneln in vieler Hinsicht den → *Hyaden*: Sie befinden sich etwa in derselben Richtung und weisen die gleiche Geschwindigkeit auf. Aus diesem Grunde vermutet man, daß die beiden Haufen in derselben interstellaren Wolke entstanden sind.

Präzession Die gleichförmige Raumbewegung der Rotationsachse eines frei rotierenden Körpers, auf den eine äußere gravitative Kraft wirkt. Bei der Erde beschreibt die Rotationsachse dadurch einen Kegelmantel mit einem Radius von 23° 26' im Laufe von 25 800 Jahren. Die Symmetrieachse dieses Kegels steht senkrecht auf der Erdbahnebene (→ *Ekliptik*). Die Hauptursache für die Präzession ist die gemeinsame Gezeitenkraft von Sonne und Mond auf den äquatorialen Wulst der Erde. (Wäre die Erde eine perfekte Kugel, gäbe es keine Präzession. Durch die Rotation ist der Durchmesser am Äquator jedoch um 0,3 Prozent größer als an den Polen.) Den gemeinsam von Sonne und Mond verursachten Effekt nennt man lunisolare Präzession. Wegen der geringeren Entfernung ist der Anteil des Mondes doppelt so groß wie der der Sonne. Die äußeren

Planeten üben eine geringe Kraft auf die Erde aus, was zu kleinen Änderungen der → *Bahnelemente* führt. Diesen Effekt nennt man planetare Präzession. Die Summe der beiden Beiträge heißt allgemeine Präzession.

Als Folge der Präzession der Erdachse beschreiben die Himmelspole innerhalb von 25 800 Jahren einen Kreis. In 13 000 Jahren wird dann Vega dem nördlichen Himmelspol am nächsten sein und nicht Polaris.

Der Nullpunkt der → *Rektaszension*, einer der → *äquatorialen Koordinaten*, die man im allgemeinen zur Positionsbestimmung der Himmelskörper verwendet, bezieht sich auf den Frühlings- oder Widderpunkt. Das ist derjenige Punkt, in dem der Himmelsäquator die Ekliptik schneidet. Aufgrund der Präzession wandert der Äquator entlang der Ekliptik, so daß sich auch der Schnittpunkt ständig ändert. Tatsächlich befindet sich heute der Widderpunkt nicht mehr im Sternbild Widder, sondern in den Fischen und wird in 600 Jahren in den Wassermann eintreten. Dieses Phänomen ist als Präzession des Frühlingspunkts bekannt. Die Auswirkungen auf die Rektaszension und Deklination eines Objekts lassen sich bei genau ausrichtbaren Teleskopen von Jahr zu Jahr feststellen. Die in den Tabellen aufgelisteten Werte beziehen sich deswegen stets auf eine bestimmte → *Epoche*, zu der sie exakt stimmen. Siehe auch → *Äquinoktien, Nutation*

Primärfokus Der Punkt in einem Spiegelteleskop, in dem der Primärspiegel das Licht fokussiert, sofern es keine weiteren Spiegel gibt. Der Primärfokus befindet sich innerhalb des einfallenden Lichtbündels. Bei großen Teleskopen lassen sich dort ohne Qualitätsverlust der Abbildung Instrumente anbringen. Die Arbeit im Primärfokus hat den Vorteil, daß es keinen Sekundärspiegel gibt, durch den man andernfalls Licht verliert oder zusätzliche Abbildungsfehler erzeugt. Darüber hinaus erzielt man ein geringes Öffnungsverhältnis und ein großes Gesichtsfeld.

Primärspiegel Der große, lichtsammelnde Spiegel in einem Spiegelteleskop.

primitives Gestein Gestein, das sich seit der Entstehung im Sonnensystem nur geringfügig verändert hat.

primordialer Feuerball Das Universum in einem sehr frühen Stadium, als es sehr heiß und dicht und von hochenergetischer Strahlung dominiert wurde. Einen solchen Zustand nimmt die → *Big Bang*-Theorie an. Die Existenz der → *kosmischen Mikrowellen-Hintergrundstrahlung* ist ein wichtiges Indiz für diese Theorie, da sie derzeit nur befriedigend als Strahlung aus dieser Ära erklärt werden kann, die durch die Expansion des Universums stark abgekühlt ist.

primordiales Atom Synonym für → *primordialer Feuerball.*

Principia Eine häufig verwendete Kurzbezeichnung des Buches von Isaac Newton (1642–1727) »Philosophiae naturalis principia mathematica« (Die mathematischen Prinzipien der Naturphilosophie), das die Royal Society 1687 veröffentlichte. In diesem umfassenden Werk von enormer Bedeutung beschrieb Newton seine heute bekannten Bewegungsgesetze und analysierte die Bahnbewegung der Planeten mit Hilfe seiner Gravitationstheorie.

Prismenastrolabium Ein Instrument zur genauen Positionsbestimmung von Himmelskörpern. Das Teleskop läßt sich in den Azimut drehen und zeichnet automatisch die Zeit auf, zu der ein bestimmtes Objekt eine vorgegebene → *Zenitdistanz* erreicht.

Vor dem Teleskop befindet sich ein equilaterales Prisma, dessen eine Seite vertikal positioniert ist. Das Sternlicht wird hierdurch in zwei Bilder aufgespalten. Ein Bild entsteht dadurch, daß der Lichtstrahl direkt an der unteren, inneren Seite des Prismas reflektiert wird, das zweite, indem er zunächst von einer horizontal angeordneten Quecksilberoberfläche und dann von der oberen, inneren Seite des Primas reflektiert wird. Die beiden Bilder gelangen zur Deckung, wenn der Stern die vorgegebene Zenitdistanz erreicht hat. Der französische Astronom André Danjon (1890–1967) vervollkommnete diese Methode. Ein Prototyp entstand 1951 im → *Pariser Observatorium*, wo das Gerät immer noch betrieben wird.

Procyon (Alpha Canis Minoris; α CMi) Der hellste Stern im Sternbild Canis Minor. Mit einer Helligkeit von 0,38 Magnitudines ist er der fünfthellste Stern am Himmel. Im Jahr 1896 entdeckte M. Schäberle, daß es sich um einen Doppelstern handelt. Die Primärkomponente ist ein → *F-Stern* und der Begleiter ein → *Weißer Zwerg* 11. Größe. Die Umlaufperiode beträgt 41 Jahre. Der griechische Name bedeutet Vorhund, was darauf zurückzuführen ist, daß er vor dem »Hundsstern« → *Sirius* aufgeht. Siehe auch → *Tabelle 3*

prograd Der direkte Umlaufsinn beispielsweise der Planeten um die Sonne. Er verläuft entgegen dem Uhrzeigersinn, wenn man von Norden auf die Ekliptik blickt.

Projekt Ozma Der erste wissenschaftliche Versuch, mit Hilfe von Radiowellen Kontakt zu → *extraterrestrischer Intelligenz* aufzunehmen. Das Experiment wurde 1960 in → *Green Bank* durchgeführt. Das Unterfangen, bei dem man die beiden Sterne Tau Ceti (τ Cet) und Epsilon Eridani (ε Eri) beobachtete, blieb jedoch erfolglos. Siehe auch → *SETI*

Prometheus Prometheus (1) Ein kleiner Saturnmond, der 1980 von → *Voyager 2* entdeckt wurde. Siehe auch → *Tabelle 6*.
Prometheus (2) Ein Eruptionszentrum auf dem Jupitermond → *Io*.

Promontorium Bezeichnung für ein Vorgebirge. Auf dem Mond tragen einige wenige Gebiete, in denen ein helles Gelände in ein dunkles hineinragt, diesen Namen. Die Bezeichnung stammt noch aus einer Zeit, in der man glaubte, die dunklen Bereiche auf dem Mond wären Wasser. Heute weiß man, daß dies nicht der Fall ist. Dennoch behielt man die Bezeichnung aus historischen Gründen bei.

Proportionalitätszähler Ein Instrument zur Messung von Gamma- und Röntgenstrahlung, das etwa der Funktionsweise eines Geigerzählers entspricht, jedoch bei einer geringeren Spannung arbeitet. Die eintretende ionisierende Strahlung löst eine elektrische Entladung aus, die zu einem elektrischen Stromimpuls führt, dessen Stärke proportional zur Energie der Wechselwirkung ist.

Proteus Ein Neptunmond (1989 N1), der beim Vorbeiflug von → *Voyager 2* im August 1989 entdeckt wurde. Siehe auch → *Tabelle 6*

Protogalaxie Das früheste Stadium in der Entwicklung einer Galaxie, in der sich eine Materiewolke von galaktischen Ausmaßen aus dem intergalaktischen Medium zusammenzieht. Obwohl es einige Objekte gibt, die Anzeichen von Protogalaxien aufweisen, konnte bislang keine zweifelsfrei nachgewiesen werden. Solche Objekte finden sich bei hohen Rotverschiebungen.

Proton-Proton-Kette Eine Kette von Kernreaktionen im Innern von Sternen, bei denen sich Wasserstoff in Helium umwandelt, und die die Hauptenergiequelle der Sonne ist. Hierbei ereignen sich im wesentlichen folgende Reaktionen:

$^{1}H + ^{1}H \rightarrow ^{2}H$ + Positron + Neutrino
$^{2}H + ^{1}H \rightarrow ^{3}He$ + Gammaphoton
$^{3}He + ^{3}He \rightarrow ^{4}H + ^{1}H + ^{1}H$.

Protoplanet Vorstadium zum Planeten während der → *Akkretion*sphase, die zur Bildung eines Planeten führt.

Protostern Ein Stern im frühest beobachtbaren Stadium, in dem die Kondensation aus der interstellaren Wolke einsetzt, jedoch vor dem Beginn der Kernreaktionen im Sterninnern.

Protuberanz Eine Reihe von wolken- oder flammenartigen Erscheinungen in der → *Chromosphäre* und → *Korona* der Sonne, in denen eine höhere Dichte und eine geringere Temperatur herrscht als in der Umgebung. Am Sonnenrand erscheinen sie als helle Struktur in der Korona, vor der Sonnenscheibe sieht man sie jedoch als dunkle → *Filamente*.
Die ruhigen oder stationären Protuberanzen bilden sich abseits von aktiven Regionen. Sie

bleiben über Monate stabil und sind einige zehntausend Kilometer hoch. Aktive Protuberanzen hängen mit → *Sonnenflecken* und → *Flares* zusammen und erscheinen wie Hecken, Sprays oder als Bögen (Loop-Protuberanz). Sie bewegen sich sehr schnell, ändern rasch ihr Aussehen und haben Lebensdauern bis zu einigen Stunden. Kühleres Material, das aus den Protuberanzen in die Photosphäre zurückfällt, wird als koronaler »Regen« beobachtet.

Proxima Centauri Der mit einer Entfernung von 4,26 Lichtjahren sonnennächste Stern. Er ist ein Roter Zwerg-→ *M-Stern* im Sternbild Centaurus. Er scheint physikalisch mit dem hellen Doppelstern Alpha Centauri assoziiert zu sein, obwohl beide Sterne am Himmel etwa zwei Grad auseinanderstehen. Alpha Centauri ist von der Sonne 0,11 Lichtjahre weiter entfernt als Proxima Centauri. Proxima benötigt für einen Umlauf um Alpha schätzungsweise eine Million Jahre.

Przybylski-Stern Der sehr ungewöhnliche, pekuliare → *A-Stern* HD101065, dessen Name auf den polnischen Astronomen zurückgeht, der erstmals dessen merkwürdiges Spektrum untersuchte.

Psyche Der 1852 von A. de Gasparis entdeckte Asteroid 16 mit einem Durchmesser von 264 Kilometern. Er gehört zum Metalltyp, und seine Oberfläche scheint aus einer reinen Eisen-Nickel-Legierung zu bestehen.

Ptolemäisches Lineal (Parallaktisches Lineal, Triquetrum) Ein in der Antike verwendetes Instrument, um die Höhe eines Himmelskörpers zu bestimmen. Trotz seines Namens scheint das Gerät schon vor Ptolemäus (ca. 100–170 n. Chr.) in Gebrauch gewesen zu sein. Es besteht aus einem vertikalen Stab, an dessen beiden Enden zwei mit einem Gelenk verbundene Lineale anliegen, so daß sie ein Dreieck bilden (siehe Abbildung). Der obere Arm läßt sich jedoch an dem unteren Arm, der eine Gradeinteilung trägt, entlangbewegen. Der obere Arm besitzt zwei Visierlöcher. Wenn das entsprechende Objekt hierdurch sichtbar ist, läßt sich an der Position des oberen Arms gegen den unteren Arm die Höhe ablesen.

Ptolemäisches System Ein → *geozentrisches Modell* des griechischen Astronomen Ptolemäus (ca. 100–170 n. Chr.), das er in seinem Buch → *Almagest* beschreibt. Dieses Modell wurde allgemein in der arabischen und westlichen Welt über 1300 Jahre lang als richtig angesehen, bis das → *heliozentrische Modell* sich durchsetzte. Siehe auch → *Epizykel*

Ptolemäus Ein flacher Krater mit einem Durchmesser von 153 Kilometern im südlichen Hochland des Mondes, der mit dunkler Lava angefüllt ist und einen ebenen Boden besitzt. In seinen Wällen finden sich zahlreiche kleine Krater.

P-Typ-Asteroid Ein Asteroidentyp mit geringer Albedo, der vornehmlich im äußeren Hauptgürtel auftritt.

Puck Ein Uranusmond, der 1985 von → *Voyager 2* ent-

Ptolemäisches Lineal. Der Winkel zwischen dem vertikalen Stab und dem oberen Lineal gibt die Zenitdistanz des anvisierten Sterns an, die 90 Grad minus der Höhe über dem Horizont ist.

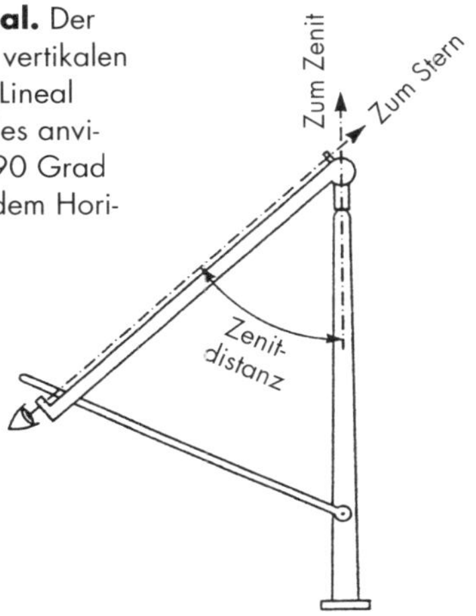

deckt wurde. Sein Durchmesser beträgt 150 Kilometer, und auf einer Voyager-Aufnahme erkennt man einige verhältnismäßig große Krater. Siehe auch → *Tabelle 6*

Pulkowo-Observatorium Ein ursprünglich 1718 gegründetes Observatorium in der Nähe von St. Petersburg (Rußland), dessen heutiger Standort 1835 gewählt wurde. Die Gebäude wurden im Zweiten Weltkrieg zerstört, anschließend jedoch im alten Stil wieder aufgebaut. Das Observatorium ist eng mit dem Namen der Familie Struve verbunden, von denen sechs Mitglieder berühmte Astronomen wurden. Von 1839 bis 1862 war F. G. W. Struve Direktor, ihm folgte in den Jahren 1862 bis 1889 sein Sohn Otto. Heute befassen sich dort die Astronomen vornehmlich mit Astrometrie und Instrumentenentwicklung. Seine offizielle Bezeichnung ist Astronomisches Observatorium der Russischen Akademie der Wissenschaften Pulkowo.

Pulsar Eine stellare Radioquelle, die Radioimpulse mit hoher Frequenz und großer Regelmäßigkeit aussendet. Der Zeitraum zwischen zwei Pulsen variiert von etwas über einer Millisekunde bei Pulsaren in Doppelsternsystemen bis zu vier Sekunden. Einige Pulsare senden Impulse auch in anderen Wellenlängenbereichen wie dem optischen oder Röntgenbereich aus.

Ein Pulsar ist ein rotierender → *Neutronenstern*, dessen Masse etwa derjenigen der Sonne entspricht, dessen Durchmesser aber lediglich ca. zehn Kilometer beträgt. Die Pulse entstehen dadurch, daß sich der Neutronenstern sehr schnell dreht und einen gebündelten Radiostrahl aussendet, ähnlich wie ein Leuchtturm einen Lichtstrahl. Wenn dieser Strahl über die Erde streicht, registriert man einen Impuls. Die Pulse kommen mit großer Regelmäßigkeit, abgesehen vom sog. → *Glitch*. Darüber hinaus nimmt die Rotationsfrequenz mit zunehmendem Alter des Pulsars ab, da er Rotationsenergie verliert. Einige Röntgenpulsare sind Mitglieder eines Doppelsternsystems, in dem komplizierte dynamische Effekte den Pulsar wieder beschleunigen. Hierbei entstehen die schnellsten bekannten Pulsare, die sog. Millisekundenpulsare. Pulsare entstehen in Supernova-Explosionen.

Pulsationsveränderliche Ein veränderlicher Stern, dessen Inneres instabil ist, so daß er regelmäßig pulsiert. Siehe auch → *Cepheiden*, → *RR Lyrae-Sterne*

Pulsaufhebung Ein Absinken der Intensität der Radioemission von → *Pulsaren*. Das nicht unübliche Phänomen dauert einige Pulslängen über an, woraufhin die Intensität wieder auf den vorherigen Wert ansteigt.

Puppis (Das Hinterdeck des Schiffs) Ein großes Sternbild am Südhimmel in einem sternreichen Gebiet der → *Milchstraße*. Es ist der größte von drei Bereichen, in die Nicolas L. de Lacaille Mitte des 18. Jahrhunderts das ehemalige Sternbild Argo Navis aufteilte. Es enthält zehn Sterne 2. und 3. Größe. Siehe auch → *Tabelle 4*

Purkinje-Effekt Die Veränderung der Farbempfindlichkeit des menschlichen Auges bei Einsetzen der Dunkeladaptation. Bei Tageslicht nimmt das Auge normalerweise Licht im Wellenlängenbereich von 400–750 Nanometern wahr, wobei die größte Empfindlichkeit im gelben bis grünen Bereich liegt. Bei schwacher Lichtintensität erhöht sich die Empfindlichkeit ganz allgemein, jedoch weniger im langwelligen als im kurzwelligen Bereich. Das Empfindlichkeitsmaximum liegt dann weiter im Grünen.

Purple-Mountain-Observatorium Ein zwischen 1929 und 1934 errichtetes Observatorium der Chinesischen Akademie der Wissenschaften auf dem Berg Purple Mountain in der Nähe von Nanking. Hier befinden sich ein 43-Zentimeter-Schmidt-Teleskop, ein 1,5-Meter-Radioteleskop für Sonnenbeobachtungen, ein 20-Zentimeter-Refraktor, ein 60-Zentimeter-Spiegelteleskop und ein 40-Zentimeter-Doppelrefraktor für Planetenbeobachtungen.

Pyrheliometer Ein Instrument zur Messung der auf der Erde empfangenen Sonnenstrahlung pro Fläche und Zeit.

Pythagoras Ein Mondkrater

mit einem Durchmesser von 129 Kilometern nahe des Nordwestrands. Er ist von hohen Wällen umgeben und besitzt eine Zentralerhebung.

Pyxis (Der Kompaß) Ein kleines, unscheinbares Sternbild am Südhimmel, das Nicolas de Lacaille Mitte des 18. Jahrhunderts einführte. Es enthält nur einen Stern heller als 4. Größe. Siehe auch → *Tabelle 4*

PZT Abkürzung für → *photographisches Zenitteleskop.*

QSO Abkürzung für quasistellares Objekt → *Quasar.*

Q-Typ-Asteroid Eine seltene Art von Asteroid, von der man annimmt, daß sie mit dem Meteoritentyp der → *Chondrite* verwandt ist. Bislang kennt man lediglich → *Apollo* und einige wenige andere Asteroiden vom Q-Typ.

Quadrant Ein Instrument, mit dem man die Höhe von Sternen und den Winkelabstand zwischen zwei Objekten messen kann. Es besteht aus einem mit einer Gradeinteilung versehenen Viertelkreis und einem beweglichen Arm mit einer Visiereinrichtung. Vor der Erfindung des Fernrohrs ließen sich Positionsbestimmungen ausschließlich mit Instrumenten dieser Art durchführen. Tycho Brahe (1546–1601) beispielsweise verwendete einen Mauerquadranten, der an einer extra hierfür konstruierten, entlang der Nord-Süd-Richtung ausgerichteten Mauer angebracht war. Nach der Einführung von Fernrohren wurden die Quadranten mehr und mehr verdrängt. Der moderne Nachfolger ist das Durchgangsinstrument.

Quadrantiden Ein jährlicher → *Meteorschauer,* dessen Radiant im Sternbild Bootes, nahe der Grenze zu Herkules und Draco liegt. Der Name stammt aus einer Zeit, in der man dieses Himmelsgebiet noch mit dem heute nicht mehr üblichen Sternbild Quadrans Muralis bezeichnete. Der Schauer tritt zwischen dem 1. und 6. Januar mit dem Maximum am 3. Januar auf. Der schmale Strom ließ sich bislang nicht mit einem bekannten Kometen in Verbindung bringen. Die Aktivität schwankt von Jahr zu Jahr ganz erheblich.

Quadrat des Pegasus, Himmelsviereck Eine Sternkonfiguration in Form eines riesigen Himmelsquadrats, das aus den Sternen Alpha (α), Beta (β) und Gamma (γ) Pegasi sowie Alpha (α) Andromedae besteht. Der Stern Alpha Andromedae galt früher als Delta (δ) Pegasi.

Quadratur Diejenige Stellung des Mondes oder eines Planeten, bei der sein Winkelabstand von der Sonne von der Erde aus gesehen 90° beträgt.

Quantengravitation Eine bis heute nicht entwickelte Theorie, mit der man die → *Großen Vereinheitlichten Theorien* mit der Theorie der gravitativen Wechselwirkung in einer einzigen Theorie vereinigen will, so daß alle bekannten physikalischen Wechselwirkungen von einem einzigen Gleichungssatz beschrieben werden. Diese Theorie würde die Quantenphysik und die → *Allgemeine Relativitätstheorie* vereinen. In der endgültigen Form würde sie die Bedingungen beschreiben, wie sie 10^{-43} Sekunden nach dem Urknall im Universum herrschten.

Quasar (quasistellares Objekt, QSO) Ein sternförmiges, extragalaktisches Objekt mit einer extrem hohen Leuchtkraft und großer → *Rotverschiebung*. Das Wort ist eine Abkürzung für den ursprünglichen Begriff quasistellare Radioquelle, der diesen Objekten bei ihrer Entdekkung im Jahr 1963 gegeben wurde. Sie erschienen sternartig, sendeten Radiowellen aus und besaßen sehr hohe Rotverschiebungen. Man nimmt heute an, daß Quasare die leuchtkräftigsten Vertreter der Gruppe der → *aktiven galaktischen Kerne* sind. Bei einigen nahen Quasaren fand man die sie umgebende Galaxie als schwach leuchtenden Nebel. Bis heute sind mehrere tausend Quasare katalogisiert.

Im allgemeinen weisen Quasare ein Spektrum mit Emissionslinien auf, und die Rotverschiebungen liegen typischerweise zwischen 0,5 und 4,0, wenngleich auch kleinere und größere Werte (bis nahezu 5,0) gefunden wurden. Sie sind so kompakt, daß sie auf Aufnahmen sternartig erscheinen. Obwohl die ersten entdeckten Quasare starke Radioquellen waren, weiß man heute, daß die meisten keine intensiven Radiowellen aussenden.

Quasare weisen die höchsten bekannten Rotverschiebungen auf, was sie für die Astronomie besonders interessant macht. Wenn die Rotverschiebung auf der Expansion des Universums beruht, kann man das Hubble-Gesetz anwenden. Danach sind Quasare mit Entfernungen bis zu zehn Milliarden Lichtjahren die am weitesten entfernten Objekte. Ihr Licht erreicht uns aus tiefer Vergangenheit, so daß es Informationen über den Zustand des Universums von vor zehn Milliarden Jahren enthält. Im Spektrum der weit entfernten Quasare findet man den → *Lyman-alpha-Wald*, ein System von zahlreichen Absorptionslinien des Wasserstoffs, hervorgerufen durch Wasserstoffwolken im Sehstrahl zum Quasar bei geringerer Rotverschiebung. Durchläuft das Licht des Quasars eine auf dem Weg zu uns liegende Galaxie, so kann ein → *Gravitationslinsen*-Effekt entstehen.

Objekte, die in solch großen Entfernungen noch sichtbar sind, müssen intrinsisch sehr leuchtkräftig sein. Ihre Leuchtkräfte übersteigen das einer ganzen Galaxie bis um das Zehntausendfache. Aus der Analyse der Emissionslinien kann man schließen, daß die Energie nicht thermisch erzeugt wird. Mit Hilfe der → *Very Long Baseline-Interferometrie* fand man heraus, daß die zentrale Energiequelle nicht weiter ausgedehnt sein kann als unser Sonnensystem. Als wahrscheinlichste Möglichkeit hierfür nimmt man den Einfall von Materie auf ein massereiches → *Schwarzes Loch* an.

Quasat Ein vorgeschlagenes Radioteleskop, das in eine Erdumlaufbahn gebracht und dann mit anderen Radioteleskopen auf der Erde zur → *Very Long Baseline-Interferometrie* gekoppelt werden soll. Hiermit wäre eine Auflösung von weniger als 0,1 Millibogensekunden möglich, so daß sich in den nächsten → *Quasaren* Strukturen mit Ausdehnungen von weniger als einem Lichtjahr ausmachen ließen.

quasistellare Radioquelle → *Quasar.*

quasistellares Objekt → *Quasar.*

Quecksilber-Stern (auch Quecksilber-Mangan-Stern) → *Mangan-Stern.*

Quelle Ausdruck für Himmelsobjekte, die elektromagnetische Strahlung aussenden, deren wahre Natur jedoch unbekannt ist. Der Ausdruck wird auch benutzt, um verschiedenartige Objekte zu beschreiben, ohne dabei auf ihre Besonderheiten näher einzugehen. Somit bezeichnen Begriffe wie »Radioquelle«, »Infrarotquelle« oder »Röntgenstrahlenquelle« eine unspezifische Himmelsquelle, die aber eine bestimmte Art der Strahlung aussendet.

Quellenzählung Graph zur Überprüfung kosmologischer Modelle. Darin wird die sichtbare Anzahl kosmischer Radioquellen gegen ihre scheinbaren Helligkeiten aufgetragen.

Derartige Darstellungen sind wichtig, um damit die Struktur des Universums zu bestimmen. Bereits William Herschel (1738–

1822) benutzte in einem Experiment die Quellenzählung, um so den Aufbau der Milchstraße aufzuklären. Dennoch schlug sein Versuch fehl, weil er damals noch nichts über den Absorptionsgrad der interstellaren Materie wissen konnte.
Die Radioastronomen, allen voran Martin Ryle aus Cambridge, erweckten diese Technik in den 50er und 60er Jahren dieses Jahrhunderts zu neuem Leben. Von einer Vielzahl extragalaktischer Radioquellen wurden Diagramme eines bestimmten Helligkeitsbereichs angefertigt, die sich auf den ganzen Himmel erstreckten. Bei sämtlichen dieser Quellen handelt es sich um → *Radiogalaxien* und → *Quasare.* Die Art und Weise, in der die Zahl dieser Quellen mit immer größerem Auflösungsvermögen der Teleskope ansteigt, läßt sich grundsätzlich nutzen, um zwischen den verschiedenen kosmologischen Theorien zu unterscheiden. Anfangs erklärte Ryle, daß die Quellenzählung das → *Big Bang* (Urknall)-Modell favorisiere, im Gegensatz zur → *Steady-state-Theorie* des Cambridger Theoretikers Fred Hoyle. Die grundsätzliche Schwierigkeit bei der Unterscheidung von Radioquellen und kosmologischen Effekten schränkt die Verwendung dieser Methode allerdings stark ein.

Quetzalcoatl Der Asteroid 1915 mit einem Durchmesser von 0,4 Kilometern. Er gehört zur → *Amor-Gruppe* und wurde 1953 entdeckt, als er der Erde verhältnismäßig nahe kam.

Rabe Das Sternbild → *Corvus.*

Radarastronomie Die Untersuchung astronomischer Objekte mit Hilfe gepulster Radiosignale. Hiermit lassen sich → *Meteorschauer* beobachten, Entfernungen im Sonnensystem messen und Oberflächenkarten von Objekten im Planetensystem anfertigen. Mit dem 305-Meter-Radioteleskop des → *Arecibo-Observatoriums* hat man beispielsweise erfolgreich die Venusoberfläche kartiert. Radar ist für die Kalibrierung der Entfernungsskala im Sonnensystem und damit auch für die Bestimmung der → *Astronomischen Einheit* von grundlegender Bedeutung.

Radialgeschwindigkeit Die Geschwindigkeit eines Objekts relativ zum Beobachter entlang der Sichtlinie. Will man die Raumgeschwindigkeit bestimmen, so muß man zusätzlich die Transversalgeschwindigkeit, senkrecht zur Sichtlinie, messen. Bei Sternen, Galaxien und anderen astronomischen Objekten ist es im allgemeinen einfacher, die Radial- als die Transversalgeschwindigkeit zu messen, da man hier den → *Dopplereffekt* nutzen kann. Siehe auch → *Eigenbewegung*

Radialgeschwindigkeitskurve Eine Kurve, die die Radialgeschwindigkeit in Abhängigkeit von der Zeit darstellt. Solche Darstellungen verwendet man hauptsächlich bei der Bahnanalyse von → *Doppelsternen,* bei denen die Radialgeschwindigkeit periodisch mit dem Umlauf variiert.

Radiant Radiant (1) (Abkürzung rad) Eine Einheit zur Winkelmessung. Bei einem Kreis der Winkel im Mittelpunkt, der durch den Kreisbogen mit der Länge des Radius gebildet wird. D. h. 2π rad entspricht 360°,

und 1 rad sind etwa 57,3°.
Radiant (2) Derjenige Punkt am Himmel, aus dem die Meteore eines bestimmten → *Meteorschauers* zu kommen scheinen. Tatsächlich treten die Meteorite des Schwarms auf fast parallelen Bahnen in die Erdatmosphäre ein. Die scheinbare Divergenz ist ein rein perspektivischer Effekt.

Radioastronomie Die Untersuchung des Universums durch den Empfang und die Analyse von Radiowellen. Als grundsätzliche Radioquellen kommen in Frage: → *Sonne*, → *Jupiter*, interstellarer Wasserstoff und ionisiertes Gas, → *Pulsare*, → *Quasare* und die → *kosmische Mikrowellen-Hintergrundstrahlung*. Die zugänglichen Frequenzen überdecken den weiten Bereich von 10 MHz bis 300 GHz. Es gibt einige Frequenzbänder, die international gegen Interferenz mit künstlichen Sendern geschützt sind, hierzu zählt die natürliche Frequenz des atomaren Wasserstoffs bei 1,421 MHz (Wellenlänge 21 Zentimeter).
Die → *Radioteleskope* werden entweder als Einzelteleskop mit Durchmessern bis zu 100 Metern oder im Verbund als → -*Radiointerferometer* eingesetzt. Einzelteleskope besitzen im Vergleich zu optischen Teleskopen eine geringe Winkelauflösung, so daß man sie vorwiegend für Aufgaben einsetzt, in denen es nicht so sehr auf räumliche Details ankommt, wie die zeitliche Analyse von Pulsarsignalen oder die Untersuchung der großräumigen Verteilung von Gasen oder der kosmischen Hintergrundstrahlung. Für eine höhere räumliche Auflösung, z. B. bei der Beobachtung von Radiogalaxien, setzt man Interferometer ein.
Seit der Entwicklung von Radioteleskopen in den 40er Jahren gelangen den Astronomen zahlreiche fundamentale Entdeckungen. Hierzu zählen Pulsare, Quasare, die kosmische Hintergrundstrahlung und die 21-Zentimeter-Linie des atomaren Wasserstoffs. Siehe auch → *Radiogalaxien*

Radiogalaxie Eine → *Galaxie* mit ungewöhnlich starker Radioemission. Etwa eine unter einer Million Galaxien ist eine Radiogalaxie. Die Radioemission ist → *Synchrotronstrahlung* von Elektronen, die sich mit nahezu Lichtgeschwindigkeit bewegen. Die Radiogalaxie → *Cygnus A* wird oft als Prototyp dieser Klasse angesehen. Diese gestörte elliptische Galaxie besitzt auf gegenüberliegenden Seiten zwei riesige, symmetrische Wolken, die Radiostrahlung aussenden. Ihre Ausdehnung beträgt über drei Millionen Lichtjahre. Auf welche Weise die Elektronen darin beschleunigt werden, ist nicht vollständig geklärt. Die enorme ausgestrahlte Energie kann sehr wahrscheinlich nicht durch Kernreaktionen im Innern von Sternen erzeugt werden. Vielmehr vermutet man im Zentrum der Galaxie ein Schwarzes Loch.
Radiogalaxien sind eng mit → *Quasaren* verwandt, die teilweise sehr ähnliche Radioeigenschaften aufweisen.

Radiograph Eine Karte der Verteilung der Radiostrahlung, die so dargestellt wird, daß sie einem optischen Bild ähnelt.

Radioheliograph Ein Radioteleskop mit dem speziell die Verteilung der Radiostrahlung von der Sonne bestimmt wird.

Radiohelligkeits-Verteilung Die Verteilung der Radiowellenintensität einer ausgedehnten Quelle am Himmel. Sie wird als Flußdichte pro Einheitswinkel als Funktion des Orts ausgedrückt. Sie läßt sich mit Hilfe von Intensitätskonturen oder als Grauwertphoto, das einem optischen Bild entspricht, darstellen.

Radiointerferometer Eine Anordnung von → *Radioteleskopen*, mit der man ein Objekt gleichzeitig mit zwei oder mehreren Antennen beobachtet. Die von den Antennen aufgefangenen Signale werden in einem gemeinsamen Empfänger kombiniert. Amplitude und Phase des ausgegebenen, korrelierten Signals hängen von der Intensitätsverteilung der beobachteten Radioquelle ab. Im allgemeinen reicht eine einzige Messung für eine Analyse nicht aus. Ändert man jedoch den Abstand der Teleskope oder deren Orientierung relativ zum Objekt (durch die Erddrehung), ändert sich das korrelierte Signal. Hieraus kann ein Computer die Intensitätsverteilung am Himmel berechnen. Diese Technik ist heute als → *Apertursynthese* und → *Very Long Baseline-Interferometrie* sehr weit entwickelt.

Radiometer Ein Instrument zur Intensitätsmessung der von einem Objekt empfangenen elektromagnetischen Welle. In der Infrarotastronomie bestimmt man hiermit den Fluß der Infrarotstrahlung und in der Radioastronomie denjenigen der Radiostrahlung.

Radioquelle Jede natürliche Quelle von Radiostrahlung. In der Kosmologie bezeichnet man hiermit speziell → *Radiogalaxien* und → *Quasare*.
Siehe auch → *Quellenzählung*, → *Radioastronomie*

Radiostern Ein Ausdruck aus den Anfängen der → *Radioastronomie*, als die Auflösung der Instrumente noch so schlecht war, daß man die Radioquellen nicht mit optischen Gegenstücken identifizieren konnte. Man nahm damals fälschlicherweise an, daß es sich hauptsächlich um Sterne handelt. Heute weiß man, daß es nur sehr wenige Radiosterne gibt; bei den meisten Quellen handelt es sich um Radiogalaxien.

Radioteleskop Ein Instrument zum Empfang und zur Analyse von Radiowellen aus dem Universum. Alle Geräte verfügen über eine Antenne, einen Verstärker und einen Empfänger. In der Radioastronomie wird ein weiter Frequenzbereich abgedeckt, so daß man zahlreiche verschiedene Techniken für die jeweiligen Spektralbereiche entwickeln mußte.
Ein grundlegendes Problem in der Radioastronomie besteht darin, daß die Einzelgeräte eine geringe Winkelauflösung besitzen. Ein Teleskop mit einem Durchmesser, der dem Hundertfachen der Wellenlänge entspricht, hat eine Auflösung von 1°. Wollte man eine Auflösung von 0,5 Bogensekunden, vergleichbar derjenigen von optischen Teleskopen, erreichen, so müßten der Antennendurchmesser des Radioteleskops das 50 000fache der Wellenlänge betragen und die Oberfläche der Antennenschüssel bis auf 1/10 der Wellenlänge genau gefertigt sein. Bei einer Wellenlänge von 21 Zentimetern käme man so auf einen Durchmesser von 100 Kilometern!
Einzelteleskope werden deshalb vorwiegend zur Untersuchung der interstellaren Materie bei der → *21-Zentimeter-Linie* und zur Beobachtung variabler Objekte wie etwa Pulsaren eingesetzt. Frei bewegliche Antennen sind wegen der schweren Montierung auf einen Durchmesser von höchstens 100 Meter beschränkt.
Eine wesentlich größere Auflösung erreicht man durch die Kopplung mehrerer Teleskope zu einem → *Radiointerferometer*. Hiermit untersucht man die Struktur von → *Radiogalaxien* und → *Quasaren*. Siehe auch → *Apertursynthese*, → *Radioastronomie*, → *Very Long Baseline-Interferometrie*

Radiusvektor Die Verbindungslinie eines Objekts auf einer Umlaufbahn und seinem Zentralkörper. Bei einer Kreisbewegung entspricht das Zentrum der Bewegung dem Mittelpunkt des Kreises. Bei einer parabolischen oder hyperbolischen Bahn ist das Bewegungszentrum der Fokus, bei einer elliptischen Bahn ist es einer der beiden Brennpunkte.

Ramsden-Okular Ein Okular, das aus zwei plankonvexen Linsen besteht, deren konvexe Seiten einander zugewandt sind und die um zwei Drittel der Summe beider Brennweiten voneinander getrennt sind. Dieses einfache System weist allerdings eine → *chromatische Aberration* auf, so daß man in der Astronomie häufiger das → *Kellner-Okular* verwendet.

Ramsden-Scheibe Synonym für → *Austrittspupille*.

Randaufhellung Helligkeitszunahme eines Himmelskörpers von der Mitte zum Rand. Sie wird bei der Sonne im Radio- und Röntgenbereich beobachtet.

Randverdunkelung Helligkeitsabnahme eines Himmelskörpers von der Mitte zum Rand. Sie wird bei der Sonne im optischen Bereich beobachtet.

Ranger Eine zwischen 1961 und 1965 gestartete Reihe von

neun amerikanischen Mondsonden, von denen nur die drei letzten, Ranger 7, 8 und 9, erfolgreich waren. Ranger 7, gestartet im Juli 1964, sendete 4000 Photos zur Erde. Einige tausend mehr erhielt man mit Ranger 8 und 9, die im Februar und März 1965 starteten. Sie zerschellten auf dem Mond, sendeten aber Photos bis zum Aufprall. Diese drei Sonden gingen in der → *Fra Mauro*-Region, dem Mare Tranquillitatis und dem Krater → *Alfonsus* nieder.

RAS Abkürzung für → *Royal Astronomical Society.*

Ras Algethi (Alpha Herkulis; α Her) Der hellste Stern im Sternbild Herkules. Er ist ein Doppelstern, bestehend aus einem Roten Überriesen und → *M-Stern* und einem Begleiter 6. Größe vom → *Spektraltyp* F, der grün erscheint. Der zweite Stern ist selbst ein → *spektroskopischer Doppelstern.* Die Primärkomponente ist ein Veränderlicher, dessen Helligkeit zwischen 3. und 4. Größe schwankt. Der arabische Name bedeutet »Kopf des Knieenden«.

Ra-Shalom Der 1978 von E. Helin entdeckte Asteroid 2100 ist mit einem Durchmesser von 3 Kilometern das größte Mitglied der → *Aten*-Asteroidengruppe, deren Bahn vollständig innerhalb der Erdbahn liegt.

RATAN 600 Radioteleskop des astrophysikalischen Spezialobservatoriums der Russischen Akademie der Wissenschaften am Selentschuk im Kaukasus. Der Name ist eine Abkürzung für den russischen Ausdruck »Radioastronomisches Teleskop der Russischen Akademie der Wissenschaften«. Es ist aus 900 parabolisch geformten Platten zusammengesetzt, die einen Kreis mit 600 Metern Durchmesser bilden. Es kann als Gesamtanlage oder in vier Sektionen getrennt betrieben werden.

Raumzeit Vereinheitlichter, mehrdimensionaler mathematischer Entwurf, mit dessen Hilfe es möglich ist, Ereignisse und deren Beziehungen durch raumzeitliche Koordinaten zu beschreiben. Das Konzept der Raumzeit folgt aus der beobachteten Unveränderlichkeit der Lichtgeschwindigkeit. Denn diese bleibt auch konstant, wenn sich entweder die Lichtquelle oder der Beobachter bewegt. Die Raumzeit erlaubt eine Beschreibung der Wirklichkeit, die für alle Beobachter im Universum Gültigkeit besitzt, unabhängig von deren Relativbewegungen. Betrachtet man dagegen die Abschnitte von Raum und Zeit getrennt voneinander, so stellen sich diese für die Beobachter nicht gleich dar. Das jeweilige Raumzeit-Intervall, gegeben durch $(\text{Raumzeitintervall})^2 = (\text{Zeitintervall})^2 - (\text{Rauminter-vall})^2$ ist invariant (unabhängig). Die → *Allgemeine Relativitätstheorie* faßt so die Gravitation als Ausdruck der Raumzeitkrümmung auf.

Rauschen Ein in einem Radiowellenempfänger auftretendes Geräusch, das durch die zufällige Bewegung der Elektronen in den Komponenten des Empfängers verursacht wird. Radiowellen aus dem Universum werden ebenfalls durch die Zufallsbewegung von Elektronen erzeugt, so daß sich diese in einem Radioteleskop zunächst nicht von lokal erzeugten unterscheiden lassen. Aus diesem Grunde benötigt man für die astronomische Forschung Empfänger mit einem sehr geringen Eigenrauschen.

R Corona Borealis Der Prototyp einer Gruppe pekuliarer, variabler Sterne, bei denen plötzlich und unvorhersehbar die Helligkeit um mehrere Größenklassen abfällt. R Corona Borealis (R CrB) besitzt normalerweise eine Helligkeit von 5,8 Magnitudines. Im Abstand von einigen Jahren wird er jedoch um 9 Größenklassen dunkler, weil er einen starken Wind abbläst und sich in eine dichte Staubwolke hüllt. Bislang sind etwa 40 Sterne dieses Typs bekannt, von denen die meisten → *Überriesen* vom → *Spektraltyp* F oder G sind.

rechtsläufig Hiermit werden Bewegungen an der → *Himmelssphäre* bezeichnet, die von West nach Ost verlaufen oder bei Umlaufbahnen oder Eigenrotationen im Sonnensystem gegen den Uhrzeigersinn von Norden der → *Ekliptik* aus gesehen. Siehe auch → *retrograd*

Reflektor Reflektor (1) Ein Spiegelteleskop.
Reflektor (2) Ein Element in einem optischen, Radio- oder anderen Teleskop oder einem anderen optischen Instrument, um elektromagnetische Strahlung oder einen Teilchenstrom umzulenken.

Reflexionsnebel Eine kühle Wolke aus interstellarem Staub und Gas, in der der Staub das Licht naher Sterne streut und reflektiert. Ein Reflexionsnebel leuchtet nicht selbst. Das Spektrum des Streulichts ist dasjenige des beleuchtenden Sterns, allerdings wird das blaue Licht stärker gestreut als das rote, da dieser Effekt von der Wellenlänge abhängt. Ein bemerkenswerter Reflexionsnebel umgibt die Sterne der → *Plejaden*.

Refraktor Ein → *Teleskop*, in dem das lichtsammelnde Element eine Objektivlinse ist.

Regio (pl. Regiones) Bezeichnung einiger Oberflächenformationen auf Planeten. Das Wort bedeutet Gebiet oder Region.

Regolith Eine Schicht aus losem, feinkörnigem, erdähnlichem Material auf der Mondoberfläche oder einem anderen Körper im Sonnensystem.

reguläre Satelliten Ein natürlicher Mond, der seinen Planeten auf einer prograden oder direkten (nicht retrograden) Bahn mit nicht zu starker Neigung zur Äquatorebene des Planeten umläuft.

Regulus (Alpha Leonis; α Leo) Der mit 1,4 Magnitudines hellste Stern im Sternbild Leo. Er ist ein → *B-Stern*, der mindestens zwei Begleiter 7. und 13. Größe besitzt. Der lateinische Name bedeutet »kleiner König«. Regulus wird manchmal auch der »Königsstern« genannt. Siehe auch → *Tabelle 3*

Rekombinations-Ära → *Entkopplungs-Ära*.

Rekombinationslinie Ein spektrales Merkmal bei einer bestimmten Wellenlänge im Spektrum einer elektromagnetischen Welle, das entsteht, wenn ein Elektron in einem ionisierten Gas von einem positiven Ion eingefangen wird. Wenn das Elektron dabei in ein bestimmtes Energieniveau fällt, wird ein Photon mit einer bestimmten Energie frei. Dieses Photon erzeugt die Rekombinationslinie im Spektrum.

Rektaszension (AR; nach lat. ascensio recta = gerade Aufsteigung) Eine der beiden Koordinaten im Äquatorialsystem, um eine Position an der → *Himmelssphäre* festzulegen. Sie entspricht den Längengraden auf der Erde, wird aber in Stunden, Minuten und Sekunden in östlicher Richtung vom Nullpunkt aus gemessen. Der Nullpunkt ist der Schnittpunkt des Himmelsäquators mit der → *Ekliptik*, der auch Frühlings- oder Widderpunkt genannt wird. Eine Stunde in Rektaszension entspricht 15 Grad im Winkelmaß und ist der Winkelbereich, um den sich die Himmelssphäre aufgrund der Erdrotation innerhalb einer Stunde → *siderischer Zeit* zu bewegen scheint. Siehe auch → *Deklination*

rekurrierende Nova (wiederkehrende Nova) Eine → *Nova*, bei der zwei oder mehr Ausbrüche beobachtet wurden. Die Ausbrüche wiederholen sich im Abstand von 10 bis 80 Jahren. Möglicherweise sind alle Novae rekurrierend, aber nur die mit den kürzesten Perioden wurden beobachtet. Allerdings unterscheiden sich rekurrierende Novae von den klassischen Novae insofern, als ihre Amplituden um 6 bis 8 Größenklassen geringer sind und sich auch ihre Spektren während des Ausbruchs unterscheiden. In den Ruhezeiten deutet sich in den Spektren das Vorhandensein eines → *Roten Riesen* in dem System an.

relativistisch Eine Bewegung mit nahezu Lichtgeschwindigkeit. Systeme, in denen relativistische Geschwindigkeiten auftreten, müssen mit der → *Speziellen Relativitätstheorie* berechnet werden. Der Ausdruck ultrarelativistisch bedeutet nicht »mit Überlichtgeschwindigkeit«. Er wird angewandt auf Teilchen, die sich so schnell bewegen, daß ihre kinetische Energie einige tausendmal größer als ihre Ruhemasse ist.

Relativität → *Allgemeine Relativitätstheorie*, → *Spezielle Relativitätstheorie*.

Relativitätstheorie → *Allgemeine Relativitätstheorie*, → *Spezielle Relativitätstheorie*.

Réseau Ein Referenzgitter, das neben einer astronomischen Aufnahme separat belichtet wird.

Residuum Die Differenz zwischen einem beobachteten und dem theoretisch vorausgesagten oder erwarteten Wert. Residuen können verschiedene Ursachen haben: Beobachtungsfehler, eine zu geringe Meßgenauigkeit oder eine Ungenauigkeit in der Theorie.

Resonanz Eine Konstellation, in der ein Körper auf seiner Umlaufbahn einer periodischen gravitativen Störung eines anderen Objekts ausgesetzt ist. Resonanzen treten immer dann auf, wenn die Umlaufperioden der beiden Körper ganze Zahlenverhältnisse bilden (1:1, 2:1, 3:2 etc.). Solche Resonanzen sind für Phänomene wie die → *Kirkwood-Lücke* im → *Asteroidengürtel* oder die Teilungen in → *Planetenringen*, beispielsweise des Saturns, verantwortlich.

Resonanz-Lücke → *Kirkwood-Lücke.*

Retardierung Die Differenz zwischen den Zeiten zweier aufeinanderfolgender Mondaufgänge.

Reticulum (Das Netz) Ein kleines Sternbild am Südhimmel, das von Nicolas L. de Lacaille Mitte des 18. Jahrhunderts eingeführt wurde. Die beiden hellsten Sterne sind 3. Größe. Siehe auch → *Tabelle 4*

retrograd (rückläufig) Die Bewegung eines Objekts am Himmel von Ost nach West oder, im Sonnensystem, die Bewegung eines Körpers im Uhrzeigersinn, wenn man von Norden auf die → *Ekliptik* blickt. Siehe auch → *prograd*

RGO Abkürzung für → *Royal Greenwich Observatory.*

Rhea Der zweitgrößte, 1672 von Giovanni Cassini entdeckte Saturnmond. Auf Bildern von → *Voyager 1* erscheint der Mond mit einer hellen, eisbedeckten Oberfläche, die mit Kratern übersät ist. Bei den in dieser großen Entfernung von der Sonne herrschenden niedrigen Temperaturen besitzt Eis die Härte von Gestein. Die Oberfläche hat sich seit der Zeit, in der die Krater entstanden, wohl kaum verändert. Siehe auch → *Tabelle 6*

Rho-Ophiuchi-Wolke (ρ-Oph-Wolke) Ein großer, etwa 700 Lichtjahre entfernter Wolkenkomplex in der Nähe des Sterns Rho Ophiuchi (ρ Oph). Man findet dort → *Reflexionsnebel*, → *Emissionsnebel*, dunkle Absorptionswolken und → *Molekülwolken.* Infrarotaufnahmen zeigen, daß sich in der Dunkelwolke ein Sternhaufen mit mindestens 40 Mitgliedern befindet. Es ist ein Gebiet mit starker Sternentstehung, das zahlreiche → *T Tauri-Sterne* und → *Herbig-Haro-Objekte* enthält.

Riesenast Das Gebiet in einem → *Hertzsprung-Russell-Diagramm*, in dem die Sterne repräsentiert sind, die sich zu → *Roten Riesen* entwickelt haben. Siehe auch → *Sternentwicklung*

Riesen-Molekülwolke → *Molekülwolke.*

Riesenplaneten Ein Ausdruck zur Kennzeichnung der Planeten Jupiter, Saturn, Uranus und Neptun, um sie von den kleineren, felsigen, erdähnlichen Planeten abzuheben.

Riesenstern Ein Mitglied einer umfangreichen Klasse von Sternen, die zwischen 10 bis 10 000mal so leuchtkräftig, und im Radius 10 bis 100mal so groß sind wie die Sonne.
Ein Stern wird zum Riesenstern, wenn der Wasserstoffvorrat für die nukleare Fusionsreaktion in seinem Kern zur Neige geht und die Anpassung an die neue Energiebilanz die äußere Hülle sich gigantisch ausdehnen läßt. Die Oberflächentemperatur fällt ab, aber die Gesamtleuchtkraft steigt wegen der riesigen Zunahme der Oberfläche an. Beispiele sind Capella, Aldebaran und Arktur.
Massereiche heiße Sterne, die sehr groß im Vergleich zur Sonne sind, auch wenn sie das späte Entwicklungsstadium noch nicht erreicht haben, werden bisweilen ebenfalls Riesen genannt. Siehe auch → *Hertzsprung-Russell-Diagramm, Rote Riesen, Sternentwicklung*

Rigel (Beta Orionis; β Ori) Der hellste Stern im Sternbild Orion. Seine → *Bayer-Bezeichnung* ist Beta, obwohl er 0,1 Magnitudines heller als → *Beteigeuze* ist, der die Bezeichnung Alpha trägt. Rigel ist ein → *Überriese* und → *B-Stern* mit einem Begleiter 7. Größe. Der arabische Name bedeutet »Fuß des Riesen«. Siehe auch → *Tabelle 3*

Rigil Kent Der Stern → *Alpha Centauri*, dessen arabischer Name »Fuß des Kentauren« bedeutet.

Rille → *Rima*.

Rima (pl. Rimae) Ein Bruch oder Kanal in der Mondoberfläche. Einige dieser Formationen sind Gräben, die durch vertikale Faltungen entstanden sind. Bei anderen handelt es sich um zusammengefallene Lavaröhren, die stärker gewunden erscheinen. Man nennt diese Rimae manchmal auch Rillen.

Ringantenne Ein → *Radioteleskop* in der Form eines Rings, wie das russische → *RATAN 600*.

ringförmige Sonnenfinsternis Eine Sonnenfinsternis, bei der ein Ring der Sonnenphotosphäre sichtbar bleibt, wenn Sonne, Mond und Erde in einer Linie stehen. Da die Umläufe der Erde um die Sonne und des Mondes um die Erde elliptisch sind, ändert sich der Winkeldurchmesser der Sonne und des Mondes leicht mit der Entfernung von der Erde. Eine Sonnenfinsternis, die anderenfalls eine totale Sonnenfinsternis wäre, erscheint als ringförmig, wenn der Winkeldurchmesser des Mondes zu dieser Zeit kleiner ist als der der Sonne.

Ringgalaxie Eine sehr seltene Art von Galaxien in der Form eines Rings. Solche Strukturen entstehen vermutlich, wenn eine Galaxie durch eine andere hindurchfliegt und dabei in der sich ringförmig ausdehnenden Schockwelle des interstellaren Gases Sternentstehung auslöst.

Ringnebel (M57; NGC 6720) Ein heller, rund 2000 Lichtjahre entfernter → *Planetarischer Nebel* im Sternbild Lyra. Er erscheint als leicht elliptischer, leuchtender Ring mit einem Radius von einem Drittellichtjahr um einen Zentralstern. Er ist etwa 5500 Jahre alt und dehnt sich seitdem mit einer Geschwindigkeit von 19 km/s aus.

Ringsystem → *Planetenringe*.

Ritchey-Chrétien-Teleskop Ein Teleskop, das ähnlich konstruiert ist wie ein → *Cassegrain-Teleskop*. Allerdings besitzen sowohl der Sekundär- als auch der Tertiärspiegel eine hyperbolische Form. Hiermit erhält man ein großes Gesichtsfeld ohne Koma.

Robertson-Walker-Metrik Eine → *Metrik* oder Formel zur Berechnung von Abständen in einem homogenen und isotropen Universum. Sie wird im allgemeinen für die Berechnung von Raum und Zeit in Modellen für die großräumige Struktur des Universums angewendet. Ihr liegt ein idealisiertes Modell – das → *Friedmann-Universum* – zugrunde, das perfekt homogen und isotrop ist und somit das → *kosmologische Prinzip* erfüllt. Robertson und Walker konnten zeigen, daß sich in einem solchen idealisierten Modell die → *Raumzeit* in zwei Größen aufteilen läßt, die für jeden Beobachter gleich sind: den gekrümmten Raum und die kosmische Zeit. Obwohl diese Aufteilung in Raum und Zeit offensichtlich zu sein scheint, führt sie doch zu einer stark eingeschränkten Geometrie für die Raumzeit. In der Umgebung eines → *Schwarzen Lochs* beispielsweise verschwimmt die Unterscheidung zwischen Raum und Zeit, und man muß hier die → *Kerr-Metrik* oder → *Schwarzschild-Metrik* anwenden.

Roche-Fläche Eine Fläche in Form einer Sanduhr, auf der die Gravitationskräfte zweier Sterne in einem Doppelsternsystem gleich groß sind. Die beiden Flächen der »Sanduhr« umschließen einen Bereich, der Roche-Volumen genannt wird. Der Punkt zwischen den beiden Sternen, in dem sich die beiden Roche-Volumina treffen, nennt man den inneren Lagrange-Punkt. Hier verschwindet die Gravitationskraft (siehe Abbildung (a)).

Dehnt sich ein Stern während seiner Phase als Riese aus, so kann er sein Roche-Volumen vollständig ausfüllen (siehe Abbildung (b)). Ein solches System nennt man halbgetrenntes System. In diesem Fall strömt Materie durch den inneren Lagrange-Punkt zur anderen Komponente hinüber (siehe Abbil-

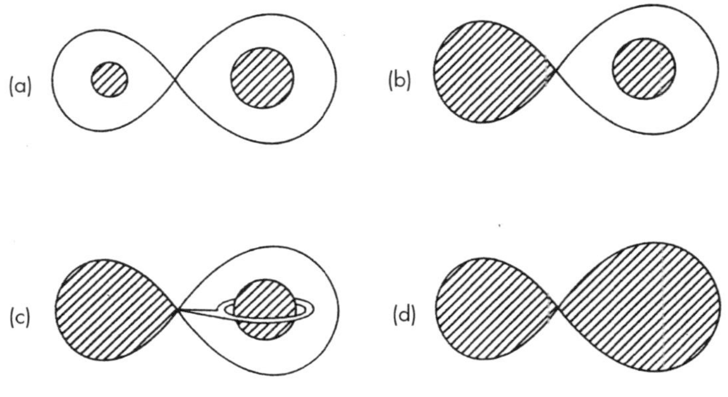

Roche-Volumen. Die Roche-Volumina in einem Doppelsternsystem besitzen die Form einer Sanduhr: (a) Die beiden Sterne sind völlig getrennt. (b) Ein Stern füllt sein Roche-Volumen aus, so daß Materie zu seinem Begleiter hinüberströmen und sich in einer Akkretionsscheibe (c) ansammeln kann. (d) Beide Sterne füllen ihr Roche-Volumen aus und bilden ein Kontaktsystem.

dung (c)). In einem Kontaktdoppelstern (siehe Abbildung (d)) füllen beide Sterne ihr Roche-Volumen vollständig aus, so daß ein Materieaustausch stattfindet. Dieser ist bei → *Zwergnovae*, → *Röntgendoppelsternen* und → *Beta Lyrae-Sternen* sowie bei der Ausbildung von → *Akkretionsscheiben* von Bedeutung.

Roche-Grenze Der minimale Abstand zum Mittelpunkt eines Planeten, den ein hypothetischer flüssiger Mond einnehmen kann, ohne von den Gezeitenkräften zerrissen zu werden. Haben Planet und Mond dieselbe Dichte, so liegt die Roche-Grenze bei 2,456 Planetenradien.

Innerhalb der Roche-Grenze wird ein Mond von den Gezeitenkräften zerrissen. Dennoch können einige kleine Monde in diesem Gebiet existieren, wenn die inneren Kräfte im Gestein groß genug sind. Möglicherweise entstanden die → *Planetenringe*, indem Monde innerhalb der Roche-Grenze zerbrachen. Siehe auch → *Gezeiten*

ROE Abkürzung für → *Royal Observatory, Edinburgh.*

Ronchi-Test Ein Test zur Überprüfung der Qualität eines konkaven Spiegels. Dabei wird der Spiegel mit einer Punktquelle in der Nähe des Krümmungsmittelpunkts beleuchtet und durch ein feines Strichgitter, das auf einer Glasplatte aufgebracht ist, betrachtet. Besitzt der Spiegel die optimale Oberfläche, so sieht man gerade Linien, andernfalls erscheinen die Linien gebogen.

Röntgenastronomie Die Untersuchung von Röntgenstrahlung astronomischer Quellen. Als Röntgenstrahlung wird gewöhnlich der Wellenlängenbereich von 10 bis 0,01 Nanometer zwischen dem extremen Ultravioletten (XUV) und der Gammastrahlung bezeichnet. Der entsprechende Energiebereich ist 0,1 bis 100 keV. Durch die Erdatmosphäre kann keine Röntgenstrahlung vom Weltraum zur Erdoberfläche gelangen, weshalb die Röntgenastronomie nur außerhalb der Atmosphäre von Satelliten oder Raketen aus betrieben wird. Die Röntgenstrahlung der Sonne wurde während Raketenflügen in den 50er Jahren entdeckt. Die erste, außerhalb des Sonnensystems entdeckte Röntgenquelle war → *Scorpius X–1*, die 1962 von einer Gruppe ame-

rikanischer Wissenschaftler und Ingenieure unter der Leitung von Ricardo Giacconi gefunden wurde. Bis 1970 waren mehr als 40 Röntgenquellen bekannt, die mit raketengebundenen Experimenten gefunden wurden. Dennoch waren Satelliten notwendig, um umfassendere Durchmusterungen durchführen zu können.
Amerikanische Militärsatelliten der Vela-Reihe, die zwischen 1969 und 1979 eingesetzt wurden, trugen Röntgendetektoren. Der erste für Radioastronomie bestimmte Satellit war Uhuru (1970), der erste der → *Small Astronomy Satellite*-Serie. 1973 wurde ein Teleskop, das in der Lage war, im Röntgenbereich Bilder zu erzeugen, erfolgreich während einer Skylab-Mission für Aufnahmen der Sonne im Röntgenlicht verwendet. Dieses Röntgenteleskop benutzte konzentrisch angeordnete, zylinderförmige Spiegel, die Röntgenstrahlen mit streifendem Einfallswinkel in eine Bildebene reflektierten, und Detektoren, die in der Lage sind, die Richtung der Photonen über das Gesichtsfeld zu speichern (Wolter-Teleskop). Solch ein abbildendes Röntgenteleskop wurde für andere Objekte als die Sonne erstmals vom → *Einstein-Observatorium* verwendet. Weitere wichtige Röntgensatelliten waren → *Copernicus* (1971), → *EXOSAT*, → *Ginga* (1987) und → *ROSAT* (1990). 1985 wurde ein anderer Typ eines Röntgenteleskopes, in dem die Technik der codierten Maske verwendet wird, im Spacelab 2 entwickelt. Dieses ist in der Lage, Bilder bei höheren Energien zu erzeugen und verwendet dazu eine Blende mit einem komplexen Lochmuster.
Thermische Strahlung im Röntgenbereich stammt von Quellen mit Temperaturen von einer Million Grad. Die meiste Röntgenstrahlung, die von astronomischen Objekten empfangen wird, stammt von nicht-thermischen Prozessen wie der Wechselwirkung von Elektronen mit Ionen in Plasmen (die sowohl Kontinuumsstrahlung als auch Röntgen-Spektrallinien erzeugen kann) und Kernreaktionen in wechselwirkenden Doppelsternsystemen.
Die größte Klasse heller Röntgenquellen besteht aus wechselwirkenden Doppelsternsystemen, in denen eine Komponente ein entarteter Stern ist – ein → *Weißer Zwerg*, ein → *Neutronenstern* oder ein → *Schwarzes Loch*. Es gibt zwei Kategorien solcher Röntgendoppelsterne. In Doppelsternen großer Masse ist der Begleiter ein Stern von 10 oder 20 Sonnenmassen, und Materie seiner ausgedehnten Hülle fließt direkt auf den entarteten Stern. In Systemen geringer Masse haben beide Komponenten annähernd gleiche Masse, und der Materieaustausch zwischen beiden geschieht über eine → *Akkretionsscheibe*. Da dabei Gravitationsenergie frei wird, erreicht die zwischen den Sternen strömende Materie Temperaturen, die hoch genug sind, um Röntgenstrahlung zu emittieren. Solche Doppelsterne zeigen häufig periodische Schwankungen, die der Umlaufdauer des Systems, der Rotationsperiode des entarteten Sterns oder der Präzession der Akkretionsscheibe zuzuschreiben sind. Die Leuchtkraft der Röntgenstrahlung reicht vom 100 bis 100 000fachen der Gesamtleuchtkraft der Sonne. Einige Systeme, etwa die → *Röntgen-Burster*, zeigen wesentlich stärkere und zufällige Schwankungen.
Der andere Haupttyp astronomischer Röntgenquellen ist heißes, diffuses Gas, das Galaxien umgibt und zwischen ihnen in Galaxienhaufen existiert. Siehe auch → *aktive Galaxien*, → *Supernova-Überreste*

Röntgen-Burster Eine stellare Röntgenquelle, die starke und zufällige Änderungen (Ausbrüche) ihrer Strahlung aufweist. Röntgen-Burster wurden 1976 mit dem niederländischen Satelliten ANS entdeckt. Die Ausbrüche können einige Tage ausbleiben und dann wieder auftreten, sind aber nicht periodisch. Bei einem schnellen Burster kehren die Ausbrüche in Intervallen von maximal 10 Sekunden wieder. Über 30 solcher Objekte sind bekannt. Die meisten befinden sich in der galaktischen Ebene. Von einigen vermutet man, daß sie sich in

Kugelsternhaufen befinden.
Das allgemein akzeptierte Modell ist das eines wechselwirkenden Doppelsternsystems ähnlich einer → *Nova* mit der Ausnahme, daß die Akkretion auf einen → *Neutronenstern* anstatt auf einen → *Weißen Zwerg* stattfindet und daß die überströmende Materie überwiegend aus Helium anstelle von Wasserstoff besteht. Die Röntgenausbrüche geschehen, wenn die Ansammlung akkretierter Materie die kritische Temperatur und Dichte für eine thermonukleare Explosion erreicht.
Siehe auch → *Röntgenastronomie*

Röntgendoppelsterne → *Röntgenastronomie*, → *Röntgen-Burster.*

Röntgenstern Eine stellare Quelle von Röntgenstrahlung.
Siehe auch → *Röntgenastronomie*

Roque de los Muchachos-Observatorium → *Observatorio del Roque de los Muchachos.*

Rosalind Ein kleiner, 1986 von → *Voyager 2* entdeckter Uranusmond mit einem Durchmesser von 60 Kilometern.
Siehe auch → *Tabelle 6*

ROSAT Ein 1990 gestarteter, deutscher astronomischer Röntgensatellit mit Beteiligung der NASA und Großbritanniens. An Bord befindet sich ein großes abbildendes Röntgenteleskop sowie eine Weitwinkelkamera für den XUV-Bereich, der zwischen dem extremen UV- und dem Röntgenbereich liegt. ROSAT fertigte eine vollständige Himmelskarte an und untersuchte zahlreiche Objekte im Detail.

Rosetta Eine geplante Raumsonde der Europäischen Weltraumbehörde, ESA, die 2003 starten und Meßsonden auf der Oberfläche eines Kometen absetzen soll.

Rosetten-Nebel (NGC 2237, 2238, 2239 und 2246) Ein → *Emissionsnebel* im Sternbild Monoceros in einer Entfernung von etwa 4500 Lichtjahren, der einen jungen → *offenen Sternhaufen* (NGC 2244) umgibt. Er ist nahezu kreisrund und hat im Zentrum ein Loch, das durch den Strahlungsdruck der Sterne von Staub und Gas freigefegt wurde.

Rotationskurve Eine Kurve, die bei einer Galaxie die Bahngeschwindigkeit der Sterne oder des Gases in Abhängigkeit vom Abstand zum Zentrum darstellt. Aus dieser Kurve läßt sich die Massenverteilung in verschiedenen Abständen von der Rotationsachse und letztendlich die Gesamtmasse der Galaxie ermitteln.

Rotationsmaß Ein Parameter, der bei Radioquellen mit polarisierter Strahlung angibt, wie stark sich der Polarisationsvektor der Strahlung auf dem Weg von der Quelle zur Erde gedreht hat. Die Stärke dieser sog. Faraday-Rotation ist abhängig von der Stärke des senkrecht zur Ausbreitungsrichtung verlaufenden Magnetfeldes und der Elektronendichte entlang der Sichtlinie. Da sich das Rotationsmaß mit dem Quadrat der Wellenlänge ändert, läßt sich dieses bestimmen, wenn man die Polarisationsrichtung bei verschiedenen Wellenlängen mißt. Das Rotationsmaß liefert die wichtigsten Informationen über Stärke und Verlauf des Magnetfeldes in der Milchstraße.

Roter Fleck → *Großer Roter Fleck.*

Roter Planet Populäre Bezeichnung für den Planeten → *Mars*, der schon bei der Betrachtung mit bloßem Auge eine rötliche Farbe zeigt.

Roter Riese Ein entwickelter Stern, der sich stark ausgedehnt hat und dessen Oberflächentemperatur so weit abgenommen hat, daß er rot erscheint.
Ein Stern wird zum Roten Riesen, wenn er im Laufe der → *Sternentwicklung* seinen Brennstoff für die Kernfusion, Wasserstoff, in seinem Innern verbraucht hat. Dann zieht sich der Kernbereich so weit zusammen, bis genügend Gravitationsenergie freigeworden ist, um in einer darüberliegenden Schale die Wasserstoffusion zu zünden. Die bei diesem Schalenbrennen freiwerdende Energie führt zu einer starken Expansion der äußeren Schicht des Sterns. Während sich das Gas ausdehnt, kühlt es sich ab. Unabhängig von seinem früheren → *Spektraltyp* fällt seine Oberflächentemperatur bis auf 4000

Kelvin ab. Wenn die Sonne zum Roten Riesen wird, dehnt sie sich etwa bis zur heutigen Erdbahn aus.

Generell nimmt das von einer Einheitsoberfläche ausgesandte Licht stark mit der Oberflächentemperatur eines Sterns ab. Ein Roter Riese kompensiert dies jedoch dadurch, daß er seine Oberfläche enorm vergrößert. Aus diesem Grunde sind diese Sterne verhältnismäßig hell.

Alle hellen, mit bloßem Auge sichtbaren roten Sterne sind Riesen oder Überriesen. Zu ihnen zählen → *Aldebaran* und → *Beteigeuze*.

Die Spektren der Roten Riesen zeigen verschiedene charakteristische Eigenschaften, die davon abhängen, ob die Atmosphäre reich an Kohlenstoff oder Sauerstoff ist. Ist viel Sauerstoff vorhanden, findet man Linien von Kohlenmonoxid (CO) und Metalloxiden, etwa Titanoxid (TiO). Herrscht Kohlenstoff vor, findet man Verbindungen wie C_2, CH und CN. Solche Riesen nennt man → *Kohlenstoffsterne*. Die verschiedenen, in Roten Riesen beobachteten chemischen Zusammensetzungen hängen vermutlich davon ab, welche Produkte der Kernreaktionen aus dem Innern des Sterns an die Oberfläche gelangen.

Rotes Rechteck Ein roter Nebel um den Stern HD44179, der 1979 bei einer Himmelsdurchmusterung nach Infrarotquellen entdeckt wurde. Die emittierte Strahlung, die ihr Maximum bei einer Wellenlänge von 640 Nanometern hat, ist intrinsisch und entsteht nicht durch Streuung oder Reflexion. Sie ist die stärkste bekannte Quelle in diesem Spektralbereich. Die Strahlung ist vermutlich die Lumineszenz von hydrogeniertem, amorphem Kohlenstoffstaub.

Rötung Eine Veränderung in der Intensitätsverteilung des Kontinuums im Spektrum eines Objekts, wobei die Intensität zu größeren Wellenlängen weniger stark verringert ist als bei kürzeren. Die Rötung erfolgt, wenn das Licht durch das interstellare Medium hindurchläuft. Siehe auch → *interstellare Rötung*

Rotverschiebung (engl. redshift; Symbol z) Die Zunahme der Länge einer elektromagnetischen Welle. Sie wird entweder dadurch verursacht, daß sich die Strahlungsquelle vom Beobachter fortbewegt (→ *Dopplereffekt*), oder daß ein Gravitationsfeld anwesend ist. Sie wird durch die Wellenlängenänderung $\Delta\lambda$ in Einheiten der Ruhewellenlänge λ (gemessen, wenn sich Quelle und Beobachter nicht relativ zueinander bewegen) beschrieben: $z = \Delta\lambda/\lambda$.

Die Theorie des Dopplereffekts liefert einen Zusammenhang zwischen der beobachteten Rotverschiebung und der Relativgeschwindigkeit zwischen Quelle und Beobachter (siehe Abbildung).

Die Rotverschiebungen von Galaxien und Quasaren spielen in der Astrophysik eine besondere Rolle, da sie über das Hubble-Gesetz die Entfernung dieser Objekte liefern.

Einstein sagte in seiner → *Allgemeinen Relativitätstheorie* vor-

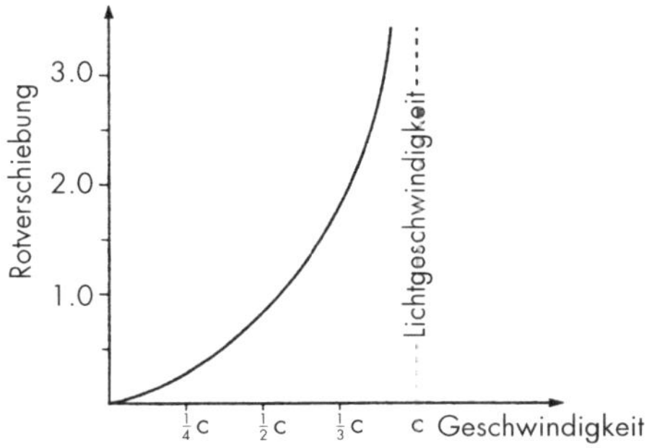

Rotverschiebung. Diese Kurve zeigt den Zusammenhang zwischen der Rotverschiebung aufgrund des Dopplereffekts und der Relativgeschwindigkeit, mit der sich Quelle und Beobachter voneinander entfernen.

aus, daß Licht auch dann rotverschoben wird, wenn es ein Gravitationsfeld durchläuft. Siehe auch → *Gravitations-Rotverschiebung*, → *widersprüchliche Rotverschiebung*

Royal Astronomical Society (RAS) Eine Vereinigung von professionellen Astronomen und Geophysikern in Großbritannien mit Sitz in London. Sie wurde 1820 von John Herschel und anderen namhaften Astronomen der damaligen Zeit als Astronomische Gesellschaft von London gegründet. Ihre »Royal Charter« erhielt sie 1831. Während des 19. Jahrhunderts waren zahlreiche ihrer Mitglieder bekannte Amateurastronomen, heute ist dies nicht mehr der Fall. Sie organisiert Kongresse und veröffentlicht wissenschaftliche Zeitschriften.

Royal Greenwich Observatory (RGO) Das wichtigste astronomische Institut in Großbritannien, das von der Regierung finanziell getragen wird. Es wurde 1675 von Charles II. in Greenwich gegründet, hat heute jedoch seinen Sitz in Cambridge.
Im 17. Jahrhundert bestand eines der größten Probleme der Navigation auf See darin, den aktuellen Längengrad zu bestimmen. Grundsätzlich ist dies möglich, indem man die Position des Mondes mißt. Im Dezember 1674 setzte Charles II. eine Kommission ein, die sich dieses Problems annehmen sollte. Die Kommission suchte den Rat des Astronomen John Flamsteed, der auf einige praktische Schwierigkeiten hinwies. Daraufhin ernannte der König Flamsteed zum ersten Astronomer Royal und übertrug ihm die Aufgabe, das Problem zu lösen. Die Auswahl des Platzes für das Observatorium und die Konstruktion des Gebäudes übernahm Christopher Wren.
Das Observatorium hat eine wichtige Rolle in der Positionsastronomie gespielt. Im Jahr 1884 legte die Washington-Konferenz fest, daß der Nullmeridian durch Greenwich verlaufen soll.
Im 20. Jahrhundert verlagerte sich der Schwerpunkt der Arbeiten mehr und mehr auf die Astrophysik. Die Nähe der Großstadt London zwang die Astronomen 1948 jedoch dazu, zum Schloß Herstmonceaux umzuziehen. In den 70er Jahren wurde es klar, daß man in Großbritannien keine erstklassigen Beobachtungen machen kann. Daher beschloß man, alle Beobachtungstätigkeiten auf die kanarische Insel La Palma zu verlegen. 1990 zog die Verwaltung der Observatorien nach Cambridge. Siehe auch → *Observatorio del Roque de los Muchachos*

Royal Observatory, Edinburgh (ROE) Ein 1811 von Privatleuten als Astronomical Institution of Edinburgh gegründetes Observatorium in Edinburgh, Schottland. Im August 1822 reichten sie bei George IV. während eines Besuchs in Edinburgh eine Bittschrift ein, woraufhin der Name in Royal Observatory, Edinburgh umgeändert wurde und das Institut den Status des → *Royal Greenwich Observatory* erhielt. Allerdings erhielt es nie die dementsprechende finanzielle Unterstützung. Im Jahr 1834 erklärte sich die Universität damit einverstanden, das Observatorium zu übernehmen, unter der Bedingung, daß ein Professor, der den Titel Royal Astronomer of Scotland innehaben sollte, von der Regierung bezahlt wird.
Das ROE ist heute ein bedeutendes Institut und Sitz des Departments of Astronomy der Universität von Edinburgh, das vom Science and Engineering Council finanziert wird. Es ist für Teleskope in Australien und auf Hawaii verantwortlich.

r-Prozeß Ein Prozeß der → *Nukleosynthese*, der bei einem verhältnismäßig hohen Neutronenfluß stattfindet. Schwere Elemente entstehen, wenn ein Kern mehrere Neutronen aufnimmt und dies in so rascher Folge passiert, daß er nicht bei einem zwischenzeitlich entstehenden Isotop instabil wird und zerfällt. Das »r« steht für rapid (schnell). Dies ist der einzige Vorgang, bei dem sich auf natürlichem Wege einige der schwersten Elemente bilden können. Der r-Prozeß setzt vermutlich in Supernova-Explosionen ein. Siehe auch → *s-Prozeß*

RR Lyrae-Stern Ein Typ von

pulsierenden veränderlichen Sternen, die zu den alten Objekten der → *Population II* gehören. Sie befinden sich vorwiegend, aber nicht ausschließlich in → *Kugelsternhaufen*. Sie ähneln den → *Cepheiden*, sind aber um etwa 7 Größenklassen leuchtschwächer und weisen alle etwa dieselbe absolute Helligkeit von +0,5 auf. Dadurch eignen sie sich gut zur Entfernungsbestimmung; allerdings ist die Reichweite wegen ihrer nicht sehr großen Helligkeit begrenzt. Die Perioden liegen zwischen einigen Stunden und etwas mehr als einem Tag, wobei die Amplitude zwischen 0,2 und 2 Magnitudines schwankt. Ihr → *Spektraltyp* ist A oder F.

RS Canum Venaticorum-Stern Mitglied einer Gruppe von Sternen, die sowohl Bedeckungsveränderliche sind als auch außerhalb der Bedeckung Helligkeitsschwankungen zeigen. Beide Komponenten des Doppelsternsystems sind gewöhnlich → *G-Sterne* (manchmal auch F- oder K-Sterne) mit extremer sonnenähnlicher Aktivität. Die Helligkeitsvariation außerhalb der Bedeckungsphasen wird vermutlich durch ausgedehnte »Sternflecken« verursacht, die durch die Rotation auf die Vorder- oder Rückseite des Sterns gelangen. Von heißen → *Koronae* um diese Sterne herum registriert man Röntgenstrahlung, und kräftige Flares, ähnlich denen auf der Sonne, erzeugen Röntgenstrahlungsausbrüche.

R-Stern Ein → *Spektraltyp*, dem ehemals Sterne angehörten, die man heute zu den → *Kohlenstoffsternen* zählt.

R-Typ-Asteroid Ein seltener Asteroidentyp mit mittlerer Albedo. Ein Beispiel ist der Asteroid 349 → *Dembowska*.

Rückblickzeit Die Zeitspanne zwischen heute und dem Zeitpunkt, zu dem eine Galaxie das Licht ausgesandt hat, das uns heute erreicht. Die Rückblickzeit wächst mit steigender → *Rotverschiebung*. Je größer die Rückblickzeit ist, desto weiter schaut man in die Vergangenheit des Universums zurück.

Rückwärtsdrehung der Knoten (Regression der Mondknoten) Die westliche Bewegung der → *Knoten*, in denen die Mondbahn die → *Ekliptik* schneidet. Ein vollständiger Umlauf dauert 18,61 Jahre. Diese Rückwärtsdrehung wird durch den gravitativen Einfluß der Sonne verursacht.

Rückwärtsstreuung Die Streuung von Strahlung oder Teilchen um Winkel größer als 90° relativ zur Einfallsrichtung.

Rudolfinische Tafeln Ein 1627 von Johannes Kepler veröffentlichtes Tabellenwerk mit Planetenpositionen, das auf dem → *Kopernikanischen System* beruhte. Es war genauer als alle Tafeln zuvor und stärkte Keplers Ansehen.

Runzelrücken Eine niedere Erhebung auf der Mondoberfläche, die sich mehrere hundert Kilometer über ein Mare ausdehnen kann. Runzelrücken scheinen mit vulkanischen Aktivitäten und dem Lavafluß in der älteren Vergangenheit des Mondes in Verbindung zu stehen.

Rupes (pl. Rupes) Lateinische Bezeichnung für böschungsähnliche Formationen auf Planeten.

RV Tauri-Stern Mitglied einer Gruppe veränderlicher Sterne. Es handelt sich um Überriesen vom → *Spektraltyp* F, G oder K, die Helligkeitsvariationen bis zu 4 Größenklassen aufweisen, wobei die Minima abwechselnd flach und tief sind. Die Perioden liegen zwischen 30 und 150 Tagen. Es gibt Hinweise darauf, daß die Sterne durch einen starken Sternwind Materie verlieren. Möglicherweise handelt es sich um Vorläufer von → *Planetarischen Nebeln*. Sie zeigen Charakteristika von alten, entwickelten Sternen, von denen sich einige in Kugelsternhaufen befinden.

Ryle-Teleskop → *Mullard Radio Astronomy Observatory*.

Sachs-Wolfe-Effekt Anisotropie in der → *kosmischen Mikrowellen-Hintergrundstrahlung.* Wird verursacht durch großräumige Schwerkraftfelder im Universum.

Sacramento Peak Observatory Sonnenobservatorium in New Mexico. Gehört zum US → *National Solar Observatory* (Nationalen Sonnenobservatorium). Das Observatorium befindet sich im Gebiet des Lincoln National Forest auf einem 2800 Meter (9200 Fuß) hohen Berg, der »Sonnenfleck« (engl. sunspot) genannt wird. Gegründet wurde es 1951 als Upper Air Research Observatory der Cambridge Research Laboratories (Forschungslabors) der Luftwaffe mit der Aufgabe, rechtzeitig vor Störungen im Funkverkehr zu warnen, die durch eine starke Sonnenaktivität verursacht werden. 1976 gelangte das Observatorium in die Hände der National Science Foundation (Nationalen Wissenschaftsstiftung) und wurde 1984 Teil der Abteilung des National Solar Observatory (Nationalen Sonnenobservatoriums) innerhalb der → *National Optical Astronomy Observatories.*
Größtes Instrument ist ein → *Vakuumturmteleskop*, das zur Beobachtung kleinräumiger Merkmale auf der Sonnenoberfläche eingesetzt wird. Sein Auflösungsvermögen ist größer als eine viertel Bogensekunde. Das älteste noch erhaltene Instrument ist ein Koronograph, der im sog. »Grain bin« untergebracht ist. In der John W. Evans-Kuppel (benannt nach dem ersten Direktor des Observatoriums) finden sich verschiedene Instrumente, darunter auch ein 40-Zentimeter-(16-inch)-Teleskop, zu dem ein Magnetograph gehört.

Sagitta (Der Pfeil) Drittkleinstes Sternbild am Himmel, dennoch eine ziemlich charakteristische kleine Sterngruppe, die zu den 48 bereits von Ptolemäus aufgeführten Sternbildern gehört (140 n. Chr.). Die beiden hellsten Sterne zählen zur 3. Größenklasse. Das Sternbild liegt innerhalb der sternreichsten Region der Milchstraße, in der Nähe des Sternbildes Aquila. Siehe auch → *Tabelle 4*

Sagittarius (Der Schütze) Südlichstes Sternbild des Tierkreises; gehört zu den von Ptolemäus aufgeführten Sternbildern (140 n. Chr.). Verborgen hinter dichten Sternwolken liegt im Sternbild Schütze das Zentrum unserer Galaxie (Milchstraße). Gehört zu den weitläufigeren Sternbildern mit vielen hellen Sternen; allein 14 sind heller als 4. Größenklasse. Das Sternbild enthält daneben eine große Zahl von Sternhaufen und Nebeln. Der → *Messier-Katalog* nennt allein 15 Objekte für das Sternbild Sagittarius und übertrifft damit jedes andere Sternbild. Darunter sind so bekannte Objekte wie der → *Lagunen-Nebel*, der → *Trifid-Nebel*, der → *Omega-Nebel* und der dritthellste Kugelsternhaufen des Himmels, M22. Siehe auch → *Tabelle 4*

Sagittarius A Gesamtbezeichnung für eine komplexe Radioquelle, die im Zusammenhang mit dem galaktischen Zentrum steht. Die Radioquelle besteht aus insgesamt vier Einzelquellen, die mit Sagittarius A, B, B2 und C bezeichnet werden. Die mit Sagittarius A* bezeichnete helle, kompakte Quelle dürfte dem eigentlichen Zentrum der Galaxie am nächsten stehen.

Sagittarius-Arm Einer der Spiralarme unserer → *Galaxis.* Er dehnt sich zwischen der Sonne und dem Zentrum der Galaxie in Richtung auf das Sternbild Sagittarius aus.

Sagittarius B → *Sagittarius A.*

Saha-Gleichungen Ein System mathematischer Ausdrükke, die im Jahr 1920 durch den indischen Physiker Meghnad Saha aufgestellt wurden. Sie erlauben die Berechnung der Atomanzahl in jedem der für Atome und Elektronen möglichen Ionisationsstadien im Zustand des → *thermodynamischen Gleichgewichts* für eine bestimmte Temperatur. Bedeutung haben die Saha-Gleichungen für die Interpretation von Sternspektren und Zustandsberechnungen der Sternatmosphären.

säkular Andauernder oder sich auf nicht-periodische Art wiederholender Prozeß, der sich in langen Zeiträumen bemerkbar macht.

säkulare Beschleunigung Systematischer Anstieg in der Geschwindigkeit des Mondes während des Umlaufs der Erde als Folge der irdischen Gezeitenwirkung und der Anziehungskräfte der anderen Planeten.

säkulare Parallaxe Winkelverschiebung einer Sternposition während eines bestimmten Zeitintervalls. Hervorgerufen durch die Bewegung der Sonne im Raum relativ zu den Positionen der → *Sterne* in der lokalen Umgebung. Die Messung der säkularen Parallaxe ist eine Methode, um die Entfernungen näher gelegener Sternhaufen zu ermitteln. Sie beruht auf der Annahme, daß die individuellen Eigenbewegungen der Mitglieder innerhalb eines Sternhaufens im Mittel um den Wert Null streuen. In die Berechnungen fließt auch die Relativgeschwindigkeit der Sonne von 19,5 km/s ein, woraus sich ergibt, daß die Sonne eine jährliche Strecke von 4,11 AE zurücklegt.

Salpeter-Funktion Einfache theoretische Beziehung, benannt nach dem Theoretiker Edwin E. Salpeter (geb. 1924), welche die Entstehungsrate von Sternen verschiedener Masse pro Volumeneinheit in der Galaxie angibt. Die Salpeter-Funktion, auch bekannt als anfängliche Leuchtkraftfunktion, ist proportional zu $M^{-2,35}$, wobei M die Masse eines Sterns bezeichnet.

Salpeter-Prozeß Andere Bezeichnung für den Trippel-Alpha-Prozeß.

Salyut Typus sowjetischer Raumstationen. Insgesamt sieben wurden zwischen 1971 und 1982 in eine Erdumlaufbahn befördert. Die Versorgung der Raumstationen von der Erde aus ermöglichte den Kosmonauten einen Aufenthalt von mehreren Monaten an Bord.

SAO Abkürzung entweder für → *Smithsonian Astrophysical Observatory* oder für das → *Special Astrophysical Observatory* der Russischen Akademie der Wissenschaften.

SAO-Sternkatalog Abkürzung für den Sternkatalog des *Smithsonian Astrophysical Observatory.* Dieser umfangreiche Katalog enthält die Daten von 259 000 Sternen bis zur Grenzgrößenklasse 9. Er wurde 1966 erstmals veröffentlicht, die → *Epoche* der Sternpositionen bezieht sich auf das Jahr 1950.0.

SAR Abkürzung für → *Synthese-Apertur-Radar.*

Sarosperiode Zeitabschnitt, in dem sich die Reihenfolge von Mond- und Sonnenfinsternissen wiederholt. Die Dauer von 6585,32 Tagen (das sind über 18 Jahre) ist seit der Antike bekannt. Nach dieser Periode befinden sich Erde, Sonne und Mond wieder in denselben relativen Stellungen zueinander. Jede Sarosfinsternis ereignet sich im folgenden Zyklus 8 Stunden später und fällt etwa 120 Längengrade weiter westlich aus. Dies war auch den Astronomen der babylonischen und der Maya-Kulturen bekannt, ebenso wie den Erbauern von → *Stonehenge.*

SAS Abkürzung für → *Small Astronomy Satellite* (Kleiner Astronomie-Satellit).

Satellit Bezeichnung für einen Körper, der um einen massereicheren, zumeist auch größeren Mutterkörper kreist. Die meisten Planeten im Sonnensystem besitzen natürliche Satelliten, die Monde. Daneben befinden sich künstliche, von Menschenhand erbaute Satelliten in Umlaufbahnen um die Erde, andere Monde oder Planeten.

Satellitengalaxie Als solche werden Zwerggalaxien bezeichnet, die ein massereicheres, größeres Sternsystem umkreisen. So begleiten eine Vielzahl von Satellitengalaxien unsere Milchstraße → *Galaxis* und auch die → *Andromeda-Galaxie* innerhalb der → *lokalen Gruppe*.

Satelliten-Laser-Vermessung (engl. satellite laser ranging, SLR) Eine Technik, die eine extrem genaue Vermessung der Erdrotation und des Schwerefeldes der Erde erlaubt. Vom Boden aus werden Serien von jeweils 4 Zentimeter langen Laserlichtpulsen zu bestimmten Satelliten im Erdorbit hinaufgeschickt, die das Laserlicht wieder zur Erde zurückwerfen. Insgesamt gibt es weltweit 30 derartiger Vermessungsstationen.

Satelliten-Verfolgungs- und Daten-Relais-System (TDRSS) Ein Netzwerk von 4 Satelliten, 1983, 1986, 1988 und 1989 vom Space Shuttle gestartet, um NASA-Raumflugkörper zu verfolgen und Kommandos und ihre Daten effektiver weiterzuleiten, als es mit bodengebundenen Verfolgungssystemen möglich wäre. Es ist das erste weltraumgestützte, globale Verfolgungssystem.

Saturn Der sechste Planet im Sonnensystem, vom Zentrum nach außen gezählt. Saturn gehört zu den vier Gasriesen und ist der zweitgrößte Planet nach Jupiter. Sein Äquatordurchmesser ist 9,4mal größer als der der Erde, seine Masse übertrifft die der Erde um das 95fache. Dennoch beträgt seine durchschnittliche Dichte nur das 0,7fache der Dichte von Wasser. Zum Hauptanteil seiner Masse tragen Wasserstoff und Helium bei. Saturn verfügt über einen inneren Kern, der zehn bis fünfzehn Erdmassen auf sich vereinigt und aus einer Mischung von Gestein und Eis besteht. Die darauffolgende Schicht aus Wasserstoff steht unter extremem Druck, so daß der Wasserstoff hier metallische Eigenschaften annimmt. Die äußere Planetenhälfte besteht aus einer dichten Atmosphäre. Der direkten Beobachtung zugänglich sind Wolkenbänder in der oberen Atmosphäre. Normalerweise weist die Strukturierung der Wolkenbänder bei Saturn keine starken Farbkontraste auf. Dennoch entdeckte man hier Ende September 1990 einen großen, weißen Fleck, der wochenlang anwuchs und schließlich einen großen Teil der Äquatorregion einnahm. Offenbar handelte es sich dabei um aufsteigendes, tieferliegendes Atmosphärenmaterial. Derartige Erscheinungen kehrten bislang in einem regelmäßigen Rhythmus von 30 Jahren wieder, das entspricht etwa der Zeit, die Saturn für einen Sonnenumlauf benötigt. Ähnliche Flecken wurden bereits in den Jahren 1876, 1903, 1933 und 1960 in der nördlichen Hemisphäre des Planeten zur Zeit des Saturnsommers beobachtet.

Durch die elektronische Nachbearbeitung der Photos, welche die Raumsonden → *Voyager 1* und *2* während ihrer Vorbeiflüge 1980 und 1981 von Saturn aufgenommen haben, wurden komplizierte Zirkulationsströmungen enthüllt, wie sie vergleichbar auch bei Jupiter beobachtet werden. Saturn rotiert ziemlich schnell. Der Planet dreht sich einmal in 10 Stunden und 32 Minuten um seine Achse, doch hängt die Rotationsgeschwindigkeit der Wolkenhülle auch von der geographischen Breite ab. Aufgrund der enormen Drehgeschwindigkeit ist Saturn an den Polen deutlich abgeflacht; der polare und der äquatoriale Umfang des Planeten unterscheiden sich um 11 Prozent. Auffälligstes Merkmal sind die spektakulären Ringe, die Saturn umgeben. Die Ringe befinden sich in der Äquatorialebene und sind im Winkel von 27° gegen dessen Bahnebene um die Sonne geneigt. Die Saturnringe können bereits in einem kleinen Teleskop bewundert werden. So wie sich die relativen Positionen von Erde und Saturn ändern, präsentiert sich auch das Ringsystem dem Betrachter unter verschiedenen Blickwinkeln. Manchmal erscheinen die Ringe weit geöffnet, zu anderen Zeiten zeigen sie sich von der Kante, so daß sie sogar für eine Weile unsichtbar werden. Die Ringe scheinen in einer Reihenfolge von Regionen unterschiedlicher Helligkeit geteilt zu sein, die durch dunkle Bereiche voneinander getrennt sind. Die wohl markantesten Teilungen sind die Cassini- und die Enckesche Teilung. Die Photos, die die Voyager-Sonde von den Saturnringen machte, enthüllten ein aus vielen tausend zarten, konzentrischen Reifen bestehendes Ringsystem, das in der Aufsicht einen ähnlichen Anblick wie die Rillen einer Schallplatte bietet. Die Saturnringe sind nur etwa je einen Kilometer dick und bestehen aus einer Vielzahl größerer Gesteinsbrocken und kleinerer Teilchen, die sich wahrscheinlich auf einen Größenbereich zwischen hundert Metern und einem Mikrometer verteilen.

Bis zum Jahr 1980 kannte man insgesamt 10 Satelliten des Saturn. Seither wurden weitere gefunden; einige wurden 1980 mit Hilfe von Teleskopen entdeckt, als das Ringsystem sich von der Kante präsentierte und die Monde vom Streulicht angestrahlt wurden, andere spürten die Raumsonden Voyager 1 und 2 in den Jahren 1980 und 1981 auf. Inzwischen gelten 18 Monde als gesichert, die Existenz dreier weiterer gilt als wahrscheinlich. Möglicherweise gibt es aber noch mehr Monde, die bislang jedoch noch nicht bestätigt werden konnten.

Siehe auch → *Planetenringe*, → *Tabelle 5*, → *Tabelle 6* und → *Tabelle 7*

Saturn-Nebel (NGC 7009) Ein → *Planetarischer Nebel* im Sternbild Aquarius. Seine ungewöhnliche Gestalt mit einem schwach leuchtenden äußeren Teilring erinnert an den Planeten Saturn. Bei dem Doppelring könnte es sich um die Überreste einzelner Schalen handeln, die der Zentralstern abgestoßen hat.

Schäferhund-Monde Natürliche Satelliten eines Planeten, die oft paarweise auftreten und deren Schwerkrafteinflüsse ausreichen, um das Material eines planetarischen Rings zusammenzuhalten und diesen so vor der Auflösung zu bewahren. Prometheus und Pandora gehören zu den Schäferhund-Monden innerhalb des F-Ringes von → *Saturn*.

Schaltjahr Ein Jahr mit 366 anstelle 365 Tagen. Schaltjahre sind ein Merkmal des → *Julianischen Kalenders* und des → *Gregorianischen Kalenders*. Sie wurden eingeführt, damit der Kalender stets mit den Jahreszeiten übereinstimmt.

Schaltsekunde → *Weltzeit*.

Scheat (Beta Pegasi; β Peg) Zweithellster Stern im Sternbild Pegasus. Es handelt sich um einen → *Überriesen* und Stern des → *Spektraltyps* M, dessen Helligkeit zwischen den Größenklassen 2,4 und 2,8 schwankt. Der Name des Sterns leitet sich aus dem Arabischen ab und bedeutet »die Schulter«.

Schedar (Schedir, Alpha Cassiopeiae; α Cas). Hellster Stern im Sternbild Cassiopeia. Ein → *Überriese* des → *Spektraltyps* K mit einer scheinbaren Helligkeit von rund 2,2 Größenklassen, die aber ein wenig variiert. Der arabische Name bedeutet soviel wie »die Brust«.

Scheibe Jede relativ dünne, flache, kreisförmige Struktur, insbesondere der Hauptteil einer Spiralgalaxie, der die Spiralarme enthält. Die kreisförmigen Figuren, die die Sonne, der Mond und die Planeten am Himmel darstellen, bezeichnet man auch als Scheibe.

Scheibengalaxie Eine → *Spiralgalaxie*, die den größten Anteil ihres interstellaren Gases durch Wechselwirkung mit dem intergalaktischen Medium in einem → *Galaxienhaufen* verloren hat.

Scheibenstern Ein Stern, der in der Scheibe einer Spiralgalaxie steht im Gegensatz zum → *galaktischen Halo*.

scheinbar Ein Adjektiv, das in Verbindung mit astrophysikalischen Größen (wie in »scheinbare Helligkeit«) benutzt wird, mit der Bedeutung: wie von einem Beobachter auf der Erde oder an sonst einem speziellen Ort wahrgenommen. Berechnungen oder Korrekturen sind notwendig, um die absoluten Größen abzuleiten.

scheinbare Helligkeit (Symbol m) Ein Maß für die relative Helligkeit eines Sterns (oder eines anderen Himmelsobjekts), wie sie dem Beobachter auf der Erde erscheint. Die scheinbare Helligkeit hängt von dem absoluten Betrag der emittierten (oder reflektierten) Lichtenergie und der Entfernung des Objekts ab.

Um auch sehr helle Objekte berücksichtigen zu können, geht die Skala über Null hinaus zu negativen Zahlen. Die scheinbare Helligkeit des Mondes ist z. B. –12,6 und die des Planeten Venus im Maximum –4,7. Mit dem Begriff scheinbare Helligkeit ohne weitere Spezifizierung meint man normalerweise die scheinbare visuelle Helligkeit, die relative Helligkeit im visuellen Teil des Spektrums. Siehe auch → *absolute Helligkeit*, → *Magnitudo*, → *Photometrie*

scheinbare Leuchtkraft Die → *Leuchtkraft* eines Sterns oder eines anderen astronomischen Objekts, die dem Beobachter auf der Erde vorhanden zu sein scheint. Die scheinbare Leuchtkraft hängt von der gegenwärtigen Energieabgabe des Objekts und seiner Entfernung ab.

scheinbarer Ort Die Position an der Himmelssphäre, die ein Objekt vom Zentrum der Erde aus gesehen einnehmen würde. Er wird berechnet, indem man die Position bezüglich der Effekte der Tagesparallaxe, der → *atmosphärischen Refraktion* und der täglichen → *Aberration* korrigiert.

scheinbare Sonnenzeit Ein Maß für die Zeit, das auf der tatsächlichen täglichen Bewegung der wirklichen Sonne basiert. Diese Bewegung ist nicht gleichförmig, da die Bewegung der Sonne am Himmel gegen den → *Himmelsäquator* geneigt ist und weil die Umlaufbahn der Erde um die Sonne elliptisch und nicht kreisförmig ist. Scheinbarer Sonnenmittag ist, wenn die Sonne durch den → *Meridian* eines bestimmten Beobachters geht. Ein scheinbarer Sonnentag ist das Zeitintervall zwischen zwei aufeinanderfolgenden Meridiandurchgängen. Der Unterschied zwischen scheinbarer Sonnenzeit und mittlerer Sonnenzeit, der über das Jahr schwankt, ist die → *Zeitgleichung*.

Schickard Ein Mondkrater mit einem Durchmesser von 227 Kilometern, unweit des südwestlichen Mondrands gelegen. Der dunkle Kraterboden läßt darauf schließen, daß dieser von Lava überflutet wurde.

Schiefe der Ekliptik (Symbol ϵ) Die Neigung des Erdäquators gegen die → *Ekliptik*, deren Wert gegenwärtig etwa 23°26' beträgt. Durch die → *Nutation* und die → *Präzession* schwankt der Winkel zwischen 21°55' und 24°18'.

Schiff Deutscher Name für das veraltete Sternbild → *Argo Navis*.

Schild Deutscher Name des Sternbilds → *Scutum*.

Schildvulkan Großflächiger Vulkan mit flach geneigten Hängen. Baut sich aus vielen Schichten dünnflüssiger Lavaergüsse auf und weist eine zentrale Öffnung auf. Die Dicke der einzelnen Schichten beträgt manchmal nur wenige Meter, doch mit der Zeit können sie sich zu einem beachtlichen Vulkankegel aufwölben. Typischerweise liegt die Hangneigung unter 10°. Auf dem Gipfel findet sich eine breite Einsenkung in Form eines flachen Kraters, die sog. Caldera.

Schlange Bezeichnung für das Sternbild Serpens.

Schlangenträger Bezeichnung für das Sternbild Ophiuchus.

Schleudergußverfahren Methode, die an der Universität von Arizona entwickelt wurde, um große, parabolisch gekrümmte Teleskopspiegel herstellen zu können. Dazu rotiert geschmolzenes Glas in der drehbaren Gußform, während es langsam abkühlt. Das Zusammenspiel von Schwerkraft und Zentrifugalkraft sorgt dafür, daß der Spiegel die gewünschte Form erhält. Mit dem Schleudergußverfahren hergestellte Spiegel brauchen nicht mehr geschliffen, sondern nur noch poliert zu werden, was von vornherein erhebliche Mengen Glas einspart und somit kostengünstiger als konventionelle Verfahren ist.

Schlüsselloch-Nebel (NGC 3372) Ein dunkler Staubnebel in der Nähe des Zentrums des → *Eta Carinae-Nebels*, der den Namen aufgrund seiner Form erhalten hat. Das »Auge« im Schlüsselloch ist eine Gasblase, die mit einer Geschwindigkeit von 40 km/s expandiert.

Schmalband-Photometrie Die Messung von Sternhelligkeiten in einem sehr engen

Welllenlängenbereich von typischerweise weniger als 30 Nanometern Breite. Das weitverbreitetste Schmalbandsystem ist das → *uvby-System.* Man erreicht die Schmalbandigkeit mit Hilfe von Standardfiltern. Mit den gemessenen Schmalband-Helligkeiten lassen sich wichtige physikalische Grundgrößen der Sterne schneller und einfacher bestimmen als mit spektroskopischen Methoden, und sie eignen sich für statistische Studien von Sterngruppen.

Schmetterlingsdiagramm Eine graphische Darstellung der Variation des Auftretens von → *Sonnenflecken* mit der solaren Breite während eines Sonnenzyklus. Es wurde erstmals von E. W. Maunder gezeichnet und ist auch als Maunder-Diagramm bekannt. Auf einem Graph mit der solaren Breite als senkrechter Achse und der Zeit in Jahren als horizontaler Achse wird für jeden Sonnenfleck innerhalb einer → *Carrington-Rotation* eine senkrechte Linie an der Stelle des betreffenden Breitengrads über einen Breitengrad gezogen. Das Ergebnis ist (siehe Abbildung) ein Muster, das an Schmetterlingsflügel erinnert und das diesem Diagramm seinen populären Namen gegeben hat.

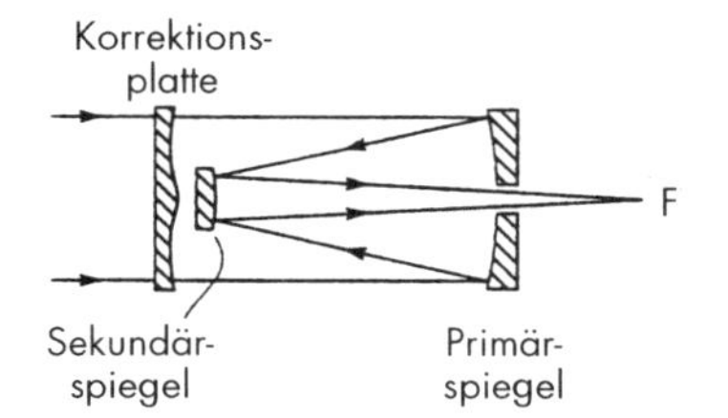

Schmidt-Cassegrain-Spiegelteleskop. Schematisches Diagramm des optischen Aufbaus.

Schmidt-Cassegrain-Spiegelteleskop Typus eines optischen Teleskops. Es vereinigt Merkmale sowohl der → *Schmidt-Kamera* als auch des → *Cassegrain-Teleskops.*
Das Schmidt-Cassegrain-Spiegelteleskop ist mit einem sphärisch geschliffenen Hauptspiegel und einer Korrektionsplatte zum Ausgleich der sphärischen Aberration (Verzeichnung) ähnlich wie die Schmidt-Kamera ausgestattet (siehe Abbildung). Der Plattenhalter für den Primärfokus wurde jedoch durch einen kleinen, konvex geschliffenen Hilfsspiegel ersetzt. Dieser reflektiert das auf den Hauptspiegel auftreffende Licht und lenkt es durch eine Bohrung im Hauptspiegel. Durch diese Anordnung wird eine Vergrößerung der Teleskopbrennweite erreicht. Das entstehende Bild kann der Beobachter durch ein Okular betrachten oder es kann von einer Kamera festgehalten werden, die hinter dem Hauptspiegel angebracht ist. Es ist ein sehr kompakter Teleskop-Typus, der sich gut für transportable Amateur-Fernrohre und zu Unterrichtszwekken eignet.

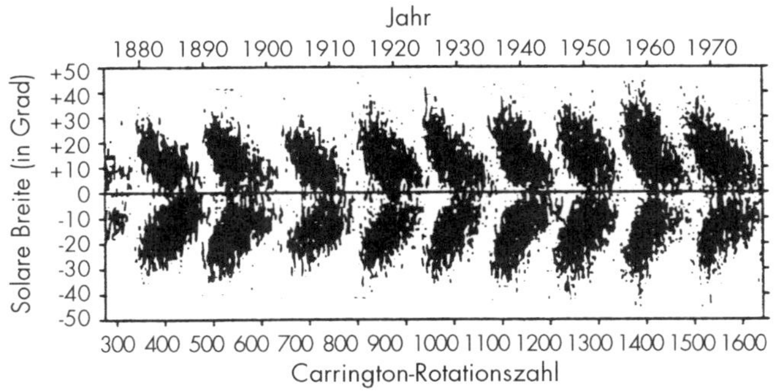

Schmetterlingsdiagramm. Es zeigt, wie sich die Verteilung der Sonnenflecken in der solaren Breite mit der Zeit verändert.

Schmidt-Kamera Typus eines astronomischen Weitwinkel-Spiegelteleskops, das ausschließlich zu photographischen Zwecken genutzt wird. Es wurde erstmals 1930 von dem Optiker Bernhard Schmidt gebaut. Als lichtsammelnde Fläche wird ein sphärischer, also kugelförmig geschliffener Spiegel eingesetzt (siehe Abbildung). Die Abbildungsfehler des Spiegels für sphärische Aberration werden durch eine kompliziert geschliffene Korrektionsplatte aus dünnem Glas ausgeglichen, die sich in der doppelten Brennweite vor dem Spiegel befindet. Das Bild entsteht in der Mitte zwischen Korrektionsplatte und Spiegel, und zwar nicht als ebene Abbildung, sondern auf einer Kugelfläche. Die daher auch kugelig durchgebogene Photoplatte wird im Primärfokus plaziert. Um die Photoplatte in der Brennebene zu arretieren, ist eine besondere Halterung nötig. Mit Hilfe dieser Optik ist es möglich, scharfe punktförmige Abbildungen von Sternen über ein sehr großes Bildfeld von einigen 10 Grad Durchmesser zu erhalten.

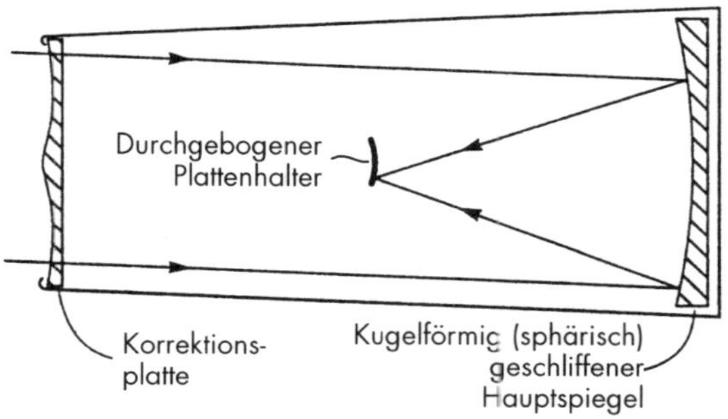

Schmidt-Kamera. Schematisches Diagramm des optischen Aufbaus.

Schmuckkästchen (NGC 4755) Ein offener Sternhaufen im Sternbild Kreuz des Südens. Sein hellstes Mitglied ist der blaue Überriese Kappa Crucis mit der Helligkeit 6. Es enthält blaue und rote Überriesen, die in einem kleinen Teleskop eine eindrucksvolle Erscheinung darstellen. John Herschel soll dem Haufen wegen dieses Farbkontrastes den Namen gegeben haben. Der Sternhaufen steht in einer Entfernung von 7800 Lichtjahren.

Schmutziger-Schneeball-Modell Eine populäre Beschreibung der Struktur von Kometen, von denen man annimmt, daß sie aus Wasser-, Methan- und Ammoniak-Schnee bestehen, in dem Staubpartikel von Mineralien und Metallen eingebettet sind. Das Modell wurde erstmals 1949 von F. Whipple vorgeschlagen.

Schnelläufer Ein junger, heißer Stern mit ungewöhnlich hoher Raumgeschwindigkeit. Man vermutet, daß diese Objekte ehemals Komponenten in einem Doppel- oder Mehrfachsystem waren, in dem die andere Komponente als → *Supernova* explodierte.
Drei bekannte Vertreter sind My (μ) Columbae, AE Aurigae und 53 Arietis. Aus ihren Geschwindigkeiten und Bewegungsrichtungen ließ sich ermitteln, daß alle drei Objekte vor etwa drei Millionen Jahren in einem gemeinsamen Gebiet im Sternbild Orion gestartet sind.

Schockwelle (Schockfront) Unregelmäßige Verteilung von Dichte und Druck, die sich in einem Festkörper, einer Flüssigkeit oder in einem Gas mit Überschallgeschwindigkeit ausbreitet. Schockwellen werden normalerweise durch Einschläge oder Explosionen verursacht.

Schönberg-Chandrasekhar-Grenze Obere Massegrenze, an der ein → *Hauptreihenstern* noch in der Lage ist, in seinem Kern Wasserstoff zu Helium durch atomare Kernfusion zu verschmelzen, bevor das Wasserstoffbrennen im Zentrum erlischt und die Fusion von Wasserstoff zu Helium nur noch in einer äußeren Schale um den Kern abläuft. Dies tritt ein, wenn der Stern im Laufe seiner Entwicklung etwa 12 Prozent seines ursprünglichen Wasserstoffvorrats verbraucht hat. Er wandert dann im → *Farben-Helligkeits-Diagramm* nach rechts und entwickelt sich zum → *Roten Riesen.*

Schröter-Effekt Unterschied zwischen beobachteter und vorhergesagter Venusphase während der Zeit der Dichotomie (Halbphase). Die östliche Dichotomie (Abendsichtbarkeit, bei abnehmender Venus) tritt gewöhnlich einige Tage zu früh ein, und bei westlicher Dichotomie (Morgensichtbarkeit) bei zunehmender Venus einige Tage zu spät. Bislang ist die Ursache nicht sicher erkannt, jedoch wäre es möglich, daß die Terminatorregion (die Grenze zwischen Tag und Nacht) weniger hell erscheint als die übrige erleuchtete Venushälfte. Johann Schröter (1745–1816) entdeckte 1793 als erster das Phänomen.

Schröters Tal (Vallis Schröteri) Verschlungenes Mondtal in der Region des Oceanus Procellarum. Ausgangspunkt ist ein kleiner Krater in unmittelbarer Nähe der nördlichen Wand des Kraters Herodotus. Von dort zieht es sich über eine Länge von rund 200 Kilometern hin.

Schwan Deutscher Name des Sternbilds → *Cygnus.*

Schwan-Nebel Anderer Name für den → *Omega-Nebel.*

Schwarzer Tropfen Ein Illusionseffekt, den man beobachten kann, wenn Venus oder Merkur die Sonne kreuzen und die schmale, dunkle Scheibe des Planeten nahe dem Sonnenrand steht. Wenn die Ränder der Sonne und des Planeten sich noch nicht ganz berühren, scheint ein kleiner schwarzer Fleck oder Tropfen sie zu verbinden.

Schwarzer Zwerg Ein toter Stern, der keine eigene Leuchtkraft mehr besitzt. Die letzte leuchtende Entwicklungsphase eines Sterns, der weniger als 1,4 Sonnenmassen besitzt, ist die eines → *Weißen Zwergs.*
Da in einem Weißen Zwerg keine neue Energie erzeugt wird – jede mögliche Energiequelle ist erschöpft –, ist das endgültige Schicksal des Sterns das langsame Erkalten und Verblassen zu einer stellaren »Leiche«. Das Universum ist jedoch noch nicht alt genug, als daß sich ein Schwarzer Zwerg hätte bilden können.

Schwarzes Loch (Black Hole) Ein Raumgebiet, in dem die Gravitationskraft so groß ist, daß nicht einmal Licht entkommen kann. Schwarze Löcher bilden sich, wenn Materie katastrophenartig in sich zusammenstürzt, so daß mehr als der Betrag einer kritischen Masse in einem besonders kleinen Gebiet konzentriert ist.
Stellare Schwarze Löcher bilden sich vermutlich, wenn massereiche Sterne explodieren, falls der zentrale Reststern mehr als drei Sonnenmassen behält. Um ein Schwarzes Loch zu erzeugen, müssen mehrere Sonnenmassen Materie in einen Durchmesser von nur wenigen Kilometern gepackt werden.
Man vermutet, daß sich Mini-Schwarze-Löcher aus den starken Dichtefluktuationen gebildet haben könnten, unter den Bedingungen, die im jungen Universum vorherrschten. Der Einfall von Materie auf supermassereiche Schwarze Löcher ist als Erklärung für die extrem hohe Energieproduktion in gewissen → *aktiven galaktischen Kernen* und → *Quasaren* vorgeschlagen worden.
Schwarze Löcher können nicht direkt beobachtet werden: Ihre Existenz kann man nur indirekt nachweisen über ihren Gravitationseffekt und durch Strahlung, die von einfallender Materie emittiert wird. Die stellare Röntgenquelle → *Cygnus X–1* ist ein Doppelstern, in dem eine Komponente vermutlich ein Schwarzes Loch ist. Aus Beobachtungen der sichtbaren Komponente kann man die Masse und die Bahn seines dunklen kompakten Begleiters ableiten. Die Röntgenstrahlung rührt von der Energie her, die beim Einfall von Materie auf den kompakten Stern freigesetzt wird.
Siehe auch → *Kerr-Metrik,* → *Schwarzschild-Radius*

Schwarzkörper Ein Körper, der alle Strahlung absorbiert, die auf ihn fällt. Solch ein Körper ist eine theoretische Idealisierung; die beste Annäherung, die man im Labor erreichen kann, ist ein kleines Loch in einem Hohlkörper, der auf konstanter Temperatur gehalten wird. Die Intensität der von einem Schwarzen Körper emittierten Strahlung und die spektrale Verteilung hängen nur von der Temperatur des Körpers ab und können quantentheoretisch vorhergesagt werden.

Schwarzkörperstrahlung Die Strahlung, die von einem → *Schwarzkörper* emittiert wird. Die Intensität der Strahlung in Funktion der Wellenlänge hängt nur von der Körpertemperatur ab. Die Funktion, die die Intensitätsverteilung mit der Wellenlänge zeigt, wird oft Planck-Kurve genannt nach dem Physiker Max Planck, der diese Beziehung beschrieb. Die Planck-Kurven sind hügelförmig, mit einem klar definierten Maximum (siehe Abbildung). Die Wellenlänge des Maximums nimmt mit der Schwarzkörper-Temperatur so ab, daß das Produkt aus Wellenlänge und absoluter Temperatur konstant ist. Die insgesamt von einem Schwarzkörper emittierte Leistung ist proportional zu seiner Fläche und der vierten Potenz seiner Temperatur (T^4).

Schwarzschild-Metrik Die → *Metrik* der Raumzeit, wie sie für eine kugelförmigen Masse benutzt wird. Die mathematische Beschreibung des Schwerefeldes einer kugelförmigen Masse, wie sie Karl Schwarzschild 1915 berechnet hat, fand bis in die 50er Jahre dieses Jahrhunderts kaum Beachtung, bis Kosmologen diese Metrik wieder aufleben ließen. Sie führt direkt zum Konzept der → *Schwarzen Löcher.*

Schwarzschild-Radius Kritischer Radius, bei dem die Raumzeit um eine kugelförmige Masse so gekrümmt wird, daß diese den Körper völlig einhüllt und ihn ganz abschließt. Schrumpft ein Objekt unter seinen Schwarzschild-Radius, so entsteht ein → *Schwarzes Loch,* aus dem nichts mehr nach außen gelangen kann. Der Schwarzschild-Radius eines Körpers mit der Masse der Sonne liegt bei 3 Kilometern, für ein Objekt mit einer Erdmasse beträgt er 1 Zentimeter.

Schwassmann-Wachmann 1 Komet → *Komet P/Schwassmann-Wachmann 1.*

Schwedisches ESO-Submillimeter-Teleskop → *Submillimeter-Astronomie.*

Schwerkraft → *Gravitation.*

Schwert des Orion Wird aus den Sternen Theta (θ) und Iota (ι) des Sternbilds → *Orion* gebildet. Diese werden für gewöhnlich in Form eines Schwertes dargestellt, das am Gürtel des mythologischen Jägers Orion befestigt ist.

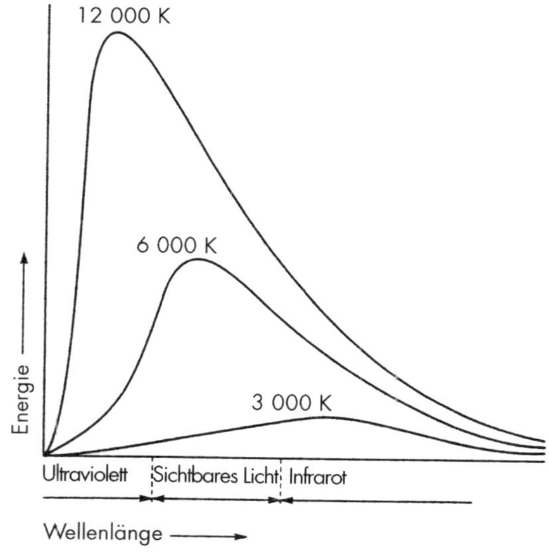

Schwarzkörperstrahlung. Die Verteilung der Strahlungsintensität mit der Wellenlänge für einen Schwarzkörper der Temperatur 12 000, 6000 und 3000 Kelvin. Dies sind typische Oberflächentemperaturen von Sternen. Die Form der Kurven verdeutlicht die Unterschiede in Farbe und Leuchtkraft kühler und heißer Sterne.

Schwertfisch Sternbild → *Dorado.*

Scopulus (pl. Scopuli) Ausdruck für unregelmäßig verlaufende Spalte auf der Oberfläche eines Planeten.

Scorpio Anderer (vor allem in der Kunst des Sterndeutens benutzter) Name des Sternbilds → *Scorpius.*

Scorpius (Der Skorpion) Ausgedehntes, helles Sternbild des südlichen Tierkreises, das sich unter den bereits von Ptolemäus (140 n. Chr.) aufgeführten Sternbildern befindet. Hellster Stern der 1. Größenklasse ist → *Antares.* Insgesamt sind 16 weitere Sterne heller als 4. Größenklasse. Scorpius ist vor allem unter Sterndeutern als Scorpio bekannt. Siehe auch → *Tabelle 4*

Scorpius X–1 Hellste Röntgenquelle des Himmels und die erste, die überhaupt entdeckt wurde. Dahinter verbirgt sich ein Röntgenstrahlen aussendendes Doppelsternsystem geringer Masse. Man nimmt an, daß die Röntgenstrahlung von einem → *Neutronenstern* ausgeht, den eine → *Akkretionsscheibe* umgibt.

Sculptor (Der Bildhauer) Ein schwaches, unauffälliges Sternbild am südlichen Himmel. Es wurde von Nicolas L. de Lacaille Mitte des 18. Jahrhunderts eingeführt. Seine vier hellsten Sterne zählen alle zur 4. Größenklasse. Siehe auch → *Tabelle 4*

Scutum (Das Schild) Kleines Sternbild in der Nähe des Himmelsäquators, das von Johannes Hevelius im ausgehenden 17. Jahrhundert mit der Bezeichnung Scutum Sobieskii zu Ehren seines Patrons, König Johann Sobieski III., eingeführt wurde. Keiner der Sterne ist heller als 4. Größenklasse, obgleich die Konstellation in einer sternreichen Region der Milchstraße liegt. Bemerkenswert ist der Sternhaufen M11, der gelegentlich mit einem »Zug wilder Enten« verglichen wird. Siehe auch → *Tabelle 4*

S Doradus-Stern Andere Bezeichnung für → *P Cygni*-Stern. Bei dem eigentlichen Stern S Doradus handelt es sich um einen Veränderlichen in der Großen → *Magellanschen Wolke* von etwa 11. Größenklasse. Er hat eine sehr hohe Masse – rund 60 Sonnenmassen. Es handelt sich sowohl um einen leuchtkräftigen Stern als auch um eine prächtige Nova.

Sedimentgesteine Gesteine, die sich aus den Überresten bereits früher existierender Gesteine aufbauen (auf der Erde können Sedimentgesteine auch aus den festen Überresten toter Organismen entstanden sein) und als Schichten – etwa auf dem Meeresboden – abgelagert werden.

Seeing Astronomische Bezeichnung für die kurzfristige Luftunruhe, die sich bei astronomischen Beobachtungen bemerkbar macht. Sie verursacht das Flimmern und das Verschmieren der ansonsten punktförmigen Sterne. Bei guten Sichtbedingungen sind deren Bilder scharf und ruhig, bei schlechtem Seeing dagegen wirken diese verwaschen und scheinen zu flackern. Amateurastronomen benutzen gelegentlich eine Skala, welche die Seeing-Güte nach römischen Ziffern einteilt: Danach bedeutet I ausgezeichnet, II-III durchschnittlich, IV dürftig und V ausgesprochen schlecht. Die Skala beruht auf Eugenios Antoniadi (1870–1944). Das Seeing kann aber auch quantitativ in Form des → *Auflösungsvermögens* in Bogensekunden angegeben werden.

Seeschlange Bezeichnung für das Sternbild → *Hydra.*

Segel Bezeichnung für das Sternbild → *Vela.*

Sekundärspiegel Hilfsspiegel bei einem Radioteleskop in Cassegrain-Bauweise. Dieser empfängt das zunächst auf den Parabolspiegel auftreffende Signal und leitet es durch ein Loch in den Brennpunkt über der Parabolantenne weiter. Damit hat der Sekundärspiegel die gleiche Funktion wie der Hilfsspiegel im Tubus eines optischen Spiegelteleskops.

Sekunde Einheit des Zeitmaßes. Wird im Internationalen Einheitensystem (Système International oder SI) mit »der Dauer von 9 192 631 770 Schwingungen des Cäsiumisotops 133 beim Übergang zwischen den beiden Hyperfeinstrukturniveaus des Grundzustands« definiert. Siehe auch → *Bogensekunde*

Selenographie Lehre von den Mondgesteinen sowie der Oberfläche und dem Inneren des Mondes: lunare Entsprechung der Geologie.

selenozentrisch Auf dem Mond befindlich.

SERC Abkürzung für British Science and Engineering Research Council.

Serpens (Die Schlange) Eines der insgesamt 48 bei Ptolemäus (140 n. Chr.) aufgeführten Sternbilder und das einzige, das in zwei Teile zerfällt, die durch das Sternbild Ophiuchus (Schlangenträger) getrennt werden. Die beiden Teile werden mit Serpens Caput (Haupt der Schlange) und Serpens Cauda (Schwanz der Schlange) benannt. Insgesamt finden sich im Sternbild Serpens neun Sterne, die heller als 4. Größenklasse sind. Siehe auch → *Tabelle 4*

Serrurier-System Verstrebung, die am offenen Tubus großer Spiegelteleskope angebracht ist. Sie ermöglicht die gleichmäßige Rohrbiegung, wenn das Teleskop in eine andere Lage gebracht wird. Bei den größten Teleskopen ist es nicht möglich, einen völlig starren Tubus herzustellen. Die technische Lösung, die Mark Serrurier für den 200-inch(5-Meter)-Spiegel des → *Hale-Teleskops* vorschlug, erlaubte eine Biegung, ohne daß dadurch die optische Achse des Teleskops verzogen wurde.

SEST Abkürzung für das schwedische ESO-Submillimeter-Teleskop. Siehe auch → *Submillimeter-Astronomie*

SETI Engl. Abkürzung für das Programm der NASA: »Search for Extraterrestrial Intelligence«, zu deutsch »Suche nach außerirdischer Intelligenz«. Das wichtigste Instrument ist ein Spektralanalysegerät, mit dem 8 Millionen Frequenzkanäle gleichzeitig empfangen werden können, das zudem eine sehr hohe Empfindlichkeit auszeichnet. Die Suche nach Signalen künstlicher Herkunft wird mit Hilfe von Computern durchgeführt. Das Experiment wird durch das größte Radioteleskop der Welt, das 305-Meter-Teleskop in Arecibo/ Puerto Rico, unterstützt.

Sextans (Der Sextant) Schwach leuchtendes Sternbild des südlichen Himmels, das im späten 17. Jahrhundert von Johannes Hevelius eingeführt wurde, wohl zum Gedenken an jenes Instrument, das er für seine astronomischen Beobachtungen benutzte. Der hellste Stern ist 4,5. Größenklasse. Siehe auch → *Tabelle 4*

Sextant Deutscher Name für das Sternbild → *Sextans.*

Seyfert-Galaxie Galaxientypus mit leuchtkräftigem, punktförmigem Kern und kaum ausgeprägten Spiralarmen, der zuerst von Carl Seyfert im Jahr 1943 beschrieben wurde. Die Seyfert-Galaxien gehören zu den aktiven Galaxien und sind mit den → *Quasaren* verwandt. Die alte Klassifikation zweier Typen von Seyfert-Galaxien nach dem Vorkommen schmaler und breiter Emissionslinien im Spektrum mußte fallengelassen werden, da dieses mutmaßliche Charakteristikum vom Blickwinkel auf das Zentrum der Galaxie abhängig ist. Diese Entdeckung zog ein neues vereinheitlichtes Modell der Seyfert-Galaxien nach sich. Danach ist der Kern von einem rotierenden Ring aus Molekülwolken und Staub umgeben und für das Auftreten schmaler Emissionslinien verantwortlich. Schaut man dagegen entlang der Torusachse auf das Zentrum, sieht man im Spektrum nur breite Emissionslinien. Etwa 1 Prozent aller Spiralgalaxien gehören zu den Seyfert-Galaxien. Viele sind relativ starke Infrarotquellen; in einigen Fällen stellt sich ihr Kern als schwache Radioquelle heraus. Helligkeitsveränderungen des Kerns sind nichts Ungewöhnliches.

Seyferts Sextett (NGC 6027) Eine Gruppe von miteinander wechselwirkenden Galaxien im Sternbild Serpens. Der Verband besteht aus fünf Galaxien, welche die dominierende Galaxie in einer riesigen Wolke ausgestoßener Gase umgeben. Bei dem vorherrschenden Sternsystem handelt es sich um eine Spiralgalaxie, die drei der sie aus der Gruppe begleitenden Galaxien in ihrem Schwerefeld gefangenhält. Die Entfernung beträgt 260 Millionen Lichtjahre. Die fünfte Galaxie ist ein Spiralsystem, das fünfmal weiter entfernt ist und nur zufällig an der gleichen Stelle am Himmel steht.

Shapley-Ames-Katalog Ein Katalog, der 1249 Galaxien heller als 13. Größenklasse aufführt. Er wurde in den Jahren 1930 bis 1932 während einer photographischen Himmelsdurchmusterung vom Harvard College Observatorium erstellt. Veröffentlicht wurde das Werk in den Annalen des Observatoriums, Band 88, Teil 2.

Shapley-Linse Eine in den Lichtweg eines Teleskops gesetzte Sammellinse zur Reduktion der effektiven Brennweite.

Shaula (Lambda Scorpii; λ Sco) Zweithellster Stern im Sternbild Scorpius, er markiert den Stachel des Skorpions. Es handelt sich um einen → *B-Stern* der Größenklasse 1,6. Siehe auch → *Tabelle 3*

Shemakha Astrophysikalisches Observatorium, Forschungsinstitut der Akademie der Wissenschaften in Aserbaidschan, das in den 60er Jahren dieses Jahrhunderts gegründet wurde. Es befindet sich 22 Kilometer von dem Dorf Shemaka entfernt und liegt im Kaukasus in einer Höhe von 1400 Metern. Wichtigstes Instrument ist ein 2-Meter-Spiegelteleskop.

Shergottiten Typus von → *Steinmeteoriten*, die aus basaltartigem Gestein bestehen. Zusammen mit den Nakhliten und Chassigniten zählen die Shergottiten zur Klasse der → *SNC-Meteorite* (die Abkürzung ist eine Zusammenziehung der Anfangsbuchstaben der drei Meteoritentypen). Von den SNC-Meteoriten nimmt man an, daß sie von der Oberfläche des Mars stammen. Die Bezeichnung Shergottite bezieht sich auf den Fundort des Meteoriten, Shergotty in Indien.

Sichel Gruppierung, die durch die Sterne Alpha (α), Eta (η), Gamma (γ), Zeta (ζ), My (μ) und Epsilon (ε) im Sternbild → *Leo* gebildet wird. So benannt wegen ihrer sichelförmigen Gestalt.

Sidereus nuncius Ein Buch, das Galileo Galilei im Jahr 1610 veröffentlichte und in dem er seine ersten astronomischen Beobachtungen mit einem Teleskop darlegte. Der lateinische Titel bedeutet soviel wie »Sternenbote«.

siderisch Auf die Sterne bezüglich.

siderische Periode Zeitdauer, die ein Planet oder Satellit für einen vollständigen Umlauf um den Hauptkörper relativ zu den Sternen benötigt.

siderische Rate (Nachführrate) Maß, um den ein äquatorial montiertes Teleskop entlang seiner Polachse nachgeführt werden muß, um die Bewegung der Erdrotation auszugleichen und auf denselben Himmelspunkt ausgerichtet zu bleiben. Dazu ist eine volle Umdrehung in 23 Stunden, 56 Minuten und 4 Sekunden nötig.

siderischer Monat Dauer eines Mondumlaufs um die Erde bezüglich der Sterne. Die Dauer eines siderischen Monats beträgt 27,32166 Tage.

siderischer Tag Zeitraum einer Erdumdrehung unter der Berücksichtigung der Sterne (dazu ist ein festgelegter Bezugspunkt nötig). Formal als Zeitintervall zwischen zwei oberen Kulminationen des Frühlingspunktes (Nulldurchgängen der Rektaszension) festgelegt. Die Dauer eines siderischen Tages beträgt 23 Stunden, 56 Minuten und 4 Sekunden.

siderisches Jahr Umlaufzeit der Erde um die Sonne bezüglich der Sterne. Seine Dauer beträgt 365,25636 Tage und ist wegen des Effekts der → *Präzession* um 20 Minuten länger als das → *tropische Jahr*.

siderische Zeit Zeitrechnung, die auf einer Erdrotation bezüglich der Sterne beruht (während die mittlere Sonnenzeit die Grundlage für die → *bürgerliche Zeit* darstellt). Die lokale siderische Zeit an einem bestimmten Ort auf der Erdoberfläche wird durch die Rektaszension des Längenkreises festgelegt. Somit geht aus der siderischen Zeit unmittelbar hervor, ob ein Himmelsobjekt bekannter Rektaszension zu diesem Zeitpunkt sichtbar ist. Zu diesem Zweck sind Observatorien üblicherweise mit Sternuhren ausgestattet.

Siderit Seit langem veraltete Bezeichnung für Stein-Eisen-Meteorit.

Siderostat Spiegel oder Mattscheibe, der fest am Teleskop montiert wird, um das Licht der Sterne auf eine feste Unterlage abzulenken. Auf diese Weise wird die scheinbare Bewegung der Himmelssphäre ausgeglichen.

Siding Spring Observatory → *Mount Stromlo- und Siding Spring-Observatorien.*

Siebengestirn Volkstümliche Bezeichnung für die → *Plejaden*, ein offener Sternhaufen im Sternbild Stier (Taurus).

Siegena Asteroid 386, Durchmesser 173 Kilometer, 1894 von Max Wolf entdeckt.

Silikate Gesteinsbildende Mineralien, bestehen im wesentlichen aus Silizium, Sauerstoff und einigen Metallen. Wasserstoff muß nicht vorhanden sein.

Silizium-Stern Besonderer Typus eines → *A-Sterns*, in dessen Spektrum die Absorptionslinien von Silizium besonders stark ausgeprägt sind. Siehe auch → *Ap-Stern*

SIMBAD Astronomische Datenbank, die dem → *Centre de Données Astronomiques* angeschlossen ist. Das Kurzwort leitet sich aus der Bezeichnung »Set of Identifications, Measurements and Bibliographic references of Astronomical Data« ab (Sammlung für Identifikationen, Messungen und bibliographische Verweise astronomischer Daten). Die Datenbank liefert Kreuzverweise für Sterne, Galaxien, Sternhaufen, Nebel und andere kosmische Objekte und unterstützt die Suche nach grundsätzlichen Fakten sowie Beobachtungs- und bibliographischen Daten.

Singularität Mathematisches Konzept (entspricht mathematisch einer Unstetigkeit). Eine Singularität stellt man sich am besten als eine isolierte Region der Raumzeit vor, innerhalb derer Dinge zu einem ausdehnungslosen Punkt schrumpfen, so daß die uns bekannten physikalischen Gesetze ihre Gültigkeit verlieren. Man nimmt an, daß der → *Urknall* in einer Singularität entstanden ist.

Sinope Kleiner Jupitermond (Nummer IX); wurde 1914 durch S. B. Nicholson entdeckt. Siehe auch → *Tabelle 6*

Sinus Wörtlich »Bucht«; der Ausdruck bezeichnet bestimmte, an eine Bucht erinnernde Merkmale der Mondlandschaft, die an ein → *Mare* grenzen.

Sirius (Alpha Canis Maioris; α CMa) Hellster Stern des Sternbildes Canis Maior (Großer Hund). Ist mit –1,46 Größenklassen auch der hellste Stern des Himmels. Es handelt sich um einen visuellen Doppelstern, den ein Begleitstern mit einer Periode von 50 Jahren umläuft. Bei dem Hauptstern (A) handelt es sich um einen → *A-Stern*, bei dem Begleiter (B), ein Stern lediglich 8. Größenklasse, um einen → *Weißen Zwerg*. Sirius B wurde optisch im Jahr 1862 entdeckt und das Rätsel um seine Natur mit Hilfe seines Spektrums 1925 gelüftet. Das Sirius-System befindet sich 8,7 Lichtjahre entfernt und gilt als unser siebtnächstes Sternsystem.
Der Name leitet sich aus dem Griechischen ab und bedeutet »Der Strahlende« in Anlehnung an seine Helligkeit. Sirius ist auch bekannt als der »Hundsstern«, entsprechend dem Namen des Sternbilds, in dem er liegt. Siehe auch → *Tabelle 3*

Sirrah Anderer Name für den Stern → *Alpheratz.*

SIRTF Engl. Abkürzung für das geplante → *Space Infrared Telescope Facility.*

Sisyphus Asteroid 1866, Durchmesser 7,6 Kilometer, wurde 1972 von P. Wild entdeckt. Bemerkenswert ist die an einen Kometen erinnernde Umlaufbahn mit einer Neigung von 41° gegen die Ebene des Sonnensystems. Dadurch gelangt der Asteroid gelegentlich der Erde recht nahe.

Skylab Amerikanische Raumstation, die im Mai 1973 in eine Erdumlaufbahn gebracht wurde. Drei Mannschaften, jeweils aus drei Astronauten bestehend, hielten die Station für einige Wochen in den Jahren 1973 und 1974 besetzt. An Bord wurden astrophysikalische Untersuchungen und Sonnenbeobachtungen durchgeführt. Außerdem unternahm die Besatzung Experimente, um die Auswirkungen der Schwerelosigkeit auf den Menschen während eines Weltraumaufenthaltes zu untersuchen. Nachdem die Station im Orbit an Höhe verloren hatte, verglühte sie programmgemäß 1979 in der Erdatmosphäre.

SLR Engl. Abkürzung für satellite laser ranging → *Satelliten-Laser-Vermessung.*

Small Astronomy Satellite (SAS) Bezeichnung von drei NASA-Raumsonden für Röntgen- und Gammastrahlenastronomie, die in den 70er Jahren in einer Erdumlaufbahn stationiert wurden.

SAS-1 wurde 1970 von San Marco an der kenianischen Küste gestartet. Es handelte sich um den ersten Satelliten in der → *Röntgenastronomie.* Nach dem Start wurde er umbenannt in Uhuru, was in der Sprache der Suaheli soviel wie »Freiheit« bedeutet. Der Starttag des Satelliten am 12. Dezember fiel mit dem siebten Jahrestag der Unabhängigkeit des Staates Kenia zusammen.

SAS-2 startete 1972 und war der erste Satellit, der mit einem Gammastrahlen-Detektor ausgerüstet war. SAS-3 folgte 1975 und trug wiederum Instrumente für Röntgenstrahlen-Experimente an Bord.

Smithsonian Astrophysical Observatory (SAO) Forschungseinrichtung, die von der amerikanischen Smithsonian Institution 1890 gegründet wurde. Zunächst mit bescheidenen Möglichkeiten in Washington, D. C., beheimatet, wurde das Hauptquartier unter dem Direktorat des Astronomen Fred Whipple in das Observatorium des Harvard College (HCO) nach Cambridge /Massachusetts verlegt, wo es zu seiner Blütezeit gelangte. 1967 wurde ein Observatorium auf dem Mount Hopkins in Arizona gegründet, das heute das → *Multiple Mirror Telescope* beherbergt. 1973 folgte die Gründung des Harvard-Smithsonian Center for Astrophysics, dessen Direktor George Field seither die Mittel für das SAO und HCO unter einem gemeinsamen Dach verwaltet.

SMM Engl. Abkürzung für → *Solar Maximum Mission.*

SN 1987 A → *Supernova* 1987 A.

SNC-Meteorit Eine kleine Gruppe ungewöhnlicher, basaltartiger → *Meteorite,* die offenbar aus dem Mantel eines planetenartigen → *Mutterkörpers* stammen. Die Abkürzung ist eine Zusammenziehung aus den Anfangsbuchstaben der drei Untergruppen: Shergottiten, Nakhliten und Chassigniten. Sehr wahrscheinlich ist die Herkunft dieser Meteoriten die Oberfläche des Planeten Mars.

Sobieskis Schild Früher Bezeichnung des Sternbilds → *Scutum* (Schild). Ist heute ungebräuchlich, findet sich aber in zahlreichen Büchern aus dem 19. Jahrhundert.

Socorro Ort in New Mexico/USA, Standort des Very Large Array (VLA), eines Synthese-Apertur-Teleskops, welches der National Radio Astronomy Observatory gehört.

SOHO Engl. Abkürzung für → *Solar Heliospheric Observatory.*

Sojus Ehemals sowjetisches Raumfahrzeug, in dem sich gewöhnlich drei Kosmonauten aufhielten. Siehe auch → *Apollo-Sojus-Projekt*

Sol Tagesdauer auf dem Mars: 24 Stunden, 37 Minuten und 22,6 Sekunden.

solar Zur Sonne gehörig oder diese bezeichnend.

Solar-A → *Yohkoh.*

solarer Urnebel Jene Wolke aus interstellarem Gas und Staub, aus der sich vor rund 5 Milliarden Jahren die Sonne und das Planetensystem formierten.

Solar Heliospheric Observatory (SOHO) Forschungssatellit, der von der European Space Agency (ESA) (Europäische Weltraumagentur) für eine Bahn um die Sonne vorgesehen ist. Die Umlaufbahn liegt in einem Abstand, wo sich gerade die Schwerkräfte von Erde und Sonne aufheben. Der Satellit soll zwölf Instrumente zur Erforschung der Sonnenatmosphäre tragen, mit deren Hilfe vor allem Aufheizungsmechanismen, Sonnenoszillationen, Sonnenwind, aber auch der Aufbau der Sonne und sich in ihr abspielende Prozesse untersucht werden.

Solarkonstante Diejenige Strahlungsenergie der Sonne, die bei mittlerer Entfernung der

Erde von der Sonne je Zeiteinheit auf eine Flächeneinheit der Erdatmosphäre trifft. Der Wert für die Solarkonstante beträgt 1,35 kW/m^2, doch ist diese Zahl nicht immer konstant, obgleich dies die Bezeichnung nahelegt. Zum einen schwankt der Wert leicht im Laufe des → *Sonnenzyklus* – eine großflächige Gruppe von Sonnenflecken kann ihn bereits um etwa 1 Prozent absenken –, zum anderen kann der Wert für die Solarkonstante auch aufgrund anderer, langfristiger Veränderungen schwanken.

Solar Maximum Mission (SMM) Amerikanischer Satellit, der im Februar 1980 gestartet wurde, um die Sonne während eines Maximums der → *Sonnenaktivität* zu untersuchen. Nach neun Monaten fiel der Satellit aus, doch konnte ihn 1984 eine Mannschaft des Space Shuttle reparieren und wieder aussetzen. Im Jahr 1989 verglühte er schließlich in der Erdatmosphäre.

Solis Planum (Solis Lacus) Uralte vulkanische Ebene auf dem Planeten Mars, südlich des riesigen Valles Marineris. Durch ein kleines Teleskop beobachtet, erscheint die Region dem Beobachter als dunkler Fleck (daher »See«), weshalb die auffällige Erscheinung den Spitznamen »Auge des Mars« trägt.

Solstitien, Sonnenwende Jene beiden Punkte der → *Ekliptik*, wo die Sonne ihren höchsten bzw. niedrigsten Stand (→ *Deklination*) über dem Horizont erreicht. Sie liegen etwa auf halbem Weg zwischen Frühlings- und Herbst- → *Äquinox*.

Die Sonnenwende findet am 21. Juni und am 21. Dezember statt. Während der Sommersonnenwende erreicht die Sonne ihren höchsten Stand am Himmel; zu dieser Zeit sind auch die Tage am längsten. Während der Wintersonnenwende kommt die Sonne am wenigsten über den Horizont, und auch die Tage sind dann besonders kurz. Der Sommersonnenwende auf der Nordhalbkugel der Erde (im Juni) entspricht die Wintersonnenwende auf der Südhalbkugel und umgekehrt.

Sombrero-Galaxie (M104; NGC 4594) Spiralgalaxie im Sternbild Virgo (Jungfrau), auf deren Kante wir blicken. Ihr ausgeprägter zentraler Kern und der auffällige Streifen dunklen Staubs geben der Galaxie auf den ersten Blick das Aussehen eines breitkrempigen Hutes mit der Gestalt eines Sombreros.

Sommerdreieck Die drei hellen Sterne → *Vega*, → *Atair* und → *Deneb* bilden zusammen im Sommer ein auffallendes Dreieck am Abendhimmel.

Sommerzeit (daylight saving time) Eine Korrektur der normalen → *bürgerlichen Zeit*, die in manchen Ländern aus Nützlichkeitserwägungen für einen Teil des Jahres oder das ganze Jahr über eingeführt wurde. Einer der Hauptgründe für diese Korrektur ist die Anpassung des Arbeitstages an die Stunden mit Tageslicht, daher der englische Name.

Sonne Zentralstern des Sonnensystems. Gemessen an anderen Sternen ist die Sonne nur ein Stern mittlerer Größe und durchschnittlich hell, obgleich die überwiegende Mehrheit der Sterne in ihrer Nachbarschaft noch kleiner und somit lichtschwächer ist. Die Sonne ist ein Zwergstern des → *Spektraltyps* G2 mit einer Oberflächentemperatur von 5700 Kelvin. Wie alle Sterne stellt sie eine Kugel aus heißem Gas dar, die ihre Energie durch die Kernfusion im Zentrum bei Temperaturen um 15 Millionen Kelvin gewinnt. Jede Sekunde verliert die Sonne durch atomare Verschmelzung von Wasserstoff in Helium rund 4 Millionen Tonnen an Masse.

Jenseits des Kerns erstreckt sich die Strahlungszone, in der hochenergetische, während der Fusion erzeugte Photonen mit Elektronen und Ionen zusammenstoßen und in Form von Licht und Hitze zurückgestrahlt werden. Auf die Strahlungszone folgt die → *Konvektionszone*. Hier steigen Gasströme auf, in denen die Energie an die Oberfläche abgegeben wird, bevor das Gas wieder absinkt, um sich erneut aufzuheizen. Diese Zirkulationsströme sind die Ursache für die wabige Oberflächenstruktur der Sonne oder die → *Granulation.* Weiter außen erstreckt sich die Sonnenatmosphäre, die → *Photosphäre,* in der das Licht erzeugt wird, das unsere Augen auffangen; sie ist nur wenige Hundert Kilometer dick. In dieser Schicht finden auch jene Ereignisse statt, welche die → *Sonnenaktivität* beeinflussen, etwa → *Sonnenflecken* und → *Flares* (Fakkeln). In den Sonnenfackeln mitgerissene atomare Teilchen werden auf so hohe Geschwindigkeiten beschleunigt, daß sie das Schwerefeld der Sonne verlassen können. Nach einem Flug durchs All gelangen sie auch zur Erde, wo sie unterschiedliche Auswirkungen haben. So können sie Störungen im Radiobereich verursachen, → *geomagnetische Stürme* und → *Polarlichter* auslösen. Auf die Photosphäre folgt weiter außen die → *Chromosphäre* der Sonne. Sie ist während einer totalen Sonnenfinsternis als leuchtender rosafarbener Kranz um die Sonne sichtbar. Aus der Chromosphäre schießen → *Spiculen* und → *Protuberanzen* heraus. Nach außen setzen sich die dünnsten Schichten der Sonnenatmosphäre fort und bilden die → *Korona,* die sich noch weit in den interplanetaren Raum erstreckt.

Sonnenaktivität Gesamtheit der unterschiedlichen energetischen Erscheinungen auf der Sonne, deren Häufigkeit und Intensität zyklischen Veränderungen unterworfen sind. Der bekannteste Zyklus der Sonne erstreckt sich über 11 Jahre, doch gibt es auch Hinweise auf andere Sonnenzyklen. Zu den Phänomenen der Sonnenaktivität zählen → *Flares,* → *Sonnenflekken,* → *Protuberanzen* und → *Faculae.* Siehe auch → *Sonnenzyklus*

Sonnenapex → *Apex.*

Sonnenaufgang Offiziell als diejenige Zeit festgelegt, bei der der scheinbare obere Rand der aufsteigenden Sonnenscheibe über dem astronomischen Horizont erscheint.

Sonnenblumen-Galaxie (M63; NGC 5055) Spiralgalaxie im Sternbild Canes Venatici (Jagdhunde).

Sonnenfackel → *Facula.*

Sonnenfinsternis → *Finsternis.*

Sonnenfleck Region auf der Sonnenoberfläche, wo die Temperatur niedriger als in der übrigen Photosphäre ist. Sonnenflecken erscheinen daher dunkler als ihre Umgebung. Starke Magnetfeldlinien, die im Bereich von Sonnenflecken an die Oberfläche treten, führen zu einem Kühleffekt. Sonnenflecken können einzeln auftreten, meistens jedoch erscheinen sie in paarweisen Gruppen von entgegengesetzter magnetischer Polarität.
Im dunklen Zentralteil des Sonnenflecks, der Umbra, erreicht die Temperatur 3700 Kelvin und dagegen 5700 Kelvin in der Photosphäre. Der äußere, hellere Bereich eines Sonnenflecks, die Penumbra, setzt sich aus hellen, gekörnten Strukturen auf dunklerem Grund zusammen, die sich radial ausgerichtet um den Fleck anordnen. Siehe auch → *Schmetterlingsdiagramm,* → *Sonnenaktivität*

Sonnenkorona → *Korona.*

Sonnenkratzer → *Komet,* dessen sonnennächster Punkt so dicht an der Sonne vorbeiführt, daß er auf seiner Bahn die äußere Sonnenatmosphäre durchquert. Etwa ein Dutzend langperiodischer Kometen sind bekannt, denen außer ihrer großen Perihelnähe noch andere Bahncharakteristika gemeinsam sind und die eine wohlbekannte Gruppe von sog. »Sonnenkratzer«-Kometen bilden. Sie sind auch unter der Bezeichnung Kreutz-Gruppe bekannt, nach dem holländischen Astronom Heinrich Kreutz (1854–1907), der 1888 als einer der ersten auf die Zusammenhänge zwischen den Umlaufbahnen einiger der hellsten Kometen stieß.

Sonnenprotuberanzen → *Protuberanzen.*

Sonnensystem Die Sonne mit all ihren Planeten und deren Monden, den Kometen, Asteroiden, Meteoritenströmen und dem interplanetaren Medium, das durch die solare Anziehungskraft zusammengehalten wird. Das Sonnensystem hat sich wahrscheinlich aus jener rotierenden Scheibe von Gas und

Staub gebildet, aus deren zentralen Teilen sich vor rund 5 Milliarden Jahren auch die Sonne bildete.
Die Planeten und Asteroiden bewegen sich heute alle in derselben Richtung wie die Erde um die Sonne. Ihre Umlaufbahnen fallen mit der Ebene der Erdumlaufbahn und der Äquatorebene der Sonne zusammen. Die Planetenbahnen liegen sämtlich innerhalb 40 AE Entfernung von der Sonne, doch reicht der Einfluß der Sonnenschwerkraft vermutlich weit darüber hinaus. Kometen, die nur in den sonnennäheren Regionen des Sonnensystems ihre unverwechselbare Gestalt offenbaren, stammen vermutlich aus der → *Oortschen Wolke*, die in etlichen tausend AE Entfernung das Sonnensystem umgibt.

Sonnentag Auch scheinbarer Sonnentag. Siehe auch → *scheinbare Sonnenzeit*

Sonnenturm Turmteleskop zum Zweck der Sonnenbeobachtung. Um ein Abbild der Sonnenscheibe zu erhalten, auf dem auch Details erkennbar werden, wäre eine ausgesprochen lange Brennweite (in der Größenordnung von 100 Metern) erforderlich. Am Grund des Turms verursacht die Erwärmung durch das Lichtbündel aber eine derartige Luftunruhe, daß der Spiegel, der sich in Bodennähe befindet, nur unscharfe Bilder liefert. Dieses Problem ist vermeidbar, wenn der → *Heliostat* bzw. → *Coelostat*, der das Bild der Sonnenscheibe in das Teleskop spiegelt, in der Kuppel eines hohen Turms untergebracht ist. Siehe auch → *Vakuumturmteleskop*

Sonnenuhr Einfaches Instrument zur Zeitmessung, das aus einem schattenwerfenden Stab (oder Gnomon) und einem Zifferblatt besteht, auf das der Schatten des Stabs fallen kann. Das Zifferblatt ist in Stunden unterteilt. Sonnenuhren messen die → *scheinbare Sonnenzeit*. Bei Sonnenuhren gibt es eine große Auswahl der verschiedensten Ausführungen.

Sonnenuntergang Offiziell als die Zeit definiert, bei der der scheinbare untere Rand der untergehenden Sonnenscheibe den astronomischen Horizont berührt.

Sonnenwind Teilchenstrom, vorwiegend aus Protonen und Elektronen bestehend, der von der Sonne mit Geschwindigkeiten bis zu 900 km/h ausgeht. Der Sonnenwind stellt die in den interplanetaren Raum hineinreichenden Ausläufer der heißen solaren → *Korona* dar.

Sonnenzeit → *scheinbare Sonnenzeit*.

Sonnenzyklus Periodische Veränderung im Betrag der → *Sonnenaktivität*, vor allem in der Anzahl der → *Sonnenflekken*. Die Zyklusperiode beträgt rund 11 Jahre, doch verringert sich diese während des 20. Jahrhunderts in Richtung auf eine 10jährige Dauer.
Zu Beginn eines jeden neuen Zyklus treten, wenn überhaupt, nur wenige Sonnenflecken auf. Die ersten eines neuen Zyklus erscheinen zwischen 35° und 45° nördlicher als auch südlicher heliographischer Breite. Im weiteren Verlauf des Zyklus folgen Flecken in Äquatornähe, bis dieser mit Flecken um 7° nördliche und südliche Breite abschließt. Dieses Verteilungsmuster läßt sich graphisch als → *Schmetterlingsdiagramm* darstellen.
Man nimmt an, daß der Sonnenzyklus durch ein Zusammenspiel zwischen der »Dynamowirkung« des Sonnenmagnetismus und der Rotation der Sonne verursacht wird. Die Sonne rotiert nämlich nicht wie ein starrer Körper: Die äquatornahen Regionen drehen sich am schnellsten, wodurch ein magnetisches Feld induziert wird, das möglicherweise bis in die Photosphäre hineinreicht und die Sonnenflecken hervorruft. Am Ende eines jeden Zyklus kehrt sich das Magnetfeld der Sonne um. Hieraus rührt eine Periode von 22 Jahren, die als Hale-Zyklus bekannt ist.

South African Astronomical Observatory (SAAO) Nationale Institution, die sich der optischen Astronomie widmet, mit Sitz in Sutherland und Cape Town in Südafrika. Wird kontrolliert vom Rat für Wissenschaft und Industrieforschung in Südafrika.
Die SAAO wurde im Jahr 1972 gegründet, indem das alte Royal

Observatory (Königliche Observatorium) in Cape Town und das Republic Observatory (Republikanische Observatorium) in Johannesburg miteinander fusionierten. Einige der Teleskope wurden nach Sutherland verbracht. 1974 wurde das 1,9-Meter-Teleskop des Radcliffe Observatoriums in Pretoria erworben und in Sutherland aufgestellt. Einige kleinere Instrumente blieben in Cape Town. Die Stadt ist heute Verwaltungssitz des SAAO.

Space Infrared Telescope Facility (SIRTF) (Infrarot-Weltraumteleskop) Von der NASA geplantes astronomisches Infrarotteleskop im Erdorbit. Es würde mit einem 1-Meter-Spiegel ausgerüstet, der durch superfluides Helium bei 2 Kelvin gekühlt werden müßte.

Spacelab Kleine Raumstation, die von der Europäischen Weltraumagentur (ESA) gebaut wurde und in der Ladebucht des → *Space Shuttle* untergebracht wird.

Space Shuttle Wiederverwendbarer Raumtransporter, der wie eine Rakete startet, aber wie ein Flugzeug auf einer Rollpiste landet. Die Columbia erhob sich am 12. April 1981 zum ersten Flug eines Shuttle. Der zweite in Dienst gestellte Shuttle, die Challenger, verunglückte bei einer Explosion im Jahr 1986 nur wenige Minuten nach dem zehnten Start. Die dritten und vierten Raumtransporter der NASA, Discovery und Atlantis, starteten 1984 bzw. 1985. Endeavour, Shuttle Nr. 5, brachte seinen Jungfernflug im Jahr 1992 hinter sich.

Space Telescope Science Institute Amerikanisches Forschungsinstitut, das in Baltimore, Maryland, ansässig ist. Es gehört zur Vereinigung der Universitäten für astronomische Forschung in den USA und wurde von der NASA unter Vertrag genommen. Die Verantwortung des Instituts liegt in der Projektleitung für das wissenschaftliche Programm des → *Hubble Space Telescope*, der Datenverarbeitung und der Koordination mit dem Kontrollzentrum für das Weltraumteleskop.

später Spektraltyp Ein relativ kühler Stern vom → *Spektraltyp* K oder M. Die Bezeichnung ist irreführend und stammt noch aus einer Zeit, als die Hauptreihe des → *Hertzsprung-Russell-Diagramms* noch als Entwicklungsweg der Sterne angesehen wurde. Er wird dennoch häufig benutzt. Heiße Sterne werden in diesem Sinne häufig als frühe Typen bezeichnet.

Special Astrophysical Observatory (SAO) Bedeutendes Beobachtungsvorhaben der Russischen Akademie der Wissenschaften für optische Astronomie und Radioastronomie. Das SAO liegt im Kaukasus zwischen Schwarzem und Kaspischem Meer.
Das optische Observatorium in Nizhnij Arkhyz unweit von Zelenchukskaya ist Standort des größten optischen Teleskops, dessen Hauptspiegel mit einem Durchmesser von 6 Metern aus nur einem einzigen Block besteht. Es handelt sich um eine → *Altazimut-Montierung*. Vorhanden sind außerdem ein 1-Meter- → *Ritchey-Chrétien-Teleskop* und ein 60-Zentimeter- → *Cassegrain-Teleskop*.
Das → *RATAN 600*-Radioteleskop liegt in den Außenbezirken von Zelenchukskaya. In St. Petersburg befindet sich eine weitere Zweigstelle des SAO, die sich ebenfalls mit Radioastronomie befaßt.

Speckle-Interferometrie Mit dieser Beobachtungstechnik unterdrücken die Astronomen das Verschmieren in den Abbildungen von Sternscheibchen. Dieser störende, durch die irdische Luftunruhe hervorgerufene Effekt, führt bei Teleskopen zur Einschränkung des theoretisch möglichen Auflösungsvermögens. Durch den Einsatz der Speckle-Interferometrie läßt sich das Auflösungsvermögen soweit verbessern, daß man die scheinbaren Durchmesser von Sternscheiben bestimmen kann. Eine weitere wichtige Anwendung der Technik ist die Auflösung von dichten Sternansammlungen in Einzelsterne und das Sichtbarmachen von Oberflächendetails, etwa Flecken auf anderen Sternen. Hierzu werden nacheinander mehrere extrem kurz belichtete

Momentaufnahmen von meist $\frac{1}{50}$ Sekunde Dauer ein und desselben Objekts gemacht. Auf diesen erkennt man das Bild des Sterns als ausgedehnten Lichtklecks, der von einem Muster heller Flecken (engl. speckles) überzogen ist (daher der Name der Technik). Die einzelnen Flecken stellen jene kleinräumigen Turbulenzzellen in der Erdatmosphäre dar, durch die sich das Sternenlicht im Moment der Aufnahme einen Weg zum Beobachter bahnte. Bei den üblichen, länger belichteten Sternaufnahmen entsteht der diffuse Eindruck aufgrund der raschen zeitlichen Veränderungen des Fleckenmusters. Um aber dennoch Bildinformationen mit hoher Winkelauflösung zu erhalten, werden viele dieser Bilder, von denen jedes einzelne Feinstrukturinformationen über das Objekt enthält, in einem mathematischen Verfahren übereinandergelagert. Auf diese Weise ist es möglich, die sonst verlorengegangenen Bildinformationen in einer einzigen Aufnahme zu bewahren.

Spektralindex Zahl, die angibt, in welchem Maß die Flußdichte (S) der Kontinuumsemission mit der Frequenz (ν) variiert. S ist hierbei proportional zu ν^α, α bezeichnet den Spektralindex. Er wird meist in Zusammenhang mit Radioquellen benutzt.

Spektralklasse → *Spektraltyp.*

Spektrallinie Überdeckt einen sehr schmalen Wellenlängenbereich im → *Spektrum* und tritt entweder im Zustand der Absorption oder der Emission auf. Linienspektren entstehen beim Übergang zwischen zwei diskreten Energieniveaus von Atomen oder Ionen. Beim Übergang zu einem tieferen Energiezustand wird ein Photon ausgesandt, was sich als → *Emissionslinie* im Spektrum bemerkbar macht. Beim Übergang zu einem höheren Energieniveau wird ein Photon absorbiert; eine → *Absorptionslinie* im Spektrum ist die Folge.

Spektraltyp Klassifikation, welche die Sterne nach ihren spektralen Eigenheiten einteilt. Der Spektraltyp basiert auf einem Zusammenhang zwischen der Oberflächentemperatur und der Leuchtkraft der Sterne. Weitere Merkmale im Spektrum, etwa Emissionslinien oder ungewöhnlich starke Metallinien, enthalten zusätzliche Informationen über den Zustand der Sterne.

Die moderne alphabetische Reihenfolge rührt noch aus der Zeit her, da erste umfassende Versuche einer Klassifikation aus den Mitteln des Henry-Draper-Nachlasses am Harvard College Observatorium durchgeführt und 1890 veröffentlicht wurden. Ursprünglich wurden die Klassen in die Buchstabenreihenfolge A-Q eingeteilt, später faßte man aber einige zusam-

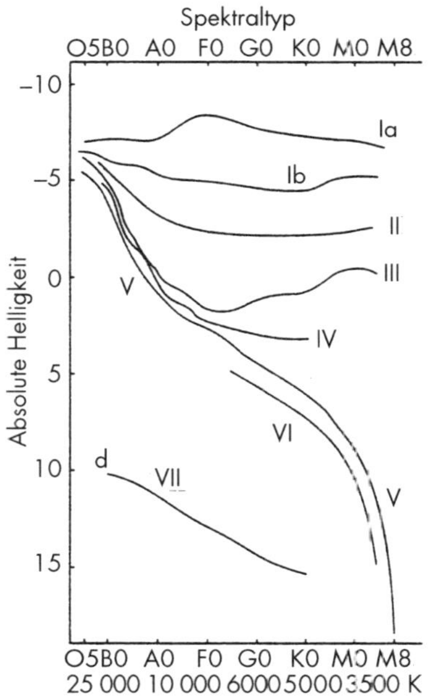

Spektraltyp. Aufgetragen ist die Beziehung zwischen den Leuchtkraftklassen, der absoluten Helligkeit und der Oberflächentemperatur der Sterne als Spektraltyp O bis M.

Spektraltyp	Oberflächentemperatur	Charakteristische Merkmale im sichtbaren Spektrum
O	> 25 000 K	Nur wenige Absorptionslinien. Linien des ionisierten Heliums (He), von doppelt ionisiertem Stickstoff (N) und dreifach ionisiertem Silizium (Si). Schwache Linien des Wasserstoffs (H).
B	11 000–25 000 K	Linien von neutralem Helium (He), einfach ionisiertem Sauerstoff (O) und Magnesium (Mg). Wasserstofflinien stärker als in O-Sternen.
A	7 500–11 000 K	Starke Wasserstoff(H)-Linien. Linien von einfach ionisiertem Magnesium (Mg), Silizium (Si), Eisen (Fe), Titan (Ti), Calcium (Ca) usw., einige neutrale Metalle.
F	6 000–7 500 K	Wasserstoff(H)-Linien schwächer, neutrale Metallinien dagegen stärker als bei A-Sternen. Linien von einfach ionisiertem Calcium (Ca), Eisen (Fe), Chrom (Cr).
G	5 000–6 000 K	Linien von ionisiertem Calcium (Ca) als die beherrschenden Linienmerkmale. Viele Linien von ionisierten und neutralen Metallen. Methan(CH)-Banden
K	3 500–5 000 K	Neutrale Metallinien vorherrschend. Anwesenheit von Zyan(CN)-Banden.
M	< 3500 K	Starke Linien neutraler Metalle und Molekülbanden von Titanoxid (TiO).

men und ordnete sie in einer Temperatursequenz neu. Daraus entstand die heute gültige Klassifikation O, B, A, F, G, K, M (siehe Tabelle). Zusätzlich werden die einzelnen Hauptklassen weiter unterteilt, was durch Ziffern von 0 bis 9 angegeben wird (also z. B. Spektraltyp A0, K5).

Das Klassifikationsschema wird mit Hilfe neuer Erkenntnisse ständig weiter verfeinert. Eine weitergehende Spektralklassifikation umfaßt die → *S-Sterne* und die → *Kohlenstoffsterne*, die früher als Spektraltypen R und N bezeichnet wurden, heute in der Reihenfolge C0 bis C9 zusammengefaßt werden und in den Temperaturen stark den Spektralklassen G4 bis M gleichen. Verschiedene voran- und nachgestellte Abkürzungen geben Auskunft über weitere spektrale Eigenarten. Zu den gebräuchlichsten gehören:

c	scharf begrenzte Linien
d	(engl. dwarf) Zwergstern der Hauptreihe
D	Weißer Zwerg
e	Emissionslinien (Wasserstoffemission in O-Sternen)
em	Metallinien in Emission
ep	ungewöhnliche Emissionslinien
eq	Emissionslinien, die bei kürzeren Wellenlängen in Absorption übergehen
f	Emissionslinien des Heliums und Neons in O-Sternen
g	(engl. giant) Riesenstern
k	interstellare Linien
m	starke Metallinien
n	diffuse Linien
nn	sehr diffuse Linien
p	(engl. peculiar) ungewöhnliches Spektrum
s	scharf begrenzte Linien
sd	(eng. subdwarf) Unterzwerg
wd	(engl. white dwarf) Weißer Zwerg
wk	schwache Linien

1943 stellten W. W. Morgan, P. C. Keenan und E. Kellman die spektralen Eigenschaften sowohl für die Leuchtkraftklassen als auch für eine Auswahl von Sternen zusammen, die nun als Standardbeispiele für jede der Harvard-Unterklassen gelten. Die Leuchtkraftklassen werden mit römischen Ziffern versehen (siehe Abbildung):

Ia leuchtkräftige Überriesen
Ib weniger leuchtkräftige Überriesen
II helle Riesensterne
III normale Riesensterne
IV Unterriesen
V Zwergsterne (Hauptreihensterne)

Zwei weitere Klassen wurden später eingeführt, werden jedoch nur selten benutzt:

VI Unterzwerge
VII Weiße Zwerge

Diese Bezeichnung steht zwischen Spektralklasse und einer evtl. Nachstellung. Z. B. wird ein B3-Riese mit Emissionslinien abgekürzt als B3IIIe klassifiziert. Siehe auch → *Hertzsprung-Russell-Diagramm*

Spektrogramm Aufnahme eines kontinuierlichen → *Spektrums*, das photographisch oder mit Hilfe eines elektronischen Detektors erstellt wurde.

Spektrograph Instrument zur Aufnahme eines kontinuierlichen → *Spektrums*.

Spektroheliograph Instrument, das Aufnahmen der gesamten Sonne im monochromatischen Licht – also im Licht eines stark eingegrenzten Wellenlängenbereichs – liefert. Ein Eintrittsspalt läßt zunächst nur Licht von einem kleinen Teil des Sonnenbilds durchtreten. Dann wird das Licht mit Hilfe eines Beugungsgitters in ein weites Spektrum zerlegt, und ein zweiter Spalt wählt den zu beobachtenden, schmalen Bereich des Spektrums aus. Indem der Eintrittsspalt das Bild der gesamten Sonnenscheibe überdeckt, läßt sich ein vollständiges, monochromatisches Bild der Sonne erhalten.

Spektrometer Instrument zur direkten Beobachtung eines → *Spektrums*. Gelegentlich wird der Ausdruck auch für die Bezeichnung eines → *Spektrographen* benutzt.

Spektroskopie Untersuchung und Interpretation von → *Spektren* mit dem Ziel, sowohl die chemische Zusammensetzung als auch die physikalischen Bedingungen der Strahlung aussendenden Quelle zu erforschen.

spektroskopischer Doppelstern Ein → *Doppelstern*, dessen wahre Natur sich nur aus dem Spektrum ergibt, da die Komponenten so eng benachbart sind, daß sie optisch nicht mehr getrennt werden können. Bei einem spektroskopischen Doppelstern mit den Linien beider Komponenten können zwei sich überlagernde Spektren erkannt werden. Die Linien der beiden Doppelsternkomponenten sind durch den → *Dopplereffekt* in periodischer Reihenfolge relativ zueinander verschoben, weil beide Sterne sich um ihren gemeinsamen Massenschwerpunkt bewegen. Bei einem spektroskopischen Doppelstern mit Linien nur einer Komponente ist die Helligkeitsdifferenz zwischen den beiden einander umkreisenden Sternen so groß, daß nur das Spektrum der helleren Komponente zu erkennen ist. Dennoch können periodische Veränderungen in der Wellenlänge ausgemacht werden, wenn diese einem genormten Vergleichsspektrum gegenübergestellt werden.

Spektrum (pl. Spektren) Zerlegung eines Lichtstrahls in sein Spektrum, indem die Anteile unterschiedlicher Wellenlängen nach kürzeren oder längeren Wellenlängenbereichen aufgelöst werden. Bekanntestes Beispiel eines Spektrums ist der in der Natur vorkommende Regenbogen. Das Phänomen wird durch die Brechung des Sonnenlichts in seine verschiedenen Farbanteile im Innern der wie winzige Prismen wirkenden Regentropfen bewirkt. Das vollständige → *elektromagnetische Spektrum* umfaßt, geordnet nach kürzeren Wellenlängenbereichen, folgende Anteile: Radiowellen, Mikrowellen, Infrarotstrahlung, sichtbares Licht, ultraviolette Strahlung, Röntgenstrahlung, Gammastrahlung. Man unterscheidet drei grundlegende Arten von Spektren: kontinuierliche Spektren, Emissions- sowie Absorptionslinien, die auch gemeinsam auftreten können. Trägt man in einer Tabelle die Strahlungsintensität gegen die Wellenlänge auf, so zeigt ein kontinuierliches Spektrum eine lückenlose Verteilung ohne Spitzen oder Senken. Emissionslinien stellen sich als deutliche

Spitzen in der Intensität dar. Dagegen zeichnen sich Absorptionslinien als scharf begrenzte Einsenkungen in der Strahlungsintensität eines kontinuierlichen Spektrums aus.
Kontinuierliche Spektren entstehen bei Prozessen wie der → *Schwarzkörperstrahlung* oder auch der → *Synchrotronstrahlung*. Linienspektren entstehen beim Aussenden diskreter Energiepakete (Quanten), die exakt den vom Atom bzw. Molekül emittierten oder absorbierten Wellenlängen entsprechen. Siehe auch → *Absorptionslinie*, → *Absorptionsspektrum*, → *Emissionslinie*, → *Kontinuumsspektrum*

Spezielle Relativitätstheorie Eine Theorie, die von Albert Einstein (1878–1955) entwickelt und 1905 erstmals veröffentlicht wurde. Dabei handelt es sich um die Beschreibung physikalischer Phänomene, wie sie einem Beobachter in einem sich gleichförmig bewegenden Bezugssystem (sog. Inertialsystem) erscheinen. Die Spezielle Relativitätstheorie folgt unmittelbar aus der experimentell belegten Tatsache, daß die Lichtgeschwindigkeit c im Vakuum für sämtliche Beobachter dieselbe ist, unabhängig von ihrem Bewegungszustand oder dem der Lichtquelle. Hervorragend bestätigt wurde dieses Resultat im Jahr 1887 durch das Michelson-Morley-Experiment. Eine entsprechende Vorhersage liefern auch die von James Clerk Maxwell aufgestellten Gleichungen, welche die Wechselwirkungen elektromagnetischer Felder beschreiben. Der Speziellen Relativitätstheorie liegt das sog. Relativitätsprinzip zugrunde. Es besagt, daß kein physikalisches Experiment in der Lage ist, den gleichförmigen Bewegungszustand eines Bezugssystems durch die Beobachtung der hierin ablaufenden Vorgänge festzustellen. Weder die Angabe eines Orts in Raum und Zeit noch eine gleichförmige Bewegung können die physikalische Wirklichkeit also tatsächlich beschreiben. Durch die Spezielle Relativitätstheorie mußten die Vorstellungen von einer Bewegung in einem absoluten Bezugssystem von Raum und Zeit verworfen werden.
Aus den Grundprinzipien der Speziellen Relativitätstheorie folgt eine Reihe entscheidender Konsequenzen. Diese beziehen sich darauf, wie in relativ zueinander bewegten Bezugssystemen Zeitintervalle, Längen und Massen gemessen werden. So können sich Zeitintervalle in die Länge ziehen (das Phänomen der Zeitdilatation), Längen verkürzt erscheinen (bekannt als Lorentz-Kontraktion), ebenso ist eine Vergrößerung der Masse innerhalb eines beschleunigten Bezugssystems beobachtbar. Allerdings fallen diese Effekte erst dann deutlich ins Gewicht, wenn sich die Relativgeschwindigkeit des Systems der Lichtgeschwindigkeit nähert. Setzt man Beta = Relativgeschwindigkeit/c, wobei im folgenden der Index 0 »im Bezugssystems des Beobachters« bedeutet, lassen sich folgende Umformungen schreiben:
$T = T_0/\sqrt{(1-\beta^2)}$, $L = L_0\sqrt{(1-\beta^2)}$, $M = M_0/\sqrt{(1-\beta^2)}$.
Abläufe in den drei Raumdimensionen werden nun in einer vierdimensionalen Raumzeit beschreibbar. Dabei ist das Intervall $\Delta s = \sqrt{(\Delta x^2 + \Delta y^2 + \Delta z^2 - c^2\Delta t^2)}$ in allen Bezugssystemen gültig.
Eine weitere Aussage der Relativitätstheorie stellt das Äquivalenzprinzip von Masse und Energie dar, wie es die berühmte Gleichung $E = mc^2$ wiedergibt. Diese Gleichung liefert jene Energie, die bei der Zerstrahlung von Materie erzeugt wird.
Die Vorhersagen der Speziellen Relativitätstheorie fanden ihre glänzende Bestätigung insbesondere auf den Gebieten der Atomphysik und der Elementarteilchenphysik. Siehe auch → *Allgemeine Relativitätstheorie*

sphärische Aberration Abbildungsfehler einer Linse oder auch eines Kugelspiegels. Die sphärische Aberration entsteht, wenn Lichtstrahlen in den verschiedenen Zonen eines Objektivs oder eines Kugelspiegels gebrochen bzw. reflektiert werden und daher unterschiedliche Brennweiten haben. Das führt dazu, daß nicht alle Lichtstrahlen in einem Punkt vereinigt werden. Bei der sphärischen

Aberration handelt es sich um einen Abbildungsfehler sphärisch gekrümmter Oberflächen, der nur bei parabolisch gekrümmten Flächen vermieden wird, weil hier alle achsenparallelen Lichtstrahlen vereinigt werden. Dennoch kommt es sowohl bei sphärisch als auch bei parabolisch gekrümmten Flächen zur → *Koma.*

sphärisch gekrümmter Raum Gleichförmig gekrümmter Raum des → *Euklidischen Raums* mit dem zusätzlichen Charakteristikum, daß es keine Parallele zu einer Geraden durch einen auf ihr gelegenen Punkt gibt. Mathematisch gesehen handelt es sich um einen positiv gekrümmten Raum. Darin ergibt die Winkelsumme eines Dreiecks mehr als 180°.

Spica (Alpha Virginis; α Vir) Hellster Stern im Sternbild Virgo (Jungfrau), mit der scheinbaren Helligkeit 1,0. Es handelt sich um einen Bedeckungsveränderlichen, dessen Licht mit einer Magnitudo von 0,1 und einer Periode von 4,014 Tagen schwankt. Die Hauptkomponente ist ein weißblauer → *B-Stern* von 11 Sonnenmassen. Der lateinische Name bedeutet soviel wie »Kornähre«.

Spiculen Flammenähnliche Lichtzungen in der → *Chromosphäre* der Sonne, die am Sonnenrand beobachtbar sind. Sie verändern sich rasch und weisen eine Lebensdauer von nur fünf bis zehn Minuten auf. Typische Spiculen erstrecken sich über eine Fläche von 1000 Quadratkilometer und werden bis zu 10 000 Kilometer lang. Sie sind nicht gleichförmig über die Sonne verteilt, sondern konzentrieren sich entlang der Grenzen der Konvektionszellen, die auch in der → *Supergranulation* auftreten.

Spider Sternförmige Halterung, mit der ein Hilfsspiegel im Tubus eines Spiegelteleskops angebracht wird. Die hierdurch verursachte Lichtstreuung macht sich als stachelförmiger Lichtkranz um hellere Sterne auf Photographien bemerkbar.

Spiegel Ein Element in optischen Systemen, das Licht oder andere elektromagnetische Wellen reflektiert.

In astronomischen Teleskopen müssen Spiegel eine sehr genaue Oberfläche sowie eine hohe Reflektivität aufweisen. Hierfür wird ein Glasrohling geschliffen und poliert und anschließend mit einer dünnen Aluminiumschicht bedampft. Früher verwendete man Silber; dies ist jedoch weniger beständig als Aluminium und oxidiert schneller.

Wenn Licht auf die Übergangsschicht Glas/Luft trifft, wird ein Teil reflektiert, ein anderer Teil geht hindurch, und der restliche Anteil wird absorbiert. Spiegel werden so konstruiert, daß sie möglichst stark reflektieren. Starke interne Reflexion kann auch an der Oberfläche eines Glasprismas auftreten. Diesen Effekt nutzt man beispielsweise zur Herstellung von Feldstechern.

Spindel-Galaxie Volkstümlicher Name für die Galaxie NGC 3115 im Sternbild Sextans, die sich dem Beobachter von der Kante darbietet. Aus dieser Perspektive gleicht ihre Gestalt einer Spindel, die mit Garn umwickelt ist. Es handelt sich um eine bereits sehr weit in der Entwicklung fortgeschrittene Galaxie, bei der es keine Hinweise mehr auf Staub gibt.

Spiralgalaxie Eine → *Galaxie* mit Spiralarmen. Der amerikanische Astronom Edwin Hubble unterteilte Spiralgalaxien in zwei verschiedene Gruppen: solche mit einem zentralen Balken (SB-Galaxien) und solche ohne einen Zentralbalken (S-Galaxie). Jede Gruppe unterteilte er weiter in drei Kategorien, nämlich a, b, c. Bei Sa- und SBa-Galaxien schlingen sich die Arme eng um einen relativ großen Kern. Sc- und SBc-Galaxien haben weit geöffnete Arme und einen kleinen Kern, während die Typen Sb und SBb eine Zwischenstellung einnehmen.

Unsere eigene → *Galaxis* (die Milchstraße) ist eine Spirale, die wahrscheinlich einen kleinen zentralen Balken besitzt. Sie weist eine typische Struktur auf: junge Sterne und interstellare Materie in der galaktischen Scheibe und den Spiralarmen und einen sie umgebenden kugelförmigen Halo, der aus alten Sternen und Kugelsternhaufen besteht.

Bei den Spiralarmen handelt es sich jedoch nicht um starre Strukturen. Man glaubt, daß sie eher den Charakter von Dichtewellen besitzen. Wenn Sterne und interstellares Material um das Zentrum der Galaxie kreisen, entwickeln sich von allein Regionen höherer Dichte und bilden eine spiralförmige Anordnung. So bestehen die Spiralarme der Galaxien tatsächlich aus verschieden alten Sternen und Gaswolken, die sich zu unterschiedlichen Zeiten ausbilden konnten. Siehe auch → *Hubble-Klassifizierung*

Spörersches Gesetz Tendenz, daß kurz vor Beginn eines neuen → *Sonnenzyklus* das Erscheinen von Sonnenflekken sich in immer niedrigere Breitengrade verlagert. Das Phänomen läßt sich graphisch als → *Schmetterlingsdiagramm* darstellen.

S-Prozeß Kernprozeß der → *Nukleosynthese*, bei dem schwere Elemente aus leichteren durch die langsame Anlagerung von Neutronen entstehen. Das »s« steht dabei für »slow«, langsam. Bei diesem Kernprozeß hat der gerade neu gebildete Kern genügend Zeit, um durch die Abgabe eines Elektrons (Beta-Zerfall) auseinanderzubrechen, bevor ein weiteres Neutron eingefangen werden kann. Im Gegensatz dazu steht der → *r-Prozeß*, bei dem es zum raschen Einfang eines Neutrons und daher nicht zum Zerfall des frisch gebildeten Kerns kommt. Der s-Prozeß dürfte sich in Sternen mit weniger als 9 Sonnenmassen während der Entwicklungsphase zum → *Roten Riesen* abspielen.
Einige Isotope schwerer Elemente können nur durch den s-Prozeß gebildet werden. Ihr Vorkommen im Sonnensystem ist ein triftiger Hinweis, der auf den Ursprung bei einer früheren Nukleosynthese hindeutet. Diese Elemente wurden im Inneren einer Sterngeneration erzeugt, die bereits vor der Geburt des Sonnensystems existierte. Als dann die Sterne jener Vorläufergeneration als → *Supernovae* explodierten, reicherten sie die interstellare Materie mit jenen Elementen an, die einst in ihrem Innern während der Kernfusion entstanden waren.

Sputnik Serie von drei unbemannten Raumschiffen, die von der damaligen Sowjetunion in den Jahren 1957 bis 1958 in eine Erdumlaufbahn gebracht wurden. Sputnik 1 gilt als erstes von Menschenhand geschaffenes Objekt, das am 4. Oktober 1957 in eine Umlaufbahn um die Erde geschossen wurde. Zeitweise wurde der Begriff »Sputnik« als Synonym für künstliche Satelliten benutzt.

SS Cygni-Stern Eine Klasse von → *Zwergnovae*, deren Ausbrüche einige Tage dauern.

SS433 Auffälliger Stern, der unter der Nummer 433 im Sternverzeichnis von C. Bruce Stephenson und Nicholas Sanduleak als Stern mit Wasserstoffemission aufgeführt wird. Wird zumeist für ein Doppelsternsystem gehalten, in welchem ein → *Neutronenstern* Materie von einem größeren, normalen Begleitstern abzieht.
SS433 liegt 18 000 Lichtjahre entfernt im Innern des alten → *Supernova-Überrestes* W50, von dem man annimmt, er sei rund 40 000 Jahre alt. Das Sternsystem erscheint als Stern 14. Größe im Sternbild Aquila (Adler). 1976 wurde SS433 als Ursprung einer Röntgen-Quelle identifiziert, im Jahr 1977 wurde auch Radiostrahlung entdeckt. Das optische Spektrum zeigt komplizierte Vorgänge mit periodischen Veränderungen und Hinweisen auf einen Materiejet, der sich mit etwa einem Viertel der Lichtgeschwindigkeit ausdehnt. Eingehende Untersuchungen des Spektrums führten zur genauen Massenbestimmung der beiden Sternpartner. Die kompakte Komponente besitzt 0,8 Sonnenmassen und schließt damit die Möglichkeit eines Schwarzen Loches aus. Die Masse des Begleiters, der ständig Materie verliert, wurde mit 3,2 Sonnenmassen festgesetzt.
Der Neutronenstern und sein massenreicher O- oder B-Begleitstern umkreisen sich mit einer Periode von 13 Tagen. Dabei fließt die Materie vom Begleiter ab und sammelt sich in einer Akkretionsscheibe um den Neutronenstern. Aufheizungsprozes-

se sorgen dafür, daß ein Teil des Materials aus dem Zentrum der ringförmigen Akkretionsscheibe in Form eines doppelten Materiejets herausgeblasen wird. Die Akkretionsscheibe präzediert, ähnlich einem um die Achse taumelnden Drehkreisel, mit einer Periode von 164 Tagen. Dadurch erzeugen die doppelten Materiejets ein komplexes Muster in der Radiostrahlung. Dem irdischen Beobachter verrät sich dieser Effekt als ein regelmäßiger, 164 Tage währender Zyklus bei der scheinbaren Geschwindigkeit der Materiejets.

S-Stern Kühler Riesenstern des → *Spektraltyps* K oder M, der in seinem Spektrum deutliche Absorptionsbanden der Moleküle Zirkoniumoxid (ZrO) zeigt. Ebenso können bei S-Sternen die Banden des Lanthanoxids (LaO), Yttriumoxids (YO) und Vanadiumoxids (VO) auftreten. Bei normalen M-Sternen finden sich als auffälligste Molekülbanden die des Titaniumoxids (TiO). Die Dominanz von Zirkonoxid in S-Sternen spiegelt deren höheres Verhältnis von Kohlenstoff zu Sauerstoff und einen deutlichen Überschuß an Zirkon wieder. Zirkon und auch andere schwerere Elemente entstehen während der nuklearen Reaktionen im Innern des Sterns und werden anschließend an die Oberfläche transportiert.

Starburst-Galaxie Galaxie, von der man annimmt, daß sie sich in einer außergewöhnlich intensiven Phase der Sternentstehung befindet. Typisch für Starburst-Galaxien ist eine auffällige Infrarotstrahlung, die bis zu 90 Prozent der gesamten Energieabstrahlung ausmachen kann. Solche Infrarotgalaxien wurden 1983 während einer Himmelsdurchmusterung vom IRAS-Satelliten entdeckt.

Starlink Britisches Computernetzwerk, das auf nationaler Ebene die Datenreduktion und -auswertung für Berufsastronomen übernimmt und koordiniert. Installiert im Jahr 1980.

statistische Parallaxe Diejenige → *Parallaxe* und daher auch Entfernung, die für eine Sternansammlung durch statistische Analysen der → *Eigenbewegung* bestimmt wurde.

Staubschweif (Typ II-Schweif) Einer der beiden Schweiftypen, die → *Kometen* ausbilden, wenn sie sich der Sonne nähern. Der Staubschweif ist aus etwa ein Mikrometer großen Teilchen zusammengesetzt, die im reflektierten Sonnenlicht leuchten. Staubschweife können bis zu zehn Millionen Kilometer lang sein. Sie biegen sich unter dem Einfluß des → *Strahlungsdrucks* von der Sonne weg.

Staubstreifen Ein dunkler Streifen absorbierenden Staubs, den man gegen den hellen Hintergrund der Milchstraße oder innerhalb anderer Galaxien beobachtet. Siehe auch → *Staubteilchen*

Staubteilchen Kleine Materieteilchen mit einem typischen Durchmesser von 10–100 Nanometern, die im interstellaren Raum zusammen mit Atomen und Molekülen im Gas vorkommen. Man nimmt an, daß die Staubteilchen hauptsächlich aus Silikaten bestehen und/oder Kohlenstoff in der Form von Graphit. Sie werden in den ausgedehnten Atmosphären von → *Roten Riesen* gebildet. Dunkelwolken aus Staub kann man deutlich sehen, wenn sie das Licht von Sternen oder leuchtenden Gaswolken verdecken, was in der Milchstraße häufiger vorkommt. Auch wenn solche Wolken dünn sind, sind sie doch in der Absorption des sichtbaren Lichts sehr effektiv; Millimeterwellen und Strahlung längerer Wellenlänge können die Dunkelwolken dagegen nahezu unbeeinträchtigt durchdringen. Die Anwesenheit von Staub läßt sich auch aufgrund der Infrarotemission nachweisen, die erzeugt wird, wenn die Staubteilchen durch Absorption der visuellen und ultravioletten Strahlung erwärmt werden. Die Temperatur des Staubs beträgt typisch 30 bis 500 Kelvin. Staubteilchen spielen vermutlich eine wichtige Rolle bei der Bildung von → *interstellaren Molekülen*, indem sie als Wirtsoberfläche dienen, auf der sich Gasatome vereinen können. Die so gebildeten Moleküe können dann die Oberfläche verlassen.

Dunkelwolken sind auch wichtige Bestandteile von Sternentstehungsgebieten. Der Staub scheint die interstellaren Moleküle vor der zerstörerischen Wirkung der Hochenergiestrahlung zu schützen und versorgt → *Protosterne* mit einem effizienten Mittel, überschüssige Energie abzustrahlen.

Steady-state-Metrik Eine → *Metrik* bzw. Formel, mit der sich bestimmte Eigenwerte der kosmologischen → *Steady-state-Theorie* berechnen lassen. Die → *Robertson-Walker-Metrik* beschreibt die Methode, wie man Entfernungen in einem homogenen und isotropen Universum berechnen kann. Die Steady-state-Metrik stellt einen Spezialfall dar, der mit dem kosmologischen Postulat zusammenfällt und die Berechnungsgrundlage für die Entfernungen in einem statischen Universum bietet. Siehe auch → *de Sitter-Universum*

Steady-state-Theorie Eine der beiden konkurrierenden kosmologischen Theorien aus der Mitte des 20. Jahrhunderts. Bei der anderen handelt es sich um die → *Big Bang-* (Urknall)-Theorie. Die Steady-state-Theorie geht davon aus, daß ein Beobachter das Universum überall und zu jeder Zeit in einem stationären Zustand (steady-state) vorfindet. Mit der Forderung, daß ständig neue Materie geschaffen werde, versucht die Theorie die Lücken zu umgehen, die durch die »wegexpandierende« Materie in den sich entwickelnden Galaxien entsteht. Die Entdeckung des kosmischen Mikrowellen-Hintergrunds 1963 stellte eine deutliche Schlappe für die Theorie zu einer Zeit dar, als sich bereits Unstimmigkeiten bei der Radio- → *Quellenzählung* abzeichneten. Sie lieferte jedoch einen wichtigen Beitrag zur Entwicklungstheorie der → *Nukleosynthese* im Innern der Sterne. Ohne Urknall mußten die schwereren Elemente sämtlich in explodierenden Sternen entstanden sein. Diese Aussage, die unabhängig von der Wahl der kosmologischen Modelle ist, hat bis heute Bestand.

Steckhülse Der Tubus an der Beobachtungsposition eines Teleskops, in das die → *Okulare* eingesteckt werden.

Steinbock Sternbild → *Capricornus*.

Stein-Eisen-Meteorit Gehört zur Hauptgruppe der → *Meteorite* und besteht sowohl aus metallischen Bestandteilen als auch Gesteinsanteilen. Es gibt zwei Typen: → *Pallasite* und → *Mesosiderite*. Pallasite bestehen aus Olivinkörnern, die in Metall eingeschlossen sind. Im allgemeinen sind die beiden Komponenten gleich verteilt. Mesosiderite sind dagegen Zusammenballungen von Silikaten und Metall, die in ungefähr gleichen Anteilen im Meteorit vorkommen. Stein-Eisen-Meteorite fallen auch unter die Bezeichnungen Siderolithe und → *Lithosiderite*.

Steinmeteorit → *Meteorite*, die vollständig aus Gesteinsmaterial bestehen. Sie werden in zwei Klassen unterteilt: → *Chondrite* und → *Achondrite*. Über 90 Prozent aller beobachteten Meteoritenfälle (im Unterschied zu denen, die zufällig gefunden werden) sind Steinmeteorite.

stellar zu den Sternen gehörig, diese betreffend.

Stephans Quintett (NGC 7317, 7318a und b, 7319 und 7320) Gruppe von fünf Galaxien, die am Himmel eng benachbart sind. Wurden zuerst von M. E. Stephan im Jahr 1877 erwähnt. Nachfolgende Messungen der Rotverschiebungen zeigten, daß die Galaxie NGC 7320 uns sehr viel näher steht als die anderen Sternsysteme, es sich somit nicht um ein echtes, sondern nur zufälliges Mitglied der Gruppe handelt. Die anderen vier Galaxien gehören offenbar zusammen, denn sie weisen alle eine einheitliche Rotverschiebung von 6000 km/s auf.

Stern Sterne sind leuchtende Gaskugeln, die ihre Energie im Innern eines heißen Kerns durch Kernfusion erzeugen. Die kleinste Masse zur Bildung eines Sterns liegt bei rund $\frac{1}{21}$ Sonnenmassen. Unterhalb dieser Grenze reicht die Schwerkraft der sich zusammenballenden Massen nicht aus, um die Materie auf eine Temperatur aufzuheizen, bei der die Verschmelzung von Wasserstoff zu

Helium einsetzen kann. Die bislang schwersten bekannten Sterne bringen es nicht über 60 Sonnenmassen. Die Masse eines Sterns gehört zu den wichtigsten Faktoren, die Temperatur und Leuchtkraft während seiner Zeit als → *Hauptreihenstern* bestimmen, wobei dem Wasserstoffvorrat im Kern die Rolle des nuklearen Brennstoffs zukommt.

Sterne setzen sich hauptsächlich aus Wasserstoff mit Beimengungen von Helium zusammen. Bei der Sonne, die in vielerlei Hinsicht als typischer Durchschnittsstern gelten kann, bestehen 94 Prozent der Atome aus Wasserstoff, 5,9 Prozent aus Helium und weniger als 0,1 Prozent aus anderen Elementen. Bei der Verteilung der Gewichtsanteile in der Sonnenmaterie liegen 73 Prozent beim Wasserstoff, 25 Prozent beim Helium, 0,8 Prozent beim Kohlenstoff, 0,3 Prozent beim Sauerstoff, und die restlichen 0,9 Prozent verteilen sich auf alle anderen Elemente. Siehe auch → *Doppelstern, Hertzsprung-Russell-Diagramm, Spektraltyp, Sternentwicklung, Veränderlicher*

Sternatlas Kartenwerk, das die Positionen der Sterne und anderer astronomischer Objekte am Himmel aufführt.

Sternberg State Astronomical Institute Russisches Forschungsinstitut in Moskau, das Beobachtungsinstrumente auf der Krim und in Kasachstan besitzt.

Sternbild Eine von 88 benannten Himmelsregionen oder die Verteilung der Sterne in ihnen. Aus geschichtlichen Aufzeichnungen wissen wir, daß schon die frühesten Zivilisationen auffälligen Sternkonstellationen einen Namen gegeben haben. Jede Kultur hatte ihre eigene Art, den Himmel in bildhafte Elemente einzuteilen. Viele von den heute verwendeten Bezeichnungen haben ihren Ursprung in Mesopotamien und wurden von den Griechen weiterentwickelt. 48 wurden von Ptolemäus im zweiten nachchristlichen Jahrhundert zusammengestellt, der Rest wurde seit etwa 1600 hinzugefügt. Einige Sternbilder, die nie allgemein akzeptiert wurden, erscheinen auf alten Sternkarten.

Ursprünglich wurden Sternbilder lediglich als Verteilungen von Sternen angesehen, aber sie wurden immer mehr von Nutzen als eine Möglichkeit der Bezeichnung von Sternen und ihren Positionen. Im Laufe der Entwicklung der Astronomie führte das Fehlen genauer Standarddefinitionen für die Sternbilder zu Verwechslungen bei der Identifikation schwächerer Sterne in Himmelsregionen geringerer Sterndichte. Dieses Problem wurde 1930 gelöst, als die Astronomen international übereinkamen, die Grenzen von 88 Sternbildern entlang von Linien konstanter → *Rektaszension* bzw. → *Deklination* zu definieren.

Jedes der 88 Sternbilder hat in diesem Lexikon einen Eintrag unter seinem offiziellen lateinischen Namen. Alle diese Sternbilder sind in der → *Tabelle 4* aufgelistet.

Sternbeben Plötzliches Bersten der äußeren Kruste eines Neutronensterns, vergleichbar einem Erdbeben. Durch ein Sternbeben wird das Trägheitsmoment des rotierenden Sterns verändert, was zu einer sprunghaften Veränderung seiner Periode führt. Das Ereignis ist als Sprung in der Pulsarperiode beobachtbar.

Sternentwicklung Jener Entwicklungsprozeß, den ein Stern während seines Lebens durchmacht und der sich von der Geburt in einer interstellaren Wolke über das Versiegen des atomaren Brennstoffs bis hin zum Erlöschen des Sterns erstreckt.

Sterne werden in Gruppen im Innern von Gas- und Staubwolken des interstellaren Mediums geboren. Zunächst ballt sich die Materie zu einem Protostern zusammen, der immer weiter kollabiert. Der Kern heizt sich dabei durch Abgabe von Gravitationsenergie auf, bis schließlich eine Temperatur erreicht wird, bei der die Kernfusion von Wasserstoff zu Helium einsetzen kann. Die Zeit, die dieser Prozeß in Anspruch nimmt, hängt stark von der Masse des Protosterns ab. So braucht ein Stern von 10 Sonnenmassen nur 300 000 Jahre bis zu diesem Entwicklungspunkt, hingegen ein

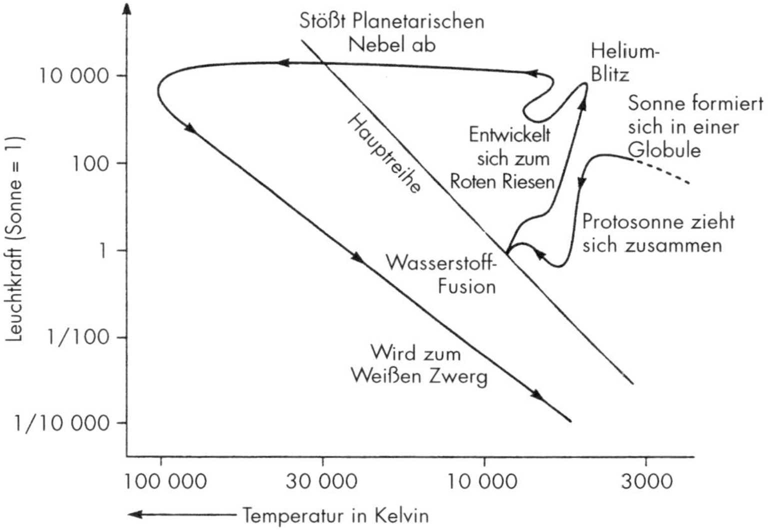

Sternentwicklung. Schematischer Entwicklungsverlauf auf dem Hertzsprung-Russell-Diagramm für einen Stern mit einer Sonnenmasse.

Stern von einer Sonnenmasse 30 Millionen Jahre.

Das Wasserstoffbrennen im Kern des Sterns kann solange aufrechterhalten werden, bis die Brennstoffreserven erschöpft sind. Während dieser stabilen Lebensphase befindet sich der Stern auf der Hauptreihe im → *Hertzsprung-Russell-Diagramm.*

Je größer jedoch die Ausgangsmasse des Sterns ist, desto drastischer verringert sich die Verweilzeit. Während sich die Sonne für einen Zeitraum von etwa 10 Milliarden Jahren auf der Hauptreihe aufhält (von der etwa die Hälfte der Zeit abgelaufen ist), bringt es ein dreimal schwererer Stern nur noch auf 500 Millionen Jahre.

Wenn die Wasserstoff-Fusion im Kern erlischt, weil der Brennstoff aufgebraucht ist, kommt es zu drastischen Umstrukturierungen im Stern, in deren Verlauf dieser auf die veränderte Situation reagiert. Der träge Kern des Sterns beginnt rasch zu kontrahieren. Dadurch wird Gravitationsenergie freigesetzt, die die umhüllende Wasserstoffschale so weit aufheizt, daß die Wasserstoff-Fusion erneut einsetzen kann – allerdings spielt sich die Fusion diesmal nur in einer Kugelschale um den Kern ab. Die wieder entfachte Energie läßt die äußeren Schichten des Sterns immer weiter anwachsen. Die Gasschichten dehnen sich dabei aus, kühlen ab, und der Stern entwickelt sich zu einem Roten Riesen. Das Wechselspiel von sich ausdehnender Größe und sinkender Temperatur sorgt für eine relativ konstante Leuchtkraft.

Inzwischen jedoch zieht sich der Heliumkern weiter zusammen, bis eine Temperatur von 100 Millionen Grad erreicht ist. Jetzt setzt die atomare Verschmelzung von Helium in Kohlenstoff und Sauerstoff ein – die Phase des Heliumbrennens ist erreicht.

Vermutlich sammelt sich das Helium im Kern an. Was nun passiert, hängt entscheidend von der Masse des Sterns ab. Bei massereichen Sternen bewirkt die jeweils auf die Erschöpfung der Energiereserven folgende Kernkontraktion ein erneutes Zünden der Brennstoffasche. Das führt schließlich dazu, daß sich im Zentrum des Sterns Eisen – als letztes Glied in der Fusionskette – angereichert hat, während der Kern von Schalen umgeben ist, in denen gleichzeitig Silizium, Sauerstoff, Kohlenstoff, Helium und ganz außen Wasserstoff verbrennt. Konnte sich im Innern des Sterns ein Eisenkern von mindestens einer Sonnenmasse bilden, kann eine völlig neue Reaktionskette einsetzen. In diesem Entwicklungsstadium kann der Kern so weit in sich zusammenfallen, daß es zu einer Implosion mit katastrophalen Auswirkungen kommt: dem Ausbruch einer → *Supernova*. Übrig bleibt vom Stern lediglich der extrem verdichtete Kern, aus dem sich ein → *Neutronenstern* bildet.

Bei masseärmeren Sternen wie der Sonne erreicht die Temperatur im Innern nicht jene Werte, bei denen innerhalb der Schalen Wasserstoff zu Helium verbrennt. Es kommt zu Instabilitäten, worauf der Stern seine äußeren Schichten vom Kern abstößt. Diese bilden eine expandierende Gasschale, woraus schließlich ein sog. → *Planetarischer Nebel* entsteht, dessen Bestandteile sich mit der Zeit immer mehr ins All verflüchtigen. Zudem verlieren wohl die meisten der Sterne erheblich an Masse, da während ihrer späten Entwicklungsstadien ein kräftiger Sternwind einsetzt.

Der übrigbleibende Kern kühlt ab und schrumpft, während seine Dichte ständig steigt. Schließlich hat er die Größe der Erdkugel erreicht. Die Materie ist nun so verdichtet, daß sie entartet und sich ein → *Weißer Zwerg* bildet. Von nun an sind alle Energiequellen erschöpft, der Weiße Zwerg strahlt seine restliche Wärme ab und kühlt langsam aus.

Der Entwicklungsgang eines Sterns wird meist als Lebensweg im → *Hertzsprung-Russell-Diagramm* dargestellt. Die Abbildung zeigt den Lebensweg der Sonne. Trägt man das Hertzsprung-Russell-Diagramm für einen ganzen Sternhaufen auf, so erhält man Aussagen über die Beziehung zwischen der Masse der Sterne und ihrer Entwicklung. Damit läßt sich das Alter des gesamten Sternhaufens abschätzen.

Der hier skizzierte Abriß der stellaren Entwicklung bezieht sich auf Einzelsterne. Für Mitglieder von Doppel- oder Mehrfachsternsystemen können die Entwicklungswege völlig anders verlaufen, falls es zu einem → *Massenaustausch* kommt.

Sternhaufen Anhäufung von räumlich zusammengehörigen Sternen, die vermutlich alle gleichen Ursprungs sind. Es gibt zwei grundlegende Typen von Sternhaufen: → *offene Sternhaufen* und → *Kugelsternhaufen*. Sehr junge Sterne finden sich oft in lockeren Zusammenschlüssen, sog. → *Assoziationen*.

Sternkatalog Übersichtliche Zusammenstellung der Daten von Sternen. Jede Eintragung enthält Position und Helligkeit zur Auffindung des Sterns zusammen mit physikalischen oder weiteren Beobachtungsdaten. Solche Sternkataloge können sämtliche Sterne einer Himmelsregion bis zu einer bestimmten Grenzhelligkeit aufführen. Es kann sich aber auch um eine Auswahl von Sternen mit bestimmten Eigenschaften handeln, etwa von Doppelsternen.

Sternpopulationen Zwei unterschiedliche Klassen, in die Sterne hinsichtlich ihres Alters, ihrer räumlichen Anordnung, der Bewegungsverhältnisse in den Sternsystemen und ihrer chemischen Zusammensetzung eingeteilt werden. Es gibt die Populationen I und II.

Der Population I gehören die jüngsten Sterne an, sie finden sich vorwiegend in den Armen der Spiralgalaxien. Die Klasse schließt leuchtkräftige, heiße Sterne, Hauptreihensterne, die Mitglieder offener Sternhaufen und die damit assoziierten interstellaren Wolken ein, in denen die Sternformation auch heute noch fortschreitet. Die Sterne der Population I sind relativ metallreich, und ihre Bahnen ver-

laufen innerhalb der galaktischen Ebene. Zur Population I gehört auch die Sonne einschließlich ihrer Nachbarsterne. Die Mitglieder der Population II zeigen Merkmale einer älteren Sterngeneration. Es handelt sich um bereits in der Entwicklung fortgeschrittene Sterne, die einen niedrigen Gehalt an schweren Elementen aufweisen. Sie bevölkern vor allem elliptische Galaxien und kommen in den Kernen und Halos der Spiralgalaxien vor. Auch Kugelhaufen enthalten Sterne der Population II.
Gelegentlich wird die Bezeichnung Population III für eine bisher hypothetische Klasse von Sternen eingesetzt, die zu der frühsten sich formierenden Sterngeneration im Universum gehört, jedoch inzwischen nicht mehr leuchtet. Siehe auch → *Population I*, → *Population II*

Sternschnuppe Volkstümliche Bezeichnung für → *Meteor.*

Sternspur Helle Strichspur auf Zeitaufnahmen des Nachthimmels. Sternspur-Photos werden mit einer feststehenden Kamera erhalten, die nicht an der Bewegung der Sterne am Himmel teilnimmt. Die Spuren stellen die durch die Erddrehung verlängerten Abbilder der Sterne dar.

Sternwarte Sonneberg Forschungsinstitut in Deutschland bei Sonneberg/Thüringen. Es ist für seine Forschungsarbeiten an Veränderlichen bekannt. Eröffnet 1925; dem traditionsreichen Institut droht heute die Schließung aus finanziellen Gründen.

Sternwind Massenverlust eines Sterns, der in Form eines ständigen Teilchenstroms von der Oberfläche des Sterns ausgeht. Viele kühle → *Überriesen* weisen Sternwinde mit niedrigen Geschwindigkeiten auf, die in Doppelsternsystemen nachweisbar sind, da der Sternwind hier für das Auftreten von Absorptionslinien im Spektrum des Begleiters verantwortlich ist. Am höchsten ist die Massenverlustrate bei den heißesten Sternen. Hier erreicht der Teilchenstrom Geschwindigkeiten von Hunderten bis zu einigen Tausend Kilometern pro Sekunde und trägt während der Lebensdauer des Sterns zum Verlust eines erheblichen Teils seiner Ausgangsmasse bei. Siehe auch → *Sonnenwind*

Sternwolke Himmelsregion der → *Milchstraße*, wo eine große Zahl von Sternen sehr dicht beieinander stehen, so daß die Ansammlung den Eindruck einer Wolke erweckt.

Sternzeit → *siderische Zeit.*

Steward Observatorium Observatorium der Universität von Arizona. Seine wichtigsten Instrumente befinden sich im → *Kitt Peak National Observatory.*

Stickney Größter Krater des inneren Marsmondes Phobos. Er weist mit einem Durchmesser von 10 Kilometern etwa ein Drittel des größten Phobos-Durchmessers von 28 Kilometern auf. Stickney war der Mädchenname der Ehefrau von Asaph Hall (1829–1907), jenes amerikanischen Astronomen, der die beiden Marsmonde Phobos und Deimos entdeckt hat.

Stillstand eines Planeten Punkt, an dem die scheinbare Bewegung eines Planeten am Himmel von rechtläufiger Bewegung in rückläufige umschlägt bzw. umgekehrt.

Stokesche Hilfsgrößen, Parameter Es handelt sich um vier Werte, die eine vollständige mathematische Beschreibung polarisierter Strahlung erlauben. Radioteleskope sind so ausgelegt, daß sie diese Größen direkt ermitteln können und somit Informationen über die magnetischen Felder von Radioquellen erhalten. Siehe auch → *Polarisation*

Stonehenge Prähistorisches Monolith-Monument in Großbritannien, von dem man annimmt, daß es astronomischen Zwecken gedient hat. Stonehenge liegt 130 Kilometer westlich von London und gehört zu den bekanntesten neolithischen Steindenkmälern. Es wurde in drei Bauphasen erschaffen. Graben und Fundament werden etwa auf das Jahr 2800 vor Christus datiert. Die heute noch sichtbare Gruppe eines 30 Meter durchmessenden Kreises von aufrecht stehenden Sandstein-Megalithblöcken entstand um das Jahr 2000 v. Chr. Einige der Blöcke bilden vordere und rückwärtige Markierungen, die mit erstaunlicher Genauigkeit auf besondere Auf- und Untergangspunkte für Sonne und Mond hinweisen. Die moderne Astronomie konnte nachweisen, daß frühere Beobachtungen in Stonehenge wohl zur genauen Vorhersage von Sonnen- und Mondfinsternissen dienten. Wenn die heutigen Erkenntnisse stimmen, so bedeutet dies, daß die Erbauer von Stonehenge über viele Jahrhunderte hinweg astronomische Beobachtungen aufzeichneten oder diese durch mündliche Überlieferung weitergegeben haben.

Stonyhurst-Scheibe Aufgedruckte Matrize, auf die Sonnenbeobachter zur Auffindung von → *heliographischer Breite* und Länge von Sonnenflecken zurückgreifen.

Störung Eine zeitlich oder räumlich begrenzte Störung der ansonsten gleichmäßigen Bewegung eines Körpers in einem stabilen Gravitationsfeld. Die Bewegung eines Kometen z. B., die zum größten Teil durch die Schwerkraft der Sonne bestimmt wird, erleidet eine Störung, wenn er so nahe an einem Planeten vorbeifliegt, daß er durch dessen Gravitationsfeld abgelenkt wird. Ein Vorbeiflug eines Kometen am massereichsten Planeten, Jupiter, kann dazu führen, daß er von einer parabolischen Bahn auf eine kurzperiodische, elliptische Bahn umgelenkt wird.

Strahl Ein helles, strahlenförmiges Oberflächengebilde, das radial von einem Krater ausgeht. Eine ganze Reihe von Mondkratern ist von ausgedehnten Strahlensystemen umgeben, die bei Vollmond besonders hell erscheinen und bereits mit bloßem Auge sichtbar sind. Sie treten bei den jüngsten Kratern, etwa Tycho und Kopernikus, auf. Möglicherweise handelt es sich um Gestein, das bei dem Meteoriteneinschlag an die Oberfläche gelangte. Dieses reflektiert das Licht stärker, weil es noch nicht so lange der intensiven Sonnenstrahlung und dem Mikrometeoritenhagel ausgesetzt war wie das ältere Gestein. Möglicherweise bestehen die Strahlen aber auch aus glasartigem, stark reflektierendem Material.
Auch bei anderen Körpern im Sonnensystem hat man in der Umgebung einiger Krater solche Strahlensysteme gefunden.

Strahlungs-Ära Die Zeitspanne von einer Sekunde bis eine Million Jahre nach dem → *Big Bang*, während der die Strahlung (→ *Photonen*) das Verhalten des Universums beherrschte. Die Ära endete mit der → *Rekombinations-Ära*, während der die Temperatur des expandierenden Universums auf einige tausend Grad gefallen war, so daß Elektronen und Protonen stabile Atome bilden konnten.

Strahlungsdruck Der von → *Photonen* ausgeübte Druck, wenn diese Impuls auf Materie übertragen. In der Astronomie ist der Strahlungsdruck in intensiven Strahlungsfeldern, wie sie beispielsweise in den äußeren Schichten eines Sterns auftreten, wichtig. Im interstellaren Medium kann der Strahlungsdruck auf Staubteilchen wichtiger sein als das lokale Gravitationsfeld. Im Sonnensystem bewirkt die Sonnenstrahlung, daß sich Staubteilchen langsam der Sonne nähern → *Poynting-Robertson-Effekt.*

Strahlungsgürtel Ein ringförmiges Gebiet um einen Planeten, in dem elektrisch geladene Teilchen (Elektronen und Protonen) gefangen sind und auf spiralförmigen Bahnen den magnetischen Feldlinien des Planeten folgen. Die Strahlungsgürtel der Erde sind als → *Van Allen-Gürtel* bekannt. Auch andere Planeten mit Magnetfeldern, etwa Jupiter, besitzen solche Gürtel.

Strahlungskeule Der Bereich des Himmels, der zu einer gegebenen Zeit mit einem → *Radioteleskop* beobachtet wird.

Strahlungskeulenbreite Die Winkelausdehnung der → *Strahlungskeule* eines Radioteleskops. Die Keulenhalbwertsbreite ist die Winkelausdehnung, über die die empfangene Leistung mindestens halb so groß ist wie die im Maximum gemessene Leistung, wenn das Teleskop genau auf eine Punktquelle gerichtet ist. Ihr Wert ist ein Maß für das Auflösungsvermögen des Teleskops.

Strahlungstemperatur Ein

Maß für die von einer Quelle emittierte Strahlung. Sie ist definiert als die Temperatur, die ein → *Schwarzkörper* anstelle der Quelle haben müßte, um die beobachtete Strahlungsintensität zu erzeugen. Der Begriff Strahlungstemperatur wird häufig von Radioastronomen als Maß für die empfangene Strahlungsintensität verwendet. Es ist ein nützlicher Begriff, da er besagt, ob eine Quelle → *thermische Strahlung* emittiert, in welchem Fall die Helligkeitstemperatur in Hunderten oder Tausenden von Grad gemessen wird, oder ob → *Synchrotronstrahlung* entsteht. In diesem Fall beträgt die Strahlungstemperatur Milliarden Grad.

Strahlungstransport (Strahlungsdiffusion) Der Vorgang, bei dem Energie in Form von → *elektromagnetischer Strahlung* durch die Wechselwirkung mit Materie transportiert wird. Bei diesem Vorgang werden die Photonen ständig von Materie absorbiert und reemittiert. Einfach ausgedrückt besagt das Gesetz der Energieerhaltung, daß die aus einem Medium herauskommende Energie gleich derjenigen ist, die in dieses Medium eintritt, plus der vom Medium selbst emittierten Energie und minus jedweder absorbierten Energie. Dies läßt sich in mathematischen Gleichungen ausdrücken; eine exakte Lösung dieser Gleichungen zu erhalten, ist jedoch in der Praxis wegen der komplizierten Wechselwirkung von Strahlung mit Materie sehr schwierig.

Stratigraphie Die Lehre von den Gebirgsformationen und der Schichtenabfolge (Strata). Mit Hilfe der Stratigraphie läßt sich die Reihenfolge jener Ereignisse verstehen, welche die Oberfläche eines Planeten oder Mondes formten.

Stratosphäre Schicht der Erdatmosphäre, die auf die → *Troposphäre* folgt. Die Stratosphäre erstreckt sich in einer Höhe zwischen 15 und 50 Kilometern. Die Temperaturen bewegen sich zwischen 240 Kelvin (– 33 °C) in den unteren Schichten und 270 Kelvin (0 °C) in den oberen.

streifende Bedeckung Eine → *Okkultation*, bei der das bedeckte Objekt gerade den Rand des bedeckenden Objekts zu berühren scheint.

Streugebiet → *Tektit.*

Streuung Prozeß, bei dem elektromagnetische Strahlung bzw. ein Teilchenstrahl vollständig oder teilweise aus der ursprünglichen Ausbreitungsrichtung abgelenkt wird. Dabei wird keine Absorption oder Emission beobachtet.

Licht wird an kleinen Partikeln, etwa Staubteilchen, gestreut, indem es reflektiert oder gebeugt wird (oder auch beides). Sind die Partikel kleiner als die Wellenlänge des Lichts selbst, handelt es sich um eine reine Beugungserscheinung; das zugrundeliegende Phänomen ist auch als Rayleigh-Streuung bekannt. Die Intensität des gestreuten Lichts hängt von der Wellenlänge λ als $1/\lambda^4$ ab. Daraus folgt, daß blaues Licht stärker gestreut wird als rotes. Der Tageshimmel ist also deshalb blau, weil der blaue Anteil des Sonnenlichts an den Luftmolekülen stärker gestreut wird. Hingegen erscheinen Sonnenauf- und -untergänge in Horizontnähe rot, weil man dort durch dichtere Luftschichten blickt. In diesem Fall wird der blaue Anteil des Lichts stärker gestreut, als dies bei senkrecht einfallenden Lichtstrahlen der Fall ist. Dasselbe Phänomen ist für die interstellare Rötung von Licht verantwortlich.

Streuungsphänomene können auch durch direkte Wechselwirkung von Lichtstrahlen an Atomkernen oder Elektronen beim Durchqueren von Materie verursacht werden. Siehe auch → *Compton-Effekt*

String-Theorie Physikalische Vorstellung einer vereinheitlichten Theorie der Elementarteilchen, in der diese als eindimensionale Größen vorkommen. Die herkömmliche Teilchenphysik betrachtet Elementarteilchen als dimensionslose »Punkte«. Siehe auch → *Superstring-Theorie*

Strömgren-Radius Größte Entfernung, in der ein von einem Stern ausgesandtes energiereiches Ultraviolett-Photon den neutralen Wasserstoff in seiner Nachbarschaft noch vollständig ionisieren kann.

Strömgren-Sphäre Gebiet vollständig ionisierten Gases aus Wasserstoff und Helium um einen sehr heißen → *O-* oder *B-Stern.*

Stunde Stunde (1) Das Zeitintervall eines vierundzwanzigstel Tages.

Stunde (2) Die Einheit, in der die → *Rektaszension* gemessen wird, äquivalent zu einem Winkel von 15°.

Stundenglas-Nebel Ein heller, leuchtkräftiger Nebel im M8, dem Lagunen-Nebel. Er wurde erstmals von John Herschel bemerkt. Der Name ist von der Form abgeleitet.

Stundenkreis Jeder Großkreis auf der Himmelssphäre, der durch den Nord- und Südpol geht. Ein Stundenkreis ist ein Kreis konstanter → *Rektaszension.*

Stundenwinkel (HA) Bei einem Himmelsobjekt die Länge an → *siderischer Zeit*, die vergangen ist, seit es durch den Meridian gegangen ist. Da ein Objekt auf dem Meridian seine maximale Höhe erreicht und am besten für die Beobachtung positioniert ist, zeigt der Stundenwinkel an, wie weit ein Objekt von der optimalen Beobachtungsposition entfernt ist. Eine siderische Stunde entspricht einer scheinbaren Rotation des Himmels um 15°. Nach Konvention ist der Stundenwinkel positiv in westlicher Richtung.

S-Typ-Asteroid Kategorie von Asteroiden mit mittlerer Albedo, die wahrscheinlich aus silikatischem Material bestehen, ähnlich den → *Meteoriten* aus Gestein. Im inneren → *Asteroidengürtel* kommen S-Typ-Asteroiden recht häufig vor.

Submillimeter-Astronomie Untersucht die → *elektromagnetische Strahlung* von Himmelsquellen in einem Wellenlängenbereich zwischen 0,3 und 3 Millimetern. Für die Untersuchung dieses Übergangsbereichs im elektromagnetischen Spektrum ist eine Kombination radioastronomischer und infrarotastronomischer Techniken nötig. Submillimeter-Teleskope können nur in ausgesprochen trockenen Gebieten und in großer Höhe aufgestellt werden, da der Wasserdampf der Erdatmosphäre gerade diesen Spektralbereich stark absorbiert und die meisten Signale nur sehr schwach empfangen werden. Doch liefert der Submillimeter-Bereich wichtige Informationen für viele astronomische Untersuchungen. Hierzu gehören der kosmische Mikrowellen-Hintergrund, Sternentstehungsgebiete und die Moleküllinien in den Spektren interstellarer Wolken. Derzeit werden nur wenige Submillimeter-Teleskope betrieben. Dazu gehört das → *James Clerk Maxwell Telescope* des → *Mauna Kea-Observatoriums*, Hawaii. Auch das Submillimetre Observatorium (CSO) des California Institute of Technology betreibt ein solches Teleskop auf Hawaii, das aus einem segmentierten Spiegel besteht. Das schwedische ESO-Submillimeter-Teleskop (SEST) gehört der → *Europäischen Südsternwarte* (ESO) und befindet sich auf La Silla, Chile. Der Reflektor weist einen Durchmesser von 15 Metern auf und besteht aus 176 Segmenten, die einzeln verstellbar sind.

Sub-Solar-Punkt Zenitposition der Sonne auf einem Planeten.

Sucher Ein kleines Teleskop, das an einem großen Teleskop montiert ist und dazu dient, das korrekte Gesichtsfeld einzustellen. Ein Sucher beinhaltet auch ein Fadenkreuz und ist so ausgerichtet, daß ein Objekt, das auf dieses Fadenkreuz zentriert ist, im Zentrum des kleinen Gesichtsfeldes des großen Teleskops erscheint.

Südatlantik-Anomalie Eine Region über einem Gebiet des Südatlantiks, wo der innere Bereich des irdischen → *Van Allen-Gürtels* mit seinen hochenergetischen und elektrisch geladenen Teilchen dichter an die Erdoberfläche heranreicht und somit eine gewisse Gefahrenquelle für künstliche Satelliten darstellt.

Südliche Krone Deutscher Name des Sternbilds → *Corona Australis.*

Südlicher Fisch Deutscher Name des Sternbilds → *Piscis Austrinus.*

Südliches Dreieck Deutscher Name des Sternbilds → *Triangulum Australe.*

Sulci (sing. Sulcus) System annähernd paralleler Gebirgsketten und Taleinschnitte auf der Oberfläche eines Planeten.

Sunspot (Sonnenfleck) Gegend um das → *Sacramento Peak Observatory* in New Mexico. Dieses gehört zum amerikanischen Nationalen Sonnenobservatorium.

Sunyaev-Zel'dovich-Effekt Anisotropie in der → *kosmischen Mikrowellen-Hintergrundstrahlung*. Sie wird wahrscheinlich durch die Absorption von Strahlung beim Durchgang durch reiche Galaxienhaufen verursacht.

Supergalaktische Ebene Referenzebene eines Koordinatensystems, welches die Positionen der benachbarten Galaxien angibt. Die supergalaktische Ebene verläuft durch die Sonne, das Zentrum der Milchstraße und das Zentrum des → *Virgo-Haufens* und steht fast senkrecht auf der → *galaktischen Ebene*.

Supergranulation Muster großräumiger → *Konvektionszonen* auf der Sonnenoberfläche. Sie verrät sich am ehesten durch Horizontalbewegungen, die innerhalb der Photosphäre vom Zentrum der Sonnenscheibe nach außen verlaufen. Im weißen Sonnenlicht läßt sich die Supergranulation nicht erkennen. Siehe auch → *Konvektion*

Supergravitation Eine Theorie, die die Gravitationstheorie mit den anderen drei Naturkräften zu vereinigen sucht. Bislang jedoch sind derartige Vorstellungen einer Supergravitation erfolglos geblieben, da sie die elementaren Naturkonstanten als dimensionslose Punkte behandeln. Abgelöst wurden diese Ideen durch die erfolgversprechendere → *Superstring-Theorie*.

Superhaufen Eine Konzentration von Galaxienhaufen. Rund 50 Superhaufen sind bekannt, die durchschnittlich 12 reiche Galaxienhaufen umfassen, doch können die größten Superhaufen noch weitaus mehr Mitglieder aufweisen. Solche Strukturen erstrecken sich über einige hundert Millionen Lichtjahre.

Supermassiver Stern Äußerst massereicher Stern. Der Ausdruck ist nicht genau definiert, doch kennt man bislang keine Sterne, die mehr als 60 Sonnenmassen auf sich vereinigen.

Supernova (pl. Supernovae) Sternexplosion mit katastrophalen Auswirkungen, bei der so viel Energie freigesetzt wird, daß eine einzige Supernova die Leuchtkraft einer ganzen Galaxie mit ihren Milliarden von Sternen übertreffen kann. Zusätzlich zur entstehenden Strahlungsenergie wird bei der Supernova noch einmal das Zehnfache des Betrags als kinetische Energie beim Auswurf der Sternmaterie umgesetzt. Die während einer Supernova gebildeten Neutrinos tragen etwa das Hundertfache an Energie fort.

Eine solche Sternexplosion ereignet sich, wenn ein in seiner Entwicklung fortgeschrittener, massereicher Stern seinen nuklearen Brennstoff aufgebraucht hat. Dann wird der Kern instabil und kollabiert.

Zwei verschiedene Arten von Supernovae, Typ I und Typ II, werden klassifiziert. Sie unterscheiden sich in den spektralen Eigenschaften der Wasserstofflinien. Wasserstoff kommt zwar im Spektrum der Typ II-Supernova vor, fehlt aber beim Typ I. Die Lichtkurven von Typ I-Supernovae sind einander sehr ähnlich: stetiger Anstieg der Leuchtkraft innerhalb eines Zeitraums von drei Wochen, gefolgt von einem systematischen Abfall für einen Zeitraum von 6 Monaten oder auch mehr. Dagegen variieren die Lichtkurven der Typ II-Supernova stärker. Supernovae vom Typ I werden weiter in Typ Ia und Ib unterteilt, was sich nach der Ausprägung einer speziellen Silizium-Absorptionslinie im optischen Spektrum richtet. Beim Typ Ia fällt die Linie stark aus, schwach dagegen beim Typ Ib. Bei Supernovae des Typs Ia scheint es sich um → *Weiße Zwerge* in einem Doppelsternsystem zu handeln, bei denen ein Massenaustausch mit dem Begleiter stattfindet. Die auf den Stern auftreffende Materie löst schlagartig das Einsetzen der Kohlenstoff-Fusion aus, was den plötzlichen Energieanstieg erklärt. Die anschließende Explosion ist möglicherweise mit der völligen Zerstörung des Weißen Zwergs verbunden. Durch die Kernreaktionen wird rund eine Sonnenmasse des instabilen Isotops ^{56}Ni (Nickel) gebildet, das innerhalb eines Zeitraums von Monaten über ^{56}Co (Kobalt) zu ^{56}Fe zerfällt. Die Geschwindigkeit des Zerfalls stimmt mit dem beobachteten Lichtabfall überein. Bislang sind die unterschiedlichen Mechanismen zwischen dem Typ Ia und Ib jedoch noch nicht vollständig geklärt.

Supernovae vom Typ II betreffen Sterne von mindestens 8 Sonnenmassen, die den Lebensweg der stellaren Entwicklung abgeschlossen haben und deren nuklearer Brennstoff im Kern völlig aufgebraucht ist. Ihre innere Struktur gleicht in diesem Stadium einer Zwiebel. In den zahlreichen konzentrischen Schalen, aus denen der Stern inzwischen aufgebaut ist, laufen noch verschiedene nukleare Reaktionen ab. Setzt jedoch erst einmal im zentralen Kern das Silizium-Brennen ein, so kommt es innerhalb nur eines Tages zu Instabilitäten. Das erzeugte Eisen läßt sich nicht zu noch schwereren Elementen verschmelzen, ohne daß der Stern Energie aufwenden müßte. Mit dem Erlöschen der Energie bricht jedoch das Gleichgewicht zwischen nach außen gerichtetem Strahlungsdruck und nach innen drückendem Gewicht der übereinanderliegenden Schichten zusammen.

Beim Zusammenbruch kollabiert der Kern des Sterns in einem Zeitraum von weniger als einer Sekunde. Immer schneller brechen die Atomkerne des Eisens auf und bilden Neutronen. Doch kann die Implosion des Kerns nicht unendlich fortschreiten. Ist die Dichte von Kernmaterie erreicht, verhindert plötzlich ein starker innerer Widerstand ein weiteres Verdichten. Das in sich zusammenstürzende Material prallt mit ungeheurer Wucht zurück und erzeugt eine sich von innen nach außen durch den Stern ausdehnende Schockwelle. Dadurch werden die äußeren Schichten des Sterns mit Geschwindigkeiten von einigen Tausend Kilometern pro Sekunde abgestoßen. Zurück bleibt der Kern, der nun zu einem Neutronenstern geworden ist. Das während der Explosion ausgeworfene Material bildet einen → *Supernova-Überrest*, der sich weiter ausdehnt. Neutronensterne verraten sich durch ihre Radiostrahlung als → *Pulsare*. In einigen Fällen gelingt daneben auch die Identifizierung durch Lichtpulse und Röntgenstrahlung.

Supernovae tragen zur chemischen Anreicherung des interstellaren Mediums bei, woraus wiederum nachfolgende Sterngenerationen aufgebaut werden. Sehr alte Sterne enthalten daher deutlich geringere Anteile von Elementen, die schwerer als Wasserstoff und Helium sind, als sie etwa in der Sonne und dem Sonnensystem gefunden werden. Viele dieser schwereren Elemente können in der Natur nur während solcher Sternexplosionen entstehen.

Supernovae sind recht seltene Ereignisse: Nur 5 konnten in den letzten 1000 Jahren in unserer eigenen Galaxie beobachtet werden. Von anderen konnte nur die Radiostrahlung der Überreste empfangen werden, so daß sich die Ausbrüche hinter sichtversperrendem, interstellarem Staub abgespielt haben müssen. Doch mit der → *Supernova 1987A*, die in der kosmisch nahegelegenen Großen Magellanschen Wolke stattfand, bot sich den Astronomen in jüngster Zeit die seltene Gelegenheit, eine Supernova aus nächster kosmischer Nähe zu studieren. Über 50 Supernovae werden jedes Jahr in anderen Galaxien entdeckt. Siehe auch → *Crab-Pulsar*

Supernova 1987A (SN 1987A) Eine → *Supernova* in der Großen Magellanschen Wolke, die am 24. Februar 1987 als Stern 6. Größenklasse entdeckt wurde. Es handelt sich um die nächste und hellste Supernova, die seit dem Jahr 1604 beobachtet wurde. Der explodierte Stern konnte als ein Blauer Überriese mit einer scheinbaren Helligkeit von 12 Magnitudines identifiziert werden und ist unter der Bezeichnung Sanduleak –69° 202 bekannt. Mitte Mai

1987 erreichte die Supernova ihr Maximum mit einer scheinbaren Helligkeit von 2,8mag.

Supernova-Überrest Eine expandierende Materiehülle, die beim Auswurf der äußeren Schalen eines als → *Supernova* explodierten Sterns entstand. Einige Supernova-Überreste sind auch im Optischen sichtbar, andere lassen sich nur durch ihre Radio- und Röntgenstrahlung auffinden. Der ausgestoßenen Materiehülle geht eine Schockwelle voran, die mit dem interstellaren Gas kollidiert und dieses aufheizt. Das wiederum löst eine nach innen rücklaufende Schockwelle aus, die ausgeworfenes Material und interstellare Materie so weit erhitzen, daß diese schließlich Röntgenstrahlen aussenden. Während dieses Prozesses werden Elektronen so stark beschleunigt, daß sie dadurch → *Synchrotronstrahlung* und Radiowellen abgeben. Das ausgeschleuderte Material wird rasch klumpig. Das führt dazu, daß die aus der Hülle stammende Strahlung oft nicht aus dem Gebiet eines einheitlich geschlossenen Rings empfangen wird.

Ein kleiner Anteil der Supernova-Überreste, einschließlich des → *Crab-Nebels*, weist ein recht uneinheitliches Verhalten auf. In diesen Fällen stammt die Synchrotronstrahlung aus dem Inneren der Hülle selbst und übertrifft den Strahlungsanteil der Hülle bei weitem. Diesen Typ der Supernova-Überreste nennt man → *Plerion*. Verantwortlich für die Strahlung ist ein kontinuierlicher Elektronenstrom, der sich mit Lichtgeschwindigkeit ausbreitet. Im Innern des Crab-Nebels kann der Pulsar die Elektronen auf die erforderliche Geschwindigkeit beschleunigen. Für die Fälle, in denen bislang kein Pulsar gefunden wurde, geht man davon aus, daß wir im falschen Winkel auf den zentralen Pulsar blicken, so daß die ausgesandten Pulse die Erde nicht überstreichen können. Der Pulsar bleibt daher unsichtbar. Weitere bekannte Beispiele für Supernova-Überreste sind → *Cassiopeia A*, → *Keplers Stern*, → *Tychos Stern* und der → *Cygnus*-Bogen.

Superstring-Theorie Eine Abwandlung der → *String-Theorie*, die die Vorstellung einer Supersymmetrie enthält, in der alle Klassen der Elementarteilchen auf eine gleichwertige Grundlage gestellt werden. Solche Theorien könnten aus astronomischer Sicht das Verhalten der Materie in einem sehr frühen Zustand des Universums beschreiben.

Surge Ein bestimmter Typ von Sonnenprotuberanzen, bei dem Material in einem geraden oder leicht gekrümmt aufsteigenden Bogen aus einem schmalen, hellen Schlund der Sonnenoberfläche hochgeschleudert wird. Surgen dauern etwa 10 bis 20 Minuten, danach verblassen sie allmählich oder fallen auf die Sonnenoberfläche zurück.

Surveyor Serie von sieben unbemannten amerikanischen Raumsonden, die zwischen 1966 und 1968 gestartet wurden, um auf dem Mond zu landen. Fünf Sonden waren erfolgreich. In ihren Experimenten untersuchten sie die Mondoberfläche, um eine spätere bemannte Mondlandung vorzubereiten. Zugleich funkten sie unzählige Nahaufnahmen von der Mondoberfläche zur Erde.

SU Ursae Maioris-Stern Vertreter eines Typs von → *Zwergnovae*, deren Ausbrüche sich typischerweise über einige Tage erstrecken. Gelegentlich erreichen die Helligkeitsausbrüche einen Anstieg um 2 Größenklassen und währen bis zu fünfmal länger.

Sylvia Asteroid 87, Durchmesser 272 Kilometer, wurde im Jahr 1866 durch N. Pogson entdeckt.

symbiotische Sterne Der Ausdruck wurde 1928 von P. Merrill für solche Sterne geprägt, die einen besonderen Typus eines ungewöhnlich zusammengesetzten Spektrums aufweisen. Dieses zeigt sowohl die Merkmale eines kühlen Sterns als auch Emissionslinien, wie sie für ein Gas mit sehr hohen Temperaturen charakteristisch sind. Gewöhnlich wird dies so interpretiert, daß ein kühler Stern Masse verliert und seine Materie an einen begleitenden → *Zwergstern* oder einen → *Weißen Zwerg* abgibt. Die Energie eines heißen Fleckens auf der Sternoberfläche oder einer Akkretionsscheibe um den Stern kann dabei in großem Umfang das einfallende Gas ionisieren und erzeugt gasnebelartige Emissionslinien im Spektrum. Solche Sterne erscheinen überdies als Veränderliche, da der Massentransfer unregelmäßig auftritt und das vom kühlen Stern abgegebene Material den Begleiter zeitweise verdecken kann. Bekannt sind diese Sterne auch unter der Bezeichnung Z Andromedae-Sterne.

synchrone Rotation (erzwungene Rotation) Übereinstimmung der Rotations- und Umlaufzeit eines Satelliten. Dadurch wendet der Satellit seinem Zentralkörper oder Planeten immer dieselbe Seite zu. Synchrone Rotation, wie sie etwa der Mond zeigt, wird durch Gezeitenkräfte verursacht, die über lange Zeiträume hinweg wirken können.

Synchronmotor Am Teleskop äquatorial montierter, kleiner Antrieb, der die Erddrehung ausgleicht und an den eine Kamera angebracht werden kann.

Synchrotronstrahlung Elektromagnetische Strahlung, die von elektrisch geladenen Teilchen ausgesandt wird, die sich mit annähernd Lichtgeschwindigkeit durch ein magnetisches Feld bewegen. Die Strahlung trägt die Bezeichnung, seit sie erstmals in Synchrotronbeschleunigern, wie sie in der Teilchenphysik eingesetzt werden, nachgewiesen wurde. Synchrotronstrahlung macht den Hauptanteil der Radiostrahlung von → *Supernova-Überresten* und von → *Radiogalaxien* aus. Der größte Teil des Lichts und der Röntgenstrahlung, die vom → *Crab-Nebel* stammt, wurde in Synchrotronprozessen durch extrem hochenergetische Elektronen des zentralen → *Pulsars* erzeugt.
Das Spektrum der Synchrotronstrahlung weist ein charakteristisches Profil auf, das sich sehr stark von dem der thermischen Strahlung eines heißen Gases unterscheidet. Daher ist es relativ einfach, die Strahlungsquelle zu identifizieren.
Die in der Synchrotronstrahlung auftretende Polarisation liefert Hinweise, die Rückschlüsse auf die Magnetfeldstärke zulassen.

synodische Periode Bei Planeten jene Zeitspanne, die zwischen zwei aufeinanderfolgenden gleichen Stellungen relativ zur Sonne vergeht. Bei Satelliten (etwa Monden) ist es die Zeitspanne, die zwischen zwei aufeinanderfolgenden gleichen Stellungen des Satelliten mit der Sonne vergehen, jedoch aus der Perspektive des Zentralkörpers (etwa des Planeten) betrachtet.

synodischer Monat Zeitspanne zwischen zwei aufeinanderfolgenden Neumondphasen (oder zweier gleicher Mondphasen). Sie beträgt 29,53059 Tage.

Synthese-Apertur-Radar (SAR) Eine Radartechnik, die etwa bei der Magellan-Mission zur Venus eingesetzt wurde. Dabei werden viele tausend Radarpulse pro Sekunde abgestrahlt und die aufgefangenen Echos mit Hilfe von Computern so aufbereitet, daß ein äußerst detailreiches und hochauflösendes Bild der reflektierenden Oberflächenstrukturen entsteht.

Syrtis Maior Planum (ehemals Syrtis Maior Planitia) Eine kraterübersäte vulkanische Ebene auf dem Mars, die sogar von der Erde aus im Teleskop als dunkle, dreieckig geformte Fläche sichtbar ist. Der Name wurde offiziell im Jahr 1882 von »Planitia« in »Planum« umgewandelt.

Syzygie (pl. Syzygien) Anordnung von Sonne, Erde und Mond bzw. von Sonne, Erde und einem weiteren Planeten entlang einer scheinbaren Geraden. Syzygien beschreiben sowohl eine → *Konjunktion* als auch eine → *Opposition.*

Szintillation Funkeln der Sterne – rasche Veränderungen in der Helligkeit der Sterne, verursacht durch die Luftunruhe. Hierbei kommt es zu Brechungserscheinungen in den unteren Luftschichten der Erdatmosphäre, die das Glitzern der Sterne hervorrufen. Ein ähnliches Phänomen tritt bei aus dem Weltraum stammenden Radiosignalen auf, wenn diese die irdische Ionosphäre beziehungsweise ionisiertes Gas des interplanetaren oder interstellaren Mediums durchqueren.

Szintillationszähler Strahlungsdetektor, der in der Astronomie eingesetzt wird, um Gammastrahlung aufzuspüren. Das Zählgerät ist mit einem Kristall ausgerüstet, der beim Auftreffen von Gammastrahlen-Photonen winzige Lichtblitze aussendet. Jeder Lichtblitz oder jede Szintillation wird von einem sog. Photomultiplier registriert, woraus auf die Stärke des auftreffenden Gammateilchenstroms geschlossen werden kann.

Taenit Eine Eisen-Nickel-Legierung, die in Eisen- → *Meteoriten* gefunden wird. Sie enthält einen Nickel-Gewichtsanteil bis zu 7,5 Prozent. Siehe auch → *Oktaedrite*, → *Widmannstättensche Figuren*

Tafel (Tafelberg) Deutscher Name für das Sternbild → *Mensa.*

Tag In der Astronomie eine Zeiteinheit, definiert zu 86 400 Sekunden, wobei die Sekunde auf der Grundlage der Frequenz des Caesium-Atoms definiert ist (→ *Atomuhr*). Die Definition des Tages ist eng mit der Rotationsperiode der Erde verbunden, wenn diese Rotation auch nicht exakt gleichförmig ist. Siehe auch → *Sonnentag*

TAI Internationale Abkürzung für → *International Atomic Time.*

Tarantel-Nebel (NGC 2070) Großes Gebiet → *ionisierten Wasserstoffs*, 900 Lichtjahre Durchmesser, in der Großen → *Magellanschen Wolke* gelegen.

T-Assoziation → *Assoziation.*

Taube Sternbild → *Columba.*

Tau Ceti (τ Cet) Stern vom Typ der Sonne, 11,7 Lichtjahre entfernt. In der Rangfolge der nächstgelegenen Sterne ist er zwar nur der 17., aber mit einer Magnitudo von 3,5 einer der wenigen mit dem bloßen Auge sichtbaren nahen Sterne.

Taukappe Ein Ausbau, der am Teleskop-Tubus montiert wird, um die Kondensation von Wassertröpfchen auf den optischen Elementen zu verhindern. Eine einfache Tubusverlängerung ist wirksam, weil sie den Kühleffekt der direkten Luftzirkulation vermindert. Eine ausgefeiltere Taukappe kann auch kleine elektrische Heizelemente enthalten.

Tauriden Jährlich wiederkehrender Meteorschauer relativ geringer Intensität, mit doppeltem Stromradiant im Sternbild → *Taurus* (Stier). Das Maximum dieses Schauers tritt um den 3. November auf. Der verantwortliche Meteoritenstrom ist mit dem → *Kometen Encke* gekoppelt.

Taurus (Der Stier) Ein auffallendes Sternbild im → *Tierkreis*; es soll Kopf und Vorderbeine eines Stiers repräsentieren. Es wurde schon von Ptolemäus (140 n. Chr.) aufgelistet und ist möglicherweise eines der ältesten Sternbilder. Der hellste Stern ist → *Aldebaran* (Magnitudo 1), der scheinbar zu den Hyaden gehört, tatsächlich aber vor ihnen steht. Insgesamt sind 14 Sterne heller als 4. Größe. Auch der → *Plejaden*-Sternhaufen sowie der → *Crab-Nebel* liegen in diesem Sternbild. Siehe auch → *Tabelle 4*

Taurus-A Radioquelle im → *Crab-Nebel.*

Taurus-Littrow-Tal Landeplatz von Apollo 17 auf dem Mond, an der Südwest-Grenze des Mare Serenitatis, in der Region des Kraters Littrow. Das Tal ist völlig von Bergen umgeben, manche mehr als 2000 Meter hoch. Für die bemannte Landung wurde das lavaüberflutete Zentrum des Tals gewählt, da von dort sowohl die Nord- als auch die Südmassive, die das Tal umschließen, untersucht werden konnten.

Tautenberg Standort des → *Karl-Schwarzschild-Observatoriums* in der ehemaligen DDR.

Taygeta Einer der helleren Sterne der → *Plejaden.*

TDB Internationale Abkürzung für baryzentrische Ephemeridenzeit. Siehe auch → *Ephemeridenzeit*

TDRSS International gültige Abkürzung für → *Satelliten-Verfolgungs- und Daten-Relais-System.*

TDT Internationale Abkürzung für geozentrische Ephemeridenzeit. Siehe auch → *Ephemeridenzeit*

Tebbutts Komet → *Komet Tebbutt.*

Technetium-Stern Ein Stern, in dessen Spektrum Linien des instabilen Elements Technetium vorkommen. Das langlebigste Isotop hat eine Halbwertszeit von 2,1 x 10^5 Jahren, also sehr kurz im Vergleich zur Lebensdauer der Sterne (das Alter der Sonne ist z. B. 5 x 10^9 Jahre). Dies bedeutet, daß Technetium im Stern selbst entsteht und fortwährend an die Oberfläche transportiert wird; es kann nicht in der Materie gewesen sein, aus der der Stern entstanden ist. Technetium wurde nur in einer kleinen Gruppe der → *Kohlenstoffsterne* gefunden.

Teide-Observatorium Beobachtungsstandort auf Teneriffa (Kanaren), der vom Instituto de Astrofisica de Canarias und europäischen Partnern genutzt wird. Neben mehreren solaren Teleskopen stehen hier ein Spektroheliograph, ein Radioteleskop zur Beobachtung der kosmischen Hintergrundstrahlung und ein 155-Zentimeter-Infrarotteleskop.

Teilchenhorizont Die Grenze im sichtbaren Universum, innerhalb derer das Licht Zeit genug hatte, uns seit dem Beginn des Universums zu erreichen.

Teilkreise Unterteilte Skalen, die an den Drehachsen einer Teleskopmontierung angebracht sind. Sie zeigen die astronomischen Koordinaten des Punktes am Himmel an, auf den das Teleskop eingestellt ist.

Tektite Eine besondere Form natürlichen Glases. Tektite finden sich vorwiegend in vier großen Regionen der Erde, sog. Streufeldern: Australasien, Elfenbeinküste, Tschechien und Slowakei sowie Texas und Georgia, USA. Einzelne Tektite erreichen bis zu 15 Kilogramm Masse (die meisten sind allerdings viel kleiner). Ihre Form und Struktur lassen darauf schließen, daß das geschmolzene Material, aus dem sie entstanden sind, mit hoher Geschwindigkeit durch die Atmosphäre geflogen sein muß. Man geht heute davon aus, daß sie durch Aufschmelzen und anschließenden explosiven Auswurf irdischen Materials beim Einschlag eines Meteorits entstanden sind. Ihr Alter und Parallelen zu bekannten Einschlagsstrukturen unterstützen diese Theorie.

Tele-Extender → *Barlow-Linse.*

Tele-Kompressor → *Shapley-Linse.*

Telemetrie Übertragungstechnik zur Steuerung von Satelliten und deren Instrumenten sowie zur Datenübertragung durch Radiosignale.

Teleskop Teleskop (1) Deutsche Bezeichnung für das Sternbild → *Teleskopium.*

Teleskop (2) Instrument, um die → *elektromagnetische Strahlung* eines entfernten Objekts zu sammeln, zu fokussieren und ein vergrößertes Bild oder verstärktes Signal zu erhalten. Der technologische Fortschritt ermöglichte es den Astronomen, einen großen Teil des elektromagnetischen Spektrums zu studieren. Teleskope mit speziellem Design und passenden Detektoren für verschiedene Wellenlängen wurden entworfen. Der ursprünglich für optische Instrumente gebrauchte Begriff Teleskop wird heute in der Astronomie in weiterem Sinne verwendet. Teleskope für Radiostrahlung, sichtbares Licht und Röntgenstrahlung erfordern sehr unterschiedliche Bauarten und Techniken.

Optische Teleskope klassifiziert man nach ihrem lichtsammelnden Element. Ein → *Refraktor* (Linsenfernrohr) besitzt vorn im Tubus eine Objektivlinse und entweder ein Okular oder eine Einrichtung wie z. B. eine Kamera in der Bildebene. Im → *Reflektor* (Spiegelteleskop) ist das Objektiv ein konkaver Spiegel am Ende des Teleskops.
Das Objektiv eines Refraktors ist normalerweise eine Linse aus mehreren Einzellinsen mit einer relativ langen Brennweite. Eine Mehrkomponentenlinse verringert die → *chromatische Aberration*. Solche Linsensysteme nennt man achromatisches Dublett oder Triplett. Auch eine lange Brennweite verringert sowohl chromatische als auch → *sphärische Aberration*, allerdings werden Refraktoren dadurch lang und unhandlich. In der Vergangenheit wurden im Zuge der Bemühungen, die Aberrationen zu reduzieren, außergewöhnlich lange Refraktoren konstruiert. Die Abkürzung OG (engl. object glass) wird manchmal als Bezeichnung für ein Linsenfernrohr verwendet.
Es gibt immanente Schwierigkeiten bei der Konstruktion und Befestigung großer Glaslinsen. Auch absorbieren große, dicke Linsen für astronomische Verhältnisse zu viel Licht. Der weltgrößte Refraktor besitzt eine Linse von 101 Zentimetern Durchmesser und befindet sich im → *Yerkes-Observatorium*.
Alle großen astronomischen Teleskope sind Spiegelteleskope. Auch Amateure bevorzugen diese, da sie billiger und einfacher herzustellen sind. In einem Reflektor konvergiert das Licht im Brennpunkt vor dem Hauptspiegel, dem → *Primärfokus*. Normalerweise wird das Licht dort von einem zweiten Spiegel zu einem Ort umgelenkt, an dem es einfacher weiterverarbeitet werden kann. Eine Reihe von Systemen ist im Gebrauch: das → *Newtonsche Teleskop*, das → *Cassegrain-Teleskop*, der → *Coudé-Fokus* sowie der → *Nasmyth-Fokus* finden sich für verschiedene Anwendungen. In einem sehr großen Fernrohr kann der Beobachter direkt im Primärfokus in einer im Hauptrohr aufgehängten Kabine arbeiten.
Die Abschattung durch den Sekundärspiegel oder die Beobachterkabine ist für die Leistung des Fernrohrs praktisch ohne Bedeutung. Große, professionelle Teleskope sind so gebaut, daß sie dem Beobachter die Wahl des Fokus selbst überlassen.
Der Newton-Fokus ist nur in visuellen Amateurinstrumenten üblich.
Hauptspiegel werden in der Regel aus Glas oder Keramik mit sehr kleinem Temperaturausdehnungskoeffizienten gegossen.
Die Oberfläche, kugel- oder parabelförmig, muß mit einer Genauigkeit von Bruchteilen einer Wellenlänge geschliffen werden. Die reflektierende Oberflächenschicht besteht aus aufgedampftem Aluminium. Frühe Spiegelteleskope, etwa solche, die William Herschel (1738–1822) baute, besaßen einen Spiegel aus Spiegelmessing (68 Prozent Kupfer, 32 Prozent Zinn). Deshalb wird die Abkürzung spec. manchmal für Spiegelteleskope benutzt. Die ersten Glasspiegel hatten eine Silberoberfläche, diese schwärzte sich jedoch sehr schnell an der Luft.
Modernste Großteleskope benutzen Techniken wie die → *aktive Optik*, die mit computergesteuerten Stützen an der Rückseite des Spiegels diesen in Form hält und somit dünnere, leichtere und daher auch größere Spiegel erlaubt.
Sowohl die Lichtstärke als auch das → *Auflösungsvermögen* eines Teleskops hängen vom Durchmesser des Objektivs ab. Astronomen streben laufend nach immer größeren Instrumenten, um immer kleinere Grenzhelligkeit und höhere Auflösung zu bekommen, obgleich diese Ziele z. T. auch durch modernere Detektoren erreicht werden können.
Die Vergrößerung ist nicht von überragender Bedeutung, abgesehen von kleinen Amateurinstrumenten für den visuellen Gebrauch. Die Vergrößerung bei visueller Beobachtung ändert man durch verschiedene → *Okulare*. Die höchste sinnvolle Vergrößerung wird in der Regel vom → *Seeing* und nicht vom theoretischen Auflösungs-

vermögen des Teleskops bestimmt.
Das Bild des astronomischen Fernrohrs ist umgekehrt. Da eine weitere bildumkehrende Linse keinem sinnvollen Zweck dient und nur Licht absorbiert, arbeiten Astronomen direkt mit dem umgekehrten Bild.
Die Montierung des astronomischen Fernrohrs ist eines seiner wichtigsten Komponenten, da der Beobachter in der Lage sein muß, das Instrument auf ausgewählte Objekte auszurichten und ihrer scheinbaren Bewegung durch die Erdrotation zu folgen. Sehr kleine Amateurinstrumente und große, computergesteuerte Instrumente besitzen eine → *Altazimut-Montierung.* In den meisten Fällen findet sich jedoch immer noch die parallaktische Montierung. Siehe auch → *adaptive Optik*, → *Multiple Mirror Telescope*, → *New Technology Telescope*, → *Radioteleskop*, → *Röntgenastronomie*, → *Schmidt-Kamera*

Teleskopium (Das Teleskop) Ein unscheinbares Sternbild am Südhimmel, von Nicholas L. de Lacaille Mitte des 18. Jahrhunderts eingeführt. Es enthält nur einen Stern über 3. Größe. Siehe auch → *Tabelle 4*

Telesto Kleiner Mond des Saturns, 1980 entdeckt, als die Saturnringe der Erde nur die Kante zuwandten und damit unsichtbar waren. Er liegt auf einer Umlaufbahn mit Tethys und Calypso. Siehe auch → *Tabelle 6*

tellurisch Zur Erde gehörig. In der Astronomie sind tellurische Linien → *Spektrallinien* im Spektrum eines astronomischen Objekts, die durch Moleküle in der Erdatmosphäre erzeugt werden.

Terminator Die Grenzlinie zwischen beleuchtetem und unbeleuchtetem Teil eines Planeten oder Mondes.

Terra (pl. Terrae) Eine ausgedehnte Landmasse auf einer Planetenoberfläche. Die schwächer gefärbten Hochland-Regionen des Mondes werden, im Gegensatz zu den dunklen Maria (→ *Mare*), manchmal Terrae genannt.

terrestrisch Zur Erde gehörig.

terrestrische Ephemeridenzeit → *Ephemeridenzeit.*

terrestrischer Planet Einer der inneren, felsigen Planeten (Merkur, Venus, Erde, Mars), die in ihrer Grundstruktur der Erde ähneln, im Gegensatz zu den → *jovianischen Planeten.*

Tessera (pl. Tesserae) Begriff, der für die Namensgebung der Regionen auf der Oberfläche von Venus gebraucht wird, die polygonale Strukturen zeigen.

Tethys Mond von Saturn, 1684 von Giovanni Cassini entdeckt. Seine geringe Dichte (1,1fache Dichte von Wasser) läßt vermuten, daß er mindestens zur Hälfte aus Eis besteht. Bilder der → *Voyager*-Raumsonden zeigen eine kraterübersäte Oberfläche; es gibt aber auch Gebiete geringer Kraterdichte, was auf eine oberflächenverändernde geologische Aktivität in der Vergangenheit hinweist. Zwei bemerkenswerte Strukturen sind der Krater Odysseus, 400 Kilometer Durchmesser, und Ithaca Chasma, ein über 2000 Kilometer langer Einschnitt, der 3/4 des Mondumfangs umfaßt. Er ist 100 Kilometer breit und einige Kilometer tief. Thetys teilt sich seine Umlaufbahn mit zwei sehr kleinen Monden, Telesto und Calypso. Siehe auch → *Tabelle 6*

Teufelsstern → *Algol.*

Thalassa Ein Mond von Neptun (1989 N5), während des Vorbeiflugs von → *Voyager 2* im August 1989 entdeckt. Siehe auch → *Tabelle 6*

Tharsis-Rücken 10 Kilometer hoch gelegene, vulkanische Region auf Mars. Drei große Vulkane bis zu 27 Kilometern Höhe liegen in einer Kette entlang dieses Rückens. Es sind dies Arsia Mons, Pavonis Mons und Ascraeus Mons.

Thebe Ein kleiner Mond von Jupiter (Nummer XIV), von S. P. Synnott 1980 entdeckt. Siehe auch → *Tabelle 6*

Themis Asteroid 24, Durchmesser 228 Kilometer, 1853 von A. de Gasparis entdeckt. Er ist der Prototyp einer → *Hirayama-Familie* von C-Typ-Asteroiden, deren Umlaufbahnen eine große Halbachse von 3,13 AE haben.

Themis-Familie Einer der → *Hirayama-Familien* von Asteroiden, 3,13 AE von der Sonne entfernt. Die Mitglieder der Familie sind alle vom kohligen Typ, was nahelegt, daß sie alle von einem Mutterkörper stammen.

Theophilus Ein großer Mondkrater nordwestlich vom Mare Nectaris, überlappt mit dem Krater Cyrillus. Theophilus hat einen Durchmesser von 100 Kilometern; sein komplexer Zentralberg ist bis zu 2,2 Kilometer hoch.

thermische Strahlung Elektromagnetische Strahlung, die ein Körper aufgrund seines thermischen Zustands (z. B. Temperatur) abgibt, im Gegensatz zur nicht-thermischen Strahlung, die von hochenergetischen Elektronen ausgesendet wird, die sich nicht notwendigerweise im thermischen Gleichgewicht befinden. Siehe auch → *Schwarzkörperstrahlung*

thermodynamisches Gleichgewicht (thermisches Gleichgewicht) Zustand eines physikalischen Systems, in dem keine thermische Energie zwischen zwei Objekten übertragen wird und die Temperatur konstant bleibt.

Thisbe Asteroid 88, Durchmesser 210 Kilometer, 1866 von C. H. F. Peters entdeckt.

Tholus (pl. Tholi) Eine planetare Struktur, die einem kleinen, domartigen Berg oder Hügel ähnelt.

Thuban (Alpha Draconis; α Dra) Ein Stern 3. Größe im Sternbild Drachen. Obwohl er die Bezeichnung α trägt, ist er nur der siebthellste Stern im Drachen. Vor ungefähr 5000 Jahren war Thuban der dem Himmelsnordpol nächste helle Stern. (Der Himmelsnordpol ändert seine Position am Himmel aufgrund der → *Präzession.*) Der aus dem Arabischen stammende Name heißt übersetzt Drachen.

Thule Asteroid 279, Durchmesser 135 Kilometer, 1888 von J. Palisa entdeckt. Mit der Entfernung von 4,26 AE von der Sonne gilt er als der äußere Grenzstein des Haupt- → *Asteroidengürtels.*

Tierkreis (Zodiak) Der Gürtel von zwölf Sternbildern, den die Sonnenbahn am Himmel – die → *Ekliptik* – durchläuft. Die Sternbilder sind Aries, Taurus, Gemini, Cancer, Leo, Virgo, Libra, Scorpius, Sagittarius, Capricornus, Aquarius und Pisces. Die Ekliptik ging früher nur durch diese zwölf Sternbilder. Aufgrund der → *Präzession* und der genauen Festlegung der Sternbildgrenzen durchläuft sie heute ein dreizehntes Sternbild, Ophiuchus.

Da sich die Umlaufbahnen aller Planeten bis auf Pluto in annähernd einer Ebene befinden, liegen die scheinbaren Bahnen der Planeten in oder nahe des Tierkreises.

In der Astrologie wird der Tierkreis in zwölf gleiche, 30 ° große Bereiche unterteilt, von denen jeder einem Tierkreiszeichen zugeordnet ist, das aber nicht genau mit dem astronomischen Sternbild übereinstimmt, dessen Größe unterschiedlich ist. Die Präzession führt zu einem zunehmenden Unterschied zwischen der wahren Sonnenposition und den astrologischen Tierkreiszeichen.

Titan Der größte Mond des Saturns und der zweitgrößte im Sonnensystem (nach Ganymed). Er ist 1655 von Christiaan Huygens entdeckt worden. Titan ist von einer dichten Atmosphäre umgeben, die hauptsächlich molekularen Stickstoff, aber auch Methan enthält. Der Oberflächendruck ist 1,6mal größer als der an der Erdoberfläche. Durch Einwirkung des Sonnenlichts auf Methan und die anderen atmosphärischen Bestandteile, etwa Kohlenmonoxid, werden chemische Reaktionen ausgelöst, die Kohlenwasserstoffe und andere Moleküle produzieren. Diese Moleküle kondensieren in der kalten Atmosphäre und bilden eine undurchsichtige Schicht orangefarbenen Dunstes 200 Kilometer über der Oberfläche. Man glaubt heute, daß flüssiges Methan auf der Oberfläche existiert, die Temperatur beträgt dort 95 Kelvin (–178 °C). Es könnte sogar Methan-Regen aus den Wolken der tiefen Atmosphäre fallen. Siehe auch → *Tabelle 6*

Titania Der größte Mond des Uranus, 1787 von William Herschel entdeckt. Beim Vorbeiflug von → *Voyager 2* 1986 zeigte sich Titania mit Kratern übersät, obschon es auch Gebiete mit geringerer Kraterdichte gibt. Dies deutet darauf hin, daß es in der Vergangenheit oberflächenverändernde Aktivität gegeben haben könnte. Die Oberfläche ist von Tälern und Brüchen zerfurcht, einige davon teilen große Krater in zwei Hälften. Siehe auch → *Tabelle 6*

Titius-Bode-Gesetz (Bodesches Gesetz) Eine mathematische Formel, mit der die Entfernung der Planeten von der Sonne näherungsweise allein aus der Nummer in ihrer Reihenfolge berechnet werden kann. Die Beziehung lautet:
$D = 0{,}4 + (0{,}3 \times N)$
Dabei ist D der Abstand in → *Astronomischen Einheiten* (AE), und N durchläuft die Folge 0, 1, 2, 4, 8, ..., also Verdoppelung für jeden folgenden Planeten. Diese Beziehung ist für die sieben innersten Planeten bis auf wenige Prozent genau, wenn N = 8 den größten Asteroiden → *Ceres* repräsentiert. Sie bricht allerdings für Neptun und Pluto zusammen.
Die Formel wurde 1766 von J. Titius entworfen und ein paar Jahre später von J. E. Bode kopiert und veröffentlicht. Zu dieser Zeit war noch keiner der → *Asteroiden* entdeckt, und die Lücke bei 2,8 AE, bei der laut Formel ein Planet sein sollte, überzeugte die Astronomen, daß dort ein kleiner Himmelskörper gefunden werden würde, was sich als richtig erwies.

TLP Abkürzung für → *transientes lunares Phänomen.*

Tolles Okular Ein Teleskop-→ *Okular*, das aus einem einzigen Glaszylinder besteht.

Tonnenverzeichnung → *Verzeichnung.*

topozentrische Koordinaten Von der Oberfläche der Erde gemessene Koordinaten eines Himmelskörpers (im Gegensatz zu den geozentrischen Koordinaten, die auf den Erdmittelpunkt bezogen sind).

Tornado-Nebel Eine Radioquelle unbekannten Ursprungs in Richtung des galaktischen Zentrums. Der Name stammt von der Form der Radiographie der Quelle.

Toro Asteroid 1685, Durchmesser 7,6 Kilometer, 1948 von A. Wirtanen entdeckt. Er ist ein Mitglied der → *Apollo*-Gruppe von Asteroiden und kommt der Erde periodisch außergewöhnlich nahe.

Torus Eine dreidimensionale Ringform mit der Form eines Rettungsrings; die Umlaufbahn von → *Io* um Jupiter verläuft innerhalb eines → *Plasma-Torus.*

Totalität Phase im Verlauf einer Sonnen- oder Mond- → *Finsternis*, wenn die Sonne total bedeckt ist oder der Mond sich vollständig im Schatten der Erde befindet.

transient Ein Phänomen von kurzer Dauer.

transientes lunares Phänomen (TLP) Angebliches zeitweises Erscheinen von farbigen Flecken oder Verdunklungen auf der Mondoberfläche. Beobachtungsberichte gibt es insbesondere aus den Umgebungen der Krater Aristarch, Gassendi und Alfonsus. Es bleibt weiterhin unklar, ob reale physikalische Phänomene beobachtet wurden.

Transpluto Ein hypothetischer Planet jenseits der Umlaufbahn von Pluto. Siehe auch → *Planet X*

Trapez Volkstümlicher Name für das Mehrfach-Sternsystem Theta (θ) Orionis, im Herzen des → *Orion-Nebels* gelegen, den es erleuchtet. Der Name kommt von der Figur, die die vier Sterne der Helligkeiten 5,1, 6,7, 6,7 und 8,0 (im kleinen Teleskop sichtbar) bilden. Ein größeres Teleskop offenbart die Existenz zweier weiterer Sterne 11. Größe.

Treibhauseffekt Der interne Heizeffekt in der Atmosphäre eines Planeten, der durch ihre Undurchlässigkeit für Infrarotstrahlung verursacht wird. Der Name kommt daher, daß der Mechanismus im wesentlichen derselbe ist, nach dem ein Treibhaus funktioniert, wobei Glas die Rolle der Atmosphäre spielt. Die Hauptwärmequelle für die Oberfläche und Atmosphäre von Planeten ist die Strahlungsenergie der Sonne im visuellen und infraroten Teil des Spektrums. Langwellige Infrarotstrahlung, die von der warmen Planetenoberfläche abgestrahlt wird, bleibt in der Atmosphäre gefangen, wodurch die Gleichgewichtstemperatur der Atmosphäre (und infolgedessen auch der

Planetenoberfläche) höher liegt als ohne diesen Effekt. Auf der Erde beträgt die Temperaturerhöhung aufgrund dieses Effekts etwa 33 °C. Auf der Venus steigert der extreme Treibhauseffekt die Temperatur um 500 Grad. Mars ist nur um 5 Grad aufgewärmt.

Um wieviel der Treibhauseffekt die Temperatur erhöht, hängt von der Undurchlässigkeit der Atmosphäre für Infrarotstrahlung ab. Kohlendioxyd ist einer der Hauptverursacher der Undurchlässigkeit, aber Wasserdampf und seltenere Gase spielen auch eine Rolle.

Man vermutet, daß eine Erwärmung der Erde als Ganzes durch das Anwachsen der Konzentration an Kohlendioxyd und anderer sog. Treibhausgase verursacht werden könnte, die durch menschliche Aktivitäten freigesetzt werden, insbesondere durch das Verbrennen von fossilen Brennstoffen wie Kohle und Erdöl.

Triangulum (Das Dreieck) Ein kleines, aber deutliches nördliches Sternbild zwischen Andromeda und Widder, eines der 48 Sternbilder, die schon Ptolemäus (140 n. Chr.) aufgelistet hat. Die drei hellsten Sterne der Größenklassen 3,0, 3,4 und 4,0 bilden ein längliches, gleichschenkliges Dreieck. Im Dreieck befindet sich die große Spiralgalaxie M33, ein Mitglied der → *lokalen Gruppe*. Siehe auch → *Tabelle 4*

Triangulum Australe (Das südliche Dreieck) Ein kleines, aber deutlich erkennbares südliches Sternbild, 1603 im Sternatlas von Johann Bayer eingeführt. Die drei hellsten Sterne der Größen 1,9, 2,9 und 2,9 bilden in etwa ein gleichseitiges Dreieck. Siehe auch → *Tabelle 4*

Triangulum-Galaxie (M33; NGC 598) Eine nahegelegene, große Spiralgalaxie im Sternbild Dreieck. Sie ist 2,7 Millionen Lichtjahre entfernt und Mitglied der → *lokalen Gruppe.*

Trifid-Nebel (M20; NGC 6514) Eine große, leuchtkräftige Wolke aus → *ionisiertem Wasserstoff* im Sternbild Schütze. Auffällige Staubbänder scheinen den Nebel vom Zentrum aus radial in drei Teile zu zerlegen – daher der Name.

trigonometrische Parallaxe → *Parallaxe.*

Triplett → *Dublett.*

Tri-Schiefspiegler Ein Spiegelteleskop aus drei leicht zueinander gekippten, gekrümmten Spiegeln, die so angeordnet sind, daß der Lichtweg nicht verdeckt wird und Aberrationen sich gegenseitig aufheben. Der Name stammt von Anton Kutter, der für viele frühe Entwürfe verantwortlich ist, die er in den 50er Jahren propagierte. Die moderne Version ist das Ergebnis der Arbeit des Kaliforniers Dick Buchroeder.

In einem typischen System fällt das Licht zunächst auf einen konkaven Hauptspiegel mit relativ großem Öffnungsverhältnis (z. B. 1:12) und nahezu sphärischer Krümmung. Die optische Achse ist gegenüber dem einfallenden Lichtbündel um 3° geneigt. Der konvergierende Strahl wird dann von einem konvexen, sphärischen Sekundärspiegel mit dem gleichen Radius wie der Hauptspiegel, der direkt neben der Eintrittsöffnung des Teleskops befestigt ist, unterbrochen. Dieser Spiegel ist auch gegenüber dem einfallenden Licht gekippt und korrigiert den durch die Neigung des Primärspiegels entstandenen → *Astigmatismus* und die → *Koma.* Diese 2-Spiegel-Kombination ist bis zu Öffnungen von 120 Millimetern als optisch ideal anzusehen. Allerdings überschreitet die Koma für größere Öffnungen tolerierbare Werte, und es bedarf einer dritten optischen Komponente. Das Ergebnis ist bis zu einer Öffnung von 300 Millimetern brauchbar. Das System gilt als ideales Instrument für Planetenbeobachtungen, mit einer Qualität, wie sie nur von Refraktoren bekannt ist, aber ohne die → *chromatische Aberration.*

Triton Der größte Mond des Neptun. Er wurde 1846 von William Lassell gefunden, nur 17 Tage nach der Entdeckung von Neptun. Er umrundet ihn alle 5,9 Tage auf einer retrograden Bahn, die um 23° gegen die Äquatorebene des Planeten geneigt ist. Diese ungewöhnliche Bahn gab Anlaß zu Spekulationen, Triton sei von Neptun

eingefangen und nicht zusammen mit ihm entstanden.
Die → *Voyager-2*-Begegnung mit dem Neptun-System am 25. August 1989 und die Annäherung an Triton bis auf 4000 Kilometer ergab eine Vielzahl von Details. Tritons Durchmesser ist nur 2700 Kilometer, kleiner als vorher gedacht. Die Wirkung seiner Gravitation auf die Flugbahn der Raumsonde deutet darauf hin, daß seine helle, eisige äußere Kruste und der Mantel einen festen, felsigen (möglicherweise metallischen) Kern umgibt, der zwei Drittel der Mondmasse enthält. Die Oberflächentemperatur beträgt nur 38 Kelvin; damit ist Triton das kälteste bekannte Objekt im Planetensystem. Seine Größe, Struktur und weitere Eigenschaften lassen vermuten, daß der Planet Pluto Triton sehr ähnlich sein könnte.
Triton ist von einer dünnen Atmosphäre aus Stickstoff mit einer Spur Methan umgeben; der Oberflächendruck beträgt 15 Mikrobar. Die Südpolarkappe ist mit hellem Frost überzogen, möglicherweise Stickstoffeis, das allmählich sublimiert. (Aufgrund der Umlaufdaten von Neptun und Triton ist diese Region schon über 100 Jahre ununterbrochen von der Sonne beschienen worden, als sie schließlich beobachtet wurde. Es wurden keine Einschlagskrater in diesem Gebiet gefunden.) Die Äquatorregion zeigt eine Reihe verschiedener Gebiete, die eine komplexe vulkanische Tätigkeit vermuten lassen, bis hin zu Wolken-Ausbrüchen. Tritons Oberfläche ist im astronomischen Maßstab als sehr jung anzusehen. Siehe auch → *Tabelle 6*

Trojaner-Asteroiden Zwei → *Asteroiden*-Familien auf der Umlaufbahn von Jupiter, die um die → *Lagrange-Punkte* 60° beiderseits des Planeten gruppiert sind. Über 200 Mitglieder sind bekannt, die Mehrzahl in der vorauslaufenden Gruppe. Sie bleiben nicht stationär in den Lagrange-Punkten, sondern oszillieren um diese auf einem Kreis von 45–80° von Jupiter entfernt, mit einer Periode von 150–200 Jahren. Der erste Trojaner, der entdeckt wurde, war → *Achilles*, und es wurde damals entschieden, alle folgenden Mitglieder der Gruppe nach Kriegsherren der Trojanischen Kriege zu benennen.

tropischer Monat Zeit, die der Mond für einen Umlauf um die Erde benötigt, mit dem → *Frühlingspunkt* als Referenzpunkt. Der tropische Monat ist 27,32158 Tage lang.

tropisches Jahr Die Zeit, die die Erde für einen Umlauf um die Sonne benötigt, gemessen von Frühlingspunkt zu Frühlingspunkt. Das tropische Jahr ist 365,24219 Tage lang.

Troposphäre Die unterste Schicht der Erdatmosphäre, die bis zu einer Höhe von 20 Kilometern reicht. Sie wird durch die Tropopause begrenzt, die den Übergang zu den stabileren Bedingungen in der Stratosphäre markiert.

Tsiolkovskii Ein Krater auf der Mondrückseite, mit 180 Kilometern Durchmesser. Der Kraterboden ist teilweise mit schwarzer Lava bedeckt, aus der ein Zentralberg hervortritt. Auf dieser im Unterschied zur Mondvorderseite marearmen Halbseite ist Tsiolkovskii eine der auffälligsten Strukturen.

Tsytovich-Razin-Effekt Die Unterdrückung tiefer Frequenzen der → *Synchrotronstrahlung* freier Elektronen in einem heißen Gas. Die Grenzfrequenz hängt von der Elektronendichte und der Magnetfeldstärke ab. Ihre Bestimmung informiert daher über diese Größen.

T Tauri-Sterne Eine Gruppe sehr junger Sterne in einer frühen Phase ihrer Entwicklung, in der sie noch kontrahieren. Der Prototyp, T Tauri, ist ein irregulärer Veränderlicher in einer dunklen Staubwolke im Sternbild Stier. Alle T Tauri-Sterne sind irregulär veränderlich. Ihr Absorptionsspektrum läßt auf Oberflächentemperaturen im Bereich von 3500–7000 Kelvin schließen. Sie werden in dichten interstellaren Wolken gefunden, in der Regel neben jungen O- und B-Sternen, aber die T Tauri-Sterne sind sehr viel leuchtkräftiger als → *Hauptreihensterne* der gleichen Temperatur. Es gibt auch starke Emissionslinien im Spektrum; diese stammen aus einer dünnen Gashülle um diese Sterne.

Eine große Zahl von T Tauri-Sternen wurde durch ihre starke Infrarotemission entdeckt, insbesondere in der Rho Ophiuchi (ρ Oph)-Staubwolke. Lokale Verbände dieser Sterne sind als T- → *Assoziationen* bekannt. Starke bipolare Strömungen (doppellappige Jets) strömen mit mehreren hundert Kilometern pro Sekunde aus diesen Sternen. Dort, wo die Ausströmung Schockfronten bildet und das interstellare Gas heizt, werden leuchtende Nebel, sog. → *Herbig-Haro-Objekte*, beobachtet.

T-Typ-Asteroiden Typus von Asteroiden mit ziemlich kleiner Albedo.

Tucana (Der Tukan) Südliches Sternbild, 1603 im Atlas von Johannes Bayer eingeführt. Die beiden hellsten Sterne sind von 3. Größe. Die Kleine → *Magellansche Wolke* liegt innerhalb seiner Grenzen. Es enthält außerdem den großen und hellen → *Kugelsternhaufen* → *47 Tucanae*, der gerade an der Grenze der Sichtbarkeit mit dem bloßen Auge liegt. Siehe auch → *Tabelle 4*

Tukan Deutscher Name für das Sternbild → *Tucana*.

Tully-Fisher-Beziehung Relation zwischen der Breite der → *21-Zentimeter-Wasserstofflinie* von Spiralgalaxien und ihrer absoluten photographischen → *Helligkeit*. B. Tully und R. Fisher eichten 1977 diese Korrelation, um eine neue Technik der Entfernungsbestimmung abzuleiten.

Tunguska-Ereignis Gewaltiger Einschlag eines Objekts in der Tunguska-Region in Sibirien am 30. Juni 1908, möglicherweise ein Komet oder Meteorit. Obwohl der Einschlag große Zerstörungen in einem weiten Bereich verursachte, wurden keine Reste eines Einschlagskörpers und kein Krater entdeckt, vermutlich weil das Objekt vor dem Aufschlag in der Atmosphäre verdampfte. Die Höhe der Explosion wurde auf 8,5 Kilometer geschätzt. Beobachter berichteten von einem Feuerball so hell wie die Sonne. Er explodierte mit einem betäubenden Schlag und löste eine Schockwelle aus, die Gebäude erschütterte und Schäden verursachte. Menschen kamen nicht zu Schaden.
Die erste Expedition in die entfernte Gegend der Explosion startete nicht vor 1927. Man fand einen in einem Umkreis von 30–40 Kilometern umgeknickten Wald. In einer Region von 15–18 Kilometern um den scheinbaren Aufschlagspunkt waren die Bäume radial nach außen umgestürzt und ihre Äste abgestreift. Bis heute wurde keine befriedigende Erklärung für das Ereignis gefunden.

Tycho Auffallender Mondkrater auf den südlichen Hochebenen. Er ist vom hellsten und ausgedehntesten Strahlensystem des Mondes umgeben, möglicherweise eine der jüngsten großen Strukturen. Die terrassierten Hänge erheben sich bis zu einer Höhe von 4,5 Kilometern, der Zentralberg bis 2,3 Kilometer über dem Kraterboden, der 85 Kilometer Durchmesser hat.

Tychos Stern Eine → *Supernova* im Sternbild Cassiopeia, 1572 von Tycho Brahe beobachtet. Während ihrer maximalen Helligkeit konkurrierte sie mit Venus und konnte bei Tageslicht gesehen werden. Der → *Supernova-Überrest* ist sowohl eine Röntgenquelle als auch ein intensiver Radiostrahler; die sich ausdehnende Gashülle ist mit starken optischen Teleskopen gerade sichtbar.

Tyuratam Die dem → *Baikonur*-Weltraumzentrum nächstgelegene Stadt in Kasachstan.

Übergangswahrscheinlichkeit Zahl, die die Wahrscheinlichkeit eines bestimmten Energieübergangs in einem Atom bezeichnet. Sie ist zur Bestimmung der Stärke von Spektrallinien wichtig. Ihre Werte müssen aus Labormessungen ermittelt werden, wenn die Häufigkeiten von Elementen aus den Spektren von Himmelskörpern bestimmt werden sollen.

Überlichtgeschwindigkeit Phänomen, bei dem scheinbar die Lichtgeschwindigkeit übertroffen wird. So steigt bei manchen Radioquellenpaaren die Winkelentfernung der Komponenten mit einem Betrag, der scheinbar dem Zehnfachen der Lichtgeschwindigkeit entspricht, legt man die Entfernung zur Radioquelle zu Grunde. Eine Geschwindigkeit, die real über die Lichtgeschwindigkeit hinausgeht, ist aber physikalisch unmöglich, wie aus der → *Speziellen Relativitätstheorie* hervorgeht. In Wirklichkeit handelt es sich um ein rein geometrisch bedingtes Phänomen. Verursacht wird es durch eine Geschwindigkeitskomponente, die sich entlang des Sehstrahles direkt auf uns zu bewegt und sich mit annähernd Lichtgeschwindigkeit ausbreitet. Beobachtet wurde dieses Phänomen bei dem Quasar 3C 273.

Überriese Gehört zur Klasse der größten und leuchtkräftigsten Sterne. Überriesen können bis zu 500mal größer als die Sonne und viele tausendmal leuchtkräftiger als diese sein. Sterne dieses Typs kommen in allen Spektralklassen vor. Es handelt sich um massereiche Sterne (mit zumeist mehr als 10 Sonnenmassen), die sich in einem fortgeschrittenen Stadium der → *Sternentwicklung* befinden. Die meisten entwickeln sich im weiteren Verlauf ihrer Entwicklung zu einer → *Supernova*.

UBV-Photometrie Ein photometrisches System, das in den 50er Jahren von H. L. Johnson und W. W. Morgan eingeführt wurde. Es basiert auf den Messungen stellarer → *Helligkeiten* in drei breiten Spektralbändern, U (Ultraviolett), B (Blau) und V (visuell), die auf den Wellenlängen 350, 430 und 550 Nanometer zentriert sind. Farbindizes, durch Berechnung von U–B und B–V gebildet, werden zur Ableitung einiger physikalischer Eigenschaften einzelner oder Gruppen von Sternen genutzt. Um die Aussagekraft zu erhöhen, wurden 1965 von Johnson weitere Bänder bis ins Infrarote hinzugefügt. Diese heißen R, I, J, H, K, L, M und N und dekken den Bereich von 0,7 bis 10,2 Mikrometer ab.

UFO Abkürzung für → *Unbekanntes Flugobjekt.*

U Geminorum-Stern Eine → *Zwergnova.*

Uhr Jede Anordnung, die geeignet ist, den Ablauf von gleichen Zeitintervallen anzuzeigen. Dinge, die zur Zeitbestimmung benutzt wurden, reichen vom Abbrennen einer Kerze über die mechanische Schwingung eines Pendels oder einer Unruhe bis hin zur Schwingungsfrequenz eines Quarzkristalls oder einem Energieaustausch in Caesium-Atomen. Siehe auch → *Atomuhr*

Uhuru → *SAS.*

UKIRT Englische Abkürzung für → *United Kingdom Infrared Telescope.*

UKST Englische Abkürzung für → *United Kingdom Schmidt Telescope.*

Ultraviolettastronomie Die Untersuchung elektromagnetischer Strahlung astronomischer Quellen im Wellenlängenbereich von 10–320 Nanometern. UV-Strahlung wird von der Erdatmosphäre stark absor-

biert, daher müssen alle Beobachtungen von Satelliten ausgeführt werden. Die frühesten Beobachtungen wurden während kurzer Raketenflüge in den 40er Jahren gemacht. Der erste Satellit für systematische UV-Beobachtungen war → *OSO-1* (Orbiting Solar Observatory) 1962. Der sehr erfolgreiche IUE-Satellit (International Ultraviolet Explorer) wurde 1978 gestartet und arbeitete über 13 Jahre.
Das Ultraviolett wird häufig in das extreme UV (EUV, 10–100 nm), das ferne UV (FUV, 100–200 nm) und das nahe UV (NUV, 200–320 nm) unterteilt. Das stärkste UV, am Übergang zur Röntgenstrahlung ungefähr im Bereich 6–60 nm, heißt auch XUV. Bei solch kurzen Wellenlängen muß man auf Techniken der → *Röntgenastronomie* zurückgreifen. Die restlichen Bereiche können mit aus dem optischen Bereich bekannten Techniken untersucht werden. Die Hauptschwierigkeit liegt in der begrenzten Anzahl von im UV durchlässigen Materialien und reflektierenden Beschichtungen. Glas z. B. absorbiert sehr stark, daher muß Quarz oder Fluorit eingesetzt werden. Im UV-Teleskop des → *Astro-1*-Observatoriums an Bord des Space Shuttle wurde das Reflexionsproblem durch den Einsatz des seltenen Metalls Iridium gelöst, das bis hinunter zu 40 nm verwendbar ist. Ultraviolettastronomie ist von Bedeutung, da viele der für die Analyse wichtigen Atom- und Molekül-Spektrallinien in diesem Wellenlängenbereich liegen. Heiße Sterne mit Oberflächentemperaturen von über 10 000 Kelvin senden einen Großteil ihrer Energie im UV aus. Auch für kühlere Sterne sind UV-Beobachtungen für hochenergetische Ereignisse vonnöten. Das → *interstellare Medium* ist ein weiteres wichtiges Studienobjekt für die Ultraviolettastronomie, obwohl bei Wellenlängen unter 91,2 nm fast alles UV vom Wasserstoff, dem verbreitetsten Element im Universum, absorbiert wird, so daß die Detektierung entfernter Quellen bei so kurzen Wellenlängen schwierig ist.

Ulysses Eine Mission der Europäischen Weltraumagentur ESA, am 6. Oktober 1990 gestartet, um das interplanetare Medium und den solaren Wind bei verschiedenen solaren Breiten zu studieren. Sie gibt erstmals Gelegenheit, Messungen über den Polen der Sonne durchzuführen. Die Flugbahn von Ulysses nutzt die Swing-by-Technik, um die Ebene des Sonnensystems zu verlassen. Nach einer Begegnung mit Jupiter im Februar 1992 schleuderte dieser das Raumfahrzeug zurück in Richtung Sonne, um 1994 den solaren Südpol und 1995 den Nordpol zu überqueren.

Umbra Umbra (1) Gebiet des Totalschattens, z. B. die Zone auf der Erdoberfläche, von der eine totale Sonnen- → *Finsternis* gesehen werden kann.
Umbra (2) Das dunkle Zentralgebiet eines → *Sonnenflecks*, dort, wo das Magnetfeld senkrecht steht und einige tausendmal stärker als auf der Erde ist. Die Temperatur beträgt dort nur 3500 Kelvin, im Vergleich zu den 6000 Kelvin der umgebenden → *Photosphäre*. Siehe auch → *Penumbra*

Umbriel Mond des Uranus, 1851 von W. Lassell entdeckt. Bilder der → *Voyager-2*-Begegnung 1986 zeigen, daß Umbriel viel dunkler als die anderen vier großen Monde ist. Es scheint, als sei die Oberfläche erst, astronomisch gesehen, kürzlich von dunklem Material bedeckt worden. Auch ist er von Kratern übersät; einer davon, 110 Kilometer im Durchmesser, ist sehr hell, in auffälligem Kontrast zum Rest der Oberfläche. Siehe auch → *Tabelle 6*

umkehrende Schicht Die äußerste Schicht eines Sterns, in der man die Entstehung der Absorptionslinien im Kontinuum der darunterliegenden heißeren Schicht vermutet. Die Vorstellung einer umkehrenden Schicht ist jedoch zu stark vereinfacht, da in allen Schichten sowohl Emission als auch Absorption stattfindet.

Umlaufbahn Die Bahn eines Körpers im Gravitationsfeld eines anderen Körpers. Bei Objekten, die sich in einem zentralen Kraftfeld ohne signifikante äußere Störungen bewegen, muß die Umlaufbahn einem Kegelschnitt entsprechen. Sie ist dann entweder ein Kreis, eine Ellipse, eine Parabel oder eine Hyperbel.

Unbekanntes Flugobjekt (UFO) Jedes Phänomen am Himmel, für das der Beobachter nicht sofort eine rationale Erklärung findet. Der Begriff wird häufig in Verbindung mit dem hypothetischen Auftauchen künstlicher Objekte aus dem Weltraum benutzt.

Unda (pl. Undae) Bezeichnung für dünenartige Strukturen auf Mars.

Undina Asteroid 92, Durchmesser 132 Kilometer, 1867 von C. H. F. Peters entdeckt.

Ungleichheit Eine Unregelmäßigkeit in der Bahnbewegung.

United Kingdom Infrared Telescope (UKIRT) Ein 3,8-Meter-Infrarotteleskop am → *Mauna Kea-Observatorium* auf Hawaii. Es wird vom Königlichen Observatorium Edinburgh im Auftrag des englischen Wissenschafts- und Technik-Forschungsrats verwaltet. Astronomen der Niederlande und der Universität von Hawaii verfügen per Übereinkunft über einen Teil der Beobachtungszeit.

United Kingdom Schmidt Telescope (UKST) Eine 1,2-Meter- → *Schmidt-Kamera* am → *Anglo-Australischen Observatorium*, derzeit vom Anglo-Australischen Teleskop-Ausschuß verwaltet. Es wurde 1973 in Betrieb genommen und zunächst vom Königlichen Observatorium Edinburgh verwaltet.

United States Naval Observatory Ein Regierungsobservatorium in Washington, D. C., dessen Hauptaufgabe die Bereitstellung astronomischer Daten zur Unterstützung der Marine und für andere Aktivitäten des Verteidigungsministeriums ist. Dies umfaßt die Astrometrie, die Vorbereitung von Jahrbüchern, die Zeitmessung und den Betrieb der Standard-Uhr der USA. Es besitzt astrographische Teleskope in Flagstaff (Arizona) und Black Birch (Neuseeland) sowie in Washington.
Das Observatorium wurde 1830 gegründet und 1844 »US Naval Observatory« genannt. Über fünfzig Jahre stand es dort, wo sich jetzt die Lincoln-Gedenkstätte befindet. 1893 wurde es an seinen jetzigen Standort verlegt, direkt neben der offiziellen Residenz des Vize-Präsidenten. Das größte Teleskop ist ein 66-Zentimeter-Refraktor von 1873, mit dem Asaph Hall 1877 die Monde von Mars, Phobos und Deimos, entdeckte. Unter den anderen Instrumenten finden sich ein 30-Zentimeter-Alvan Clark-Refraktor, zwei 61-Zentimeter-Spiegelteleskope sowie ein 15-Zentimeter-Meridiankreis. Das größte zum Observatorium gehörige Teleskop ist das astrometrische 1,5-Meter-Spiegelteleskop in Flagstaff. Mit diesem Instrument entdeckte James Christy 1978 den Pluto-Mond Charon. Das US-Marine-Observatorium unterhält außerdem eine der in der Welt führenden astronomischen Bibliotheken.

Universum Die Gesamtheit alles Existierenden. Die Größe des sichtbaren Universums ist durch die Entfernung, die das Licht seit dem → *Big Bang* durchlaufen konnte, begrenzt. Siehe auch → *Galaxie*, → *Milchstraße*

unregelmäßiger Meteorit Ein → *Meteorit*, der zu keinem bekannten Meteorstrom gehört.

unsharp masking Eine photographische Technik der Bildverarbeitung, um feine Details herauszuarbeiten. Auf einem Film mit geringem Kontrast wird eine Positiv-Kontaktkopie einer photographischen Platte hergestellt. Durch das zwischen Film und Bild befindliche Glas ist die Kopie verschwommen. Dieses verschwommene Bild enthält die groben Strukturen des Originals und bildet die unscharfe Maske (»unsharp mask«). Wird diese nun direkt auf die Rückseite der Originalplatte gelegt, löschen sich die groben Strukturen aus und feine Details treten deutlicher hervor.

untere Kulmination Die Überquerung des Meridians durch einen zirkumstellaren Stern, wenn er sich am Himmel in seiner tiefsten Stellung befindet.

Unterriese Stern, der sich im

→ *Hertzsprung-Russell-Diagramm* aufgrund seiner Leuchtkraft und des Spektraltyps zwischen Hauptreihe und Riesen-Ast befindet. Unterriesen gehören zur Leuchtkraftklasse IV.

Unterzwerg Stern zumeist des → *Spektraltyps* F, G, K, der sich im → *Hertzsprung-Russell-Diagramm* unterhalb der → *Hauptreihe* befindet. Vergleicht man diese leuchtschwachen Sterne mit der Sonne, so zeichnet sich ihr Spektrum durch einen außergewöhnlich niedrigen Gehalt an schwereren Elementen aus und weist die Sterne damit als Angehörige der → *Population II* aus. Sie gehören mithin zu den älteren und metallarmen Sternen. Ihre Absorptionslinien sind relativ schwach. Die meisten der Linien erscheinen im blauen und ultravioletten Bereich des Spektrums. Dieser Umstand läßt Unterzwerge in der Farbe blauer erscheinen, verglichen mit ihren sonnenähnlichen Pendants.

Urania Asteroid 30, Durchmesser 104 Kilometer, 1854 von J. R. Hind entdeckt.

Uraniborg Das Observatorium von Tycho Brahe (1546–1601) auf der Insel Hven, nördlich von Kopenhagen. Es wurde 1580 fertiggestellt und von Brahe über 20 Jahre für genaue astronomische Beobachtungen genutzt. Heute stehen dort nur noch Ruinen.

Uranometria Ein von Johann Bayer (1572–1625) zusammengestellter Sternatlas, 1603 veröffentlicht. In diesem Atlas führte Bayer die Bezeichnung von Sternen mit griechischen Buchstaben ein, die bis heute gebräuchlich ist.

Uranometrie Ein inzwischen ungebräuchlicher Begriff für die Positionsastronomie oder → *Astrometrie*.

Uranus Der siebte Planet von der Sonne aus gesehen, 1781 von William Herschel entdeckt. Er ist gerade hell genug, um bei guten Bedingungen mit dem bloßen Auge gesehen zu werden. Von der Erde erscheint er selbst in großen Teleskopen als strukturlose, grünliche Scheibe. 1986 flog die Raumsonde → *Voyager 2* nahe am Uranus und seinen Monden vorbei und lieferte Nahaufnahmen. Zehn kleine Monde wurden von Voyager 2 entdeckt; fünf größere Monde waren bereits bekannt: Miranda, Ariel, Umbriel, Titania und Oberon.

Uranus ist einer der vier großen Gasplaneten des Sonnensystems, mit dem vierfachen Durchmesser der Erde und der fünfzehnfachen Masse. Er besteht fast ausschließlich aus Wasserstoff und Helium. Man nimmt allgemein an, daß es einen kleinen, felsigen Kern im Innern des Planeten gibt, der von einem dicken, eisigen Mantel aus gefrorenem Wasser, Methan und Ammoniak umgeben ist. Die äußerste Schicht ist eine Atmosphäre aus Wasserstoff und Helium mit einem kleinen Anteil molekularer Verbindungen. Sogar auf den Voyager-Nahaufnahmen erscheint Uranus weich und nahezu strukturlos, obschon es Anhaltspunkte für eine schwache Bänderung parallel zum Äquator gibt. Ein Kuriosum von Uranus ist seine fast in der Ebene des Sonnensystems liegende Rotationsachse, im Gegensatz zu den nahezu senkrecht stehenden Achsen der anderen Planeten. Die interne Rotationsperiode beträgt 17 Stunden und 14 Minuten.

1977 wurden schwache Ringe in der Äquatorebene von Uranus entdeckt. Die Ringe sind jeweils nur wenige Kilometer breit und von der Erde nicht sichtbar. Sie wurden gefunden, als Uranus einen Stern 8. Größe bedeckte. Die Ringe verursachten leichte Einsenkungen in der beobachteten Helligkeit des Sterns kurz vor und kurz nach der Bedeckung durch die Scheibe des Planeten. Spätere Bedekkungen von Beta (β) Scorpii und Sigma (σ) Sagittarii bestätigten die Entdeckung. Das Ringsystem wurde dann von Voyager 2 im Jahr 1986 aufgenommen. Dabei wurden zwei weitere Ringe entdeckt. Insgesamt sind es nun elf. Siehe auch → *Tabelle 5, Tabelle 6, Tabelle 7*

Ureilit Ein seltener und ungewöhnlicher Typ von → *Meteoriten*, der zu den → *Achondriten* gehört. Der Raum zwischen den Silikat-Körnern ist mit kohlenstoffreichem Material ausgefüllt, das in einigen Fällen in Diamant verwandelt worden ist.

Urknall → *Big Bang.*

Ursa Maior (Der Große Bär) Eines der bekanntesten Sternbilder des nördlichen Sternhimmels und gleichzeitig eines der flächengrößten. Es enthält 19 Sterne heller als 4. Größe. Die sieben Hauptsterne bilden eine Untergruppe, die als → *Großer Wagen* bekannt ist. Eine Linie durch die beiden Sterne der Wagen-Rückwand, Merak und Dubhe, zeigt direkt auf den Polstern Polaris. Ursa Maior ist eines der Sternbilder, die Ptolemäus (140 n. Chr.) aufgelistet hat. Es enthält eine Gruppe von Galaxien des → *lokalen Superhaufens*, darunter die recht helle Spiralgalaxie M81. Siehe auch → *Tabelle 4*

Ursa Minor (Der Kleine Bär) Das nördliche Sternbild, in dem der Himmelspol liegt. Der hellste Stern von Ursa Minor, Polaris, ein Stern 2. Größe, liegt weniger als 1° vom Pol entfernt. Das Sternbild gehört zu denen, die schon bei Ptolemäus (140 n. Chr.) verzeichnet sind. Obwohl schwächer und kleiner als der Große Wagen in Ursa Maior, sind die sieben Hauptsterne ähnlich angeordnet und als Kleiner Wagen bekannt. Siehe auch → *Tabelle 4*

US Naval Observatory → *United States Naval Observatory.*

UT Internationale Abkürzung für → *Weltzeit.*

UTC Internationale Abkürzung für Koordinierte Weltzeit. Siehe auch → *Weltzeit*

Utopia Planitia Eine ausgedehnte, schwach verkraterte Ebene auf der Nordhalbkugel von Mars. Es war der Landeplatz für die → *Viking-2*-Raumsonde. Panorama-Bilder vom Viking-Landegerät zeigen eine Ebene, die mit einer Vielzahl offen strukturierter Felsblöcke übersät ist.

UV Abkürzung für Ultraviolett. Siehe auch → *elektromagnetische Strahlung,* → *Ultraviolettastronomie*

uvby-Photometrie Ein photometrisches System, das von B. Strömgren in den späten 50er Jahren eingeführt wurde. Es basiert auf der Messung von → *Helligkeiten* mit vier Band-Filtern, die auf die Wellenlängen 350 (u), 410 (v), 470 (b) und 550 Nanometer (y) zentriert sind. Das y-Band entspricht weitgehend dem V-Band der → *UBV-Photometrie* und traditionellen visuellen Helligkeiten. Das v-Band überdeckt die → *Balmerlinie* H δ und viele weitere Linien kühlerer Sterne. Das b-Band mit einer Halbwertsbreite von 18 Nanometern liegt dicht an der Balmerlinie H β, schließt diese aber aus. Das u-Band liegt im Ultravioletten, zwischen der atmosphärischen Grenzfrequenz bei 320 Nanometern und dem Balmerdekrement. Dieses System ist dazu gedacht, Informationen über die Spektren und physikalischen Eigenschaften einzelner Sterne oder Sterngruppen zu erhalten, ohne das Spektrum im Detail analysieren zu müssen.

UV Ceti-Stern Ein → *Flare-Stern.*

V Ein Symbol, das für visuelle → *Helligkeit* verwendet wird, besonders für das von Johnson und Morgan entwickelte System der → *UBV-Photometrie*, bei dem die Lichtintensität in einem breiten Band um 540 Nanometer gemessen wird und das gut mit der traditionellen visuellen Helligkeit übereinstimmt.

Vakuumturmteleskop (VTT) Ein für die Sonnenbeobachtung entwickeltes Teleskop. Das → *Sacramento Peak Observatory* in New Mexico, USA, ist ein typisches Beispiel. Bei diesem Instrument wird das Sonnenlicht über zwei Spiegel in einen 41 Meter hohen Turm gelenkt. Weitere 67 Meter des Teleskops befinden sich unter der Erdoberfläche. Der gesamte Strahlengang ist evakuiert, um Störungen des Sonnenbildes durch vom Sonnenlicht erwärmte Luft zu vermeiden. Im Beobachtungsraum erhält man ein Sonnenbild von 51 Zentimetern Durchmesser. Bei guten Beobachtungsbedingungen (geringes → *Seeing*) werden Auflösungen von unter einer halben Bogensekunde erreicht. Das Sonnenlicht kann direkt in einen Spektrographen oder ein anderes Instrument gelenkt werden, indem der Hauptspiegel am Ende des Zentraltubus etwas aus der optischen Achse gekippt wird. Das gesamte optische System ist in der Nähe der Turmspitze auf flüssigem Quecksilber drehbar gelagert.

Valles Marineris Ein Canyonsystem auf Mars, das sich in der Äquatorregion über mehr als 5000 Kilometer in Ost-West-Richtung ausdehnt. Im Westen entspringt das System in den Noctis Labyrinthus, ein von Verwerfungen polygonal zerklüftetes Gebiet. Der mittlere Teil besteht aus mehreren parallelen Canyons, deren mittlere Tiefe 6 Kilometer beträgt. Im Zentrum treffen sie mit Melas Chasma zusammen, einer Einsenkung mit 160 Kilometern Durchmesser. Im Osten wird das System durch Capri Chasma begrenzt. Erosion der Canyonränder hat Geröll in den flachen Tälern des Systems hinterlassen und läßt eine geschichtete Struktur des umgebenden Plateaus erkennen. Gräben, die in den Canyon hineinführen, suggerieren, daß die Erosion in der Vergangenheit von Wasser hervorgerufen wurde. Valles Marineris ist primär eine Bruchstruktur, von der man glaubt, daß sie durch das Emporsteigen des vulkanischen Tharsis-Rückens im Westen entstanden ist.

Vallis (pl. Valles) Ein gewundenes Tal auf der Oberfläche eines Planeten.

Van Allen-Gürtel Zwei die Erde ringförmig umschließende Zonen, in denen elektrisch geladene Teilchen durch das Erdmagnetfeld eingefangen werden. Sie wurden durch den ersten künstlichen Satelliten der USA, Explorer 1, entdeckt, der am 31. Januar 1958 gestartet wurde. Der innere Gürtel liegt zwischen 1,2 und 4,5 Erdradien (vom Erdmittelpunkt aus gemessen) und enthält hochenergetische Elektronen und Protonen, von denen man annimmt, daß sie überwiegend durch die Wechselwirkung der kosmischen Teilchenstrahlung mit der oberen Erdatmosphäre entstehen. Die Teilchen des äußeren Gürtels, der sich zwischen 4,5 und 6 Erdradien befindet, sind niederenergetischer und stammen vermutlich vom → *Sonnenwind*. Aufgrund der Abweichung der Lage des Erdmagnetfeldes von der Rotationsachse der Erde neigt sich der innere Gürtel im Südatlantik vor der Küste Brasiliens zur Erdoberfläche. Diese → *Südatlantik-An-*

omalie stellt eine potentielle Gefahr für künstliche Satelliten dar.

van Biesbroecks Stern Der Begleiter des Sterns BD+4°4048, der zum Zeitpunkt seiner Entdeckung durch George van Biesbroeck (1880–1974) der Stern mit der geringsten bekannten Leuchtkraft war. Seine → *absolute Helligkeit* beträgt +18.

van Maanens Stern Ein Stern von annähernd 12. Größe, den Adriaan van Maanen (1884–1946) entdeckte und der als ein → *Weißer Zwerg* identifiziert wurde.

Variation Eine Größe in der mathematischen Beschreibung der ekliptischen Länge des Mondes, die sich mit der Periode eines halben → *synodischen Monats* verändert und einen maximalen Wert von 40 Bogenminuten erreicht. Die Abweichung kommt durch den unterschiedlichen Abstand des Mondes von der Sonne und der sich damit verändernden Anziehungskraft der Sonne auf den Mond im Laufe eines synodischen Monats zustande.

Vastitas (pl. Vastitates) Eine ausgedehnte Tiefebene auf der Oberfläche von Planeten.

Vega Vega (1) (Alpha Lyrae; α Lyr; Wega) Der hellste Stern im Sternbild Lyra (Leier) und der fünfthellste Stern am Himmel. Ein → *A-Stern* der Größenklasse 0,03. Siehe auch → *Tabelle 3*

Vega (2) Der Name zweier sowjetischer Raumsonden, die im Dezember 1984 gestartet wurden. Sie setzten im Juni 1985 Ballons in der Venusatmosphäre ab und passierten im März 1986 den → *Halleyschen Kometen.*

Vela (Das Segel) Ein ausgedehntes Sternbild am Südhimmel. Eines der drei Teile, in die Nicolas L. de Lacaille das alte Sternbild Argo Navis eingeteilt hat. Es liegt in einem an schwachen Nebeln reichen Bereich der Milchstraße und enthält 10 Sterne heller als 5. Größe. Die Sterne Delta (δ) und Kappa (κ) zusammen mit Iota (ι) und Epsilon (ε) Carinae bilden ein Kreuz, das als → *Falsches Kreuz* bekannt ist und gelegentlich mit dem Sternbild Crux, dem eigentlichen »Kreuz des Südens«, verwechselt wird. Siehe auch → *Tabelle 4*

Vela-Pulsar Ein → *Pulsar* im Sternbild Vela, der in einem 6000 Jahre alten → *Supernova-Überrest* liegt. Er ist einer der stärksten Radio-Pulsare und der stärkste Gamma-Strahler am Himmel.

Er wurde 1968 im Rahmen einer Durchmusterung des südlichen Himmels nach Pulsaren entdeckt und hat eine für junge Pulsare typische kurze Periode von 89 ms. Die Periode steigt kontinuierlich um 10,7 ns pro Tag an, da der Pulsar an Rotationsenergie verliert. Seit er beobachtet wird, zeigte er mehrere → *Glitches*, bei denen die Periode abrupt um 200 ns abnahm.

Venera Eine Reihe von sowjetischen Raumsonden zur Erkundung des Planeten Venus. Die erste erfolgreiche Landung auf Venus gelang 1970 mit Venera 7. Neun weitere Venera-Sonden übermittelten Bilder von der Venusoberfläche und Daten über die Atmosphäre und die Zusammensetzung der Kruste des Planeten.

Venus Von der Sonne aus gesehen zweiter Planet des Sonnensystems. Venus ist einer der erdähnlichen Planeten, in der Beschaffenheit der Erde ähnlich und nur wenig kleiner als diese. Wie die Erde, so ist auch Venus von einer ausgeprägten Atmosphäre umgeben.

Von allen Planeten kann Venus der Erde am nächsten kommen und ist nach Sonne und Mond das hellste Objekt am Himmel. Da die Umlaufbahn von Venus innerhalb der Erdumlaufbahn liegt, kann sie am Himmel nie weiter als 47° von der Sonne entfernt stehen. Aus diesem Grund ist Venus entweder abends am Westhimmel oder morgens am Osthimmel zu sehen. Sie wird häufig auch als Morgenstern oder Abendstern bezeichnet.

Eine weitere Folge der Lage innerhalb der Erdumlaufbahn sind die Phasen, die Venus, gleich dem Mond, durchläuft. Zum Zeitpunkt ihrer größten Helligkeit und Erdnähe ist die Sichelgestalt schon in einem kleinen Teleskop zu sehen.

Die Oberfläche von Venus ist ständig von dichten, stark reflek-

tierenden Wolken bedeckt, die im sichtbaren Licht nur wenig Strukturen zeigen, im ultravioletten Licht aber eine Bandstruktur aufweisen, einschließlich einer charakteristischen Y-förmigen Struktur. Diese Wolken bestehen aus Schwefelsäure-Tröpfchen, die durch die Einwirkung des Sonnenlichts auf in der Atmosphäre vorhandenem Kohlendioxid, Schwefelverbindungen und Wasserdampf gebildet werden.
Die Atmosphäre besteht überwiegend aus Kohlendioxid. Der Druck an der Oberfläche ist 90mal höher als auf der Erde. Die außergewöhnlich hohe Oberflächentemperatur von 450 °C ist eine Folge des → *Treibhauseffekts.*
Venus war in den 70er und 80er Jahren das Ziel zahlreicher sowjetischer und amerikanischer Raumsonden, namentlich der sowjetischen → *Venera*- und *Vega*-Programme und der amerikanischen → *Pioneer Venus*-Sonden. Die extremen Temperaturen und Drucke stellen erhebliche Schwierigkeiten dar, und viele der Raumsonden wurden entweder schon bevor sie Daten übermittelt hatten bzw. nach relativ kurzer Zeit zerstört. Dennoch war es möglich, die chemische Zusammensetzung einiger Gesteinsproben zu bestimmen und Panoramaaufnahmen der unmittelbaren Umgebung der Landestellen zu übermitteln, die eine wüste Felsenlandschaft zeigen.
Die ersten Radarkarten, die von Raumsonden auf einer Umlaufbahn um Venus angefertigt wurden, zeigten, daß der überwiegende Teil der Oberfläche aus ausgedehnten Ebenen mit mehreren großen Plateaus, die Höhen von einigen Kilometern erreichen, besteht. Die beiden größten Hochebenen sind Ishtar Terra auf der nördlichen Halbkugel und Aphrodite Terra in der Äquatorregion. Die Maxwell Montes mit einer Höhe von 11 Kilometern über dem mittleren Niveau der Planetenoberfläche sind die höchste Erhebung.
1990 trat die US-Raumsonde → *Magellan* in eine Umlaufbahn um Venus ein und startete ein Programm zur Kartierung der Oberfläche, durch die Verwendung hochentwickelter Radartechnik mit einer wesentlich besseren Auflösung als bis dahin möglich. Zahlreiche Hinweise sowohl auf Einschlagstrukturen als auch auf Vulkanismus in der jüngeren Vergangenheit wurden gefunden. Im Vergleich zum Sonnensystem ist die Venusoberfläche jung: Der älteste Krater entstand vor 800 Millionen Jahren. Dennoch wurde kein Hinweis auf noch aktiven Vulkanismus gefunden.
Durch die dichte Atmosphäre und hohe Oberflächentemperatur unterscheidet sich die Form der Einschlagkrater erheblich von denen anderer Planeten und Monde. Kleine Meteorite verglühen vollständig beim Eintritt in die Atmosphäre, so daß es keine kleinen Krater gibt. Das beim Aufprall eines großen Meteorits ausgeworfene Material fliegt nicht weit und ist um den Krater in aufgeschmolzener Form verstreut.
Eine große Anzahl vulkanischer Strukturen konnte identifiziert werden: Lava-Ströme, kleine Dome mit 2 bis 3 Kilometern Durchmesser, große Vulkankegel mit Hunderten von Kilometern Durchmesser, Coronae und sog. Arachnoiden. Die Coronae der Venus sind runde oder ovale vulkanische Strukturen, die von Gebirgskämmen, Rillen und radialen Linien umgeben sind. Sie erscheinen wie eingestürzte Vulkane und unterscheiden sich von allem, was man bisher auf anderen Planeten und Monden gesehen hat. Die Arachnoiden, die diesen Namen aufgrund ihres spinnenähnlichen Aussehens bekommen haben, haben die gleiche Form wie die Coronae, sind aber kleiner. Nach einer anderen Theorie sind die Arachnoiden den Vorläufer der Coronae. Die hellen, sich nach außen über viele Kilometer ausdehnenden Linien deuten auf Formationen hin, die möglicherweise entstanden sind, als Magma vom Inneren des Planeten aufstieg und ein Aufbrechen der Oberfläche verursachte. Siehe auch → *Tabelle 5*

veränderlicher Stern Alle Sterne, deren Helligkeit sich regelmäßig oder unregelmäßig verändert. Der Graph, der die Helligkeit als Funktion der Zeit

zeigt, wird Lichtkurve genannt. Es gibt unterschiedliche physikalische Gründe, weshalb Sterne die Helligkeit ändern und nach denen die veränderlichen Sterne klassifiziert werden. Innerhalb einer Klasse werden mehrere spezielle Typen unterschieden, die häufig nach einem Prototypen bezeichnet sind.
Eruptive und kataklysmische Veränderliche sind durch ihren nicht vorhersehbaren Helligkeitsverlauf charakterisiert und umfassen viele verschiedene Sterntypen, von den sehr jungen → *T Tauri-Sternen* bis zu den → *Supernovae*, die das explosive Ende eines Sterns markieren. Diese Gruppe enthält ebenso → *Flare-Sterne*, → *Novae* und → *Weiße Zwerge*.
Pulsations-Veränderliche oszillieren aufgrund interner Instabilitäten. Sie beinhalten die → *Cepheiden*, → *RR Lyrae-Sterne* und → *Mira-Sterne*. Die andere Hauptgruppe besteht aus den → *Bedeckungsveränderlichen*, bei denen die Helligkeitsschwankungen durch die periodische, gegenseitige Bedekkung zweier oder mehrerer sich umkreisender Sterne entstehen. Solche Doppelsternsysteme stehen häufig in direkter Wechselwirkung. Ihr Hauptvertreter ist → *Algol*.
Einige Sterne wie z. B. → *BY Draconis-Sterne* zeigen Helligkeitsschwankungen aufgrund ihrer Rotation, da ihre Oberflächenhelligkeit nicht gleichmäßig ist.
Die etwas verwirrende Bezeichnungsweise der veränderlichen Sterne ist historisch bedingt. Sie geht vor allem auf F. W. A. Argelander (1799–1875) zurück, der die Buchstaben R bis Z in Verbindung mit dem Genitiv des Sternbildnamens für die jeweils neun hellsten veränderlichen Sterne des betreffenden Sternbilds verwendete. Später wurden die Buchstabenkombinationen RR bis RZ, SS bis SZ usw. bis ZZ hinzugenommen. Für weitere Veränderliche eines Sternbilds beginnt man wieder am Anfang des Alphabetes mit AA bis AZ, BB bis BZ usw., wobei aber der Buchstabe J nicht verwendet wird. So erhält man insgesamt 334 Benennungen. Da in vielen Sternbildern mehr als 334 veränderliche Sterne bekannt sind, fährt man dann mit V335, V336 usw. fort.

verbotene Linien → *Spektrallinien*, die man normalerweise nicht unter Laborbedingungen beobachten kann, da sie eine geringe intrinsische Wahrscheinlichkeit besitzen oder weil sie von einem Übergang herrühren, dessen Ausgangsniveau metastabil ist. Unter Laborbedingungen muß ein Atom im metastabilen Zustand erst Energie durch einen Stoß verlieren, bevor es in den Grundzustand fallen kann. Unter astrophysikalischen Bedingungen jedoch, wo es riesige Mengen von Atomen gibt und die Gasdichten sehr niedrig sein können, sind solche verbotenen Übergänge möglich; sie können starke Spektrallinien bilden.

Vergrößerung Faktor, um den die Winkelausdehnung eines Objekts vergrößert wird, wenn man es durch ein Teleskop mit einem Okular betrachtet. Die Vergrößerung eines Teleskops errechnet sich aus der Brennweite des Objektivs dividiert durch die Brennweite des Okulars.
Eine starke Vergrößerung muß nicht immer von Vorteil sein, da sich das Bildfeld verkleinert und die Effekte des → *Seeing* sowie der optischen Unzulänglichkeiten verstärkt werden. Darüber hinaus verringert sich der Kontrast von Merkmalen auf der Oberfläche des Mondes oder der Planeten. Die Okulare müssen deshalb den Beobachtungen entsprechend ausgewählt werden.

Very Large Array (VLA) Ein Radioteleskop, das aus 27 Parabolantennen besteht, jede mit einem Durchmesser von 25 Metern, die so angeordnet sind, daß die → *Erdrotations-Synthese* durchgeführt werden kann. In Socorro, New Mexico, gelegen, ist es das weltgrößte → *Apertursynthese*-Teleskop. Die Elemente sind in Y-Form angeordnet, mit drei jeweils 21 Kilometer langen Armen. Die Antennen sind elektronisch so miteinander verbunden, daß sie die gleiche Funktion wie 351 simultan beobachtende → *Radiointerferometer* haben. Die maximale Auflösung beträgt 0,05 Bogensekunden bei einer Wellenlänge von 1,3 Zentimetern. In der Praxis werden die meisten Beobachtungen bei 6 Zentimetern mit 1 Bogensekunde Auflösung gemacht, da dies die Zeit, die zur Erstellung einer Radiokarte benötigt wird, erheblich reduziert.

Very Large Telescope (VLT) Ein Projekt des → *European Southern Observatory* (ESO), vier miteinander optisch gekoppelte 8,2-Meter-Teleskope in Chile zu bauen. Die Lichtstärke dieser vier Teleskope entspricht einem Spiegel mit 16 Metern Durchmesser. Die Entwicklung begann Ende 1988. Die verwendete Teleskop-Technologie entspricht dem → *New Technology Telescope*. Das gesamte Teleskop soll 1998 fertiggestellt sein.

Very Long Baseline Array (VLBA) Ein Netzwerk von Radioteleskopen in Nordamerika zur → *Very Long Baseline-Interferometrie*. Es besteht aus 10 Antennen, die von Hawaii bis St. Croix in Nord-Ost-Kanada verteilt sind. Der effektive Durchmesser beträgt 8000 Kilometer, die Auflösung erreicht 0,2 Millibogensekunden.

Very Long Baseline-Interferometrie (VLBI) Eine Technik in der Radioastronomie, ein → *Radiointerferometer* zu betreiben, in dem die Einzelantennen sehr weit, typischerweise Tausende von Kilometern, auseinanderliegen. Die Antennen sind nicht elektrisch oder über Funk miteinander verbunden. Stattdessen werden in jeder Beobachtungsstation Videosignale zusammen mit sehr genauen Zeitangaben auf Magnetband aufgenommen. Die Bänder werden später zusammengetragen und gemeinsam ausgewertet. Diese Technik liefert extrem genaue Positionen von Radioquellen, Auflösungen (aber keine Karten) bis zu einigen Tausendstel einer Bogensekunde und die direkte Bestimmung der → *Kontinentaldrift*.

Verzeichnung Ein Abbildungsfehler einer Linse: Die Vergrößerung ändert sich über das Feld der Linse. Das Ergebnis kann eine Tonnen- oder Kissenverzeichnung sein, abhängig davon, ob die Vergrößerung zu den Rändern der Linse hin abnimmt oder zunimmt.

Vesta Asteroid 4, Durchmesser 501 Kilometer, 1802 von H. W. M. Olbers entdeckt. Drittgrößter bekannter Asteroid und der hellste aller Asteroiden. Zeitweise erreicht er eine visuelle Helligkeit von 6 und kann dann bei guten Sichtbedingungen mit bloßem Auge gesehen werden. Vestas Helligkeit beruht auf einer hohen → *Albedo* von 25 Prozent. Die Oberfläche scheint aus basaltähnlichem Gestein zu bestehen, ähnlich den Lavaströmen auf der Erde und dem Mond. Sein Spektrum zeigt die Existenz des Minerals Pyroxen. Die Rotationsperiode beträgt 5,43 Stunden. Die regelmäßige Änderung der Farbe und des Spektrums während einer Umdrehung zeigt, daß die Oberfläche nicht gleichmäßig ist.

Vielantennen-Synthese-Anordnung Eine Anordnung von einer Anzahl von Radio- → *Antennen*, die zusammen ein gemeinsames → *Radioteleskop* darstellen.

vierter Kontakt Bei einer Sonnenfinsternis der Moment, in dem die Mondscheibe schließlich die Photosphäre der Sonne wieder völlig frei gibt. Bei einer Mondfinsternis ist der vierte Kontakt der Moment, in dem der Mond den Kernschatten (umbra) der Erde vollständig verläßt. Der Begriff kann auch verwendet werden, um einen ähnlichen Entwicklungszustand eines → *Durchgangs* oder einer Okkultation zu bezeichnen.

Vignettierung Die ungleichmäßige Ausleuchtung der Bildebene eines optischen Instrumentes, wie z. B. ein Teleskop. Die Hauptursache der Vignettierung sind Abschattungen des Lichtwegs durch Teile des Instruments.

Viking Zwei identische amerikanische Raumsonden, die 1975 zum Planeten Mars flogen. Beide bestanden aus einem Orbiter, der in einer Umlaufbahn um Mars blieb, und einer Landestufe.

Viking 1 wurde am 9. September 1975 gestartet und erreichte die Marsumlaufbahn am 19. Juni 1976. Von dort aus wurden Aufnahmen gemacht, um einen geeigneten Landeplatz zu fin-

den. Die Landung erfolgte am 20. Juli 1976 auf Chryse Planitia. Die Bahn des Orbiter wurde mehrere Male geändert, um Nahaufnahmen der Marsmonde Deimos und Phobos zu erhalten und verschiedene Bereiche der Marsoberfläche beobachten zu können.
Viking 2 wurde am 20. August 1975 gestartet und erreichte die Marsumlaufbahn am 7. August 1976. Die Landung fand auf Utopia Planitia am 3. September 1976 statt. Die Orbiter waren mit zwei Fernsehkameras, einem Infrarotspektrometer zur Erfassung der Wasserdampfverteilung und einem Radiometer zur Messung der Temperaturverteilung ausgestattet. Die Landestufen untersuchten die obere Atmosphäre während des Abstiegs, machten meteorologische Messungen und führten Experimente mit Gesteinsproben durch. Eine der Hauptaufgaben war es, nach organischen Verbindungen als möglichen Hinweis auf die Existenz von Leben zu suchen, doch fanden sich dafür keine sicheren Anzeichen. Tausende Bilder wurden sowohl von den Orbitern als auch den Lande-Stufen empfangen. Die gesamte Marsoberfläche wurde mit einer Auflösung von 150–300 Kilometern kartiert.
Der Viking-1-Orbiter arbeitete bis zum 7. August 1980 und der Viking-2-Orbiter bis zum 25. Juli 1978. Die Landestufen stellten die Arbeit im November 1982 bzw. im Februar 1980 ein. Die Mission wurde als sehr erfolgreich angesehen und hat die erwarteten Lebenszeiten weit überschritten.

Virgo (Die Jungfrau) Ein Tierkreissternbild und zweitgrößtes Sternbild am Himmel. Es ist eines der 48 Sternbilder, die von Ptolemäus (140 n. Chr.) aufgelistet wurden. Mit einer Helligkeit von 1. Größe ist → *Spica* der hellste Stern. Es gibt sieben weitere Sterne heller als 4. Größe. In dem Sternbild liegt der relativ nahe → *Virgo-Haufen*, der zahlreiche Galaxien enthält. Elf der hellsten Galaxien sind im → *Messier-Katalog* verzeichnet. Siehe auch → *Tabelle 4*

Virgo A Die stärkste Radioquelle im Sternbild Virgo, die mit der großen elliptischen Galaxie M87 zusammenfällt, die den Virgo-Haufen dominiert. Die Radiostrahlung ist mit einem 4000 Lichtjahre ausgedehnten Jet verbunden und wird wahrscheinlich durch die Akkretion von Materie durch ein supermassives Schwarzes Loch im Kern von M87 verursacht.

Virgo-Haufen Der nächste große Galaxienhaufen in einer Entfernung von etwa 50–60 Millionen Lichtjahren und das Zentrum des → *lokalen Superhaufens*. Er überdeckt 120 Quadratgrad des Himmels und enthält mehrere tausend Galaxien. Er ist ein irregulärer Haufen ohne zentrale Verdichtung. Die große elliptische Galaxie M87 ist die massereichste des Haufens. Insgesamt 16 der helleren Mitglieder sind im → *Messier-Katalog* verzeichnet.

Virialsatz (Virial-Theorem) Die Aussage, daß in einem abgeschlossenen und im Gleichgewicht befindlichen System, in dem Körper durch Gravitationskräfte aneinander gebunden sind (z. B. ein Stern- oder Galaxienhaufen), im Mittel die potentielle Energie das doppelte der kinetischen Energie der Körper beträgt. Aus diesem Theorem läßt sich die Masse von Galaxienhaufen aus der Größe und der mittleren Geschwindigkeit der helleren Mitglieder abschätzen. Die so erhaltenen Werte sind zehnmal größer als die Gesamtmasse aller sichtbaren Galaxien (→ *missing mass*-Problem in Galaxienhaufen). Dies deutet darauf hin, daß es in Galaxienhaufen große Mengen Dunkler Materie gibt.

visuelle Helligkeit Die → *Helligkeit* eines Himmelsobjekts, die in einem Wellenlängenbereich gemessen wird, die der Empfindlichkeit des menschlichen Auges entspricht. Siehe auch → *absolute Helligkeit*

visueller Doppelstern Ein → *Doppelstern*, dessen Komponenten mit einem Teleskop entsprechender Größe getrennt werden können.

VLA Abkürzung für → *Very Large Array.*

VLBA Abkürzung für → *Very Long Baseline Array.*

VLBI Abkürzung für → *Very Long Baseline-Interferometrie.*

VLT Abkürzung für → *Very Large Telescope.*

Vogel-Nebel Ein Nebel in der Gegend des galaktischen Zentrums, der nur im Radiobereich beobachtbar ist. Vermutlich handelt es sich hierbei um einen → *Supernova-Überrest.*

Volans (Fliegender Fisch) Ein kleines und schwaches Sternbild des Südhimmels, 1603 in dem Atlas von Johann Bayer mit dem längeren Namen Piscis Volans erwähnt, der später gekürzt wurde. Die sechs Hauptsterne sind von 3. und 4. Größe. Siehe auch → *Tabelle 4*

Vollmond Die → *Phase* des Mondes, wenn seine Länge 180° größer ist als die der Sonne und seine Scheibe daher voll beleuchtet erscheint.

vollständiges kosmologisches Prinzip Eine 1948 von Herman Bondi und Thomas Gold vorgeschlagene Erweiterung des → *kosmologischen Prinzips.* Es fordert, daß das Universum für jeden Beobachter an jedem Ort und zu jeder Zeit dasselbe Aussehen hat. Dieses Prinzip ist Voraussetzung für die → *Steady-state-Theorie,* wird jedoch durch die → *Big Bang* -Theorie verletzt.

Vorbeiflug Eine Raumfahrtmission, bei der eine Raumsonde Aufnahmen macht oder andere Experimente durchführt, während ihr Flug sie nahe an dem zu untersuchenden Objekt vorbeiführt, ohne zu landen oder in eine Umlaufbahn einzuschwenken.

Vorhauptreihen-Stern Ein Stern in der Entstehungsphase. Er hat das Stadium eines → *Protosterns* hinter sich, jedoch noch nicht das Stadium erreicht, in dem in seinem Innern eine konstante Fusion von Wasserstoff in Helium stattfindet, so daß er sich im → *Hertzsprung-Russell-Diagramm* noch nicht auf der → *Hauptreihe* befindet. Ein Protostern wird zu einem Vorhauptreihen-Stern, wenn sein Kern dicht und heiß genug ist, um in ein → *hydrostatisches Gleichgewicht* zu kommen. In diesem Stadium wird die Energie im Innern nicht mehr länger durch Strahlung, sondern durch → *Konvektion* transportiert. Die Hauptquelle der Energie ist die bei der Kontraktion freiwerdende Gravitationsenergie. Erst wenn Temperatur und Dichte bestimmte Werte erreichen, setzt die Wasserstoffusion ein, und die Kontraktion kommt zum Stillstand. In der Entstehungsphase sind die Sterne von dichten Staubschalen umgeben, so daß sie lediglich im Infrarot- oder Millimeterwellenbereich sichtbar sind. Später wird der Staub entweder durch den → *Sternwind* oder den → *Strahlungsdruck* weggeblasen, zerstört und gelangt wieder ins interstellare Medium, oder er verdichtet sich zu Planeten.

Voyager 1 Eine von zwei weitgehend identischen Planetensonden, die 1977 von den USA gestartet wurden. Die zweite Sonde war → *Voyager 2.*
Die Voyager-Missionen waren nur möglich wegen der günstigen Stellung der äußeren Planeten Jupiter, Saturn, Uranus und Neptun, wie sie in mehreren hundert Jahren nur einmal vorkommt. So konnten die beiden Sonden diese vier Planeten, ihre Monde und Ringsysteme erforschen. Die gravitative Swing-by-Technik wurde ausgenutzt, um die Sonden bei jeder Annäherung an einen Planeten zu beschleunigen. Die Missionen waren sehr erfolgreich. Es wurden große Mengen an Daten und Bildern zur Erde gesandt und zahlreiche Entdeckungen gemacht.
Die Instrumente der Voyager-Sonden bestanden aus zwei Gruppen. Ein Teil war zur Untersuchung der unmittelbaren Umgebung der Sonde konstruiert und blieb kontinuierlich in Betrieb, gerade auch im interplanetaren Raum. Sie untersuchten das Magnetfeld, niederenergetische geladene Teilchen und die Zusammensetzung des lokalen Plasmas. Die anderen Instrumente waren eine Weitwinkelkamera (3°), eine Kamera für Nahaufnahmen (0,3°), ein → *Michelson-Interferometer* zur Analyse von Infrarotstrahlung der Planetenatmosphären, ein Ultraviolett-Spektrometer, ein Photopolarimeter zur Bestimmung der Intensität und Polarisation des Lichts und ein Detektor für Radiostrahlung von den planetaren Magnetosphären.

Die Hauptantenne hatte 3,7 Meter Durchmesser. Zur Energieversorgung wurde eine Nuklearbatterie verwendet.
Voyager 1 wurde am 5. September 1977 gestartet. Die engste Annäherung an Jupiter war am 5. März 1979 mit 350 000 Kilometern und an Saturn am 12. November 1980 mit 124 000 Kilometern. Sie passierte in geringem Abstand die Jupitermonde Io und Callisto und die Saturnmonde Titan, Rhea und Mimas. Nach der Begegnung mit Saturn verließ sie die Ebene des Sonnensystems und fliegt nun in den interstellaren Raum.

Voyager 2 Eine von zwei weitgehend identischen Planetensonden, die 1977 von den USA gestartet wurden. Sie war identisch mit → *Voyager 1*, bis auf die Energieversorgung, die so ausgelegt wurde, daß sie für die längere Reise zu Uranus und Neptun ausreichte.
Voyager 2 startete am 20. August 1977. Das erste Ziel war Jupiter, der am 9. Juli 1979 in einer Entfernung von 71 400 Kilometern passiert wurde. Sie flog nahe an Europa und Ganymed vorbei und vervollständigte die Beobachtung der Galileischen Monde durch Voyager 1. Am 25. August 1981 passierte Voyager 2 Saturn in einer Entfernung von 101 000 Kilometern. Die Flugbahn führte nahe an den Monden Tethys und Enceladus vorbei.
Am 24. Januar 1986 erreichte Voyager 2 Uranus, den sie in einem Abstand von 107 000 Kilometern passierte. Mit dem Vorbeiflug an Neptun und Triton am 24. August 1989 in einem Abstand von 48 000 Kilometern zu Neptun wurde die Mission abgeschlossen.

V Typ-Asteroid Eine Asteroidenklasse, deren einziger bekannter Vertreter → *Vesta* ist.

Vulkan Ein zwischen Sonne und Merkurbahn vermuteter Planet, nach dem im späten 19. Jahrhundert gesucht wurde. Heute ist klar, daß er nicht existiert.

Vulpecula (Das Füchschen) Ein schwaches Sternbild in der Nähe des Sternbildes Cygnus, das von J. Hevelius mit dem längeren Namen Vulpecula et Anser – Füchschen und Gans – 1690 eingeführt wurde und den man später kürzte. Es enthält keine Sterne heller als 4. Größe, aber den als → *Hantel-Nebel* bekannten Planetarischen Nebel M27 (NGC 6853). Siehe auch → *Tabelle 4*

VV Cephei-Stern Ein Mitglied der Klasse der → *Überriesen*-Doppelsterne mit einem Emissionslinien-Spektrum. Der Hauptstern ist ein Überriese des → *Spektraltyps* G oder M und der Begleiter ein heißer B-Stern. Weniger als zwanzig Vertreter dieses Typs sind bekannt.

Waage → Bezeichnung für das Sternbild → *Libra.*

Wachstumskurve Das Verhältnis der Intensität einer → *Spektrallinie* in einem → *Absorptionslinienspektrum* zu der effektiven Anzahl der absorbierenden Atome. Die genaue Form der Kurve hängt von den vorherrschenden physikalischen Bedingungen wie Druck und Temperatur ab. Wenn man die beobachteten Linienintensitäten geteilt durch die Wellenlänge gegen das Produkt aus → *Oszillatorstärke* und Wellenlänge für eine Serie von Linien eines Ions aufträgt, erhält man die Wachstumskurve unter der Annahme, daß sie für alle verwendeten Linien dieselbe ist. Eine solche Kurve kann man verwenden, um die relativen Häufigkeiten verschiedener chemischer Elemente in einem Stern abzuschätzen. Die Methode berücksichtigt jedoch nicht die Variation der physikalischen Parameter in den verschiedenen Schichten des Sterns, in denen die Linien emittiert werden.

Wächter (des Pols) Die zwei Sterne Beta (β) und Gamma (γ) im Sternbild → *Ursa Minor.*

Wagenlenker Sternbild → *Auriga.*

Wagenrad-Galaxie (Cartwheel-Galaxie) Ein populärer Name für eine Pekuliargalaxie in der Entfernung von 500 Millionen Lichtjahren, auch bekannt unter dem Namen A0035. Sie besteht aus einem kreisförmigen Rand mit einem Durchmesser von 17 000 Lichtjahren, in dessen Inneren Nabe und Speiche aus alten roten Sternen gebildet werden. Wahrscheinlich war diese Galaxie einmal eine normale große → *Spiralgalaxie*, mit der vor wenigen hundert Millionen Jahren eine kleine Galaxie kollidierte. Der Eindringling ist noch in der Nähe zu beobachten. Der Schock des Zusammenstoßes verursachte die Geburt einer großen Zahl von massereichen Sternen in der »Felge«. Daher ist die Supernova-Rate hundertmal höher als in normalen Galaxien.

wahre Anomalie → *Anomalie.*

Wal Deutsche Bezeichnung für das Sternbild → *Cetus.*

Walhalla Eine große, kreisförmige Struktur auf → *Callisto*, umgeben von 5 konzentrischen Ringen. Der Radius des äußeren Ringes beträgt 1500 Kilometer. Die Struktur wurde durch einen Aufprall erzeugt, zeigt aber wegen der plastischen Beschaffenheit der Kruste keine typischen Verwerfungen mehr. Die Ringe sind regelrechte Wellen aus unter der Kruste zurückströmender Materie.

Wallebene Ein großer, innen ebener Mond- → *Krater*, speziell einer, der von Lava geflutet wurde.

Wanzen-Nebel Ein Name für den → *bipolaren Nebel* NGC 6302 im Sternbild Skorpion. Es konnte kein Zentralstern identifiziert werden, aber die Zentralregion ist heiß und aktiv, und Gas strömt mit einer Geschwindigkeit von 400 km/s nach außen. Der Nebel erscheint rot, da ein Großteil seines Lichts in roten Spektrallinien des Wasserstoffs und Stickstoffs emittiert wird.

Wasserkrug Die Gruppe der Sterne Gamma (γ), Eta (η), Zeta (ζ) und Pi (π) im Sternbild Aquarius, die normalerweise als der Krug des Wassermanns in Darstellungen der mythologischen Figuren in Verbindung mit den Sternbildern gezeigt werden.

Wassermann Deutsche Bezeichnung des Sternbilds → *Aquarius.*

Wasserschlange Deutsche Bezeichnung für das Sternbild → *Hydra.*

Wasserstoff-alpha-Linie (H alpha; Hα) Die deutlichste Linie im sichtbaren Teil des Wasserstoffspektrums. Sie ist mit 656,28 Nanometern die erste Linie der Balmerserie und hat eine rötliche Farbe. Sie entsteht bei Übergängen zwischen dem zweiten und dritten Energieniveau im Wasserstoffatom. Siehe auch → *Balmerlinien*

W-C-Stern → *Wolf-Rayet-Stern.*

wechselwirkende Galaxien Galaxien, die sich so nahe stehen, daß die wechselseitige Gravitationsanziehung Störungen ihrer Form und Struktur verursacht. Die meisten Galaxien gehören einem Haufen an, und gravitative oder Gezeiten-Wechselwirkungen zwischen Paaren von ihnen sind nicht ungewöhnlich. Sie wirken sich oft in langen Strähnen oder Filamenten aus, die zwischen ihnen Brücken bilden. Mit Hilfe von Rechnersimulationen konnte man zeigen, daß die beobachteten Störungen tatsächlich durch Wechselwirkung erklärbar sind.

wechselwirkender Doppelstern Ein Doppelsternsystem, in dem → *Massenaustausch* zwischen den Komponenten stattfindet. Siehe auch → Kontakt- → *Doppelstern*, → *Massenaustausch*, → *Roche-Volumen*, → *Zwergnova*

Weißer Zwerg Ein Stern im fortgeschrittenen Stadium der → *Sternentwicklung*, der aus entarteter Materie besteht. Ein Weißer Zwerg entsteht, wenn ein Stern seinen gesamten Vorrat an Brennmaterial für die Kernfusion verbraucht hat. Der Stern kollabiert unter dem Einfluß seiner eigenen Gravitation, wodurch die Materie so weit verdichtet wird, daß Elektronen und Atomkerne vollständig voneinander getrennt werden und man von entarteter Materie spricht. Dieser Prozeß endet, wenn bei immer höherer Dichte ein quantenmechanischer Effekt, das Ausschließungsprinzip (Pauli-Prinzip), wirksam wird. Die Elektronen können nicht weiter verdichtet werden, so daß ein Gegendruck, der sog. Entartungsdruck, dafür sorgt, daß der Stern wieder in einen Gleichgewichtszustand kommt. S. Chandrasekhar zeigte theoretisch, daß die obere Massengrenze für Weiße Zwerge bei 1,4 Sonnenmassen liegt. Größere kollabierende Sterne werden zu → *Neutronensternen* oder → *Schwarzen Löchern.*
Der erste Weiße Zwerg, der als solcher erkannt wurde, war der 1910 beobachtete Stern 40 Eridani B. Es konnte gezeigt werden, daß seine Oberflächentemperatur 17 000 Kelvin beträgt. Seine Leuchtkraft war aber so gering, daß dies nur damit zu erklären war, daß der Stern kleiner als die Erde ist. Weitere gut bekannte Weiße Zwerge sind van Maanens Stern und Sirius B. Sirius B wurde erstmals 1862 gesehen. Er hat ungefähr die gleiche Masse wie die Sonne, aber nur den fünffachen Erddurchmesser und ist 10 000mal schwächer als Sirius A, der ein normaler → *A-Stern* ist. Nur wenige hundert weitere Weiße Zwerge sind bekannt, obwohl sie etwa zehn Prozent der gesamten Sternpopulation ausmachen. Aber aufgrund ihrer geringen Leuchtkraft sind sie nur sehr schwer zu beobachten.
Die Bezeichnung Weiße Zwerge umfaßt eine Gruppe von entarteten Sternen, deren Temperatur- und Farbbereich von den heißesten Sternen mit einer Oberflächentemperatur von mehr als 100 000 Kelvin bis zu kalten, roten Objekten mit nur 4000 Kelvin reicht. Da sie keine innere Energiequelle mehr besitzen, befinden sich Weiße Zwerge in einem Prozeß langsamer Abkühlung. Letztendlich werden sie zum → *Schwarzen Zwerg*, einem dunklen, toten Stern.
Das Spektrum Weißer Zwerge ist verwirrend komplex, was den großen Temperaturbereich und die verschiedenen Zusammensetzungen widerspiegelt. Typischerweise enthält das Spektrum sehr breite Absorptionslinien, doch einige zeigen auch überhaupt keine Linien. Die Region der Linienentstehung ist nur einige hundert Meter dick. Manche Weißen Zwerge zeigen nur Wasserstofflinien, vermutlich weil das Helium und schwere Elemente unter dem Einfluß der starken Gravitation auf den Boden der Atmosphäre gesun-

ken sind. In anderen Sternen können Helium oder Metalle gesehen werden, aber kein Wasserstoff.

Ein neues Klassifizierungsschema wurde 1983 von E. M. Sion und Mitarbeitern vorgeschlagen. Die Kennzeichnung besteht aus drei großen Buchstaben. Der erste ist D für degeneriert. Der zweite kennzeichnet das primäre Spektrum: A, nur H; B, neutrales He ohne H oder Metalle; C, Kontinuum; O, ionisiertes He mit neutralem He oder H; Z, nur Metallinien ohne He oder H; Q, mit Kohlenstoff. Der dritte Buchstabe ist für die sekundären spektralen Eigenschaften: P, Magnetfeld mit polarisiertem Licht; H, Magnetfeld ohne polarisiertes Licht; X, → *Pekuliarstern* oder nicht klassifizierbar; V, veränderlich. Das alte System beruhte auf den üblichen → *Spektraltypen* (O, B, A, F, G, K, M) mit einem vorangestellten D.

Weißes Loch Ein hypothetisches, noch nie beobachtetes Objekt, das mathematisch die inversen Eigenschaften eines Schwarzen Lochs hat und ein Ort spontaner Materiebildung sein würde.

Wellenlänge (Symbol λ) Die kürzeste Entfernung zwischen zwei Punkten gleicher Phase eines Wellenzugs.

Welteninsel Ein veralteter Ausdruck, der in der Bedeutung »Riesengalaxie« verwendet wurde. Er ist insbesondere verbunden mit dem Philosophen Immanuel Kant (1724–1804), der ihn 1755 einführte. Er wurde bis in die 1920er Jahre in populären Schriften verwendet.

Weltraum Der Raum außerhalb der Planeten, Sterne und deren Atmosphären.

Weltraumforschung Wissenschaftlicher Zweig, der sich mit allen Fragestellungen der bemannten und unbemannten Raumfahrt auseinandersetzt.

Weltraumteleskop Teleskop, das in einer Umlaufbahn außerhalb der störenden Atmosphäre die Erde umkreist. Siehe auch → *Hubble Space Telescope*

Weltzeit Zeitstandard, der der täglichen scheinbaren Bewegung der Sonne angepaßt ist und als Basis für die bürgerliche Zeiteinteilung dient. Sie ist formal mit einer mathematischen Beziehung an die Sternzeit geknüpft und leitet sich daher aus Sternbeobachtungen ab. Die direkt aus der Sternbewegung gewonnene Zeitskala, UT0 genannt, hängt leicht vom Beobachtungsort ab. Die für die Verschiebung des Beobachtungsortes in Länge durch die Polbewegung korrigierte Zeit heißt UT1. Die Abkürzung UT ist normalerweise die korrigierte Zeit UT1.

Die → *Koordinierte Weltzeit* (UTC) ist die für die Zeitsignale verwendete Zeit. Sie unterscheidet sich von der → *International Atomic Time* (TAI) durch eine ganze Anzahl von Sekunden und wird durch Einfügen von Schaltsekunden im Bereich von ±0,9 Sekunden von UT1 gehalten.

Westerbork-Observatorium Ein nationales niederländisches radioastronomisches Observatorium, das Teil der Niederländischen Stiftung für astronomische Forschung (NFRA oder ASTRON) ist. Der Verwaltungssitz ist am → *Dwingeloo Radio Observatory.*

Das Instrument am Westerbork-Observatorium wird Westerbork Synthesis Radio Telescope (WSRT) genannt. Es ist ein → *Apertursynthese*-Instrument aus vierzehn Einzelteleskopen und ging 1970 in Betrieb. Eine Erweiterung im Jahr 1980 verdoppelte die Basislänge von 1500 Kilometer auf 3000 Kilometer.

Whipple-Observatorium → *Fred Lawrence Whipple Observatory.*

Whirlpool-Galaxie (M51; NGC 5194) Eine → *Spiralgalaxie* im Sternbild Canes Venatici mit einer Entfernung von 13 Millionen Lichtjahren, auf die wir senkrecht blicken. Es war die erste Galaxie, deren Spiralstruktur durch Beobachtungen von Lord Rosse erkannt wurde. Sie wird von der wesentlich kleineren, irregulären Galaxie NGC 5195 begleitet, die sie umkreist.

Widder Deutsche Bezeichnung für das Sternbild → *Aries.*

Widderpunkt (♈) Einer der beiden Punkte an der Himmelssphäre, an denen sich die

→ *Ekliptik* und der → *Himmelsäquator* schneiden. Er definiert den Nullpunkt der → *Rektaszension*. Wegen des Effekts der Präzession verschiebt sich die Orientierung des Äquators langsam gegenüber der Ekliptik mit einer Periode von etwa 25 800 Jahren. Daher liegt der Schnittpunkt, der noch vor einigen tausend Jahren im Sternbild Widder lag, heute im Sternbild Fische, der Name wurde aber beibehalten. Die Sonne steht im Widderpunkt am nördlichen Frühlings- → *Äquinox*. Der Begriff Frühlingsäquinox oder Frühlingspunkt wird ebenfalls zur Bezeichnung dieses Punktes an der Himmelssphäre verwendet.

widersprüchliche Rotverschiebung Die → *Rotverschiebung* einer entfernten Galaxie oder eines → *Quasars*, die sich deutlich von der Rotverschiebung eines benachbarten Objekts, mit dem es physikalisch verbunden zu sein scheint, abhebt. Die Rotverschiebungen, die man in den Spektren von Galaxien und Quasaren beobachtet, werden in der Regel für Effekte der allgemeinen Expansion des Universums gehalten, die sich seit dem → *Big Bang* fortsetzt. In dieser Interpretation ist die Rotverschiebung proportional zur Entfernung; man kann die Entfernung ableiten, wenn man die Rotverschiebung mißt. Wenn zwei Galaxien gleich weit entfernt sind, erwartet man daher, daß sie dieselbe Rotverschiebung zeigen. Es gibt jedoch Fälle, in denen die Bilder von Galaxien und Quasaren, die scheinbar nahe beieinander stehen, physikalische Verbindungen oder Materiebrükken vermuten lassen, bei denen die Rotverschiebungen aber unterschiedlich sind. Dies kann daher kommen, daß die scheinbare Verbindung nur zufällig ist oder daß die beobachtete Rotverschiebung nicht nur von der allgemeinen Ausdehnung des Universums herrührt.

Widmannstättensche Figuren Ein charakteristisches geometrisches Muster, das man erhält, wenn man polierte Flächen von metallischen → *Meteoriten* anätzt. Sie rühren vom interkristallinen Wachstum zweier unterschiedlicher Eisen-Nickel-Verbindungen her, dem → *Kamazit* und dem Teanit. Siehe auch → *Oktaedriten*

Wildente (M11; NGC 6705) Ein offener Sternhaufen mit etwa 200 Sternen im Sternbild Scutum. Der Name kommt von seiner Gestalt, die in kleinen Instrumenten flügelförmig erscheint und an fliegende Wildenten erinnert.

William Herschel-Teleskop Ein azimutal montiertes 4,2-Meter-Spiegelteleskop in der Isaac Newton-Gruppe des → *Observatorio del Roque de los Muchachos*, La Palma, Kanarische Inseln. Es wird vom → *Royal Greenwich Observatory* betrieben. Die Beobachtungszeit wird zwischen den zusammenarbeitenden Ländern England, Spanien und den Niederlanden aufgeteilt. Es ist ein Universalinstrument, das 1987 in Betrieb genommen wurde und mit unterschiedlichen Zusatzgeräten ausgestattet ist.

Willstrop-Teleskop Ein Spiegelteleskop, das so konstruiert ist, daß es gute Aufnahmen über ein Gesichtsfeld von 5° und mehr liefert. Es ist eine Weiterentwicklung des → *Paul-Baker-Systems*. Der Primärspiegel enthält ein Loch, dessen Größe 60 Prozent des Gesamtdurchmessers ausmacht und in dem die Fokalebene liegt. Die Form aller drei Spiegel weicht erheblich von der üblichen sphärischen oder parabolischen Form ab. Der Vorteil dieser Konstruktion ist, daß das Teleskop kompakter als eine → *Schmidt-Kamera* ist, es keine Geisterbilder durch interne Reflektionen an der Korrekturlinse wie bei der Schmidt-Kamera zeigt und es möglich sein sollte, ein Teleskop dieser Bauart herzustellen, das größer als jede existierende Schmidt-Kamera ist.

Wilson-Effekt Eine Änderung im Aussehen eines Sonnenflecks, wenn dieser sich durch die Sonnenrotation dem Sonnenrand nähert. Der randnahe Teil der Penumbra erscheint breiter als der randferne, weil sich der Sonnenfleck in einer Einsenkung befindet. Das Phänomen wurde 1769 von dem schottischen Astronom Alexander Wilson (1714–1786) beobachtet.

WIMPs Abkürzung für elektrisch neutrale, schwach wechselwirkende, schwere Teilchen. Diese wurden in den bisher zur Verfügung stehenden Beschleunigern nicht beobachtet. Sollten sie existieren, sind sie für die Kosmologie von großer Bedeutung, da sie zum → *missing mass*-Problem beitragen würden.

Winchester Asteroid 747, Durchmesser 204 Kilometer, 1913 von J. Metcalf entdeckt.

Windmühlen-Galaxie (engl. Pinwheel Galaxy; M101; NGC 5457) Populärer Name für eine große Spiralgalaxie in Ursa Maior, bei der man direkt auf die Scheibe sieht. Die Entfernung beträgt etwa 15 Millionen Lichtjahre.

Winged Horse Englischer Name für das Sternbild → *Pegasus.*

Winkelabstand Winkelabstand (1) Die Länge eines Kreisbogens im Bogenmaß (z. B. Radiant, Grad, Bogenminuten, Bogensekunden) für den Winkel, den der Bogen am Ort des Beobachters aufspannt. Der Winkelabstand zwischen zwei Punkten an der Himmelssphäre ist z. B. der Winkel zwischen zwei imaginären Linien vom Beobachter zu den beiden Punkten. Winkelabstand (2) Winkelentfernung zwischen zwei Sternen in einem optischen Doppelsternsystem, gemessen in Bogensekunden. Eines der beiden Standardmaße, in denen die relativen Positionen der Mitglieder von Doppelsternsystemen angegeben werden. Das andere Maß ist der → *Positionswinkel.*

Winkeldurchmesser Der scheinbare Durchmesser eines Objekts im Winkelmaß, also Radiant, Grad, Bogenminuten oder Bogensekunden. Der Winkeldurchmesser wird durch den wahren Durchmesser und die Entfernung bestimmt.

Winkelgeschwindigkeit Das Maß, in dem ein rotierender Körper Winkel überstreicht. Winkelgeschwindigkeit kann man in Radiant, Grad oder Umläufen pro Zeiteinheit messen.

Wintersonnenwende → *Solstitium.*

WLM Abkürzung für → *Wolf-Lundmark-Melotte-Galaxie.*

W-N-Stern → *Wolf-Rayet-Stern.*

Wolf Deutscher Name für das Sternbild → *Lupus.*

Wolf-Lundmark-Melotte-Galaxie (WLM) Eine kleine, irreguläre Galaxie, die zur → *lokalen Gruppe* gehört. Sie befindet sich in einer Entfernung von 2,8 Millionen Lichtjahren.

Wolf-Rayet-Stern Ein Mitglied einer Gruppe seltener, außergewöhnlich heißer Sterne mit Oberflächentemperaturen von 20 000–50 000 Kelvin. Sein Spektrum zeigt breite Emissionslinien. In W-C-Sternen überwiegt Kohlenstoff, während in W-N-Sternen die Stickstoffemissionslinien überwiegen. Es wird vermutet, daß diese beiden Untergruppen sich wesentlich im Aufbau unterscheiden. Die Emissionslinien entstehen in einer rasch expandierenden Hülle, durch die der Stern Masse verliert. Einige sind Zentralsterne von → *Planetarischen Nebeln.* Ihr Entwicklungszustand ist noch nicht vollkommen verstanden.
Der Name stammt von den beiden französischen Astronomen Charles Wolf und Georges Rayet, die im 19. Jahrhundert lebten.

Wolfsche Sonnenfleckenrelativzahl Eine Maßzahl der Sonnenfleckenaktivität auf der Sonnenscheibe, die sowohl die Anzahl der Sonnenfleckengruppen als auch einzelner Flecken berücksichtigt. Sie wurde von Rudolf Wolf von der Züricher Sternwarte eingeführt und ist bekannt als die Züricher Sonnenfleckenzahl. Ihr Wert R berechnet sich nach der Formel $R = k(10g+f)$, wobei g die Anzahl der Fleckengruppen ist, f die Gesamtanzahl der Flecken und k ein Normierungsfaktor, der von dem verwendeten Instrument abhängt. Für Instrumente mit einer Öffnung von 100 Millimetern ist k gleich 1.

Wurmloch Eine hypothetische, tunnelähnliche Struktur der → *Raumzeit.* Theoretiker vermuten, daß im Größenbereich der → *Planck-Länge* (10 bis 35 Meter) die Raumzeit eine schaumähnliche Struktur hat, durchsiebt mit Wurmlöchern. Es könnte für ein solches Wurmloch möglich sein, sich »davonzustehlen« und ein neues Universum zu bilden.

W Ursae Maioris-Stern Ein Mitglied der Klasse der Bedeckungsveränderlichen, bei dem die beiden Komponenten Sterne des → *Spektraltyps* F oder G sind, gleiche Helligkeit haben und fast in Kontakt miteinander stehen. Haupt- und Nebenminimum der Lichtkurve sind nahezu gleich, und die Periode beträgt typischerweise mehrere Stunden.

Würzburger Antenne Der Typ einer deutschen Radarantenne, die seit 1944 in England und den Niederlanden für die ersten systematischen radioastronomischen Beobachtungen benutzt wurde.

W Virginis-Stern eine andere Bezeichnung für → *Cepheiden*.

XMM Abkürzung für → *X-ray Multimirror Telescope*.

X-ray Multimirror Telescope (XMM) Ein Projekt der Europäischen Raumfahrt-Agentur (ESO), das vorsieht, ein Röntgenobservatorium, das aus drei Röntgenteleskopen besteht, mit einer Lebenszeit von mindestens 10 Jahren in einer Erdumlaufbahn zu betreiben. Die geplante große Sammeloberfläche und die Empfindlichkeit und Auflösung der Detektoren würden es erlauben, wesentlich mehr Bilder und Spektren zu erhalten als bisher möglich. Die beiden Instrumente sind eine empfindliche Aufnahmekamera und ein Reflexionsgitter-Spektrometer.

XUV Eine Bezeichnung, die manchmal für das kurzwellige Ende des ultravioletten Bereichs des → *elektromagnetischen Spektrums* im Bereich von 6 bis 60 Nanometern verwendet wird, wo es in den Röntgenbereich übergeht. Es überdeckt den Bereich, der auch als → *EUV* bekannt ist. Siehe auch → *Ultraviolettastronomie*

Yagi-Antenne Eine Antenne für den Empfang von Radiowellen, die aus einigen wenigen parallelen Dipolen besteht. Die gewöhnlichen Hausantennen für den Fernsehempfang sind von diesem Typ. Yagi-Arrays werden in der Radioastronomie als billige → *Apertursynthese*-Teleskope für die Himmelsüberwachung verwendet. Siehe auch → *Radioteleskop*

Yarkovsky-Effekt Der Effekt der Eigendrehung eines kleinen Teilchens, das die Sonne umkreist. Die Rotation verursacht eine Temperaturänderung, so daß Wärmeenergie anisotrop wieder abgestrahlt wird. Siehe auch → *Poynting-Robertson-Effekt*

Yerkes-Observatorium Ein Observatorium in Williams Bay, Wisconsin, USA, das zur astronomischen und astrophysikalischen Abteilung der Universität von Chicago gehört. Das in dem Observatorium beheimatete Teleskop ist das größte Linsenteleskop, das je gebaut wurde. Das Objektiv hat einen Durchmesser von 101,6 Zentimetern und wurde zwischen 1895 und 1897 gebaut.
Das Teleskop wurde auf Initiative von George Ellery Hale gebaut, der später auch für das 2,5-Meter-Hooker-Teleskop auf Mount Wilson und das 5-Meter-Teleskop auf Mount Palomar die treibende Kraft wurde. Zusammen mit William Rainey Harper gewann er den Millionär Charles Yerkes aus Chicago für die Finanzierung des Projekts. Die Linsen waren bereits für ein anderes Projekt hergestellt worden. Die mechanischen Teile des Teleskops wurden von Warner und Swasey aus Cleveland, Ohio, konstruiert. Das Gebäude ist für seine schöne Architektur bekannt, die Henry Ives Cobb entwarf. Das Teleskop wird noch immer für Forschungsprogramme eingesetzt.

Yohkoh Name eines erst nach dem Start im August 1991 so bezeichneten japanischen astronomischen Satelliten. Der ursprüngliche Name war Solar-A. Seine Hauptaufgabe ist die Untersuchung der Röntgen- und Gammastrahlung von → *Flares* und anderen energiereichen Vorgängen auf der Sonne.

Yoke-Montierung Eine spezielle Form der parallaktischen Montierung.

YY Orionis-Stern Das Mitglied einer Untergruppe der → *T Tauri-Sterne*, die durch Emissionslinien mit einem Absorptionsflügel zum Roten hin charakterisiert sind. Die Linienprofile variieren mit einer Periode von einigen Tagen. Etwa die Hälfte aller T Tauri-Sterne gehören dieser Untergruppe an.

z Das gewöhnlich für → *Rotverschiebung* verwendete Symbol.

Z Andromedae-Stern → *symbiotische Sterne.*

ZC Abkürzung für → *Zodiakal-Katalog.*

Zeeman-Effekt Die Aufspaltung einer Spektrallinie in mehrere Komponenten, wenn der Entstehungsbereich einem Magnetfeld ausgesetzt ist.

Zeit Maß, mit dem das Intervall zwischen zwei aufeinanderfolgenden Ereignissen gemessen wird. Siehe auch → *bürgerliche Zeit,* → *International Atomic Time,* → *Raumzeit,* → *Weltzeit*

Zeitgleichung Die Differenz zwischen mittlerer Sonnenzeit, wie sie eine gleichmäßig laufende Uhr anzeigt, und der scheinbaren Sonnenzeit, wie sie eine Sonnenuhr anzeigt. Sie variiert in einer komplizierten Weise im Verlaufe eines Jahrs (siehe Abbildung), mit maximalen Abweichungen bis zu 15 Minuten. Siehe auch → *scheinbare Sonnenzeit*

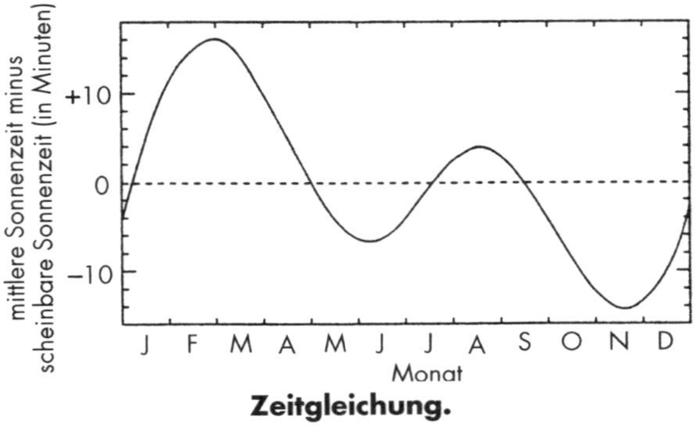

Zeitgleichung.

Zeitzone Eine geographische Region, in der die → *bürgerliche Zeit* als gleich festgelegt wird. Zeitzonen basieren auf 15 Grad breiten Bändern in Länge, entsprechend einer Stunde Differenz in der Ortszeit. Allerdings gibt es große Abweichungen der Grenzlinien von den Längengraden, um der Verteilung der Landmassen und der Ballungszentren Rechnung zu tragen. Die Differenz zweier benachbarter Zeitzonen beträgt meistens eine Stunde; es gibt aber auch Abstände von einer halben Stunde, um Abweichungen von der Ortszeit zu minimieren.

Zelenchukskaya Der Standort des Spherical Astrophysical Observatory der Russischen Akademie der Wissenschaften.

Zenit Höchster Punkt am Himmel, genau senkrecht über dem Beobachter. Der astronomische Zenit ist formal als die senkrechte Verlängerung der Lotlinie definiert. Der geozentrische Zenit ist die Verlängerung einer Linie vom Erdmittelpunkt durch den Beobachter. Der geodätische Zenit ist die Normale zum geodätischen Ellipsoid oder Sphäroid am Beobachtungsort.

Zenitdistanz Winkel zwischen dem Zenit und einem Punkt der Himmelssphäre, der entlang eines Großkreises gemessen wird.

zenithal hourly rate (ZHR) Die mittlere Anzahl von Meteoren eines bestimmten Meteorschauers pro Stunde, die ein erfahrener Beobachter unter optimalen Sichtbedingungen mit einer Grenzhelligkeit von 6,5. Größe und der Lage des Radianten im Zenit sehen würde. Je geringer die Höhe des Radianten, desto geringer ist die beobachtete Rate. In erster Näherung ist das Verhältnis der beobachteten

Rate zur ZHR gleich dem Sinus des Höhenwinkels des Radianten.

Zenitteleskop Ein Teleskop, das nur vertikal ausgerichtet werden kann, um Positionsmessungen an Sternen vorzunehmen, die durch den Zenit gehen oder ihn in geringem Abstand passieren.

Zentaur Sternbild → *Centaurus.*

Zentralberg Ein Berg, der sich im Zentrum eines Kraters bildete, als die Kruste im Anschluß an die Einschlagsexplosion zurückschnellte. Ein Krater kann mehrere Berge in Gruppen angeordnet enthalten.

zentrale Maschine Ein formloser Ausdruck für die zentrale Energiequelle eines → *aktiven galaktischen Kerns*, einer → *Radiogalaxie* oder eines → *Quasars.* Allgemein nimmt man an, daß es sich bei der Energiequelle um die Akkretion von Materie auf ein → *Schwarzes Loch* handelt.

zentraler Meridian Die gedachte Nord-Süd-Line, die die Scheibe eines Planeten (oder Mondes oder der Sonne) aus Sicht des Beobachters in zwei Hälften teilt.

ZHR Abkürzung für → *zenithal hourly rate.*

Zicklein Kleine Konstellation der Sterne ϵ (Epsilon), ζ (Zeta) und η (Eta) im Sternbild → *Auriga.*

Zirkumpolarstern Ein Stern, der für einen bestimmten Beobachter nie unter den Horizont untergeht. Die Deklination des Sterns muß größer sein als 90° minus der geographischen Breite des Standorts des Beobachters, damit er zirkumpolar ist. Vom Äquator aus gesehen sind daher keine Sterne zirkumpolar, während an den Polen alle Sterne der jeweiligen Halbkugel zirkumpolar sind.

zirkumstellare Materie Eine Hülle von Gas und Staub, die einen Stern umgibt.

Zirrus → *Infrarotzirrus.*

Zirrus-Nebel (NGC 6960) Teil des → *Cygnus-Nebels*, ein alter → *Supernova-Überrest.*

Zodiak → *Tierkreis.*

Zodiakalband → *Zodiakallicht.*

Zodiakal-Katalog (ZC) Die populäre Bezeichnung für einen Sternkatalog von 1940, der 3539 hellere Sterne im Bereich von 8° um die Ekliptik enthält. Er wurde von James Robertson zusammengestellt und als Band X, Teil II der »Astronomical Papers prepared for the use of the American Ephemeris and Nautical Almanac« veröffentlicht. Er enthält alle Sterne heller 7. Größe und 313 Sterne schwächer 8,5. Größe. Der Katalog wird gelegentlich für Sternpositionen in Zusammenhang mit → *Bedeckungen* verwendet.

Zodiakallicht Ein schwacher Lichtkegel entlang der Ekliptik, der in mondlosen Nächten im Westen nach Sonnenuntergang und im Osten vor Sonnenaufgang gesehen werden kann. Es entsteht durch die Streuung von Sonnenlicht an mikrometergroßen Teilchen des → *Zodiakalstaubs* in der Ebene des Sonnensystems. Das Zodiakallicht ist schwach entlang der gesamten Ekliptik vorhanden, ein Phänomen, das gelegentlich als Zodiakalband bezeichnet wird. Eine Aufhellung ergibt sich in dem der Sonne genau gegenüberliegenden Bereich. Dies wird Gegenschein genannt.

Zodiakalstaub Eine dünne, flache Wolke aus kleinen Staubteilchen im inneren Sonnensystem. Es wird angenommen, daß sie von Kometen und von Zusammenstößen im → *Asteroidengürtel* stammt.

Zond Name eines sowjetischen Raumsondenprogramms in den Jahren 1963 bis 1970. Zond 1 und 2 flogen zu Venus und Mars, übermittelten aber keine Daten. Zond 3 photographierte 1963 die Rückseite des Mondes. Zond 4 war ein Fehlschlag. Zond 5, 6, 7, und 8 umkreisten den Mond.

zone of avoidance (Zone der Vermeidung) Himmelsregion in der Ebene der → *Milchstraße*, in der die Absorption durch interstellaren Staub so stark ist, daß nahezu keine anderen Galaxien zu sehen sind.

zunehmend Eine → *Phase* des Mondes, der Venus oder des Merkur, in der die beleuchtete Hälfte zunimmt. Das Gegenteil ist abnehmend.

Züricher Sonnenfleckenzahl → *Wolfsche Sonnenfleckenrelativzahl.*

Zweifarben-Diagramm Auftragung zweier → *Farbindizes* (etwa B–V und U–B) für eine Auswahl von Sternen oder anderen Objekten wie Asteroiden gegeneinander. Siehe auch → *UBV-Photometrie*

zweiter Kontakt Während einer totalen oder ringförmigen Sonnenfinsternis jener Punkt, an dem zu Beginn der Finsternis der Rand der Mondscheibe mit der → *Photosphäre* der Sonne Kontakt hat. Bei einer Mondfinsternis ereignet sich der zweite Kontakt in dem Augenblick, da der Mond vollständig in den Kernschatten (Umbra) der Erde eingetreten ist. Der Ausdruck wird auch bei der Beschreibung eines Vorüberganges eines Planeten vor der Sonnenscheibe oder einer Sternbedeckung durch den Mond benutzt.

Zwerg-Cepheiden-Stern → *Delta Scuti-Stern.*

Zwerggalaxie Eine kleine elliptische oder sphäroidale → *Galaxie*, die zwischen wenigen hunderttausend und einigen Millionen Sterne enthält, weit weniger als eine typische Galaxie. Zwerggalaxien haben geringe Leuchtkraft und können derart lose gebunden sein, daß sie großen → *offenen Sternhaufen* ähneln. Die sphäroidalen Zwerggalaxien sind Satelliten unserer Milchstraße. Ihr Durchmesser liegt zwischen 2 und 7 Prozent von dem der Milchstraße. Elliptische Zwerggalaxien bezeichnet man als dE-Galaxien.

Zwergnova Ein Typ kataklysmischer Variabler, der im Abstand von Tagen bis zu einem Jahr plötzliche Helligkeitsanstiege zeigt. Die Zwergnovae sind Doppelsternsysteme, die aus einem → *Hauptreihenstern* und einem Weißen Zwerg bestehen. Es findet Massenübertrag vom Hauptreihenstern auf den Weißen Zwerg über eine Akkretionsscheibe statt, die sich um den Weißen Zwerg bildet. Ausbrüche finden statt, wenn sich auf der Akkretionsscheibe heiße Gebiete bilden. Zwergnovae werden auch U Geminorum-Sterne genannt.
Man kennt mehrere Unterklassen. SS Cygni-Sterne steigern ihre Helligkeit in einem Ausbruch von mehreren Tagen um 2 bis 6 Magnitudines. SU Ursae Maioris-Sterne haben gelegentliche Supermaxima, 2 Magnitudines heller und fünfmal länger als üblich. Z Camelopardalis-Sterne durchlaufen Perioden, in denen die Eruptionen für Wochen oder Jahre ausgesetzt sind.

Zwergstern Ein Stern, der eine für seine Masse normale Größe hat. Der Ausdruck wird öfter benutzt, um alle Sterne zu beschreiben, die im → *Hertzsprung-Russell-Diagramm* auf der Hauptreihe liegen, d. h. alle Sterne, die ihre Energie in ihrem Kern durch Umwandlung von Wasserstoff in Helium gewinnen. Der Name kommt von dem natürlichen Vergleich mit Riesen und Überriesen, deren Größe im Verlauf der Entwicklung enorm angewachsen ist. Die größten Hauptreihensterne können allerdings die Größe von gewissen Roten Riesen erreichen; die Unterscheidung kann dadurch verwaschen werden. Siehe auch → *Sternentwicklung*, → *Weiße Zwerge*

Zwillinge Sternbild → *Gemini.*

Zyklon Eine nach innen gerichtete Kreisbewegung um ein Niedrigdruck-Gebiet in einer Planetenatmosphäre.

Zyklotronstrahlung Elektromagnetische Strahlung, die von Elektronen emittiert wird, die sich auf kreisförmigen oder schraubenförmigen Bahnen in einem Magnetfeld bewegen.

ZZ Ceti-Stern Ein pulsierender, veränderlicher → *Weißer Zwerg.* Die Amplitude von ZZ Ceti-Sternen liegt zwischen 0,05 und 0,3 Magnitudines, die Periode zwischen 30 Sekunden und einer halben Stunde.

Bibliographie

Astronomische Nomenklatur

Fernandez, A., M. C. Lortet und F. Spite: First dictionary of nomenclature of celestial objects, in: Astronomy and Astrophysics 1983, Supplement Series 52, No. 4
Jaschek, Carlos: Data in Astronomy. Cambridge University Press 1989
Lortet, M. C. und F. Spite: Supplement to the first dictionary of nomenclature of celestial objects, in: Astronomy and Astrophysics 1986, Supplement Series 64, S. 329
US Geological Survey/IAU Working Group for the Planetary System: Gazetteer of Planetary Nomenclature. NASA 1986

Allgemeine Astronomie, einschließlich Lexika und Enzyklopädien

Abell, George O., David Morrison und Sidney C. Wolff: Exploration of the Universe. Saunders College Publishing [6]1991
Audouze, Jean und Guy Israël: The Cambridge Atlas of Astronomy. Cambridge University Press [2]1988
Illingworth, Valerie (Hrsg.): The Macmillan Dictionary of Astronomy. Macmillan [2]1985
Kaufmann, William J. III.: Universe. W. H. Freeman & Co. [3]1991
Keller, Hans-Ulrich: Das Kosmos-Himmelsjahr 1995 – Die astronomische Jahresvorschau. Franckh-Kosmos 1994
Kippenhahn, R.: Unheimliche Welten. DVA 1987
Kippenhahn, R.: Abenteuer Weltall. DVA 1991
Laustsen, Svend, Claus Madsen und Richard M. West: Exploring the Southern Sky: A Pictorial Atlas from the European Southern Observatory. Springer 1987
Lexikon der Astronomie. Herder 1989
Malin, David: Blick ins Weltall – Neue Bilder vom Kosmos. Franckh-Kosmos 1994
Maran, Stephen P. (Hrsg.): The Astronomy and Astrophysics Encyclopaedia. Van Nostrand Reinhold and Cambridge University Press 1992
Meyers Handbuch Weltall. B. I. 1994
Moore, Patrick (Hrsg.): The Astronomy Encyclopaedia. Mitchell Beazley 1987
Moore, Patrick und Harro Zimmer: Das neue Guinness Buch der Sterne. Ullstein 1993
Murdin, Paul, David Allen und David Malin: Catalogue of the Universe. Cambridge University Press 1979
Pasachoff, Jay: Astronomy: From the Earth to the Universe. Saunders College Publishing [4]1991
Ridpath, Ian (Hrsg.): Norton's 2000.0: Star Atlas and Reference Handbook. Longman 1989
Ridpath, Ian und Wil Tirion: Guide to the Stars and Planets. Collins 1984
Scheffler, H. und H. Elsässer: Physik der Sterne und der Sonne. B. I. 1974
Unsöld, A. und B. Baschek: Der neue Kosmos. Springer [5]1991
Voigt, H. H.: Abriß der Astronomie. B. I. [5]1991
Zeilik, Michael: Astronomy: The Evolving Universe. John Wiley [6]1991

Himmelsmechanik

The Astronomical Almanac. Jährlich hrsg. vom US Naval Observatory und dem Royal Greenwich Observatory
Green, Robin M.: Spherical Astronomy. Cambridge University Press 1985
Montenbruck, O. und T. Pfleger: Astronomie mit dem PC. Springer 1989

Die Sonne und das Sonnensystem

Beatty, J. Kelly und Andrew Chaikin (Hrsg.): The New Solar System. Cambridge University Press/Sky Publishing Corp. [3]1990
Bruzek, A. und J. C. Durrant: Illustrated Glossary for Solar and Solar-Terrestrial Physics. Reidel 1977

Bühler, R.: Meteorite. Birkhäuser 1988
Friedmann, H.: Die Sonne. Spektrum 1987
Kippenhahn, R.: Der Stern, von dem wir leben. DVA 1992
Kowal, Charles T.: Asteroids: Their Nature and Utilization. Ellis Horwood 1988
Lang, Kenneth R. und Charles A. Whitney: Wanderers in Space: Exploration and Discovery in the Solar System. Cambridge University Press 1991
McSween, Harry Y. Jr.: Meteorites and their Parent Planets. Cambridge University Press 1987
Moore, P. und G. Hunt: Atlas des Sonnensystems. Herder 1985
Stix, M.: The Sun. Springer [2]1991
Whipple, Fred L.: The Mystery of Comets. Cambridge University Press/Smithsonian Institution Press 1985

Sterne und Galaxien

Ferris, T.: Galaxien. Birkhäuser 1987
Glyn Jones, Kenneth: Messier's Nebulae and Star Clusters. Cambridge University Press [2]1991
Jaschek, Carlos und Mercedes: The Classification of Stars. Cambridge University Press 1987
Kaler, James B.: Stars and their Spectra. Cambridge University Press 1989
Kaler, James B.: Sterne. Springer 1992
Kippenhahn, R.: 100 Milliarden Sonnen. Piper 1980
Kitchin, C. R.: Stars, Nebulae and the Interstellar Medium. Adam Hilger 1987
Mallas, John H. und Evered Kreimer: The Messier Album: An Observer's Handbook. Cambridge University Press/Sky Publishing Corp. 1978
Montmerle, T. und N. Pranzos: Explodierende Sonnen. Spektrum 1991
Taylor, R.: Sterne – Aufbau und Entwicklung. Vieweg 1978

Kosmologie

Harrison, Edward R.: Cosmology: The Science of the Universe. Cambridge University Press 1981
Kippenhahn, R.: Light from the Depths of Time. Springer 1987
Kippenhahn, R.: Licht vom Rande der Welt. DVA 1984
Layzer, D.: Das Universum. Spektrum 1986
Silk, Joseph: The Big Bang. W. H. Freeman & Co. 1989

Beobachtungstechniken

Davies, John K.: Satellite Astronomy. Ellis Horwood 1988
Kitchin, C. R.: Astrophysical Techniques. Adam Hilger 1984
Verschuur, Gerritt L.: The Invisible Universe: The Story of Radio Astronomy. Springer 1987

Tabellen

Tabelle 1: Das Griechische Alphabet. Kleinbuchstaben werden in der Sternbezeichnung verwendet.
→ *Bayer-Bezeichnung*

Α	α	Alpha	Ν	ν	Ny
Β	β	Beta	Ξ	ξ	Xi
Γ	γ	Gamma	Ο	ο	Omicron
Δ	δ	Delta	Π	π	Pi
Ε	*f*	Epsilon	Ρ	ρ	Rho
Ζ	ζ	Zeta	Σ	σ	Sigma
Η	η	Eta	Τ	τ	Tau
Θ	θ	Theta	Υ	υ	Ypsilon
Ι	ι	Iota	Φ	φ	Phi
Κ	κ	Kappa	Χ	χ	Chi
Λ	λ	Lambda	Ψ	ψ	Psi
Μ	μ	My	Ω	ω	Omega

Tabelle 2: Einheiten und Konstanten

Ångström (Å)	0,1 Nanometer*
Astronomische Einheit (AE)	1,459 787 0 x 10^{8} Kilometer*
Elektronenvolt (eV)	1,6022 x 10^{-19} Joule
Lichtjahr (Lj)	9,4605 x 10^{12} Kilometer = 0,306 60 Parsec
Mikrometer (μm)	1 Mikrometer = 10^{-6} Meter*
Nanometer (nm)	1 Nanometer = 10^{-9} Meter*
Parsec (pc)	3,0857 x 10^{13} Kilometer = 3,261 61 Lichtjahre
Radiant (rad)	57°, 295 78
Sonnenmasse ($M_{\odot}$)	1,9891 x 10^{30} Kilogramm
Sonnenradius ($R_{\odot}$)	6,960 x 10^{5} Kilometer
Lichtgeschwindigkeit (*c*)	299 792,458 Kilometer pro Sekunde
Tonne (t)	1 000 Kilogramm*

* Diese Umrechnungsfaktoren sind exakt; andere Werte sind Näherungen der angegebenen genauen Werte.

Tabelle 3: Sterne mit einer scheinbaren Helligkeit von 2,0. Größe und heller

Stern	*Name*	*Rektaszension* h	m	s	*Deklination* °	′	″	*visuelle Helligkeit**	*Spektral-klasse*	*Entfernung (Lj)*
Alpha Canis Maioris	Sirius	06	45	09	−16	42	58	−1,5	A1 V	9
Alpha Carinae	Canopus	06	23	57	−52	41	44	−0,7	F0 I	1170
[1]Alpha Centauri		14	39	37	−60	50	02	−0,3	G2 V	4
[2]Alpha Centauri		14	39	35	−60	50	13		K1 V	
Alpha Bootis	Arcturus	14	15	40	+19	10	57	0,0	K0 III	36
Alpha Lyrae	Vega	18	36	56	+38	47	01	0,0	A0 V	26
Alpha Aurigae	Capella	05	16	41	+45	59	53	0,1	G8 III	42
Beta Orionis	Rigel	05	14	32	−08	12	06	0,1	B8 I	910
Alpha Canis Minoris	Procyon	07	39	18	+05	13	30	0,4	F5 IV	11
Alpha Eridani	Achernar	01	37	43	−57	14	12	0,5	B5 IV	85
Alpha Orionis	Beteigeuze	05	55	10	+07	24	26	0,5	M2 I	310
Beta Centauri	Hadar	14	03	49	−60	22	22	0,6	B1 II	460
Alpha Aquilae	Atair	19	50	47	+08	52	06	0,8	A7 IV	17
Alpha Tauri	Aldebaran	04	35	55	+16	30	33	0,9	K5 III	25
[1]Alpha Crucis	Acrux	12	26	36	−63	05	56	0,9	B1 IV	360
[2]Alpha Crucis	Acrux	12	26	37	−63	05	58	0,9	B3	360
Alpha Scorpii	Antares	16	29	24	−26	25	55	1,0	M1 I	330
Alpha Virginis	Spica	13	25	12	−11	09	41	1,0	B1 V	260
Beta Geminorum	Pollux	07	45	19	+28	01	34	1,1	K0 III	36
Alpha Piscis Austrini	Formalhaut	22	57	39	−29	37	20	1,2	A3 V	22
Alpha Cygni	Deneb	20	41	26	+45	16	49	1,3	A2 I	1830
Beta Crucis	Mimosa	12	47	43	−59	41	19	1,3	B0 III	420
Alpha Leonis	Regulus	10	08	22	+11	58	02	1,4	B7 V	85
Epsilon Canis Maioris	Adhara	06	58	38	−28	58	20	1,5	B2 II	490
Alpha Geminorum	Castor	07	34	36	+31	53	18	1,6	A1 V	46
Gamma Crucis		12	31	10	−57	06	47	1,6	M3 III	88
Gamma Orionis	Bellatrix	05	25	08	+06	20	59	1,6	B2 III	360
Lambda Scorpii	Shaula	17	33	36	−37	06	14	1,6	B2 IV	270
Alpha Gruis		22	08	14	−46	57	40	1,7	B5 V	68
Epsilon Orionis	Alnilam	05	36	13	−01	12	07	1,7	B0 I	1210
Beta Tauri	Elnath	05	26	18	+28	36	27	1,7	B7 III	130

Beta Carinae		09	13	12	−69	43	02	1,7	A0 III	85
Alpha Persei	Mirfak	03	24	19	+49	51	40	1,8	F5 I	620
Zeta Orionis	Alnitak	05	40	46	−01	56	34	1,8	O9 I	1110
Gamma Velorum		08	09	32	−47	20	12	1,8	WC7	
Alpha Ursae Maioris	Dubhe	11	03	44	+61	45	03	1,8	K0 III	75
Epsilon Ursae Maioris	Alioth	12	54	02	+55	57	35	1,8	A0p	62
Theta Scorpii		17	37	19	−42	59	52	1,9	F0 I	910
Alpha Trianguli Australe		16	48	40	−69	01	39	1,9	K2 III	55
Beta Aurigae		05	59	32	+44	56	51	1,9	A2 IV	72
Eta Ursae Maioris	Alkaid	13	47	32	+49	18	48	1,9	B3 V	110
Gamma Geminorum		06	37	43	+16	23	57	1,9	A0 IV	85
Epsilon Sagittarii	Kaus Australis	18	24	10	−34	23	05	1,9	B9 IV	85
Delta Canis Maioris		07	08	23	−26	23	36	1,9	F8 I	3070
Epsilon Carinae		08	22	31	−59	30	34	1,9	K0 II	200
Alpha Pavonis	Peacock	20	25	39	−56	44	06	1,9	B3 IV	230
[1]Gamma Leonis	Algieba	10	19	58	+19	50	30	1,9	K0 III	100
[2]Gamma Leonis	Algieba	10	19	58	+19	50	30	1,9	G5 III	100
Beta Canis Maioris	Mirzam	06	22	42	−17	57	22	2,0	B1 II	720
Alpha Hydrae	Alphard	09	27	35	−08	39	31	2,0	k3	85
Alpha Ursae Minoris	Polaris	02	31	50	+89	15	51	2,0	F8 I	150
Beta Ceti		00	43	35	−17	59	12	2,0	K0 III	68
Delta Velorum		08	44	42	−54	42	30	2,0	A0 V	68
Sigma Sagittarii	Nunki	18	55	16	−26	17	48	2,0	B3 IV	210
Alpha Arietis	Hamal	02	07	10	+23	27	45	2,0	K2 III	85

* Werte sind auf die erste Stelle nach dem Komma gerundet. Für veränderliche Sterne ist die mittlere Helligkeit angegeben.

Tabelle 4: Die Sternbilder

Die offiziellen, international anerkannten lateinischen Sternbildnamen sind in der ersten Spalte der Tabelle aufgeführt. Sternbezeichnungen sind aus griechischen oder lateinischen Buchstaben, oder arabischen Zahlen und dem Genitiv des Sternbildnamens zusammengesetzt, der in der zweiten Spalte aufgelistet ist (z. B. Alpha Andromedae, AM Herculis, 32 Virginis). Jedes Sternbild hat eine Standardabkürzung aus drei Buchstaben (dritte Spalte). Eine deutsche Übersetzung des Sternbildnamens (außer für Eigennamen) steht in der vierten Spalte. Weitere Informationen zu jedem Sternbild sind im Hauptteil unter dem jeweiligen lateinischen Namen nachzulesen.

Lateinischer Name	*Genitiv*	*Abkürzung*	*Deutscher Name*	*Fläche (Quadratgrad)*	*Rang der Größe*
Andromeda	Andromedae	And	Andromeda	722	19
Antlia	Antliae	Ant	Luftpumpe	239	62
Apus	Apodis	Aps	Paradiesvogel	206	67
Aquarius	Aquarii	Aqr	Wassermann	980	10
Aquila	Aquilae	Aql	Adler	652	22
Ara	Arae	Ara	Altar	237	63
Aries	Arietis	Ari	Widder	441	39
Atari	Atariae	Ata	Rechenstab	680	20
Auriga	Aurigae	Aur	Fuhrmann	657	21
Bootes	Bootis	Boo	Bärenhüter	907	13
Caelum	Caeli	Cae	Grabstichel	125	81
Camelopardalis	Camelopardalis	Cam	Giraffe	757	18
Cancer	Cancri	Cnc	Krebs	506	31
Canes Venatici	Canum Venaticorum	CVn	Jagdhunde	465	38
Canis Maior	Canis Maioris	CMa	Großer Hund	380	43
Canis Minor	Canis Minoris	CMi	Kleiner Hund	183	71
Capricornus	Capricorni	Cap	Steinbock	414	40
Carina	Carinae	Car	Kiel des Schiffs	494	34
Cassiopeia	Cassiopeiae	Cas	Kassiopeia	598	25
Centaurus	Centauri	Cen	Kentaur	1060	9
Cepheus	Cephei	Cep	Kepheus	588	27
Cetus	Ceti	Cet	Wal	1231	4
Chamaeleon	Chamaeleontis	Cha	Chamäleon	132	79
Circinus	Circini	Cir	Zirkel	93	85
Columba	Columbae	Col	Taube	270	54
Coma Berenices	Comae Berenices	Com	Haar der Berenike	386	42
Corona Australis	Coronae Australis	CrA	Südliche Krone	128	80
Corona Borealis	Coronae Borealis	CrB	Nördliche Krone	179	73
Corvus	Corvi	Crv	Rabe	184	70
Crater	Crateris	Crt	Becher	282	53
Crux	Crucis	Cru	Kreuz (des Südens)	68	88
Cygnus	Cygni	Cyg	Schwan	804	16
Delphinus	Delphini	Del	Delphin	189	69
Dorado	Doradus	Dor	Schwertfisch	179	72
Draco	Draconis	Dra	Drache	1083	8
Equuleus	Equulei	Equ	Füllen	72	87
Eridanus	Eridani	Eri	(Fluß) Eridanus	1138	6
Fornax	Fornacis	For	Chemischer Ofen	398	41
Gemini	Geminorum	Gem	Zwillinge	514	30

Grus	Gruis	Gru	Kranich	366	45
Hercules	Herculis	Her	Herkules	1225	5
Horologium	Horologii	Hor	Pendeluhr	249	58
Hydra	Hydrae	Hya	Wasserschlange	1303	1
Hydrus	Hydri	Hyi	Südl. Wasserschlange	243	61
Indus	Indi	Ind	Indianer, Inder	294	49
Lacerta	Lacertae	Lac	Eidechse	201	68
Leo	Leonis	Leo	(Großer) Löwe	947	12
Leo Minor	Leonis Minoris	LMi	Kleiner Löwe	232	64
Lepus	Leporis	Lep	Hase	290	51
Libra	Librae	Lib	Waage	538	29
Lupus	Lupi	Lup	Wolf	334	46
Lynx	Lyncis	Lyn	Luchs	545	28
Lyra	Lyrae	Lyr	Leier	286	52
Mensa	Mensae	Men	Tafelberg	153	75
Microscopium	Microscopii	Mic	Mikroskop	210	66
Monoceros	Monocerotis	Mon	Einhorn	482	35
Musca	Muscae	Mus	Fliege	138	77
Norma	Normae	Nor	Winkelmaß	165	74
Octans	Octantis	Oct	Oktant	291	50
Ophiuchus	Ophiuchi	Oph	Schlangenträger	948	11
Orion	Orionis	Ori	Orion	594	26
Pavo	Pavonis	Pav	Pfau	378	44
Pegasus	Pegasi	Peg	Pegasus	1121	7
Perseus	Persei	Per	Perseus	615	24
Phoenix	Phoenicis	Phe	Phönix	469	37
Pictor	Pictoris	Pic	Malerstaffelei	247	59
Pisces	Piscium	Psc	Fische	889	14
Piscis Austrinus	Piscis Austrini	PsA	Südlicher Fisch	245	60
Puppis	Puppis	Pup	Heck des Schiffs	673	20
Pyxis	Pyxidis	Pyx	Kompaß	221	65
Reticulum	Reticuli	Ret	Netz	114	82
Sagitta	Sagittae	Sge	Pfeil	80	86
Sagittarius	Sagittarii	Sgr	Schütze	867	15
Scorpius	Scorpii	Sco	Skorpion	497	33
Sculptor	Sculptoris	Scl	Bildhauerwerkstatt	475	36
Scutum	Scuti	Sct	Schild (des Sobieski)	109	84
Serpens	Serpentis	Ser	Kopf der Schlange	637	23
Sextans	Sextantis	Sex	Sextant	314	47
Taurus	Tauri	Tau	Stier	797	17
Telescopium	Telescopii	Tel	Fernrohr	252	57
Triangulum	Trianguli	Tri	(Nördliches) Dreieck	132	78
Triangulum Australe	Trianguli Australis	TrA	Südliches Dreieck	110	83
Tucana	Tucanae	Tuc	Tukan	295	48
Ursa Maior	Ursae Maioris	UMa	Großer Bär	1280	3
Ursa Minor	Ursae Minoris	UMi	Kleiner Bär	256	56
Vela	Velorum	Vel	Segel des Schiffs	500	32
Virgo	Virginis	Vir	Jungfrau	1294	2
Volans	Volantis	Vol	Fliegender Fisch	141	76
Vulpecula	Vulpeculae	Vul	Fuchs	268	55

Tabelle 5: Die großen Planeten und ihre Umlaufbahnen

Charakteristische Größen der inneren Planeten

	MERKUR	VENUS	ERDE	MARS
Reziproke Masse[a]	6 023 600	408 524	328 900	3 098 710
Masse[b] (Erde = 1)	0,0553	0,8149	1,0000	0,1074
Masse[b] (g)	$3{,}303 \times 10^{26}$	$4{,}870 \times 10^{27}$	$5{,}976 \times 10^{27}$	$6{,}421 \times 10^{26}$
Äquatorradius (Erde = 1)	0,382	0,949	1,000	0,532
Äquatorradius (km)	2439	6051	6378	3393
Elliptizität[c]	0,0	0,0	0,0034	0,0052
Mittlere Dichte (g/cm^3)	5,43	5,25	5,52	3,95
Oberflächenbeschleunigung am Äquator (m/s^2)	3,78	8,60	9,78	3,72
Fluchtgeschwindigkeit am Äquator (km/s)	4,3	10,4	11,2	5,0
Siderische Umdrehungszeit	58,65 Tage	243,01 Tage	23,9345 Stunden	24,6229 Stunden
Neigung des Äquators zur Umlaufbahn	(2°)[d]	177,°3[e]	23,°45	25,°19

Charakteristische Größen der äußeren Planeten

	JUPITER	SATURN	URANUS	NEPTUN	PLUTO
Reziproke Masse	1 047,355	3 498,5	22 869	19 424	135 300 000
Masse (Erde = 1)	317,938	95,181	14,531	17,135	0,0022
Masse (g)	$1{,}900 \times 10^{30}$	$5{,}688 \times 10^{29}$	$8{,}684 \times 10^{28}$	$1{,}024 \times 10^{29}$	$1{,}29 \times 10^{25}$
Äquatorradius[f] (Erde = 1)	11,209	9,449	4,007	3,883	0,180
Äquatorradius[f] (km)	71,492	60,268	25,559	24,764	1,150
Elliptizität	0,0649	0,0980	0,0229	0,017	(0,0)
Mittlere Dichte (g/cm^3)	1,33	0,69	1,29	1,64	2,03
Oberflächenbeschleunigung am Äquator (m/s^2)	22,88	9,05	7,77	11,0	0,4
Fluchtgeschwindigkeit am Äquator (km/s)	59,6	35,5	21,3	23,3	1,1
Siderische Umdrehungszeit am Äquator	9,841 Stunden[g]	10,233 Stunden[h]	17,9 Stunden[i]	19,2 Stunden[i]	6,3872 Tage
Neigung des Äquators zur Umlaufbahn	3°,12	26°,73	97°,86[e]	29°,6	122°,46[e]

Kenndaten der planetaren Umlaufbahnen

	Mittlerer Abstand von der Sonne (AE)	*(10⁶ km)*	*Siderische Umlaufszeit (Jahre)*	*(Tage)*	*Synodische Umlaufszeit (Tage)*	*Mittlere Umlaufsgeschwindigkeit (km/s)*	*Umlaufbahn Exzentrität*	*Neigung zur Ekliptik (Grad)*
MERKUR	0,3871	57,91	0,24085	87,969	115,88	47,89	0,2056	7,004
VENUS	0,7233	108,20	0,61521	224,701	583,92	35,03	0,0068	3,394
ERDE	1,0000	149,60	1,00004	365,256	———	29,79	0,0167	0,000
MARS	1,5237	227,94	1,88089	686,980	779,94	24,13	0,0934	1,850
JUPITER	5,2028	778,33	11,8623	4 332,71	398,88	13,06	0,0483	1,308
SATURN	9,5388	1 426,98	29,458	10 759,5	378,09	9,64	0,0560	2,488
URANUS	19,1914	2 870,99	84,01	30 685	369,66	6,81	0,0461	0,774
NEPTUN	30,0611	4 497,07	164,79	60 190	367,49	5,43	0,0097	1,774
PLUTO	39,5294	5 913,52	248,54	90 800	366,73	4,74	0,2482	17,148

a Die Masse der Sonne dividiert durch die Masse des Planeten (inklusive seiner Atmosphäre und Planeten)

b Ohne die Masse der Monde

c Die Elliptizität ist definiert als $(R_e - R_p)/R_e$, dabei sind R_e und R_p der äquatoriale bzw. der polare Radius.

d Werte in Klammern sind mit mehr als 10% Unsicherheit behaftet.

e Per IAU-Konvention sind die planetaren Nordpole die nördlich der Ekliptik gelegenen Pole; daher haben Venus, Uranus und Pluto eine retrograde Rotation.

f Da die äußeren Planeten keine festen Oberflächen besitzen, sind dies die Radien bei 1 bar Oberflächendruck.

g Jupiters interne (System III) Umdrehungszeit ist 9,925 Stunden.

h Saturns interne Umdrehungszeit ist 10,675 Stunden.

i Uranus' interne Umdrehungszeit ist 17,240 Stunden.

j Neptuns interne Umdrehungszeit ist 16,11 Stunden.

Die Daten in dieser Tabelle stammen aus *The New Solar System* (3. Auflage), herausgegeben von J. Kelly Beatty und Andrew Chaikin, Cambridge University Press and Sky Publishing Corp., 1990 © Sky Publishing Corp. (mit freundlicher Genehmigung).

Tabelle 6: Die Monde der Planeten

Name	Entdecker	Jahr der Entdeckung	Helligkeit (Vo)[a]	Mittlerer Abstand vom Planeten (km)	Siderische Umlaufszeit (Tage)	Bahnneigung (Grad)	Bahnexzentrität	Mittlerer Radius (km)	Masse (g)	Dichte (g/cm³)
Mond der Erde										
Mond			–12,7	384 400	27,322	18,3–28,6	0,05	1 738	$7{,}35 \times 10^{25}$	3,34
Monde des Mars										
Phobos	A. Hall	1877	11,3	9 380	0,319	1,0	0,01	14x10	$1{,}08 \times 10^{19}$	2,0
Deimos	A. Hall	1877	12,4	23 460	1,263	0,9–2,7	0,00	8x6	$1{,}8 \times 10^{18}$	1,7
Monde des Jupiter										
Metis	S. Synnott	1979	17,5	127 960	0,295	(0)	0,00	(20)	?	?
Adrastea	D. Jewitt, E. Danielson	1979	18,7	128 980	0,298	(0)	(0)	12x8	?	?
Amalthea	E. Barnard	1892	14,1	181 300	0,498	0,4	0,00	135x75	?	?
Thebe	S. Synnott	1979	16,0	221 900	0,675	(0,8)	0,01	(50)	?	?
Io	Galileo (S. Marius?)	1610	5,0	421 600	1,769	0,04	0,00	1 815	$8{,}94 \times 10^{25}$	3,57
Europa	Galileo (S. Marius?)	1610	5,3	670 900	3,551	0,47	0,01	1 569	$4{,}80 \times 10^{25}$	2,97
Ganymed	Galileo (S. Marius?)	1610	4,6	1 070 000	7,155	0,19	0,00	2 631	$1{,}48 \times 10^{26}$	1,94
Callisto	Galileo (S. Marius?)	1610	5,6	1 883 000	16,689	0,28	0,01	2 400	$1{,}08 \times 10^{26}$	1,86
Leda	C. Kowal	1974	20,2	11 094 000	238,72	27	0,15	(8)	?	?
Himalia	C. Perrine	1904	15,0	11 480 000	250,57	28	0,16	(90)	?	?
Lysithea	S. Nicholson	1938	18,2	11 720 000	259,22	29	0,11	(20)	?	?
Elara	C. Perrine	1905	16,6	11 737 000	259,65	28	0,21	(40)	?	?
Ananke	S. Nicholson	1951	18,9	21 200 000	631	147	0,17	(15)	?	?
Carme	S. Nicholson	1938	17,9	22 600 000	692	163	0,21	(22)	?	?
Pasiphae	P. Melotte	1908	16,9	23 500 000	735	147	0,38	(35)	?	?
Sinope	S. Nicholson	1914	18,0	23 700 000	758	153	0,28	(20)	?	?
Monde des Saturn										
Pan	M. Showalter	1990	?	133 570	0,576	(0)	(0)	(10)	?	?
Atlas	R. Terrile	1980	18,0	137 640	0,602	(0)	(0)	20x15	?	?
Prometheus	S. Collins u.a.	1980	15,8	139 350	0,613	(0)	0,00	70x40	?	?
Pandora	S. Collins u.a.	1980	16,5	141 700	0,629	(0)	0,00	55x35	?	?
Epimetheus	R. Walker u.a.	1966	15,7	151 422	0,694	0,34	0,01	70x50	?	?
Janus	A. Dollfus	1966	14,5	151 472	0,695	0,14	0,01	110x80	?	?
Mimas	W. Herschel	1789	12,9	185 520	0,942	1,53	0,02	195	$3{,}8 \times 10^{22}$	1,17
Enceladus	W. Herschel	1789	11,7	238 020	1,370	0,02	0,00	250	$8{,}4 \times 10^{22}$	1,24
Tethys	G. Cassini	1684	10,2	294 660	1,888	1,09	0,00	525	$7{,}55 \times 10^{23}$	1,26
Telesto	B. Smith u.a.	1980	18,7	294 660	1,888	(0)	(0)	(12)	?	?
Calypso	D. Pascu u.a.	1980	19,0	294 660	1,888	(0)	(0)	15x10	?	?
Dione	G. Cassini	1684	10,4	377 400	2,737	0,02	0,00	560	$1{,}05 \times 10^{24}$	1,44

Helene	P. Laques, J. Lecacheux	1980	18,4	377 400	2,737	0,2	0,01	18x15	?	?
Rhea	G. Cassini	1672	9,7	527 040	4,518	0,35	0,00	765	$2{,}49 \times 10^{24}$	1,33
Titan	C. Huygens	1655	8,3	1 221 850	15,945	0,33	0,03	2 575	$1{,}35 \times 10^{26}$	1,88
Hyperion	W. Bond	1848	14,2	1 481 000	21,277	0,43	0,10	175x100	?	?
Iapetus	G. Cassini	1671	10,2–11,9	3 561 300	79,331	14,72	0,03	720	$1{,}88 \times 10^{24}$	1,21
Phoebe	W. Pickering	1898	16,5	12 952 000	550,48	175,3	0,16	110	?	?
Monde des Uranus										
Cordelia	Voyager 2	1986	24	49 750	0,335	(0,14)	(0)	(15)	?	?
Ophelia	Voyager 2	1986	24	53 760	0,376	(0,09)	(0,01)	(15)	?	?
Bianca	Voyager 2	1986	23	59 160	0,435	(0,16)	(0)	(20)	?	?
Cressida	Voyager 2	1986	22	61 770	0,464	(0,04)	(0)	(35)	?	?
Desdemona	Voyager 2	1986	22	62 660	0,474	(0,16)	(0)	(30)	?	?
Juliet	Voyager 2	1986	22	64 360	0,493	(0,06)	(0)	(40)	?	?
Portia	Voyager 2	1986	21	66 100	0,513	(0,09)	(0)	(55)	?	?
Rosalind	Voyager 2	1986	22	69 930	0,558	(0,28)	(0)	(30)	?	?
Belinda	Voyager 2	1986	22	75 260	0,624	(0,03)	(0)	(35)	?	?
Puck	Voyager 2	1985	20	86 010	0,762	(0,31)	(0)	75	?	?
Miranda	G. Kuiper	1948	16,5	129 780	1,414	3,40	0,00	235	$6{,}89 \times 10^{22}$	1,35
Ariel	W. Lassell	1851	14,4	191 240	2,520	0,00	0,00	580	$1{,}26 \times 10^{24}$	1,66
Umbriel	W. Lassell	1851	15,3	265 970	4,144	0,00	0,00	585	$1{,}33 \times 10^{24}$	1,51
Titania	W. Herschel	1787	14,0	435 840	8,706	0,00	0,00	790	$3{,}48 \times 10^{24}$	1,68
Oberon	W. Herschel	1787	14,2	582 600	13,463	0,00	0,00	760	$3{,}03 \times 10^{24}$	1,58
Monde des Neptun										
Naiade	Voyager 2	1989	25	48 000	0,296	(4,7)	(0)	(25)	?	?
Thalassa	Voyager 2	1989	24	50 000	0,312	(0)	(0)	(40)	?	?
Despina	Voyager 2	1989	23	52 500	0,333	(0)	(0)	(90)	?	?
Galatea	Voyager 2	1989	23	62 000	0,429	(0)	(0)	(75)	?	?
[b]Larissa	Voyager 2	1989	21	73 600	0,554	(0)	(0)	(95)	?	?
Proteus	Voyager 2	1989	20	117 600	1,121	(0)	(0)	(200)	?	?
Triton	W. Lassell	1846	13,6	354 800	5,877	157	0,00	1350	$2{,}14 \times 10^{25}$	2,07
Nereide	G. Kuiper	1949	18,7	5 513 400	360,16	29	0,75	(170)	?	?
Monde des Pluto										
Charon	J. Christy	1978	16,8	19 640	6,387	98,8	0,00	595	$(1{,}77 \times 10^{24})$	(2,0)
???	HST	?1994?	?	?	?	?	?	?	?	?

a Scheinbare Helligkeit im sichtbaren Licht in Opposition

b Möglicherweise 1981 von H. Reitsema u. a. während einer Bedeckung detektiert

Die Daten in dieser Tabelle stammen aus *The New Solar System* (3. Auflage), herausgegeben von J. Kelly Beatty und Andrew Chaikin, Cambridge University Press and Sky Publishing Corp., 1990 © Sky Publishing Corp. (mit freundlicher Genehmigung).

Tabelle 7: Die planetaren Ringsysteme

Name	*Entfernung vom Planetenzentrum*	*(km)*	*Radiale Dicke (km)*	*Breite (km)*	*Optische Dicke*	*Totale Masse (g)*	*Albedo*
Ringe des Jupiter	(R_J)			(R_J)			
'Halo'	(1,40)–1,72	(100 000)–122 800	22 800	(20 000)	6×10^{-6}	?	0,05
'Main'	1,72–1,81	122 800–129 200	226 400	< 30	10^{-6}	(10^{16})	0,05
'Gossamer'	1,81–(3)	129 200–(214 200)	850 000	?	10^{-7}	?	0,05
Ringe des Saturn	(R_S)			(R_S)			
D	1,11–1,24	67 000–74 500	7 500	?	(0,01)	?	?
C 'Crepe-Ring'	1,24–1,52	74 500–92 000	17 500	?	0,08–0,15	$1,1\times10^{21}$	0,25
Maxwell–Lücke	1,45	87 500	270				
B	1,52–1,95	92 000–117 500	25 500	(0,1–1)	1,21–1,76	$2,8\times10^{22}$	0,65
Cassini–Teilung	1,95–2,02	117 500–122 200	4 700	?	0,12	$5,7\times10^{20}$	0,30
A	2,02–2,27	122 200–136 800	14 600	(0,1–1)	0,70	$6–2\times10^{21}$	0,60
Encke-Lücke[a]	2,214	133 570	325				
Keeler-Lücke	2,263	136 530	35				
F	2,324	140 210	30–500	?	0,01–1	?	?
G	2,75–2,88	165 800–173 800	8000	100–1000	$10^{-4}–10^{-5}$	$6–23\times10^{9}$	?
E	(3–8)	(180 000–480 000)	(300 000)	(1000)	$10^{-6}–10^{-7}$	?	?
Ringe des Uranus	(R_U)			(R_U)			
1986U2R	(1,49)	(38 000)	(2 500)	(0,1)	< 0,01	?	(0,03)
6	1,597	41 840	1–3	(0,1)	0,2–0,3	?	(0,03)
5	1,612	42 230	2–3	(0,1)	0,5–0,6	?	(0,03)
4	1,625	42 580	2–3	(0,1)	0,3	?	(0,03)
Alpha (α)	1,707	44 720	7–12	(0,1)	0,3–0,4	?	(0,03)
Beta (β)	1,743	45 670	7–12	(0,1)	0,2	?	(0,03)
Eta (η)	1,801	47 190	0–2	(0,1)	0,1–0,4	?	(0,03)
Gamma (γ)	1,818	47 630	1–4	(0,1)	1,3–2,3	?	(0,03)
Delta (δ)	1,843	48 290	3–9	(0,1)	0,3–0,4	?	(0,03)
1986U1R	1,909	50 020	1–2	(0,1)	0,1	?	(0,03)
Epsilon (ϵ)	1,952	51 140	20–100	< 0,15	0,5–2,1	?	(0,03)
Ringe des Neptun	(R_N)			(R_N)			
Galle	1,69	41 900	(15)	?	10^{-4}	?	(klein)
Leverrier	2,15	53 200	(30)	?	0,01–0,02	?	(klein)
1989N4R	2,15–2,4	53 200–59 100	5 800	?	10^{-4}	?	(klein)
Adams	2,53	62 930	2	?	0,01–0,1	?	(klein)

[a] Obwohl die Entdeckung dieser Lücke häufig J. Encke zugeschrieben wird, hat Keeler sie möglicherweise zuerst beobachtet.

Die Daten in dieser Tabelle stammen aus *The New Solar System* (3. Auflage), herausgegeben von J. Kelly Beatty und Andrew Chaikin, Cambridge University Press and Sky Publishing Corp., 1990 © Sky Publishing Corp. (mit freundlicher Genehmigung).